0 500km
0 300miles
scale 1 : 23,000,000
N
RUSSIA
ÉGUO
KAZAKHSTAN
HĀSÀKÈSĪTĂN
MONGOLIA
MĚNGGǓ
KYRGYZSTAN
JÍ'ĚRJÍSĪSĪTĂN
Urumqi
Wūlǔmùqí
TAJIKISTAN
TĂJÍKÈSĪTĂN
PAKISTAN
BĀJĪSĪTĂN
Hā'ěrbīn
Chángchūn
Shěnyáng
NORTH KOREA
CHÁOXIĂN
SOUTH KOREA
HÁNGUO
Hūhéhàotè
Běijīng
Tiānjīn
Shíjiāzhuāng
Tàiyuán
Jì'nán
Xīníng
Lánzhōu
Huáng Hé
Zhèngzhōu
Xī'ān
Héféi
Nánjīng
Shànghǎi
Cháng Jiāng
Wǔhàn
Chéngdū
Chóngqìng
Hángzhōu
Nánchāng
Chángshā
Fúzhōu
NEPAL
NÍBÓ'ĚR
Lhasa
Lāsà
BHUTAN
BÙDĀN
INDIA
YÌNDÙ
BANGLADESH
MÈNGJIĀLĀ
Guìyáng
Kūnmíng
Taipei
Táiběi
Kaohsiung
Gāoxióng
Nánníng
Guǎngzhōu
Hong Kong
Xiānggǎng
Macao
Àomén
MYANMAR
MIĂNDIÀN
LAOS
LǍOWŌ
Hǎikǒu
THAILAND
TÀIGUO
VIETNAM
YUÈNÁN
CAMBODIA
PHILIPPINES
FĒILÙBĪN

BHUTAN
BÙDĀN
CHINA
ZHŌNGGUO
Kūnmíng
Fúzhōu
Xiàmén
Taipei
Táiběi
Taiwan
Táiwān
TROPIC OF CANCER
BANGLADESH
MÈNGJIĀLĀ
Dhaka
INDIA
YÌNDÙ
MYANMAR
MIǍNDIÀN
Nánníng
Guǎngzhōu
Gāoxióng
Hong Kong
Xiānggǎng
Macao
Àomén
Hanoi
LAOS
LǍOWŌ
VIETNAM
YUÈNÁN
Hǎikǒu
Hainan
Hǎinán
Vientiane
Yangon
THAILAND
TÀIGUO
Bangkok
CAMBODIA
Phnom Penh
VIETNAM
YUÈNÁN
Ho Chi Minh City
Luzon
Manila
Mindoro
PHILIPPINES
FĒILÙBĪN
Samar
Panay
Cebu
Leyte
Negros
Bohol
Palawan
Mindanao
Phuket
THAILAND
TÀIGUO
Penang
MALAYSIA
MǍLÁIXĪYÀ
Medan
Kuala Lumpur
Melaka
SINGAPORE
XĪNJIĀPŌ
BRUNEI
MALAYSIA
MǍLÁIXĪYÀ
Borneo
Sumatra
INDONESIA
YÌNDÙNÍXĪYÀ
Celebes
Halmahera
Buru
Maluku
INDONESIA
YÌNDÙNÍXĪYÀ
Papua
Makassar
Jakarta
Surabaya
Java
Bali
Lombok
Sumbawa
Flores
Sumba
Timor
TIMOR-LESTE
Darwin
AUSTRALIA
ÀODÀLÌYÀ
0 1000km
0 500miles
Scale 1:23,400,000 at equator
Mercator Projection
N
This map is not an authority on International Boundaries.

BASIS CHINESISCH SPRECHEN

EINE EINFÜHRUNG IN SPRECHEN UND HÖREN FÜR ANFÄNGER.

CORNELIUS C. KUBLER

AUS DEM ENGLISCHEN ÜBERSETZT
UND AN DEUTSCHSPRACHIGE LERNER ANGEPASST VON
THOMAS KEMPA

TUTTLE Publishing

Tokyo | Rutland, Vermont | Singapore

Cornelius C. Kubler ist Stanfield Professor für Asienstudien am Williams College, wo er viele Jahre lang die Abteilung für Asiatische und Afrikanische Sprachen geleitet und Chinesisch unterrichtet hat. Zuvor war er als Training Supervisor für Chinesisch und als Leiter der Abteilung für Asiatische und Afrikanische Sprachen im Foreign Service Institute des US State Department tätig, wo er Diplomaten Chinesisch und andere Sprachen lehrte. Außerdem war er sechs Jahre lang Rektor des American Institute der Taiwan Chinese Language & Area Studies School. Kubler leitete Chinesisch-Intensivprogramme in den USA, Festlandchina und Taiwan und entwickelte zudem Sprachtests. Seine Publikationsliste umfasst 13 selbst verfasste bzw. mitverfasste Bücher sowie über 50 Artikel zur Didaktik des Chinesischen bzw. zur chinesischen Sprache.

Deutschsprachige Ausgabe erschienen bei
Chinabooks E. Wolf und E. Wu.
Englischsprachige Originalausgabe erschienen bei Tuttle Publishing, ein Imprint von Periplus Editions (HK) Ltd.

www.chinabooks.ch

Aus dem Englischen übersetzt und für deutschsprachige Lerner überarbeitet von Thomas Kempa

ISBN 978-3-905816-62-4
Buchgestaltung: Anne Bell Carter

Wir bedanken uns für die Unterstützung beim Filmen der Konversationen bei:
Einheit 2, Abschnitt 1: The Mandarin Training Center, National Taiwan Normal University, Taipei; Abschnitt 3: Shangrila Hotel, Beijing; Abschnitt 4: Hilton Hotel, Taipei. Einheit 3, Abschnitt 4: Beijing West Railway Station, Beijing. Einheit 4, Abschnitt 1: The Mandarin Training Center, National Taiwan Normal University, Taipei; Abschnitt 2: Jianquan Clinic, Taipei; Abschnitt 3: Swisshotel, Beijing. Einheit 5, Abschnitt 3: Yuelong Restaurant, Beijing. Einheit 7, Abschnitt 4: Fortune Garden Restaurant, North Adams, Massachusetts.

Vertrieb an den Buchhandel:

Deutschland
GVA Gemeinsame Verlagsauslieferung Göttingen GmbH & Co. KG
Postfach 2021, D-37010 Göttingen
Tel.: (0049) (0) 551 384200 –0 Fax.: (0049) (0) 551 384200 –10
admin@gva-verlage.de
www.gva-verlage.de

Österreich
Mohr Morawa Buchvertrieb GmbH
Sulzengasse 2, A-1230 Wien
Tel.: (0043) (1) 680 14-0 / Fax: (0043) (1) 688 71 30
momo@mohrmorawa.at
www.mohrmorawa.at

Schweiz
Chinabooks E. Wolf und E. Wu
Bühlstrasse 6, CH-8142 Uitikon-Waldegg
Tel.: (0041) (0)76 518 45 26 Fax: (0041) (0)71 787 20 89
bestellen@chinabooks.ch
www.chinabooks.ch

Erstausgabe
21 20 19 18 17 8 7 6 5 4 3 2 1

Gedruckt in Tschechien/Deutschland

Hinweise für die Lernenden

Willkommen zum ersten Band eines zweibändigen Kurses für das Gesprochene Chinesisch, der einen neuartigen und höchst effektiven Lernansatz verfolgt.

Für Menschen, deren Muttersprache nicht das Chinesische ist, ist das Erlernen dieser Sprache eine Herausforderung. Man muss nicht nur hart, sondern auch smart arbeiten, um diese so ganz andere Sprache effizient zu lernen. Ganz gleich, was Ihre Motivation ist, diese Sprache lernen zu wollen—berufliche Gründe, Reisen, Kulturstudien oder was auch immer—der spezielle Ansatz von *Basis Chinesisch* wird Ihnen dabei helfen, diese Sprache effizient und erfolgreich zu erlernen. Der Schlüssel dazu liegt darin, dass Sie mithilfe des Lehrmaterials die gesprochene und die geschriebene Sprache in zwei separaten, aber dennoch integrierten Zügen erwerben können.

In diesem Lehrbuch finden Sie keine chinesischen Schriftzeichen, da Sie zum Sprechenlernen keine Schriftzeichen benötigen. Vielmehr würde Ihr Lerntempo dadurch, dass Sie für jedes Wort, das Sie sprechen lernen, sich auch die entsprechenden Schriftzeichen aneignen, deutlich verringert.

Damit Sie Chinesisch so effizient wie möglich sprechen und verstehen lernen können, präsentiert Ihnen *Basis Chinesisch Sprechen* das zu lernende Chinesisch nicht mittels Schriftzeichen, sondern als **Video**- und **Audiomaterial**, das mit chinesischen Muttersprachlern erstellt wurde (in den Begleitvideos und Audiodateien). Im Buch selbst wird das Chinesische mittels der offiziellen Umschrift Hanyu Pinyin repräsentiert.

- *Basis Chinesisch Sprechen* sollte zusammen mit dem zum Kurs gehörigen **Übungsbuch Basis Chinesisch Sprechen** verwendet werden.
- Sollten Sie auch Chinesisch lesen und schreiben lernen wollen, was für die meisten Lernenden natürlich durchaus zu empfehlen ist, sollten Sie, entweder gleichzeitig mit oder nach dem Kurs *Basis Chinesisch Sprechen* auch den komplementären Kurs **Basis Chinesisch Schreiben** verwenden. Die beiden Kurse ergänzen einander und *Basis Chinesisch Schreiben* führt dabei systematisch die häufigsten Schriftzeichen (in traditioneller wie in vereinfachter Form) und Wörter in Sätzen und Lesetexten ein. Zudem werden in dem Schreib- und Lesekurs Realia, wie Straßenschilder, Notizen und Visitenkarten eingesetzt.
- Für die Lehrkräfte, aber auch für die Lernenden, die bereits Vorkenntnisse in der chinesischen Schrift haben, steht eine **Transkription in Schriftzeichen** zur Verfügung. Darin enthalten sind Transkriptionen von *Basis Chinesisch Sprechen* in vereinfachten wie auch in traditionellen Schriftzeichen. Beachten Sie aber, dass diese Transkriptionen nicht als das wesentliche Medium für das Lesen- und Schreibenlernen von Lernenden ohne Vorkenntnisse gedacht ist.
- Das **Lehrerhandbuch** ist auf Englisch erhältlich. Es enthält detaillierte Vorschläge bezüglich der Verwendung des Lehrmaterials sowie zahlreiche kommunikative Übungen, die von den Lehrenden im Unterricht oder von Tutoren in Übungsstunden verwendet werden können.

请注意

《基础中文：听与说》为专门练习口语的教材，内附有两张光盘，因此全书内只列有汉语拼音和英文注释，不使用汉字。学习者宜与配套的《基础中文：听与说》练习册一起使用。

此套中文教材另编有《基础中文：读与写》及《基础中文：读与写》练习册，专供读写课使用。《基础中文：听与说》另配有汉字版，将《基础中文：听与说》中所有对话和补充生词的拼音版转为汉字，并分简繁体，供教师和已有汉字基础的学习者参考、使用。

此套教材亦包括一张光盘的《基础中文：教师手册》，指导教师如何使用此教材，且提供大量课堂练习，极为实用。

請注意

《基礎中文：聽與說》為專門練習口語的教材，內附有兩張光盤，因此全書內只列有漢語拼音和英文注釋，不使用漢字。學習者宜與配套的《基礎中文：聽與說》練習冊一起使用。

此套中文教材另編有《基礎中文：讀與寫》及《基礎中文：讀與寫》練習冊，專供讀寫課使用。《基礎中文：聽與說》另配有漢字版，將《基礎中文：聽與說》中所有對話和補充生詞的拼音版轉為漢字，並分簡繁體，供教師和已有漢字基礎的學習者參考、使用。

此套教材亦包括一張光盤的《基礎中文：教師手冊》，指導教師如何使用此教材，且提供大量課堂練習，極為實用。

Inhalt

Danksagungen

Ich bin vielen Menschen in Beijing, Taipei, Hongkong, Macao, Singapur, Malaysia und den USA für ihre Unterstützung bei der Erstellung dieses Kurses zu Dank verpflichtet. Daher ist es mir leider nicht möglich allen persönlich zu danken. Mein besonderer Dank gilt folgenden Personen:

Für die Hilfe bei der Vorbereitung der Basis-Konversationen, die das Herzstück dieses Kurses darstellen: Lu Zhi, Wu Zong, Jerling G. Kubler und Amory Yi-mou Shih. Mr. Shih verdient eine besondere Erwähnung, für die enge Zusammenarbeit mit mir bei der Entwicklung der ersten Entwürfe vieler der Konversationen der ersten acht Einheiten sowie bei der Kompilation des Basis-Vokabulars, das sämtlichen Konversationen zugrunde liegt.

Für die Tonaufnahmen von Situationen, die als Quellmaterial für einige der Basis-Konversationen dienen: Cao Jianying, Chang Ling-lan, Li Yueying, Liu Shu-yen, Eileen H. Seng, Amory Yi-mou Shih und Yang-Hou Kun.

Für Hilfe bei der Erstellung der begleitenden Übungen: Huang Ya-Yun, Su-Ling Huang und meine studentischen Hilfskräfte Jenny Chen, Hoyoon Nam, Alexander T. Ratté und Tron Wang.

Für Hilfe bei der Erstellung der begleitenden Tonaufnahmen: Han Bing, Hou San, Huang Ya-Yun, Jerling G. Kubler, Kuo Ching-wei, Li Chunwei, Li Nini, Lu Chün-hung, Jackson Guangnan Lu, Ma Jing, Yuzhong Meng, Yang Wang, Jun Yang, Yuan Ye, Zhang Chun, Shaopeng Zhang und über hundert Muttersprachlerinnen und Muttersprachler aus Beijing, Taipei, Hongkong, Macao, Singapur und Malaysia. Hierbei verdient Dr. Jun Yang, jetzt Senior Lecturer in Chinesisch an der University of Chicago, besondere Anerkennung für die vielen Stunden, die er damit verbrachte, die Build-Up-Abschnitte mit größter Sorgfalt aufzunehmen.

Als Schauspieler für die begleitenden Video-Aufnahmen stellten sich zur Verfügung: Jan Anderson, Patricia Austin, Flora Banker, Lindsay Benedict, Chen Limin, Chiu Ming-hua, Chou Shu-yen, Cynthia Cramsey, Darryl Crane, Anne Marie Decker, Thomas Dornacher, Dorjee, M. O. Danum, Chris Dungharth, Feng He, Chris Folino, Jesse Frey, Fu Zhongyuan, Duarte Geraldino, Ho Tsu-chi, Brad Hou, Mr. und Mrs. Hsueh Fu-hua, Huyen Giang, Kalia Glassey, Christopher Godzicki, Gu Anqi, Patrick Dowdey, Susan Harmon, Hou Lanfen, Deborah Hsu, Ingrid Hsue, Hu Weiguo, Angie Huse, Huang Sheng, Huang Yu-chun, Jonathan Isaacs, Jia Aihua, Rex Krakaw, Jerling G. Kubler, Kuo Chih-chie, Kuo Chih-hsiung, Kuo Chih-wei, Gene Kuo, James Lambert, Gavin LaRowe, Siu-lun Lee, Roger Levy, Debbie Lee, Heidi Lee, Li Chen, Li Chunwei, Li Han, Li Mei, Li Qunhu, Li Yingyou, Li Zhenqiang, Li Zhenwen, Liang Chunshen, Liao Hao-hsiang, Liu Jifeng, Liu Longjun, Liu Xiaodong, Liu Xue, Kevin Lo, Michelle Lopez, Lü Lin, Ma Ke, Ma Yung-Yu, Ma Yulan, Rachel MacCleery, Mao Hui-ling, Maja Mave, Max Mayrhofer, Nicholas Minekime, Emily Murray, Gwendolyn Pascoe, David Rieth, Todd Roma, Thomas Rowley, Andrew Ryan, Colleen Ryan, Michael Saso, Harvey Sernovitz, Mr. und Mrs. Amory Shih, Peter Stein, Su Weiming, Sun Hui, Beth Sutter, Tang Chu-shih, Tang Wei-ying, Gretta Thomas, Alex Tsebelis, Natasha Tyson, Wang Guoli, Wang Lixin, Michael Warres, Tim White, Wong Ho Put, Wu Hsian-jong, Wu Shufen, Zondy Wu, Xu Danyan, Yang Chunxue, Yang Ping, Charles Yonts, Zhao Feng, Zhou Lei und weitere, hier nicht genannte Personen.

Für das Spielen klassischer chinesischer Musik und die Erlaubnis, diese aufzunehmen und in Audio- und Video-Aufnahmen zu verwenden: Bai Miao, Chang Jing und Tian Weining. Hier soll angemerkt sein, dass in den Audio- und Video-Aufnahmen für Abschnitt 1 jeder Einheit eine **gǔzhēng**, eine Art von Zither mit 21 Saiten, in Abschnitt 2 eine **èrhú**, ein Streichinstrument mit zwei Saiten, in Abschnitt 3 eine **yángqín** oder Dulcimer und in Abschnitt 4 eine **sānxián**, d.h. ein Zupfinstrument mit drei Saiten, zu hören ist.

Für Unterstützung bei der Bearbeitung und beim Dubbing der begleitenden Video-Aufnahmen: An Zi, Bruce Wheat und Philip Remillard von den Audio Visual Services am Williams College und die studentischen Hilfskräfte Hoyoon Nam, Negeen Pegahi, Amy Sprengelmeyer und Freeman Ningchuan Zhu.

Für Unterstützung bei allen Arbeiten, die mit dem Computer zu tun hatten: Adam Jianjun Wang, Senior Instructional Technology Specialist am Williams College, die studentischen Hilfskräfte Feng Jin, Daniel Gerlanc, Hoyoon Nam, Daniel Nelson, Freeman Zhu sowie Carl E. Kubler. Besondere Erwähnung verdienen Daniel Nelson und Daniel Gerlanc für ihre jahrelange unermüdliche Hilfe.

Für Hilfe bei verschiedensten Schreibarbeiten rund um das Manuskript: Donna L. Chenail, Rebecca Brassard, Margaret M. Weyers, Shirley A. Bushika und Loraine L. Tolle vom Faculty Secretarial Office am Williams College sowie meine studentischen Hilfskräfte Jenny Chen, Steven P. S. Cheng, Angie Chien, Niki Fang, Hoyoon Nam, Amy Sprengelmeyer, Tron Wang und Freeman Zhu.

Für Unterstützung bei der Überprüfung des Chinesischen in diesem Band und/oder für hilfreiche Kommentare und Vorschläge: Cecilia Chang, Songren Cui, Jingqi Fu, Guo Wei, Han Bing, Hsu Yu-yin, Jerling G. Kubler, Liao Hao-hsiang, Nicholas Minekine, Eric Pelzl, Cathy Silber, Tseng Hsin-I, Chen Wang, Yang Wang, Tony Chung-yan Yang und Li Yu. Ich möchte auch den Studierenden in den Chinesisch-Kursen 101-102 am Williams College in den Jahren 1993 bis 2010 für ihre Korrekturen und Vorschläge wie auch für Ermutigung und Inspiration danken. Studierende am St. Mary's College in Maryland, wo der Kurs mit Hilfe von Professor Jingqi Fu getestet wurde, sowie Studierende am Wisconsin Lutheran College, wo der Kurs mit Hilfe von Professor Eric Pelzl getestet wurde, haben ebenfalls hilfreiche Kommentare beigesteuert. Professor Pelzl verdient besonderen Dank für seine zahlreichen aufmerksamen Beobachtungen und hervorragenden Vorschläge.

Für sorgfältigste Editierung und viele weitere hilfreiche Vorschläge bei der Produktion dieses Kurses danke ich der Lektorin Sandra Korinchak bei Tuttle Publishing. Für ihre begeisterte Unterstützung möchte ich auch Tuttle-Verleger Eric Oey und Vize-Präsidentin Christina Ong danken; auch Nancy Goh, Loh Sook Fan und dem Sales und Marketing Team von Tuttle sei für ihre Expertise und ihre Hilfe gedankt.

Jeder, der im Bereich Chinesisch als Fremdsprache tätig ist, weiß, wie sehr die eigene Arbeit stets auf der anderer aufbaut. Ich möchte hier einige nennen, deren Vorarbeiten für mich besonders wertvoll waren: Y. R. Chao, Chien Wang-Chen, John DeFrancis, Charles F. Hockett, Beverly Hong, Thomas E. Madden, Martin Symonds, Shou-hsin Teng, M. Gardner Tewksbury, Galal Walker und A. Ronald Walton. Ich möchte auch meine Dankbarkeit gegenüber meiner Japanischlehrerin Eleanor H. Jorden zum Ausdruck bringen. Ihre innovativen Beiträge im Bereich Japanisch als Fremdsprache haben mir bei der Entwicklung dieses Kurses als Anregung und Beispiel gedient.

Ich möchte meiner Frau Jerling Guo Kubler, meinem Sohn Carl E. Kubler und meiner Mutter Gisela H. Kubler für ihre Ratschläge, ihre Unterstützung und ihre Geduld über viele Jahre danken.

Finanzielle und logistische Unterstützung erhielt ich von: Hong Gang Jin von den Associated Colleges in China Program an der Capital University of Economics and Business in Beijing; Wu Jingjyi von der Foundation for Scholarly Exchange in Taipei; Weiping Wu am Yale-China Chinese Language Center der Chinese University of Hong Kong; Michael Saso am Institute of Asian Studies in Beijing; Shouhsin Teng, Hsin Shih-Chang und Tseng Chin-Chin am Graduate Institute of Teaching Chinese as a Second/Foreign Language an der National Taiwan Normal University in Taipei; Tuttle Publishing; der Mellon Foundation und dem Center for Educational Technology am Middlebury College und, last but not least, dem Williams College, insbesondere dem Center for Technology in the Arts and Humanities, dem Oakley Center for the Humanities and Social Sciences sowie dem Dekanat der Fakultät.

Ich möchte an dieser Stelle betonen, dass das diesem Kurs unterliegende Ziel die Verbesserung der Verständigung zwischen US-Amerikanern und den Bürgern der verschiedenen chinesischsprachigen Gesellschaften ist, mit dem ich, im Rahmen meiner begrenzten Möglichkeiten, Verständnis und Frieden zwischen unseren Völkern fördern möchte.

Cornelius C. Kubler
Department of Asian Studies
Williams College
Williamstown, Massachusetts, USA

Orientierung

Über diesen Kurs

Der hier vorgestellte Einführungskurs in das moderne Hochchinesisch (Mandarin) besteht aus den Bänden *Basis Chinesisch Sprechen* und *Basis Chinesisch Schreiben*. Chinesisch, als die Sprache mit den meisten muttersprachlichen Sprechern überhaupt, ist die offizielle Sprache in Festlandchina und Taiwan und eine der offiziellen Sprachen in Singapur. Der Fokus dieses Chinesischkurses, der für erwachsene Lerner konzipiert ist, liegt auf der alltagssprachlichen Kommunikation in praktischen Situationen. Dabei haben wir die Bedürfnisse einer breit angelegten Zielgruppe im Auge: Von Studierenden an Hochschulen und Universitäten bis hin zu Geschäftsleuten oder Mitgliedern des diplomatischen Corps. Sofern man den Kurs bezüglich der Progression und Lernintensität entsprechend anpasst, kann er zudem an Schulen verwendet werden. Auch für motivierte Selbstlernende ist das Werk geeignet. Ihnen sei empfohlen sich intensiv mit den Hinweisen zur Verwendung auseinander zu setzen und die *Übungsbücher* sowie das Audio- und Video-Material sorgfältig durchzuarbeiten. Dennoch ist es sinnvoll, sich eine bis zwei Stunden pro Woche mit einem Lehrer oder einem muttersprachlichen Mentor zu treffen. Auch wenn spezialisierte Lernende im weiteren Verlauf ihrer Studien sicherlich zusätzliches Material benötigen werden, liefert dieser Kurs eine solide Basis (daher auch der Name des Kurses), die für den späteren Aufbau hervorragender Chinesischkenntnisse erforderlich ist.

Das Lehrwerk ist in gesprochene und geschriebene Anteile aufgeteilt, zu denen verschiedene Zusatzmaterialien gehören. Die folgende Abbildung soll den Aufbau des Kurses verdeutlichen:

Basis Chinesisch Sprechen

- Lehrbuch
  - Video Software
Audio Disc
    - Transkription der Schriftzeichen
- Übungsbuch
  - CD-ROM
(Audio + ausdruckbares Material)

Basis Chinesisch Schreiben

- Lehrbuch
  - Audio Disc
- Übungsbuch
  - CD-ROM
(Audio + ausdruckbares Material)

Lehrerhandbücher für
Basis Chinesisch Sprechen* und *Basis Chinesisch Schreiben

Mittelstufe Chinesisch Sprechen

- Lehrbuch
  - Video Software
Audio Disc
    - Transkription der Schriftzeichen
- Übungsbuch
  - CD-ROM
(Audio + ausdruckbares Material)

Mittelstufe Chinesisch Schreiben

- Lehrbuch
  - Audio Disc
- Übungsbuch
  - CD-ROM
(Audio + ausdruckbares Material)

Lehrerhandbücher für
Mittelstufe Chinesisch Sprechen* und *Mittelstufe Chinesisch Schreiben

Es gibt verschiedene Möglichkeiten die Materialien einzusetzen: (1) Man bearbeitet ausschließlich die Serie zur gesprochenen Sprache; (2) man bearbeitet zunächst eine Lektion aus der Serie zur gesprochenen Sprache, die einige Tage, Wochen oder Monate später mit der entsprechenden Lektion aus der Serie zur Schriftsprache ergänzt wird, oder (3) man bearbeitet beide Serien gleichzeitig. Nicht sinnvoll ist es, die Serie zur Schriftsprache zuerst oder ausschließlich zu bearbeiten, da diese Serie Kenntnisse bezüglich des Aussprachesystems sowie relevante grammatische bzw. interkulturelle Kenntnisse voraussetzt, die in der Serie zur gesprochenen Sprache eingeführt worden sind.

Wer sich mit Sprachen wie dem Chinesischen befasst, sollte sich im Klaren darüber sein, dass es zusammen mit dem Japanischen, Koreanischen und Arabischen zu den schwierigsten Sprachen gehört, die man als Deutschmuttersprachler erlernen kann. Hier soll nicht der Eindruck erweckt werden, dieser Kurs biete einen „leichten Zugang" zum Chinesischen. Dennoch ist es möglich, indem man diesen Kurs gründlich durcharbeitet, eine solide Grundlage für den weiteren Spracherwerb zu legen.

Die Lernziele nach Durcharbeitung von *Mittelstufe Chinesisch Sprechen* und *Mittelstufe Chinesisch Schreiben* orientieren sich an US-amerikanischen Standards (Intermediate-Mid in den Richtlinien des American Council on the Teaching of Foreign Languages ACTFL Chinese Proficiency Guidelines). Das bedeutet, dass die Lernenden dieses Niveaus in der Lage sind, alltagspraktische einfache Konversationen zu einer Reihe von Themen auf Chinesisch zu führen. Sie sind außerdem in der Lage, einfache zusammenhängende Texte in Kurz- oder Langzeichen zu lesen und ca. 600 häufig vorkommende Schriftzeichen zu erkennen sowie mit diesen geschriebene Wörter zu verstehen. Selbstverständlich reicht dieses Niveau noch nicht aus, um Gespräche über professionelle Themen zu führen oder Zeitungen oder gar Belletristik zu lesen. Wer diese Fertigkeiten im Chinesischen entwickeln möchte, muss deutlich mehr Zeit investieren.

Im Folgenden werden einige Charakteristika von *Basis Chinesisch Sprechen* und *Basis Chinesisch Schreiben* vorgestellt:

Separate, aber miteinander verzahnte Lernzüge mit geschriebenem und gesprochenem Chinesisch. Die meisten Lehrbücher verwenden den gleichen Lernstoff, um die mündlichen und schriftlichen Fertigkeiten auszubilden und folgen dabei einer einheitlichen Progression. Die Studierenden bearbeiten typischerweise einen Dialog und erlernen dabei sowohl den Gebrauch der darin enthaltenen Vokabeln und grammatischen Phänomene als auch sämtliche im Dialog enthaltenen Schriftzeichen. Es liegt aber in der Natur der Sache, dass die Chinesischlernenden viel schneller in der Lage sind Chinesisch sprechen zu lernen als zu schreiben, da es sehr aufwendig ist, sich die Schriftzeichen einzuprägen. Daher stellten die Sprachpädagogen für ostasiatische Sprachen Eleanor H. Jorden und A. Ronald Walton schon vor Jahren die Frage, warum man das Lerntempo beim Erwerb des mündlichen Chinesisch an das viel langsamere beim Erwerb der Schrift anpassen solle?* Außerdem bestehen, gerade im Chinesischen, große Unterschiede zwischen der gesprochenen und der geschriebenen Standardsprache, wobei Wortschatz und grammatische Muster, die im gesprochenen Chinesisch häufig sind, in der geschriebenen Sprache eher selten anzutreffen sind und umgekehrt. Aus diesen Gründen wurden für diesen Kurs separate, aber miteinander verzahnte Materialien erstellt, um sowohl das gesprochene als auch das geschriebene Chinesisch der Lernenden zu üben. Da die Schriftlichkeit auf der Mündlichkeit basiert, und um die vier sprachlichen Fertigkeiten (Hören, Sprechen, Lesen, Schreiben) durch den integrierten Gebrauch gegenseitig zu stärken, sind die schriftlichen und die mündlichen Einheiten eng miteinander verzahnt. So basiert eine Lektion in Basis Chinesisch Sprechen auf einem Dialog, in dem normalerweise ein bis drei neue grammatische Muster sowie 15 bis 20 neue (mündliche) Vokabeln eingeführt werden. Die entsprechende Lektion in Basis Chinesisch Schreiben enthält sechs neue häufig vorkommende Schriftzeichen sowie eine Reihe von Wörtern, die mit diesen geschrieben werden (allerdings nicht sämtliche) und die alle aus der mündlichen Lektion stammen. Denn die Erfahrung zeigt, dass der Erwerb von Schreibfertigkeiten im Chinesischen rascher vonstatten geht, wenn die Lernenden Schriftzeichen für Wörter lernen, die sie bereits mündlich kennen gelernt haben. Da die Lernenden so bereits vor Beginn der Schrift-Lektion Aussprache, Bedeutung und Gebrauch der Wörter beherrschen, brauchen sich dann nur noch mit deren schriftlichen Repräsentationen zu befassen, was das Lernen beträchtlich erleichtert. Zudem erlaubt diese Vorgehensweise Studierenden, wie auch Lehrenden maximale Flexibilität bezüglich der Frage, wann, wie und ob überhaupt Lesen und Schreiben gelernt werden soll.

Gradueller Ansatz. Das Chinesische, insbesondere, wenn man es sehr gut beherrschen will, stellt eine Herausforderung dar, die leicht in eine Überforderung umschlagen kann. Das Erlernen dieser Sprache wird im Kurs dadurch erleichtert, dass größere Lernaufgaben in kleinere aufgesplittet werden. Daher besteht jede mündliche Lektion aus einem einzigen, relativ kurzen Dialog (von fünf bis zwölf Zeilen Länge), während die schriftlichen Lektionen jeweils nur sechs neue Schriftzeichen einführen. Ein weiterer Vorteil dieses Vorgehens ist es, dass die Lernenden häufig kleinere Erfolgserlebnisse haben, anstatt durch überlange Lektionen demotiviert zu werden.

Natürlichkeit der Sprache. Besondere Sorgfalt wurde darauf verwendet, keinen gestelzten „Lehrbuch-Stil", sondern natürliches, idiomatisches und aktuelles Chinesisch zu verwenden. Besonders deutlich wird dies z.B. im Gebrauch von Interjektionen, Pausenfüllern, und Finalpartikeln, die in diesem Kurs häufiger vorkommen als in den meisten anderen Chinesischlehrwerken. Zuweilen haben wir, um das Hörverstehen zu üben, in die Hörtexte auch Sprecher mit leichtem Akzent integriert, um so die Lernenden mit einigen jener Aussprachevarianten bekannt zu machen, auf

* Vgl. Eleanor H. Jorden und A. Ronald Walton, „Truly Foreign Languages: Instructional Challenges" in *The Annals of the American Academy of Political and Social Science*, März 1987.

die sie mit größter Wahrscheinlichkeit treffen werden.

Authentische Sprache. Chinesisch wird in einer Reihe unterschiedlicher Gesellschaften mit verschiedenen Standards und Gebrauchsweisen gesprochen. Zwar liegt der Schwerpunkt dieses Kurses auf dem sprachlichen Kern, der dem Mandarin, ganz gleich wo, zugrunde liegt, aber sofern sinnvoll, wurden auch die linguistischen Differenzen, die zwischen den größeren chinesischen Sprechergemeinschaften bestehen, wie auch neue sprachliche Entwicklungen berücksichtigt. 56 der Audio- und Video-Tracks der 96 Basis-Konversationen in *Basis Chinesisch Sprechen* und *Mittelstufe Chinesisch Sprechen* wurden in Beijing aufgenommen, weitere 31 in Taipei, 3 in Hongkong, eine in Macao, zwei in Singapur, zwei in Malaysia und eine in den USA. Die wenigen Ausdrücke, die nur von einer bestimmten Sprechergemeinschaft verwendet werden, sind besonders gekennzeichnet.

Betonung der Praxis und der unmittelbaren Nützlichkeit. Wir waren bestrebt, Lernstoff vorzustellen, der möglichst häufig vorkommt und zudem „unmittelbare Verwendung" finden kann. Es wurde Wert darauf gelegt, möglichst nützliche Wörter, Schriftzeichen, grammatische Muster, Situationen und Funktionen in den Kurs aufzunehmen, die anhand von Häufigkeits-Studien sowie eigener Forschungen des Autors nach ihrer Wichtigkeit ausgewählt wurden. Die Anordnung der Lektionen erfolgte unter dem Gesichtspunkt ihrer generellen Nützlichkeit und ihrer praktischen Bedeutung. Obwohl der Kurs natürlich komplett durchgearbeitet werden sollte, werden auch Lernende, die nur zehn oder gar fünf der Lektionen bearbeiten, darin bereits zahlreiche nützliche Vokabeln und grammatische Strukturen finden.

Eine eklektische (auswählende) Vorgehensweise. Wir glauben, dass Sprache so hochkomplex und die Persönlichkeiten der Lernenden so unterschiedlich sind, dass man keineswegs alle mit einem einzigen didaktischen Ansatz zufriedenstellen kann. Daher ist unsere Vorgehensweise absichtlich eklektisch. Der Kurs ist fertigkeitsorientiert und situationsbezogen, wobei ihm eine sorgfältige grammatische Basis zugrunde gelegt ist. Wir haben uns aus diesem Grunde von den verschiedensten Ansätzen der Fremdsprachendidaktik inspirieren lassen. Dabei wurden die Audiolinguale Methode, die Kommunikative Methode, der Funktional-kognitive Ansatz und die Grammatik-Übersetzungs-Methode integriert.

Maximal flexible Verwendungsmöglichkeiten. Die Bedürfnisse und Persönlichkeiten von Lernenden wie auch von Lehrenden sind genauso unterschiedlich wie die verschiedenen Programme, in denen Chinesisch als Fremdsprache gelehrt wird. Daher haben wir versucht, allen Beteiligten so viele Optionen wie möglich offen zu halten. Zum Beispiel die Frage, wie die Aussprache unterrichtet werden sollte; ob sowohl mündliche als auch schriftliche Fertigkeiten gelehrt werden sollen; wann Lesen und Schreiben in den Kurs eingeführt werden sollen; ob Kurzzeichen, Langzeichen oder gleich beide Formen unterrichtet werden sollen; oder welche Übungen wann gemacht werden sollen. Eine ausführliche Diskussion dieser und anderer Fragen findet sich in den Lehrerhandbüchern für *Basis Chinesisch Sprechen* und *Basis Chinesisch Schreiben*.

Beachtung soziolinguistischer und kultureller Elemente. Für eine effektive Kommunikation ist es oft nicht ausreichend, etwas mit korrekter Grammatik und Aussprache sagen zu können. Die Lernenden müssen wissen, wann sie etwas sagen dürfen und wann nicht bzw. in der Lage sein, ihre Äußerungen an die Situation anzupassen. Welchen Einfluss haben z.B. Geschlecht, Alter und soziale Position von Sprecher und Hörer auf die Sprache? Außerdem lässt sich eine Sprache nicht von der Kultur der Sprachverwender trennen. Und welche kulturellen Voraussetzungen machen Sprecherinnen und Sprecher des Chinesischen? Diese und andere Fragen haben wir zu berücksichtigen versucht.

Umfangreiche eingebaute Wiederholungen. Um das Gelernte ins Langzeitgedächtnis einzuprägen, wurde großer Wert darauf gelegt, bereits eingeführte Vokabeln und Grammatik in späteren Abschnitten der Lehrbücher wie auch in den Übungsbüchern regelmäßig wieder zu verwenden. Außerdem befindet sich am Ende jeder Einheit in *Basis Chinesisch Sprechen* der Abschnitt Wiederholung und Lerntipps.

Beachtung der Bedürfnisse von Lernenden mit Vorkenntnissen im Chinesischen. Obwohl der Kurs für Anfänger konzipiert ist und daher keine Voraussetzungen macht, wird darin auch auf die Bedürfnisse derer eingegangen, die bereits über Vorkenntnisse in der Sprache verfügen, die sie entweder zuhause oder auch im Ausland erworben haben. Daher enthält das Lehrwerk auch Anmerkungen bezüglich der Differenzen in Aussprache und Sprachgebrauch zwischen Mandarin und Kantonesisch bzw. dem Taiwanischen Mandarin, das einige der Lernenden bereits kennen gelernt haben könnten.

Aufbau und Verwendungsmöglichkeiten

Basis Chinesisch Sprechen führt in die Phonetik des Standardchinesischen (Mandarin), das Transkriptionssystem Hanyu Pinyin, viele der wichtigsten grammatischen Muster des gesprochenen Chinesisch und ein Kernvokabular von 931 häufig vorkommenden Wörtern ein. Darüber hinaus stellt es soziolinguistische und kulturelle Informationen darüber zur Verfügung, wie man diese sprachlichen Komponenten angemessen verwendet.

Das Lehrbuch *Basis Chinesisch Sprechen* besteht aus zehn Einheiten, die jeweils eine typische chinesische Alltagssituation widerspiegeln, in der man als Ausländer mit Chinesen interagiert. Auf der jeweils ersten Seite der Einheit sind das Thema und die Kommunikativen Lernziele der Einheit aufgelistet. Diese spiegeln wichtige sprachliche Funktionen wider und geben dem Lernprozess eine Richtung. Die Lernenden sollten sich die Kommunikativen Lernziele gründlich durchlesen, da es für die Motivation beim Lernen von Vorteil ist, wenn sie zum einen die dem Lehrstoff unterliegende Absicht verstehen und zum anderen auch wissen, was sie in der jeweiligen Einheit erwartet.

Jede Einheit ist in vier Abschnitte untergliedert und enthält folgende Unterpunkte:

Kontext: Auf der ersten Seite jedes Abschnitts finden Sie den Titel der Lektion, ein Bild von der Situation aus dem Vor-Ort-Video und eine Beschreibung der Situation. Der soziolinguistische und der kulturelle Kontext werden jedes Mal erläutert, z.B.: wo der Dialog spielt, wer die Sprechenden sind, ihre jeweilige gesellschaftliche Stellung, wie gut sie einander kennen, Alter und Geschlecht etc. Die Lernenden sollten sich das Bild genau anschauen und auch die Beschreibung lesen, damit sie den Kontext der Basis-Konversation, die sie gerade bearbeiten, auch wirklich verstehen.

Basis-Konversation: Die Basis-Konversationen, die zugleich den Kern der Lektion ausmachen, bestehen in der Regel aus einem Dialog zwischen einem US-Amerikaner und einer (manchmal auch mehreren) Chinesisch sprechenden Person. In den Konversationen werden häufig vorkommende sprachliche Bildungsmuster, Vokabeln und kulturelle Informationen, die für die Lernenden nützlich sein können, in einer situationsbezogenen Weise eingeführt. Um die Konversationen lebendig zu machen und Details des soziolinguistischen und kulturellen Hintergrunds zu zeigen, wurden Videos von den Basis-Konversationen vorbereitet, die zusammen mit dem Lehrbuch verwendet werden sollten. Den Basis-Konversationen folgt jeweils ein ‚Build-Up', in dem jeder Satz in kleinere, leichter verständliche Abschnitte untergliedert ist. Dazwischen eingefügte Pausen geben Gelegenheit, diese Abschnitte zu wiederholen und flüssiges Sprechen zu üben. Im Lehrbuch ist das ‚Build-Up' in zwei Spalten eingeteilt: Links steht die Transkription und rechts die deutsche Übersetzung sowie die Wortklasse. Die Lernenden sollten mit den Tonaufnahmen und dem Lehrbuch arbeiten und die Basis-Konversationen so gründlich memorieren, dass sie diese sehr gut kennen und in den Rollenspielen auswendig darbieten können (z.B. am nächsten Tag mit der Lehrperson und den Mitlernenden im Klassenraum oder, wenn es sich um Selbstlernende handelt, indem sie die Konversationsoptionen der Software nutzen), bevor sie mit den Übungen beginnen. In vieler Hinsicht haben die Lernenden die Lektion dann gemeistert, wenn sie die Basis-Konversationen verinnerlicht haben, aber natürlich ist das Auswendiglernen der Basis-Konversationen nur der erste Schritt beim Erreichen kommunikativer Kompetenz.

Ergänzungsvokabular: Dieser Abschnitt enthält wichtige weitere Vokabeln, die häufig auf die eine oder andere Weise mit dem Stoff in den Basis-Konversationen in Zusammenhang stehen. Das Ergänzungsvokabular ist in den Tonaufnahmen nach den Basis-Konversationen enthalten und sollte gelernt werden, da es später im Buch ohne weitere Erläuterung auftauchen kann.

Zusatzvokabular: Dieser Abschnitt kommt nur in einigen der Lektionen vor und enthält weitere nützliche mit dem Inhalt der Lektion in Zusammenhang stehende Wörter. Das Zusatzvokabular, das für Lernende mit zusätzlichen Ressourcen gedacht ist, muss nicht gelernt werden und taucht auch in den folgenden Lektionen nicht mehr auf.

Grammatische und kulturelle Anmerkungen: Hier werden die wesentlichen neuen Grammatikstrukturen in den Basis-Konversationen aus dem Blickwinkel deutschsprachiger Lernender erläutert. Weiterhin finden sich darin diverse Kommentare zur Basis-Konversation sowie zum Ergänzungs- und Zusatzvokabular. Es wurde besonderer Wert darauf gelegt, wichtige soziolinguistische und kulturelle Informationen sowie praktische Ratschläge für die Chinesischlernenden aufzunehmen.

Wiederholung und Lerntipps: Am Ende jeder Einheit findet sich ein Abschnitt zur Wiederholung und mit Lerntipps. Dieser besteht aus: (1) den neuen Vokabeln aus der Basis-Konversation und dem Ergänzungsvokabular der vier Abschnitte der Einheit, die nach Wortklassen angeordnet sind, und (2) eine Liste der wesentlichen neuen Grammatikmuster, die in der Einheit eingeführt werden, wobei die Stelle, an der sie zum ersten auftauchen, angegeben wird.

Ein Überblick über die chinesische Sprache

Der Schwerpunkt dieses Kurses liegt eher darauf, Chinesisch zu lernen und weniger darauf Wissen über die chinesische Sprache zu vermitteln. Andererseits gibt es viele Besonderheiten in der Sprache sowie Vorurteile in der allgemeinen Wahrnehmung, dass ein kurzer Überblick über die Geschichte und die augenblickliche Situation der chinesischen Sprache hilfreich dabei ist, Ihre Studien des Chinesischen in die richtige Perspektive zu rücken.*

GESCHICHTE

Das Chinesische gehört zur Sino-tibetischen Sprachfamilie. Das bedeutet, dass es mit Sprachen wie dem Burmesischen und dem Tibetischen verwandt ist, obwohl das nur für den Spezialisten erkennbar sein dürfte. Nach dem aktuellen Kenntnisstand besteht keine Verbindung zwischen dem Chinesischen und den indoeuropäischen Sprachen, zu denen das Deutsche und die meisten europäischen Sprachen gehören. Auch zum Japanischen und dem Koreanischen bestehen keine genetische Verbindungen, obwohl das Schriftsystem und ein Teil des chinesischen Vokabulars in diese Sprachen entlehnt und dort an die eigenen Bedürfnisse angepasst wurde.

Um 500 vor Christus hatte sich im Tal des Gelben Flusses in Nordchina eine Sprache entwickelt, die heute Altchinesisch genannt wird. Das ist die Sprache des Konfuzius und des Menzius und, mehr oder minder, die Vorläuferin aller modernen chinesischen Dialekte. Während sich das mündliche Altchinesisch, wie alle gesprochenen Sprachen, im Laufe der Jahrhunderte veränderte, wurde das geschriebene Altchinesisch – das in der Regel als **Gǔwén** oder „Klassisches Chinesisch" bezeichnet wird – zu einem relativ frühen Zeitpunkt in seiner Form fixiert und wandelte sich bis in die ersten Dekaden des 20. Jahrhunderts kaum noch.

Nach dem Sturz der Qing-Dynastie im Jahre 1911, befassten sich zahlreiche Intellektuelle mit der Frage der Sprachstandardisierung bzw. der Sprachreform, die für den Aufbau eines modernen Nationalstaates als essenziell angesehen wurde. 1913 förderte das Erziehungsministerium der neu gegründeten Republik China eine Konferenz über die Vereinheitlichung der Aussprache des Chinesischen, auf der nach langen Diskussionen der nordchinesische Dialekt, der auf Deutsch unter der Bezeichnung Mandarin bekannt ist, zur **Guóyǔ**, d.h. zur „Landessprache" Chinas erklärt wurde.

Einige Jahre später, genauer gesagt im Jahre 1917, führte der in den USA ausgebildete Philosoph und Literaturkritiker Hu Shih eine Bewegung an, die das Ziel hatte, das Klassische Chinesisch durch geschriebenes Mandarin, **Báihuà** genannt, als geschriebene Standardsprache zu ersetzen. Diese, auch als **Xīn Wénxué Yùndòng** „Neue Literaturbewegung" bekannte Bewegung, erstarkte in den 1920er- und 1930er-Jahren allmählich. Nach der Gründung der Volksrepublik China im Jahre 1949 führte die neue Regierung die Politik der Vorgängerregierung zur Förderung des Mandarin fort, wobei man der Sprache die Bezeichnung **Pǔtōnghuà** „Allgemeine Sprache" gab. Beginnend mit den 1950er-Jahren wurden in China eine ganze Reihe von Reformen durchgeführt: die Standardisierung von Schriftzeichen-Varianten, die Verbreitung von vereinfachten Schriftzeichen, das Schreiben in horizontalen Zeilen und die Schaffung der Pinyin-Transkription.

Heutzutage ist das Mandarin die Muttersprache mit den weltweit meisten Sprecherinnen und Sprechern; es gibt sogar mehr Chinesischmuttersprachler als Muttersprachler des Englischen und des Spanischen zusammen. Diese beiden Sprachen liegen vielmehr auf den Plätzen drei und vier (Hindi/Urdu ist weltweit die Nummer zwei). Hinzu kommt, dass es sich bei vier der zwanzig meistgesprochenen Sprachen auf der Welt um chinesische Dialekte handelt. Chinesisch ist zudem, nach Englisch und Spanisch, die dritthäufigste Sprache in den USA.

So wie das Englische in einer Reihe von Ländern die Muttersprache der dortigen Bevölkerung darstellt, wird auch das Chinesische in verschiedenen Ländern und Gesellschaften gesprochen. Es ist die Nationalsprache der Volksrepublik China auf dem chinesischen Festland, auf Hainan sowie einer Reihe kleinerer Inselgruppen. Es ist zudem die Nationalsprache der Republik China auf Taiwan sowie einer Reihe kleinerer Inselgruppen und eine der offiziellen Sprachen der Republik Singapur. Weiterhin wird das Mandarin von vielen chinesischstämmigen Einwohnern von Malaysia gesprochen, die etwa ein Viertel der Gesamtbevölkerung ausmachen. Wenngleich es innerhalb dieser Varietäten des Chinesischen unterschiedliche Standards und Sprachverwendungsweisen gibt, handelt es sich um geringfügig differierende Formen ein und derselben Sprache, deren Sprecher sich, mit wenigen Ausnahmen, untereinander verständigen können.

* Der Inhalt dieser Sektion wurde vom Autor ursprünglich für den *NFLC Guide for Basic Chinese Language Programs*, 2nd rev. ed., National Foreign Language Resource Center, The Ohio State University, Columbus, 2006 verfasst und für diesen Text adaptiert.

Abbildung 1

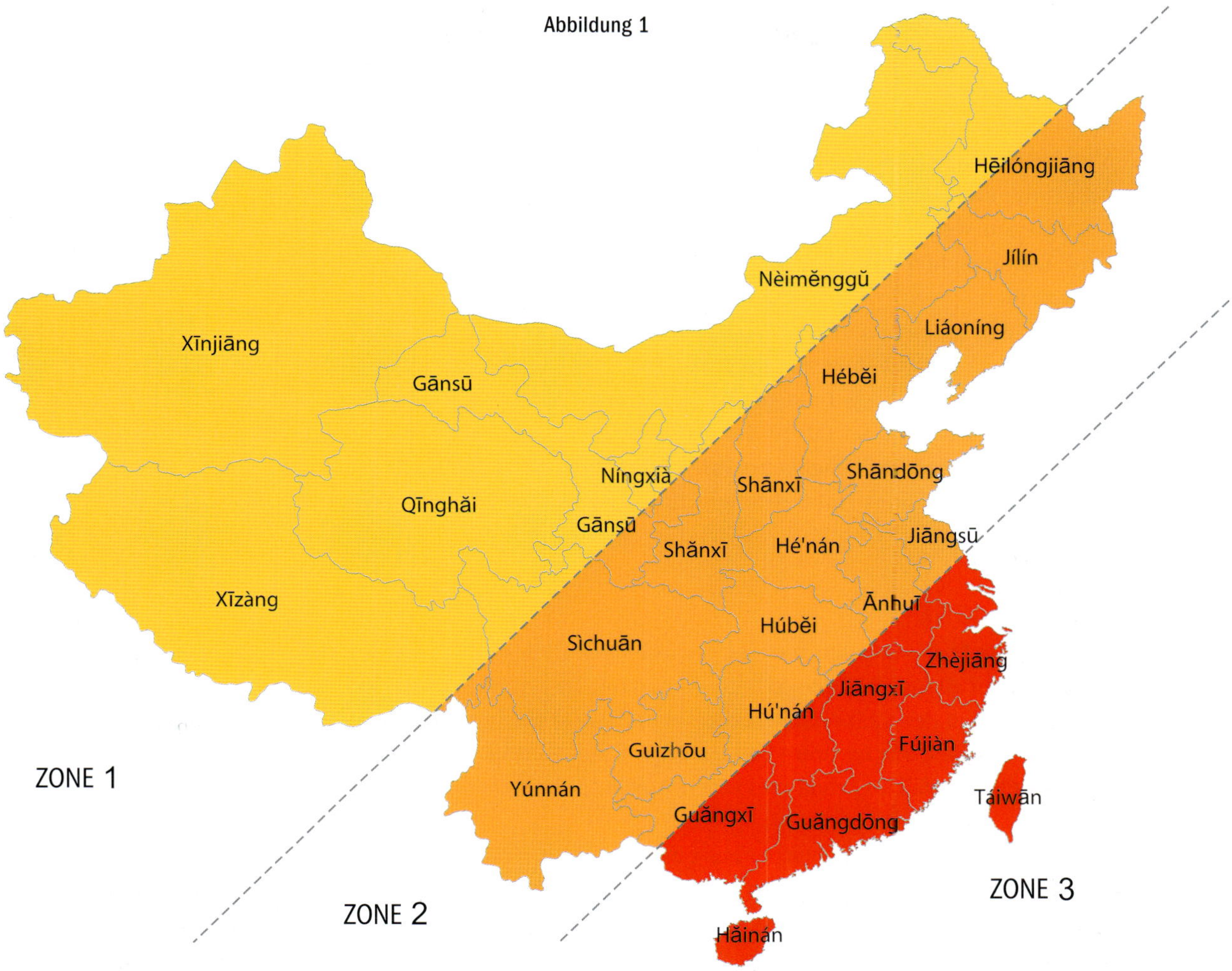

SPRACHEN UND DIALEKTE

Die Sprachen Chinas sind über drei große Zonen verteilt (siehe Abbildung 1). Die erste Zone besteht aus den Grenzbereichen Nord- und Westchinas, wo traditionell nichtchinesische Sprachen wie das Mongolische, das Uigurische und das Tibetische gesprochen wurden. In der zweiten Zone, die sich von Heilongjiang im Nordosten über den größten Teil von Nord- und Zentralchina nach Yunnan im Südwesten erstreckt, werden vier große Varianten des Mandarin gesprochen. Die dritte Zone verläuft von Südjiangsu über Südostchina nach Südguangxi. In dieser werden im Alltag sechs sich stark voneinander unterscheidende Dialekte des Chinesischen gesprochen.

Die genannten vier großen Varianten des Mandarin, die in der zweiten Zone gesprochen werden, sind: (1) **Běifāng Guānhuà** „Nördliches Mandarin", das die Sprache in Beijing, Hebei, Henan, Shandong, Liaoning, Jilin und Heilongjiang ist; (2) **Xīběi Guānhuà** „Nordwestliches Mandarin", das in Shanxi, Shaanxi, Ningxia und Gansu zu hören ist; (3) **Xī'nán Guānhuà** „Südwestliches Mandarin", wie es sich in Sichuan, Guizhou, Yunnan und Nord-Guangxi findet; und (4) **Xiàjiāng Guānhuà** „Niederer Yangtse Mandarin", das in Anhui, dem größten Teil von Hubei und Jiangsu gesprochen wird. Die Unterschiede zwischen diesen vier Varianten des Mandarin entsprechen denen zwischen US-amerikanischem, kanadischem, britischem und australischem Englisch.

Die sechs großen Nicht-Mandarin-Dialekte, die in der dritten Zone gesprochen werden, sind: (1) **Wúyǔ** „Wu", bei dem es sich um die Alltagssprache in Shanghai, Südjiangsu und Zhejiang handelt; (2) **Yuèyǔ** „Yue" oder „Kantonesisch", das in Guangdong und dem größten Teil von Guangxi zu hören ist; (3) **Xiāngyǔ** „Xiang", das in Hunan gesprochen wird; (4) **Mǐnyǔ** „Min", das in Fujian, Taiwan, Hainan und einem Teil von Guangdong zu finden ist; (5) **Kèyǔ** „Hakka", das in Teilen von Guangdong, Jiangxi, Fujian und Taiwan, und in kleineren Ansammlungen in anderen chinesischen Provinzen angetroffen werden kann; und (6) **Gànyǔ** „Gan", das sich nur in Jiangxi findet. Das Verhältnis zwischen dem Mandarin und den anderen sechs chinesischen Dialekten entspricht in etwa dem zwischen verschiedenen romanischen Sprachen (z.B. Französisch, Italienisch, Portugiesisch und Spanisch).

Aus rein linguistischer Sicht könnte man das Mandarin und die sechs weiteren großen Dialekte des Chinesischen eher als eigenständige Sprachen anstatt als Dialekte bezeichnen, da ihre Sprecher sich untereinander nicht verständigen können. Aus politischen und kulturellen Gründen werden sie jedoch gewöhnlich als Dialekte bezeichnet. Die größten Unterschiede zwischen diesen Dialekten finden sich auf dem Gebiet der Aussprache, in geringerem Umfang auch im Vokabular (mehr im alltäglichen als z.B. im akademischen Sprachgebrauch) und am wenigsten bei der Grammatik (obgleich sich auch dort wichtige Verschiedenheiten finden). Heutzutage sprechen Dialektsprecher in der Regel ihren Dialekt (und, sofern sie es können, auch Mandarin), lesen und schreiben aber in Mandarin, das sie in der Schule gelernt haben. Die verbreitete Behauptung, dass die verschiedenen chinesischen Dialekte zwar unterschiedlich ausgesprochen, aber gleich geschrieben werden, trifft nicht wirklich zu; werden Dialekte geschrieben (wie dies beim Kantonesischen oder Taiwanischen zuweilen der Fall ist) sind sie für Lesende aus anderen Teilen Chinas nicht vollständig verständlich.

Heute beherrschen insbesondere die jüngeren und städtischen Dialektsprecher in Festlandchina und auf Taiwan das Mandarin einigermaßen. Sie haben es in der Schule gelernt und hören es in den Medien, allerdings sprechen sie in der Regel mit einem dialektalen Einschlag. Sollten Sie bereits mit einem Nicht-Mandarin-Dialekt vertraut sein, so dürfte das beim Erlernen des Mandarin nützlich sein, obgleich sie auf die Differenzen achten sollten. Umgekehrt erleichtert die Beherrschung des Mandarin das Erlernen eines weiteren chinesischen Dialektes (und, wenngleich in geringerem Umfang, auch des Japanischen, Koreanischen oder Vietnamesischen).

AUSSPRACHE

Was das Mandarin von allen anderen chinesischen Dialekten unterscheidet, ist seine relativ einfachere Phonetik, da es von all diesen Dialekten die wenigsten Töne und Auslaute hat. Verglichen mit anderen Sprachen ist das Lautsystem des Chinesischen ohnehin relativ einfach, so gibt es nur 400 Grundsilben – weitaus weniger als im Deutschen, das mehrere Tausend hat. Eine chinesische Silbe gliedert sich in der Regel in einen Anlaut (der bei einigen Silben fehlt) und einen Auslaut, der stets vorhanden ist. Der Auslaut trägt gewöhnlich den Ton.

Es gibt 23 Anlaute, die immer aus einem einzigen Konsonanten bestehen, da es nicht, wie im Deutschen, Konsonanten-Cluster wie z.B.[spr] oder [tz] in *spritzen* gibt. Die Auslaute, von denen es 34 gibt, enden alle mit einem Vokal bzw. **-r**, **-n**, oder **-ng**. Zudem tragen die meisten chinesischen Silben einen der vier Töne. Wenn man die gleiche Grundsilbe jeweils mit einem anderen Ton ausspricht, so haben diese Silben gewöhnlich auch jeweils ganz unterschiedliche Bedeutungen.

Bei den Tönen handelt es sich um eine der Besonderheiten des Chinesischen. Eine weitere Besonderheit ist, dass jede Silbe eine eigene Bedeutung trägt, wenngleich nicht jede Silbe als unabhängiges Wort verwendet werden kann. Aus diesem Grund wird das Chinesische häufig als „monosyllabische" (einsilbige) Sprache bezeichnet, aber das heißt nicht, dass jedes chinesische Wort aus einer einzigen Silbe besteht. Die meisten chinesischen Wörter sind (in der heutigen Zeit) vielmehr zweisilbig.

GRAMMATIK

Schon viele Menschen, sowohl Chinesen als auch Nichtchinesen, haben behauptet, das Chinesische habe „keine Grammatik". Damit ist gewöhnlich gemeint, dass sich die Wörter im Chinesischen nicht nach Geschlecht, Kasus, Anzahl, Person und Zeit verändern, wie dies in vielen westlichen Sprachen der Fall ist. Aus diesem Grund wird das Chinesische in vielen Einteilungen als „isolierende" oder „analytische" Sprache klassifiziert. Aus dem gleichen Grund wurde die Sprache im Westen früher als primitive Sprache angesehen.

In der Tat hat das Chinesische durchaus eine Menge grammatische Regeln, auch wenn es sich dabei zum Teil um eine völlig andere Art von Regeln handelt als in den westlichen Sprachen. Die wichtigste Rolle spielen in der chinesischen Grammatik die Wortstellung, die Funktionswörter (unabhängige Partikel, die grammatische Funktionen anzeigen) sowie der Kontext. Besonders wichtige grammatische Phänomene sind:

1. **Die normale Satzstellung** lautet: Subjekt-Verb-Objekt, wie im Deutschen (allerdings wird das Subjekt oft weggelassen und das Objekt an den Satzanfang gestellt).
2. **Topic/Comment (Thema/Rhema)** bietet sich häufig als die passendere Grobeinteilung für Sätze an als Subjekt/Prädikat.

3. **Adjektive** (die in diesem Lehrbuch als Statische Verben bezeichnet werden) können, wenn sie an der Position des Verbs stehen, als Verben fungieren (z.B. **fángzi xiǎo** „das Haus kleint/das Haus ist klein“).
4. **Adjektive** (oder Statische Verben) gehen den Substantiven voran, wie im Deutschen (z.B. **xiǎo + fángzi** = „klein“ + „Haus“ bzw. „kleines + Haus“).
5. **Verben haben eher einen Aspekt als eine Zeitform** (z.B.: Ist die Handlung eines Verbs vollendet (oder kontinuierlich/andauernd)? Wurde die Verbhandlung bereits einmal erlebt/durchgeführt?).
6. **Zähleinheitswörter** werden direkt vor den Substantiven gebraucht, wenn die Substantive durch eine Zahl oder einen Spezifizierer modifiziert werden (z.B. **sānzhāng zhuōzi** „drei flaches-Ding Tische“).
7. **Verdoppelung**: So ändert z.B. die Wiederholung einer Silbe in der Regel die Bedeutung eines Wortes.

DER WORTSCHATZ

Chinesische Wörter können aus einer oder auch mehreren Silben bestehen, z.B. **shū** „Buch“, **péngyou** „Freund“ oder **dǎzìjī** „Schreibmaschine“, allerdings sind die meisten Wörter zweisilbig. Wörter, die aus zwei oder mehr Silben bestehen, lassen sich leicht in ihre Bestandteile zerlegen, da jeder Bestandteil normalerweise sein eigenes Schriftzeichen und seine eigene Bedeutung hat, wenn das Wort geschrieben wird. Das heißt, dass die Silben die Grundbausteine der chinesischen Sprache sind.

Aufgrund der langen und weitgehend getrennten Entwicklung des Chinesischen existieren nur wenige verwandte Wörter zwischen dem Chinesischen und den europäischen Sprachen, wie dem Deutschen oder dem Englischen. Zudem waren bis vor kurzem der gesellschaftliche und kulturelle Hintergrund dieser Sprachen gänzlich verschieden. Auch verfügt das Chinesische über ein sehr großes Vokabular, insbesondere in literarischen und historischen Texten. Im letzten Jahrhundert wurden aus dem Englischen und anderen westlichen Sprachen – und umgekehrt – eine ganze Reihe von Wörtern entlehnt. In manchen Fällen wurde der Klang ins Chinesische entlehnt, wie z.B. in **léidá** „Radar“ oder **kělè** ‚Cola“. Typischer sind allerdings Neubildungen wie **diànhuà** „elektrische Worte – Telefon“ oder **huǒchē** „Feuerwagen – Eisenbahnzug“, bei denen die Bedeutung der fremden Ausdrücke ins Chinesische übersetzt wurde.

Strategien für das Erlernen des gesprochenen Chinesischen

Chinesisch hatte lange Zeit den Ruf, für Menschen aus westlichen Ländern nur schwer oder gar nicht erlernbar zu sein. Und in der Tat ist richtig, dass es für Deutschmuttersprachler eine wesentlich schwierigere Aufgabe darstellt, Chinesisch zu lernen, als eine andere westliche Sprache. Laut den Erfahrungen der Sprachlehreinrichtungen der US-Regierung dauert es etwa viermal so lang, jemanden im Chinesischen auf ein sprachliches Niveau zu bringen, in dem die Person professionell handeln kann, als im Spanischen oder Französischen.

Während es in der Tat zutrifft, dass es deutlich mehr Zeit und Mühe kostet, Chinesisch zu lernen und dass man sich auch nach jahrelangem Lernen nicht mit einem gut ausgebildeten Muttersprachler des Chinesischen vergleichen kann, wird der Schwierigkeitsgrad der Sprache auf der anderen Seite doch überschätzt. Chinesisch lässt sich durchaus lernen. Viele Nichtchinesen, z.B. Studierende, Wissenschaftler, Geschäftsleute und Regierungspersonal, die alle das Chinesische erlernt haben, sind der Beweis dafür.

Vor allem die Grundlagen des gesprochenen Chinesisch sind gar nicht so schwer zu lernen. Es gibt keine Verbkonjugationen oder Nominaldeklinationen, die man auswendig lernen muss, und das Aussprachesystem ist auf etwa vierhundert Silben begrenzt. Zugegebenermaßen stellen die chinesischen Schriftzeichen ein Problem dar, das man in Sprachen mit Alphatbetschrift nicht antrifft, und der soziolinguistische und kulturelle Hintergrund unterscheidet sich sehr von dem westlicher Sprachen. Nichtsdestotrotz kann man Chinesisch heutzutage viel leichter lernen, als dies noch vor nicht allzu langer Zeit der Fall gewesen ist. Die Gründe dafür liegen in: in letzter Zeit erfolgte Systematisierungen und Vereinfachungen des Chinesischen, Fortschritte in der Sprachdidaktik (bessere Wörterbücher, Lehrbücher und Lehrmethoden) und in der Tatsache, dass der Westen und China sich immer weiter annähern.

Wenn man Chinesisch lernt, muss man nicht nur hart, sondern auch smart arbeiten. Unten finden sie einige Vorschläge und Strategien zum Chinesischlernen, die auch anderen geholfen haben. Sprachenlernen ist etwas Individuelles, daher kann es sein, dass das, was für den Einen hilfreich und nützlich ist, bei jemand anderem nicht funktioniert, dennoch sollten Sie überlegen, ob Sie nicht einige der folgenden Strategien für den eigenen Gebrauch adaptieren möchten.

ALLGEMEINE STRATEGIEN

1. **Versuchen Sie so viel wie möglich auf Chinesisch zu denken.** Denken Sie so oft wie möglich in Bildern von den Dingen und versuchen Sie dabei das Deutsche herauszuhalten. Generell sollten Sie versuchen zu lernen, so chinesisch wie möglich zu sprechen und sich auch so chinesisch wie möglich zu verhalten. Am Anfang lässt sich es sich kaum vermeiden, bis zu einem gewissen Grad die Gedanken aus dem Deutschen zu übersetzen, aber Sie sollten versuchen, so früh wie möglich damit anzufangen, direkt auf Chinesisch zu denken.
2. **Denken Sie daran**, dass Sprache mehr ist als ein sprachliches Signal und dass Sie Sprache besser in einem kommunikativen Umfeld als in einem grammatischen assimilieren können. Auf Chinesisch kommunizieren zu lernen bedeutet, dass Sie versuchen das gesamte Gewebe von Ausdrücken, Gesten, Handlungen, Glaubensvorstellungen und Werten in China und damit die kulturellen Grundlagen des Chinesischen verstehen zu lernen.
3. **Versuchen Sie sich als guter Beobachter** von Angehörigen der chinesischen Kultur – beobachten Sie, was Chinesen sagen, was sie tun, während sie reden, ihre Gestik und Mimik usw. Beobachten Sie auch Ihr eigenes Verhalten, das Ihre innere Einstellung bezüglich der chinesischen Kultur reflektiert (und erkennen lässt). Versuchen Sie gegenüber den Dingen in Ihrem Verhalten, die von Chinesen als unangemessen empfunden werden könnten, sensibel zu werden. So sollten Sie nicht Ihre Füße auf den Tisch legen oder mit dem Zeigefinger auf andere zeigen. Weiterhin sollten Sie im Unterricht in China oder bei Lehrkräften, die noch nicht allzu sehr mit der deutschen Kultur vertraut sind, nicht zu leger angezogen sein und im Klassenraum auch keine Mütze oder Kappe tragen oder gar Essen in den Klassenraum bringen.

ZEIT-MANAGEMENT

1. **Chinesischlernen braucht Zeit,** daher ist es wichtig diese gut zu nutzen. Wenn Sie in einer Lernergruppe arbeiten, sollten Sie an allen Sitzungen teilnehmen; öfter zu schwänzen ist der beste Weg zum Misserfolg. Es kommt öfter vor, dass Lernende, die aus Krankheitsgründen keine Zeit hatten, sich vorzubereiten, die Stunde ausfallen lassen, um die Zeit zum Nachholen des Stoffes zu nutzen. Tun Sie das besser nicht, denn obwohl Sie damit in bester Absicht handeln, fallen Sie damit weiter und weiter hinter die Gruppe zurück.
2. **Lernen Sie die Sprache zu regelmäßig festgelegten Zeiten** und bleiben Sie bei diesen. Am besten halten Sie bewusst einen täglichen Stundenplan ein. Lernen Sie zu einer Zeit, in der Sie entspannt sind und nicht von anderen abgelenkt sind und auf keinen Fall, wenn Sie schon müde sind. Nur so können Sie effektiv lernen.
3. **Auch der richtige Ort spielt beim Lernen eine Rolle.** Lernen Sie nicht an einem Ort, an dem Sie ständig gestört oder gar unterbrochen werden (wie in Wohnheimzimmern, die Sie mit anderen teilen). Ein Sprachlernzentrum oder ein Sprachlabor eignen sich besonders für das Lernen der mündlichen Sprache, da diese die passende Umgebung für ein konzentriertes und effizientes Lernen zur Verfügung stellen.
4. **In täglich stattfindenden Unversitätskursen,** in denen die Lernenden je eine Lektion (d.h. je einer der vier Abschnitte einer Einheit) in *Basis Chinesisch Sprechen* und *Basis Chinesisch Schreiben* pro Tag durchnehmen, muss man durchschnittlich zwei bis drei Stunden zusätzlich für die Vor- bzw. Nachbereitung, z.B. im Sprachlabor, einrechnen. Lockern Sie Ihren Lernplan auf und seien Sie bei der Anordnung Ihrer Lernzeiten flexibel. Anstatt drei Stunden am Stück nur mit Chinesisch zuzubringen, dürfte es sinnvoller sein, drei separate Lernsitzungen anzusetzen.

DIE BEDEUTUNG MÜNDLICHER ÜBUNGEN

1. **Die wichtigste Vorbereitung auf den Unterricht** ist es, mit den Tonaufnahmen zu arbeiten, die dem Lehrbuch beigefügt sind. Seien Sie dabei aktiv! Wiederholen Sie alle Übungen, an denen Sie arbeiten, oder machen Sie mit, sofern das vorgesehen ist. Und obwohl es in Ordnung ist, das offene Buch daneben zu legen, wenn Sie den Lernstoff zum ersten Mal durchgehen, sollten Sie es beim zweiten und dritten Mal geschlossen lassen (das ist zwar schwieriger, aber weitaus effektiver). Sprechen Sie laut, wenn Sie die Übungen machen, so laut wie möglich sogar! Es hat sich gezeigt, dass man Sprachen besser lernen kann, wenn man beim Üben laut spricht. Sie sollten den gesprochenen Stoff nie primär anhand der Transkription des Chinesischen im Lehrbuch lernen; lernen Sie von Ihren sprechenden Vorbildern – Ihren Lehrerinnen und Lehren und den Stimmen in den Tonaufnahmen.

2. **Sowohl im Klassenraum als auch, wenn Sie die Tonaufnahmen hören,** sollten Sie diszipliniert zuhören. Achten Sie immer auch auf die Bedeutung dessen, was Sie hören. Wenn man eine Wiederholungsübung macht, ist es einfach, die Antworten mechanisch „auszuspucken", aber es ist wesentlich effektiver, dabei auch an die Bedeutung dessen, was Sie da hören, zu denken. Je aktiver Sie lernen, desto schneller kommen Sie voran.
3. **Achten Sie besonders auf die Aussprache.** Ein falsch ausgesprochener An-, Auslaut oder Ton führt oft dazu, dass chinesische Muttersprachler ein Wort nicht verstehen. Für das Verstandenwerden sind auch der korrekte Satzrhythmus sowie die richtige Satzbetonung von großer Wichtigkeit. In der Tat lassen sich schlechte Gewohnheiten im Nachhinein oft nur noch sehr schwer korrigieren, daher sollten Sie von Anfang darauf achten, sich gute Aussprachegewohnheiten zuzulegen.
4. **Seien Sie am Anfang vor allem genau und nicht nur schnell.** Mogeln Sie sich nicht über Wörter hinweg, die für Sie schwer auszusprechen sind; es gibt keinen Grund durch einen Satz zu hasten. Das Tempo kommt mit der Zeit von selbst. Wiederholen Sie jede Phrase so oft, dass Sie diese am Ende relativ flüssig aussprechen können.
5. **Widerstehen Sie der Versuchung, abzuschalten, wenn die Lehrkraft jemanden anderes aufruft.** Hören Sie stets zu und versuchen Sie, jede Aktivität im Klassenraum mitzumachen. Wenn andere Fragen gestellt bekommen, sollten auch Sie aktiv nach der Antwort suchen und sich diese im Stillen selbst geben. Achten Sie auch darauf, wenn der Lehrer andere korrigiert. So machen Sie das meiste aus dem Unterricht.

SPEZIELLE TECHNIKEN

1. **Lernen Sie jede Basis-Konversation auswendig,** damit Sie diese in der Klasse korrekt und flüssig aufsagen können. Es ist wichtig, dass Sie alle neuen Vokabeln und grammatischen Muster verinnerlichen. Nur so stehen diese Ihnen später zur eigenen kreativen Verwendung zur Verfügung. Dadurch wird Ihre Sprache natürlicher und flüssiger. Auswendiglernen mag zeitintensiv und nicht sonderlich interessant erscheinen, aber für den Anfang ist es beim Sprachenlernen sehr effektiv.
2. **Lernende stellen oft den Sinn von Wiederholungen, Drills und Auswendiglernen in Frage.** Natürlich sind diese Übungsformen nur der erste Schritt auf dem Weg zu unserem Ziel der kommunikativen Kompetenz. Aber sie sind für den Spracherwerb von größter Bedeutung, da sie Ihrem Gehirn die Klänge und Strukturen der Sprache fest einprägen, so dass Sie später darauf zurückgreifen können, wenn Sie später die Sprache kreativ verwenden. Wir hoffen, dass Sie die Wichtigkeit dieser Aktivitäten erkennen und hoffen, dass Sie hart daran arbeiten.
3. **Eine der effizientesten Lernmethoden ist es, sich oft selbst zu testen.** Wenn Sie z.B. mit den Tonaufnahmen gearbeitet haben und die Wörter und Sätze auf einer Seite im Lehrbuch gelernt haben, nehmen Sie ein extra Blatt Papier und falten es längs. Halten Sie damit die chinesische Seite zu und testen sich, indem Sie versuchen, das Chinesische anhand des Deutschen zu rekonstruieren. Vokabelkarten sind ein weiteres hilfreiches Lernmittel, da Sie diese überall hin mitnehmen können. Außerdem können Sie leicht die Karten, bei denen Sie noch Fehler machen aus dem Gesamtpacken aussortieren und sich intensiver mit diesen befassen.
4. **Lernen Sie Phrasen, Sätze und Dialoge, nicht bloß einzelne Wörter.** Wenn Sie die Vokabeln im Kontext (als Teil von Phrasen, Sätzen und Dialogen) lernen, können Sie diese später korrekt verwenden, wenn Sie sprechen. Besonders wichtig sind Strukturmuster, weil die Grammatik „der Leim" ist, der alles zusammenhält. Wenn Sie ein Muster einmal verinnerlicht haben, ist es relativ einfach, bei Bedarf das jeweils angemessene Wort einzufügen.
5. **Wenn Sie das richtige Wort nicht kennen oder vergessen haben sollten, umschreiben Sie es.** Wenn Sie z.B. nicht mehr wissen, was „Bahnhof" bedeutet, sagen Sie eben, „der Platz, wo Züge halten" oder „es gibt dort eine Menge Eisenbahnen".
6. **Stellen Sie ein systematisches maßgeschneidertes Wiederholungsprogramm auf.** Täglich eine halbe Stunde oder mehrere Stunden am Wochenende sind sehr sinnvoll. Achten Sie jedoch darauf, nicht übermäßig viel Zeit auf die Wiederholungen zu verwenden. Der in der Stunde durchgenommene Stoff sollte immer Vorrang haben.

7. **Benutzen Sie Ihr Chinesisch so viel wie möglich auch außerhalb des Klassenraums.** Wenn Sie eine Möglichkeit haben, einer chinesischen Vorlesung zuzuhören oder einen chinesischen Film oder TV-Beitrag zu sehen, sollten Sie diese Chance nutzen. Auch im Internet finden Sie zahllose Möglichkeiten, Ihr Chinesisch zu üben. Suchen Sie, sofern in der Nachbarschaft vorhanden, regelmäßig chinesische Restaurants oder andere chinesische Einrichtungen auf und nutzen Sie die Gelegenheit, dort Ihre Sprachkenntnisse zu verbessern. Sie können auch die Vertretungen der verschiedenen chinesischsprachigen Länder kontaktieren und sich dort über von diesen gesponsorte Aktivitäten in Ihrer Nähe informieren. Kurz gesagt, nutzen Sie Ihr Chinesisch bei jeder sich bietenden Chance.

DER UMGANG MIT FEHLERN

1. **Lassen Sie sich von Ihren Fehlern nicht in Verlegenheit bringen oder gar frustrieren,** da sie zum Sprachenlernen einfach dazugehören. Versuchen Sie das zu entwickeln, was die Chinesen **kāi kǒude yǒngqì** nennen, nämlich „den Mut, den Mund aufzumachen". Vielleicht hilft es Ihnen, wenn Sie daran denken, dass die Chinesen, einesteils aufgrund der landesüblichen Höflichkeit, aber auch aufgrund der vielen dialektalen Unterschiede, gewöhnlich sehr tolerant in Bezug auf Fehler in Grammatik und Aussprache sind und sich auch dann mit Ihnen unterhalten, wenn Ihr Chinesisch nicht korrekt sein sollte.
2. **Hören Sie hin, wenn die Lehrkraft Sie korrigiert.** Versuchen Sie zu verstehen, was nicht gestimmt hat, und wie es richtig heißen müsste. Verwenden Sie die Korrekturen dann später in Ihren Unterhaltungen auf Chinesisch, damit diese sich einprägen. Seien Sie der Lehrkraft dankbar für die Korrekturen und zeigen Sie, dass Sie diese zu schätzen wissen.
3. **Viele Lernende finden es praktisch, ein Notizbuch mit den häufigsten Fehlern und deren Korrekturen zu führen.** In Sunzi's *Kunst des Krieges* gibt es den berühmten Aphorismus **Zhī jǐ, zhī bǐ, bǎi zhàn bǎi shèng** „Kenne Dich selbst und kenne Deinen Gegner, dann bleibst Du in hundert Schlachten unbesiegt." Wenn man seine eigenen Schwächen kennt, so ist dies der erste Schritt auf dem Weg zu deren Beseitigung.

SEIEN SIE POSITIV GESTIMMT UND FLEXIBEL

1. **Wenn Sie etwas nicht verstehen, versuchen Sie es aus dem Kontext zu erraten.** Anstatt sich auf die Dinge zu konzentrieren, die Sie nicht verstehen, sollten Sie auf den Gesamtsinn, auf die Botschaft achten und versuchen, im Großen und Ganzen zu verstehen. Üben Sie sich darin, Unsicherheit als Teil des Sprachenlernens anzusehen.
2. **Seien Sie sich beim Chinesischlernen des Unterschiedes zwischen „Faktenwissen" (verstehen, wie die Sprache funktioniert) und „Handlungswissen" (die Sprache benutzen können) bewusst.** Beide Formen des Wissens sind für erwachsene Sprachenlerner wichtig, wobei das Faktenwissen uns in das Thema einführt und uns zudem hilft, unser Handlungswissen auszubauen. Aber letzten Endes ist das Handlungswissen das Entscheidende. Es gibt viele unterschiedliche persönliche Lernstile; so lernen manche am besten, in dem sich sich zunächst detailliert mit der Grammatik befassen und dann umfangreiche Übungen dazu machen, andere hingegen lernen am besten nur durch praktische Anwendung. Manche Lernenden bevorzugen eine rein mündliche Präsentation, während andere Sprache gerne lesend aufnehmen. Jeder muss seinen eigenen Lernstil und seine eigene Lernmethode finden, aber das Ziel ist für alle das gleiche – eine korrekte, natürliche und effektive Verwendung der gelernten Sprache. Versuchen Sie Ihren persönlichen Lernstil zu finden und konzentrieren Sie sich auf Ihre Stärken, und schöpfen Sie so die Vorteile Ihres Lernstils optimal aus. Auf der anderen Seite sollten Sie für neue Lerntechniken und -methoden offen bleiben und den Mut haben, auch einmal etwas Neues auszuprobieren.
3. **Es kann sein, dass Sie nach einer Phase offenkundiger und sehr zufriedenstellender Fortschritte** mit einem Mal ein „Plateau" erreichen, auf dem Ihr Lernfortschritt zum Stillstand zu kommen scheint. Das ist ein natürliches und oft auftretendes Phänomen beim Sprachenlernen. Sie sollten sich darüber keine Gedanken machen, falls Ihnen das zustößt. Zum einen machen Sie vermutlich immer noch Fortschritte, die Ihnen einfach nicht richtig zu Bewusstsein kommen und zum anderen werden sich die Dinge, sollten Sie tatsächlich ein solches „Plateau" erreicht haben, mit größter Wahrscheinlichkeit bald wieder zum Besseren wenden. Wenn Sie zu Ihren Lernfortschritten Fragen haben, sollten Sie nicht zögern, sich an Ihre Lehrkraft zu wenden.

4. **Seien Sie geduldig und realistisch.** Chinesisch ist eine schwierige Sprache und es dauert einfach lange, diese zu lernen. Einerseits werden Sie, wenn Sie diesen Kurs abgeschlossen haben, in der Lage sein, einfache Alltagskommunikationen sprachlich zu meistern und in China „herumzukommen". Andererseits wird es Sie aufgrund der Natur der chinesischen Schrift immer noch mehrere Jahre harter Arbeit kosten, bis Sie in der Lage sind, chinesische Zeitungen oder Bücher einigermaßen flüssig zu lesen. Aber überfordern Sie sich nicht selbst! Seien Sie stolz auf das, was Sie *können*; vermeiden Sie sie es, sich das zum Vorwurf zu machen, was Sie *noch nicht wissen*.

Ein Hinweis für Studierende chinesischer Herkunft

In den letzten Jahren hat die Anzahl der Chinesischlernenden mit chinesischem Hintergrund im Grundkursbereich in den westlichen Ländern, so auch in Deutschland, deutlich zugenommen. Diese Lernenden haben möglicherweise einen Teil ihrer Kindheit in Festlandchina, Hongkong oder Taiwan verbracht, sind gegebenenfalls in ihrer Heimat, z.B. in Deutschland, mit dem Chinesischen in Berührung gekommen oder haben eine chinesische Sprachschule besucht. Einige dieser Lernenden haben keinerlei praktische Chinesischkenntnisse, während andere über recht weit gefächerte sprachliche Fertigkeiten verfügen. Das kann von einfachem Hörverstehen über aktives Sprechen bis hin zur Fähigkeit in einem Nicht-Mandarin-Dialekt lesen und schreiben zu können. In all diesen Lernergruppen finden sich Personen, die zumindest mit einigen Aspekten der chinesischen Kultur und Gesellschaft vertraut sind.

Der vorliegende Kurs wurde für Lernende ohne Hintergrundkenntnisse in Bezug auf das Chinesische entwickelt. Falls Sie nun bereits über einigen kulturellen Hintergrund verfügen, wird dies für Sie sicherlich vorteilhaft sein. Auf der anderen Seite gibt es zahlreiche Aspekte der chinesischen Sprache, an denen Sie vermutlich genauso werden arbeiten müssen wie alle anderen Lernenden im Kurs auch: z.B. bei der Transkription, in der Grammatik, in der formellen Sprache, bei den Schriftzeichen sowie beim Erwerb von Lernmethoden. Beachten Sie auch, dass in diesem Lehrbuch die Standardsprache (im Wesentlichen also der Beijinger Dialekt) gelehrt wird, dass aber viele Lernende mit chinesischem Hintergrund in den westlichen Ländern bzw. in Deutschland mit südchinesischer Aussprache und Grammatik sprechen. Wo uns dies sinnvoll erscheint, werden wir auf Fragen und Probleme von Sprachlernenden mit chinesischen Hintergrund, z.B. die eben erwähnte Nicht-Standard-Aussprache und Sprachverwendung, eingehen.

Ein Hinweis für Studierende aus anderen Ländern

Diese Lehrmittelreihe richtet sich in erster Linie an Lerner mit deutscher Muttersprache. Sollten Sie eine andere Muttersprache haben als Deutsch, wird es vorkommen, dass manche Kommentare, Erläuterungen oder Erklärungen nicht auf Sie zutreffen und/oder nicht an Ihre Bedürfnisse angepasst sind, oder dass bestimmte Übungen für Sie zu einfach oder überflüssig sein werden. Wir bitten Sie in solchen Fällen um Ihre Geduld und Ihr Verständnis.

Ein Hinweis für Selbstlernende

Obwohl die meisten *Basis Chinesisch Sprechen* vermutlich in einem Kurs mit Lehrkraft verwenden dürften, ist das Lehrmaterial so aufgebaut, dass, sofern gewünscht, man damit das Chinesische auch im Selbststudium lernen kann. Selbstständig zu lernen hat durchaus seine Vorteile, so kann man das Tempo selbst bestimmen und ist örtlich und zeitlich flexibel. Andererseits muss man, um beim Selbstlernen erfolgreich sein zu können, sehr diszipliniert und motiviert sein und bereit sein, die Verantwortung für das eigene Sprachenlernen vollständig selbst zu übernehmen.

Auch für Selbstlernende gelten die meisten der oben dargestellten Strategien und Vorschläge. Da Sie keinen Lehrer haben, ist es besonders wichtig, den lehrbuchbegleitenden Audio- und Video-Aufnahmen hinreichend Zeit zu widmen. Sie sollten auch das *Basis Chinesisch Übungsbuch* erwerben und intensiv durcharbeiten. Sie finden darin umfangreiche zusätzliche Übungen zum im Lehrbuch eingeführten Lernstoff.

Als Selbstlerner sollten Sie sich einen Stundenplan machen, in dem Sie festlegen, wie viel Zeit Sie für Ihr Chinesischlernen aufwenden wollen sowie welche Fortschritte Sie in dieser Zeit machen wollen, und sich dann auch möglichst daran halten. Ideal wäre es, wenn Sie jeden Tag ein bis zwei Stunden mit den Audio-, Video- und Printmaterialien arbeiten würden. Sollte das nicht möglich sein, dann sollten Sie versuchen, zumindest soviel Zeit wie möglich aufzuwenden. Denken Sie daran, dass der regelmäßige Kontakt mit der Sprache, auch wenn es vielleicht nur 20 bis 30 Minuten am Tag sind, effektiver ist, als am Wochenende mehrere Stunden am Stück zu lernen. Was den Unterricht im Klassenraum betrifft, so ist das Lehrbuch so aufgebaut, dass für jeden Abschnitt im Klassenraum etwa eine und für die Vor- und Nachbereitung zwei bis drei Stunden benötigt werden. Für Sie als Selbstlerner sind also pro Abschnitt vier bis fünf Arbeitsstunden angemessen. Sollten Sie nun aber merken, dass Sie nicht schnell genug sind, um die Audio-Drills in der vorgegebenen Zeit zu absolvieren (ohne dabei in den Text zu schauen) oder wenn Sie die Rollenspiele im *Übungsbuch* nicht richtig flüssig nachspielen können, so ist das ein Zeichen dafür, dass Sie das Material noch nicht hinreichend beherrschen. In diesem Falle sollten Sie es besser noch einmal wiederholen, bevor Sie im Text weitergehen.

Ein offensichtlicher Nachteil beim Selbstlernen ist, dass Sie keinen Lehrer haben, der Ihnen hilft und mit dem Sie interagieren können. Daher sollten Sie versuchen, einen muttersprachlichen chinesischen Tutor oder Mentor zu finden, mit dem Sie sich ein bis zwei mal in der Woche treffen können, um mit ihm Konversation zu machen und sich korrigieren zu lassen bzw. um ihm Fragen zu stellen. Vielleicht finden Sie einen chinesischen Freund oder Studenten in der Nähe, der diese Rolle ausfüllen kann. Versuchen Sie jemanden mit einer klaren Stimme zu finden, der zudem akzentfreies Standardchinesisch spricht – viele Chinesen haben nämlich einen regionalen Akzent. Vielleicht fragen Sie einen anderen Chinesen, ob die Person, die Sie ausgewählt haben, „gutes Chinesisch" spricht. Ihr Tutor sollte lebhaft und extravertiert sein; dabei spielt es keine große Rolle, wie das Deutsch (oder Englisch) dieser Person ist. Selbstverständlich sollten Sie Ihrem Tutor seine Leistungen angemessen vergüten, etwa indem Sie ihn stundenweise bezahlen oder seinen Kindern Deutsch- oder Englischunterricht geben oder ihm auf irgendeine andere Weise helfen.

Um Ihren Tutor bei seiner Arbeit zu unterstützen, sollten Sie für ihn beim Verlag dieses Buches das Lehrerhandbuch für *Basis Chinesisch* beschaffen. Im Handbuch finden sich viele Anregungen für den Unterricht sowie Fragen und Übungen für den Unterricht. Wenn Ihr Tutor mit der Pinyin-Transkription im Lehrbuch *Basis Chinesisch Sprechen* nicht vertraut sein sollte, können Sie ihm die Schriftzeichen-Transkription für *Basis Chinesisch Sprechen* zukommen lassen.

Wenn man von einstündigen Tutoriumssitzungen ausgeht, ist es ratsam, die ersten 40-45 Minuten nur Chinesisch zu sprechen. Wir schlagen folgendes Vorgehen vor:

1. **Lerner und Tutor üben die Basis-Konversation im Lehrbuch als Rollenspiel** (der Lerner sollte den Text auswendig können).
2. **Der Tutor stellt dem Lerner die entsprechenden Fragen aus dem Lehrerhandbuch.**
3. **Der Tutor stellt dem Lerner Fragen auf Chinesisch, indem er sich der neuen Vokabeln und Grammatik in der Lektion bedient.**
4. **Der Lerner und der Tutor machen die Rollenspiele aus dem *Übungsbuch*.**
5. **Der Lerner und der Tutor besprechen die Übersetzungsübungen aus dem *Übungsbuch* (die Übersetzungen sollte der Lerner bereits vorher gemacht haben).**
6. **Sollte noch Zeit sein, kann man dann Stoff aus vorangegangenen Lektionen wiederholen.**

Während der letzten 15-20 Minuten der Tutoriumsstunde können Sie entweder Chinesisch oder Deutsch sprechen. Sie können Fragen stellen und der Tutor kann diese beantworten und Kommentare oder Erläuterungen geben. In den ersten Wochen sollten Sie nicht nach den Bezeichnungen für Dinge fragen, die nicht im Lehrbuch vorkommen. Auch in den folgenden Monaten sollten Sie nicht allzu viele solcher „Extravokabeln" lernen wollen, da dies Ihren Lernfortschritt behindern würde; am besten halten Sie sich tatsächlich an die Wörter, die im Lehrbuch eingeführt werden.

Aussprache und Transkription

Zum Beginn

Die erste Herausforderung beim Chinesischlernen ist die Phonetik der Sprache. Das liegt schlicht und einfach daran, dass der Klang das Medium ist, mittels dessen gesprochene (und im Grunde auch, wenngleich etwas indirekter, geschriebene) Sprache vermittelt wird. Selbst wenn es Ihr wesentliches Ziel ist, Chinesisch lesen zu lernen, so ist es das beste, wenn Sie mit dem Sprechen und der Aussprache anfangen. Der Grund dafür liegt darin, dass Sie nur dann flüssig und mit vollem emotionalem Verstehen lesen können, wenn Sie die gesprochene Sprache kennen, in der der Text verfasst ist. Um die chinesische Phonetik beherrschen zu lernen, müssen Sie zwei Dinge können: (1) Sie müssen das Chinesische lautlich erkennen können, wenn es von jemandem produziert wird; (2) Sie sollten diese Laute auch selbst produzieren können.

Im Gegensatz zu anderen Aufgaben beim Chinesischlernen, wie dem Lernen der Grammatik, der Wörter und der Schriftzeichen, mit denen Sie eine ganze Weile beschäftigt sein werden, ist der Erwerb der Phonetik eine endliche Aufgabe und, obschon sich die chinesische Phonetik von der des Deutschen stellenweise unterscheidet, nicht allzu schwierig. Da die Aussprache, die in den ersten Wochen erworben wird, erfahrungsgemäß beibehalten wird und in großem Umfang bestimmt, ob und wie man verstanden wird und welchen Eindruck man mit seinem Chinesisch auf Chinesischmuttersprachler macht, ist es gerade am Anfang von besonderer Bedeutung eine möglichst gute Aussprache einzuüben.

Sie werden sehen, dass sich die Mühe, die Sie hierin investieren, sich später doppelt und dreifach auszahlen wird. Eine gute und genaue Aussprache ist im Chinesischen noch viel wichtiger als in anderen Sprachen. Der Grund dafür ist, dass die Anzahl der grundlegenden Silben im Chinesischen recht begrenzt ist – es sind etwa 400, im Vergleich mit Tausenden im Deutschen. Daraus folgt, dass jeder Klang wichtig ist, wenn man ein Wort von einem anderen unterscheiden will; die Toleranz für Abweichungen ist daher viel geringer als in anderen Sprachen.

Transkriptionssysteme für das Chinesische

Wie Sie sicherlich wissen, wird Chinesisch normalerweise mit Schriftzeichen wiedergegeben. Da nun aber Schriftzeichen schwierig zu erlernen sind und keine systematischen Hinweise auf ihre Aussprache enthalten, ist es sinnvoller, das Chinesische anfangs anhand eines Transkriptionssystems zu lernen. In den letzten Jahrhunderten sind in China und im Westen zahlreiche solchen Systeme erdacht worden. Das Wort „China" zum Beispiel wird in verschiedenen Transkriptionssystemen wie folgt geschrieben:

Wade-Giles:	**Chung^1-kuo^2**
Das National Phonetic Alphabet:	ㄓㄨㄥ・ㄍㄨㄛ
Die National Romanization:	**Jong.gwo**
Die Yale Romanization:	**Jūnggwo**
Das Hanyu Pinyin:	**Zhōngguo**

Von den hier genannten Systemen ist das Hanyu Pinyin am weitesten verbreitet. Es ist die offizielle Transkription für das Chinesische in der Volksrepublik China und in Singapur, wo es verwendet wird, um den Kindern chinesische Schriftzeichen beizubringen, um in Wörterbüchern die Aussprache von Schriftzeichen, die auch erwachsenen Chinesen nicht bekannt sind, wiederzugeben, um Wörter in Publikationen in westlicher Sprache wiederzugeben und Lehrbücher für Chinesisch als Fremdsprache zusammenzustellen. In diesem Lehrbuch wird ebenfalls die Pinyin-Transkription verwendet.

Die geschriebenen Symbole des Pinyin, das wörtlich „einen Laut buchstabieren" bedeutet, entsprechen weitgehend denen des lateinischen Alphabets abgesehen davon, dass es kein **v** gibt.

Sie sollten wissen, dass das Pinyin, wie jede andere Transkription auch, nicht alle Details der chinesischen Phonetik aufzeichnen kann. Im Pinyin werden daher manche Laute wiedergegeben, andere hingegen nicht. Es dient im Grunde nur als ungefähre Merkhilfe für die tatsächlichen Laute, die Sie aufgrund häufigen Hörens der realen Sprache oder Tonaufnahmen im Kopf haben müssen. Daher ist es von allergrößter Bedeutung, dass Sie in der Klasse mit der Lehrkraft und zuhause so viel wie möglich mit den Audio- und Video-Aufnahmen üben.

Aber nicht nur das Hören von Pinyin sollten Sie beherrschen, sondern auch das Schreiben. In China wird mittlerweile viel Pinyin verwendet. Es findet sich auf vielen Straßenschildern und wird zunehmend gebraucht, um Computer- oder Handyeingaben zu machen. Es ist außerdem nützlich, wenn man Personen- oder Ortsnamen in deutschen Texten wiedergeben will oder um sich etwas Gehörtes, für das man die Schriftzeichen nicht kennt, schnell zu notieren, damit man es später im Wörterbuch nachschlagen kann.

Die Laute des Mandarin

Die Grundeinheit des Chinesischen ist die Silbe. Eine typische Silbe setzt sich im Mandarin aus drei Teilen zusammen: aus einem Anlaut, einem Auslaut und einem Ton. In der Silbe **mà** „schimpfen" beispielsweise ist **m** der Anlaut und **a** der Auslaut und der Akzent ` repräsentiert den Ton. Manche Silben haben keinen Anlaut und anderen wiederum fehlt, sofern sie nicht betont sind, der Ton – aber jede Silbe hat einen Auslaut.

Im Pinyin kann ein Buchstabe, je nachdem, in welchem Umfeld er auftaucht (d.h., welche Buchstaben davor und dahinter stehen), zwei oder mehrere Aussprachen haben. So stellt das **i** in der Silbe **xi** einen anderen Laut dar als das **i** in der Silbe **zi**; auch das **u** in **gu** wird ganz anders gesprochen als das **u** in **ju**. Daher ist es besser, die Aussprache des Mandarin anhand der Silben zu erlernen und sich nicht auf die einzelnen Buchstaben zu versteifen.

Die An- und Auslaute des Mandarin sind unten in der traditionellen Reihenfolge aufgelistet, hinzu kommen Hinweise, wie sie erzeugt werden und ein Vergleich mit möglichst ähnlichen deutschen Lauten.* Weiterhin finden Sie für jeden An- und Auslaut eine Übung mit mehreren Beispielen für Silben, in denen die zu übenden Laute vorkommen, wobei die meisten Silben im ersten Ton sind. Die Ausspracheübungen sind auf der Begleit-CD enthalten. Sie können diesen Abschnitt auch zum Nachschlagen verwenden, wenn Sie später einmal vergessen haben sollten, für welchen Laut ein bestimmtes Pinyin-Symbol eigentlich steht und gerade keinen Muttersprachler fragen können und auch keinen Zugang zu den Tonaufnahmen haben.

Wie lernt man die Aussprache des Chinesischen

Während des Unterrichts sollten Sie die Lehrkraft aufmerksam beobachten und auf ihre Lippen-, Zungen- und Mundbewegungen achten. Imitieren Sie die Lehrkraft laut und versuchen Sie, so „chinesisch" wie möglich zu klingen. Machen Sie die Drills mit Elan und seien Sie offen für Korrekturen. Es ist wichtig, dass Sie die Laute zum einen gut bilden und zum anderen gut hören können.

Wenn Sie außerhalb des Kurses arbeiten, sollten die unten stehenden Beschreibungen der Laute und die Hinweise, wie sie gebildet werden, sorgfältig lesen. Arbeiten Sie intensiv mit den diesen Abschnitt begleitenden Tonaufnahmen. Hören Sie genau zu und wiederholen Sie den Laut dann in der dafür vorgesehenen Pause während der Aufnahmen. Arbeiten Sie zunächst mit offenem Buch, später versuchen Sie es ohne Buch. Sprechen Sie dabei ruhig laut, so laut wie möglich (den Umständen entsprechend natürlich). Die Gründe für das laute Sprechen liegen zum einen darin, dass die Aussprache beim lauten Sprechen genauer ist und zum anderen darin, dass Sie mit dem lauten Sprechen mehr Selbstvertrauen in der Aussprache gewinnen.

Denken Sie beim Lesen von Pinyin stets daran, dass die Symbole, die Sie sehen, chinesische und nicht deutsche Laute repräsentieren. Genauso, wie Englisch, Französisch oder Spanisch wie im Deutschen mit lateinischen Buchstaben geschrieben werden, die Aussprache aber trotzdem sprachspezifisch differiert, stellen die Pinyin-Symbole die chinesische Lautung dar, die sich stark von der deutschen unterscheidet. Die Aussprache von **wēi nèn** oder **zú dǐ'r** hat nichts mit dem deutschen „weinen" oder „zu dir" zu tun. Achten Sie daher darauf, mit Pinyin Geschriebenes nicht auf deutsche Weise auszusprechen. Vertrauen Sie Ihren Ohren, nicht Ihren Augen.

Die Ausspracheübungen wurden in Beijing mit jungen Muttersprachlern von etwa zwanzig Jahren aufgenommen, die in der Stadt geboren und aufgewachsen sind. Obwohl es sich bei den Beispielen um richtige Wörter oder zumindest um Teile von solchen handelt, sollten Sie an dieser Stelle nicht versuchen, deren Bedeutung zu lernen, konzentrieren Sie sich lieber auf die korrekte Aussprache und darauf, die korrekte Pinyin-Wiedergabe der einzelnen Laute kennen zu lernen.

* Bei den folgenden Vergleichen zwischen der deutschen und der chinesischen Phonetik handelt es sich um lautliche Annäherungen, nicht um Gleichsetzungen. Da eine ganze Reihe chinesischer Laute im Deutschen keine Entsprechung hat, sollten Sie genau auf die Aussprache Ihrer Lehrperson achten und auch bei den Audio-Aufnahmen aufmerksam zuhören.

Ausspracheübungen, Teil A: Allgemeine Aussprache

DIE SILBENANLAUTE

B Wie das deutsche **b** in **Beispiel**, allerdings nicht behaucht (aspiriert) und stimmlos (d.h. der Kehlkopf vibriert nicht, wenn man es ausspricht).

Ausspracheübung A-1

1. bā „acht“
2. bī „zwingen“
3. bāo „verpacken“
4. bēi „Becher“
5. bān „transportieren, umziehen“
6. bēn „rennen“
7. bāng „helfen“
8. bīng „Soldat“

P Wie das deutsche **p**, wie in **paff** oder **Post**, kräftig behaucht (aspiriert).

Ausspracheübung A-2

1. pā „liegen“
2. pū „ausbreiten“
3. pāi „klopfen“
4. piāo „schweben“
5. Pān (Familienname)
6. pēn „spritzen“
7. piān “Essay”
8. pēng „köcheln“ [GF]*

M Wie **m** im deutschen **Mutter**.

Ausspracheübung A-3

1. mā „Mama“
2. mō „tasten“
3. māo „Katze“
4. miāo „Miau“
5. mōu „Muh“
6. mēn „drückend“
7. mēng „schwindeln“

F Wie **f** im deutschen **Fass**.

Ausspracheübung A-4

1. fā „ausgeben“
2. fū „Ehemann“ [GF]
3. fēi „fliegen“
4. fān „umdrehen“
5. fēn „teilen“
6. fāng „Quadrat“
7. fēng „Wind“

D Wie das **d** in **dieses**, wobei es stimmlos ausgesprochen wird.

Ausspracheübung A-5

1. dā „einsteigen“
2. dī „niedrig“
3. dāi „bleiben“
4. dāo „Messer“
5. diē „Papa“
6. duō „viel“
7. duān „halten“
8. dēng „Lampe“

T Wie **t** im deutschen **Tasse**, es wird stark behaucht (aspiriert).

Ausspracheübung A-6

1. tā „sie“
2. tī „treten“
3. tiē „kleben“
4. tuī „drücken“
5. tiān „Tag“
6. tūn „schlucken“
7. tāng „Suppe“
8. tīng „hören“

* Die Abkürzung [GF] nach einer Silbe steht für Gebundene Form und bedeutet, dass die Silbe nicht allein, sondern immer im Verbund mit einer anderen Silbe oder einem anderen Wort steht. Das heißt, eine Silbe, die mit [GF] markiert ist, kann in der gesprochenen Sprache normalerweise nicht allein für sich stehen.

N Wie **n** im deutschen **Nebel**.

Ausspracheübung A-7

1. Nā (Familienname) **3. niū** „Mädchen“ [GF] **5. nāng** „murmeln“ [GF]
2. niē „quetschen“ **4. niān** „aufheben“

L Wie das **l** von **Löffel**.

Ausspracheübung A-8

1. lā „ziehen“ **3. lēi** „straff ziehen“ **5. lōu** „aufsammeln“
2. lāo „auffischen“ **4. liū** „entwischen“ **6. luō** „gesprächig“ [GF]

G Stimmloses **g** wie in **Geschenk**.

Ausspracheübung A-9

1. gē „Bruder“ **3. gāo** „groß“ **5. guō** „Topf“ **7. gāng** „gerade, eben“
2. gāi „sollen“ **4. guāi** „manierlich“ **6. guān** „Beamter“ **8. gēng** „pflügen“

K Wie das deutsche **k** in **Kochtopf**, stark behaucht (aspiriert).

Ausspracheübung A-10

1. kē „streng“ **3. kāi** „offen“ **5. kuī** „verlieren“ **7. kuān** „breit“
2. kū „weinen“ **4. kuā** „angeben“ **6. kān** „drucken“ **8. kōng** „leer“

H Stark behauchtes **h**, wie das **ch** in **Lachen**. Die Stärke der Behauchung differiert bei verschiedenen Sprechern.

Ausspracheübung A-11

1. Hā (Familienname) **3. hēi** „schwarz“ **5. huī** „Asche“ **7. hēng** „summen“
2. hē „trinken“ **4. huā** „Blume“ **6. hūn** „ohnmächtig werden“ **8. huāng** „in Panik geraten“

J Wie das **Jee** im englischen **Jeep**. Allerdings wird der Mittelteil der Zunge dabei gegen das Gaumendach gedrückt, sodass mehr Reibung entsteht. Sagen Sie das „j“ von „ja“ und spüren Sie, wie die Zunge am Gaumen anliegt. Dann sagen Sie Jeep, wobei Sie die Zunge oben lassen.

Ausspracheübung A-12

1. jī „Huhn“ **4. jiē** „Straße“ **7. jūn** „Armee“ [GF]
2. jū „wohnen“ **5. jiān** „Schulter“ [GF] **8. jiāng** „Ingwer“
3. jiā „Zuhause“ **6. juān** „spenden“

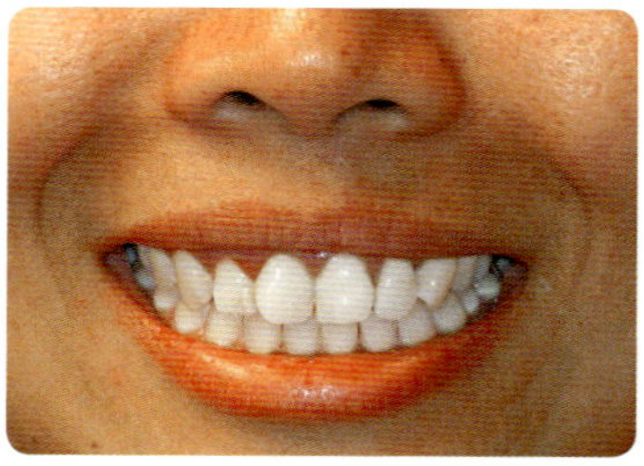

Hier sehen Sie die korrekte Mundstellung für die Silbe **ji**. Die Position der Lippen und der Zähne für **qi**, **xi** und **yi** ist identisch.

Q

Wie das **tch** im Wort **Hütchen**, aber stärker behaucht. Der Zungenrücken wird dabei an das Gaumendach gedrückt und die Luft durch den Spalt gepresst.

Ausspracheübung A-13

1. qī „sieben“
2. qū „Distrikt, Bezirk“
3. qiāo „klopfen“
4. qiē „Scheibe“
5. quē „ermangeln“
6. qīn „küssen“
7. qiān „tausend“
8. qiāng „Gewehr“

X

Wie das **ch** von **ich** mit einem Beiklang von **s**, wie in **Bass**. Auch hier wird der Zungenrücken an das Gaumendach gedrückt und die Luft durch den Spalt gepresst.

Ausspracheübung A-14

1. xī „Westen“
2. xū „schwach“
3. xiē „einige“
4. xiā „Garnele“
5. xīn „neu“
6. xiān „zuerst“
7. xīng „verfault“
8. xiōng „böse“

ZH

Wie das **dsch** in **Dschunke** oder **Dschungel**, aber mit zurückgebogener Zungenspitze (retroflex) und stimmlos, also nicht behaucht.

Ausspracheübung A-15

1. zhī „Saft“
2. zhū „Schwein“
3. zhuā „packen, ergreifen“
4. zhuī „verfolgen“
5. zhēn „wirklich“
6. zhuān „Backstein“
7. Zhāng (Familienname)
8. zhōng „Uhr“

CH

Wie **tsch** in **flutschen**, aber mit zurückgebogener Zungenspitze (retroflex).

Ausspracheübung A-16

1. chē „Wagen“
2. chī „essen“
3. chū „heraus“
4. chāo „nachmachen“
5. chōu „ziehen“
6. chuī „pusten“
7. chuān „tragen“ (Kleidung)
8. chēng „nennen“

SH

Wie das **sch** in **Schiff**, aber mit zurückgebogener Zungenspitze (retroflex).

Ausspracheübung A-17

1. shā „töten“
2. shū „Buch“
3. shāo „verbrennen“
4. shuā „Bürste“
5. shān „Berg“
6. shēn „tief“
7. shēng „gebären“
8. shuāng „Frost“

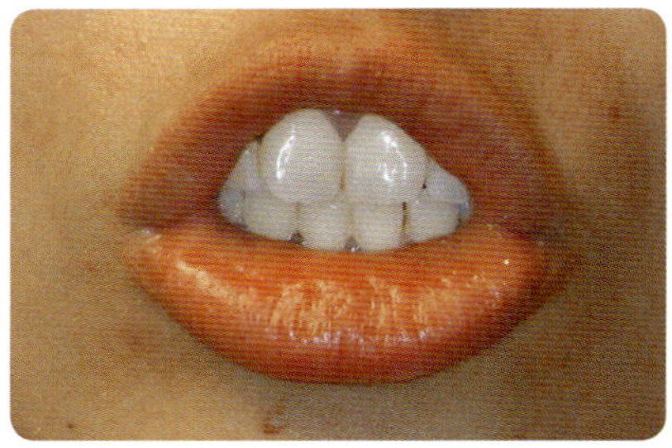

Hier sehen Sie die korrekte Mundstellung für die Silbe **ri**. Die Position der Lippen und der Zähne für **zhi**, **chi** und **shi** ist identisch.

R

Wie das **r** im englischen **reason** aber mit zurückgebogener Zungenspitze (retroflex).

Ausspracheübung A-18

1. rāng „schreien“	**2. rēng** „werfen“

Z

Wie das **ds** im englischen **buds**!

Ausspracheübung A-19

1. zī „Hauptstadt“ [GF]	**3. zāo** „schlecht“	**5. zūn** „respektieren“ [GF]	**7. zāng** „schmutzig“
2. zū „mieten“	**4. Zōu** (Familienname)	**6. zuān** „(durch)bohren“	**8. Zēng** (Familienname)

C

Wie **tz** in **Platz**.

Ausspracheübung A-20

1. cā „wischen“	**3. cāi** „raten“	**5. cān** „Mahl“ [GF]	**7. cāng** „Hütte“ [GF]
2. cū „grob“	**4. cuī** „eilen“	**6. cūn** „Dorf“ [GF]	**8. cōng** „Frühlingszwiebel“

S

Wie das **ß** in **heiß** (stimmlos).

Ausspracheübung A-21

1. sā „loslassen“	**3. sōu** „suchen“ [GF]	**5. sān** „drei“	**7. sēng** „Mönch“
2. Sū (Familienname)	**4. suī** „durch“ [GF]	**6. suān** „sauer“	**8. sōng** „lose“

W

Wie das **w** im englischen **wide**. Vor einem **u** wird es oft kaum ausgesprochen, weswegen der Laut **wu** (bei vielen Sprechern) häufig wie ein **u** klingt.*

Ausspracheübung A-22

1. wā „graben“	**3. wāi** „schief“	**5. wān** „Biegung“	**7. Wāng** (Familienname)
2. wū „Raum“ [GF]	**4. wēi** „Gefahr“ [GF]	**6. wēn** „lauwarm“	**8. Wēng** (Familienname)

Y

Wie das **j** in **ja** mit einem leisen **i**-Laut davor, also etwa **iah** (aber nicht I-Ah, wie beim Onomatopoetikum (lautmalerisches Wort) für das Geschrei eines Esels).† Wenn es vor einem **i** kommt, wird es in der Regel kaum hörbar ausgesprochen, weswegen (bei vielen Sprechern) **yi** wie das **ie** in **Liebe** klingt. Auch vor **u** wird es häufig kaum hörbar gesprochen, sodass **yu** sich zuweilen wie **üh** anhört.

Ausspracheübung A-23

1. yī „eins“	**3. yā** „drücken“	**5. yuē** „einladen“	**7. yīng** „Kirsche“ [GF]
2. yū „Sediment“ [GF]	**4. yāo** „Hüfte“	**6. yān** „Rauch“	**8. yāng** „Keimling“ [GF]

* In einigen phonetischen Analysen des Mandarin wird das **w** nicht als Anlaut, sondern als Teil mehrerer Auslaute, die mit **u** beginnen, angesehen. Diese werden dann „Null-Anlaute“ (zero initials) genannt. Für das Erlernen der chinesischen Phonetik spielt das aber keine Rolle.

† In einigen phonetischen Analysen des Mandarin wird das **y** nicht als Anlaut, sondern als Teil mehrerer Auslaute, die mit **i** oder **ü** beginnen, angesehen. Diese werden dann „Null-Anlaute“ (zero initials) genannt. Für das Erlernen der chinesischen Phonetik spielt das aber keine Rolle.

DIE SILBENAUSLAUTE

I

(a) **i** ist nach **c**, **ch**, **r**, **s**, **sh**, **z** und **zh** kein Vokal (hat keinen eigenen Klang). Vielmehr deutet das i an, dass sowohl die Zunge als auch die Lippen in ihrer Stellung bleiben. Es klingt in etwa wie das e in Liebe (Schwalaut).

(b) In allen anderen Fällen klingt das **i** wie das lange **ieh** in **Vieh** oder das **ie** in **Liebe**.

Ausspracheübung A-24

(a) nach **c**, **ch**, **r**, **s**, **sh**, **z** und **zh**

1. cī „Fehler" **[GF]**
2. chī „essen"
3. sī „Seide"
4. shī „feucht"
5. zī „Geld" **[GF]**
6. zhī (Zähleinheitswort für Stifte oder längliche Gegenstände)

(b) in allen anderen Fällen

1. bī „drücken"
2. dī „niedrig"
3. jī „Huhn"
4. pī „drapieren"
5. qī „sieben"
6. tī „treten"
7. xī „Westen"
8. yī „eins"

U

(a) Nach **j**, **q**, **x** und **y** wird **u** wie (das deutsche) **ü** gesprochen.

(b) In allen anderen Fällen klingt es wie das lange **u** von **Kuh**.

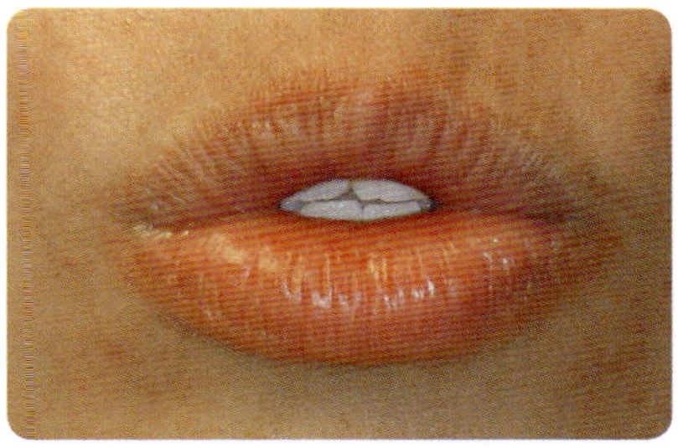

Hier sehen Sie die korrekte Mundstellung für die Silbe **yu**. Die Position der Lippen und der Zähne für **ju**, **qu** und **xu** ist identisch.

Ausspracheübung A-25

(a) nach **j**, **q**, **x** und **y**

1. jū „verhaften" **[GF]**
2. qū „Distrikt, Bezirk"
3. xū „schwach"
4. yū „Schlamm" **[GF]**

(b) in allen anderen Fällen

1. cū „grob"
2. chū „herausgehen"
3. kū „weinen"
4. pū „ausbreiten"
5. shū „Buch"
6. wū „Raum" **[BF]**
7. zū „mieten"
8. zhū „Schwein"

Ü

Wie das **ü** in **Tür**. Dieser Auslaut kommt nur vor **l** und **n** vor.[*]

Ausspracheübung A-26

1. lǜ „grün“
2. nǚ „weiblich“ **[BF]**

A

Ein langes **a** wie in **Bahn**.

Ausspracheübung A-27

1. bā „acht“
2. cā „reiben“
3. fā „herausgeben“ (Quittung)
4. lā „ziehen“
5. mā „Mama“
6. shā „töten“
7. tā „er“
8. zhā „Sediment“

IA

Wie **ja**.

Ausspracheübung A-28

1. jiā „Zuhause“
2. qiā „kneifen“
3. xiā „Garnele“

UA

Wie das **ua** in **Guacamole** (Gwacamole). Genau wie dort liegt die Betonung auf dem **a** des Doppelvokals (Diphtongs).

Ausspracheübung A-29

1. guā „Melone“
2. huā „Blume“
3. kuā „angeben, renommieren“
4. shuā „Bürste“
5. zhuā „packen“

O

Dieser Auslaut kommt nach **b**, **p**, **m** und **f** vor, wo er für den Auslaut **uo** steht.[†] Die Aussprache entspricht in etwa dem **on** im englischen **won**.

Ausspracheübung A-30

1. bō „wählen“ (Telefon)
2. mō „tasten“
3. pō „Hang“
4. wō „Nest“

UO

Die Aussprache entspricht in etwa dem **on** im englischen **won**.

Ausspracheübung A-31

1. cuō „reiben“
2. chuō „stechen“
3. duō „viel“
4. guō „Topf“
5. suō „schrumpfen“
6. shuō „sprechen“
7. tuō „ziehen“
8. zhuō „fangen“

* Da der Auslaut **ü** nicht im ersten Ton vorkommt, mussten hier Beispiele mit anderen Tönen gewählt werden.
† Anders ausgedrückt wird **buo** abgekürzt zu **bo**, **puo** zu **po**, **muo** zu **mo** und **fuo** zu **fo**.

E

(a) Nach dem **y** wie das Wort **jäh / je**.

(b) In allen anderen Fällen klingt es in etwa wie das **e** in **Liebe** (Schwalaut).

Ausspracheübung A-32

(a) nach **y**

1. yē „ersticken“

(b) in allen anderen Fällen

1. chē „Wagen“
2. gē „älterer Bruder“
3. hē „trinken“
4. Kē (Familienname)
5. shē „luxuriös“ **[GF]**
6. zhē „bedecken“

IE

wie das Wort **jäh / je**.

Ausspracheübung A-33

1. biē „Schildkröte“
2. diē „Papa“
3. jiē „Straße“
4. niē „kneifen“
5. piē „wegwerfen“
6. qiē „schneiden“
7. tiē „kleben“
8. xiē „einige“

UE

Zunächst bildet man ein **ü**, indem man die Lippen rundet, dann spricht man direkt im Anschluss ein **ä**. Die Betonung liegt eher auf dem zweiten Teil des Doppelvokals (Diphtong).

Ausspracheübung A-34

1. juē „eine Schnute machen“ **2. quē** „ermangeln“ **3. Xuē** (Familienname) **4. yuē** „ungefähr“

ÜE

Zunächst bildet man ein **ü**, indem man die Lippen rundet, dann spricht man direkt im Anschluss ein **ä**. Die Betonung liegt eher auf dem zweiten Teil des Doppelvokals (Diphtong). Dieser Auslaut kommt nur nach **l** und **n** vor.*

Ausspracheübung A-35

1. lüè „plündern“ **2. nüè** „Malaria“ **[GF]**

AI

Wird gesprochen wie **Ei**.

Ausspracheübung A-36

1. āi „benachbart“
2. cāi „raten“
3. dāi „töricht“
4. gāi „sollen“
5. kāi „öffnen“
6. pāi „klopfen“
7. wāi „schief“
8. zhāi „pflücken“

UAI

Wie das **wy** im US-englischen **Wyoming**, aber kürzer.

Ausspracheübung A-37

1. guāi „wohlgesittet“ **2. chuāi** „tragen“ **3. shuāi** „fallen“

* Da der Auslaut **üe** nicht im ersten Ton vorkommt, mussten hier Beispiele mit anderen Tönen gewählt werden.

EI

Wie das **ay** im englischen **day** oder wie das **ey** in **hey**.

Ausspracheübung A-38

1. bēi „Becher“ **3. hēi** „schwarz“ **5. wēi** „Gefahr“ **[GF]**
2. fēi „fliegen“ **4. pēi** „Embryo“ **[GF]**

UI

Klingt bei den meisten Sprechern wie das englische Wort **way**, aber kürzer und angespannter. Bei manchen Sprechern klingt der Auslaut in Silbem im ersten und zweiten Ton wie eine Mischung zwischen dem englischen **way** und dem englischen **we**.

Ausspracheübung A-39

1. cuī „sich eilen“ **3. duī** „Haufen“ **5. huī** „Asche“ **7. tuī** „drücken, stossen“
2. chuī „pusten“ **4. guī** „zurückkehren“ **6. kuī** „fehlen, mangeln“ **8. zhuī** „verfolgen“

AO

Wie das **au** in **Mauer**, allerdings tendiert das **u** im Doppelvokal zum **o**.

Ausspracheübung A-40

1. āo „konkav“ **3. chāo** „nachmachen“ **5. gāo** „hoch“ **7. māo** „Katze“
2. bāo „verpacken“ **4. dāo** „Messer“ **6. lāo** „nach etwas angeln“ **8. shāo** „brennen“

IAO

Wie das **jau** in **jaulen**.

Ausspracheübung A-41

1. biāo „Markierung“ **3. jiāo** „übergeben“ **5. piāo** „schweben“ **7. tiāo** „auswählen“
2. Diāo (Nachname) **4. miāo** „miau“ [Katze] **6. qiāo** „klopfen“ **8. xiāo** „Flöte“

OU

Ein offenes **o**, gefolgt von einem **u**, etwa wie das **ow** im im englischen **snow**.

Ausspracheübung A-42

1. chōu „wegnehmen“ **3. gōu** „Haken“ **5. sōu** „suchen“ **[GF]** **7. tōu** „stehlen“
2. dōu „alle“ **4. Ōu** „Europa“ **[GF]** **6. shōu** „bekommen“ **8. zhōu** „Staat“

IU

Wie ein norddeutsches **Jo** (für Ja), mit einem kurzen, aber deutlichen **u** am Ende, also eher **Jou**.

Ausspracheübung A-43

1. diū „werfen“ **3. liū** „sich heraussstehlen“ **[GF]** **5. qiū** „Herbst“ **[GF]**
2. jiū „Turteltaube“ **[GF]** **4. niū** „Mädchen“ **[GF]** **6. xiū** „ausruhen“ **[GF]**

AN

(a) Nach **y** klingt es in der Regel wie das **ien** in **Ambiente**.

(b) In allen anderen Fällen wird es wie das **ann** in **Wanne** ausgesprochen.

Ausspracheübung A-44

(a) nach **y**

1. yān „Rauch“

(b) in allen anderen Fällen

1. ān „friedlich“
2. bān „Klasse“
3. fān „umdrehen“
4. gān „trocken“
5. sān „drei“
6. shān „Berg“
7. tān „begehren“
8. zhān „befeuchten“

IAN

Wie der japanische **Yen**.

Ausspracheübung A-45

1. biān „Rand“
2. diān „holpern“
3. jiān „scharf“
4. niān „herauspicken“
5. piān „Essay“
6. qiān „tausend“
7. tiān „Tag“
8. xiān „zuerst“

UAN

(a) Nach **j**, **q**, **x** und **y** wird das **u** wie **ü** und die folgenden beiden Buchstaben wie das **en** von **Yen** ausgesprochen.

(b) In allen anderen Fällen wird es wie das **uan** in **Assuan** gesprochen.

Ausspracheübung A-46

(a) nach **j**, **q**, **x** und **y**

1. juān „spenden“
2. quān „Kreis“
3. xuān „verkünden“ **[GF]**
4. yuān „Ungerechtigkeit“ **[GF]**

(b) in allen anderen Fällen

1. chuān „tragen“ (Kleidung)
2. duān „tragen“
3. guān „schließen“
4. kuān „breit“
5. suān „sauer“
6. shuān „festbinden“
7. zuān „bohren“
8. zhuān „Backstein“

EN

Wie das **en** in **spielen** (Schwalaut).

Ausspracheübung A-47

1. ēn „Gnade“ **[GF]**
2. fēn „teilen“
3. gēn „und“
4. mēn „stickig“
5. pēn „spritzen“
6. shēn „tief“
7. wēn „warm“
8. zhēn „wirklich“

IN

Wie das deutsche **in**.

Ausspracheübung A-48

1. bīn „Gast“ **[GF]**
2. jīn „Pfund“
3. pīn „buchstabieren“
4. qīn „küssen“
5. xīn „neu“
6. yīn „Klang“

UN

(a) Nach **j**, **q**, **x** und **y** wird das **u** von **un** als **ü** gesprochen.

(b) In allen anderen Fällen wird es wie das **un** von **bunt** ausgesprochen.

Ausspracheübung A-49

(a) nach **j**, **q**, **x** und **y**

1. jūn „Armee“
2. qūn „zurückweichen“ **[GF]**
3. xūn „rauchen“
4. yūn „benommen“

(b) in allen anderen Fällen

1. cūn „Dorf“
2. chūn „Frühling“
3. dūn „hocken“
4. hūn „ohnmächtig werden“ **[GF]**
5. kūn „weiblich“ **[GF]**
6. Sūn (Familienname)
7. tūn „schlucken“
8. zūn „verehren“

ANG

Wie das **ang** von **Klang**.

Ausspracheübung A-50

1. bāng „helfen“
2. fāng „viereckig“
3. gāng „gerade, eben“
4. rāng „schreien“
5. tāng „Suppe“
6. Wāng (Familienname)
7. zāng „schmutzig“
8. Zhāng (Familienname)

IANG

Wie das **Yang** von **Yin und Yang** oder das englische **young**.

Ausspracheübung A-51

1. jiāng „Ingwer“
2. qiāng „Gewehr“
3. xiāng „Kiste“

UANG

Wie **ang**, allerdings mit einem kurzen **u** davor.

Ausspracheübung A-52

1. chuāng „Fenster“ **[GF]**
2. guāng „nur“
3. huāng „panisch“ (sein)
4. kuāng „Korb“ **[GF]**
5. shuāng „Frost“
6. zhuāng „vortäuschen“

ENG

Wird wie das **en** von fühlen ausgesprochen, aber mit einem **ng** am Ende.

Ausspracheübung A-53

1. chēng „nennen“
2. dēng „Lampe“
3. fēng „Wind“
4. gēng „pflügen“
5. hēng „summen“
6. kēng „Grube“
7. rēng „werfen“
8. shēng „gebären“

ING

Wie das **ing** von **Ding**.

Ausspracheübung A-54

1. bīng „Eis“
2. dīng „Nagel“
3. jīng „geschickt“
4. pīng „Pingpong“ **[GF]**
5. qīng „leicht“
6. tīng „hören“
7. xīng „verfault“
8. yīng „sollen“ **[GF]**

ONG

Wie das **ung** in **Hunger**.

Ausspracheübung A-55

1. chōng „eilen“
2. dōng „Osten“
3. gōng „Arbeit“
4. hōng „trocknen“
5. kōng „leer“
6. sōng „locker“
7. tōng „hindurchgehen“
8. zhōng „Mitte“ **[GF]**

IONG Wie das deutsche **jung**.

Ausspracheübung A-56

1. jiōng „Riegel“ **2. xiōng** „böse“

ER Wie das **ur** des US-amerikanischen **hurt** (schmerzen). Bei manchen Sprechern kann die Aussprache allerdings auch, je nach Ton, variieren. So kann aus dem ö-artigen Laut unter Umständen auch ein a werden. (Bei manchen Sprechern klingt es im Ton zwei und vier eher wie das englische **are**, und im Ton drei eher wie das englische **err**.)*

Ausspracheübung A-57

1. ér „und“ **2. ěr** „Ohr“ **[GF]** **3. èr** „zwei“

Einige An- und Auslaute passen nicht richtig in das obige Schema. Zum Beispiel das -**em** in **shémme** „was“, in der das -**en** an das darauf folgende **m** assimiliert wird, oder das -**am** in **zámmen** „wir“, bei dem das -**an** ebenfalls an das darauf folgende **m** assimiliert wird, sowie die Interjektionen **m**, **ng** und **o**. Beachten Sie auch, dass nicht alle Anlaute mit allen Auslauten kombiniert werden können. Die möglichen Anlaut-Auslaut-Kombinationen entnehmen Sie bitte Tabelle 1 („Grundsilben des Mandarin) auf den folgenden Seiten.

* Da der Auslaut **er** nicht im ersten Ton vorkommt, mussten hier Beispiele mit anderen Tönen gewählt werden.

Die Töne

Jede normalbetonte Silbe des Mandarin wird mit einem der vier Töne gesprochen. In den Übungen zur Phonetik haben Sie in den Ausspracheübungen für die An- und Auslaute auch schon einen der Töne, nämlich den Ersten Ton, verwendet. Ein Ton ist im Chinesischen ein bestimmtes Hebungs- und/oder Senkungsmuster der Stimme, das auf die gesamte Silbe ausgedehnt ist. Der Ton ist ein integraler Bestandteil der chinesischen Silbe wie Konsonanten und Vokale. Zwei Silben, die zwar genau den gleichen An- bzw. Auslaut, aber unterschiedliche Töne haben, haben aller Wahrscheinlichkeit nach ganz unterschiedliche Bedeutungen, z.B. die Silben **wèn** „fragen", **wén** „riechen" und **wěn** „küssen". Wenn man anstelle von **Wǒ wèn nǐ** „Ich frage dich" **Wǒ wén nǐ** „Ich rieche dich" oder **Wǒ wěn nǐ** „Ich küsse dich" sagt, so dürfte das einen seltsamen Eindruck auf die chinesischen Gesprächspartner machen.

Menschen, die nicht sonderlich musikalisch sind, könnten sich nun etwas besorgt fragen, ob sie vielleicht „Ton-taub" sind. Aber in der Tat gibt es auch viele „Ton-taube", unmusikalische Chinesinnen und Chinesen, die dennoch in der Lage sind, die Töne völlig korrekt auszusprechen. In der Tat sind die Personen, die sich selbst für „Ton-taub" halten, in der Regel in der Lage, ganz problemlos die korrekte Intonation zu verwenden, wenn sie ihre Muttersprache sprechen. Es sollte also auch im Chinesischen keine nennenswerten Probleme geben. Das Ton-System des Mandarin basiert auch weniger auf festgelegten Tonhöhen, als auf Relationen zwischen den Tönen. Der tatsächliche „Umfang" der Hebungen und Senkungen der Töne beim Sprechen hängt von vielen Faktoren ab: der Stimme, dem Geschlecht, dem Alter sowie dem emotionalen und körperlichen Zustand. Wichtig sind die Relationen zwischen den Hebungen und Senkungen.

Tabelle 1: Grundsilben des Mandarin

Anlaute	Auslaute										
	-a	-ai	-an	-ang	-ao	-e	-ei	-en	-eng	-er	-i	-ia
(zero/Null)	a	ai	an	ang	ao	e	ei	en		er		
b-	ba	bai	ban	bang	bao		bei	ben	beng		bi	
c-	ca	cai	can	cang	cao	ce		cen	ceng		ci	
ch-	cha	chai	chan	chang	chao	che		chen	cheng		chi	
d-	da	dai	dan	dang	dao	de	dei		deng		di	
f-	fa		fan	fang			fei	fen	feng			
g-	ga	gai	gan	gang	gao	ge	gei	gen	geng			
h-	ha	hai	han	hang	hao	he	hei	hen	heng			
j-											ji	jia
k-	ka	kai	kan	kang	kao	ke	kei	ken	keng			
l-	la	lai	lan	lang	lao	le	lei		leng		li	lia
m-	ma	mai	man	mang	mao	me	mei	men	meng		mi	
n-	na	nai	nan	nang	nao	ne	nei	nen	neng		ni	
p-	pa	pai	pan	pang	pao		pei	pen	peng		pi	
q-											qi	qia
r-			ran	rang	rao	re		ren	reng		ri	
s-	sa	sai	san	sang	sao	se		sen	seng		si	
sh-	sha	shai	shan	shang	shao	she	shei	shen	sheng		shi	
t-	ta	tai	tan	tang	tao	te			teng		ti	
w-	wa	wai	wan	wang			wei	wen	weng			
x-											xi	xia
y-	ya		yan	yang	yao	ye					yi	
z-	za	zai	zan	zang	zao	ze	zei	zen	zeng		zi	
zh-	zha	zhai	zhan	zhang	zhao	zhe	zhei	zhen	zheng		zhi	

Tabelle 1: Grundsilben des Mandarin (Fortsetzung)

Anlaute	Auslaute										
	-ian	-iang	-iao	-ie	-in	-ing	-iong	-iu	-o	-ong	-ou
(zero/Null)									o		ou
b-	bian		biao	bie	bin	bing			bo		
c-										cong	cou
ch-										chong	chou
d-	dian		diao	die		ding		diu		dong	dou
f-									fo		fou
g-										gong	gou
h-										hong	hou
j-	jian	jiang	jiao	jie	jin	jing	jiong	jiu			
k-										kong	kou
l-	lian	liang	liao	lie	lin	ling		liu	lo	long	lou
m-	mian		miao	mie	min	ming		miu	mo		mou
n-	nian	niang	niao	nie	nin	ning		niu		nong	nou
p-	pian		piao	pie	pin	ping			po		pou
q-	qian	qiang	qiao	qie	qin	qing	qiong	qiu			
r-			rong	rou							
s-			song	sou							
sh-			shou								
t-	tian		tiao	tie		ting				tong	tou
w-									wo		
x-	xian	xiang	xiao	xie	xin	xing	xiong	xiu			
y-					yin	ying			yo	yong	you
z-										zong	zou
zh-										zhong	zhou

	-u	-ua	-uai	-uan	-uang	-ue	-ui	-un	-uo	-ü	-üe
(zero/Null)											
b-	bu										
c-	cu			cuan			cui	cun	cuo		
ch-	chu	chua	chuai	chuan	chuang		chui	chun	chuo		
d-	du			duan			dui	dun	duo		
f-	fu										
g-	gu	gua	guai	guan	guang		gui	gun	guo		
h-	hu	hua	huai	huan	huang		hui	hun	huo		
j-	ju			juan		jue		jun			
k-	ku	kua	kuai	kuan	kuang		kui	kun	kuo		
l-	lu			luan				lun	luo	lü	lüe
m-	mu										
n-	nu			nuan					nuo	nü	nüe
p-	pu										
q-	qu			quan		que		qun			
r-	ru			ruan			rui	run	ruo		
s-	su			suan			sui	sun	suo		
sh-	shu	shua	shuai	shuan	shuang		shui	shun	shuo		
t-	tu			tuan			tui	tun	tuo		
w-	wu										
x-	xu			xuan		xue		xun			
y-	yu			yuan		yue		yun			
z-	zu			zuan			zui	zun	zuo		
zh-	zhu	zhua	zhuai	zhuan	zhuang		zhui	zhun	zhuo		

In der Pinyin-Transkription werden die Töne mit diakritischen Zeichen (in diesem Falle Akzent-Zeichen) dargestellt, die über den Hauptvokal der Silbe geschrieben werden, wie zum Beispiel in **mā má mǎ mà**. Die Ton-Markierungen sind ikonisch (bildhaft), d.h., sie stellen den Verlauf der Töne graphisch dar (z.B. markiert das Zeichen **ˉ** den hohen ebenen Ersten Ton und das Zeichen **ˊ** den steigenden Zweiten Ton). Es ist nicht erforderlich, dass Sie jetzt schon lernen, über welche der Vokale der jeweiligen Silbe die Töne geschrieben werden, aber zur künftigen Referenz werden die Regeln dafür hier dennoch vorgestellt:

1. Gibt es in der Silbe nur einen einzigen Vokal, so steht die Ton-Markierung über diesem Vokal.
2. Sind mehr als zwei Vokale vorhanden, so wird der erste Vokal als der Hauptvokal angesehen und die Markierung über diesen gesetzt. Ausnahmen sind **i**, **u** und **ü**; wenn diese den ersten Vokal bilden, so wird der zweite Vokal als der Hauptvokal betrachtet.
3. Wenn über dem Vokal **i** eine Ton-Markierung gesetzt wird, so entfällt der i-Punkt. Beispiele: **ī í ǐ ì**

Die vier Töne des Mandarin werden im Folgenden beschrieben und im Diagramm in Abbildung 2 auf der nächsten Seite graphisch dargestellt. Aber obwohl die Töne gewöhnlich von eins bis vier nummeriert sind, ist diese Reihenfolge nicht unbedingt die beste, um die Töne einzuüben. Daher sollten Sie die Kontrastiven Ausspracheübungen B-1 bis B-25, in denen die verschiedenen Töne einander systematisch gegenüber gestellt sind, gründlich durcharbeiten. Ein Tipp: Versuchen Sie Ihren Stimmumfang zu erweitern! Sie sollten versuchen, beim Sprechen der Töne mit der Stimme höher, aber auch tiefer zu kommen als in Ihrer Muttersprache.

DER ERSTE TON: GLEICHBLEIBEND HOCH

Der Erste Ton wird gleichbleibend hoch ausgesprochen und ist durchschnittlich lang. Er wird im oberen Bereich Ihres Stimmumfangs gebildet (allerdings sollte es noch angenehm auszusprechen sein). Achten Sie darauf, dass die Stimme während der gesamten Silbe gleichbleibend hoch bleibt und nicht zwischendurch abfällt. Der Erste Ton wird durch eine gerade Linie über dem Hauptvokal der Silbe symbolisiert: **ˉ**. Wie gesagt, der Erste Ton muss gleichbleibend hoch und zudem hoch genug ausgesprochen werden, ein bisschen so, als ob Sie beim Singen den Ton halten würden.

Ausspracheübung A-58

1. **bāo** „einpacken“
2. **gāng** „eben“
3. **mā** „Mutter“
4. **Ōu** „Europa“ **[GF]**
5. **qiān** „tausend“
6. **shān** „Berg“
7. **yī** „eins“
8. **Zhāng** (Familienname)

DER ZWEITE TON: HOCH UND STEIGEND

Der Zweite Ton beginnt etwa in der Mitte Ihres Stimmumfangs und steigt rasch bis ganz oben. Er ist durchschnittlich lang und wird im Ansteigen lauter. Der Zweite Ton wird durch ein steigendes Akzent-Zeichen (accent aigu im frz.) symbolisiert: **ˊ** . Fangen Sie nicht zu weit unten an und achten Sie darauf, dass der Ton hinreichend nach oben geht.

Ausspracheübung A-59

1. **bái** „weiß“
2. **báo** „dünn“
3. **máng** „beschäftigt“
4. **nán** „schwierig“
5. **néng** "„können“
6. **shéi** „wer“
7. **shí** „zehn“
8. **wán** „beenden“

DER DRITTE TON: NIEDRIG UND FALLEND

Der Dritte Ton beginnt recht weit unten, dann fällt die Stimme bis in den untersten Bereich ihres Umfangs (initialer Stimmabfall), wo sie eine Weile bleibt, um dann schnell über den mittleren Bereich hinaus zu steigen. Oft wird allerdings dieser Anstieg am Ende weggelassen. Es ist der niedrigere Teil des Tons, der bezüglich seiner Länge und seines Umfangs betont wird. Der Dritte Ton ist überdurchschnittlich lang. Er wird durch eine zunächst fallende und dann steigende Linie über dem Hauptvokal der Silbe symbolisiert: **ˇ** . Achten Sie darauf, den Dritten Ton tief genug zu machen und versuchen Sie nicht, krampfhaft den initialen Stimmabfall zu erzeugen. Fangen Sie so niedrig an wie möglich und die Stimme fällt ganz von selbst.

Abbildung 2: Die Vier Töne des Mandarin

ERSTER TON: Gleichbleibend hoch	ZWEITER TON: Hoch und steigend	DRITTER TON: Niedrig und fallend	VIERTER TON: Hoch und fallend

mā „Mutter"	má „Hanf"	mǎ „Pferd"	mà „schimpfen"

In diesen Diagrammen steht die vertikale x-Achse für die Stimmlage (Höhe der Stimme), wobei die Achse nach oben wie nach unten ein klein wenig über den normalen Stimmumfang im Deutschen hinausgeht. Die y-Achse steht für die Dauer der Silbe, wobei die Dicke der Tonkurve die Lautstärke darstellt.

Ausspracheübung A-60

1. **gǒu** „Hund"
2. **hǎo** „gut"
3. **jǐn** „eng"
4. **mǎ** „Pferd"
5. **nǐ** „du"
6. **qǐng** „einladen"
7. **wǎn** „Schale"
8. **zhǎng** „wachsen"

DER VIERTE TON: HOCH UND FALLEND

Der Vierte Ton beginnt weit oben und fällt dann schnell, wobei er leiser wird. Er ist kürzer als die durchschnittliche Silbe. Der Vierte Ton wird durch ein fallendes Akzent-Zeichen (accent grave) über dem Hauptvokal der Silbe symbolisiert: ` . Achten Sie darauf, weit genug oben anzufangen, um dann mit der Stimme ganz nach unten zu gehen. Eine solche Intonation findet sich im Deutschen bei z.B. bei einem entschlossenen „Ja!" oder auch „Nein!"

Ausspracheübung A-61

1. **bào** „Zeitung"
2. **èr** „zwei"
3. **gèng** „noch mehr"
4. **mà** „schimpfen"
5. **shì** „sein"
6. **wàn** „10.000"
7. **xìn** „Brief"
8. **xìng** „Familienname"

DER NEUTRALE TON

In gewöhnlichen Unterhaltungen gibt es im Chinesischen viele nicht betonte Silben, die schwach und kurz ausgesprochen werden und keinen eigenen Ton haben. Solche Silben, die im Pinyin mit keinerlei Ton-Zeichen markiert sind, werden gewöhnlich als Silben mit dem „Neutralen Ton" bezeichnet. Obwohl Sie das jetzt noch nicht lernen müssen, listen wir zum späteren Nachschlagen an dieser Stelle die Typen von Silben auf, die normalerweise im Neutralen Ton stehen, und geben dazu Beispiele.

(1) Finalpartikel am Ende von Sätzen **(a, ba, ne)**
(2) Verbsuffixe **(-guo, -le, -zhe)**
(3) Nominal- und Pronominalsuffixe **(mùtou** „Holz", **zhuōzi** „Tisch", **wǒmen** „wir"**)**
(4) Suffixe, die an Fragewörter und Adverbien angehängt sind **(duōme** „wie", **shémme** „was", **zèmme** „so"**)**
(5) verdoppelte Silben **(kànkan** „schauen"**)**
(6) Komplemente des Ergebnisses (Resultativkomplemente) **(dǎkai** „öffnen" **jìnqu** „hineingehen"**)**
(7) eingefügte (infigierte) Silben **(shuōyishuō** „mal sagen", **tīngbudǒng** „nicht verstehen"**)**
(8) Lokalisierer **(dìshang** „auf dem Boden", **jiāli** „zuhause"**)**
(9) die zweite Silbe von Verwandtschaftsbezeichnungen **(dìdi** „jüngerer Bruder", **jiějie** „ältere Schwester", **shūshu** „Onkel"**)**
(10) Pronominalobjekte **(jiào ta huílai** „ihr sagen, dass sie zurück kommen soll"**)**

Weiterhin gibt es viele verbreitete umgangssprachliche Wörter, in denen die zweite Silbe den Neutralen Ton hat. In diesem Lehrbuch werden alle Töne entsprechend dargestellt. Sie sollten die Silben mit Neutralem Ton zusammen mit den Wörtern, in denen sie vorkommen, lernen.

Der Neutrale Ton kommt bis zu einem gewissen Grad in allen Dialekten des Mandarin vor, ist aber vor allem im Beijinger Raum und Nordchina verbreitet. Chinesen aus dem Süden verwenden weniger Neutrale Töne, insbesondere in zweisilbigen Wörtern. Der Gebrauch oder Nichtgebrauch des Neutralen Tons hängt auch von der Sprechgeschwindigkeit und davon ab, wie formell gesprochen wird. So werden in informellen Plaudereien mit Freunden mehr Neutrale Töne gebraucht als in einer Vorlesung oder wenn man etwas wiederholt, was nicht auf Anhieb verstanden worden ist. Ein Lehrer, der mit Chinesischlernenden spricht, wird dabei sicherlich weniger Neutrale Töne verwenden als wenn er sich nach der Stunde im Lehrerzimmer mit seinen Kollegen unterhält. Denken Sie bitte daran, wenn Ihnen zwischen der Transkription, den Tonaufnahmen und der Aussprache Ihrer Lehrperson/en Unterschiede auffallen sollten. Es gibt zwar eine Reihe von Fällen, in denen der Neutrale Ton obligatorisch ist (z.B. in Finalpartikeln), aber in vielen Fällen ist er auch optional. Damit Ihr Chinesisch flüssig und natürlich klingt, sollten Sie auf die Neutralen Töne in der Aussprache Ihrer Lehrperson und in den begleitenden Tonaufnahmen achten und diese nachahmen.

Obwohl die Silben im Neutralen Ton eigentlich keinen Ton haben, werden sie doch in einer bestimmten, je nach vorangehendem Ton in ihrer Höhe variierenden Stimmlage ausgesprochen. Daher sollten Sie die Stimmlage der Neutralen Töne in Relation zu den vorangehenden Tönen kennen (vgl. Tabelle 3 unten).

Tabelle 3: Die Stimmhöhe beim Neutralen Ton

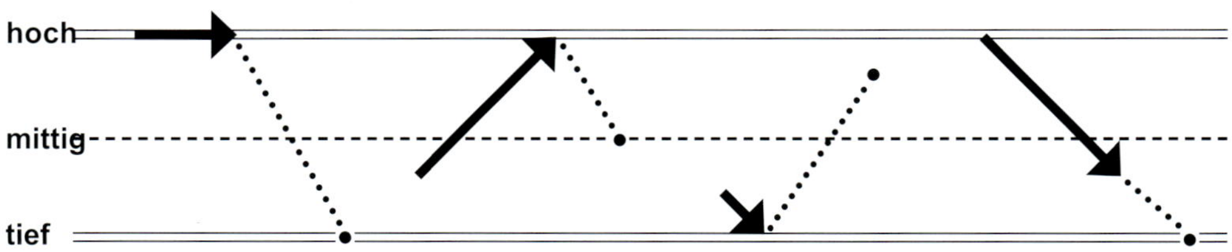

gāode	**chángde**	**xiǎode**	**dàde**
„der/die/das Hohe“	„der/die/das Lange“	„der/die/das Kleine“	„der/die/das Große“
suānde	**tiánde**	**kǔde**	**làde**
„der/die/das Saure“	„der/die/das Süße“	„der/die/das Bittere“	„der/die/das Scharfe“ (Essen)

In der Regel wird der Neutrale Ton nach einem Ersten, Zweiten oder Vierten Ton recht tief ausgesprochen, nach dem Dritten Ton hingegen relativ hoch. Beachten Sie, dass, anders als bei den anderen Tönen, Silben im Neutralen Ton nicht betont und leiser ausgesprochen werden. Die Höhe des Neutralen Tons wird zudem auch bis zu einem gewissen Grad vom Ton der darauf folgenden Silbe beeinflusst, indem die Tonhöhe der Silben im Neutralen Ton an die Höhe des folgenden Tons angenähert wird.

Im Neutralen Ton werden die stimmlosen Konsonanten **b**, **d** und **g** manchmal auch stimmhaft ausgesprochen. Das **b** von **Zǒu ba**, „Lasst uns gehen!“ zum Beispiel, klingt dann wie ein stimmhaftes **b**. Die Vokale von Silben im Neutralen Ton sind kürzer und werden weniger stark betont und leichter ausgesprochen als betonte Silben.

Ausspracheübung A-62: Der Erste Ton + der Neutrale Ton

1. **māma** „Mama“
2. **shūle** „hat verloren“
3. **shuōzhe** „sprechend“
4. **tāde** „ihres“
5. **wūzi** „Raum“
6. **xiānsheng** „Herr“

Ausspracheübung A-63: Der Zweite Ton + der Neutrale Ton

1. **bízi** „Nase“
2. **láile** „ist gekommen“
3. **niánji** „Alter“
4. **péngyou** „Freund“
5. **shéide** „wessen“
6. **Wáng jia** „die Familie Wang“

Ausspracheübung A-64: Der Dritte Ton + der Neutrale Ton

1. **hǎode** „O.K."
2. **hǎo ma** „O.K.?"
3. **liǎngge** „zwei …"
4. **wǒmen** „wir"
5. **yǐzi** „Stuhl"
6. **zǒule** „ist gegangen / weg"

Ausspracheübung A-65: Der Vierte Ton + der Neutrale Ton

1. **lèile** „müde geworden"
2. **mèimei** „jüngere Schwester"
3. **qù ba** „los geht's"
4. **sìge** „vier von …"
5. **shìde** „ja"
6. **zhànzhe** „stehend"

TONÄNDERUNGEN (TONSANDHI)

Wenn bestimmte Töne aufeinander folgen, verändern sie sich in recht vorhersehbarer Weise. Auch wenn das anfänglich kompliziert und verwirrend zu sein scheint, werden Sie sich binnen weniger Wochen daran gewöhnen und diese Wechsel schnell verinnerlichen. Es gibt drei wichtige Tonwechsel:

1. Wenn eine Silbe mit dem Dritten Ton vor einer Silbe im Ersten, Zweiten,Vierten oder Neutralen Ton (zumindest meistens) vorkommt, steigt sie am Ende nicht mehr an, sondern bleibt unten. Dies wird Halbdritter Ton genannt. Der Halbdritte Ton kommt weitaus häufiger vor als der unveränderte Dritte Ton, der in der Regel nur bei isolierten Silben oder am Ende eines Satzes oder einer Phrase auftritt, wenn danach eine Pause kommt. Daher sollte man den Halbdritten Ton gründlich üben.

Ausspracheübung A-66: Der Halbdritte Ton

1. **mǎi + shū = mǎi shū** „Bücher kaufen"
2. **mǎi + xié = mǎi xié** „Schuhe kaufen"
3. **mǎi + cài = mǎi cài** „Essen kaufen"
4. **mǎi + le = mǎile** „hat gekauft"

2. Wenn ein Dritter Ton auf einen weiteren Dritten Ton folgt, dann wird die Erste Silbe im Zweiten Ton ausgesprochen. Man nennt ihn dann den steigenden Dritten Ton.*

Ausspracheübung A-67: Der steigende Dritte Ton

1. **hěn + lǎo = hěn lǎo** „sehr alt"
2. **gǎn + jǐn = gǎnjǐn** „schnell"
3. **mǎi + bǐ = mǎi bǐ** „Stifte kaufen"
4. **nǐ + hǎo = nǐ hǎo** „wie geht's"

3. Bei vielen Sprechern wird der erste von zwei direkt aufeinander folgenden Vierten Tönen weniger betont als der erste. Der Ton der ersten Silbe im Vierten Ton geht nicht bis ganz unten, sondern nur bis in die Mitte. In diesem Falle wird er Halbvierter Ton genannt.

Ausspracheübung A-68: Der Halbvierte Ton

1. **dà + gài = dàgài** „wahrscheinlich"
2. **guì + xìng = guìxìng** „Wie ist ihr Familienname"
3. **tài + kuài = tài kuài** „zu schnell"
4. **zài + jiàn = zàijiàn** „auf Wiedersehen"

* Wenn drei oder mehr Silben im Dritten Ton aufeinander folgen, bleibt die letzte Silbe im Dritten Ton und die Silbe davor wird im Zweiten Ton ausgesprochen. Die anderen vorangehenden Silben ändern sich aufgrund der jeweiligen grammatischem und semantischen Zusammenhänge sowie der Präferenzen der Sprechenden (sie bleiben entweder im dritten Ton oder wechseln zum zweiten Ton). So könnte zum Beispiel **wǒ yě mǎi** „Ich kaufe (das) auch" als 3. Ton + 2. Ton + 3. Ton oder auch als 2. Ton + 2. Ton + 3. Ton gesprochen werden. **lěng shuǐ zǎo** „Kaltwasserbad" hingegen kann nur als 2. Ton + 2. Ton + 3. Ton gesprochen werden, da es von **lěng shuǐ** „kaltes Wasser" abgeleitet ist.

Das (r)-Suffix

Im Beijinger Dialekt sowie in weiten Bereichen Nordchinas und in geringerem Maße auch im Standard-Mandarin wird an eine Reihe von Wörtern das Suffix (**r**) angehängt, das mit den oben aufgelisteten Auslauten verbunden wird. Die Konsonanten und Vokale der entsprechenden Auslaute können sich dadurch verändern.

Das (**r**)-Suffix klingt wie das **-r** am Ende des Mandarin-Auslautes **-er**. Man kann es mit dem **ur** im englischen **hurt** vergleichen. Um das (**r**)-Suffix auszusprechen ziehen Sie die Zunge etwas nach hinten, wobei die Zungenspitze nach oben zeigt. Das (**r**)-Suffix ist stets Bestandteil der letzten Silbe und wird nicht als separate Silbe ausgesprochen, auch wenn es im Standardchinesischen als eigene Silbe mit einem eigenen Schriftzeichen geschrieben wird.[*]

Die Regeln für die Aussprache des (**r**)-Suffixes lauten wie folgt:[†]

A. Nach **a**, **ao**, **e**, **ia**, **iao**, **iu**, **o**, **ou**, **ua**, **uo** und **u** (außer wenn **u** auf **j**, **q**, **x**, **y** folgt) wird ein **-r** angefügt.

Ausspracheübung A-69

1. **nà** „jene/s/r" → **nàr** „dort"
2. **xiǎodāo** → **xiǎodāor** „kleines Messer"
3. **kàn yixia** → **kàn yixiar** „einmal anschauen"
4. **niǎo** → **niǎor** „Vogel"
5. **dǎqiú** → **dǎqiúr** „Ball spielen"
6. **shānpō** → **shānpōr** „Berghang"
7. **xiǎotōu** → **xiǎotōur** „Dieb"
8. **huà** „malen" → **huàr** „Bild"
9. **xiǎoshuō** → **xiǎoshuōr** „Roman"
10. **báitù** → **báitùr** „weißer Hase"

B. Nach **u** (wenn **u** auf **j**, **q**, **x**, **y** folgt) sowie nach **i** (außer wenn **i** auf **c**, **ch**, **s**, **sh**, **z**, **zh** folgt) wird ein **-er** angefügt.

Ausspracheübung A-70

1. **jīnjú** → **jīnjúr** „Kumquat"
2. **yǒuqù** → **yǒuqùr** „interessant"
3. **yú** → **yúr** „Fisch"
4. **xiǎojī** → **xiǎojīr** „Hühnchen"
5. **xiǎomǐ** → **xiǎomǐr** „Hirse"
6. **pí** → **pír** „Schale (einer Frucht)"

C. Nach **i** (wenn **i** auf **c**, **ch**, **s**, **sh**, **z**, **zh** folgt) wird das **i** weggelassen und ein **-er** angefügt.

Ausspracheübung A-71

1. **cì** → **cìr** „Dorn"
2. **jùchǐ** → **jùchǐr** „Sägezahn"
3. **ròusī** → **ròusīr** „Geschnetzeltes (Fleisch)"
4. **méi shì** → **méi shìr** „macht nichts"
5. **guāzǐ** → **guāzǐr** „Wassermelonenkern"
6. **guǒzhī** → **guǒzhīr** „Fruchtsaft"

* Je nach Subdialekt des Mandarin, nach Sprecher bzw. Alter des Sprechers gibt es bei der Aussprache des (**r**)-Suffixes durchaus Unterschiede. Sogar zwischen verschiedenen Bezirken Beijings kann sich die Aussprache des (**r**)-Suffixes geringfügig unterscheiden. Manche Sprecher ändern das (r)-Suffix auch je nach Silbenton. Aber alle diese Unterschiede sind eher klein und relativ unbedeutsam.

† Diese Regeln dienen zum Nachschlagen, sie müssen an dieser Stelle nicht gelernt werden. Es ist besser, die Wörter mit (**r**)-Suffix einfach zu lernen, wenn sie im Kurs auftauchen. Mit der Zeit werden Sie ein Gefühl dafür bekommen, wie das (**r**)-Suffix in den verschiedenen Grundsilben gebildet wird.

D. Nach **ai**, **uai**, **ei**, **ui**, **an**, **ian**, **en** und **uan** wird das finale **i** bzw. **n** weggelassen und ein **-r** angefügt.

Ausspracheübung A-72

1. **gài** „abdecken" → **gàir** „Deckel"
2. **yíkuài** „ein Dollar" → **yíkuàir** „zusammen"
3. **xiāngwèi** → **xiāngwèir** „Duft"
4. **qìshuǐ** → **qìshuǐr** „Sodawasser"
5. **duōbàn** → **duōbànr** „größtenteils"
6. **yìdiǎn** → **yìdiǎnr** „ein wenig"
7. **huāpén** → **huāpénr** „Blumentopf"
8. **fànguǎn** → **fànguǎnr** „Restaurant"

E. Nach **in** und **un** wird das **n** weggelassen und ein **-er** angefügt.

Ausspracheübung A-73

1. **méi jìn** → **méi jìnr** „kraftlos sein"
2. **sòngxìn** „einen Brief zustellen" → **sòngxìnr** „eine Nachricht zustellen"
3. **huāqún** → **huāqúnr** „bunter Rock"
4. **méi zhǔn** → **méi zhǔnr** „bin nicht sicher"

F. Nach **ng** wird der Vokal nasaliert, das **ng** wird weggelassen und ein **-r** angefügt.

Ausspracheübung A-74

1. **huāpíng** → **huāpíngr** „Vase"
2. **xiàngyàng** → **xiàngyàngr** „ansehnlich sein"
3. **dàshēng** → **dàshēngr** „mit lauter Stimme"
4. **yǒukòng** → **yǒukòngr** „Zeit haben"

Wenn Sie die Audio-Aufnahmen anhören, werden Sie feststellen, dass das (**r**)-Suffix an einige Auslaute einfach angehängt wird, in anderen Fällen hingegen die Auslaute „absorbiert". Sie müssen dabei aber wissen, dass diese phonetischen Veränderungen in der Pinyin-Transkription nicht wiedergegeben werden. Die Wörter werden immer mit der Grundform des Auslautes geschrieben, ganz gleich, ob die Aussprache des Auslautes durch die Anfügung des (**r**)-Suffixes verändert wird oder nicht. So schreiben wir **gēnr**, **shìr** und **xiǎoháir**, obwohl diese Wörter eigentlich **gēr**, **shèr** und **xiǎohár** ausgesprochen werden. Aus all dem sollte klar geworden sein, dass man von einem Wort mit einem (**r**)-Suffix nicht unbedingt auf die Form ohne Suffix schließen kann, wenn man das ursprüngliche Wort nicht kennt. So könnte die Silbe **war** von der Silbe **wa**, **wai** oder **wan** abgeleitet sein.

Das (**r**)-Suffix kommt besonders häufig mit Substantiven vor, vor allem in umgangssprachlicher lockerer Ausdrucksweise. Manchmal deutet es Kleinheit an (z.B. **xiǎojīr** „Küken"), aber nicht unbedingt. Obwohl es in der Regel an Substantive angehängt wird, kommt es auch nach einigen Verben und adverbialen Konstruktionen vor (z.B. **wánr** „Spaß haben", **hǎohāorde shuō** „sag es schön"). Das (**r**)-Suffix kann aus Gebundenen Formen zuweilen auch selbstständige Wörter machen (so kann man zwar nicht **zhuō**, aber dafür **zhuōr** für „Tisch" sagen). Bei den meisten Wörtern verändert das Anfügen des (**r**)-Suffixes die Bedeutung nicht (z.B. bedeuten sowohl **difang** als auch **difangr** „Platz, Ort"), aber in anderen Fällen hat das (**r**)-Suffix Einfluss auf die Bedeutung (z.B. **zhè** „dies" und **zhèr** „hier"). Im Beijinger Dialekt gibt es Wörter, die immer ein (**r**) haben (z.B. **yìhuǐr** „ein Weilchen"), einige Wörter mit einem optionalen (**r**) (z.B., **shíhour** „Zeit") und wiederum andere, die niemals ein (**r**) bekommen. Ob an ein Wort ein **r**-Suffix angehängt werden kann oder muss, lernen Sie am besten mit den jeweils neuen Vokabeln zusammen auswendig.*

Der Gebrauch bzw. Nichtgebrauch des (**r**)-Suffixes hängt mit einer Reihe komplexer soziolinguistischer Faktoren zusammen, deren Kenntnis Sie sich im Laufe der Zeit aneignen sollten:

* Ein optionales (**r**)-Suffix wird in diesem Kurs durch Klammern um das optionale **r** angezeigt, z.B. wie in **shíhou(r)** „Zeit". Das bedeutet, dass dieses Wort sowohl **shíhou** als auch **shíhour** ausgesprochen werden kann.

1. Das (r)-Suffix kommt häufiger in der gesprochenen Sprache vor als in der geschriebenen.
2. Das (r)-Suffix kommt häufiger in lockeren informellen Sprechsituationen in der Familie oder unter Freunden vor als bei formellen Anlässen wie etwa einer öffentlichen Vorlesung.
3. Das (r)-Suffix kommt in Beijing und Nordchina weitaus häufiger vor als im Rest des Landes. Chinesen aus anderen Teilen Chinas können es oft nicht richtig aussprechen. Der Grad des r-Gebrauchs beim Einzelnen hängt auch damit zusammen wie stark der Dialekt der Sprechenden ausgeprägt ist.Viele Menschen in Süd- oder Westchina inklusive Taiwan verwenden das (r)-Suffix kaum oder gar nicht.
4. Auch in Beijing und Umgebung wird das (r)-Suffix eher von den weniger gut Ausgebildeten, die häufig vom Lande stammen, verwendet als von den Intellektuellen.

In jedem Gespräch hat der Sprecher jederzeit die Wahl das (r)-Suffix mehr oder auch weniger zu gebrauchen, was sich natürlich auf den Eindruck auswirkt, der damit auf die Zuhörenden gemacht wird. Ein übermäßiger Gebrauch des (r)-Suffixes kann als Solidarisierung mit den Beijingern, aber auch als weniger intellektuelle und, zumal in Gegenden, in denen das (r)-Suffix gewöhnlich nicht verwendet wird, als eingebildete, hochmütige oder sogar als affektierte Sprechweise empfunden werden. Der zurückhaltende Gebrauch des (r)-Suffixes hingegen vermittelt den Eindruck einer regelgerechten Aussprache des Mandarin. Verwendet man das Suffix hingegen gar nicht, so wird schnell man als Sprecher eines regionalen Dialekts identifiziert.

EIN TIPP FÜR DIE LERNENDEN

Sie müssen an dieser Stelle nur wissen, dass das (r)-Suffix existiert und wie es ausgesprochen wird. Lernen Sie die Wörter, die ein (r) enthalten, so wie sie im Kurs auftauchen, und ahmen Sie die Aussprache der Lehrperson und der Sprechenden in den Begleitmaterialien nach (machen Sie sich keine Gedanken darüber, dass sie bei der Aussprache je nach Person durchaus Unterschiede feststellen werden, diese sind völlig normal). Fügen Sie das (r)-Suffix auf keinen Fall an ein Wort an, bevor Sie sich nicht sicher sind, dass es wirklich so ausgesprochen werden kann.

Denken Sie daran, dass der übermäßige Gebrauch des (r)-Suffixes in Gegenden, in denen es eher selten verwendet wird, z.B. in Taipei oder Guangzhou, eine Distanz zwischen Ihnen und Ihren Gesprächspartnern schafft. Man wird Sie zwar für Ihre Beijinger Aussprache loben, aber Sie im Stillen vermutlich für eingebildet oder für einen Beijing-Chauvinisten halten. Männer wirken durch den übermäßigen Gebrauch des (r)-Suffixes auf viele auch „tuntig". Andererseits wird das (r)-Suffix in Beijing und in den Gegenden um die Stadt herum als authentisch und angenehm empfunden werden. Sie sollten daher den Gebrauch des (r)-Suffixes an Ihre Umgebung, Ihre Gesprächspartner und die Situation anzupassen wissen.

Sollten Sie bereits über Chinesischkenntnisse verfügen, die Sie durch Kontakte mit Sprechenden aus West- oder Südchina erworben haben, könnte es sein, dass Ihnen das (r)-Suffix neu, ja sogar „unnatürlich" vorkommt. Sie sollten sich einerseits der Tatsache bewusst sein, dass dieses Suffix von den Nordchinesen sehr häufig verwendet wird und es als Teil einer sehr prestigeträchtigen Sprachverwendung angesehen wird. Daher sollten Sie lernen, wie man es auszusprechen hat und auch seine oben dargestellten Verwendungskontexte kennen. Andererseits gibt es Hunderte Millionen Sprecher des Chinesischen, die das (r) kaum oder gar nicht verwenden und trotzdem keine besonderen Kommunikationsprobleme haben. Daher sollten Sie sich, wenn Sie das (r) nicht verwenden wollen und sich nicht daran stören, als jemand wahrgenommen zu werden, der eine „südliche" oder „westliche" Variante des Chinesischen spricht, keine großen Gedanken machen, ob Sie selbst das Suffix nun verwenden wollen oder nicht. Trotzdem müssen Sie in der Lage sein, es zu verstehen, wenn es von anderen gebraucht wird.

Transkriptionskonventionen

Im folgenden Abschnitt werden die in diesem Kurs verwendeten Transkriptionskonventionen vorgestellt. Da die Pinyin-Transkription noch nicht sehr lange so weit verbreitet ist, wie dies heute der Fall ist, bestehen vielerorts noch Unklarheiten darüber, wie es geschrieben wird. Für diesen Kurs ist das Pinyin kein Schriftsystem zum Schreiben des Chinesischen (nur die chinesischen Schriftzeichen können dies für sich in Anspruch nehmen), sondern eine Hilfe um das gesprochene Chinesisch besser zu lernen. Daher dienen die unten stehenden Informationen lediglich zum Nachschlagen. Die komplette Beherrschung dieser Regeln ist nicht unbedingt notwendig, um Chinesisch gut sprechen zu lernen.

ZEICHENSETZUNG

Die Pinyin-Transkription folgt bei der Interpunktion im Allgemeinen den Regeln des Englischen. Auch im geschriebenen Standard-Chinesisch folgt die Interpunktion weitgehend den Regeln des Englischen, allerdings gibt es zum Teil auch Unterschiede.

GROSS- UND KLEINSCHREIBUNG

Die Groß- und Kleinschreibung folgt den im Englischen üblichen Regeln. Groß geschrieben werden Personennamen und Ortsnamen, Titel, Namen von Organisationen und der erste Buchstabe am Satzanfang.

LEERZEICHEN, UM WORTGRENZEN DARZUSTELLEN

Wie in den westlichen Sprachen werden die Wortgrenzen in der Regel durch Leerzeichen dargestellt (in einigen Fällen aber auch mit Interpunktionszeichen oder Großschreibung). Andererseits ist es aber nicht so einfach, klar zu definieren, wo im Chinesischen ein Wort anfängt und wo es aufhört. Dabei hilft uns das Schriftsystem mit seinen Schriftzeichen wenig, da in diesem keine Leerzeichen zur Markierung von Wortgrenzen verwendet werden. Das ist auch der Grund, warum man in China zuweilen solche Wortungeheuer wie WENHUAYUJIAOYUJIE antrifft, was in diesem Lehrwerk mit **Wénhuà Yǔ Jiàoyù Jiē** „Kultur- und Ausbildungsstraße" wiedergegeben werden würde.

Die Prinzipien für die Darstellung der Wortgrenzen, nach denen in diesem Buch vorgegangen wird, sind folgende:

1. Was zusammen ausgesprochen wird bzw. zusammen ausgesprochen werden muss, wenn die Bedeutung erhalten bleiben soll, wird zusammengeschrieben; was getrennt ausgesprochen werden kann, ohne dass sich die Bedeutung verändert, wird getrennt geschrieben. Nehmen wir das Wort **lǎoshī** „Lehrer" als Beispiel. Die Silbe **shī** kann nicht alleine verwendet werden. **lǎo** „alt" kann zwar alleine stehen, aber dann hat es eine andere Bedeutung als in **lǎoshī** „Lehrer". Im Satz **Tā shi lǎoshī** „Sie ist Lehrerin" hingegen können die Wörter **tā** „sie" und **shì** „ist" alleine stehen ohne dass sich ihre Bedeutung verändert.
2. Verb-Objekt-Verbindungen, bei denen das Objekt aus einer einzigen Silbe besteht, und in denen die Verbindung ein allgemeines Konzept repräsentiert, werden zusammengeschrieben (**chīfàn** „essen", **kànshū** „lesen"). Wenn das Objekt etwas Spezifisches bedeutet (**chī ròu** „Fleisch essen", **kàn rén** „Leute anschauen") oder wenn Verb und Objekt durch andere Elemente getrennt sind (**kàn hěn duō hǎokànde shū** „eine Menge guter Bücher lesen") werden Verb und Objekt getrennt geschrieben.
3. Zweisilbige Familiennamen und zweisilbige Vornamen werden zusammengeschrieben (**Sīmǎ Qiān**, **Dèng Xiǎopíng**).
4. Die Partikel **-de** wird stets an die vorangehende Silbe angehängt, auch wenn sie sich teilweise auf andere, weiter vorne im Satz oder in der Phrase stehende Elemente bezieht (**wǒde shū** „meine Bücher", **zuótiān wǎnshang bādiǎn zhōng láide nèige rén** „die Person, die gestern Abend um 20:00 Uhr kam"). Dass das **-de** immer mit der vorangehenden Silbe verbunden geschrieben wird, spiegelt die sprachliche Tatsache wider, dass diese Silbe nie allein gesprochen, sondern immer an eine vorangehende Silbe angehängt wird.
5. In Grenzfällen tendieren wir in diesem Werk dazu, die Silben miteinander zu verbinden, da man sie dann schneller schreiben und tippen kann und zudem auch noch etwas Platz spart.

DER GEBRAUCH DES BINDESTRICHS

In einer Reihe von Ausdrücken aus dem Klassischen Chinesisch verdeutlicht ein Bindestrich zwischen den Silben die Bedeutung, z.B. **dōng-nuǎn-xià-liáng** „Warmer Winter und kühler Sommer". Bindestriche stehen zudem zwischen Ausdrücken, von denen jeder selbst eine einsilbige Abkürzung ist, z.B. **Hàn-Yīng zìdiǎn** „Deutsch-englisches Wörterbuch" oder **Zhōng-Měi Màoyì Gōngsī** „Sino-amerikanische Handelskompanie". Außerdem werden bei der Schreibung von Jahren Bindestriche verwendet, z.B. **èr-líng-yī-wǔ-nián** „das Jahr 2015".

DER GEBRAUCH DES APOSTROPHS, UM SILBENGRENZEN ANZUZEIGEN

In Wörtern mit mehr als einer Silbe kommt es zuweilen zu Buchstabenkombinationen, in der Regel mit Vokalen, dem Konsonanten **n** oder der Kombination **ng**, wo nicht klar ist, wie die Silbe eigentlich zusammengesetzt ist (wo die Silbengrenze verläuft). Um zu verdeutlichen, wo eine Silbe aufhört und die nächste Silbe beginnt, wird das Apostroph (**'**) verwendet, um die korrekten Silbengrenzen anzuzeigen und so Doppeldeutigkeiten und eine falsche Aussprache der Silben zu vermeiden. Vergleichen Sie z.B. **fā'nàn** „revoltieren" und **fān'àn** „ein Urteil revidieren". Ohne das Apostroph würde man die beiden Wörter, die verschieden ausgesprochen werden und die auch verschiedene Bedeutungen haben, beide **fānàn** schreiben und es wäre unklar, wie die Silben ausgesprochen werden bzw. welches der beiden Wörter überhaupt gemeint ist. In diesem Lehrwerk finden sich dazu z.B. **Jiā'nádà** „Kanada", **sān'ge** „drei" und **Xī'ān** (Name einer Stadt).

MARKIERUNG VON TONÄNDERUNGEN

Im allgemeinen werden Tonänderungen nicht markiert, da sie vorhersehbar sind und in den Tonaufnahmen zu hören sind. Daher sprechen wir die Kombination **hěn** „sehr" + **hǎo** „gut" als **hén hǎo** aus, obwohl wir sie mit unveränderten Tönen als **hěn hǎo** schreiben.

Die wesentlichste Ausnahme bilden Silben im Dritten Ton, denen ein weiterer Dritter Ton folgt, die zu einem Neutralen Ton geworden sind. In diesen Fällen bekommt die erste Silbe den Zweiten Ton, ändert sich aber in anderen Wörtern nicht. Da diese Tonänderungen nicht vorhersehbar sind, markieren wir sie im Buch. So ist zum Beispiel das Wort für „Fräulein" aus den den beiden Silben **xiǎo** + **jiě**, die beide den Dritten Ton haben, zusammengesetzt. Da in diesem Wort die erste Silbe den Zweiten Ton bekommt, die zweite hingegen den Neutralen Ton, schreiben wir das Wort als **xiáojie**. Im Wort für „Ältere Schwester", das ebenfalls aus den zwei Silben **jiě** + **jiě**, die beide den Dritten Ton haben, zusammengesetzt ist, behält die erste Silbe ihren Dritten Ton, die zweite Silbe hingegen bekommt den Neutralen Ton. Daher schreiben wir das Wort **jiějie**.

Da die Tonwechsel bei den vier Wörtern **yī** „eins", **qī** „sieben", **bā** „acht" und **bù** „nein" nicht klassenspezifisch sondern wortspezifisch sind, schreiben wir diese immer so, wie sie tatsächlich ausgesprochen werden. Zum Beispiel schreiben wir **bù mǎi** „nicht kaufen", aber **bú qù** „nicht gehen". Wir kommen darauf zurück, wenn die entsprechenden Wörter in den Lektionen behandelt werden.

Ausspracheübungen, Teil B: Kontrastive Aussprache

DIE TÖNE

Ausspracheübung B-1: Erster Ton versus Dritter Ton

Achten Sie darauf, den Ersten Ton hoch genug und den Dritten Ton niedrig genug anzusetzen. „Dehnen" Sie Ihre Stimme, um die beiden Extreme miteinander zu vereinbaren.

1. **bēi** „Becher", **běi** „Norden"
2. **dēng** „Lampe", **děng** „warten"
3. **gān** „trocken", **gǎn** „wagen"
4. **wā** „graben", **wǎ** „Ziegel"

Ausspracheübung B-2: Zweiter Ton versus Vierter Ton

Achten Sie darauf, dass der Zweite Ton weit genug nach oben geht und der Vierte Ton weit genug oben angesetzt wird, um dann weit nach unten zu fallen.

1. **huáng** „gelb", **huàng** „schwanken"
2. **láo** „fest, stabil", **lào** „backen"
3. **tán** „diskutieren", **tàn** „seufzen"
4. **tú** „Bild", **tù** „spucken"

Ausspracheübung B-3: Erster Ton versus Vierter Ton

Achten Sie darauf, den Ersten Ton hoch genug anzusetzen und den Vierten Ton weit genug nach unten fallen zu lassen.

1. **cuī** „eilen", **cuì** „knusprig"
2. **kān** „sich um etwas kümmern", **kàn** „anschauen"
3. **sī** „Seide", **sì** „vier"
4. **xīng** „verfault", **xìng** „Familienname"

Ausspracheübung B-4: Dritter Ton versus Vierter Ton

Achten Sie darauf, den Dritten Ton niedrig genug und den Vierten Ton hoch genug anzusetzen.

1. **gǒu** „Hund“, **gòu** „genug“
2. **liǎn** „Gesicht“, **liàn** „üben“
3. **liǎng** „zwei“, **liàng** „hell“
4. **tǎ** „Pagode“, **tà** „treten“

Ausspracheübung B-5: Erster Ton versus Zweiter Ton

Achten Sie darauf, den Ersten Ton hoch genug anzusetzen und ihn oben zu halten. Beginnen Sie den Zweiten tiefer als den Ersten Ton, um dann über den Ersten Ton hinaus nach oben zu gehen.

1. **fēng** „Wind“, **féng** „treffen“
2. **huā** „Blume“, **huá** „rutschig“
3. **pī** „kommentieren“, **pí** „Leder“
4. **shēn** „tief“, **shén** „Gott“

Ausspracheübung B-6: Zweiter Ton versus Dritter Ton

Achten Sie darauf, den Zweiten Ton hoch genug nach oben gehen zu lassen und den Dritten Ton niedrig anzusetzen.

1. **bá** „entwurzeln“, **bǎ** „nehmen“
2. **bái** „weiß“, **bǎi** „hundert“
3. **tóng** „gleich“, **tǒng** „Eimer“
4. **yuán** „rund“, **yuǎn** „weit“

Ausspracheübung B-7: Der Erste, Zweite, Dritte und Vierte Ton

1. **liū** „sich davonschleichen“, **liú** „behalten“, **liǔ** „Weide“ [GF], **liù** „sechs“
2. **mā** „Mutter“, **má** „Hanf“, **mǎ** „Pferd“, **mà** „schimpfen“
3. **suī** „obwohl“, **suí** „folgen“, **suǐ** „Mark“ [GF], **suì** „Jahr (Alter)“
4. **tāng** „Suppe“, **táng** „Zucker“, **tǎng** „liegen“, **tàng** „heiß“
5. **wān** „Biegung“, **wán** „spielen“, **wǎn** „Schüssel“, **wàn** „10.000“
6. **yāo** „Hüfte“, **yáo** „wackeln“, **yǎo** „beißen“, **yào** „wollen“
7. **yōu** „schwingen“, **yóu** „Öl“, **yǒu** „haben“, **yòu** „wieder“

TON-KOMBINATIONEN

Für regelhaft betonte zweisilbige Wörter gibt es insgesamt sechzehn mögliche Ton-Kombinationen. Da die meisten chinesischen Wörter aus zwei Silben bestehen, wird Ihnen die Beherrschung der folgenden sechzehn Ton-Kombinationen die Aussprache eines sehr großen Teils des chinesischen Vokabulars sehr erleichtern.

Ausspracheübung B-8: Erster und Erster Ton

Achten Sie darauf, den Ersten Ton hoch genug anzusetzen und eben auszusprechen.

1. **dāochā** „Messer und Gabel“
2. **gāozhōng** „Oberschule“
3. **kāifā** „erschlossen“
4. **kāiguān** „Schalter“
5 **sānzhāng** „drei ...“
6 **shūzhuō** „Schreibtisch“

Ausspracheübung B-9: Erster und Zweiter Ton

Halten Sie den Ersten Ton hoch und eben und gehen Sie mit dem Zweiten Ton weit genug nach oben.

1. **bāngmáng** „helfen“
2. **fāmíng** „erfinden“
3. **huānyíng** „willkommen“
4. **kāimén** „die Tür öffnen“
5. **tiāntáng** „Paradies“
6. **Yīngwén** „Englisch“

Ausspracheübung B-10 Erster und Dritter Ton

Achten Sie darauf, den Ersten Ton hoch genug anzusetzen und nicht abzusacken, wenn Sie sich auf den Dritten Ton vorbereiten.

1. **dōngběi** „Nordost“
2. **gānghǎo** „gerade, eben“
3. **qiānbǐ** „Bleistift“
4. **shūfǎ** „Kalligraphie“
5. **tīngxiě** „Diktat“
6. **Zhōng-Měi** „Sino-amerikanisch“

Ausspracheübung B-11: Erster und Vierter Ton

Halten Sie den Ersten Ton hoch und eben und lassen Sie den Vierten Ton weit nach unten fallen.

1. **dōu yào** „alles wollen“
2. **jīròu** „Hühnerfleisch“
3. **sāncì** „dreimal“
4. **tāngmiàn** „Suppennudeln“
5. **tīnghuà** „gehorchen“
6. **zhēnzhèng** „wirklich“

Ausspracheübung B-12: Zweiter und Erster Ton

Gehen Sie mit dem Zweiten Ton bis zu der Höhe des Ersten Tones und achten Sie darauf, mit dem Ersten Ton oben zu bleiben.

1. **fángjiān** „Raum“
2. **huíjiā** „heimkehren“
3. **nánfāng** „Süden“
4. **pángtīng** „auditieren“
5. **shuí shuō** „wer sagt?“
6. **shítiān** „zehn Tage“

Ausspracheübung B-13: Zweiter und Zweiter Ton

Achten Sie darauf, mit beiden Tönen weit genug nach oben zu gehen und mit dem zweiten Zweiten Ton weit genug unten zu beginnen.

1. **chángcháng** „oft“
2. **hái méi** „noch nicht“
3. **míngnián** „nächstes Jahr“
4. **shuí lái** „wer kommt?“
5. **yínháng** „Bank“
6. **yóutiáo** „Ölstange (Gebäck)“

Ausspracheübung B-14: Zweiter und Dritter Ton

Achten Sie darauf, den Zweiten Ton genügend ansteigen zu lassen und den Dritten Ton tief genug anzusetzen.

1. **hái hǎo** „O.K.“
2. **lián nǐ** „sogar du“
3. **máobǐ** „Pinsel“
4. **méi mǎi** „nicht gekauft haben“
5. **shíběn** „zehn Bände“
6. **xuézhě** „Gelehrter“

Ausspracheübung B-15: Zweiter und Vierter Ton

Gehen Sie mit dem Zweiten Ton weit, weit nach oben und lassen Sie den Vierten Ton dann ganz nach unten fallen.

1. **báicài** „Kohl“
2. **bú zài** „nicht da“
3. **shuí yào** „wer will (es)“
4. **táonàn** „fliehen“
5. **tóngyì** „zustimmen“
6. **xuéhuì** „lernen“

Ausspracheübung B-16: Dritter und Erster Ton

Gehen Sie für den Dritten Ton weit nach unten ohne wieder anzusteigen, fangen Sie dann den Ersten Ton weit genug oben an und halten Sie ihn.

1. **hǎochī** „wohlschmeckend“
2. **hěn jiān** „sehr scharf“
3. **jiǎndān** „einfach“
4. **mǎi shū** „Bücher kaufen“
5. **měitiān** „jeden Tag“
6. **wǎn’ān** „guten Abend“

Ausspracheübung B-17: Dritter und Zweiter Ton

Achten Sie darauf, mit dem Dritten Ton ganz nach unten zu gehen, bevor Sie sich mit dem Zweiten Ton auf den Weg nach oben machen.

1. **dǎ rén** „jemanden schlagen“
2. **gěi shuí** „wem geben?“
3. **hǎowánr** „lustig sein“
4. **liǎngnián** „zwei Jahre“
5. **wǎngqiú** „Tennis“
6. **yǒuqián** „reich“

Ausspracheübung B-18: Dritter und Dritter Ton

Achten Sie darauf, dass der Dritte Ton vor einem weiteren Dritten Ton zu einem Zweiten Ton wird.

1. **dădăo** „niederschlagen"
2. **hěn zăo** „sehr früh"
3. **lăo mă** „altes Pferd"
4. **lěng shuǐ** „kaltes Wasser"
5. **shŏubiăo** „Armbanduhr"
6. **yŏnggăn** „tapfer"

Ausspracheübung B-19: Dritter und Vierter Ton

Gehen Sie für den Dritten Ton ganz nach unten, ohne danach die Stimme wieder anzuheben. Beginnen Sie dann ganz oben mit dem Vierten Ton und lassen die Stimme ganz nach unten fallen.

1. **hăokàn** „schön anzusehen"
2. **hěn huài** „sehr schlecht"
3. **lǐbài** „Woche"
4. **mălù** „Straße"
5. **măshàng** „sofort"
6. **zăofàn** „Frühstück"

Ausspracheübung B-20: Vierter und Erster Ton

Achten Sie darauf, nach dem weit nach unten gehenden Vierten Ton, den Ersten Ton hoch und eben auszusprechen.

1. **dìyī** „der/die/das erste..."
2. **kànshū** „lesen"
3. **qìchē** „Auto"
4. **tài hēi** „zu schwarz"
5. **zài jiā** „zu Hause"
6. **zuì gāo** „am höchsten"

Ausspracheübung B-21: Vierter und Zweiter Ton

Lassen Sie den Vierten Ton ganz nach unten fallen, bevor Sie zum Zweiten Ton hochsteigen (achten Sie darauf, dass der Vierte Ton nicht wie der Erste klingt!). Achten Sie auch darauf, dass der Zweite Ton weit genug nach oben geht, damit er nicht mit dem dritten Ton verwechselt werden kann.

1. **fànhér** „Lunchbox"
2. **kuài lái** „komm schnell"
3. **pèihé** „koordinieren"
4. **tài tián** „zu süß"
5. **xiàngyá** „Elfenbein"
6. **zuì máng** „der/die/das beschäftigste ..."

Ausspracheübung B-22: Vierter und Dritter Ton

Lassen Sie den Vierten Ton ganz nach unten fallen und konzentrieren Sie sich dann auf den niedrigen Teil des Dritten Tons, den Sie mit einem leichten Ansteigen abschließen.

1. **dàxiăo** „Größe"
2. **fùmŭ** „Eltern"
3. **ròubǐng** „mit Fleisch gefüllter Pfannkuchen"
4. **tài zăo** „zu früh"
5. **xiàxuě** „schneien"
6. **zhìshăo** „zumindest"

Ausspracheübung B-23: Vierter und Vierter Ton

Denken Sie daran, dass der erste von zwei Vierten Tönen nur halb nach unten geht, wenn zwei Vierte Töne aufeinander folgen. Achten Sie aber darauf, dass der erste der beiden Vierten Töne nicht wie ein Erster Ton klingt.

1. **bànshì** „Dinge erledigen"
2. **diànhuà** „Telefon"
3. **tài lèi** „zu müde"
4. **zàijiàn** „auf Wiedersehen"
5. **zhùzhòng** „betonen"
6. **zuìhòu** „zum Schluss"

Ausspracheübung B-24: Einige häufig benutzte Wendungen, in denen der Vierte Ton vorkommt

1. **fānqié chăodàn** „gebratene Eier mit Tomaten"
2. **duō dú jǐbiàn** „ein paar Male mehr lesen"
3. **fēiqínzŏushòu** „Vögel und Wildtiere"
4. **pīpíng tăolùn** „kritisieren und diskutieren"
5. **Sān Huáng Wŭ Dì** „Die drei Kaiser und fünf Herrscher"
6. **Sān Mín Zhŭyì** „Die drei Volksprinzipien"
7. **shēnmóuyuănlǜ** „umsichtig und weitblickend"
8. **xīqí gŭguài** „seltsam und merkwürdig"
9. **xīnqíng kŭmèn** „deprimiert sein"

10. **xīnzhíkǒukuài** „direkt und geradeheraus sein“
11. **yīliáo bǎojiàn** „das Gesundheitswesen“
12. **yīngxióng hǎohàn** „Helden und andere tapfere Menschen“
13. **zāiqíng cǎnzhòng** „ein schreckliches Unglück“

Ausspracheübung B-25: Einige Beispiele für Bedeutungsunterschiede durch Tonkontraste

1. **bú duì** „falsch“, **bùduì** „Truppe“
2. **bǔkǎo** „eine Nachprüfung machen“, **bù kǎo** „an einer Prüfung nicht teilnehmen“
3. **dàishǔ** „Känguru“, **dàishù** „Algebra“
4. **Dōngjīng** „Tokio“, **dòngjìng** „Geräusch einer Bewegung“
5. **fánghuǒ** „Feuerschutz“, **fànghuǒ** „etwas anzünden, Feuer legen“
6. **gānbēi** „Prost!“, **gānbèi** „Jakobsmuschel“
7. **gūlì** „isolieren“, **gǔlì** „ermutigen“
8. **Gǔwén** „klassisches Chinesisch“, **gùwèn** „Ratgeber“
9. **hǎidǎo** „Insel“, **hǎidào** „Pirat“
10. **Hányǔ** „Koreanisch“, **Hànyǔ** „Chinesisch“
11. **huǒchē** „Zug“, **huòchē** „Frachtzug“
12. **huīzhāng** „Insignium, Abzeichen“, **huìzhǎng** „Club-Präsident“
13. **jiēfang** „Nachbar“, **jiěfàng** „befreien“
14. **júzi** „Mandarine“, **jùzi** „Satz“
15. **kǎnshù** „Bäume fällen“, **kànshū** „lesen“
16. **kěqì** „nervend“, **kèqi** „höflich“
17. **liánxì** „kontaktieren“, **liànxí** „Übung“
18. **lòushuǐ** „Wasser lecken“, **lòushuì** „Steuern hinterziehen“
19. **núlì** „Sklave“, **nǔlì** „sich anstrengen“
20. **qíchē** „Fahrrad fahren“, **qìchē** „Auto“
21. **Shāndōng** (Name einer Provinz), **shāndòng** „Höhle“
22. **Shānxī** (Name einer Provinz), **Shǎnxī** (Name einer weiteren Provinz)
23. **shōupiàoyuán** „Schaffner“, **shòupiàoyuán** „Fahrkartenverkäufer“
24. **sīrén** „privat“, **sǐrén** „Tote/r“
25. **sōngshǔ** „Eichhörnchen“, **sōngshù** „Kiefer“
26. **tōngzhī** „mitteilen“, **tóngzhì** „Kamerad“
27. **xiāngjiāo** „Banane“, **xiàngjiāo** „Gummi“
28. **zhíyuán** „Angestellter“, **zhìyuàn** „Wunsch, Ideal“
29. **zìmǔ** „Buchstabe“, **zìmù** „Untertitel“
30. **zhōngshí** „treu“, **zhòngshi** „etwas für wichtig halten“
31. **Zhōngyào** „Chinesische Medizin“, **zhòngyào** „wichtig“

Ausspracheübung B-26: Voller Ton versus Neutraler Ton

1. **dōngxī** „Osten und Westen“, **dōngxi** „Ding“
2. **jìnqū** „verbotenes Areal“, **jìnqu** „hineingehen“
3. **lìhài** „Vor- und Nachteile“, **lìhai** „schrecklich“
4. **mùdì** „Friedhof“, **mùdi** „Ziel“
5. **shétóu** „Schlangenkopf“, **shétou** „Zunge“
6. **shìlì** „Visus“, **shìli** „Kraft“
7. **wénzì** „Geschriebenes“, **wénzi** „Moskito“
8. **xínglǐ** „grüßen“, **xíngli** „Gepäck“
9. **yǎnjìng** „Brille“, **yǎnjing** „Augen“
10. **tízì** „(als Widmung/Erinnerung) Schriftzeichen schreiben“, **tízi** „Huf“

ANLAUTE

Ausspracheübung B-27: **b** vs. **p**

Achten Sie darauf, das **b** stimmlos auszusprechen; achten Sie zudem darauf, das **p** stark behaucht auszusprechen.

1. **bà** „Papa“, **pà** „fürchten“
2. **bāo** „verpacken“, **pāo** „werfen“
3. **bèi** „Rücken“, **pèi** „übereinstimmen“
4. **bèng** „hüpfen“, **pèng** „berühren, stoßen; treffen, begegnen“
5. **bàwáng** „Despot“, **pà wáng** „den König fürchten“
6. **bǎole** „sattgegessen“, **pǎole** „weggelaufen“
7. **bízi** „Nase“, **pízi** „Leder“

Ausspracheübung B-28: **d** vs. **t**

Achten Sie darauf, das **d** stimmlos auszusprechen; achten Sie zudem darauf, das **t** stark behaucht auszusprechen.

1. **dà** „groß“, **tà** „Pritsche“
2. **dào** „ankommen“, **tào** „Set“
3. **dīng** „Nagel“ **tīng** „zuhören“
4. **dòng** „bewegen“, **tòng** „schmerzen“
5. **dízi** „Flöte“, **tízi** „Huf“
6. **dùzi** „Bauch“, **tùzi** „Hase“
7. **dúshū** „studieren“, **túshū** „Bücher“
8. **duìkuǎn** „Geld wechseln“, **tuìkuǎn** „Geld zurückgeben“

Ausspracheübung B-29: **g** vs. **k**

Achten Sie darauf, das **g** stimmlos auszusprechen; achten Sie zudem darauf, das **k** stark behaucht auszusprechen.

1. **gǎo** „machen“, **kǎo** „backen“
2. **gàn** „tun“, **kàn** „schauen“
3. **gè** „jeder“, **kè** „gravieren“
4. **gēng** „pflügen“, **kēng** „Grube“
5. **guài** „seltsam“, **kuài** „schnell“
6. **guò** „passieren“, **kuò** „reich“
7. **gǎizì** „Schriftzeichen korrigieren“, **kǎizì** „Standardschriftzeichen“
8. **bù gāi** „sollte nicht“, **bù kāi** „nicht offen“

Ausspracheübung B-30: **j** vs. **q**

Achten Sie darauf, das **j** stimmlos auszusprechen; achten Sie zudem darauf, das **q** stark behaucht auszusprechen.

1. **jī** „Huhn“, **qī** „sieben“
2. **jiān** „spitz“, **qiān** „tausend“
3. **jiāng** „werden (Futur)“, **qiāng** „Gewehr“
4. **jiáo** „kauen“, **qiáo** „Brücke“
5. **jù** „Satz“, **qù** „gehen“
6. **juān** „spenden“, **quān** „Kreis“

Ausspracheübung B-31: **z** vs. **c**

Achten Sie darauf, das **z** stimmlos auszusprechen, und achten Sie darauf, das **c** stark behaucht auszusprechen.

1. **zăn** „sparen“, **căn** „tragisch“
2. **zăo** „früh“, **căo** „Gras“
3. **zài** „wieder“, **cài** „Speise“
4. **zì** „Schriftzeichen“, **cì** „Dorn“
5. **zū** „mieten“, **cū** „grob“
6. **zuì** „betrunken“, **cuì** „zerbrechlich“
7. **zìwèi** „sich verteidigen“, **cìwèi** „Igel“

Ausspracheübung B-32: **zh** vs. **ch**

Achten Sie darauf, das **zh** stimmlos auszusprechen, und achten Sie darauf, das **ch** stark behaucht auszusprechen.

1. **zhăo** „suchen“, **chăo** „laut“
2. **zhàng** „Konto“, **chàng** „singen“
3. **zhē** „bedecken“, **chē** „Wagen“
4. **zhū** „Schwein“, **chū** „heraus“
5. **zhuō** „packen“, **chuō** „stechen, stoßen“
6. **zhuī** „jagen“, **chuī** „pusten“
7. **zhŭn** „genau“, **chŭn** „dumm“

Ausspracheübung B-33: **s** vs. **sh**

1. **sā** „loslassen, auswerfen“, **shā** „töten“
2. **săo** „kehren“, **shăo** „wenige“
3. **sān** „drei“, **shān** „Berg“
4. **sāng** „Maulbeere“ **[GF], shāng** „Wunde“
5. **sēn** „Wald“ **[GF], shēn** „tief“
6. **sēng** „Mönch“, **shēng** „gebären“
7. **sānjiăo** „Dreieck“, **shānjiăo** „Fuß eines Berges“
8. **sīrén** „Privatperson“, **shīrén** „Dichter“

Ausspracheübung B-34: **z** vs. **zh**

1. **zăo** „früh“, **zhăo** „suchen“
2. **zài** „da sein“, **zhài** „Schulden“
3. **zāng** „schmutzig“, **Zhāng** (Familienname)
4. **zé** „dann“, **zhé** „brechen“
5. **zōng** „Vorfahre“ **[GF], zhōng** „Mitte“
6. **zū** „mieten“, **zhū** „Schwein“
7. **zuàn** „bohren“, **zhuàn** „verdienen“
8. **zìxù** „Selbstvorstellung“, **zhìxù** „Ordnung“

Ausspracheübung B-35: **c** vs. **ch**

1. **cā** „reiben“, **chā** „einsetzen, hineinstecken“
2. **cāi** „raten“, **chāi** „auseinander nehmen“
3. **cáng** „verstecken“, **cháng** „oft“
4. **céng** „Ebene“, **chéng** „Stadt“
5. **cū** „grob“, **chū** „herausgehen“
6. **cuī** „hasten, drängen, zur Eile treiben“, **chuī** „pusten“

7. **cūn** „Dorf“ [GF], **chūn** „Frühling“ [GF]
8. **mùcái** „Holz“, **mùchái** „Feuerholz“
9. **tuīcí** „(Ernennung, Einladung) ablehnen“, **tuīchí** „verschieben“

Ausspracheübung B-36: **zh** vs. **j**

1. **zhào** „… folgend, gemäß“, **jiào** „rufen“
2. **zhān** „kleben“, **jiān** „scharf, spitz“
3. **Zhāng** (Familienname), **jiāng** „steif“
4. **zhǐ** „Papier“, **jǐ** „quetschen“
5. **zhòu** „faltig“, **jiù** „dann“
6. **zhù** „leben“, **jù** „Satz“
7. **zhìxù** „Ordnung“, **jìxù** „weitermachen“
8. **jīngzhì** „exquisit“, **jīngjì** „Wirtschaft“
9. **zázhì** „Zeitschrift“, **zájì** „Akrobatik“

Ausspracheübung B-37: **ch** vs. **q**

1. **chǎo** „laut“, **qiǎo** „zufällig“
2. **cháng** „lang“, **qiáng** „Wand“
3. **chī** „essen“, **qī** „sieben“
4. **chízi** „Teich“, **qízi** „Flagge“
5. **chū** „herausgehen“, **qū** „Made“
6. **chuán** „Boot“, **quán** „ganz“
7. **báichī** „Idiot“, **báiqī** „weiße Farbe, weißer Lack“
8. **bù chí** „nicht spät“, **bù qí** „nicht in Unisono“
9. **fāchóu** „sich sorgen“, **fāqiú** „einen Ball spielen“

Ausspracheübung B-38: **z** vs. **j**

1. **zā** „binden, umwickeln“, **jiā** „hinzufügen“
2. **zǎn** „sparen“, **jiǎn** „aufheben, aufsammeln“
3. **zāng** „schmutzig“, **jiāng** „steif“
4. **zǎo** „früh“, **jiǎo** „Fuß“
5. **zé** „dann“, **jié** „Feiertag“
6. **zì** „Schriftzeichen“, **jì** „aufzeichnen“
7. **zǒu** „gehen“, **jiǔ** „neun“
8. **zuàn** „bohren“, **juàn** „Band“
9. **bù zū** „mietet nicht“, **bù jū** „nicht an etw. festhalten, sich nicht auf etw. beschränken“

Ausspracheübung B-39: **sh** vs. **x**

1. **shā** „töten“, **xiā** „Garnele“
2. **shān** „Berg“, **xiān** „zuerst“
3. **shāng** „verwunden“, **xiāng** „duftend“
4. **shǎo** „wenige“, **xiǎo** „klein“
5. **shōu** „erhalten“, **xiū** „reparieren“
6. **shū** „Buch“, **xū** „schwach“
7. **shīwàng** „verzweifeln“, **xīwàng** „hoffen“
8. **shòuzi** „dürrer Mensch“, **xiùzi** „Ärmel“
9. **bù shī** „nicht feucht“, **bù xī** „nicht einatmen“
10. **dàshǐ** „Botschafter“, **dàxǐ** „große Freude“

Ausspracheübung B-40: **t** vs. **q**

1. **tī** „treten“, **qī** „sieben“
2. **tiān** „Tag“, **qiān** „Blei“
3. **tián** „ausfüllen“, **qián** „Geld“
4. **tiáo** „anpassen“, **qiáo** „Brücke“
5. **tiē** „kleben“, **qiē** „schneiden“
6. **tǐng** „sehr“, **qǐng** „einladen“
7. **tóu** „Kopf“, **qiú** „Ball“

Ausspracheübung B-41: **t** vs. **c**

1. **tā** „er/sie/es“, **cā** „reiben“
2. **tài** „zu (sehr)“, **cài** „Speise“
3. **tān** „gierig“, **cān** „Essen“ [GF]
4. **táng** „Bonbon“, **cáng** „verbergen“
5. **tǎo** „heiraten (eine Frau)“, **cǎo** „Gras“
6. **tōng** „offen“, **cōng** „Frühlingszwiebel“
7. **tòu** „hindurchdringen“, **còu** „sammeln, zusammentragen“
8. **tuō** „ziehen“, **cuō** „sich die Hände reiben“

Ausspracheübung B-42: **s** vs. **c**

1. **sā** „loslassen, auswerfen“, **cā** „reiben“
2. **sǎo** „kehren“, **cǎo** „Gras“
3. **sāi** „stopfen“, **cāi** „raten“
4. **sān** „drei“, **cān** „Essen“ [GF]
5. **sāng** „Beerdigung“ [GF], **cāng** „Schiffsraum, Flugzeugkabine“ [GF]
6. **sè** „adstringierend“, **cè** „Band“
7. **sì** „vier“, **cì** „Mal“
8. **sù** „Gemüse“, **cù** „Essig“
9. **suì** „Altersjahr“, **cuì** „knusprig“

Ausspracheübung B-43: **c** vs. **q**

1. **cā** „reiben“, **qiā** „kneifen, zwicken“
2. **cān** „Essen“ [GF], **qiān** „tausend“
3. **cǎo** „Gras“, **qiǎo** „zufällig“
4. **cāng** „Schiffsraum, Flugzeugkabine“ [BF], **qiāng** „Gewehr“
5. **cì** „Dorn“, **qì** „Luft“
6. **cóng** „von“, **qióng** „arm“
7. **cū** „grob“, **Qiū** (Familienname)
8. **cún** „lagern“, **qún** „Herde“
9. **cuàn** „Hals über Kopf fliehen, eilig flüchten“, **quàn** „raten, überreden“

Ausspracheübung B-44: **s** vs. **x**

1. **sā** „drei“, **xiā** „Garnele“
2. **sǎo** „fegen“, **xiǎo** „klein“
3. **sān** „drei“, **xiān** „zuerst“
4. **sāng** „Maulbeere“ [GF], **xiāng** „duftend“
5. **sì** „vier“, **xì** „fein“
6. **sōng** „lose“, **xiōng** „böse“
7. **Sūn** (Familienname), **xūn** „Rauch“

Ausspracheübung B-45: **r** vs. **zh**

1. **rǎn** „färben“, **Zhǎn** (Familienname)
2. **rǎng** „schreien“, **zhǎng** „wachsen“
3. **rào** „aufwickeln“, **zhào** „… folgend, gemäß“
4. **rēng** „werfen“, **zhēng** „streiten“
5. **rì** „Tag“ **[GF], zhì** „behandeln“
6. **rù** „hineingehen“, **zhù** „wohnen“

Ausspracheübung B-46: **w** vs. **hu**

1. **wā** „graben“, **huā** „Blume“
2. **wàn** „10.000“, **huàn** „wechseln“
3. **Wáng** (Familienname), **Huáng** (Familienname)
4. **wài** „draußen“, **huài** „schlecht“
5. **wèi** „füttern“, **huì** „können“
6. **wǒ** „ich“, **huǒ** „Feuer“
7. **lǎowǔ** „Kind Nummer fünf“, **lǎohǔ** „Tiger“
8. **xīwàng** „hoffen“, **xǐhuan** „mögen“

AUSLAUTE

Ausspracheübung B-47: **i** vs. **e**

1. **cì** „Mal“, **cè** „Band (Bücher etc.)“
2. **chī** „essen“, **chē** „Wagen“
3. **rì** „Tag“ **[GF], rè** „heiß“
4. **sì** „vier“, **sè** „adstringierend“
5. **shì** „sein“, **shè** „schießen“
6. **zhì** „heilen“, **zhè** „dieses“
7. **shítou** „Stein“, **shétou** „Zunge“
8. **báichī** „Idiot“, **bái chē** „weißes Auto“
9. **yícì** „einmal“, **yícè** „ein Band“

Ausspracheübung B-48: **i** vs. **u/ü**

1. **jì** „senden“, **jù** „sich versammeln“
2. **nǐ** „du“, **nǚ** „weiblich“ **[GF]**
3. **qī** „sieben“, **qū** „Distrikt“
4. **xǐ** „waschen“, **xǔ** „erlauben“
5. **bànlǐ** „arrangieren“, **bànlǚ** „Partner“
6. **dàyí** „Schwägerin“, **dà yú** „großer Fisch“
7. **liánxì** „kontaktieren“, **liánxù** „fortgesetzt, kontinuierlich“
8. **míngyì** „nominell“, **míngyù** „Ehre“
9. **shūjí** „Bücher“, **shūjú** „Buchladen“
10. **yìjiàn** „Ansicht, Meinung“, **yùjiàn** „vorhersehen“

Ausspracheübung B-49: **u** vs. **u/ü**

1. **chū** „heraus“, **qū** „Distrikt“
2. **lù** „Straße“, **lǜ** „grün“
3. **nǔ** „sich anstrengen“ **[GF], nǚ** „weiblich“ **[GF]**
4. **sù** „Gemüse“, **xù** „Vorwort“
5. **wù** „Nebel“, **yù** „Jade“
6. **zhù** „wohnen“, **jù** „Satz“

Ausspracheübung B-50: **e** vs. **ye/ie**

1. **è** „hungrig“, **yè** „Nacht“
2. **dé** „erlangen“, **dié** „falten“
3. **lè** „fröhlich“, **liè** „intensiv“
4. **sè** „Farbe“, **xiè** „danken“
5. **zhé** „falten“, **jié** „Festtag“

Ausspracheübung B-51: **e** vs. **wo/uo**

1. **chē** „Wagen“, **chuō** „stechen“
2. **è** „hungrig“, **wò** „schlafen“ [GF]
3. **hé** „und“, **huó** „lebendig“
4. **gē** „Lied“, **guō** „Topf“
5. **lè** „fröhlich“, **luò** „fallen“
6. **rè** „heiß“, **ruò** „schwach“
7. **shè** „schießen“, **shuò** „groß“ [GF]
8. **tè** „besonders“, **tuò** „eröffnen“ [GF]
9. **zhé** „brechen“, **zhuó** „picken“

Ausspracheübung B-52: **ei** vs. **ie**

1. **bēi** „Becher“, **biē** „unterdrücken (Gefühle), sich zurückhalten“
2. **pēi** „Embryo“, **piē** „beiseite legen“
3. **zhèi** „dieses“, **jiè** „leihen“

Ausspracheübung B-53: **er** vs. **ri**

1. **èr** „zwei“, **rì** „Tag“ [GF]
2. **dì'èrshi'èrběn** „Band Nummer 22“
3. **dì'èr shi Rìběn** „Nummer zwei ist Japan“

Ausspracheübung B-54: **ai** vs. **ei**

1. **bǎi** „hundert“, **běi** „Norden“
2. **gǎi** „korrigieren“, **gěi** „geben“
3. **lái** „kommen“, **léi** „Donner“
4. **mái** „begraben, vergraben“, **méi** „Kohle“
5. **nài** „aushalten, vertragen, geduldig“ [GF], **nèi** „innerhalb“ [GF]
6. **pài** „schicken, entsenden“, **pèi** „zusammenpassen“
7. **zhài** „Schulden“, **zhèi** „dieses“
8. **bù mǎi** „nicht kaufen“, **bù měi** „nicht schön“
9. **xiǎomài** „Weizen“, **xiǎomèi** „kleine Schwester“

Ausspracheübung B-55: **ie** vs. **ue/üe**

1. **jié** „Festtag“, **jué** „lustig“
2. **liè** „jagen“ [GF], **lüè** „ein wenig“
3. **qiē** „(zer-)schneiden“, **quē** „ermangeln“
4. **xiě** „schreiben“, **xuě** „Schnee“
5. **xié** „Schuh“, **xué** „lernen“
6. **yè** „Nacht“, **yuè** „Monat“
7. **jiēzhe** „und dann, anschließend“, **juēzhe** „eine Schnute machen“
8. **qièshí** „praktisch“, **quèshí** „tatsächlich“
9. **xiēzi** „Skorpion“, **xuēzi** „Stiefel“

Ausspracheübung B-56: **ou/iu** vs. **u/ü**

1. jiù „retten“, **jù** „Satz“
2. liù „sechs“, **lǜ** „grün“
3. niŭ „verdrehen“, **nǚ** „Frau“ **[GF]**
4. Qiū (Familienname), **qū** „Made“
5. xiù „Ärmel“ **[GF], xù** „Vorwort“
6. yóu „Öl“, **yú** „Fisch“

Ausspracheübung B-57: Fehlen vs. Vorhandensein von **i**

1. dōu „alle“, **diū** „(weg-)werfen; verlieren“
2. láng „Wolf“, **liáng** „messen“
3. lóu „Gebäude“, **liú** „behalten“
4. nào „lärmen“, **niào** „Urin“
5. pào „(Tee) aufgießen; in Flüssigkeit einweichen“, **piào** „Ticket“
6. tāo „herausnehmen“, **tiāo** „auswählen“

Ausspracheübung B-58: **ui** vs. **uai**

1. huì „wissen, wie“, **huài** „schlecht“
2. guì „teuer“, **guài** „seltsam“
3. shuì „schlafen“, **shuài** „gutaussehend“

Ausspracheübung B-59: **wa/ua** vs. **wo/uo**

1. guā „Melone“, **guō** „Topf“
2. huà „Rede, gesprochene Sprache“, **huò** „Ware“
3. kuà „schreiten“, **kuò** „reich, wohlhabend“
4. shuā „bürsten, putzen, malen, streichen“, **shuō** „sagen“
5. wă „Ziegel“, **wŏ** „ich“
6. zhuā „ergreifen, packen, fassen“, **zhuō** „festnehmen, fangen“”

Ausspracheübung B-60: **ou** vs. **uo**

Achten Sie darauf, die Endung **ou** deutlich anders als die Endung **uo** auszusprechen. Beachten Sie besonders die Wortpaare der Nummern 1 und 9. Viele Chinesischlerner bringen diese durcheinander!

1. dōu „alle“, **duō** „viele“
2. dŏu „steil“, **duŏ** „verstecken“
3. gòu „genug“, **guò** „passieren“
4. hòu „dick“, **huò** „oder“
5. ròu „Fleisch“, **ruò** „schwach“
6. shōu „empfangen, erhalten, bekommen“, **shuō** „sprechen“
7. tōu „stehlen“, **tuō** „ziehen“
8. Zhōu (Familienname), **zhuō** „Tisch“ **[GF]**
9. zŏu „gehen“, **zuŏ** „links“
10. zòu „vorführen“, **zuò** „tun“

Ausspracheübung B-61: Fehlen vs. Vorhandensein von **u**

1. gāi „sollen“, **guāi** „brav, wohlerzogen“
2. gāng „eben, gerade“, **guāng** „nur“
3. gĕi „geben“, **guĭ** „Teufel“
4. hài „schaden“, **huài** „schlecht“
5. hēi „schwarz“, **huī** „grau“

6. **kān** „auf etw./jn. aufpassen“, **kuān** „weit“
7. **lăn** „faul, arbeitsscheu“, **luăn** „Ei“
8. **răn** „färben“, **ruăn** „weich“
9. **shā** „töten“, **shuā** „Bürste“
10. **zhā** „stechen“, **zhuā** „fangen“

Ausspracheübung B-62: **an** vs. **en**

1. **bàn** „halb“, **bèn** „dumm“
2. **fān** „(durch-)blättern; (durch-)wühlen“, **fēn** „teilen“
3. **hăn** „rufen“, **hĕn** „sehr“
4. **kăn** „fällen, abschneiden“, **kĕn** „einwilligen“
5. **màn** „langsam“, **mèn** „stickig“
6. **shān** „Berg“, **shēn** „tief“
7. **wàn** „10.000“, **wèn** „fragen“
8. **zhān** „an etwas kleben“, **zhēn** „wirklich“
9. **bănzi** „Brett“, **bĕnzi** „Notizbuch“
10. **pánzi** „Teller“, **pénzi** „Becken“

Ausspracheübung B-63: **an** vs. **yan/ian**

1. **àn** „drücken“, **yàn** „untersuchen“
2. **bàn** „arrangieren“, **biàn** „debattieren, streiten“
3. **cān** „Speise“ **[GF], qiān** „tausend“
4. **lăn** „faul, träge“, **liăn** „Gesicht“
5. **màn** „langsam“, **miàn** „Nudeln“
6. **nán** „schwierig“, **nián** „klebrig“
7. **pàn** „urteilen, verurteilen“, **piàn** „Scheibe“
8. **zhàn** „stehen“, **jiàn** „sehen“

Ausspracheübung B-64: **yan/ian** vs. **yuan/uan**

1. **jiăn** „aufheben“, **juăn** „zusammenrollen“
2. **qiān** „unterschreiben“, **quān** „Kreis“
3. **yán** „Salz“, **yuán** „rund“
4. **píjiàn** „Lederwaren“, **píjuàn** „erschöpft“
5. **qiántou** „vorne“, **quántou** „Faust“
6. **yìqiān** „eintausend“, **yìquān** „Kreis“
7. **yŏuqián** „reich“, **yŏuquán** „mächtig“
8. **xiánzhe** „müßig sein“, **xuánzhe** „hängend“
9. **yànzi** „Schwalbe“, **yuànzi** „Hof“

Ausspracheübung B-65: **en** vs. **un**

1. **Chén** (Familienname), **chún** „rein“
2. **hèn** „hassen“, **hùn** „verwirren“
3. **kĕn** „einwilligen“, **kŭn** „Bündel; bündeln“
4. **rèn** „erkennen“, **rùn** „feucht“
5. **sēn** „Wald“ **[GF], Sūn** (Familienname)
6. **shèn** „Niere“, **shùn** „glatt, reibungslos, ohne Probleme“
7. **zhĕn** „untersuchen“ **[GF], zhŭn** „genau“

Ausspracheübung B-66: **un** vs. **(y)un**

1. **chún** „rein“, **qún** „Herde, Gruppe“

2. **shùn** „glatt, reibungslos, problemlos“, **xùn** „ausbilden, trainieren“
3. **zhūn** „ernsthaft“ **[GF], jūn** „Armee“ **[GF]**

Ausspracheübung B-67: **in** vs. **(y)un**

1. **jīn** „Pfund“, **jūn** „Armee“ **[GF]**
2. **qín** „Chinesische Zither“, **qún** „Herde, Gruppe, Schar“
3. **xìn** „Brief“, **xùn** „ausbilden, trainieren“
4. **báiyín** „Silber“, **báiyún** „weiße Wolken“
5. **yìnshū** „Bücher drucken“, **yùnshū** „transportieren“

Ausspracheübung B-68: **an** vs. **ang**

1. **bān** „bewegen“, **bāng** „Clique“
2. **chuán** „Schiff“, **chuáng** „Bett“
3. **lán** „blau“, **láng** „Wolf“
4. **mán** „hintergehen, täuschen“, **máng** „beschäftigt“
5. **wán** „spielen“, **wáng** „König“
6. **chǎnzi** „Schaufel“, **chǎngzi** „Fabrik“
7. **dānxīn** „sich sorgen“, **dāngxīn** „vorsichtig“
8. **fǎnwèn** „eine Gegenfrage stellen“, **fǎngwèn** „besuchen“
9. **gānzi** „Bambusstange“, **gāngzi** „Schüssel“”
10. **kāifàn** „zu essen beginnen“, **kāifàng** „öffnen, eröffnen“

Ausspracheübung B-69: **ian** vs. **iang**

1. **jiǎn** „minus“, **jiǎng** „sprechen“
2. **lián** „sogar“, **liáng** „kühl“
3. **nián** „Jahr“, **niáng** „Mama“
4. **jiǎnhuà** „vereinfachen“, **jiǎnghuà** „sprechen“
5. **jiǎnlì** „Kurzlebenslauf“, **jiǎnglì** „belohnen“
6. **jiānyìng** „hart“, **jiāngyìng** „steif“
7. **lǎonián** „die späten Jahre“, **lǎo niáng** „alte Mutter“
8. **shìyàn** „Test“, **shìyàng** „Stil“
9. **yànzi** „Schwalbe“, **yàngzi** „Art und Weise“

Ausspracheübung B-70: **en** vs. **eng**

1. **bēn** „rennen“, **bēng** „springen“
2. **Chén** (Familienname), **chéng** „Stadt“
3. **fēn** „Minute“, **fēng** „Wind“
4. **mèn** „deprimiert“, **mèng** „Traum“
5. **shēn** „tief“, **shēng** „gebären“
6. **zhèn** „Stadt“, **zhèng** „eben, gerade“
7. **chénjiù** „antiquiert, altmodisch“, **chéngjiù** „Erfolg“
8. **guāfēn** „aufteilen“, **guāfēng** „der Wind weht“
9. **mùpén** „Holzschüssel“, **mùpéng** „Holzhütte“
10. **rénshēn** „Ginseng“, **rénshēng** „Menschenleben“

Ausspracheübung B-71: **in** vs. **ing**

1. **bīn** „Gast“ **[GF], bīng** „Soldat“
2. **jīn** „Gold“, **jīng** „hervorragend, vorzüglich“
3. **Lín** (Familienname), **líng** „Null“
4. **qīn** „innig“, **qīng** „leicht“

5. **xìn** „Brief“, **xìng** „Familienname“
6. **yìn** „drucken“, **yìng** „hart“
7. **bú xìn** „nicht glauben“, **bú xìng** „unglückselig“
8. **hěn jìn** „sehr nah“, **hěn jìng** „sehr ruhig“
9. **pínfán** „oft“, **píngfán** „gewöhnlich“
10. **rénmín** „Volk“, **rénmíng** „Personenname“

Ausspracheübung B-72: **ang** vs. **eng**

1. **bàng** „großartig“, **bèng** „springen“
2. **fàng** „legen, stellen“, **fèng** „Ritze“
3. **mǎng** „Python“, **[GF], Měng** „mongolisch“ **[GF]**
4. **pàng** „dick“, **pèng** „stoßen“
5. **rāng** „rufen“, **rēng** „wegwerfen“
6. **dōngfāng** „der Osten“, **dōngfēng** „Ostwind“
7. **mángzhe** „beschäftigt sein“, **méngzhe** „bedeckend“

Ausspracheübung B-73: **ang** vs. **eng** vs. **ong**

1. **cáng** „verstecken“, **céng** „Ebene, Schicht“, **cóng** „von“
2. **cháng** „lang“, **chéng** „O.K.“, **chóng** „Insekt“
3. **dǎng** „Partei“, **děng** „warten“, **dǒng** „verstehen“
4. **gāng** „eben, gerade“, **gēng** „pflügen“ **[GF], gōng** „liefern“
5. **háng** „Linie, Reihe“, **héng** „horizontal“, **hóng** „rot“
6. **kāng** „Gesundheit“ **[GF], kēng** „Grube“, **kōng** „leer“
7. **láng** „Wolf“, **léng** „Kante“ **[GF], lóng** „Käfig“ **[GF]**
8. **táng** „Zucker“, **téng** „schmerzen“, **tóng** „gleich“

Ausspracheübungen, Teil C: Inhaltsbasierte Aussprache

Die folgenden Übungen bestehen aus Wörtern, deren Bedeutung Sie bereits kennen oder die Sie leicht erlernen können. Der Zweck dieser Übungen ist es, die Ausspracheübungen etwas interessanter und sinnhaltiger zu machen und so, hoffentlich, einen tieferen Eindruck bei Ihnen zu hinterlassen.

Ausspracheübung C-1: US-amerikanische Städte

1. **Bōshìdùn** „Boston“
2. **Huáshèngdùn** „Washington“
3. **Luòshānjī** „Los Angeles“
4. **Mài'āmì** „Miami“
5. **Niǔyuē** „New York“
6. **Xīyǎtú** „Seattle“
7. **Yàtèlándà** „Atlanta“
8. **Zhījiāgē** „Chicago“

Ausspracheübung C-2: Chinesische Städte

1. **Běijīng** „Beijing“
2. **Chóngqìng** „Chongqing“
3. **Gāoxióng** „Kaohsiung“
4. **Guǎngzhōu** „Guangzhou, Kanton“
5. **Nánjīng** „Nanjing“
6. **Shànghǎi** „Schanghai“
7. **Shěnyáng** „Shenyang“

8. **Táiběi** „Taipei“
9. **Tiānjīn** „Tianjin“
10. **Xiānggǎng** „Hongkong“

Ausspracheübung C-3: US-amerikanische Bundesstaaten

1. **Ālābāmǎ** „Alabama“
2. **Ālāsījiā** „Alaska“
3. **Éhài’é** „Ohio“
4. **Fóméngtè** „Vermont“
5. **Kānsàsī** „Kansas“
6. **Kēluólāduō** „Colorado“
7. **Mìxīxībǐ** „Mississippi“
8. **Tiánnàxī** „Tennessee“
9. **Wēisīkāngxīn** „Wisconsin“
10. **Yóutā** „Utah“

Ausspracheübung C-4: Namen chinesischer Provinzen und Regionen

1. **Fújiàn** „Fujian“
2. **Guǎngdōng** „Guangdong“
3. **Hǎinán** „Hainan“
4. **Húběi** „Hubei“
5. **Hú’nán** „Hunan“
6. **Shāndōng** „Shandong“
7. **Sìchuān** „Sichuan“
8. **Táiwān** „Taiwan“
9. **Xīnjiāng** „Xinjiang“
10. **Zhèjiāng** „Zhejiang“

Ausspracheübung C-5: Andere Länder

1. **Ài’ěrlán** „Irland“
2. **Bā’námǎ** „Panama“
3. **Fēnlán** „Finnland“
4. **Gǔbā** „Kuba“
5. **Hǎidì** „Haiti“
6. **Mǎlǐ** „Mali“
7. **Nuówēi** „Norwegen“
8. **Tǎnsāngníyà** „Tanzania“
9. **Yěmén** „Jemen“
10. **Yìdàlì** „Italien“

Ausspracheübung C-6: Berühmte Chinesen

1. **Dèng Xiǎopíng** „Deng Xiaoping“
2. **Jiǎng Jièshí** „Chiang Kai-shek“
3. **Jiǎng Jīngguó** „Chiang Ching-kuo“
4. **Jiāng Qīng** „Jiang Qing“
5. **Kǒngfūzǐ** „Konfuzius“
6. **Lǎozǐ** „Lao-tse“
7. **Liú Shàoqí** „Liu Shaoqi“
8. **Máo Zédōng** „Mao Zedong“
9. **Sūn Zhōngshān** „Sun Yat-sen“
10. **Yáo Míng** „Yao Ming“

Ausspracheübung C-7: Berühmte US-Amerikaner

1. **Àidíshēng** „Edison“
2. **Kěnnídí** „Kennedy“
3. **Jīxīn’gé** „Kissinger“
4. **Hǎilún Kǎilè** „Helen Keller“
5. **Lǐ Xiǎolóng** „Bruce Lee“
6. **Línkěn** „Lincoln“
7. **Mǎdīng Lùdé Jīn** „Martin Luther King“
8. **Níkèsōng** „Nixon“
9. **Àobāmǎ** „Obama“
10. **Luósīfú** „Roosevelt“

Ausspracheübung C-8: Ähnlich klingende chinesische Familiennamen im Kontrast

Achten Sie darauf, die unten stehenden ähnlich klingenden Familiennamen auseinander zu halten. Niemand mag es, wenn sein Name falsch ausgesprochen oder gar mit dem einer anderen Person verwechselt wird.

1. **Bān, Pān**
2. **Bāo, Bào**
3. **Chén, Chéng**
4. **Dèng, Zhèng**
5. **Gū, Gǔ, Gù**
6. **Hé, Hè, Hóu**
7. **Huáng, Wáng**
8. **Hú, Wú, Wǔ**
9. **Jiāng, Jiǎng**
10. **Lí, Lǐ, Lǚ**
11. **Lín, Líng**
12. **Lú, Lǔ, Lù, Lǚ**
13. **Sī, Shī, Shí, Shǐ**
14. **Sūn, Sòng**
15. **Tán, Táng, Tāng**
16. **Tián, Qián**
17. **Wāng, Wáng**
18. **Wēn, Wén**
19. **Xú, Xǔ**
20. **Yán, Yuán**
21. **Zāng, Zhāng, Zhuāng**
22. **Zhān, Zhǎn**
23. **Zhū, Zhù**
24. **Zōng, Zhōng**
25. **Zōu, Zhōu**

Ausspracheübung C-9: Lehnwörter aus dem Chinesischen

1. **gōngfu** „Kung-Fu“
2. **gònghé** „gung ho“
3. **kòutóu** „Kotau“
4. **lìzhī** „Litschi“
5. **májiàng** „Ma-jongg“
6. **qiézhī** „Ketchup“
7. **rénshēn** „Ginseng“
8. **sī** „Seide“

9. **táifēng** „Taifun“
10. **tàijíquán** „Tai-Chi“

Ausspracheübung C-10: Ausländische Lehnwörter im Chinesischen

1. **hànbǎo** „Hamburger“
2. **kāngnǎixīn** „Nelke, engl. carnation“
3. **kělè** „Cola“
4. **Kěndéjī** „Kentucky Fried Chicken®“
5. **léidá** „Radar“
6. **màikèfēng** „Mikrophon“
7. **mǐ** „Meter“
8. **pīngpāngqiú** „Pingpong“
9. **qiǎokèlì** „Schokolade“
10. **sānmíngzhì** „Sandwich“

Ausspracheübung C-11: Deutsche Städte

1. **Bólín** „Berlin“
2. **Bō'ēn** „Bonn“
3. **Déléisīdùn** „Dresden“
4. **Dùsài'ěrduōfū** „Düsseldorf“
5. **Měiyīn Hé pàn Fǎlánkèfú** „Frankfurt am Main“
6. **Hànbǎo** „Hamburg“
7. **Kēlóng** „Köln“
8. **Láibǐxī** „Leipzig“
9. **Mùníhēi** „München“
10. **Niǔlúnbǎo** „Nürnberg“

Ausspracheübung C-12: Deutsche Bundesländer

1. **Bādēng-Fúténgbǎo** „Baden-Württemberg“
2. **Bāfálìyà** „Bayern“
3. **Bólín** „Berlin“
4. **Bólándēngbǎo** „Brandenburg“
5. **Bùláiméi** „Bremen“
6. **Hànbǎo** „Hamburg“
7. **Hēisēn** „Hessen“
8. **Méikèlúnbǎo-Xī Bōměilāníyà** „Mecklenburg-Vorpommern“
9. **Xià Sàkèsēn** „Niedersachsen“
10. **Běi Láiyīn-Wēisītèfālún** „Nordrhein-Westfalen“
11. **Láiyīnlán-Pǔfǎ'ěrcí** „Rheinland-Pfalz“
12. **Sà'ěr** „Saarland“
13. **Sàkèsēn** „Sachsen“
14. **Sàkèsēn-Ānhā'ěrtè** „Sachsen-Anhalt“
15. **Shílèsūyìgé-Hé'ěrsītàiyīn** „Schleswig-Holstein“
16. **Túlíngēn** „Thüringen“

Ausspracheübung C-13: Berühmte Deutsche

1. **Kānglādé Ādēngnà** „Konrad Adenauer“
2. **Yuēhàn Sèbāsīdì'ān Bāhè** „Johann Sebastian Bach“
3. **Lùdéwéixī Fán Bèiduōfēn** „Ludwig van Beethoven“
4. **Àotuō Féng Bìsīmài** „Otto von Bismarck“
5. **Wéilì Bólántè** „Willy Brandt“

6. **Ā'ěrbùléixītè Diūlè** „Albrecht Dürer“
7. **Ānnī Frank** „Anne Frank“
8. **Yuēhàn Wò'ěrfūgāng Féng Gēdé** „Johann Wolfgang von Goethe“
9. **Ā'ěrbótè Àiyīnsītǎn** „Albert Einstein“
10. **Gé'ào'ěrgé Fúlǐdélǐxī Hēngdé'ěr** „Georg Friedrich Händel“
11. **Hǎiyīnlǐxī Hǎiniè** „Heinrich Heine“
12. **Āilǐxī Kǎsītènà** „Erich Kästner“
13. **Hè'ěrmùtè Kē'ěr** „Helmut Kohl“
14. **Mǎdīng Lùdé** „Martin Luther“
15. **Tuōmǎsī Màn** „Thomas Mann“
16. **Kǎ'ěr Mǎkèsī** „Karl Marx“
17. **Āngélā Mòkè'ěr** „Angela Merkel“
18. **Hè'ěrmùtè Shīmìtè** „Helmut Schmidt“
19. **Lǐchádé Wǎgénà** „Richard Wagner“

Ausspracheübung C-14: Schweizer Städte

1. **Bāsè'ěr** „Basel“
2. **Bó'ěrní** „Bern“
3. **Rìnèiwǎ** „Genf“
4. **Luòsāng** „Lausanne“
5. **Sūlíshì** „Zürich“

Ausspracheübung C-15: Einige Schweizer Kantone

1. **Sūlíshì Zhōu** „Kanton Zürich“
2. **Bó'ěrní Zhōu** „Kanton Bern“
3. **Lúsài'ēn Zhōu** „Kanton Luzern“
4. **Ā'ěrgāo Zhōu** „Kanton Aargau“
5. **Tú'ěrgāo Zhōu** „Kanton Thurgau“
6. **Shèng Jiālún Zhōu** „Kanton St. Gallen“

Ausspracheübung C-16: Berühmte Schweizer

1. **Āilìyàsī Kǎnèidì** „Elias Canetti“
2. **Ràng Hēnglì Dùnán** „Jean Henry Dunant“
3. **Fúlǐdélǐxī Dílúnmǎtè** „Friedrich Dürrenmatt“
4. **Luójié Fèidélè** „Roger Federer“
5. **Mǎkèsī Fúlǐshī** „Max Frisch“
6. **Bùlǔnuò Gāngcí** „Bruno Ganz“
7. **Gētèfúlǐdé Kǎilè** „Gottfried Keller“
8. **Kēbùxī'āi** „Le Corbusier“
9. **Pàlāsāi'ěrsī** „Paracelsus“
10. **Ràng Yǎkè Lúsuō** „Jean Jacques Rousseau“

Ausspracheübung C-17: Österreichische Städte

1. **Yīnsībùlǔkè** „Innsbruck“
2. **Gélācí** „Graz“
3. **Kèlāgēnfú** „Klagenfurt“
4. **Líncí** „Linz“
5. **Sà'ěrcíbǎo** „Salzburg“
6. **Wéiyěnà** „Wien“

Ausspracheübung C-18: Österreichische Bundesländer

1. **Bù'ěrgēnlán** „Burgenland"
2. **Kè'ēnténg** „Kärnten"
3. **Xià Àodìlì** „Niederösterreich"
4. **Shàng Àodìlì** „Oberösterreich"
5. **Sà'ěrcíbǎo** „Salzburg"
6. **Shīdìlìyà** „Steiermark"
7. **Dìluó'ěr** „Tirol"
8. **Fúlā'ěrbèigé** „Vorarlberg"
9. **Wéiyěnà** „Wien"

Ausspracheübung C-19: Berühmte Österreicher

1. **Fúlǎngcí Yuēsèfū yī shì** „Franz Joseph I."
2. **Yuēsèfū Hǎidùn** „Joseph Haydn"
3. **Gǔsītǎfū Kèlínmǔtè** „Gustav Klimt"
4. **Níjī Láodá** „Niki Lauda"
5. **Mǎlìyà Tèlěixīyà** „Maria Theresia"
6. **Wò'ěrfūgāng Ā'mǎdéwūsī Mòzhātè** „Wolfgang Amadeus Mozart"
7. **Luómì Shīnàidé** „Romy Schneider"
8. **Fúlǎngcí Shūbàtè** „Franz Schubert"
9. **Ā'nuòdé Shīwǎxīngé** „Arnold Schwarzenegger"
10. **Sīdìfēn Cíwēigé** „Stefan Zweig"

Ergänzungen zur Aussprache

A. EINIGE BEKANNTE CHINESISCHE ZUNGENBRECHER

Im Folgenden finden Sie fünf bekannte chinesische Zungenbrecher, die auf Chinesisch **ràokǒulìng** heißen. Hören Sie erst genau ihrer Lehrperson oder der Tonaufnahme zu und sprechen Sie den Zungenbrecher dann mehrmals langsam und Silbe für Silbe nach. Dann sagen Sie ihn so schnell wie möglich. Sie können auch einen oder mehrere der Zungenbrecher auswendig lernen, um so Ihre Aussprache weiter zu verbessern, etwas mehr von der chinesischen Kultur aufzunehmen oder einfach, um Freunde und Familie zu beeindrucken!

1. **Māma qí mǎ, mǎ màn, māma mà mǎ.**
   Mutter reitet ein Pferd, das Pferd ist langsam, Mutter schimpft das Pferd.

2. **Sìshisìzhī sǐ shí shīzi**
   Vierundvierzig tote Steinlöwen

3. **Sìshisìzhī xǐquè zuòzai sìshisìkē shìzi shùshang.**
   Vierundvierzig Elstern sitzen auf vierundvierzig Kakibäumen.

4. **Yìzhī dà huā wǎn kòuzhe yìzhī dà huā huó háma.**
   Eine große bunte Schüssel wurde über eine große bunte lebende Kröte gestellt.

5. **Chī pútao bù tǔ pútao pír, bù chī pútao dào tǔ pútao pír.**
   Wenn man Trauben isst, spuckt man keine Traubenschalen aus, wenn man keine Trauben isst, spuckt man hingegen Traubenschalen aus.

B. EIN BERÜHMTES TANG-GEDICHT

Das folgende Gedicht, mit dem Namen **Jìng Yè Sī** „Gedanken in einer ruhigen Nacht" wurde von dem berühmten Tang-Dichter Li Bai (701-762) geschrieben. Es wird von allen chinesischen Kindern auswendig gelernt. Wiederholen Sie es nach den Tonaufnahmen oder nach der Aussprache Ihrer Lehrperson, um Ihre Aussprache zu verbessern und etwas mehr von der chinesischen Kultur zu erfahren. Wenn Sie Ihre chinesischen Freunde mal so richtig beeindrucken wollen, dann sollten Sie es auch auswendig lernen.

Chuáng qián míng yuè guāng,
Vor dem Bett (ist) der helle Mondschein,

Yí shì dì shàng shuāng.
(Ich) glaube, (dass) auf dem Boden Reif liegt.

Jŭ tóu wàng míng yuè,
(Ich) hebe den Kopf und sehe den hellen Mond,

Dī tóu sī gù xiāng.
(Ich) senke den Kopf und denke an die alte Heimat.

C. MEHRERE BERÜHMTE AUSSPRÜCHE DES KONFUZIUS

Die folgenden, sehr berühmten Aussprüche des Philosophen **Kŏngzĭ** oder Konfuzius (551-479 v. Chr.) sind im klassischen Chinesisch verfasst. Sie wurden von den Schülern des Konfuzius in dem bekannten Werk **Lúnyŭ**, *Die Analekten des Konfuzius*, gesammelt.

Zĭ yuē: "Sì hăi zhī nèi jiē xiōngdì yĕ."
Der Meister sprach: „Innerhalb der Vier Meere sind wir alle Brüder."

Zĭ yuē: "Jĭ suŏ bú yù, wù shī yú rén."
Der Meister sprach: „Was Du selbst nicht wünschst, das tue auch keinem anderen."

Zĭ yuē: "Yŏu péng zì yuăn fāng lái, bú yì lè hū?"
Der Meister sprach: „Wenn Freunde von ferne kommen, ist das nicht auch eine Freude?"

Zĭ yuē: "Xué ér shí xí zhī, bú yì yuè hū?"
Der Meister sprach: „Etwas zu lernen und es immer wieder zu üben, ist das nicht auch eine Freude?"

Unterrichtsvokabular

Damit Sie so effizient wie möglich Chinesisch lernen, sollten Sie so tief wie möglich in das Chinesische eintauchen. Daher sollte auch der Unterricht so weit wie möglich auf Chinesisch abgehalten werden. Um dies zu erleichtern, werden die Lehrkräfte im Unterricht häufig die unten stehenden Ausdrücke verwenden. Es ist zwar nützlich, wenn Sie diese Ausdrücke Ihrer Lehrperson oder den begleitenden Tonaufnahmen nachsprechen, aber am wichtigsten ist es, dass Sie die Ausdrücke verstehen, wenn Sie diese hören. Es ist nicht erforderlich, dass Sie jetzt schon in der Lage sind, sie selbst anzuwenden. Die Wörter und die Grammatik der Ausdrücke werden unten zwar für den Fall, dass Sie neugierig sind, erläutert, doch sollten Sie sich darüber nicht zu sehr den Kopf zerbrechen, was die Wörter im einzelnen bedeuten. Versuchen Sie lieber die Bedeutung jedes Ausdrucks als Ganzes zu verstehen.

Gruppe eins

1. zǎo	früh sein
Zǎo!	Guten Morgen!
2. nǐ	du
hǎo	gut sein, O.K. sein
Nǐ hǎo!	Hallo! / Wie geht's?
3. nǐmen	ihr
Nǐmen hǎo!	Hallo! / Wie geht's?
4. wǒmen	wir, uns
shàngkè	Unterricht haben
ba	(zeigt einen Vorschlag an)
Wǒmen shàngkè ba.	Fangen wir mit dem Unterricht an!

Gruppe zwei

5. tīng	hören
wǒ	ich, mir
shuō	sprechen
Nǐmen tīng wǒ shuō.	Hören Sie mir zu!
6. gēn	folgen
Nǐmen gēn wǒ shuō.	Sprechen Sie mir nach!
7. xiàkè	den Unterricht beenden; den Klassenraum verlassen
le	(zeigt eine Zustandsänderung an)
Hǎo, wǒmen xiàkèle.	O.K., Schluss für heute (mit dem Unterricht)!

Gruppe drei

8. Hǎo.	Gut.
9. hěn	sehr
Hěn hǎo.	Sehr gut.
10. qǐng	bitte
zài	wieder
yíbiàn	einmal
Qǐng nǐ zài shuō yíbiàn.	Sagen Sie das bitte noch einmal.
11. míngtiān	morgen
jiàn	sehen
Míngtiān jiàn.	Wir sehen uns morgen.
12. Zàijiàn.	Auf Wiedersehen!

Gruppe vier

13. dì-	(markiert Ordnungszahlen)
jǐ-	wie viele
shēng	Ton
Dìjǐshēng?	Welcher Ton?

14. yī	ein
Dìyīshēng.	Der Erste Ton.
15. èr	zwei
Dì'èrshēng.	Der Zweite Ton.
16. sān	drei
Dìsānshēng.	Der Dritte Ton.
17. sì	vier
Dìsìshēng.	Der Vierte Ton.
18. qīng	leicht sein (Gewicht)
Qīngshēng.	Neutraler Ton.
19. zhùyì	beachten
nǐde	dein
shēngdiào	Ton/Töne
Qǐng zhùyì nǐde shēngdiào.	Bitte achten Sie auf Ihre Töne.

Gruppe fünf

20. Duì.	Richtig.
21. Bú duì.	Nicht richtig.
22. dà	groß sein
dà shēng	laut (wörtl. „große Stimme")
yìdiǎnr	ein bisschen
Qǐng nǐ dà shēng yidianr.	Bitte ein bisschen lauter.
23. kuài	schnell sein
Qǐng nǐ kuài yidianr.	Bitte ein bisschen schneller.
24. màn	langsam sein
Qǐng nǐ màn yidianr.	Bitte ein bisschen langsamer.
25. wèn	fragen
tā	er/sie/es
Qǐng nǐ wèn tā.	Bitte fragen Sie ihn/sie.

Gruppe sechs

26. huídá	Antwort; (be)antworten
wèntí	Frage/n
Qǐng huídá wǒde wèntí.	Bitte beantworten Sie meine Frage/n.
27. xiànzài	jetzt
tīngxiě	ein Diktat schreiben (wörtl. „hören und schreiben")
Wǒmen xiànzài tīngxiě.	Wir machen jetzt ein Diktat.

28. kǎoshì	eine Prüfung machen
Wǒmen xiànzài kǎoshì.	Wir machen jetzt einen Test.
29. míngtiān	morgen, am nächsten Tag
Wǒmen míngtiān kǎoshì.	Morgen machen wir einen Test.

Gruppe sieben

30. bǎ	nehmen
gōngkè	Hausaufgabe/n
gěi	geben
Qǐng nǐmen bǎ gōngkè gěi wǒ.	Geben Sie mir bitte Ihre Hausaufgaben!
31. kǎojuàn	Test
Qǐng nǐmen bǎ kǎojuàn gěi wǒ.	Bitte geben Sie mir den Test!
32. Zhōngwén	Chinesisch (Sprache)
bié	bitte nicht (tun)
Yīngwén	Englisch (Sprache)
Qǐng nǐmen shuō Zhōngwén, bié shuō Yīngwén!	Bitte sprechen Sie alle Chinesisch, nicht Englisch!
Déwén	Deutsch (Sprache)
Qǐng nǐmen shuō Zhōngwén, bié shuō Déwén!	Bitte sprechen Sie alle Chinesisch, nicht Deutsch!

Anmerkungen zum Unterrichtsvokabular

Die Nummern der Anmerkungen entsprechen den Nummern der oben stehenden Unterrichtsausdrücke.

1. **Zǎo** ist eigentlich ein statisches Verb, das „früh sein“ bedeutet. Daher sagt jemand, der dieses Wort benutzt im Grunde: „Es ist früh“. **Zǎo** ist aber zu einer ganz normalen Begrüßungsfloskel geworden, die man bis ungefähr 10 Uhr vormittags benutzt, wenn man sich an diesem Tag das erste Mal sieht. Wenn jemand Sie mit **Zǎo!** begrüßt, geben Sie normalerweise den Gruß mit **Zǎo!** zurück. So kommt es, dass in China jeden Morgen folgender Dialog zahllose Male zu hören ist:

Sprecher/in A: **Zǎo!**

Sprecher/in B: **Zǎo!**

2–3. Die Grundstruktur der Ausdrücke 2 und 3 ist „Du bist gut“. Es ist anzunehmen, dass hierbei ein ursprünglich vorangegangener Ausdruck mit einem Verb wie z.B. „Ich hoffe, ...“ weggelassen wurde. Jedenfalls hat dieser Ausdruck die gleiche Funktion wie unser „Hallo“ oder „Guten Tag“. Beachten Sie, dass im Chinesischen **hǎo** ein Statisches Verb ist, das „gut sein“ oder „in Ordnung sein“ bedeutet. Schauen Sie sich auch an, wie **hǎo** in den Ausdrücken 7, 8 und 9 verwendet wird.

5. Wörtlich bedeutet dieser Satz etwa: „Ihr hört mich (etwas) sagen“. Beachten Sie, dass einige Verben, die im Deutschen ein Objekt wie „etwas“ benötigen, dies im Chinesischen nicht tun.

6. **Gēn** ist ein Verb mit der Grundbedeutung „folgen“. Daher heißt dieser Satz wörtlich: „Ihr folgt mir (beim) Sagen“.

7. **Hǎo** bedeutet hier „es ist in Ordnung“. **Xiàkè** ist ein Verb, das mit „die Klasse verlassen“ oder „den Unterricht beenden“ übersetzt werden kann. Das **le** am Satzende ist eine Finalpartikel, die eine Zustandsveränderung anzeigt (z.B., „vorher waren wir im Unterricht, aber jetzt ist dieser vorbei“).

8–9. In diesen beiden Ausdrücken hat **hǎo** seine Grundbedeutung, nämlich „gut sein" oder „es ist gut" oder einfach „gut".

10. **Qǐng** heißt eigentlich „höflich bitten". Es kommt gewöhnlich am Anfang von Sätzen, die eine Bitte beinhalten, vor; etwa wie das Deutsche „Bitte ...". **Nǐ** heißt „du". **Zài shuō yíbiàn**, das allein benutzt werden kann, um „sag es noch einmal" auszudrücken bedeutet wörtlich: „nochmals/erneut/wieder sagen einmal".

12. **Zàijiàn** heißt wörtlich: „wieder sehen" (vgl. **zài** „wieder" im Ausdruck Nummer 10 und **jiàn** „sehen" im Ausdruck Nummer 11). Es entspricht dem deutschen „**auf Wiedersehen**" oder dem französischen **au revoir**.

13. **Dìjǐshēng?** heißt wörtlich „Nummer wie viel Ton?".

13–17. Manche Sprecher und Sprecherinnen sprechen dies ohne die Silbe **dì-** am Anfang.

18. **Qīng** bedeutet „leicht sein (Gewicht)" und bezieht sich auf die schwache Betonung, mit denen Silben im Neutralen Ton gesprochen werden.

19. Sowohl **shēngdiào** als auch **shēng**, das in 13 eingeführt worden ist, bedeuten „Ton". **Shēngdiào** kann allerdings alleine stehen während **shēng** nur in Kombination mit anderen Silben vorkommt.

22–24. Die Grundstruktur aller Sätze ist: **Qǐng nǐ...yidianr** „(Ich) bitte, dass du ein bisschen mehr ...". Anstelle des Ausdrucks 22 **Qǐng nǐ dà shēng yidianr** verwenden einige Sprecher auch **Qǐng nǐ dà yidianr shēng**.

25. **Tā** ist das Pronomen der dritten Person Singular und bedeutet „er, ihn, ihm, sein", „sie, ihr" oder zuweilen auch „es, ihm". Mittlerweile kennen Sie folgende Personalpronomen:

wǒ „ich, mich, mir"	**wǒmen** „wir, uns"
nǐ „du, dich, dir"	**nǐmen** „ihr, euch" (2. Person Plural)
tā „er, ihn, ihm, sie, ihr, es, ihm"	

Beachten Sie, wie das Pluralsuffix **-men** Pronomen aus dem Singular in den Plural setzt. Vermuten Sie einmal, wie man „sie" (3. Person Plural) auf Chinesisch sagt. (Antwort: **tāmen**.)

30. **Qǐng nǐmen bǎ gōngkè gěi wǒ** bedeutet wörtlich: „Bitte nehmen Sie (Ihre) Hausaufgaben und geben (sie) mir."

31. **Qǐng nǐmen bǎ kǎojuàn gěi wǒ** bedeutet wörtlich: „Bitte nehmen Sie (die) Test(bögen) (und) geben (diese) mir."

Abkürzungen

Wortklassen*

[A]	Adverb
[AD]	Ausdruck
[AT]	Attributiv
[BA]	Bewegliches Adverb
[BM]	Bildungsmuster
[CV]	Co-Verb
[FN]	Familienname
[FW]	Fragewort
[GF]	Gebundene Form
[GV]	Gleichsetzendes Verb
[HV]	Hilfsverb
[I]	Interjektion
[IA]	Idiomatischer Ausdruck
[KJ]	Konjunktion
[L]	Lokalisierer
[M]	Muster
[OW]	Ortswort
[P]	Partikel
[PH]	Phrase
[PR]	Pronomen
[PV]	Postverb
[RB]	Resultativbildung
[RE]	Resultativendung
[S]	Substantiv
[SP]	Spezifizierer
[SV]	Statisches Verb
[V]	Verb
[VO]	Verb-Objekt-Zusammensetzung
[Z]	Zahl
[ZEW]	Zähleinheitswort
[ZW]	Zeitwort

Andere Abkürzungen und Symbole

(B)	Beijing
(T)	Taipei
wörtl.	wörtlich
EV	Ergänzungsvokabular
ZV	Zusatzvokabular
*	(zeigt an, dass das Folgende nicht korrekt ist)
/	(trennt alternative Formen)

* Für Erläuterungen zu den oben stehenden Wortklassen siehe den Abschnitt „Wortklassen des gesprochenen Chinesisch“ am Ende dieses Bandes.

EINHEIT 1

Begrüßung und nützliche Ausdrücke

KOMMUNIKATIVE LERNZIELE

Wenn Sie diese Lektion beherrschen, sind Sie in der Lage, auf Chinesisch:

1. zu grüßen und auf chinesische Begrüßungen zu antworten;
2. sich nach dem Befinden anderer zu erkundigen und auf Fragen zum eigenen Befinden zu antworten;
3. nach dem Befinden der Familienmitglieder des Sprechpartners zu fragen und auf Fragen über das Befinden der eigenen Familienmitglieder zu antworten;
4. danach zu fragen, wohin jemand geht und die Frage zu beantworten, wohin man selbst geht;
5. jemanden nach seiner/ihrer Arbeit/Studium zu fragen und auf Fragen über die eigene Arbeit/das eigene Studium zu antworten;
6. jemanden zuhause zu besuchen, dabei die entsprechenden Höflichkeitsfloskeln zu verwenden und sich dabei angemessen zu benehmen.

ABSCHNITT 1

„Wohin gehst Du?"

Wang Jingsheng, ein chinesischer Wirtschaftsstudent, und Alex Crane, ein US-Amerikaner, der Chinesisch studiert, begegnen einander auf dem Campus der Beijinger Universität für Wirtschaft und Business. Die beiden kennen sich schon seit einigen Monate und haben sich miteinander angefreundet.

Basis-Konversation 1-1

1. WANG **Kē Léi'ēn, nǐ hǎo!**
   Hallo, Alex!

2. CRANE **Wáng Jīngshēng, nǐ hǎo!**
   Hallo, Jingsheng!

3. WANG **Nǐ dào nǎr qù a?**
   Wohin gehst du?

4. CRANE **Wǒ qù túshūguǎn. Nǐ ne?**
   Ich gehe in die Bibliothek, und du?

5. WANG **Wǒ huí sùshè.**
   Ich gehe ins Wohnheim zurück.

Build-Up

Wenn hinter einem Ausdruck in einer Basis-Konversation oder im Ergänzungsvokabular die Wortklasse [in einer Klammer] angezeigt ist, so bedeutet das, dass dieser Ausdruck hier *zum ersten Mal* in dem Lehrbuch auftaucht. Sie sollten großen Wert darauf legen, diese Ausdrücke korrekt benutzen zu lernen, da sie im folgenden Text als bekannt vorausgesetzt werden.

1. Wang

Kē	Ke [FN]
Kē Léi'ēn	(Chinesisch für „Crane")
nǐ	du [PR]
nǐ hǎo	„Hallo!" „Wie geht's?" [IA]
Kē Léi'ēn, nǐ hǎo!	Hallo, Alex!

2. Crane

Wáng	Wang [FN]
Jingsheng	Jingsheng (Vorname)

Wáng Jīngshēng, nǐ hǎo!	Hallo, Jingsheng!

3. Wang

dào	nach [CV]
nǎr	wo [FW]
qù	gehen, nach … gehen [V]
dào nǎr qù	wohin gehen
a	(macht den Satz lockerer) [P]
Nǐ dào nǎr qù a?	Na, wohin gehst du?

4. Crane

wǒ	ich, mir, mich [PR]
túshūguǎn	Bibliothek [OW]
qù túshūguǎn	in die Bibliothek gehen
wǒ qù túshūguǎn	Ich gehe in die Bibliothek
ne	und (du)? [P]
nǐ ne	und du? / was ist mit dir?
Wǒ qù túshūguǎn. Nǐ ne?	Ich gehe in die Bibliothek, und du?

5. Wang

huí	zurück gehen [V]
sùshè	Wohnheim [OW]
huí sùshè	ins Wohnheim zurück gehen
Wǒ huí sùshè.	Ich gehe ins Wohnheim zurück.

Ergänzungsvokabular

Auch das Ergänzungsvokabular jeder Lektion sollte gelernt werden, da es später im Buch ohne weitere Erläuterungen auftauchen kann.

1. **shítáng**	Mensa, Caféteria [OW]
Wǒ qù shítáng.	Ich gehe in die Mensa.
2. **bàn**	etwas erledigen, machen [V]
yìdiǎn(r)	ein bisschen, ein wenig [ZW+ZEW]
shì(r)	Sache, Angelegenheit (abstrakt) [S]
yìdiǎnr shìr	etwas/einige Sachen (zu tun)
bàn yìdiǎnr shìr	etwas/einige Sachen erledigen
Wǒ qù bàn yìdiǎnr shìr.	Ich muss etwas erledigen. Ich habe etwas zu tun.
3. **yě**	auch, ebenfalls [A]
yě qù bàn yìdiǎnr shìr	auch etwas zu tun haben
Wáng Jīngshēng yě qù bàn yìdiǎnr shìr.	Wang Jingsheng hat auch ein paar Dinge zu erledigen.

Grammatische und kulturelle Anmerkungen

A EINE BEMERKUNG ZU DEN ANMERKUNGEN

Die meisten erwachsenen Fremdsprachenlerner lernen schneller, wenn sie sowohl explizite grammatische Kenntnisse als auch Wissen über die kulturellen und sozialen Hintergründe von sprachlichen Ausdrücken vermittelt bekommen. Das ist der wichtigste Grund für die grammatischen und kulturellen Anmerkungen, die in jeder Lektion auftauchen. Am Anfang, und zwar gerade weil es der Anfang ist, finden Sie besonders viele Anmerkungen, die sie bearbeiten sollten. Später, das werden Sie dann in Band 2 bemerken, nehmen diese dann immer weiter ab, bis sie praktisch verschwunden sind. Das Schöne dabei ist, dass sie mit dem Basis-Kurs den größten Teil der Grammatik des gesprochenen Chinesisch kennen gelernt haben werden. Am Ende jeder Einheit finden Sie eine Sektion mit dem Titel „Wichtige neue grammatische Muster“.

Studierende der Beijing Language and Culture University auf dem Weg zum Unterricht

Sowohl in dieser als auch in den folgenden Lektionen entspricht die **Nummer der Anmerkungen** der Nummer der Äußerungen in den Basis-Konversationen. Wenn auf die Abkürzung **EV** eine Zahl folgt, so bezieht sich diese auf das „Ergänzungsvokabular", die Abkürzung **ZV**, der eine Zahl folgt, hingegen auf das „Zusatzvokabular".

WORTKLASSEN

Die Wörter einer jeden Sprache können aufgrund von bestimmten Gemeinsamkeiten, die sie von Wörtern anderer Klassen unterscheiden, in Wortklassen unterteilt werden. So gibt es im Deutschen Substantive, Verben, Adjektive, Adverbien und Präpositionen. Wenn Sie ein chinesisches Wort korrekt verwenden wollen, müssen Sie wissen, zu welcher Wortklasse es gehört. Dabei dürfen Sie keinesfalls davon ausgehen, dass es im Chinesischen die gleichen Wortklassen gibt wie im Deutschen (z.B. hat das Chinesische zwar Nomen und Pronomen aber keine Adjektive oder Präpositionen). Das erste Wort in dieser Basis-Konversation, **Kē,** gehört zu der Klasse der *Familiennamen*, die als [FN] abgekürzt wird. Eine Liste der Abkürzungen für die verschiedenen Wortklassen finden Sie auf Seite 70; und eine ausführliche Erläuterung zu den Wortklassen am Ende des Buches im Abschnitt „Wortklassen des Gesprochenen Chinesisch" auf Seite 354.

1A. Name + Gruß. Das Muster **Name + Gruß** ist im Chinesischen sehr verbreitet. Beispiel:

Name	+	Gruß
Kē Léi'ēn,		**nǐ hǎo!**

„Ke Lei'en, wie geht's?!"

Manche Sprecher ändern die Reihenfolge auch, sodass der Gruß vor der Anrede kommt, was ebenfalls akzeptabel ist. Zum Beispiel:

Nǐ hǎo, Wáng Jīngshēng!

„Wie geht's, Wang Jingsheng?"

Es reicht auch aus, einfach nur den Namen der Person zu sagen, die begrüßt wird:

Wáng Jīngshēng!

„Wang Jingsheng!"

Eine verbreitete Antwort auf das Muster **Name + Gruß** ist es, den Namen der anderen Person zu sagen und dann den gleichen Gruß zu verwenden wie die andere Person (vgl. die Zeilen 1 und 2 dieser Konversation). Das ist in etwa vergleichbar damit, wenn der Gruß „Hallo, Steffi!" mit „Hallo, *Claudia*!" beantwortet wird.

1B. **Kē Léi'ēn** ist eine Transliteration des englischen Familiennamens Crane. Da im Chinesischen der Familienname zuerst kommt, wird das **Kē** als Familienname und **Léi'ēn** als Vorname aufgefasst. Unter Kommilitonen ist es durchaus üblich, sich mit dem vollen Namen anzureden. In der Familie oder unter Freunden hingegen wird der Familienname gewöhnlich weggelassen und man würde nur **Léi'ēn** sagen. Beachten Sie aber, dass einsilbige Vornamen nicht alleine gesagt werden können; daher würde jemand mit dem Namen **Wāng Yáng** stets **Wāng Yáng**, nie nur **Yáng** genannt werden.

1C. Das **nǐ** in **nǐ hǎo** bedeutet wörtlich „du", und das **hǎo** bedeutet „gut sein". Der ganze Gruß bedeutet demnach so viel wie „(Ich hoffe,) du bist gut". **Nǐ hǎo** ist ein konventionalisierter Gruß wie „Hallo!" oder „Wie geht's?" im Deutschen. Es kann zu jeder Tageszeit zur Begrüßung sowohl von Personen, die man gut oder auch gar nicht kennt, verwendet werden. Wie im Deutschen kann man mit dem gleichen Gruß (**Nǐ hǎo**) antworten. So verliefe eine typische Begrüßungsszene in China wie folgt:

Sprecher A: **Nǐ hǎo!** Sprecher B: **Nǐ hǎo!**

1D. Andere begrüßen. Wenn man in China jemanden begrüßt, ist es üblich, zu lächeln und leicht den Kopf zu neigen. Das Händeschütteln hat in der traditionellen chinesischen Kultur keinen Platz. Traditionellerweise verschränkte man früher in China die Hände und schüttelte sie vor der eigenen Brust, aber diese Form der Begrüßung kommt nur noch in historischen TV-Soaps oder Filmen vor, im heutigen China existiert diese Form der Begrüßung nicht mehr. Aufgrund des westlichen Einflusses schütteln Chinesen manchmal mittlerweile bei der Begrüßung die Hände, vor allem, wenn sie mit Nicht-Chinesen interagieren, da sie davon ausgehen, dass dies von ihnen erwartet wird. Obschon das Händeschütteln also mittlerweile akzeptabel ist, ist es immer noch deutlich seltener als in Europa oder den USA. Auch schütteln die Städter eher die Hände als Chinesen aus ländlichen Gebieten, außerdem ist es unter Männern verbreiteter als unter Frauen (und noch viel seltener zwischen Männern und Frauen). Man kann davon ausgehen, dass Ihr Gegenüber kein Händeschütteln von Ihnen erwartet, es sei denn, es wird Ihnen die Hand zum Schütteln angeboten. Richten Sie sich nach den älteren Anwesenden: Wenn diese ihre Hände nicht zum Schütteln anbieten, dann sollten Sie das auch nicht tun. Vor allem vermeiden sollten Sie markige Händedrücke, kräftiges Schulterklopfen, Umarmungen oder Küsschen auf die Wange bei Personen, die sie gerade erst kennen gelernt haben. Solche Dinge haben schon mehr als einmal dazu geführt, dass eine vielversprechende Geschäftsbeziehung nicht zustande kam! Das Händeschütteln wird zwar in der Tat populärer, aber es genügt völlig, zu lächeln und den Kopf leicht zu neigen, wenn man jemanden begrüßt oder verabschiedet (tiefe Verbeugungen, wie in Japan, sind nicht üblich und wirken komisch).

Vermeiden Sie markige Händedrücke, kräftiges Schulterklopfen, Umarmungen oder Küsschen auf die Wange bei Personen, die sie gerade erst kennen gelernt haben. Solche Dinge haben schon mehr als einmal dazu geführt, dass eine vielversprechende Geschäftsbeziehung nicht zustande kam!

2. Chinesische Vornamen. **Wáng Jīngshēng** ist ein typischer chinesischer Name. **Wáng** ist der Familienname, der im Chinesischen immer zuerst kommt, während **Jīngshēng** der Vorname ist, der im Chinesischen immer nach dem Familiennamen steht. Im chinesischen Denken kommt die größere Kategorie (der Familienname) zuerst, dann erst kommt der Name des Einzelnen, der der größeren Kategorie zugeordnet ist. Das ist offenkundig genau umgekehrt wie im Deutschen. Zusammenfassend kann man folgendes Muster aufzeigen:

Familienname	+	Vorname
Wáng		**Jīngshēng**

„Jingsheng Wang“

3A. **DÀO** „nach, zu“ ist ein Co-Verb. Co-Verben funktionieren zwar in etwa wie die Präpositionen im Deutschen, werden aber als Verben angesehen. Wir werden uns mit den Co-Verben später noch genauer beschäftigen.

3B. **DÀO...QÙ.** Das Muster **dào...qù** wird normalerweise verwendet, um zu fragen oder auszudrücken, wohin jemand geht. **Dào** bedeutet wörtlich „ankommen“ oder „nach, zu“, während **qù** wörtlich mit „gehen“ übersetzt werden kann. Zwischen **dào** und **qù** wird ein Fragewort gesetzt, das einen Ort anzeigt, wie z.B. **năr** „wohin“ oder ein Ortswort, wie z.B. **túshūguăn** „Bibliothek“. Das Grundmuster ist wie folgt aufgebaut:

Subjekt	+	DÀO	+	Ort	+	QÙ
Wáng Jīngshēng		**dào**		**năr**		**qù?**

„Wohin geht Wang Jingsheng?“ (wörtl. „Wang Jingsheng nach wohin geht?“)

In einem anderen Beispiel drückt dieses Muster hingegen eine Aussage aus:

Wŏ dào túshūguăn qù.

„Ich gehe in die Bibliothek.“ (wörtl. „Ich in Bibliothek gehe.“)

Beachten Sie, dass im Chinesischen, anders als im Deutschen, die Wortfolge bei Aussagen und Fragen immer gleich bleibt.

3C. Fragewort-Fragen. Fragen werden im Chinesischen häufig mit Fragewörtern wie **năr** „wohin“ gebildet. Beispiele:

Nĭ dào năr qù?

„Wohin gehst du?“ (wörtl. „Du nach wohin gehst?“)

Kē Léi'ēn dào năr qù?

„Wohin geht Crane?“ (wörtl. „Crane nach wohin geht?“)

Wie bereits in 3B festgestellt, entspricht die Wortfolge einer chinesischen Frage der eines Aussagesatzes. Die Reihenfolge der Wörter wird nicht, wie im Deutschen, umgedreht. Im Deutschen sagen wir also:

Aussage:	Crane geht in die Bibliothek.
Frage:	Wohin geht Crane?

Im Chinesischen hingegen bleibt die Wortfolge unverändert:

Aussage:	**Kē Léi'ēn dào túshūguǎn qù.**
Frage:	**Kē Léi'ēn dào nǎr qù?**

3D. A als Finalpartikel, um Fragen, Begrüßungen und Ausrufe lockerer klingen zu lassen. **A** ist unser erstes Beispiel für eine Satzfinalpartikel. Eine Satzfinalpartikel hat keine eigene Bedeutung, sondern verleiht dem Satz, in dem sie vorkommt, eine bestimmte „Note". Partikel tragen oft zum Gesamtklang eines Satzes bei, wodurch sich dessen Bedeutung verändern kann. Kommt die Partikel **a** am Ende einer Frage, einer Begrüßung oder eines Ausrufs vor, so lockert sie den Ton des Satzes auf und lässt die Äußerung weniger direkt und abrupt klingen. Man könnte den Unterschied zwischen **Nǐ dào nǎr qù?** und **Nǐ dào nǎr qù a?** mit dem Unterschied zwischen dem deutschen „Wohin gehst du?" (wie in einem Verhör) und „Na, wohin gehst du?" (in einem informellen Gespräch unter Freunden) vergleichen. Ein anderes Beispiel ist **Nǐ hǎo!** Wenn man daran nämlich die Satzfinalpartikel **a** anhängt (**Nǐ hǎo a!**), klingt die Begrüßung lockerer und umgangssprachlicher. Wie die Partikel **a** konkret ausgesprochen wird, hängt von den vorangehenden Lauten ab. Kommt vorher ein **-a**, **-e**, **-i**, **-o**, **-ü**, **yu**, **ju**, **qu** oder **xu**, wird die Partikel (**a**) oft als **ya**. ausgesprochen. In anderen Zusammenhängen kann sie auch als **na**, **nga**, **ra** oder **wa** ausgesprochen werden. Aber darüber brauchen Sie sich an dieser Stelle noch keine Gedanken zu machen. Versuchen Sie einfach Ihre Lehrperson oder die Tonaufnahmen so gut es geht nachzuahmen, dann stellen sich diese phonetischen Anpassungen ganz von selbst ein.

3E. Nachzufragen, wohin jemand gerade geht, ist eine typische chinesische Begrüßung. Als Nichtchinese könnte man meinen, dass dies eine recht persönliche Frage sei, die niemanden etwas anginge. Für einen Chinesen handelt es sich hierbei aber um nichts anderes als Smalltalk, wobei man anzeigt, dass man sich mit der anderen Person unterhalten will und sich für sie interessiert. Sie müssen auf diese Frage daher keine umfassende oder zutreffende Antwort geben, wenn Sie dies nicht wollen. Man kann diese Frage eher mit dem deutschen „Wie geht's?" vergleichen, auf das auch nicht in jedem Fall eine ausführliche und völlig der Wahrheit entsprechende Antwort gegeben wird. So könnten Sie auf die chinesische Frage ausweichend antworten:

> **Wǒ qù bàn yìdiǎnr shìr.**
> „Ich habe noch etwas zu erledigen."

4A. Das Pronomen **wǒ** kann sowohl „ich" als auch „mich, mir, etc." bedeuten. Wenn jemand in China sagen will, dass man selbst als Person gemeint ist, so zeigt man mit dem Zeigefinger eher auf die eigene Nase als auf die Brust, wie dies in den westlichen Ländern üblich ist.

4B. QÙ + Ortswort um anzuzeigen, dass man zu einem bestimmten Ort geht. Eine übliche Art und Weise, um zu sagen, wohin man geht, ist es, einfach das Verb **qù** „gehen" direkt gefolgt von einem Ortswort, wie z.B.**túshūguǎn** „Bibliothek" oder **shítáng** „Mensa" zu verwenden. Das Grundmuster ist wie folgt aufgebaut:

Subjekt	+	QÙ	+	Ortswort
Wǒ		**qù**		**túshūguǎn.**

„Ich gehe in die Bibliothek."

Schauen Sie sich noch einmal die Anmerkung 3B über **dào...qù** „nach/zu … gehen" an. Anstelle von **Wǒ qù túshūguǎn** könnte man auch **Wǒ dào túshūguǎn qù** „Ich gehe in die Bibliothek" sagen. Und anstelle von **Nǐ dào nǎr qù?** könnten man auch **Nǐ qù nǎr?** „Wohin gehst du?" fragen.

4C. Obwohl in der deutschen Übersetzung dieses Satzes das Wort „die" („Ich gehe in die Bibliothek.") vorkommt, gibt es dafür im Chinesischen eigentlich gar kein Wort. Sämtliche Artikel, wie „der, die, das, ein, eine etc." müssen bei Übersetzungen aus dem Chinesischen ‚ergänzt' werden.

4D. NE als Finalpartikel, um eine Frage abzukürzen. Eine der Funktionen der Finalpartikel **ne** ist es, Fragen abzukürzen, wenn eine bereits gestellte Frage mit einem neuen Subjekt oder Thema wieder aufgenommen wird, wenn der Rest der Frage unverändert bleibt. Vergleichen Sie die unten stehenden Beispiele 1 und 2:

1. Sprecher A: **Nǐ dào nǎr qù?**

   „Wohin gehst du?“

   Sprecher B: **Wǒ qù túshūguǎn. Nǐ dào nǎr qù?**

   „Ich gehe in die Bibliothek. Wohin gehst du?“

2. Sprecher A: **Nǐ dào nǎr qù?**

   „Wohin gehst du?“

   Sprecher B: **Wǒ qù túshūguǎn. Nǐ ne?**

   „Ich gehe in die Bibliothek. Und du?“

Es wäre zwar möglich, sich wie in Beispiel 1 auszudrücken, aber ein chinesischer Muttersprachler würde das **dào nǎr qù** als repetitiv empfinden und anstelle von **dào nǎr qù** die Partikel **ne** verwenden, wie dies Sprecher B in Beispiel 2 tut. Die Partikel **ne** hat die gleiche Funktion wie das deutsche „Und du?“ oder das „wie ist das“ in „Wie ist das mit dir?“

5A. Anders als das Verb **qù** „gehen“, das allein stehen kann oder auch mit anderen Wörtern zusammen vorkommt, darf das Verb **huí** „zurück zu / nach gehen / kommen“ nicht allein verwendet werden, vielmehr muss ihm direkt ein Ortswort oder ein anderer Ausdruck folgen. Beachten Sie, dass das deutsche „zu“ oder „nach“ im chinesischen Wort **huí** ‚eingebaut‘ ist und daher nicht ausgedrückt werden muss. Beispiele:

Tā huí sùshè.

„Sie geht zurück ins Wohnheim.“

Wǒ huí túshūguǎn.

„Ich gehe zurück in die Bibliothek.“

5B. Das chinesische Substantiv **sùshè** kann sich sowohl auf ein Studentenwohnheim als auch auf eine Unterkunft beziehen, die von einer Firma oder einer Institution ihren Angestellten zur Verfügung gestellt wird. So würde man an der Universität auch von einem ‚Lehrerwohnheim‘ oder in einer Fabrik von einem ‚Arbeiterwohnheim‘ sprechen. Solche Arrangements sind in China sehr üblich.

EV1. Das Wort **shítáng** bedeutet „Mensa“, „Kantine“ oder „Caféteria“, wie in einer Schule, einer Universität oder einer Fabrik. Achten Sie beim **shí** auf die korrekte Aussprache, sagen Sie AUF KEINEN FALL schi, wie in Schiff, sondern eher „sche“ wie in „Tasche“ (allerdings mit dem korrekten chinesischen sch-Laut). Lassen Sie sich nicht von der deutschen Orthographie beeinflussen, wenn Sie Silben sehen, die im Pinyin mit **shi** geschrieben werden.

EV2A. Denken Sie daran, dass ein (**r**) in Klammern am Wortende, z.B. wie in **yìdiǎn(r)** „ein bisschen, ein wenig“ und **shì(r)** „Sache, Angelegenheit“, anzeigt, dass das Wort sowohl mit als auch ohne den finalen (R)-Suffix gesprochen werden kann. Wörter mit einem optionalen (R)-Suffix werden in den Tonaufnahmen stets zweimal gesprochen, einmal mit und einmal ohne das Suffix. Zum (R)-Suffix siehe die Seiten 40-42 im Abschnitt „Aussprache und Transkription“.

EV2B. **Shì(r)** „Sache, Angelegenheit“. Dieses Wort wird nur für abstrakte Dinge verwendet (z.B. für Sachen, die man macht oder Angelegenheiten, in die man verwickelt ist). Für konkrete Gegenstände wird es nie gebraucht, dafür gibt es im Chinesischen ein ganz anderes Wort.

EV2C. QÙ + Verb um eine Absicht anzuzeigen. Auf das Verb **qù** „gehen“ kann direkt ein weiteres Verb folgen, um die Absicht anzuzeigen, mit der man an einen bestimmten Ort geht. Zwischen dem **qù** und dem zweiten Verb kann unter Umständen ein Ortswort eingefügt werden, um zu sagen, wohin man sich begibt. Das Grundmuster ist wie folgt aufgebaut:

Subjekt	+	QÙ	+	(Ortswort)	+	Verbalphrase
Wǒ		**qù**		**(túshūguǎn)**		**bàn yìdiǎnr shì.**

„Ich gehe (in die Bibliothek), um dort etwas zu erledigen.“

Hier zeigt das **qù** eine Absicht an („Ich gehe, um etwas zu erledigen.“). Darin unterscheidet es sich von einem

Satz wie **Wŏ qù túshūguăn** „Ich gehe in die Bibliothek“, der lediglich aussagt, dass man sich zu einem bestimmten Ort begibt.

Es gibt einige weitere chinesische Verben, die sowohl Bewegung in einer bestimmten Richtung als auch Absicht ausdrücken können. In dieser Lektion findet sich z.B. das Verb **huí** „zurück zu / nach gehen / kommen“. Beispiel:

> **Wŏ huí sùshè bàn yìdiănr shì.**
>
> „Ich gehe ins Wohnheim zurück, um (dort) etwas zu erledigen.“

EV2D. Eine vage Antwort wie **Wŏ qù bàn yìdiănr shì** „Ich muss etwas erledigen“, ist eine typische Antwort auf Fragen wie **Nĭ dào năr qù a?**, wenn man, aus welchen Gründen auch immer, nicht umfassend oder zutreffend antworten möchte.

EV2E. Beim schnellen Sprechen wird das **yì** von **yìdiănr** häufig weggelassen, sodass aus dem Satz ein **Wŏ qù bàn diănr shì** wird. Beide Varianten, mit oder ohne **yì,** sind sprachlich korrekt.

EV3. **Yĕ** „auch, ebenfalls“ ist ein Adverb, das [A] abgekürzt wird. Chinesische Adverbien können vor Verben oder anderen Adverbien vorkommen (es sei denn, sie gehören zu der Klasse der „Beweglichen Adverbien“, von denen später noch die Rede sein wird). **Yĕ** kann nicht, wie das „auch“ im Deutschen, an den unterschiedlichsten Stellen im Satz stehen, insbesondere nicht am Satzanfang. So kann man in Chinesischen sagen **Wŏ yĕ qù** (wörtl. „Ich auch gehe“), aber NIEMALS ***Yĕ wŏ qù** „Auch ich gehe“ oder ***Wŏ qù yĕ** „Ich gehe auch“. Chinesische Adverbien können zudem nie ohne ein Verb auftreten. So ist es im Chinesischen nicht möglich, wie im Deutschen, „Ich auch“, zu sagen. Daher kann man, wenn jemand auf Chinesisch sagt **Wŏ qù shítáng** „Ich gehe in die Mensa“ NIEMALS mit ***Wŏ yĕ** „Ich auch“ antworten; vielmehr würde man **Wŏ yĕ qù shítáng** „Ich gehe auch in die Mensa“ oder einfach ganz kurz **Wŏ yĕ qù** „Ich gehe auch“ sagen.

* Das Sternchen (*) zeigt an, dass das, was darauf folgt sprachlich nicht korrekt ist und nicht verwendet werden sollte. Vgl. auch die Liste der Abkürzungen auf Seite 70.

Die Bibliothek der Language and Culture University in Beijing

„Lange nicht gesehen!“

EINHEIT 2

Der US-Amerikaner Michael Smith, der für eine internationale Bank arbeitet, trifft morgens in Beijing auf der Straße seinen chinesischen Freund Zhao Guocai. Beide sind in ihren frühen 30ern und kennen sich seit Jahren. Sie haben sich aber schon eine ganze Weile nicht gesehen. Smith hat es etwas eilig, da er in wenigen Minuten zu einem Termin muss.

Basis-Konversation 1-2

1. SMITH **Zhào Guócái, nǐ hǎo a!**
   Hallo, Zhao Guocai!

2. ZHAO **Nǐ hǎo! Hǎo jiǔ bú jiànle. Zěmmeyàng a?**
   Hallo! Lange nicht gesehen. Wie geht's?

3. SMITH **Hái xíng. Nǐ àirén, háizi dōu hǎo ma?**
   Ganz gut. Wie geht es deiner Frau und dem Kind?

4. ZHAO **Tāmen dōu hěn hǎo, xièxie.**
   Es geht beiden gut, danke.

5. SMITH **Wǒ yǒu yìdiǎnr shìr, xiān zǒule. Zàijiàn!**
   Ich habe was zu erledigen, ich muss jetzt gehen. Auf Wiedersehen!

6. ZHAO **Zàijiàn!**
   Auf Wiedersehen!

Build-Up

1. Smith

Zhào	Zhao **[FN]**
Guócái	Guocai (Vorname)
Zhào Guócái, nǐ hǎo a!	Hallo, Zhao Guocai!

2. Zhao

hǎo jiǔ bú jiànle	„lange nicht gesehen“ **[IA]**
zěmmeyàng	wie, auf welche Weise **[FW]**
zěmmeyàng a	und wie geht's
Nǐ hǎo! Hǎo jiǔ bú jiànle.	Hallo, lange nicht gesehen.
Zěmmeyàng a?	Wie geht's?

3. Smith

hái	noch [A]
xíng	in Ordnung sein, O.K. [V]
hái xíng	ganz in Ordnung, O.K.
àirén (B)*	Gemahl/-in, Ehemann/-frau [S]
nĭ àirén	deine Ehefrau / dein Ehemann
háizi	Kind, Kinder [S]
nĭ àirén, háizi	deine Frau (dein Mann) und dein Kind
dōu	alle, beide [A]
hăo	gut [SV]
ma	(markiert eine Frage) [P]
dōu hăo ma	geht es beiden gut?
Hái xíng. Nĭ àirén, háizi dōu hăo ma?	Ganz gut! Wie geht es deiner Frau (deinem Mann) und deinem Kind?

4. Zhao

tāmen	sie, ihnen [PR]
hěn	sehr [A]
hěn hăo	sehr gut
tāmen dōu hěn hăo	es geht beiden/allen gut
xièxie	„danke" [IA]
Tāmen dōu hěn hăo, xièxie.	Es geht beiden gut, danke.

5. Smith

yŏu	haben [V]
wŏ yŏu yìdiănr shìr	Ich habe etwas zu tun
xiān	zuerst, vor jemandem anderes [A]
zŏu	gehen, weggehen [V]
le	(markiert eine Zustandsveränderung) [P]
xiān zŏule	(Ich) gehe zuerst
zàijiàn	„Auf Wiedersehen" [IA]
Wŏ yŏu yìdiănr shìr, xiān zŏule.	Ich habe etwas zu tun. Ich gehe schon (vorher).
Zàijiàn!	Auf Wiedersehen!

6. Zhao

Zàijiàn!	Auf Wiedersehen!

Ergänzungsvokabular

1. **bàba**	Papa [S]
māma	Mama [S]
bàba māma	Papa und Mama
máng	beschäftigt sein [SV]
dōu hěn máng	(sie) sind beide beschäftigt
Wŏ bàba, māma dōu hěn máng.	Mein Papa und meine Mama sind beide beschäftigt.
2. **tā**	er, sie, es; ihn, ihm, ihr, sein [PR]
tā hěn hăo	Ihr geht es gut.
Tā hěn hăo, xièxie.	Es geht ihr gut, danke.
3. **lèi**	müde sein [SV]
wŏ hěn lèi	Ich bin müde
tā yě hěn lèi	er ist auch müde
Wŏ hěn lèi, tā yě hěn lèi.	Ich bin müde und er ist auch müde.

* Denken Sie daran, dass, wie im Abkürzungsverzeichnis auf Seite 70 angegeben, (B) eine Vokabel markiert, die vor allem in Beijing verwendet wird.

Grammatische und kulturelle Anmerkungen

2A. **Hǎo jiǔ bú jiànle** ist ein idiomatischer Ausdruck, der benutzt wird, wenn man sich länger nicht gesehen hat. Man sollte es einfach als Ganzes lernen. Für den Fall, dass Sie gerne wissen möchten, was die einzelnen Bestandteile bedeuten: Die ersten vier Silben heißen wörtlich übersetzt „sehr lange nicht sehen“ und ähneln dem deutschen „lange nicht gesehen!“. Die Partikel **le** am Ende zeigt an, dass die Situation, dass man sich lange nicht gesehen hat, eine ganze Weile angedauert hat, und zwar bis zu diesem Augenblick. Machen Sie sich keine Gedanken über das **le**, es wird zu gegebener Zeit noch genauer erläutert.

2B. In der chinesischen Standard-Orthographie wird **zěmmeyàng** „wie“ mit drei Schriftzeichen geschrieben, die einzeln gesprochen **zěn me yàng** ausgesprochen und entsprechend mit Pinyin geschrieben werden. Aus diesem Grund wird dieser Ausdruck in Lexika und in vielen Lehrbüchern auch **zěnmeyàng**. geschrieben. Da aber beim Sprechen das **n** an das darauf folgende **m** assimiliert wird, wird es eigentlich auch zu einem **m**. Aus diesem Grund wird es in diesem Lehrbuch so geschrieben, wie es gesprochen wird, nämlich **zěmmeyàng**.

2C. **Zěmmeyàng** ist unser zweites Beispiel für ein Fragewort. Es kann alleine verwendet oder auch mit der Finalpartikel **a** zu einer Fragewort-Frage kombiniert werden. Sie sollten aber wissen, dass **Zěmmeyàng a?** „Wie geht's?“ recht informell und locker klingt (etwa wie das deutsche „Alles klar?“), Man kann diesen Ausdruck im Gespräch mit Personen mit gleichem oder niedrigerem sozialen Status verwenden oder auch bei Freunden, Klassenkameraden oder einem Kind. Aber während zum Beispiel der Lehrer es gegenüber den Studierenden verwenden darf (sein sozialer Status ist höher als der der Studierenden) würde es als schlechtes Benehmen betrachtet werden, wenn ein Student **Zěmmeyàng a?** zum Lehrer sagt, da es zu informell ist.

2D. Sie werden bemerkt haben, dass in der chinesischen Frage **Zěmmeyàng a?** kein Pronomen vorkommt. Den deutschen Ausdruck „Wie geht's“ kann man eigentlich als ein abgekürztes „Wie geht es dir?“ analysieren. Im Chinesischen hingegen sind subjektlose Sätze ganz normal und kommen weitaus häufiger vor als im Deutschen, wo sie eher selten sind. Das Subjekt kann im Chinesischen dann ohne weiteres weggelassen werden, wenn aus dem Kontext klar ist, was das Thema oder das Subjekt des Satzes ist. Man könnte aber in diesem Falle durchaus das Subjekt **nǐ** hinzufügen. Hier einige Möglichkeiten, wie diese Frage auf Chinesisch formuliert werden kann, ohne dass sich die Bedeutung ändert:

Zěmmeyàng? „Wie geht es dir?“ **Nǐ zěmmeyàng?** „Wie geht es dir?“

Zěmmeyàng a? „Wie geht es dir?“ **Nǐ zěmmeyàng a?** „Wie geht es dir?“

Beachten Sie, dass das Subjekt, sofern es vorhanden ist, immer vorne steht. Man kann nicht ***Zěmmeyàng Zhào Guócái?** sagen, um „Wie geht es Guocai?“ auszudrücken. Man müsste anstelle dessen **Zhào Guócái zěmmeyàng?** sagen.

3A. Der Ausdruck **hái xíng**, wörtlich „noch gehen“, kann auf verschiedene Weisen übersetzt werden: „es ist ganz in Ordnung“, „nicht schlecht“, „recht gut“, „soso lala“ oder „OK“. Diesen informellen Ausdruck verwendet man in Gegenwart von Personen, die man gut kennt. Er kommt vor allem in Beijing vor, im Süden Chinas und auf Taiwan ist er seltener zu hören.

3B. Sie haben **nǐ** als das Pronomen für „du“ kennen gelernt. Schauen Sie sich nun den Ausdruck **nǐ àirén** „Ihre Ehefrau“ an. Wenn Pronomen wie **wǒ**, **nǐ** und **tā** vor Wörtern auftreten, die eng mit der Person in Verbindung stehen, auf die sich das Pronomen bezieht (wie z.B. Familienmitglieder), können die Pronomen Zugehörigkeit ausdrücken. Beispiele:

wǒ àirén „meine Frau“

nǐ bàba „dein Papa“ **tā māma** „ihre Mama“

3C. Der Ausdruck **àirén** „Ehefrau/-mann“ wird nur in Festland-China verwendet und kann in Hongkong oder auf Taiwan unangemessen wirken. Der Grund hierfür liegt darin, dass das Wort ehemals „(heimliche/r) Geliebte/r“ bedeutete und diese Bedeutung außerhalb Festland-Chinas beibehalten hat. Der Grund dafür, dass der Ausdruck in China gefördert wurde, liegt darin, dass es nicht zwischen „Ehemann“ und „Ehefrau“ unterscheidet und daher einen egalitären Klang besitzt, wohingegen die traditionellen Wörter für „Ehemann“ und „Ehefrau“ als feudalistisch und stellvertretend für die „alte Gesellschaft“ betrachtet wurden, die die kommunistischen Revolutionäre zu ändern bestrebt waren. Die traditionellen Ausdrücke für „Ehemann“ und „Ehefrau“, die in Hongkong und Taiwan weiterhin in Gebrauch sind, und auch in Festland-China ein Comeback erleben, werden später eingeführt.

3D. Unmarkierte Koordination. In **nǐ àirén, háizi** „deine Frau und dein Kind" findet sich im Chinesischen kein Gegenstück zum deutschen „und". In chinesischen Aufzählungen findet sich oft kein Wort, das „und" ausdrückt. Dies nennt man unmarkierte Koordination. Natürlich gibt es auch im Chinesischen Wörter für „und", die wir allerdings später behandeln werden. Hier sind noch einige Beispiele für unmarkierte Koordination:

wǒ bàba, māma	„mein Papa und meine Mama"
Wáng Jīngshēng, Zhào Guócái	„Wang Jingsheng und Zhao Guocai"

3E. Chinesische Substantive haben normalerweise keine Numerus-Markierung, d.h. keine Markierung, ob sie im Singular oder im Plural stehen. Daher könnte das **háizi** in diesem Satz sowohl in der Einzahl als auch in der Mehrzahl stehen, das hängt vom Kontext ab. Wenn der Sprecher davon ausgeht, dass dem Hörer der Kontext nicht bekannt ist und sofern die Anzahl in der Äußerung eine Rolle spielt, so kann man vor den entsprechenden Ausdruck eine Zahl setzen, also z.B. „zwei Kinder" oder „drei Kinder".

3F. **Dōu** kann sowohl mit „alle" als auch mit „beide" übersetzt werden; gewöhnlich wird aus dem Kontext klar, was gemeint ist. Da in China die meisten Familien heute nur ein Kind haben, dürfte die Frage **Nǐ àirén, háizi dōu hǎo ma?** im chinesischen Kontext mit großer Wahrscheinlichkeit „Geht es deiner Frau und deinem Kind gut?" bedeuten.

3G. Da **dōu** ein Adverb ist muss es stets vor einem Verb oder einem anderen Adverb stehen. Es kann nicht vor einem Nomen stehen, wie das deutsche „alle". Daher ist es zwar korrekt **Háizi dōu hěn hǎo** „Den Kindern geht es allen/beiden gut" zu sagen, aber Sie dürfen NIEMALS ***Dōu háizi hěn hǎo** sagen, um „Allen Kindern geht es sehr gut" auszudrücken.

3H. MA, um Aussagen in Fragen umzuwandeln. Eine der häufigsten Methoden, um im Chinesischen aus einer Aussage eine Frage zu machen ist es, die Final-Partikel **ma** am Ende eines Aussagesatzes anzufügen. Nehmen wir die Aussage **Tāmen qù shítáng** „Sie gehen zur Mensa" als Beispiel. Indem wir an die Aussage ein **ma** anhängen, können wir daraus eine Frage machen: **Tāmen qù shítáng ma?** „Gehen Sie zur Mensa?". Beachten Sie, dass die Wörter genau wie im Aussagesatz angeordnet sind, der einzige Unterschied ist, dass am Ende des Fragesatzes ein **ma** steht (außerdem hat der ganze Satz im Falle von **ma**-Fragen eine steigende Intonation). Zusammenfassend kann man sagen, dass das Grundmuster für Fragen mit **ma** wie folgt aussieht:

Aussage	**MA**
Tāmen qù shítáng	**ma?**

„Gehen sie in die Mensa?"

In Nordchina wird die Fragepartikel **ma** oft sehr leicht und unbetont ausgesprochen, sodass sie beinahe wie **me** klingt. Hier noch ein paar Beispiele für Sätze, die mit der Fragepartikel **ma** gebildet werden:

Aussage:	**Tā bàba hěn máng.**	„Ihr Papa ist beschäftigt."
Frage mit **ma**:	**Tā bàba hěn máng ma?**	„Ist ihr Papa beschäftigt?"
Aussage:	**Tā qù túshūguǎn.**	„Sie geht in die Bibliothek."
Frage mit **ma**:	**Tā qù túshūguǎn ma?**	„Geht sie in die Bibliothek?"

Achten Sie darauf **Ma**-Fragen nicht mit Fragewort-Fragen zu verwechseln. Enthält eine Frage bereits ein Fragewort wie **nǎr** oder **zěmmeyàng**, ENTFÄLLT das **ma**. So würde man NIE sagen ***Nǐ dào nǎr qù ma?**, um „Wohin gehst du?" auszudrücken. Die korrekte Frage lautet: **Nǐ dào nǎr qù?**

4A. Das Adverb **hěn** spielt im Chinesischen eine sehr wichtige Rolle. Wenn wir im Deutschen das „sehr" betonen wollen, verleihen wir dem Wort oft eine steigende oder auch eine fallende Intonation („Das Buch gefällt mir sehr."). Das kann man mit dem chinesischen **hěn** nicht machen, da es sich dabei um ein Wort (eigentlich eine Silbe) im Dritten Ton handelt und mit einem fallenden Akzent ausgesprochen wird (es sei denn, es folgt eine weitere Silbe im Dritten Ton, wo aus dem ersten Dritten Ton ein steigender Zweiter Ton wird). Um **hěn** zu betonen, kann man es in die Länge ziehen und etwas lauter aussprechen, aber achten Sie darauf, es nicht im Ersten, dem hohen, Ton zu sagen.

4B. Sie kennen nun bereits mehrere Adverbien: **dōu** „alle/beide", **hěn** „sehr" und **yě** „auch/ebenfalls". Denken Sie daran, dass Adverbien nur vor Verben oder vor anderen Adverbien vorkommen können. Kommen mehrere Adverbien nacheinander vor, so ist die korrekte Reihenfolge: zuerst **yě**, dann **dōu** und schließlich **hěn**. Damit Sie die korrekte Reihenfolge im Kopf behalten können, empfiehlt es sich, sich folgenden Satz zu merken:

Tāmen yě dōu hěn hǎo.

„Es geht ihnen auch allen sehr gut!“

4C. Sätze mit Statischem Verb. Wenn wir für einen Augenblick das optionale **dōu** sowie das finale **xièxie** aus der Zeile 4 beiseite lassen, bleibt der Kernsatz **Tāmen hěn hǎo** mit der Bedeutung „Sie sind sehr gut“ übrig. Es handelt sich dabei um einen Satz mit Statischem Verb, ein Satztyp, der im Chinesischen eine sehr bedeutende Rolle spielt. Sätze mit Statischem Verb bestehen aus einem Subjekt oder Thema sowie einem Adverb, wie **hěn** (optional, aber sehr häufig vorkommend) und einem Statischen Verb wie **hǎo** „gut sein“. Das Grundmuster ist wie folgt aufgebaut:

Subjekt	Adverb	Statisches Verb
Tāmen	**hěn**	**hǎo.**

„Sie sind sehr gut.“ Oder: „Es geht ihnen gut.“ (wörtl. „Sie sehr gut-sein.“)

Hier sind noch einige weitere Beispiele für Sätze mit Statischem Verb:

Wǒ hěn lèi.

„Ich bin sehr müde.“ Oder: „Ich bin müde.“ (wörtl. „Ich sehr müde-sein.“)

Wǒ àirén hěn máng.

„Mein/e Mann/Frau ist sehr beschäftigt.“ (wörtl. „Mein/e Mann Frau sehr beschäftigt-sein.“)

Wǒ bàba, māma dōu hěn hǎo.

„Mein Papa und meine Mama sind beide sehr gut.“ Oder: „Meinem Papa und meiner Mama geht es beiden gut.“ (wörtl. „Mein Papa, Mama beide sehr gut-sein.“)

Studenten an der Peking-Universität

Wenn das Adverb **hěn** unbetont gesprochen wird, trägt es zur Bedeutung des Satzes nur wenig bei, weswegen man einen Satz wie **Tāmen hěn hǎo** eher mit „Es geht beiden gut“ als mit „Es geht beiden sehr gut“ (was aber durchaus auch korrekt wäre) übersetzen würde. Wenn man nur **Tāmen hǎo** ohne **hěn** sagt, so impliziert das einen Vergleich oder Kontrast, z.B. „Ihnen geht es gut (aber jemandem anderes nicht)“ Ein Beispiel: **Nǐ hǎo, wǒ bù hǎo** „Dir geht es gut, aber mir nicht“. Wenn allerdings das **hěn** betont ausgesprochen wird (wie etwa in **Tāmen hěn hǎo**) behält es seine Grundbedeutung von „sehr“ und der Satz müsste mit „Es geht ihnen sehr gut“ übersetzt werden. Denken Sie daran, dass die Statischen Verben im Chinesischen den deutschen Adjektiven plus dem Verb „sein“ entsprechen. Aus diesem Grunde ist es nicht nötig in chinesischen Sätzen mit Statischem Verb ein Seinsverb einzufügen, es ist sozusagen bereits ‚eingebaut‘.

4D. Der Gebrauch von **XIÈXIE**. Mit **Xièxie** „danke“, bedankt man sich für die Anteilnahme eines anderen, wie in diesem Text, oder für einen Gefallen oder ein Geschenk. Im traditionellen China wurde **xièxie** selten verwendet, um jemandem für ein Kompliment zu danken, aber in den Städten wandelt sich dies unter dem Einfluss des Westens. Obgleich **xièxie** in formellen Situationen in China mittlerweile häufig gebraucht wird, ist es im informellen Umgang viel seltener zu hören (etwa in der Familie oder unter Freunden). Chinesen sind zuweilen überrascht, wenn sie jemanden „Danke, Liebling“ sagen hören, da es in der chinesischen Gesellschaft selbstverständlich ist, dass sich Ehegatten gegenseitig helfen, weswegen man sich auch nicht beieinander bedanken muss. Wenn Sie sich mit Chinesen näher befreunden und mit ihnen Chinesisch reden, achten Sie darauf, dass Sie das **xièxie** nicht überstrapazieren. Zu viele **xièxies** können unehrlich und gestelzt wirken und Ihr Gegenüber könnte auf den Gedanken kommen, dass Sie sich distanzieren wollen. In China tendiert man dazu, Dank fassbarer (oder materieller) auszudrücken, zum Beispiel mit Geschenken oder indem man jemandem einen Gefallen tut oder zurück gibt, da es als ehrlicher angesehen wird, sich dankbar zu zeigen und nicht nur darüber zu reden.

5A. Wenn der Satz **Wǒ yǒu yìdiǎnr shìr** schnell ausgesprochen wird, entfällt das **yì** von **yìdiǎnr** häufig, sodass es wie **Wǒ yǒu diǎnr shìr** klingt. Es ist nicht empfehlenswert, dass Sie gleich zu Beginn Ihrer Chinesischstudien so sprechen, aber Sie sollten diesen Ausdruck verstehen, wenn Sie ihn zu hören bekommen.

5B. **Wǒ yǒu yìdiǎnr shìr** „Ich habe etwas (zu tun)" kann auch **Wǒ yǒu yìdiǎn shì**, also ohne **-r** an **yìdiǎnr** und **shìr**, ausgesprochen werden. Mit den beiden **-r** hat der Satz eindeutig einen ‚nordchinesischen' Klang.

5C. Wenn jemand zu Ihnen sagt **Wǒ yǒu yìdiǎnr shìr** „Ich habe etwas zu erledigen", sollten Sie besser nicht genauer nachfragen. Es handelt sich häufig nur um eine konventionalisierte Entschuldigung (oder Ausrede), wenn die Person gehen möchte. Es kann durchaus sein, dass die Person etwas zu tun hat, andererseits, vielleicht aber auch nicht.

5D. Achten Sie auf den Unterschied zwischen **zǒu** ((weg)gehen, gehen) und **qù** (gehen, nach/zu … gehen), der in 1-1 erläutert wurde.

5E. **Xiān zǒule** bedeutet: „Ich gehe zuerst (vor dir)". Da Freunde sich idealerweise gleichzeitig voneinander verabschieden und dann gehen, wird im Falle, dass eine/r der beiden zuerst weg muss, eine Entschuldigung erwartet. Diese Phrase ist sowohl verbreitet als auch nützlich. Sie können diese zum Beispiel verwenden, wenn Sie mit Kommilitonen in der Mensa essen, aber aus irgend einem Grund früher als die anderen los müssen. Das **le** in der Phrase zeigt die Veränderung eines Zustands an (d.h., vorher mussten Sie nicht weg, aber jetzt schon). Zerbrechen Sie sich an dieser Stelle nicht den Kopf über das **le**, es wird später noch ausführlich erläutert.

5F. Der Ausdruck **zàijiàn** „Auf Wiedersehen" setzt sich, ganz ähnlich wie im Deutschen, aus den Wörtern **zài** „wieder" und **jiàn** „sehen" zusammen. Man sollte daran denken, dass man mit diesem Ausdruck an weniger glückverheißenden Orten, z.B. in Arztpraxen, in Kliniken, bei Beerdigungen oder an Unfallorten zurückhaltend umgehen sollte. In solchen Situationen ist der Ausdruck **bǎozhòng** , „Passen Sie auf sich auf", weitaus angebrachter.

SV1. Die Wörter **bàba** „Papa" und **māma** „Mama" können sowohl für die eigenen als auch für die Eltern anderer Personen verwendet werden. Wie im Deutschen kann man damit auch die eigenen Eltern anreden. Beachten Sie, dass **bàba māma** „Mama und Papa" wörtlich „Papa und Mama" heißt. Im Chinesischen, wie im Deutschen, gibt es bestimmte Prinzipien, nach denen zusammengehörige Wörter verwendet werden. Wenn man **bàba** und **māma** sagt, dann kommt **bàba** immer zuerst, es würde sonderbar klingen, wenn man diese Wörter in der in Deutschland üblicheren Reihenfolge als *__māma bàba__ aussprechen würde.

SV2. Hier eine kurze Wiederholung der Pronomen, die Sie bisher kennen gelernt haben.

wǒ	„ich"
nǐ	„du"
tā	„er, sie, es"
tāmen	„sie" (Plural)

Vergleichen Sie **tā** und **tāmen**. Worin unterscheiden sie sich? Worin besteht Ihrer Ansicht nach die Funktion des Suffixes **-men**? (Antwort:: **-men** ist ein Suffix, mit dem man Pronomen in den Plural setzen kann.)

Ein zufälliges Treffen auf der Straße

Brian Kao (in Pinyin eigentlich Gao), ein sino-amerikanischer Student, der in Beijing Martial Arts studiert, trifft eines Morgens auf der Straße zufällig seinen chinesischen Freund He Zhiming, der bei einer Im- und Exportfirma arbeitet. Kao ist in den frühen Zwanzigern, He hingegen ein Mittdreißiger. Die beiden sind im Verlauf des letzten Jahres gute Freunde geworden.

Basis-Konversation 1-3

1. KAO **Èi, Lǎo Hé!**
   Hey, Alter He!
2. HE **Xiǎo Gāo!**
   Kleiner Gao!
3. KAO **Zuìjìn zěmmeyàng a?**
   Wie geht's denn so in der letzten Zeit?
4. HE **Hái kéyi. Nǐ ne?**
   Ganz gut. Und dir?
5. KAO **Hái shi lǎo yàngzi. Nǐ gōngzuò máng bu máng?**
   Wie immer. Hast du viel zu tun auf der Arbeit?
6. HE **Bú tài máng. Nǐ xuéxí zěmmeyàng?**
   Ich bin nicht zu beschäftigt. Wie läuft es im Studium?
7. KAO **Tǐng jǐnzhāngde.**
   Ziemlich stressig.

Build-Up

1. Kao

èi	„Hey, Hallo" **[I]**
lǎo	alt sein (für Personen) **[SV]**
Hé	He **[FN]**
Lǎo Hé	Alter He
Èi, Lǎo Hé!	Hey, Alter He!

2. He

xiăo	klein sein, jung sein, jung [SV]
Gāo	Gao (wörtl. „hochgewachsen") [FN]
Xiăo Gāo	Kleiner Gao
Xiăo Gāo!	Kleiner Gao!

3. Kao

zuìjìn	in letzter Zeit [BA]
Zuìjìn zěmmeyàng a?	Wie geht's denn so in der letzten Zeit?

4. He

kéyi	OK, es geht [SV]
hái kéyi	ganz (noch) OK sein
Hái kéyi. Nĭ ne?	Ganz gut. Und dir?

5. Kao

shì	sein [GV]
hái shi	ist noch
yàngzi	Art und Weise, Aussehen [S]
lăo yàngzi	alte Art und Weise, wie immer
hái shi lăo yàngzi	immer noch in alter Weise, noch wie immer
gōngzuò	Arbeit [S]
bù	nicht [A]
máng bu máng	beschäftigt oder nicht beschäftigt
gōngzuò máng bu máng	(auf der) Arbeit beschäftigt oder nicht beschäftigt
Hái shi lăo yàngzi. Nĭ gōngzuò máng bu máng?	(Es ist noch) wie immer. Hast du viel zu tun auf der Arbeit? (Wörtl. Deine Arbeit beschäftigt nicht beschäftigt?)

6. He

tài	zu sehr, übermäßig [A]
tài máng	zu beschäftigt
bú tài máng	nicht zu beschäftigt
xuéxí (B)	(B) Studium, studieren [S]
xuéxí zěmmeyàng	wie (war/ist) das Studium
Bú tài máng. Nĭ xuéxí zěmmeyàng?	Ich bin nicht zu beschäftigt. Wie läuft es im Studium?

7. Kao

tĭng	ziemlich, sehr [A]
jĭnzhāng	angespannt, stressig [SV]
-de	(im **tĭng ... -de** -Muster) [P]
Tĭng jĭnzhāngde.	Ziemlich stressig.

Ergänzungsvokabular

1. **Zhōngwén**	geschriebenes Chinesisch, Chinesisch [S]
nán	schwierig [SV]
nán bu nán	schwierig oder nicht schwierig
Zhōngwén nán bu nán?	Ist Chinesisch schwierig?
2. **bù nán**	nicht schwierig
Zhōngwén bù nán	Chinesisch ist nicht schwierig
róngyi	leicht sein [SV]
Zhōngwén bù nán, hĕn róngyi.	Chinesisch ist nicht schwierig, es ist leicht.

3. **kùn** — müde sein **[SV]**
bú kùn — nicht müde sein
nǐ bú kùn ma — du bist nicht müde?
wǒ hěn kùn — ich bin (sehr) müde
Nǐ bú kùn ma? Wǒ hěn kùn. — Du bist nicht müde? Ich bin sehr müde.

4. **gāo** — hoch sein **[SV]**
Xiǎo Gāo bù gāo — Der Kleine Gao ist nicht groß
ǎi — klein sein (nicht hoch) **[SV]**
tā hěn ǎi — er ist sehr klein
Xiǎo Gāo bù gāo, tā hěn ǎi. — Der Kleine Gao ist nicht groß, er ist sehr klein.

Grammatische und kulturelle Anmerkungen

1A. **LǍO und XIǍO vor einsilbigen Familiennamen.** **Lǎo** ist ein Statisches Verb, das „alt sein" (für Personen, nicht für Sachen) bedeutet. Anders als im Deutschen, hat das Wort „alt" im Chinesischen positive Konnotationen, da es Erfahrung und Weisheit impliziert. Auch **Xiǎo** ist ein Statisches Verb, das „klein sein, jung sein" bedeutet. **Lǎo** oder **Xiǎo**, gefolgt von einem einsilbigen Familiennamen, werden als Gegensatzpaar in der Umgangssprache verwendet, um Personen anzureden oder um sich auf sie zu beziehen. Das Grundmuster ist wie folgt aufgebaut:

LǍO	Familienname
Lǎo	**Lǐ**
„Alter Li"	

XIǍO	Familienname
Xiǎo	**Gāo**
„Kleiner Gao"	

Lǎo wird verwendet, um eine Person zu bezeichnen, die älter ist als man selbst, mit **Xiǎo** hingegen eine jüngere. Diese Bezeichnungen sind in Festland-China besonders verbreitet und werden sowohl für Männer als auch für Frauen gebraucht. In anderen chinesischsprachigen Gegenden werden sie seltener und auch nur für Männer verwendet. Nichtmuttersprachler sollten am besten einfach abwarten, bis ein Muttersprachler eine dieser Bezeichnungen verwendet, bevor er oder sie selbst es tut. In diesem Text übersetzen wir **Lǎo** mit „Alte/r" und **Xiǎo** mit „Kleine/r" obwohl die beste Übersetzung von **Lǎo** oder **Xiǎo** plus Familienname schlicht und einfach der Vorname der betreffenden Person wäre. Wenn zwei Personen erst einmal damit angefangen haben, sich mit **Lǎo...** bzw. **Xiǎo...**, anzureden, bleiben sie in der Regel auch dabei, ganz egal, wie alt sie mittlerweile geworden sind. Wenn also ein Fünfundzwanzigjähriger und ein Zwanzigjähriger sich mit **Lǎo Wáng** und **Xiǎo Zhào** anreden, werden sie dies auch noch tun, wenn sie einmal 85 bzw. 80 Jahre alt sind, obgleich sie dann eigentlich beide schon recht alt sind. Beachten Sie auch, dass jemand von einer Person vielleicht mit **Lǎo**, von einer anderen hingegen mit **Xiǎo** angeredet wird, abhängig davon, in welcher Altersrelation oder auch welcher sozialen Beziehung sie zueinander stehen. Hier eine Liste mit allen denkbaren Kombinationen für die Familiennamen, die bisher im Kurs aufgetaucht sind:

Lǎo Wáng	„Alter Wang"
Xiǎo Wáng	„Kleiner Wang"
Lǎo Zhào	„Alter Zhao"
Xiǎo Zhào	„Kleiner Zhao"
Lǎo Kē	„Alter Ke"
Xiǎo Kē	„Kleiner Ke"
Lǎo Gāo	„Alter Gao"
Xiǎo Gāo	„Kleiner Gao"
Lǎo Hé	„Alter He"
Xiǎo Hé	„Kleiner He"

Lǎo und **Xiǎo** werden nicht mit zweisilbigen Familiennamen wie **Duānmù**, **Ōuyáng** oder **Sītú**. gebraucht. Anders als bei den einsilbigen Familiennamen, die nicht alleine gesagt werden können, kann man eine Person mit einem zweisilbigen Familiennamen mit diesem allein ansprechen (z.B. **Ōuyáng, nǐ dào nǎr qù a?**), Anders als im Deutschen ist es dabei nicht unhöflich, jemanden nur mit dem (zweisilbigen!) Familiennamen anzusprechen. So ist es in der Tat etwas irritierend, wenn man von chinesischen Freunden oder Bekannten mit „Hallo, Müller!" oder einfach nur mit „Meier!" oder „Schulze!" angesprochen wird; für chinesische Ohren klingt das nicht im geringsten unhöflich.

1B. Vokative (anrufende) Ausdrücke. Wie im Deutschen kann man im Chinesischen jemanden mit dem Vornamen, dem vollen Namen, dem Familiennamen oder mit Namen und Titel rufen, wenn man seine Aufmerksamkeit auf sich ziehen will (solche Ausdrücke werden Vokative, d.h. anrufende Ausdrücke genannt). Anders als im Deutschen stellt diese Form der Anrede im Chinesischen allerdings auch eine akzeptable Begrüßung dar.

Jīnghuá!	„Jinghua!"	**Bàba!**	„Papa!"
Zhào Guócái!	„Zhao Guocai!"	**Māma!**	„Mama!"
Xiǎo Liú!	„Kleiner Liu!"	**Háizi!**	„Kind!"
Lǎo Wáng a!	„Alter Wang!"		

2. Beachten Sie, dass in dieser Zeile der Name des US-Chinesen entsprechend den Regeln der Pinyin-Transkription Gao geschrieben wird, in der Bildbeschreibung zu Beginn der Lektion hingegen Kao. Das ist kein Fehler sondern liegt an den verschiedenen Transkriptionen (in diesem Falle die Wade-Giles-Umschrift), die früher für das Chinesische entwickelt wurden und bis in die 1980er-Jahre in den USA sehr verbreitet waren. Die Chinesen, die vor der Umstellung auf Pinyin in die USA emigrierten, transkribierten daher ihre Namen mittels der damals noch verwendeten Wade-Giles-Umschrift.

3A. **Zuìjìn zěmmeyàng a?** „Wie geht's denn so in der letzten Zeit?" Dies ist eine sehr übliche und informelle Frage. Sie wird oft unter Personen verwendet, die in etwa den gleichen sozialen Status haben, z.B. Studierende oder Kollegen; man würde sie aber nicht gegenüber einer sozial höher gestellten Person benutzen. Daher sollten Sie diese Frage auf Chinesisch nicht an Ihre Lehrperson oder jemanden Älteres als Sie richten.

3B. **Zuìjìn zěmmeyàng a?** ist ein Satz ohne Subjekt. Das Subjekt **nǐ** „du" wurde weggelassen, da aus dem Kontext schon klar wird, wer gemeint ist.

3C. **Zuìjìn** ist ein Bewegliches Adverb, was bedeutet, dass es sowohl vor als auch nach dem Subjekt des Satzes auftreten kann. So sind beide folgenden Sätze korrekt:

Zuìjìn wǒ hěn máng.
„In letzter Zeit war ich sehr beschäftigt."

Wǒ zuìjìn hěn máng.
„Ich war in letzter Zeit sehr beschäftigt."

Zuìjìn wird in der Regel als „letztens" übersetzt, aber eigentlich bedeutet es „in der nahen Vergangenheit oder Zukunft", d.h., nahe dem gegenwärtigen Zeitpunkt (wörtlich heißt der Ausdruck „am nächsten". Daher kann die Übersetzung irreführend sein, da es sich gegebenenfalls nicht um die Vergangenheit, sondern, wie im folgenden Beispiel, um die Zukunft handeln könnte:

Ni zuìjìn qù túshūguǎn ma?
„Gehst du demnächst in die Bibliothek?"

4. Der Ausdruck **hái kéyi** „ganz gut" bedeutet in etwa dasselbe wie **hái xíng**, das sie in 1-2 bereits kennen gelernt haben. Der Unterschied ist, dass **hái xíng** eher in Nordchina verwendet wird, **hái kéyi** hingegen überall, wo man Chinesisch spricht.

5A. Statische Verben vor Substantiven als Adjektive. Einsilbige Statische Verben können direkt vor Substantiven stehen, um diese genauer zu beschreiben. In diesem Satz steht das Statische Verb **lǎo** „alt sein" vor dem Substantiv **yàngzi** „Art und Weise", um es genauer zu beschreiben, wodurch die Phrase **lǎo yàngzi** „wie immer" („alte Art und Weise") entsteht. Das Grundmuster ist wie folgt aufgebaut:

Statisches Verb	Substantiv
lǎo	**yàngzi**

„alte Art und Weise“

Eingang zum Panda-Gehege im Beijinger Zoo

Hier noch ein paar weitere Beispiele für Statische Verben, die als Adjektive fungieren:

hǎo bàba	„guter Vater“
hǎo māma	„gute Mutter“
hǎo háizi	„gutes Kind“
hǎo gōngzuò	„gute Arbeit“
xiǎo shìr	„kleine Sache (Angelegenheit)“

Das Statische Verb kann zusammen mit dem folgenden Substantiv in einen Satz eingefügt werden, wie in **Tā shi hǎo māma** „Sie ist eine gute Mutter“. Achten Sie darauf die Konstruktion Statisches Verb + Substantiv (**hǎo māma** „gute Mutter“) von der Konstruktion Substantiv + Statisches Verb, wie in **Māma hěn hǎo** „Mama ist gut“ zu unterscheiden.

5B. **Hái shi lǎo yàngzi** bedeutet wörtlich „(Es) ist immer noch die alte Art und Weise“, d.h., „wie immer“. Beachten Sie das wichtige Gleichsetzende Verb **shì** „sein“, das wir in 2-1 ausführlicher behandeln werden. Steht das Verb **shì** in der Mitte eines Satzes, verliert es in der Regel seinen vierten Ton und wird im neutralen Ton (**shi**) gesprochen.

5C. Beachten Sie hier das **-zi** am Ende von **yàngzi**. Es handelt sich dabei um ein sehr verbreitetes Nominal-Suffix, das Sie von **háizi** „Kind“ (1-2) bereits kennen.

5D. **BÙ, um Verben zu verneinen.** Alle Verben im Chinesischen werden mit **bù** „nicht“ verneint, einzige Ausnahme ist das Verb **yǒu** „haben“. Das Grundmuster ist wie folgt aufgebaut:

BÙ	Verb
bù	**máng**

„nicht beschäftigt sein“

Im Folgenden sind affirmative (bejahende) und negierende (verneinende) Formen einiger Verben, die Sie bereits kennen gelernt haben, aufgelistet:

Affirmativ	Negiert
hǎo „gut sein“	**bù hǎo** „nicht gut sein“
xíng „OK sein“	**bù xíng** „nicht OK sein“
zǒu „weggehen“	**bù zǒu** „nicht weggehen“
huí sùshè „ins Wohnheim zurück gehen“	**bù huí sùshè** „nicht ins Wohnheim zurück gehen“

5E. **Ja-Nein-Fragen.** Eine der häufigsten Methoden, um auf Chinesisch eine Frage zu stellen, ist es, die bejahte und die verneinte Form des Verbs direkt hintereinander zu setzen und es der befragten Person zu überlassen, die zutreffende Form als Antwort auszusuchen.Das Grundmuster für Ja-Nein-Fragen ist wie folgt aufgebaut:

Subjekt/Thema	Affirmativ	Negiert
Nǐ	**gōngzuò**	**bu gōngzuò?**

„Arbeitest du?“ (wörtl. „Du arbeitest nicht arbeitest?“)

Beachten Sie, dass in Ja-Nein-Fragen das **bù** oft im Neutralen Ton (**bu**) ausgesprochen wird. Die Antwort auf die obige Frage ist entweder (**Wǒ**) **gōngzuò** „Ich arbeite" oder (**Wǒ**) **bù gōngzuò** „Ich arbeite nicht" (das Pronomen **wǒ** ist hier optional). Hier noch einige Beispiele für Ja-Nein-Fragen:

Nǐ máng bu máng?
„Bist du beschäftigt?"

Zhōngwén nán bu nán?
„Ist Chinesisch schwierig?"

Nǐ māma hǎo bu hǎo?
„Geht es deiner Mutter gut?"

Xiǎo Wáng qù bu qù?
„Geht der Kleine Wang?"

Man hätte diese Fragen natürlich genauso gut mit **ma** bilden können. Doch gibt es zwischen den beiden Fragetypen einen kleinen Unterschied in der Bedeutung. Bei **Ma**-Fragen gibt es so etwas wie eine unausgesprochene Annahme, dass der Sachverhalt tatsächlich so ist, wie er in der Aussageform der Frage dargestellt wird. Das heißt, wenn Sie fragen **Nǐ māma hǎo ma?**, klingt die unausgesprochene Vermutung mit, dass es der Mutter der befragten Person tatsächlich gut geht. Bei Ja-Nein-Fragen (wie in **Nǐ māma hǎo bu hǎo?**) ist weder eine positive noch eine negative Vorannahme impliziert.

Achten Sie darauf, dass Adverbien wie **dōu** „alle/beide", **yě** „auch" oder **hěn** „sehr" nicht in Ja-Nein-Fragen benutzt werden können. Daher könnte man NIEMALS ***Tāmen dōu qù bu qù?** sagen, um damit „Gehen sie alle?" zu erfragen. Man würde sich vielmehr auf ein **Tāmen qù bu qù?** „Gehen sie?" beschränken. Sollte es für den Fragenden wichtig sein, den Sinn von **dōu** beizubehalten, würde er oder sie dies mit einer **Ma**-Frage formulieren und **Tāmen dōu qù ma?** „Gehen Sie alle?" sagen. Eine andere Möglichkeit wäre die Verwendung von **shì bu shi: Tāmen shì bu shi dōu qù?**, d.h. „Ist es oder nicht der Fall, dass alle gehen - gehen sie alle?"

Um es noch einmal kurz zusammen zu fassen: Sie haben nun die drei grundlegenden Fragetypen des Chinesischen kennen gelernt, die Sie sorgfältig auseinander halten sollten.

1. Fragewort-Fragen: **Nǐ dào nǎr qù?**
2. **Ma**-Fragen: **Nǐ àirén, háizi dōu hǎo ma?**
3. Ja-Nein-Fragen: **Nǐ gōngzuò máng bu máng?**

5F. Thema-Kommentar-Konstruktion (für linguistisch Interessierte: Topic/Comment oder Thema/Rhema). Der zweite Satz in der Äußerung 5, **Nǐ gōngzuò máng bu máng?**, ist ein Beispiel für eine Thema-Kommentar-Konstruktion, d.h. es gibt ein Thema (topic) und eine Aussage über dieses Thema (Kommentar bzw. engl. comment). Mit dieser Konstruktion werden im Chinesischen viele Sätze gebildet. Das Thema ist hier **nǐ** „du" und der Kommentar dazu (das Rhema) **gōngzuò máng bu máng** „auf der Arbeit ist (man) beschäftigt oder nicht beschäftigt?". Das Grundmuster ist wie folgt aufgebaut:

Thema	Kommentar
Nǐ	gōngzuò máng bu máng?

„Hast du viel zu tun?"

Eine wörtliche Übersetzung dieses Satzes wäre: „Was dich betrifft, ist (deine) Arbeit beschäftigt (oder) nicht beschäftigt?" Das Wort **gōngzuò** kann entweder als Subjekt des Satzes betrachtet werden oder als zweites Thema, das in den Kommentar zum ersten Thema eingebettet ist. In diesem Falle sähe die wörtliche Übersetzung des Satzes wie folgt aus: „Was dich betrifft (erstes Thema), hinsichtlich deiner Arbeit (zweites Thema), beschäftigt (oder) nicht beschäftigt (Kommentar)?"

6A. Tonänderung von **BÙ** zu **BÚ** vor Silben im Vierten Ton. Schauen Sie sich einmal den Satz **Bú tài máng** „Nicht zu beschäftigt" an. Das Adverb **bù** wird normalerweise im Vierten Ton gesprochen. Steht es nun aber, wie hier, direkt vor einer Silbe, die ebenfalls den Vierten Ton hat, wird aus dem Vierten Ton des **bù** ein Zweiter Ton. Das heißt, **bù** + **tài** > **bú tài** „nicht sehr". Hier noch einige Beispiele für Tonänderungen von **bù** zu **bú** vor Silben im Vierten Ton:

bù + qù	→	**bú qù**	„nicht gehen"
bù + lèi	→	**bú lèi**	„nicht müde sein"
bù + bàn	→	**bú bàn**	„etwas nicht erledigen"
bù + tài + hǎo	→	**bú tài hǎo**	„nicht zu gut"
bù + tài + gāo	→	**bú tài gāo**	„nicht zu groß (hoch)"

6B. **BÚ TÀI MÁNG** „nicht zu beschäftigt, nicht sehr beschäftigt." In der Regel vermeidet man in China das zu direkte Sprechen, man legt sich nicht sonderlich gerne fest. Vielmehr werden indirekte Ausdrucksweisen bevorzugt. Die Kombination von **bú tài** + Statisches Verb „nicht sehr…" ist im Chinesischen weit verbreitet. Ein anderes Beispiel wäre, wenn wir im Deutschen „ziemlich übel, ganz schön schlecht" sagen, so würde man das Gleiche auf Chinesisch mit **bú tài hǎo** „nicht besonders gut" ausdrücken.

6C. **Nǐ xuéxí zěmmeyàng?** ist ein weiteres Beispiel für eine Thema-Rhema-Konstruktion, das wie in 5F oben analysiert werden kann. Die wörtliche Übersetzung dieser Frage wäre entweder: „Was dich betrifft (Thema), wie laufen die Studien? (Kommentar)" oder „Was dich betrifft (erstes Thema), bezüglich deiner Studien (zweites Thema), wie laufen (sie)? (Kommentar)"

6D. Beachten Sie, dass im Build-Up dem Substantiv **xuéxí** ein (B) folgt. Das bedeutet, dass dieses Wort in Beijing und an anderen Orten Festland-Chinas verwendet wird, aber nicht so häufig, jedenfalls mit dem selben Sinn, in Taipei. Auch wenn das Mandarin sowohl in Festlandchina als auch in Taiwan die offizielle Sprache ist, existieren doch Unterschiede im Vokabular, wie etwa zwischen dem Westdeutschen und dem DDR-Deutsch (Brathähnchen vs. Broiler) oder zwischen dem deutschen Deutsch und dem österreichischen Deutsch (Tomate vs. Paradeiser).

7A. **TǏNG...-DE.** Das Muster **tǐng...-de** kann ein Statisches Verb einfassen, und bedeutet dann „sehr, ziemlich". Das Muster ist wie folgt aufgebaut:

TǏNG	Statisches Verb	DE
tǐng	**jǐnzhāng**	**-de**

„sehr stressig, angespannt"

Tǐng...-de hat die gleiche Bedeutung wie **hěn** „sehr", klingt aber lockerer und umgangssprachlicher. **Tǐng** wird zuweilen auch ohne ein folgendes **-de** benutzt, ohne dass sich dadurch die Bedeutung verändert. So könnte man auch **tǐng jǐnzhāng** "„sehr stressig" sagen. Hier einige weitere Beispiele für das **tǐng...-de**-Muster:

tǐng hǎode	„sehr / ziemlich gut"
tǐng lèide	„sehr / ziemlich müde"
tǐng mángde	„sehr / ziemlich stressig"
tǐng róngyide	„sehr / ziemlich einfach"

7B. **Jǐnzhāng** hat zwei Bedeutungen. Zum einen kann es in Bezug auf Arbeit, Studium oder andere Aktivitäten „intensiv, stressig" bedeuten, zum anderen kann es in Bezug auf Menschen aber auch „gestresst, nervös" heißen. So können Sie sowohl **Wǒ xuéxí hěn jǐnzhāng** „Mein Studium ist ziemlich stressig" sagen als auch **Wǒ hěn jǐnzhāng** „Ich bin nervös". Wenn es um Wohnungen oder die Versorgung mit Gütern geht, kann **jǐnzhāng** auch „knapp, wenig vorhanden" bedeuten.

SV1. Streng genommen bedeutet **Zhōngwén** „geschriebenes Chinesisch". Allerdings meinen viele damit sowohl das geschriebene als auch das gesprochene Chinesisch.

SV3. Achten Sie darauf, **kùn** und **lèi**, das in 1-2 eingeführt wurde, auseinander zu halten. **Kùn** bedeutet „müde" im Sinne von „schläfrig", **lèi** hingegen eher „körperlich erschöpft".

SV4. **Ǎi** bedeutet „kurz/klein" im Sinne von „nicht hochgewachsen". Für „kurz" im Sinne von „nicht länglich (Gegenstand)" wird ein anderes Wort verwendet, das später eingeführt wird.

ABSCHNITT 4

Eine Bekanntschaft zuhause besuchen

Jean Smith besucht Li Xianfen bei ihr zu Hause in der Taipeier Innenstadt. Frau Smith und Frau Li, beide in den Vierzigern, haben sich letztens bei einem Empfang kennen gelernt. Daher sind sie noch nicht besonders gut miteinander bekannt.

Basis-Konversation 1-4

1. FRAU LI **Xiè Tàitai, huānyíng, huānyíng!**
Willkommen, Frau Smith!

Qǐng jìn, qǐng jìn.
Kommen Sie bitte herein.

2. FRAU SMITH *(zieht ihre Schuhe aus)* **Xièxie.**
Danke.

3. FRAU LI **Qǐng zuò, qǐng zuò.**
Setzen Sie sich bitte.

4. FRAU SMITH **Xièxie.**
Danke.

(etwas später)

Lǐ Tàitai, wǒ yǒu yìdiǎn shì,
Frau Li, ich habe etwas zu erledigen.

děi zǒule.
Ich muss jetzt gehen.

(im Gehen dann)

Lǐ Tàitai, xièxie nín le.
Danke, Frau Li.

5. FRAU LI **Bú kèqi. Màn zǒu a!**
Gern geschehen. Passen Sie auf sich auf!

6. FRAU SMITH **Zàijiàn, zàijiàn!**
Auf Wiedersehen!

Build-Up

1. **Frau Li**

Xiè	Xie (wörtl. Danken) **[FN]**
tàitai	Frau (als Anrede) **[S]**
Xiè Tàitai	Frau Xie
huānyíng	„willkommen" **[IA]**
qǐng	„bitte" **[IA]**
jìn	hereinkommen **[V]**
qǐng jìn	„kommen Sie bitte herein" **[IA]**
Xiè Tàitai, huānyíng, huānyíng!	Willkommen, Frau Smith!
Qǐng jìn, qǐng jìn.	Kommen Sie bitte herein.

2. **Frau Smith**

Xièxie.	Danke.

3. **Frau Li**

zuò	sitzen **[V]**
qǐng zuò	„Bitte setzen Sie sich" **[IA]**
Qǐng zuò, qǐng zuò.	Bitte setzen Sie sich.

4. **Frau Smith**

Xièxie.	Danke.

(etwas später)

Lǐ	Li **[FN]**
Lǐ Tàitai	Frau Li
děi	müssen **[HV]**
děi zǒule	(Ich) muss jetzt gehen
Lǐ Tàitai, wǒ yǒu yìdiǎn shì, děi zǒule.	Frau Li, ich habe etwas zu erledigen. Ich muss jetzt gehen.

(im Gehen)

xièxie	danken **[V]**
nín	Sie (höfliche Anrede, Singular) **[PR]**
xièxie nín le	Vielen Dank
Lǐ Tàitai, xièxie nín le.	Vielen Dank, Frau Li.

5. **Frau Li**

bú kèqi	„gern geschehen / nichts zu danken" **[IA]**
màn zǒu	Passen Sie auf sich auf **[IA]**
Bú kèqi. Màn zǒu a!	Gern geschehen. Passen Sie auf sich auf!

6. **Frau Smith**

Zàijiàn, zàijiàn!	Auf Wiedersehen!

Ergänzungsvokabular

1.

Lín	Lin **[FN]**
lǎoshī	Lehrer/in **[S]**
Lín Lǎoshī	Lehrer/in Lin
Lín Lǎoshī, qǐng jìn!	Kommen Sie herein, Lehrer/in Lin!

2. **xiáojie**	Fräulein (als Anrede) **[S]**
Kē Xiáojie	Fräulein Ke
Kē Xiáojie, qǐng zuò.	Bitte setzen Sie sich, Fräulein Ke.
3. **xiānsheng**	Herr (Anrede) **[S]**
Wáng Xiānsheng	Herr Wang
wǒmen	wir **[PR]**
Wáng Xiānsheng, wǒmen yǒu yìdiǎn shì, děi zǒule.	Herr Wang, wir haben etwas zu erledigen, wir müssen jetzt gehen.
4. **yǒu yìsi**	interessant sein **[PH]**
hěn yǒu yìsi	sehr interessant
Zhōngwén hěn yǒu yìsi.	Chinesisch ist sehr interessant.
5. **méi yìsi**	uninteressant **[PH]**
Zhōngwén méi yìsi.	Chinesisch ist uninteressant.
6. **nǐmen**	ihr (2. Person Plural) **[PR]**
Nǐmen qù bu qù túshūguǎn?	Geht ihr in die Bibliothek?

Grammatische und kulturelle Anmerkungen

1A. Dieser Dialog ist sehr formell, daher kommt darin relativ viel formelle Sprache vor.

1B. **Xiè** ist hier die chinesische Form des Namens Smith. Dieser Name wurde gewählt, weil es sich dabei um einen verbreiteten chinesischen Familiennamen handelt, der ein bisschen wie Smith klingt.

1C. Anreden. **Tàitai** „Frau" ist ein Beispiel für eine Anrede, wie auch die Wörter **xiānsheng** „Herr", **xiáojie** „Fräulein" und **Lǎoshī** Lehrer" im Ergänzungsvokabular für diese Lektion. Chinesische Anreden, bei denen es sich stets um Substantive handelt, sind dem Familiennamen nachgestellt (nachgestellte Apposition), genau umgekehrt wie im Deutschen. Das Muster ist wie folgt aufgebaut:

Familienname	Anrede
Wáng	**Xiānsheng**

„Herr Wang" (wörtl. „Wang Herr")

Achten Sie darauf, immer zuerst den Familiennamen und dann erst die Anrede zu gebrauchen, es wäre völlig falsch *__Xiānsheng Wáng__, wie im Deutschen, zu sagen. Achten Sie auch darauf, die Position der Anreden (nach dem Familiennamen) von der von **Lǎo** und **Xiǎo** (vor dem Familiennamen, vgl. 1-3: 1A) zu unterscheiden. Hier einige Beispiele, in denen dem Familiennamen die Anrede folgt:

Xiè Xiānsheng	„Herr Xie" (wörtl. „Xie Herr")
Lǐ Tàitai	„Frau Li" (wörtl. „Li Frau")
Wáng Xiáojie	„Fräulein Wang" (wörtl. „Wang Fräulein")
Lín Lǎoshī	„Lehrer Lin" (wörtl. „Lin Lehrer")

Die Ausdrücke **tàitai** und **xiáojie** werden von Festlandchinesen, solange sie untereinander sind, nicht allzu häufig verwendet, obwohl ihr Gebrauch in den letzten Jahren zugenommen hat. In den restlichen Gebieten der chinesischsprachigen Welt, und wenn Festlandchinesen Übersee-Chinesen oder Nicht-Chinesen ansprechen, hört man sie hingegen sehr oft.

Anreden werden manchmal auch alleine, ohne den Familiennamen gebraucht. Etwa wie im deutschen „mein Herr" oder „meine Dame". Diese Sprachverwendung gilt im Chinesischen als besonders höflich.

Lǎoshī, qǐng jìn!	„Herr Lehrer, bitte kommen Sie herein!"
Xiáojie, qǐng zuò.	„Bitte setzen Sie sich, mein Fräulein!"
Xiānsheng, dào nǎr qù a?	„Wohin gehen Sie, mein Herr?"

1D. **Tàitai** „Frau“. Die zweite Silbe dieses Wortes steht stets im Neutralen Ton. Nach Familiennamen, die mit dem Ersten, Zweiten und Vierten Ton enden, wird auch die erste Silbe von **Tàitai** häufig als Neutraler Ton gesprochen. Nach Familiennamen im Dritten Ton hingegen, bekommt die erste Silbe von **Tàitai** den vollen Ton. Das gleiche gilt für die Anreden **Xiáojie** „Fräulein“ und **Xiānsheng** „Herr“. Daher werden diese Wörter gewöhnlich wie folgt ausgesprochen:

Gāo Xiansheng, Gāo Taitai, Gāo Xiaojie

Wáng Xiansheng, Wáng Taitai, Wáng Xiaojie

Xiè Xiansheng, Xiè Taitai, Xiè Xiaojie

aber

Lǐ Xiānsheng, Lǐ Tàitai, Lǐ Xiáojie

1E. **Huānyíng** „willkommen“ kann als Begrüßung, bei der Vorstellung und als Einladung für einen späteren Besuch benutzt werden.

1F. Achten Sie auf die Wiederholung bei **huānyíng, huānyíng** und **qǐng jìn, qǐng jìn**. Es ist sehr üblich, Begrüßungen oder andere Höflichkeitsfloskeln zu wiederholen (vgl. Zeilen 3 und 6, in denen **qǐng zuò** und **zàijiàn** wiederholt werden). Es wäre nicht falsch, diese Floskeln nur einmal zu sagen, aber es würde dann direkter, kühler und unhöflicher klingen.

1G. Imperative (Befehlsformen). Eine verbreitete Möglichkeit, jemanden zu etwas aufzufordern, ist der Gebrauch von **qǐng** „bitte“, dem ein Verb folgt. Diese Konversation enthält zwei oft vorkommende Beispiele für Imperative, die mit **qǐng** anfangen: **Qǐng jìn** „Bitte kommen Sie herein“ in Zeile 1 und **Qǐng zuò** „Bitte setzen Sie sich“ in Zeile 3. Im Chinesischen klingt es nicht unhöflich, wenn man **Qǐng jìn** (wörtl. „bitte hereinkommen“) oder **Qǐng zuò** (wörtl. „bitte setzen“) sagt, während dies im Deutschen schon recht direkt und kühl klingen kann. Andererseits kann man auch im Chinesischen das Subjekt des Aufforderungssatzes hinzufügen, ohne dass das unhöflich klingt, sodass es z.B. sowohl **Qǐng qù** wie auch **Qǐng nǐ qù** heißen kann. Im Deutschen können solche Konstruktionen, je nach Kontext als sehr direkt oder gar unfreundlich aufgefasst werden („Bitte gehen Sie!“, aber andererseits besonders höflich: „Bitte setzen Sie sich!“. Ob etwas höflich klingt oder nicht, hängt im Deutschen allerdings sehr stark von der Betonung ab.). Will man im Chinesischen besonders höflich sein, kann man das höfliche **nín** verwenden und **Qǐng nín qù** „Bitte gehen Sie!“ sagen. Redet man eine ganze Gruppe an, verwendet man das Pluralpronomen **nǐmen** „ihr“ und sagt **Qǐng nǐmen qù** „Bitte geht!“. Will man weniger höflich sein, kann man das **qǐng** auch weglassen und **Nǐ qù** „Du gehst“ oder **Nǐmen qù** „Geht ihr!“ oder sogar einfach **Qù** „geh / geht!“ sagen. Trotzdem ist das verbreitetste Muster, das wir Ihnen für den aktiven Gebrauch zu erlernen empfehlen, die Form mit **qǐng**, der ein Pronomen und ein Verb folgt:

QǏNG	Pronomen	Verb
Qǐng	**nǐ**	**qù.**
„Bitte geh!“		

Hier noch einige Beispiele für Imperative, die mit Verben gebildet sind, die Sie bereits kennen:

Qǐng nǐ huí sùshè.	„Bitte geh ins Wohnheim zurück.“
Qǐng nǐmen xièxie tā.	„Bitte bedankt euch bei ihr.“
Qǐng nín dào túshūguǎn qù.	„Bitte gehen Sie in die Bibliothek.“ (höflich)

1H. **Qǐng** kann auch als eine sehr höfliche Aufforderung verwendet werden, vorzugehen oder etwas zu tun, wie z.B. in **Nín xiān qǐng** „Bitte gehen Sie zuerst“ („Nach Ihnen“), wenn man jemanden bittet, vor einem einen Raum oder Aufzug zu betreten oder zu verlassen.

2. In Taiwan ist es üblich, dass man beim Betreten einer privaten Wohnung seine Schuhe aus- und die Pantoffeln anzieht, die einem dafür von den Gastgebern zur Verfügung gestellt werden. In China gibt es Familien, die dies ebenso handhaben, andere hingegen tun dies nicht; daher ist es für Sie als Nicht-Chinesin oder Nicht-Chinese wichtig, besonders aufmerksam zu sein und sich der jeweiligen Situation anzupassen. Manchmal sagen die Gastgeber **Bú yòng tuōxié** „(Du) brauchst die Schuhe nicht auszuziehen“. Dann ist es in Ordnung, die Schuhe anzulassen, aber es wird in der Regel trotzdem als aufmerksam angesehen, wenn man die Schuhe trotzdem auszieht. Es ist weiterhin üblich, etwas mitzubringen (zum Beispiel Obst), wenn man jemanden zu Hause besucht.

3. Wenn sich der Gast / die Gäste gesetzt haben, ist es üblich, dass man eine Erfrischung, in der Regel Tee, angeboten bekommt.

4A. **Děi** ist das erste Hilfsverb, das sie gelernt haben. Chinesische Hilfsverben entsprechen den deutschen Modalverben wie „müssen", „können" oder „dürfen". Sie treten immer vor einem richtigen Verb auf und verändern dessen Bedeutung auf viele Arten und Weisen. Beachten Sie die Eigenart des Hilfsverbs **děi**, das nicht mit **bù** zusammen verwendet werden kann. So darf man nicht ***bùděi** sagen, sondern muss anstelle dessen **bú yòng** „nicht benötigen" (vgl. 9-1) oder **búbì** „nicht (zu tun) brauchen" (vgl. 9-2) verwenden.

4B. Die Phrase **děi zǒule** hat kein explizites Subjekt. Wie wir bereits vorher gesehen haben, kann das Subjekt, sofern aus dem Kontext klar wird, um was es geht, im Chinesischen häufig weggelassen werden. Hier ist das mitgedachte Subjekt **wǒ**, das im Satz davor bereits erwähnt worden ist. Es wäre zwar nicht falsch, hier ein **wǒ** hinzuzufügen, aber es würde als überflüssig empfunden werden. Der übermäßige Gebrauch des Pronomens **wǒ**, zu dem westliche Sprecher des Chinesischen neigen, klingt für chinesische Ohren arrogant und egozentrisch.

4C. **LE um eine veränderte Situation anzuzeigen.** In Lektion 1-2 haben wir die Phrase **Xiān zǒule** „Ich gehe jetzt" mit der Partikel **le** gelernt. Hier treffen wir nun auf einen weiteren Satz mit einem **le** am Ende, nämlich: (**Wǒ**) **děi zǒule** „Ich muss jetzt gehen". Die Partikel **le** am Satzende drückt eine veränderte Situation aus; entweder handelt es sich dabei um eine ganz neue Situation oder der Sprecher hat einen neuen Aspekt einer bereits existierenden Situation ausgemacht. Das Muster ist wie folgt:

Satz	LE
Wǒ děi zǒu	**le.**

„Ich muss jetzt gehen."

Der Satz **Wǒ děi zǒu** ohne ein **le** am Ende wäre zwar auch korrekt, würde aber einfach nur heißen, „Ich muss gehen". Im Kontrast dazu bedeutet **Wǒ děi zǒule** „Ich muss jetzt gehen", z.B. :„Vor einer Stunde wusste ich noch gar nicht, dass ich nun gehen muss, aber jetzt hat sich die Situation verändert und ich muss jetzt gehen". Nach einem affirmativen (eine Sachverhalt feststellenden, bejahenden) Verb kann man **le** oft mit „jetzt" übersetzen, um die veränderte Situation anzuzeigen. **Le** kann zuweilen auch als „werden" wie in **Wǒ kùnle** „Ich bin müde geworden" übersetzt werden. Hier noch einige Beispiele, in denen **le** eine veränderte Situation anzeigt:

Hǎole.	„Es ist jetzt OK" (D.h., vor einem Weilchen hat der Fernseher nicht richtig funktioniert, aber jetzt ist er wieder in Ordnung.)
Wǒ zǒule.	„Ich gehe jetzt."
Tā lèile.	„Sie ist müde geworden."

In **Ma**-Fragen wird das **le** direkt nach dem Verb eingefügt und das **ma** dann hinter dem **le**. Beispiele:

Nǐ māma hǎole ma?	„Geht es deiner Mutter besser?" (D.h.: Ich weiß, sie war krank, aber ich habe gehört, es gehe ihr schon wieder besser.)
Nǐ lèile ma?	„Bist du müde geworden?"
Nǐ jǐnzhāngle ma?	„Bist du nervös geworden?"

Mit einem verneinten Verb kann **le** oft als „(doch) nicht mehr" übersetzt werden. Beispiele:

Wǒ bú qùle.	„Ich gehe nicht mehr."
Wǒ bù shuōle.	„Ich sage nichts mehr."
Tā bù mánglе.	„Sie hat nicht mehr viel zu tun."

4D. Schauen wir uns an dieser Stelle noch einmal kurz die verschiedenen Formen der Verben an, die wir bis jetzt behandelt haben. Es ist wichtig, dass Sie genau wissen, was diese bedeuten und wie sie verwendet werden:

	STATISCHE VERBEN	ANDERE VERBEN
Affirmative Aussage	**Tā hěn máng.**	**Tā qù.**
	„Sie hat zu tun."	„Sie geht."
Verneinende Aussage	**Tā bù máng.**	**Tā bú qù.**
	„Sie hat nicht viel zu tun."	„Sie geht nicht."

	STATISCHE VERBEN	ANDERE VERBEN
ma-Frage	**Tā máng ma?**	**Tā qù ma?**
	„Hat sie zu tun?"	„Geht sie?"
Ja-Nein-Fragen	**Tā máng bu máng?**	**Tā qù bu qu?**
	„Hat sie zu tun?"	„Geht sie?"
le um eine veränderte Situation anzuzeigen (bejaht)	**Tā mángle.**	**Tā qùle.**
	„Sie ist jetzt beschäftigt."	„Sie ist gegangen."
le um eine veränderte Situation anzuzeigen (verneint)	**Tā bù mángle.**	**Tā bú qùle.**
	„Sie ist nicht mehr beschäftigt."	„Sie geht nicht mehr."

4E. In Lektion 1-2 haben wir **xièxie** als einen Idiomatischen Ausdruck mit der Bedeutung „danke" kennen gelernt. Hier, im Satz **Lǐ Tàitai, xièxie nín le** „Danke, Frau Li" kann das Verb **xièxie** wie im Deutschen, ein Objekt haben. Daher gibt es auch im Chinesischen Sätze wie **Wǒ xièxie nǐ** „Ich danke dir" oder **Tāmen xièxie wǒmen** „Sie danken uns" etc.

4F. Hier finden Sie zum ersten Mal auch das Pronomen **nín** „Sie", bei dem es sich um die höfliche Form von **nǐ** „du" handelt. **Nín** wird von Studierenden gegenüber der Lehrperson, von jüngeren gegenüber älteren Personen oder in formellen Situationen unter Erwachsenen, die sich nicht gut kennen kennen, gebraucht. **Nín** kommt in Nordchina, insbesondere in Beijing, weitaus häufiger vor als in Südchina oder Taiwan. Tatsächlich gibt es viele Menschen in Südchina, die **nín** selten oder nie verwenden. Wir empfehlen Ihnen, der Lehrperson oder Älteren gegenüber **nín** zu benutzen, aber wenn Sie versehentlich einmal **nǐ** anstelle von **nín** sagen, so ist das bei weitem nicht so peinlich, als wenn Sie sich im Deutschen bei „Sie" bzw. „du" vertun würden.

4G. Das **le** am Satzende in **Lǐ Tàitai, xièxie nín le** ist optional. **Lǐ Tàitai, xièxie nín** zu sagen, wäre genauso korrekt. Wird das **le** gebraucht, drückt es eine veränderte Situation aus (vgl. 4C weiter oben). Was sich hier nun eigentlich geändert hat, ist recht schwer zu sagen, aber der Sprecher hat dabei folgendes ‚Gefühl': „Ich hatte mich noch nicht bedankt, aber jetzt hat sich die Situation geändert, ich bin nämlich dabei, aufzubrechen, daher werde ich mich jetzt bei dir bedanken, ja, ich habe mich jetzt bei dir bedankt". Sollte Ihnen das unverständlich vorkommen, so sollten Sie sich darüber keine allzu großen Gedanken machen. Merken Sie sich einfach, das es eine wichtige Funktion des **le** ist, eine veränderte Situation anzuzeigen. Je öfter Sie es zu hören bekommen haben und auch mit zunehmender Übung, wird es Ihnen dann ganz natürlich vorkommen.

4H. Es ist üblich, dass man als Gastgeber ein Stück des Weges mitkommt. In diesem Fall hat die Gastgeberin ihren Gast bis zum Aufzug im Flur des Hochhauses begleitet. In anderen Fällen wird der Gast vielleicht bis zum Auto oder Taxi ‚eskortiert'.

5A. Der Idiomatische Ausdruck **màn zǒu** (wörtl. „geh langsam") besteht aus dem Statischen Verb **màn** „langsam sein" und dem Verb **zǒu** „gehen, weggehen". Dies ist ein freundlicher Rat des Gastgebers gegenüber dem aufbrechenden Gast, sich nicht zu sehr zu beeilen, sondern unterwegs vorsichtig zu sein. **Màn zǒu** wird nicht verwendet, wenn man sich z.B. auf dem Campus einer Universität trifft und danach beide ihres eigenen Weges gehen.

5B. Achten Sie auf den Unterschied zwischen der Aussprache des Verbs **zǒu** „gehen, weggehen" (wie im **màn zǒu** in dieser Zeile) und **zuò** „sitzen" (wie in **qǐng zuò** „bitte setzen Sie sich" in Zeile 3). Ein Verwechselung der Laute könnte, wie man unten sieht, zu unerwarteten Folgen führen:

Qǐng nǐ zuò! „Bitte setzen Sie sich!"

Qǐng nǐ zǒu! „Bitte gehen Sie!"

SV1A. Seien Sie vorsichtig, wenn Sie **lǎoshī** „Lehrer/in" sagen und sprechen Sie es nicht **lǎoshǔ** aus, da dies das chinesische Wort für „Maus" ist! **Lǎoshī** ist sowohl das Wort als auch die Anredeform für Lehrpersonen. Auf Deutsch würden wir wahrscheinlich zu einem Lehrer mit dem Familiennamen Li „Guten Tag, Herr Li!" sagen; auf Chinesisch hingegen würde man **Lǐ Lǎoshī, nín hǎo!** „Lehrer Li, guten Tag!" sagen. Außerdem wird es, sofern nur eine Lehrperson präsent ist, als respektvoller angesehen, wenn man nur die Anrede und nicht den Familiennamen benutzt: **Lǎoshī, nín hǎo!** (wörtl. „Lehrer, guten Tag!"). Nicht nur untereinander reden sich sich die Lehrkräfte mit **lǎoshī** an, auch der Schuldirektor bezieht sich auf sie mit **lǎoshī**. Ja, es kommt sogar vor, dass eine Lehrperson sich den Lernenden gegenüber selbst als **lǎoshī** bezeichnet, anstatt das Pronomen **wǒ** „ich" zu benutzen. Das ist ein bisschen so, wie wenn eine deutsche Mutter ihrem Kind gegenüber sagt: „Mami will, dass du jetzt badest!".

SV1B. Das Konzept des Lehrers in der chinesischen Gesellschaft. Die Position des Lehrers ist in China deutlich höher als im Westen. Lehrer werden in China von Lernenden und Eltern mit weitaus größerem Respekt behandelt. So würden chinesische Lernende ihren Lehrer niemals etwas fragen, das ihn oder sie in Verlegenheit bringen könnte oder wodurch sie an Gesicht verlieren. Chinesische Lehrern sind es gewohnt, mit einer gewissen Ehrerbietigkeit behandelt und mit **lǎoshī** oder **nín** angeredet zu werden. Sie sollten sie auf keinen Fall mit dem Pronomen **nǐ** oder gar mit dem Vornamen anreden.

In China ist es üblich, dass am Ende der Stunde die Lernenden die Tafel wischen. Sie könnten überlegen, dies zu tun, wenn Sie noch Zeit haben sollten und nicht zur nächsten Veranstaltung hetzen müssen. In China interessieren sich die Lehrenden im Gegenzug stark für die Entwicklung der Lernenden und für ihre persönlichen Lebensumstände. So kann es passieren, dass eine Lehrperson Ihnen bei kaltem Wetter sagt, Sie sollten sich wärmer anziehen oder Sie im Wohnheim besucht und Medizin mitbringt, falls Sie erkranken. Das bedeutet keineswegs, dass die Lehrperson Sie kontrollieren will, sondern dass er oder sie sich als Lehrperson verpflichtet fühlt sich um Sie zu kümmern.

Gehen Sie immer zum Unterricht. Es ist ein Zeichen von Respektlosigkeit, zu spät zu kommen oder früher zu gehen. Ziehen Sie sich nicht zu lässig an, kippeln Sie nicht mit dem Stuhl und führen Sie sich generell nicht zu lässig auf, all das wirkt respektlos. Trinken oder essen (das auf keinen Fall) Sie nicht während des Unterrichts. Unterschätzen Sie auch nicht die Wirkung auf das Engagement der Lehrperson, die von Ihren Vorbereitungen und Ihrer aktiven Teilnahme am Unterricht ausgehen. Wenn Sie korrigiert werden, sollten Sie die Korrektur mit höflichem Interesse akzeptieren. Wenn sich in Ihrem Gesicht während des Korrigiert-Werdens Verlegenheit oder gar Verärgerung abzeichnen, so kann es sein, dass die Lehrperson davon ausgeht, dass es Ihnen mit dem Lernen nicht sonderlich ernst ist und sich daher im Folgenden nicht mehr so viel Mühe damit macht, Sie zu korrigieren. Achten Sie darauf, eine chinesische Lehrperson nicht direkt und vor allem nie in Gegenwart anderer Personen zu kritisieren. Wenn Sie mit dem Unterricht nicht klarkommen, sollten Sie zunächst etwas Geduld haben und abwarten. Sollten sich die Probleme nicht im Laufe dieser Zeit bessern, dann könnten Sie der Lehrkraft höflich erklären, dass Sie sehr großes Interesse am Chinesischen haben und sich auch sehr anstrengen, Sie aber aus einem bestimmten Grund bei gewissen Dingen Lernprobleme hätten und Sie gerne fragen wollten, was er oder sie vorschlage, um dies zu verbessern.

In China sind soziale Beziehungen weniger veränderlich als im Westen; ist jemand einmal Ihr **lǎoshī**, gewesen, dann bleibt er oder sie das auch später. So ist es in China nicht weiter verwunderlich, wenn ein sechzigjähriger Professor seinen achtzigjährigen ehemaligen Lehrer (ganz gleich ob dieser ihn in der Grundschule oder an der Universität unterrichtet hat) **lǎoshī** nennt und sich ihm gegenüber dementsprechend verhält.

SV2. Der Ausdruck **xiáojie** „Fräulein" wird in Taiwan und Hongkong entweder gefolgt vom Familiennamen oder auch alleine als Anrede gebraucht. In Festland-China wurde der Ausdruck wegen seiner bourgeoisen Konnotationen von 1949 bis in die 1980er-Jahre aus politischen Gründen kaum verwendet. Aber mittlerweile ist er in größeren chinesischen Städten, insbesondere in Shanghai und Guangzhou, wieder im Gebrauch. Allerdings wurden in manchen Gegenden Chinas auch Prostituierte mit dem Wort bezeichnet. Deshalb sollten Sie darauf achten, wie Ihre chinesischen Gesprächspartner diesen Ausdruck benutzen und Abstand von seiner Verwendung nehmen, wenn man Ihnen zu verstehen gibt, dass das Wort als unangemessen empfunden wird. In Taiwan und Hongkong bezeichnet man mit **xiáojie** nicht unbedingt eine unverheiratete Frau, vielmehr werden Frauen im geschäftlichen Kontext so genannt. Natürlich wirkt es überraschend auf uns, wenn einem ein Fräulein Wang ihren Ehemann vorstellt.

SV6. Pronomen. Mit **nǐmen** „ihr" haben Sie nun sämtliche gebräuchlichen chinesischen Personalpronomen kennen gelernt.* Diese Pronomen sollten Sie gut kennen. Hier nochmal eine Übersicht:

SINGULAR	PLURAL
wǒ „ich"	**wǒmen** „wir"
nǐ „du"	**nǐmen** „ihr"
nín „Sie" (höflich)	
tā „er, sie, es"	**tāmen** „sie" (3. Person Plural)

* Ein weiteres Pronomen, **zámmen**, wird vornehmlich in Nordchina verwendet und zeigt ein inklusives „wir" an. Dieses wird später im Kurs behandelt.

Wiederholung und Lerntipps für Einheit 1

Vokabular

Hier finden Sie das Vokabular aus der Basis-Konversation und dem Ergänzungsvokabular. Die Vokabeln sind zunächst nach der Wortklasse und innerhalb dieser dann nach dem Alphabet geordnet. Die deutschen Übersetzungen hinter den Wörtern geben in vielen Fällen nicht sämtliche bzw. die kompletten Bedeutungen des Chinesischen wieder; sie dienen eher als Gedächtnisstützen. Sie sollten diese Listen daher auch nicht zum Vokabellernen verwenden. Wenn Sie sich über die Bedeutung oder die Verwendung eines Wortes oder einer Phrase nicht sicher sind, schlagen Sie besser in dem Abschnitt des Lehrbuches nach, in dem es zum ersten Mal vorgekommen ist, und lesen Sie die Informationen dazu gründlich durch. Sie sollten vor allem auch darauf achten, wie diese in der Basis-Konversation eingesetzt werden.

ADVERBIEN

bù	nicht
dōu	alle
hái	noch
hěn	sehr
tài	zu sehr, übermäßig
tǐng	ziemlich
xiān	zuerst
yě	auch

CO-VERBEN

dào	nach, zu ...

FAMILIENNAMEN

Gāo	Gao
Hé	He
Kē	Ke
Lǐ	Li
Lín	Lin
Wáng	Wang
Xiè	Xie
Zhào	Zhao

FRAGEWÖRTER

nǎr	wo
zěmmeyàng	wie

GLEICHSETZENDE VERBEN

shì	sein

HILFSVERBEN

děi	müssen

IDIOMATISCHE AUSDRÜCKE

bú kèqi	gern geschehen
hǎo jiǔ bú jiànle	lange nicht gesehen
huānyíng	willkommen
màn zǒu	geh langsam
nǐ hǎo	Hallo, Guten Tag
qǐng	bitte
qǐng jìn	Kommen Sie bitte herein!
qǐng zuò	Bitte setzen Sie sich!
xièxie	danke
zàijiàn	Auf Wiedersehen

INTERJEKTIONEN

èi	Hey

ORTSWÖRTER

shítáng	Caféteria, Mensa, Kantine
sùshè	Wohnheim
túshūguǎn	Bibliothek

PARTIKEL

a	(macht einen Satz lockerer)
-de	(in **tǐng...-de** ziemlich, sehr)
le	(veränderte Situation)
ma	(Frage)
ne	und wie ist es mit ... ?

PHRASEN

méi yìsi	uninteressant
yǒu yìsi	interessant

PRONOMEN

nǐ	du
nǐmen	ihr
nín	Sie (höflich)
tā	er, sie, es
tāmen	sie (3. Person Plural)
wǒ	ich
wǒmen	wir

STATISCHE VERBEN

ǎi	klein sein
gāo	groß sein
hǎo	gut sein
jǐnzhāng	angespannt sein
kéyi	in Ordnung sein
kùn	schläfrig sein
lǎo	alt sein
lèi	müde / ermattet sein
máng	beschäftigt sein
nán	schwierig sein
róngyi	einfach sein
xiǎo	klein sein

SUBSTANTIVE

àiren	Ehemann / -frau
bàba	Papa, Vater
gōngzuò	Arbeit
háizi	Kind
lǎoshī	Lehrer/in
māma	Mama, Mutter
shì(r)	Sache, Angelegenheit
tàitai	Frau
xiānsheng	Herr
xiáojie	Fräulein
xuéxí	Studium, Studien
yàngzi	Art und Weise
yìdiǎn(r)	ein bisschen
Zhōngwén	Chinesisch

VERBEN

bàn	etwas erledigen
huí	zurück gehen
jìn	hineingehen
qù	(weg)gehen
xièxie	danken
xíng	OK sein
yǒu	haben
zǒu	weggehen
zuò	sitzen

ZEITWÖRTER

zuìjìn	letztens

Die wichtigsten neuen grammatischen Muster

Namen: Wáng Jīngshēng „Jingsheng Wang"

Name + Begrüßung: Wáng Jīngshēng, nǐ hǎo! „Hallo, Jingsheng Wang!" (1-1)

DÀO...QÙ nach / zu ... gehen: Wáng Jīngshēng dào nǎr qù? „Wohin geht Jingsheng Wang?" (1-1)

Fragewort-Frage: Nǐ dào nǎr qù? „Wohin gehst du?" (1-1)

A als Finalpartikel, um Fragen, Begrüßungen und Ausrufe lockerer und freundlicher klingen zu lassen: Nǐ dào nǎr qù a? „Wo gehst du denn hin?" (1-1)

QÙ + Ortswort um „nach ... gehen" auszudrücken: Wǒ qù túshūguǎn. „Ich gehe in die Bibliothek." (1-1)

NE als Finalpartikel um Fragen abzukürzen: Wǒ qù shítáng. Nǐ ne? „Ich gehe in die Mensa, und du?" (1-1)

QÙ + Verb um eine Absicht auszudrücken: Wǒ qù túshūguǎn bàn yìdiǎnr shì. „Ich gehe in die Bibliothek, um (dort) **etwas** zu erledigen." (1-1)

Unmarkierte Koordination: nǐ àirén, háizi „deine Frau und dein/e Kind/er" (1-2)

MA um Aussagen in Fragen umzuwandeln: Tāmen yě qù shítáng ma? „Gehen sie auch in die Kantine?" (1-2)

Sätze mit Statischem Verb: Wǒ hěn lèi. „Ich bin müde." (1-2)

LǍO und XIǍO vor einsilbigen Familiennamen: Lǎo Gāo „Alter Gao", **Xiǎo Wáng** „Kleiner Wang" (1-3)

Vokative (anrufende) Ausdrücke: Xiǎo Liú! „Kleiner Liu!", **Bàba!** „Papa!" (1-3)

Statische Verben vor Nomen in der Funktion von Adjektiven: lǎo yàngzi „alte Art und Weise (wie immer", **hǎo háizi** „gutes Kind", **xiǎo shìr** „kleine (unwichtige) Sache" (1-3)

BÙ, um Verben zu verneinen: bù máng „nicht beschäftigt sein", **bù huí sùshè** „nicht in das Wohnheim zurück gehen" (1-3)

Ja-Nein-Frage: Zhōngwén nán bu nán? „Ist Chinesisch schwer?" (1-3)

Thema-Kommentar-Konstruktion: Nǐ gōngzuò máng bu máng? „Was deine Arbeit betrifft, (ist da) viel zu tun oder nicht viel zu tun?"

Tonänderung von BÙ zu BÚ vor Silben im Vierten Ton: bù + qù → bú qù (1-3)

TǏNG...-DE: tǐng jǐnzhāngde „ziemlich stressig", **tǐng róngyide** „ziemlich locker / einfach" (1-3)

Anreden: Wáng Xiānsheng „Herr Wang", **Lǐ Tàitai** „Frau Li", **Wáng Xiáojie** „Fräulein Wang", **Lín Lǎoshī** „Lehrer Lin" (1-4)

Imperativ (Befehlsform): Qǐng nín dào túshūguǎn qù. „Geh bitte in die Bibliothek." (1-4)

LE um eine veränderte Situation auszudrücken: Nǐ māma hǎole ma? „Geht es deiner Mutter wieder gut?", **Wǒ bú qùle.** „Ich gehe nicht mehr." (1-4)

Pronomen: wǒ, nǐ, nín, tā, wǒmen, nǐmen, tāmen (1-4)

EINHEIT 2

Sich vorstellen

KOMMUNIKATIVE LERNZIELE

Wenn Sie diese Lektion beherrschen, sind Sie in der Lage, auf Chinesisch:

1. sich selbst vorzustellen, sowohl in formellen wie auch in informellen Situationen bzw. jemanden anderes in den entsprechenden Situationen vorzustellen;
2. jemanden sowohl in formellen wie auch in informellen Situationen nach dem Namen zu fragen und Fragen nach dem eigenen Namen zu beantworten;
3. zu fragen, wie jemand angeredet werden möchte und anderen zu sagen, wie Sie selbst angesprochen werden wollen;
4. nach dem Herkunftsland zu fragen und Fragen zum eigenen Herkunftsland zu beantworten;
5. jemandem seine Visitenkarte zu überreichen und sich zu entschuldigen, wenn Sie keine Visitenkarte dabei haben;
6. jemanden willkommen heißen;
7. jemanden nach seinem Arbeits- oder Studienort zu fragen und Fragen nach dem eigenen Arbeits- und Studienort zu beantworten;
8. sich für einen Fehler zu entschuldigen und jemandem, der sich entschuldigt hat, zu verstehen zu geben, dass es schon in Ordnung ist.

ABSCHNITT 1

Nach dem Namen und dem Herkunftsland fragen

Heute ist Immatrikulation am Mandarin Training Center der National Taiwan Normal University. Der US-amerikanische Student Jerry Parsons steht an, umsicheinzuschreiben, als er von einer taiwanischen Studentin angesprochen wird, die ihn fragt, woher er komme.

Basis-Konversation 2-1

1. TAIWANISCHE STUDENTIN — **Qǐng wèn, nǐ shi něiguó rén?**
Entschuldigung, aus welchem Land kommst du?

2. PARSONS — **Wǒ shi Měiguo rén.**
Ich bin Amerikaner.

3. TAIWANISCHE STUDENTIN — **Nǐ jiào shémme míngzi?**
Wie heißt du?

4. PARSONS — **Wǒ jiào Bái Jiéruì.**
Mein Name ist Jerry Parsons.

5. TAIWANISCHE STUDENTIN — **Nǐmen dōu shi Měiguo rén ma?**
Seid ihr alle Amerikaner?

6. PARSONS — **Wǒmen bù dōu shi Měiguo rén. Zhèiwèi tóngxué yě shi Měiguo rén, kěshi nèiwèi tóngxué shi Jiā'nádà rén.**
Wir sind nicht alle Amerikaner. Dieser Kommilitone ist ein Amerikaner, aber jener Kommilitone ist ein Kanadier.

Build-Up

1. Taiwanische Studentin

wèn	fragen [V]
qǐng wèn	**„Entschuldigung", „darf ich fragen"** [IA]
něi-	welche/r/s [FW]
něiguó	welches Land [FW]
rén	Mensch [S]
něiguó rén	Mensch aus welchem Land
nǐ shi něiguó rén	Aus welchem Land kommst du?
Qǐng wèn, nǐ shi něiguó rén?	Entschuldigung, aus welchem Land kommst du?

2. Parsons

Měiguo	USA [OW]
Měiguo rén	US-Amerikaner
Wǒ shi Měiguo rén.	Ich bin Amerikaner.

3. Taiwanische Studentin

jiào	heißen, genannt werden [GV]
shémme	was [FW]
míngzi	Name [S]
jiào shémme míngzi	(mit) welchem Namen genannt werden
Nǐ jiào shémme míngzi?	Wie heißt du?

4. Parsons

Bái	Bai (wörtl. „weiß") [FN]
Jiéruì	(Chinesisch für „Jerry")
Wǒ jiào Bái Jiéruì.	Mein Name ist Jerry Parsons.

5. Taiwanische Studentin

Nǐmen dōu shi Měiguo rén ma?	Seid ihr alle Amerikaner?

6. Parsons

bù dōu	nicht alle
wǒmen bù dōu shi Měiguo rén	wir sind nicht alle Amerikaner
zhèi-	dieser, diese, dieses [SP]
wèi	(höfliches Zähleinheitswort für Personen) [ZEW]
zhèiwèi	diese (Person, höflich)
tóngxué	Kommilitone [S]
zhèiwèi tóngxué	dieser Kommilitone (höflich)
kěshi	aber [BA]
nèi-	jener, jene, jenes [SP]
nèiwèi	jene (Person, höflich)
nèiwèi tóngxué	jener Mitschüler/Kommilitone (höflich)
Jiā'nádà	Kanada [OW]
Jiā'nádà rén	Kanadier
Wǒmen bù dōu shi Měiguo rén. Zhèiwèi tóngxué yě shi Měiguo rén, kěshi nèiwèi tóngxué shi Jiā'nádà rén.	Wir sind nicht alle Amerikaner. Dieser Kommilitone ist ein Amerikaner, aber jener Kommilitone ist ein Kanadier.

Ergänzungsvokabular

1. **něiwèi**	welche (Person), welcher von … (höflich)
něiwèi tóngxué	welcher Kommilitone (höflich)
Xībānyá	Spanien [OW]
Xībānyá rén	Spanier/in
Něiwèi tóngxué shi Xībānyá rén?	Welcher Kommilitone ist Spanier?
2. **Mǎ**	Ma (wörtl. „Pferd") [FN]
Mǎ Xiānsheng	Herr Ma
Zhōngguo	China [OW]
Zhōngguo rén	Chinese, Chinesin
bú shi	nicht seint
Rìběn	Japan [OW]
Rìběn rén	Japaner/in
bú shi Rìběn rén	ist kein/e Japaner/in
Mǎ Xiānsheng shi Zhōngguo rén, bú shi Rìběn rén!	Herr Ma ist Chinese, nicht Japaner!
3. **Chén**	Chen [FN]
Chén Xiáojie	Frau/Fräulein Chen
Táiwān	Taiwan [OW]
Táiwān rén	Taiwaner/in
Xīnjiāpō	Singapur [OW]
Xīnjiāpō rén	Singapurer/in
Mǎláixīyà	Malaysia [OW]
Mǎláixīyà rén	Malaysier/in
Chén Xiáojie bú shi Táiwān rén, yě bú shi Xīnjiāpō rén, tā shi Mǎláixīyà rén.	Frau Chen ist keine Taiwanerin, sie ist auch keine Singapurerin, sie ist Malaysierin.
4. **Huáyì**	chinesischstämmige Person [S]

Huáyì Měiguo rén	Sino-Amerikaner [PH]
Tā shi Huáyì Měiguo rén.	Sie ist Sino-Amerikanerin.

Zusatzvokabular: Ethnien in Amerika*

1. **Fēizhōuyì Měiguo rén**	Afro-Amerikaner [PH]
2. **Ālābóyì Měiguo rén**	Amerikaner arabischer Abstammung [PH]
3. **Yàyì Měiguo rén (B)**	Amerikaner asiatischer Abstammung [PH]
4. **Ōuzhōuyì Měiguo rén**	Amerikaner europäischer Abstammung [PH]
5. **Xībānyáyì Měiguo rén**	Amerikaner spanischer Abstammung, Hispanic, Latino [PH]
6. **Yóutàiyì Měiguo rén**	Amerikaner jüdischer Abstammung [PH]
7. **Hánguoyì Měiguo rén**	Amerikaner koreanischer Abstammung [PH]
8. **Měiguode Yuánzhùmín**	amerikanische Ureinwohner, Native American [PH]
9. **Yuènányì Měiguo rén**	Amerikaner vietnamesischer Abstammung [PH]

Zusatzvokabular: Nationalitäten in Europa

1. **Déguo rén**	Deutsche/r [PH]	10. **Ruìdiǎn rén**	Schwede/in [PH]
2. **Yīngguo rén**	Engländer/in [PH]	11. **Nuówēi rén**	Norweger/in [PH]
3. **Fǎguo rén**	Franzose, Französin [PH]	12. **Jiékè rén**	Tscheche/in [PH]
4. **Yìdàlì rén**	Italiener/in [PH]	13. **Xiōngyálì rén**	Ungar/in [PH]
5. **Àodìlì rén**	Österreicher/in [PH]	14. **Bǐlìshí rén**	Belgier/in [PH]
6. **Ruìshì rén**	Schweizer/in [PH	15. **Dānmài rén**	Däne/in [PH]]
7. **Xībānyá rén**	Spanier/in [PH]	16. **Pútáoyá rén**	Portugiese/in [PH]
8. **Bōlán rén**	Pole/in [PH]	17. **Ài'ěrlán rén**	Ire/in [PH]
9. **Hélán rén**	Holländer/in [PH]		

Grammatische und kulturelle Anmerkungen

1A. Der Idiomatische Ausdruck **qǐng wèn** bedeutet wörtlich: „Darf ich bitte fragen (plus die eigentliche Frage)". Er wird verwendet, um eine Frage auf höfliche Art und Weise einzuleiten. Es ist daher in Ordnung, wenn es als „Entschuldigung (plus Frage)" übersetzt wird. Achten Sie aber darauf, es nur bei höflichen Fragen und nie bei Entschuldigungen zu benutzen. So können Sie **qǐng wèn** NICHT verwenden, um zu sagen: „Entschuldigung, ich muss jetzt gehen", da dies keine Frage ist. Da **qǐng wèn** überdies eine Höflichkeitsfloskel ist, sollten Sie den Ausdruck nicht gegenüber Personen verwenden, mit denen Sie sich angefreundet haben. Wenn Sie zum Beispiel mit einem Chinesen oder einer Chinesin ein Wohnheimzimmer teilen, können Sie **qǐng wèn** in den ersten Tagen benutzen, da Sie sich noch nicht besonders gut kennen. Sollten Sie es aber auch nach Monaten noch so halten, würde man davon ausgehen, dass Sie durch diese übertriebene Höflichkeit Distanz zwischen sich und der oder dem Anderen schaffen wollen.

1B. **SHÌ in Sätzen mit einem Gleichsetzenden Verb.** Das Gleichsetzende Verb **shì** ist eines der häufigsten Verben im Chinesischen. Es zeigt an, dass das Subjekt oder das Thema des Satzes ‚gleich dem' Prädikat, also dem Satzteil nach dem Verb, ist. Daher wird es auch als ‚Gleichsetzendes' Verb bezeichnet. Sätze, die ein Gleichsetzendes Verb wie **shì** enthalten, werden Sätze mit Gleichsetzendem Verb genannt. Das Grundmuster ist wie folgt aufgebaut:

Subjekt	SHÌ	Prädikat
Wǒ	**shi**	**Měiguo rén.**

„Ich bin Amerikaner."

Das Verb **shì** wird normalerweise im Neutralen Ton ausgesprochen (**shi**), es sei denn, es soll betont werden. Die Verneinung von **shì** ist **bú shi**. Hier einige weitere Beispiele:

Zhèiwèi tóngxué shi Jiā'nádà rén.

„Dieser Kommilitone ist Kanadier." (wörtl. „Dies-höflich Kommilitone ist Kanada Mensch.")

Tā shi wǒ bàba.

„Er ist mein Vater."

Tāmen bú shi Zhōngguo rén.

„Sie sind keine Chinesen."

* Das Zusatzvokabular, das in manchen Einheiten aufgeführt wird, enthält nützliche Wörter, die im Zusammenhang mit den Inhalten der jeweiligen Lektion stehen und sollen den Lernenden als Referenz dienen. Sie sind für Lerner mit besonders viel Zeit, die eine zusätzliche Herausforderung wünschen, gedacht. Das Zusatzvokabular muss nicht obligatorisch gelernt werden.

Das Gleichsetzende Verb **shì** kann in allen drei Fragetypen, die wir bisher kennen gelernt haben, verwendet werden. Vergleichen Sie:

Fragewort-Frage:	**Nǐ shi něiguó rén?** „Aus welchem Land kommst du?“
ma-Frage:	**Nǐ shi Zhōngguo rén ma?** „Bist du Chinese / Chinesin?“
Ja-Nein-Frage:	**Nǐ shì bu shi Zhōngguo rén?** „Bist du Chinese / Chinesin?“

Achten Sie im Chinesischen darauf, Sätze mit Gleichsetzendem Verb nicht mit Sätzen mit Statischem Verb zu verwechseln. Im Deutschen werden beide mit dem Seinsverb (bzw. „ist“) übersetzt, aber im Chinesischen handelt es sich um ganz verschiedene Konstruktionen.

Satz mit Geichsetzendem Verb:	**Tā shi Zhōngguo rén.** „Sie ist Chinesin.“
Satz mit Statischem Verb:	**Tā hěn máng.** „Sie ist beschäftigt.“

Denken Sie daran, dass die Bedeutung von „sein“ im Statischen Verb sozusagen ‚eingebaut‘ ist, weswegen kein **shì** hinzugefügt werden darf. Einfach gesagt, wenn Subjekt und Prädikat identisch (‚gleich‘) sind, dann verwenden Sie **shì**; wenn das Prädikat das Subjekt beschreibt, dann verwenden Sie ein Statisches Verb. Daher dürfen Sie AUF KEINEN FALL **Tā shi máng** sagen, wenn Sie „Sie ist beschäftigt“ ausdrücken wollen.*

1C. Dieser Satz ist eine Fragewort-Frage, da in ihm das Fragewort **něiguó** „welches Land?“ vorkommt. Denken Sie daran: In Fragewort-Fragen kommt kein **ma** am Ende!

1D. Anstelle von **něiguó** sagen viele auch **nǎguó** oder **nǎyìguó**, was beides ebenfalls korrekt ist. Wir empfehlen Ihnen aber, die erstgenannte Form zu verwenden.

2A. Ländernamen. Die Alltagsbezeichnungen vieler Länder bestehen aus einem zweisilbigen Wort, das auf **-guó** endet und dessen erste Silbe eine lautliche Annäherung an die Aussprache des Landesnamens in der Ausgangssprache ist. So repräsentiert die Silbe **dé** das Wort „deutsch“ in Deutschland oder die Silbe **měi** in **Měiguo** in „Amerika“ (**měi** repräsentiert die Silbe **me** in „Amerika“). Viele Chinesen sprechen das **guó** am Ende von Ländernamen im Neutralen Ton als **guo** aus.

2B. Nationalitäten. Die Nationalität wird ausgedrückt, indem man zuerst den Namen des Landes nennt und dann ein **rén** „Person, Mensch“ anhängt. Schauen Sie sich folgende Formen einmal an:

Name des Landes	+	RÉN	=	Nationalität
Měiguo „Amerika“	+	**rén** „Person, Mensch“	=	**Měiguo rén** „Amerikaner/in“
Déguo „Deutschland“	+	**rén** „Person, Mensch“	=	**Déguo rén** „Deutsche/r“
Zhōngguo „China“	+	**rén** „Person, Mensch“	=	**Zhōngguo rén** „Chinese/in“
Jiā'nádà „Kanada“	+	**rén** „Person, Mensch“	=	**Jiā'nádà rén** „Kanadier/in“

* Einzige Ausnahme bilden die Fälle, in denen man etwas ganz besonders betonen möchte. Wenn beispielsweise jemand zu Ihnen sagt, dass eine Person überhaupt nichts zu tun habe und Sie widersprechen und sagen wollen, dass die Person doch sehr beschäftigt sei, könnten Sie sagen: **Tā shì hěn máng!** „Er / sie ist beschäftigt“ Beachten Sie, dass das Verb **shì** hier aufgrund der stärkeren Betonung den Vierten Ton bekommt.

2C. Wenn Sie sich als binational ansehen, z.B. als Deutsch-Chinese, können Sie das Adverb **yě** „auch, ebenfalls" in folgender Weise verwenden, um dies auszudrücken:

Wǒ shi Měiguo rén yě shi Jiā'nádà rén.

„Ich bin Amerikaner und auch Kanadier."

Wǒ shi Déguo rén yě shi Zhōngguo rén.

„Ich bin Deutscher und auch Chinese."

3A. JIÀO In Sätzen mit Gleichsetzendem Verb.

Auch **jiào** „genannt werden, heißen" ist ein wichtiges Gleichsetzendes Verb. Das Muster, um auszudrücken, wie jemand mit Familiennamen bzw. mit Vornamen heißt, ist wie folgt aufgebaut:

Subjekt	JIÀO	(Familienname +) Vorname
Wǒ	**jiào**	**(Bái) Jiéruì.**

„Ich heiße (Bai) Jierui." (wörtl. „Ich werde (Bai) Jierui genannt.")

Wie wir bereits gesehen haben, erhalten Sätze mit Gleichsetzendem Verb ihre Bezeichnung von der Tatsache, dass das Satzsubjekt mit dem Prädikat ‚gleichgesetzt' wird. Das Gleichsetzende Verb **jiào** wird hier als eine Art von Passivform im Sinne von „genannt werden" oder „gerufen werden" verwendet; man kann es als „(Jemandes) Name ist ..." oder noch einfacher mit „(Jemand) heißt ..." übersetzen. Wie aus dem oben stehenden Diagramm deutlich wird, kann dieses Muster sowohl dazu verwendet werden, auszudrücken, wie eine Person mit vollem Namen, also Familiennamen und Vornamen, oder nur mit Vornamen heißt. Aber es ist NICHT möglich, **jiào** nur in Verbindung mit dem Familiennamen zu benutzen. Hier einige weitere Beispiele für **jiào** in Sätzen mit Gleichsetzendem Verb:

Wǒ jiào Zhāng Míng'ēn.

„Ich heiße Zhang Ming'en." (wörtl. „Ich werde Zhang Ming'en genannt.")

Wǒ jiào Míng'ēn.

„Ich heiße Ming'en." (wörtl. „Ich werde Ming'en genannt.")

Wǒ māma jiào Guō Zhìlíng.

„Meine Mutter heißt Guo Zhiling." (wörtl. „Meine Mutter wird Guo Zhiling genannt.")

Nǐ jiào shémme?

„Wie heißt du?" (wörtl. „Du wirst wie genannt?")

Nǐ jiào shémme míngzi?

„Wie ist dein Name?" (wörtl. „Du wirst mit welchem Namen genannt?")

Tā jiào Wáng Ruìlíng.

„Er heißt Wang Ruiling." (wörtl. „Er wird Wang Ruiling genannt.")

3B. **Shémme** „was" ist ein weiteres Beispiel für ein Fragewort. Es verwandelt diesen Satz in eine Fragewort-Frage. Sie haben nun bereits drei Fragewörter kennen gelernt: **zěmmeyàng, něiguó** und **shémme**. Denken Sie daran, dass in Fragen mit Fragewörtern kein **ma** am Satzende benötigt wird. Beachten Sie auch, dass **shémme** sowohl dazu eingesetzt werden kann, um ein darauf folgendes Substantiv zu modifizieren (wie in **Shémme míngzi?** „Welcher Name?", **Shémme gōngzuò?** „Welche Arbeit?") oder allein stehen kann (wie in **Nǐ jiào shémme?** „Wie heißt du?" oder „Was ist dein Name?"). Im Chinesischen wird die Wortreihenfolge in Fragen, anders als im Deutschen, nicht verändert. Daher kann man im Chinesischen für „Wie heißt du?" nur **Nǐ jiào shémme?** (wörtl. „Du heißt welchen Namen?") sagen, aber NIEMALS ***Shémme nǐ jiào?**

3C. In der chinesischen Standardorthographie wird **shémme** mit zwei Schriftzeichen geschrieben, die separat ausgesprochen **shén me** buchstabiert werden. Daher wird das Wort in Lehr- und Wörterbüchern gewöhnlich **shénme** geschrieben. Wenn es gesprochen wird, verwandelt sich jedoch das finale **n** der ersten Silbe aufgrund des Einflusses des initialen **m** der zweiten Silbe in ein **m**. Da wir in diesem Kurs das Wort so schreiben wollen, wie es tatsächlich ausgesprochen wird, wird es mit **m (shémme)** wiedergegeben.

3D. Beim schnellen Sprechen wird **shémme** oft wie **shém** ausgesprochen wenn es vor einem mit einem Konsonanten beginnenden Wort steht. So wird aus **shémme míngzi** → **shém míngzi** „welcher Name" und aus **shémme gōngzuò** → **shém gōngzuò** „welche Arbeit". Sie sollten in der Lage sein, eine solche Redeweise zu verstehen, sie sollten sie aber besser nicht nachahmen, sondern die vollständige Form gebrauchen.

3E. Genau wie das deutsche „Name" kann das chinesische **míngzi** sich sowohl auf den Vornamen einer Person allein oder auf den vollständigen Namen mit Familiennamen beziehen. In einem Satz wie dem vorliegenden ist offenkundig der volle Name gemeint. Beachten Sie, dass **míngzi** ein weiteres Beispiel für ein Substantiv ist, das, wie z.B. **háizi** und **yàngzi**, mit dem Nominal-Suffix **-zi** endet.

5. Eine bejahende Antwort auf die Frage **Nĭmen dōu shi Mĕiguo rén ma?** wäre **Shì, wŏmen dōu shi Mĕiguo rén** „Ja, wir sind alle Amerikaner" (beachten Sie den vollen Ton auf **Shì**, da das Wort hier betont ist). Die abgekürzte Form der Antwort wäre schlicht und einfach **Shì** „Ja" (wörtl. „[Es] ist [so]").

6A. **BÙ DŌU vs. DŌU BÙ.** Da **bù dōu** „nicht alle", **dōu bù** hingegen „alle nicht" bedeutet, kann man die beiden Formen leicht durcheinander bringen. Sätze mit **bù dōu** stellen fest, dass die Mitglieder einer Kategorie NICHT ALLE unter einem besimmten Aspekt betrachtet gleich sind, was impliziert, dass einige es sind, andere hingegen nicht. Sätze mit **dōu bù** stellen hingegen fest, dass ALLE Mitglieder einer Kategorie etwas NICHT sind. Achten Sie in den folgenden Sätzen genau auf die Reihenfolge von **bù** und **dōu** und die daraus resultierenden Bedeutungsunterschiede:

> **Wŏmen bù dōu shi Mĕiguo rén.**
>
> „Wir sind nicht alle Amerikaner." Oder: „Nicht alle von uns sind Amerikaner."
>
> **Wŏmen dōu bú shi Mĕiguo rén.**
>
> „Wir sind alle keine Amerikaner." Oder: „Keiner von uns ist Amerikaner."

Denken Sie daran, dass aufgrund der Tonänderungsregel bei **bù** (1-3: 6A) (1-3: 6A) aus **dōu bù** vor Silben im Vierten Ton **dōu bú** wird. Das gilt auch, wenn, wie im Falle der Silbe **shì**, diese eigentlich im Vierten Ton steht, aber de facto im Neutralen Ton gesprochen wird.

Das Mandarin Training Center

Außerdem kann man nicht, wie im Deutschen, auf eine Frage kurz und knapp mit „nicht alle" antworten („Gehen alle hin?" „Nein, nicht alle."). Im Chinesischen kann man mit **bù dōu** keinen Satz beenden oder es gar alleine verwenden, da ihm stets ein Verb folgen muss. Die kürzeste mögliche verneinende Antwort auf die Frage **Nĭmen dōu shì Mĕiguo rén ma?** wäre **Bù dōu shì** „Nicht alle.". Zu guter Letzt sollte man auch noch daran denken, dass überall, wo wir im oben stehenden Text **dōu** mit „alle" übersetzt haben, anstelle dessen genauso gut „beide" stehen könnte – je nach Kontext natürlich.

6B. **ZHÈI- und NÈI- als Spezifizierer.** **Zhèi-** „dies" und **nèi-** „jenes" sind beides Beispiele für eine Wortart, die hier Spezifizierer genannt werden soll. Spezifizierer sind adjektivische Ausdrücke, die eine bestimmte Person oder mehrere Personen, ein bestimmtes Tier oder mehrere Tiere oder ein bestimmtes Ding oder mehrere Dinge ‚spezifizieren'. Spezifizierer stehen nie allein, sondern kommen immer in Verbindung mit anderen Wörtern als Teil einer Nominalphrase vor. Das zugrunde liegende Muster ist: Spezifizierer + Zähleinheitswort + Substantiv oder

Nominalphrase, d.h., **zhèiwèi tóngxué** „dieser Kommilitone". Schematisch dargestellt sieht das wie folgt aus:

Spezifizierer	Zähleinheitswort	Substantiv
zhèi	**wèi**	**tóngxué**
„dieser Kommilitone"		
nèi	**wèi**	**lǎoshī**
„jene/r Lehrer/in"		

Einige weitere Beispiele für das Muster Spezifizierer + Zähleinheitswort + Substantiv oder Nominalphrase:

zhèiwèi lǎoshī	„diese/r Lehrer/in"
nèiwèi tóngxué	„jene/r Kommilitone / Kommilitonin"
nèiwèi Měiguo lǎoshī	„jene/r US-amerikanische Lehrer/in"
nèiwèi Zhōngguo tóngxué	„jene/r chinesische Kommilitone/in"
nèiwèi Xiè Xiānsheng	„jener Herr Xie"

Wenn das Substantiv aus dem Kontext abgeleitet werden kann, darf es weggelassen werden. Wenn Sie sich beispielsweise über Lehrpersonen unterhalten, könnte **zhèiwèi** „dieser" und **nèiwèi** „jener" heißen.

In Zeile 1 dieser Konversation haben Sie bereits **něi-** „welche/r?" (wie in **něiguó rén** „jemand aus welchem Land?") kennen gelernt. **Něi-** ist sowohl ein Fragewort als auch ein Spezifizierer. Hier einige Beispiele mit **něi-**:

Něiwèi tóngxué?	„Welche/r Kommilitone/in?"
Něiwèi lǎoshī?	„Welche/r Lehrer/in?"
Něiwèi Wáng Xiáojie?	„Welches Fräulein Wang?"
Xiè Xiānsheng shi něiguó rén?	„Aus welchem Land ist Herr Xie?"

6C. Zähleinheitswörter. Anders als im Deutschen, wo Substantive gewöhnlich direkt gezählt werden („ein Kommilitone", „diese Kommilitonin"), muss im Chinesischen einem Substantiv, das gezählt oder spezifiziert wird, ein Zähleinheitswort vorangestellt werden. Chinesische Spezifizierer wie **zhèi-** „dies" und **nèi-** „jenes" dürfen in der Regel nicht direkt vor dem Substantiv, das sie modifizieren, stehen (Sie dürfen z.B. NIE ***zhèi tóngxué** sagen, um „dieser Kommilitone" auszudrücken). Vielmehr muss zwischen dem Substantiv und dem Spezifizierer ein Zähleinheitswort stehen. Das erste Beispiel für ein Zähleinheitswort, das Sie kennen gelernt haben, ist **wèi**, ein höfliches Zähleinheitswort für Personen. Um „dieser Kommilitone" auf Chinesisch auszudrücken, müssen Sie **zhèi** „dieser" + **wèi** (höfliches Zähleinheitswort für Personen) + **tóngxué** „Kommilitone" = **zhèiwèi tóngxué** „dieser Kommilitone" sagen. Ein anderes Beispiel ist **nèiwèi lǎoshī** „jener Lehrer". Beachten Sie aber, dass **wèi** zu respektvoll ist, um mit so gewöhnlichen Wörtern wie **rén** gebraucht zu werden, weswegen Sie nicht ***zhèiwèi rén** sagen können (Sie würden anstelle dessen ein anderes allgemeineres Zähleinheitswort verwenden). Auf die Zähleinheitswörter werden wir später noch genauer eingehen.

6D. Das Konzept von **TÓNGXUÉ** in der chinesischen Gesellschaft. **Tóngxué** „Klassenkamerad", „Mitschüler" oder „Kommilitone" bezieht sich auf Menschen, die jetzt (oder früher) zusammen mit Ihnen in der selben Schule oder anderweitigen Lerneinrichtung (gewesen) sind. Mit dem Ausdruck reden zudem Schulleitungen, Lehrpersonen oder andere Personen Lernende an, wenn sie mit diesen sprechen oder einen Vortrag halten – obwohl natürlich diese Personen selbst keine Mitschüler oder Kommilitonen der Lernenden sind. **Tóngxué** kann zudem als Anrede verwendet werden, z.B. **Bái Jiérùi Tóngxué** „Kommilitone Bai Jierui" oder **Wáng Tóngxué** „Kommilitone Wang". Das Konzept von **tóngxué** spielt in der chinesischen Gesellschaft eine sehr wichtige Rolle. Sind zwei Menschen irgendwann einmal **tóngxué** gewesen, so besteht zwischen Ihnen eine wichtige und potenziell nützliche Beziehung, die sowohl Anrechte wie auch Verpflichtungen beinhaltet.

6E. Das Ortswort **Jiā'nádà** „Kanada" ist eine phonetische Entlehnung aus dem Englischen.

6F. In der Basis-Konversation zeigt Jerry Parsons mit dem Zeigefinger auf seine Mitstudierenden. Sie sollten aber niemals mit dem Zeigefinger, sondern immer mit der geöffneten Hand auf Chinesen zeigen, da die Geste mit dem Zeigefinger als unhöflich gilt.

EV1. Das Ortswort **Xībānyá** „Spanien" ist eine phonetische Entlehnung des spanischen Wortes **España** („Spanien").

EV2. Im Ortswort **Zhōngguo** „China" bedeutet die Gebundene Form **zhōng** „Mitte" oder „Zentrum" und **guó** „Land". Dies ist der Ursprung des Wortes „Reich der Mitte". Die alten Chinesen betrachteten ihr Land als das einzige zivilisierte Land auf der ganzen Welt, das auf allen Seiten von Barbaren umgeben war. Auch die alten Römer glaubten, dass sie in der Mitte der Welt lebten. Das lässt sich auch noch am Namen des Meeres ablesen, in dem Italien liegt, das Mittelmeer (mare mediterraneum), das auf die lateinischen Wörter mare („Meer"), medium („Mitte") und terra („Erde") zurückgeht.

EV3. **TÁIWĀN RÉN „Taiwaner"** Ein Teil der 24 Millionen Einwohner von Taiwan betrachtet sich als Chinesen, andere sehen sich sowohl als Taiwaner als auch als Chinesen und andere wiederum nur als Taiwaner. Obwohl man über diese Problematik heutzutage in Taiwan öffentlich diskutieren darf, ist es doch eine sensible Frage und es ist nicht ratsam, jemanden direkt danach zu fragen, als was er oder sie sich denn selbst sehe, es sei denn, Sie kennen einander bereits relativ gut.

EV4. Sino-Amerikaner. **Huáyì Měiguo rén** Sino-Amerikaner ist ein Ausdruck, dem die US-amerikanische, nicht die chinesische Sichtweise zugrunde liegt. Obwohl der Ausdruck völlig korrekt ist, wird er in China nicht besonders häufig verwendet. Für Chinesen sind Sino-Amerikaner nämlich im Grunde Chinesen, die mehr oder minder zufällig in Übersee leben. Daher gebrauchen sie in der Regel andere Bezeichnungen für sie, wie etwa **Měijí Huárén** „Chinesen mit US-Staatsbürgerschaft" oder **Měiguo Huáqiáo** „US-amerikanische Überseechinesen". Ohnehin gibt es in China im Umgang mit den Sino-Amerikanern gewisse Widersprüche; während man von anderen Ausländern in der Regel nicht erwartet, dass sie gut Chinesisch sprechen oder Essstäbchen perfekt benutzen können, wird dies von Sino-Amerikanern erwartet. Unfair ist auch, dass Chinesen bei Englischlehrern darauf achten, dass es sich um „echte" Amerikaner, also keine Sino-Amerikaner, handelt. Andererseits wiederum werden die Sino-Amerikaner von den Chinesen als „Brücke" zwischen der chinesischen und der US-amerikanischen Kultur angesehen, d.h., sie sind gleichzeitig fremd und vertraut. Das mag auch, zumindest teilweise, den Erfolg der sino-amerikanischen Popstars erklären.

Ein Student kauft sein Abendessen in der Mensa der National Taiwan Normal University

ZV3. Alternative Aussprachen. Ähnlich wie bei Sprachen wie dem Englischen oder Spanischen, die auch von einer großen Anzahl Menschen in vielen verschiedenen Ländern gesprochen werden, zeigen sich beim Chinesischen eine beträchtliche Anzahl sprachlicher Varationen von einem Ort zum anderen. Es existieren nebeneinander mehrere Sprachstandards (China, Taiwan, Singapur), zudem gibt es Unterschiede zwischen Regionen und zwischen verschiedenen Dialekten. Bei einer begrenzten Anzahl von Wörtern differieren die offiziellen Aussprachen in China, Taiwan und Singapur. Das erste Beispiel einer solchen differerierenden Aussprache, dem Sie in diesem Lehrwerk begegnen, ist die Silbe **Yà** in **Yàyì Měiguo rén** „Amerikaner asiatischer Abstammung". In Taiwan und gelegentlich an an deren Orten wird die Silbe als **Yǎ** ausgesprochen, der ganze Ausdruck also: **Yǎyì Měiguo rén**. Bei den Ton-Abschriften der Basis-Konversationen wurde darauf geachtet, Beijinger Standardaussprache zu repräsentieren. Im Falle von abweichenden Aussprachen wurden Anmerkungen angefügt. Dem jeweils offiziellen Sprachstandard zum Trotz gibt es trotzdem manche Sprecher in Taiwan, die die „Aussprache des chinesischen Festlandes" verwenden, als es auch in China ab und zu Sprecher gibt, die die „taiwanesische Aussprache" verwenden. Wir empfehlen Ihnen, für Ihren aktiven Sprachgebrauch die Aussprache der Sprechergruppe (d.h. China oder Taiwan) zu erlernen, mit der Sie voraussichtlich in der Zukunft am meisten Kontakte haben werden, aber Sie sollten in der Lage sein, die alternative Ausspracheform zu verstehen, wenn Sie sie hören. Sollten Sie noch nicht sicher sein, wo Sie zukünftig mehr Zeit verbringen, in Festlandchina oder Taiwan, legen wir Ihnen nahe, die festlandchinesische Aussprache zu erlernen, einfach aufgrund der viel größeren Anzahl an Sprechern.

ABSCHNITT 2

Einen Mitbewohner vorstellen

Im Studentinnenwohnheim der Beijing Normal University stellt eine chinesische Studentin (MA Yulan, sitzend) einer chinesischen Kommilitonin (Chen Li, stehend in der Mitte) ihre neue Mitbewohnerin, eine sino-amerikanische Studentin aus New Jersey, namens Ivy Wang (links) vor.

Basis-Konversation 2-2

1. ERSTE CHINESIN *(hört ein Klopfen an der Tür)*

Qǐng jìn!
Herein!

2. ZWEITE CHINESIN *(kommt herein und grüßt die chinesische Kommilitonin, dann bemerkt sie die US-amerikanische Studentin)*

Èi, Xiǎo Mǎ. Ò.
Hallo, Kleine Ma, oh!

3. ERSTE CHINESIN **Ò, Xiǎo Chén, wǒ gěi nǐ jièshao yixiar. Zhè shi wǒde xīn tóngwū, tā jiào Wáng Àihuá. Wáng Àihuá, zhè shi wǒde lǎo tóngxué, Xiǎo Chén.**
Oh, Kleine Chen, ich stelle dich mal vor. Das hier ist meine neue Mitbewohnerin, sie heißt Ivy Wang. Ivy, das ist meine alte Kommilitonin, die Kleine Chen.

4. ZWEITE CHINESIN **Ò, huānyíng nǐ dào Zhōngguo lái!**
Oh, willkommen in China.

5. US-AMERIKANERIN **Hěn gāoxìng rènshi nǐ, Chén Xiáojie!**
Ich freue mich, dich kennen zu lernen, Fräulein Chen.

6. ZWEITE CHINESIN **Ò, bié zhèmme chēnghu wǒ. Hái shi jiào wǒ Xiǎo Chén hǎole.**
Ach, nenn mich (doch) nicht so. Sag lieber Kleine Chen zu mir.

7. US-AMERIKANERIN **Xíng. Nà, nǐ yě jiào wǒ Xiǎo Wáng hǎole.**
OK. Dann nenn du mich auch Kleine Wang, ja?.

8. ZWEITE CHINESIN **Hǎo.**
OK.

Build-Up

1. Erste Chinesin

Qǐng jìn!	Herein!

2. Zweite Chinesin

ò	"Oh!" [I]
Èi, Xiǎo Mǎ. Ò.	Hey, Kleine Ma, oh!

3. Erste Chinesin

gěi	für [CV]
jièshao	vorstellen [V]
wǒ gěi nǐ jièshao	ich stelle dir (jemanden) vor
yíxià(r)	(macht das Verb lockerer, unverbindlicher) [ZW-ZEW]
jièshao yixiar	mal vorstellen
zhè	dies, diese, dieses [PR]
-de	(zeigt Besitz an) [P]
wǒde	mein
xīn	neu sein [SV]
tóngwū(r)	Mitbewohner/in [S]
wǒde xīn tóngwū	mein/e neue/r Mitbewohner/in
zhè shi wǒde xīn tóngwū	das ist mein/e neue/r Mitbewohner/in
Wáng Àihuá	Wang Aihua (Chinesischer Name)
lǎo tóngxué	alte Kommilitonin
zhè shi wǒde lǎo tóngxué	das ist meine alte Kommilitonin
Ò, Xiǎo Chén, wǒ gěi nǐ jièshao yixiar.	Oh, Kleine Chen, ich stelle dich mal kurz vor.
Zhè shi wǒde xīn tóngwū, tā jiào Wáng Àihuá.	Das ist meine neue Mitbewohnerin, sie heißt Ivy Wang.
Wáng Àihuá, zhè shi wǒde lǎo tóngxué, Xiǎo Chén.	Ivy, das ist meine alte Kommilitonin, die Kleine Chen.

4. Zweite Chinesin

huānyíng	willkommen heißen [V]
huānyíng nǐ	sei willkommen
lái	kommen [V]
dào Zhōngguo lái	nach China kommen
Ò, huānyíng nǐ dào Zhōngguo lái!	Oh, willkommen in China!

5. US-Amerikanerin

gāoxìng	froh sein [SV]
rènshi	kennen [V]
hěn gāoxìng rènshi nǐ	Ich freue mich, dich kennen zu lernen
Hěn gāoxìng rènshi nǐ, Chén Xiáojie!	Ich freue mich, dich kennen zu lernen, Fräulein Chen!

6. Zweite Chinesin

bié	tue nicht [HV]
zhèmme	so, in dieser / auf diese Art und Weise [A]
chēnghu	anreden, nennen [V]
bié zhèmme chēnghu wǒ	nenn mich nicht so
jiào	(jemanden) nennen [V]
jiào wǒ Xiǎo Chén	nenn mich Kleine Chen
hái shi jiào wǒ Xiǎo Chén hǎole	es wäre besser, wenn du mich Kleine Chen nennst
Ò, bié zhèmme chēnghu wǒ.	Ach, nenn' mich nicht so.
Hái shi jiào wǒ Xiǎo Chén hǎole.	Sag lieber Kleine Chen zu mir.

7. US-Amerikanerin

nà	dann, also **[KJ]**
nǐ yě jiào wǒ Xiǎo Wáng hǎole	es wäre besser, du nennst mich auch Kleine Wang
Xíng. Nà, nǐ yě jiào wǒ Xiǎo Wáng hǎole.	O.K. Dann nenn du mich auch Kleine Wang, ja?

8. Zweite Chinesin

hǎo	O.K., in Ordnung **[IA]**
Hǎo.	O.K.

Ergänzungsvokabular

1. **nà**	jene, jener, jenes **[PR]**
shéi	wer, wem **[FW]**
Nà shi shéi a?	Wer ist das?
2. **búyào**	tue nicht **[HV]**
búyào zǒu	geh nicht
Nǐ búyào zǒu.	Geh nicht!
3. **yīnggāi**	sollen **[HV]**
zěmme	wie **[FW]**
Wǒ yīnggāi zěmme chēnghu nín?	Wie soll ich Sie anreden?

Grammatische und kulturelle Anmerkungen

3A. In der Phrase **wǒ gěi nǐ jièshao yixiar** bedeutet das Co-Verb **gěi** wörtlich „für". Die ganze Phrase heißt wörtlich übersetzt „Ich stelle jemanden für dich vor".

3B. Das chinesische Verb **jièshao** „vorstellen" kann sich, wie im Deutschen, auf Personen, Orte, Bücher oder andere Themen beziehen, die man jemandem vorstellt.

3C. YÍXIÀ(R) nach Verben um sie weniger direkt zu machen. Beachten Sie die grammatische Konstruktion **jièshao yixiar** „vorstellen". **Yíxià**(**r**), wörtlich „einmal" wird hinter bestimmten Verben eingesetzt, um diese weniger direkt und lockerer klingen zu lassen. Manchmal zeigt **yíxià**(**r**) auch an, dass eine Handlung nur eine kurze Weile andauert. Nach einem Verb wird **yíxià**(**r**) oft im Neutralen Ton gesprochen. Hier noch einige Beispiele für **yíxià**(**r**) nach Verben, die Sie bereits kennen gelernt haben:

lái yixia	komm mal
qù yixia	geh mal
tīng yixia	hör mal
wèn yixia	frag mal
zuò yixia	setz dich mal

3D. ZHÈ „dies" und NÀ „jenes" als pronominale Subjekte. In der vorangegangenen Lektion (2-1: 6B) haben Sie **zhèi-** „dies" und **nèi-** „jenes" als Spezifizierer kennen gelernt; z.B. **zhèiwèi tóngxué** „dieser Kommilitone" und **nèiwèi tóngxué** „jener Kommilitone". Beachten Sie, dass **zhèi-** und **nèi-** nie alleine stehen, sondern immer von einem Zähleinheitswort (oder Zahlwort und Zähleinheitswort) gefolgt sind. In dieser Lektion lernen Sie die mit diesen Wörtern verwandten – aber nicht identischen – Wörter **zhè** „dies" und **nà** „jenes" kennen, bei denen es sich um Pronomen handelt, die als Subjekte von Sätzen stehen können. Eine verbreitete Begrüßungsfloskel ist zum Beispiel **Zhè shi A, zhè shi B** „Dies ist A, dies ist B", wie in **Zhè shi Wáng Àihuá, zhè shi Chén Lì** „Dies ist Wang Aihua, dies ist Chen Li." Hier die Grundmuster mit **zhè** und **nà** als pronominale Subjekte:

ZHÈ	Verb	Nominalphrase
Zhè	**shi**	**wǒde tóngxué.**

„Das ist mein Kommilitone."

NÀ	Verb	Nominalphrase
Nà	**shi**	**wǒde lǎoshī.**

„Jene ist meine Lehrerin."

Und noch ein paar Beispiele mit **zhè** „dies" und **nà** „jenes" als pronominale Subjekte:

Zhè shi shémme?	„Was ist dies?" (wörtl. „Dies ist was?")
Zhè shi wǒde sùshè.	„Das ist mein Wohnheim."
Nà shi shéi?	„Wer ist das?" (wörtl. „Jenes ist wer?")
Nà shi wǒde tóngwū.	„Das ist mein Mitbewohner."

Zhè und **nà** beziehen sich gewöhnlich auf einzelne Personen oder Dinge, manchmal aber auch auf mehrere. Wenn zum Beispiel zwei Personen auf einem undeutlichen Bild etwas erkennen wollen, könnte der eine fragen: **Nà shi shémme?** „Was sind diese?" und der andere antworten: **Nà shi rén** „Das sind Leute". Schließlich sollten Sie sich noch einprägen, dass **zhè** und **nà** zwar als Subjekte, niemals aber als Objekte auftreten können. Daher können Sie AUF KEINEN FALL sagen *__Wǒ yǒu nà__ „Das habe ich".

Ein Abschnitt der Großen Mauer bei Badaling

3E. **-DE um Besitz anzuzeigen.** Schauen Sie sich die Partikel **-de** in der Phrase **wǒde xīn tóngwū** „meine neue Mitbewohnerin" an. Eine wichtige Funktion von **-de** ist es, Besitz anzuzeigen. In der Phrase **wǒde xīn tóngwū** bedeutet **wǒde** „meine". Typischerweise steht ein Substantiv oder Pronomen vor dem **-de** und ein anderes Substantiv hinter dem **-de**. Das bedeutet, dass das zweite Substantiv vom ersten Substantiv oder Pronomen besessen wird. Das Muster ist:

Substantiv1 oder Pronomen	-DE	Substantiv2
wǒ	**de**	**tóngwū**

„meine Mitbewohnerin"

Substantive oder Statische Verben, die als Adjektive fungieren, können nach dem **-de** und vor dem zweiten Substantiv hinzugefügt werden, z.B. **wǒde xīn tóngwū** „meine neue Mitbewohnerin". Hier noch einige weitere Beispiele, in denen **-de** Besitz anzeigt:

wǒde gōngzuò	„meine Arbeit"
wǒmende túshūguǎn	„unsere Bibliothek"
wǒde Zhōngwén lǎoshī	„mein Chinesischlehrer"
nǐde xīn tóngxué	„dein neuer Kommilitone"
tāmende lǎo tóngxué	„ihre alte Kommilitonin"
Wáng Xiānshengde àirén	„Herr Wangs Frau"
nèiwèi lǎoshīde sùshè	„jenes Lehrerwohnheim"

Sie haben sicherlich schon bemerkt, dass die Funktion von **-de**, nämlich Zugehörigkeit anzuzeigen, dem deutschen Genitiv ähnelt. Wenn dem **-de** ein Substantiv vorangeht und ein weiteres dem **-de** folgt, müssen Sie klar unterscheiden, was hier was definiert. Kontrastieren Sie die folgenden Ausdrücke:

wǒ māmade bàba	„der Vater meiner Mutter" (wörtl. „meiner Mutter Vater")
wǒ bàbade māma	„die Mutter meines Vaters" (wörtl. „meines Vaters Mutter")

Beachten Sie auch, dass **-de** weggelassen werden kann, wenn der Besitzer ein Pronomen und das Besessene eine Person ist, die dem Besitzer sehr nahe steht, wie etwa Verwandte. Hier einige Beispiele:

wǒde māma	→	**wǒ māma**	„meine Mutter"
tāde bàba	→	**tā bàba**	„mein Vater"

3F. Die Sprecherin hat ihre Kommilitonin als **Xiăo Chén** „Kleine Chen" vorgestellt. Sie hätte sie aber genauso gut auch mit ihrem vollen Namen vorstellen können, z.B. **Zhè shi wŏde lăo tóngxué, Chén Lì** „Das ist meine alte Kommilitonin, Chen Li."

4A. Sie haben in 1-4 **huānyíng** als idiomatische Wendung mit der Bedeutung „willkommen" kennen gelernt. Als Verb kann **huānyíng** mit der Bedeutung „willkommen heißen" auch ohne Subjekt (das **wŏ** „ich" wird dabei aus dem Kontext abgeleitet) stehen. In diesem Satz hat **huānyíng** einen ganzen Satz als Objekt (**nĭ dào Zhōngguo lái**).

4B. **DÀO...LÁI.** In 1-1: 3B haben Sie das Muster **dào...qù** „nach / zu ... gehen" kennen gelernt. In diesem Satz findet sich das damit eng verwandte Muster **dào...lái** „nach / zu ... kommen", das ausdrückt, wohin jemand kommt. **Dào** bedeutet wörtlich „ankommen", „nach" und **lái** „kommen". Zwischen den beiden steht ein Ortswort. Das Grundmuster ist wie folgt aufgebaut:

Subjekt	DÀO	Ortswort	LÁI
Wáng Jīngshēng	**dào**	**Mĕiguo**	**lái.**

„Wang Jingsheng kommt nach Amerika."

Hier einige weitere Beispiele:

Huānyíng nĭmen dào Mĕiguo lái!	„Willkommen in Amerika." (wörtl. „Willkommen ihr nach Amerika kommt!")
Qĭng nĭ dào túshūguăn lái.	„Bitte komm in die Bibliothek."
Qĭng tā dào shítáng lái.	„Bitte ihn, zur Mensa zu kommen."

5A. **Gāoxìng** „froh sein" kann eine Phrase wie **rènshi nĭ** „kennen lernen" als Objekt haben. Der Satz **Hĕn gāoxìng rènshi nĭ** bedeutet wörtlich: „(Ich bin) froh, dich kennen zu lernen." Ältere Chinesen finden möglicherweise, dass dieser Satz etwas fremd klingt und es ist durchaus wahrscheinlich, dass es sich um eine Übersetzung aus dem Englischen handelt. Wie auch immer, diese Floskel ist unter gebildeten Chinesen in den Städten heutzutage weit verbreitet. Alternativ kann man auch sagen: **Rènshi nĭ hĕn gāoxìng**.

5B. **Gāoxìng** „froh sein" ist ein sehr verbreitetes und nützliches Statisches Verb. **Gāo** bedeutet wörtlich „hoch" und die Gebundene Form **xìng** „Laune" (vgl. das Deutsche „hochgemut"). Achten Sie darauf, das **gāo** in **gāoxìng** mit einem schönen, hohen Ersten Ton auszusprechen. Hier einige Sätze mit **gāoxìng**:

Wŏ hĕn gāoxìng.	„Ich bin froh."
Wŏmen dōu hĕn gāoxìng.	„Wir sind alle froh."
Nĭ yĕ gāoxìng ma?	„Freust du dich auch?"

Sie müssen wissen, dass die verneinte Form **bù gāoxìng** „unglücklich", „unfroh" oft Verärgerung anzeigt (im Chinesischen werden viele Dinge nicht so direkt ausgedrückt wie im Deutschen und man liebt das Understatement). Wenn nun jemand **Wŏ bú tài gāoxìng** sagt, sollte man besser vorsichtig sein; es heißt vermutlich, dass die Person ärgerlich ist. Eine Steigerung ist **hĕn bù gāoxìng** „sehr unfroh" wie in **Tā hĕn bù gāoxìng** „Er ist wirklich sauer".

6A. **BIÉ oder BÚYÀO um ein Verbot auszudrücken.** Verbotsformen (z.B. „tu dies oder jenes nicht") werden mit dem Hilfsverb **bié** und einer Verbphrase, die anzeigt, was nicht getan werden soll, gebildet. Die Verwendung von Pronomen in der Zweiten Person wie **nĭ**, **nín** oder **nĭmen** ist möglich, aber nicht erforderlich. Ein hinzugefügtes **qĭng** macht die Aufforderung höflicher. Das Muster wird wie folgt gebildet:

(QĬNG)	(Pronomen)	BIÉ	Verbalphrase
Qĭng	**nĭ**	**bié**	**qù!**

„Geh (bitte) nicht!" (wörtl. „Bitte du nicht gehen!")

Búyào „tue nicht" ist ein Synonym von **bié** (vgl. SV2 in dieser Lektion). Hier noch einige Beispiele mit **bié** und **búyào**:

Bié zŏu!	„Geh nicht!"
Nĭmen bié jiào wŏ Lăo Wáng!	„Nennt mich nicht Alter Wang!"
Qĭng nĭ búyào zhèmme jĭnzhāng.	„Sei nicht so nervös."

Qǐng nín bié qù shítáng! „Geh bitte nicht zur Mensa!“

6B. Das Wort **zhèmme** „so, in dieser Art und Weise“ hat zudem die alternative Aussprache **zèmme**.

6C. In 2-1 haben Sie **jiào** als ein Gleichsetzendes Verb mit der Bedeutung „genannt werden, heißen“ kennen gelernt. Hier ist es ein reguläres Verb, das „nennen“ bedeutet. Ohnehin sind chinesische Verben in der Regel ‚flexibler‘ als deutsche und je nach Kontext können viele Verben eine aktivische oder passivische Bedeutung annehmen.

6D. **...HĂOLE**. Schauen Sie sich die Sätze in 6 und 7 an und achten Sie dabei jeweils auf das **hăole** am Ende. Sie wissen, dass **hăo**, wenn es alleine steht, „gut sein“ bedeutet. Ein Satz mit angehängtem **hăole** (das aus einem **hăo** und einem **le** besteht, das eine veränderte Situation anzeigt, vgl. 1-4: 4C) bedeutet: „wenn es so und so sein sollte, wäre das gut“ oder „es wäre besser, wenn es so und so wäre“ oder „es wäre am besten, es so und so zu machen“. Häufig, aber nicht immer, steht ein Pronomen als Subjekt am Satzanfang. Es ist auch verbreitet, aber nicht unbedingt nötig, ein **hái shi** „ist noch“ vor das Hauptverb des Satzes zu setzen. Das **hái shi** drückt eine Präferenz nach Abwägung von Alternativen aus. Eine wörtliche Übersetzung wäre: „(Nach Abwägung der Alternativen) ist es noch so, dass...“. Zusammenfassend kann man folgendes Muster feststellen:

(Subjekt)	+	(hái shi)	+	Satz	HĂOLE
Nǐ		**hái shi**		**jiào wǒ Xiăo Chén**	**hăole.**

„Nenn mich doch lieber Kleine Chen.“ (wörtl. „Es wäre besser, wenn du mich Kleine Chen nennen würdest.“)

Beispiele:

Hái shi qù chīfàn hăole. „Es wäre besser, wenn wir essen gingen.“

Hái shi shuō hăole. „Es wäre besser, wenn du es sagen würdest.“ (d.h. etwas Unangenehmes, das nichtsdestotrotz gesagt werden muss)

Wǒmen qù Jiā'nádà hăole. „Gehen wir doch nach Kanada.“ (d.h. „Wenn wir nach Kanada gingen, wäre das gut.“)

7. Die Konjunktion **nà** „in diesem Fall“, „dann“ verbindet den vorangegangenen Teil einer Unterhaltung oder Äußerung mit dem, was folgt und zieht eine Schlussfolgerung. **Nà** wird sehr häufig beim Sprecherwechsel gebraucht, kann aber durchaus auch von einem einzelnen Sprecher verwendet werden, nämlich wenn er oder sie eine rhetorische Frage stellt und dann selbst die Antwort liefert. Eine angemessene Verwendung von **nà** lässt Ihr Chinesisch flüssiger erscheinen und gibt Ihnen zudem ein bisschen mehr Zeit, um zu überlegen, was Sie als nächstes sagen wollen.

Eine angemessene Verwendung der Konjunktion nà „in diesem Fall“, „dann“ lässt Ihr Chinesisch flüssiger erscheinen und gibt Ihnen zudem ein bisschen mehr Zeit, um zu überlegen, was Sie als nächstes sagen wollen.

8. **Hăo** „OK“, „in Ordnung“ ist vom Statischen Verb **hăo** „gut sein“ abgeleitet. Es bedeutet so viel wie: „Dein Vorschlag, mich Kleine Wang zu nennen, ist gut, ich bin einverstanden.“ **Hăo** hat eine wichtige Funktion in Gesprächen, da es, wie unser „OK“, in einer Diskussion Zustimmung ausdrücken und diese gleichzeitig beenden kann.

EV1A. Achten Sie auf den Unterschied zwischen dem Pronomen **nà** „jenes“ (wie in **Nà shi wǒ àirén** „Jener ist mein Ehemann.“) und dem Spezifizierer **nèi-** „dies“ (wie in **Nèiwèi lăoshī hěn hăo** „Dieser Lehrer ist gut.“). **Nà** kann alleine stehen, **nèi-** hingegen braucht immer ein Zähleinheitswort oder eine Zahl hinter sich (vgl. Anmerkung 3D in dieser Lektion).

EV1B. **Shéi** „wer / wen / wem“ ist ein wichtiges Fragewort und Pronomen. Denken Sie daran, dass die Wortreihenfolge in einem Fragesatz mit **shéi** dieselbe ist wie im entsprechenden Aussagesatz. Während man im Deutschen sagt: „Wer ist das?“, sagt man im Chinesischen **Nà shi shéi** (NICHT ***Shéi shi nà?**). Beachten Sie auch, dass es zwar grammatisch korrekt, aber unhöflich ist, **Nǐ shi shéi a?** „Wer bist du?“ zu sagen. Es ist ebenfalls unhöflich, **shéi** in Gegenwart der Person zu verwenden, nach der gefragt wird. Sagen Sie also niemals **Tā shi shéi?** , wenn die Person, um die es dabei geht, in Hörweite ist. Sie sollten vielmehr fragen: **Qǐng wèn, nèiwèi shi shéi?**

EV1C. Einige Sprecherinnen und Sprecher, insbesondere im Raum Beijing, sprechen **shéi** auch als **shuí** aus.

EV2. **Búyào** „tue nicht" ist ein Synonym von **bié**. Der Unterschied ist schlicht und einfach, dass **bié** vorwiegend in Nordchina verwendet wird, **búyào** hingegen überall, wo Chinesisch geredet wird. **Búyào**, das wörtlich „nicht sollen" bedeutet, ist aus **bù/bú** „nicht" + **yào** „müssen, sollen" zusammengesetzt. **Bié** ist im Grunde nichts anderes als die Kurzform von **búyào**.

EV3A. **Wǒ yīnggāi zěmme chēnghu nín?** „Wie soll ich Sie anreden?" Diese Phrase ist nützlich, wenn Sie unsicher sind, wie Sie jemanden anreden sollen.

Die Beijinger Innenstadt in der Nähe des Platzes des Himmlischen Friedens (südliches Ende der Einkaufsstraße Wangfujing)

EV3B. In der chinesischen Standard-Orthographie wird **zěmme** „wie" mit zwei Schriftzeichen, die einzeln **zěn me** gesprochen werden, geschrieben. Aus diesem Grund wird dieser Ausdruck in vielen Lehrbüchern und Lexika auch **zěnme** geschrieben. Da aber beim Sprechen, das **n** an das darauf folgende **m** assimiliert wird, wird es eigentlich auch zu einem **m**. Aus diesem Grund wird es in diesem Lehrbuch so geschrieben, wie es gesprochen wird, nämlich **zěmme**.

EV3C. Sich vorstellen. Das Thema in dieser Einheit und vor allem auch in dieser Lektion ist das Sich-Vorstellen. Das Sich-Vorstellen ist in der chinesischen Kultur außerordentlich wichtig. Laut den Regeln der chinesischen Etikette handelt es sich beim Vorstellen einer Person einer dritten Person gegenüber nicht um einen reinen Akt der Höflichkeit, sondern man führt diese Person in das eigene Beziehungsnetz (das im Chinesischen **guānxiwǎng** genannt wird) ein. Man ist dabei in der chinesischen Kultur sozusagen der Garant für die Integrität der vorgestellten Person. Sie sollten daher daran denken, dass Sie, sofern Sie mit einer Person, die Ihnen vorgestellt wurde, Probleme haben sollten, für Gesichtsverlust bei dem Freund oder der Freundin verantwortlich sein können, die Sie dieser Person vorgestellt hat. Denn die vorstellende Person, ist wie gesagt, in gewisser Hinsicht für die vorgestellte Person und ihre zukünftigen Handlungen in diesem Bezug verantwortlich.

Wenn man in China eine Person, zu der man unter Umständen eine längerfristige Beziehung aufbauen möchte, zum ersten Mal trifft, wird man die erste Unterhaltung vor allem dazu nutzen, um nützliche biographische Informationen über die neue Bekanntschaft zu sammeln. Die zwei Beteiligten „tasten" einander sozusagen auf ihren Hintergrund ab. Das Gegenüber wird sozial und ökonomisch auf seine Nützlichkeit untersucht, zudem wird seine potenzielle Brauchbarkeit für das eigene Netzwerk festgestellt. Ein schwerer Fehler, der von vielen ausländischen, insbesondere auch von vielen deutschen Geschäftsleuten oder Diplomaten gemacht wird, ist, sofort „zur Sache" zu kommen, ohne die Bedeutung des „Smalltalks" für den Aufbau einer längerfristigen Beziehung in China zu beachten.

Es gibt eine ganze Litanei von ewig gleichen Fragen, deren Top Twenty die folgenden sind:

1. Wie heißt du?
2. Wer hat dir deinen Namen gegeben?
3. Aus welchem Land stammst du?
4. Aus welcher Stadt kommst du?
5. Bist du das erste Mal in China?
6. Wie lange bist du schon in China?
7. Welche chinesischen Städte hast du schon besucht?
8. Magst du China?
9. Magst du chinesisches Essen?

10. Welches Land findest du besser: Deutschland oder China?
11. Sprichst du Chinesisch? [Dies wird manchmal gefragt, nachdem die vorhergehenden Fragen bereits auf Chinesisch gestellt worden sind!]
12. Ist Chinesisch schwer zu lernen?
13. Wie alt bist du?
14. Bist du verheiratet? (Falls nicht, warum nicht?)
15. Hast du Kinder? (Falls nicht, warum nicht?)
16. Wo arbeitest du?
17. Wieviel verdienst du im Monat?
18. Welche Hobbies hast du?
19. Wie kann man am besten Englisch / Deutsch lernen? Kannst du es mir beibringen?
20. Meine Kinder wollen nach Deutschland, um dort zu studieren, kannst du mir dabei helfen?

Ein anderes beliebtes Thema ist die Blutgruppe (**Nǐ shi shémme xuěxíng? —Wǒ shi O-xíng**), da viele Chinesen glauben, dass die Blutgruppe den Charakter beeinflusst.

Auch wenn es zuweilen unerträglich langweilig zu sein scheint, die immer gleichen Fragen beantworten zu müssen, sollten Sie diese ‚Tortur' doch mit einem Lächeln durchstehen, denn wenn Sie diese Fragen erst einmal beantwortet haben, wird Ihr Gesprächspartner nach und nach zu interessanteren Themen übergehen. Wenn Sie bestimmte Fragen nicht beantworten wollen, ist es eine gute Strategie, mit Humor zu kontern oder eine vage, unbestimmte Antwort zu geben. Es ist keineswegs nötig, all diese Fragen detailliert zu beantworten. Sie sollten aber der Versuchung widerstehen „smart" oder „witzig" wirken zu wollen, da dies leicht missverstanden werden kann. Betrachten Sie das Ritual als eine Sprachlernübung und versuchen Sie zu verstehen, dass Ihr Gesprächspartner Sie erst einmal „einordnen" muss. Ganz klar ist es für Chinesischlerner die beste Strategie, sich auf die „Schrecklichen 20 Fragen" einzustellen und sich im Vorfeld schon geeignete Antworten zurechtzulegen – und genau dies wird das Thema der kommenden Lektionen sein.

Ein Apfelhändler vor dem Tianjiner Bahnhof

ABSCHNITT 3

Formell nach Namen und Arbeitsstelle fragen

Suzanne Wood nimmt an einem Empfang im Shangrila-Hotel in Beijing teil. Sie ist Foreign Service Officer der Abteilung für Politik in der Botschaft der Vereinigten Staaten von Amerika. Ihr Kollege Ron Myers, der zur Wirtschaftsabteilung der Botschaft gehört, begleitet sie. Frau Wood wird auf einen chinesischen Gast aufmerksam und spricht ihn an.

Basis-Konversation 2-3

1. US-AMERIKANERIN **Nín guìxìng?**
Wie lautet Ihr Familienname?

2. CHINESE **Wǒ xìng Gāo. Nín guìxìng?**
Mein Familienname ist Gao. Wie ist Ihr Name?

3. US-AMERIKANERIN **Wǒ xìng Wú, Wú Sùshān. Gāo Xiānsheng, nín zài nĕige dānwèi gōngzuò?**
Mein Familienname ist Wood, Suzanne Wood. Für welche Einheit arbeiten Sie?

4. CHINESE **Wǒ zài Wàijiāobù gōngzuò. Nín ne?**
Ich arbeite im Außenministerium. Und Sie?

5. US-AMERIKANERIN **Wǒ zài Mĕiguo Dàshǐguǎn gōngzuò.**
Ich arbeite in der US-Botschaft.

6. CHINESE **Nèiwèi shi nínde xiānsheng ba?**
Ich nehme an, das ist Ihr Ehemann?

7. US-AMERIKANERIN **Bú shì, bú shì! Tā shi wǒde tóngshì.**
Nein, nein! Er ist mein Kollege.

8. CHINESE *(nach kurzer Zeit)* **Ò, Wú Nǚshì, duìbuqǐ. Wǒ yǒu yìdiǎnr shìr, xiān zǒule. Zàijiàn!**
Oh, Frau Wood, entschuldigen Sie. Ich habe etwas zu erledigen. Ich muss jetzt gehen. Auf Wiedersehen!

9. US-AMERIKANERIN **Zàijiàn!**
Auf Wiedersehen!

Build-Up

1. US-Amerikanerin

guìxìng	Wie lautet Ihr ehrenwerter Name? [IA]
Nín guìxìng?	Wie lautet Ihr Familienname?

2. Chinese	
xìng	mit Familiennamen heißen [GV]
wǒ xìng Gāo	Mein Familienname ist Gao
Wǒ xìng Gāo. Nín guìxìng?	Mein Familienname ist Gao. Wie heißen Sie?
3. US-Amerikanerin	
Wú	Wu [FN]
Sùshān	(Chinesisch für „Suzanne“)
zài	sich in / an / auf befinden [CV]
ge	(allgemeines Zähleinheitswort) [ZEW]
něige	welcher / welche / welches
dānwèi	Einheit, Organisation [OW]
něige dānwèi	welche Einheit
zài něige dānwèi	in welcher Einheit
gōngzuò	arbeiten [V]
zài něige dānwèi gōngzuò	in welcher Einheit arbeiten
Wǒ xìng Wú, Wú Sùshān.	Mein Familienname ist Wood, Suzanne Wood.
Gāo Xiānsheng, nín zài něige dānwèi gōngzuò?	In welcher Einheit arbeiten Sie, Herr Gao?
4. Chinese	
wàijiāobù	Außenministerium [OW]
zài Wàijiāobù gōngzuò	im Außenministerium arbeiten
Wǒ zài Wàijiāobù gōngzuò. Nín ne?	Ich arbeite im Außenministerium, und Sie?
5. US-Amerikanerin	
dàshǐguǎn	Botschaft [OW]
Měiguo Dàshǐguǎn	US-Botschaft
Wǒ zài Měiguo Dàshǐguǎn gōngzuò.	Ich arbeite in der US-Botschaft.
6. Chinese	
nèiwèi	jene (Person, höflich)
xiānsheng	Ehemann [S]
nínde xiānsheng	Ihr (höflich) Ehemann
nèiwèi shi nínde xiānsheng	dies ist Ihr Ehemann
ba	(zeigt Vermutung an) [P]
Nèiwèi shi nínde xiānsheng ba?	Ich nehme an, das ist Ihr Ehemann?
7. US-Amerikanerin	
bú shì	nein
tóngshì	Kollege [S]
wǒde tóngshì	mein Kollege
tā shi wǒde tóngshì	er ist mein Kollege
Bú shì, bú shì! Tā shi wǒde tóngshì.	Nein, nein! Er ist mein Kollege.
8. Chinese	
nǚshì	Frau, Dame [S]
Wú Nǚshì	Frau Wu
duìbuqǐ	„Entschuldigung“, „Pardon“ [IA]
Ò, Wú Nǚshì, duìbuqǐ.	Oh, Frau Wood, entschuldigen Sie.
Wǒ yǒu yìdiǎnr shìr, xiān zǒule. Zàijiàn!	Ich habe etwas zu tun erledigen. Ich muss jetzt gehen. Auf Wiedersehen!
9. US-Amerikanerin	
Zàijiàn!	Auf Wiedersehen!

Ergänzungsvokabular

1. **tàitai**	Ehefrau [S]
Zhè shi wǒ tàitai.	Das ist meine Frau.
2. **yī**	eins, ein [ZW]
jiā	(für Firmen, Fabriken) [ZEW]
yìjiā	eine (Firma/Fabrik)
gōngsī	Firma, Unternehmen [OW]
yìjiā gōngsī	eine Firma
zài yìjiā gōngsī gōngzuò	in einer Firma arbeiten
Wǒ bàba zài yìjiā gōngsī gōngzuò.	Mein Vater arbeitet in einer Firma.
3. **xuéxí (B)**	lernen, studieren [V]
Nǐ zài nǎr xuéxí?	Wo studierst du?
4. **dàxué**	Universität [OW]
Xiānggǎng	Hongkong [OW]
Xiānggǎng Zhōngwén Dàxué	Chinese University of Hong Kong [OW]
Wǒ zài Xiānggǎng Zhōngwén Dàxué xuéxí.	Ich studiere an der Chinese University of Hong Kong.
5. **xiàozhǎng**	Rektor [S]
xìng shémme	welchen Familiennamen haben
Nǐmende xiàozhǎng xìng shémme?	Wie heißt euer Rektor mit Familiennamen?

Grammatische und kulturelle Anmerkungen

1A. **Guì-**, , das wörtlich „teuer, kostbar, ehrenwert" bedeutet, ist ein Ehrerbietigkeitssuffix, das Respekt gegenüber der angesprochenen Person seitens des Sprechers ausdrückt. Am häufigsten wird **guì-** in der folgenden Frage verwendet:

Nín guìxìng?
„Wie heißen Sie mit Familiennamen?" (wörtl. „Ihr ehrenwerter Familienname?")

Wenn Sie jemand **Nín guìxìng?** fragt, antworten Sie **Wǒ xìng...** gefolgt von Ihrem chinesischen Familiennamen. Sie dürfen auf KEINEN FALL sagen ***Wǒ guìxìng...**, da **guì-** ein Ehrerbietigkeitssuffix ist, das man immer nur in Bezug auf andere Personen und nie auf sich selbst verwenden darf.

Die Frage **Nín guìxìng?** kann erweitert werden auf: **Qǐng wèn, nín guìxìng?** „Entschuldigen Sie, wie lautet Ihr ehrenwerter Familienname?" Oder sie kann einfach zu **Guìxìng?** („Ihr ehrenwerter Familienname?") verkürzt werden. Etwas formeller wäre es, das **nín** zu vermeiden und die Person mit ihrem Titel gefolgt von einem **guìxìng** anzusprechen:

Xiānshēng guìxìng?
„Mein Herr, was ist Ihr ehrenwerter Familienname?"

Xiáojie guìxìng?
„Mein Fräulein, was ist Ihr ehrenwerter Familienname?"

Diese Phrasen mit **guìxìng** werden von gebildeten Erwachsenen gewöhnlich anlässlich formeller Gelegenheiten verwendet, wenn man jemanden zum ersten Mal trifft. Bei informellen Gelegenheiten, wie etwa wenn sich Studierende zum ersten Mal an der Universität treffen, würde man es nicht gebrauchen. Studierende oder Arbeiter würden wahrscheinlich sagen: **Nǐ xìng shémme?** „Wie heißt du mit Familiennamen?" Oder: **Nǐ jiào shémme míngzi?** „Wie heißt du?". Sie sollten auch wissen, dass man Fragen mit **Guìxìng?** immer nur direkt an die betreffende Person richtet; wenn Sie über eine dritte Person sprechen, würden Sie sagen: **Tā xìng shémme?** „Wie ist ist ihr/sein Familienname?". Der Ehrerbietigkeitssuffix **guì-** wird zudem zuweilen anderen Substantiven, wie **guó** „Land" vorangestellt (z.B. **Nín guìguó shi něiguó?** „Welches ist Ihr ehrenwertes Land?"), aber dabei handelt es sich um eine äußerst formelle Ausdrucksweise.

1B. Achten Sie darauf, bei der Aussprache **Guìxìng?** „Was ist Ihr ehrenwerter Familienname?" vom Statischen Verb **gāoxìng** „froh sein", das Sie in 2-2 kennen gelernt haben, zu unterscheiden.

1C. Intonationsfragen. Außer den bereits behandelten Fragetypen gibt es einen vierten Fragetyp, die Intonationsfrage. Bei Intonationsfragen wird der ganze Satz geringfügig höher ausgesprochen als sonst. **Nín guìxìng?**, wörtlich „Ihr ehrenwerter Familienname?“ ist das erste Beispiel für eine solche Intonationsfrage.

2. XÌNG in Sätzen mit gleichsetzendem Verb. **Xìng** ist ein Gleichsetzendes Verb mit der Bedeutung „mit Familiennamen heißen“. Wie wir bereits bei **shì** und **jiào** (vgl. 2.1: 1 und 2-1: 3A) gesehen haben, ist in Sätzen mit gleichsetzendem Verb das Subjekt mit dem Objekt identisch. Das Muster, um auszudrücken, dass jemand einen bestimmten Familiennamen hat, lautet:

Subjekt	XÌNG	Familienname
Wǒ	**xìng**	**Gāo.**

„Mein Familienname ist Gao.“ (wörtl. „Ich heiße mit Familiennamen Gao.“)

Eine angemessene deutsche Übersetzung von Sätzen mit dem gleichsetzendem Verb **xìng** würde lauten: „(Subjekt)s Familienname ist ...“. Hier noch einige Beispiele mit **xìng** in Sätzen mit gleichsetzendem Verb:

Wǒ xìng Zhāng.	„Ich heiße Zhang.“
Tā yě xìng Zhāng.	„Sie heißt auch Zhang.“
Nǐ xìng shémme?	„Wie heißen Sie?“

Wenn sie jemand **Nín guìxìng?** fragt, ist es üblich, aber nicht unbedingt erforderlich, zuerst **Wǒ xìng...** plus Familiennamen zu antworten, und dann den vollen Namen anzufügen (vgl. „Ich heiße Bond, James Bond.“). Das tut Suzanne Wood in der folgenden Zeile dieser Konversation, in der sie sagt:

Wǒ xìng Wú, Wú Sùshān. „Ich heiße Wood, Suzanne Wood.“

Eine noch vollständigere Antwort wäre **Wǒ xìng Wú, (wǒ) jiào Wú Sùshān** ‚Mein Familienname ist Wu, mein voller Name ist Wu Sushan“ gewesen.

An dieser Stelle wollen wir noch einmal kurz die verschiedenen Möglichkeiten wiederholen, wie man jemanden nach seinem Namen fragen kann. Angenommen, Sie wollen einen Mann namens **Wáng Dàmíng** (das wissen Sie natürlich noch nicht, deshalb fragen Sie ja) nach seinem Namen fragen, könnten Sie das auf die folgenden Arten und Weisen tun:

SIE FRAGEN NACH SEINEM:	IHRE FRAGE:	SEINE ANTWORT:
nur Familienname (informell)	**Nǐ xìng shémme?**	**Wǒ xìng Wáng.**
nur Familienname (formell)	**Nín guìxìng?**	**Wǒ xìng Wáng.**
Familienname und Vorname	**Nǐ jiào shémme míngzi?**	**Wǒ jiào Wáng Dàmíng.**
nur Vorname	**Nǐ jiào shémme míngzi?**	**Wǒ jiào Dàmíng.**

Schauen Sie sich in der Tabelle genau an, was Sie sagen SOLLTEN. Unten finden Sie nun das, was Sie AUF KEINEN FALL sagen sollten. Nehmen wir einmal an, Ihr Name sei **Wú Sùshān** und ein Chinese oder eine Chinesin hat Sie gerade nach Ihrem Namen gefragt. Die folgenden Antworten sind alle FALSCH!:

***Wú.** (wie im Deutschen klingt es im Chinesischen zu abrupt, nur den Nachnamen zu sagen; Sie müssen daher: **Wǒ xìng Wú** antworten.)

***Sùshān.** (wie im Deutschen klingt es im Chinesischen zu vertraulich, nur den Vornamen zu sagen; Sie müssen daher: **Wǒ jiào Sùshān** antworten.)

***Wú Sùshān.** (Sie können im Chinesischen nicht allein mit dem Namen antworten; Sie müssen daher: **Wǒ jiào Wú Sùshān** antworten.)

***Wǒ guìxìng Wú.** (**guì-** ist ein Ehrerbietigkeitssuffix, das sich immer höflich auf ANDERE bezieht; Sie müssen daher: **Wǒ xìng Wú** antworten.)

***Wǒ xìng Wú Xiáojie.** (Sie können, wie im Deutschen, Ihre Anrede nicht zusammen mit Ihrem Namen verwenden; Sie müssen daher: **Wǒ xìng Wú** antworten.)

***Wǒ guìxìng Wú Xiáojie.** (Sie können auch **guì-** und die Anrede nicht auf sich selbst beziehen; Sie müssen daher: **Wǒ xìng Wú** antworten.)

***Wǒ xìng Sùshān.** (**xìng** darf nur gefolgt von einem Familiennamen gebraucht werden; Sie müssen daher: **Wǒ jiào Sùshān** antworten.)

***Wǒ xìng Wú Sùshān.** (Nach **xìng** darf nur der Familienname folgen; Antworten Sie: **Wǒ jiào Wú Sùshān**.)

***Tā shi xìng Wú.** (Das Seinsverb ist in **xìng** sozusagen ‚eingebaut'; Antworten Sie: **Tā xìng Wú**.)

3A. Beachten Sie die Verwendung des Co-Verbs **zài** (sich an / auf / in befinden) zusammen mit dem Verb **gōngzuò** „arbeiten". Eine wörtliche Übersetzung der Frage **Nín zài něige dānwèi gōngzuò?** wäre „Dich in welcher Einheit befindend arbeitest du?", also: „Ich welcher Einheit arbeitest du?" Wir werden **zài** in einer der folgenden Lektionen noch ausführlicher behandeln. An dieser Stelle genügt es, wenn Sie lernen zu fragen, wo jemand arbeitet oder studiert bzw. wenn Sie in der Lage sind, auf solche Fragen zu antworten. Hier noch einige weitere Beispiele mit **zài** plus einem anderen Verb:

Nǐ zài nǎr gōngzuò?	„Wo arbeitest du?"
Wǒ zài yìjiā gōngsī gōngzuò.	„Ich arbeite in einer Firma."
Nǐ zài nǎr xuéxí?	„Wo studierst du?"
Wǒ zài Běijīng Dàxué xuéxí.	„Ich studiere an der Peking-Universität."

3B. Sie haben bereits das Fragewort / den Spezifizierer in **něi-** „welche / welcher / welches" in **něiguó rén** „eine Person aus welchem Land?" bzw. in **něiwèi** „welche / welcher" (höflich), wie z.B. in **Něiwèi tóngxué?** „welcher Kommilitone?" kennen gelernt. Hier kommt nun der sehr verbreitete Ausdruck **něige** „welche / welcher / welches" hinzu, der aus **něi-** und dem allgemeinen Zähleinheitswort **ge** „Stück" zusammengesetzt ist. Schauen Sie sich diese außerordentlich wichtigen Wörter noch einmal genau an:

zhèige „diese / dieser / dieses"
nèige „jene / jener / jenes"
něige „welche / welcher / welches?"

3C. Beachten Sie, dass am Ende der Frage **Nín zài něige dānwèi gōngzuò?** das Fragewort **ma** nicht zu finden ist. Erinnern Sie sich, warum das so ist? Der Grund liegt darin, dass in Fragen, in denen bereits ein Fragewort (in diesem Falle **něige**) enthalten ist, normalerweise kein **ma** am Ende steht.

3D. Das Konzept von **DĀNWÈI** in der VR China. Die **dānwèi** oder „Einheit", mit der die Arbeitsstelle, an der jemand arbeitet, bezeichnet wird, war lange Zeit eine der wichtigsten soziopolitschen Einrichtungen in der VR China. Mit dem Wort wird die Organisation bezeichnet, in der man arbeitet, ganz egal, ob es sich um eine Firma, eine Fabrik, eine Schule, ein Krankenhaus, eine Regierungsbehörde oder irgendeine andere Einrichtung handelt. Die meisten Chinesen gehören einer **dānwèi** an. Die **dānwèi** teilt ihnen ihre Arbeit zu, zahlt ihre Löhne und kümmert sich sogar um ihre Unterkunft oder andere Sozialleistungen. Politische Anweisungen von höherer Ebene werden in der Regel durch die **dānwèi** übermittelt. Bis vor nicht allzu langer Zeit musste man sich einen Umzug, Jobwechsel, Auslandsreisen, Heiraten und Scheidungen oder sogar ein Kind von der **dānwèi** genehmigen lassen. Ausländer, die in China arbeiten oder studieren, gehören ebenfalls einer **dānwèi** an. Wenn Sie studieren, ist Ihre Universität ihre **dānwèi** und Sie haben ihr gegenüber Verpflichtungen genauso wie Ihre **dānwèi** für Ihre Verfehlungen zur Rechenschaft gezogen werden kann. Früher wurden die meisten nach Abschluss der Schulausbildung einer **dānwèi** zugeordnet und verblieben bis an ihr Lebensende in dieser. In den letzten Jahren wurde Chinas Wirtschaft liberalisiert und der Einfluss der **dānwèi** auf das tägliche Leben hat abgenommen, sodass die Chinesen leichter ihre Arbeitsstelle wechseln können als früher. Mit **dānwèi** bezeichnen Auslandschinesen normalerweise Organisationen im Allgemeinen.

3E. In 1-3 haben Sie **gōngzuò** als Substantiv mit der Bedeutung „Arbeit" kennen gelernt. Hier ist es jedoch ein Verb und bedeutet „arbeiten". Viele chinesische Wörter gehören mehr als einer Wortklasse an. Ein weiteres Beispiel hierfür ist das Wort **xuéxí** im Ergänzungsvokabular dieser Lektion, das als Substantiv „Studium" und als Verb „studieren" bedeutet.

3F. Anstelle von **Nín zài něige dānwèi gōngzuò?** „In welcher Einheit arbeitest du", hätte der Sprecher genauso gut auch **Nín zài nǎr gōngzuò?** „Wo arbeitest du?" fragen können.

5. Das Wort **dàshǐguǎn** „Botschaft" setzt sich zusammen aus dem Substantiv **dàshǐ** „Botschafter" und dem Nominalsuffix **-guǎn** „großes Gebäude, Einrichtung". Sie haben **-guǎn** bereits im Wort **túshūguǎn** „Bibliothek" kennen gelernt.

6A. Sie haben **xiānsheng** als Anrede ähnlich wie im deutschen „Herr" kennen gelernt. Das gleiche Wort kann allerdings auch, wie hier der Fall, „Ehemann" bedeuten.

6B. BA zum Ausdruck von Vermutung. Die Finalpartikel **ba** kann an das Ende einer Aussage angehängt werden um anzuzeigen, dass der Sprecher davon ausgeht, dass etwas so oder so sein dürfte. Nehmen wir zum Beispiel die Aussage **Tā shi Yīngguo rén** „Sie ist Engländerin." Indem wir ein **ba** ans Ende dieser Aussage hängen, wird daraus eine Vermutung: **Tā shi Yīngguo rén ba** „Ich nehme an, sie ist Engländerin." Das Grundmuster ist wie folgt aufgebaut:

Aussage	BA
Tā shi Yīngguo rén	**ba.**

„Ich nehme an, sie ist Engländerin."

Das Muster mit **ba** zur Anzeige von Vermutung ist im gesprochenen Chinesischen sehr verbreitet. Die häufige und angemessene Verwendung von **ba** lässt Ihr Chinesisch flüssiger und natürlicher erscheinen. **Ba** lässt sich mit „ich nehme an, ...", „ich vermute ...", „ich schätze, ..." etc. übersetzen. Hier noch einige weitere Beispiele, in denen **ba** eine Vermutung ausgedrückt wird:

Tāmen yě shi Yīngguo rén ba?	„Ich schätze, sie sind auch Engländer."
Tā bú shi nǐde tóngxué ba?	„Ich denke, sie ist nicht deine Kommilitonin?"
Zhèiwèi shi nín tàitai ba?	„Ich nehme an, sie ist Ihre Ehefrau?"
Nǐde gōngzuò hěn máng ba?	„Du hast auf der Arbeit wohl viel zu tun?"
Nǐ lèile ba?	„Du bist bestimmt müde, oder?"

(Der letzte Ausdruck ist besonders nützlich. Er kann verwendet werden, wenn Sie Ihr ehrliches Mitgefühl für jemanden zum Ausdruck bringen wollen, den Sie nach einer langen Reise am Flughafen oder Bahnhof treffen. Es entspricht einem deutschen „Na, alles in Ordnung?" oder „Wie geht es dir?" Weniger ehrlich, aber dafür sehr nützlich ist hingegen die Verwendung dieses Ausdrucks , wenn Sie mit jemandem zusammen sind und es langsam spät wird bzw. wenn Sie nach Hause wollen. Auch in diesem Falle können Sie **Nǐ lèile ba?** benutzen. Auf der Oberfläche drücken Sie damit die Sorge aus, die andere Person könnte müde sein, aber genauso gut kann es bedeuten, dass Sie selbst müde sind und nach Hause wollen.)

Angenommen, es ist schon spät und Sie wollen nach Hause. Dann können Sie sagen: Nǐ lèile ba? „Du bist bestimmt müde?" Damit können Sie indirekt zum Ausdruck bringen, dass *Sie* müde werden und nach Hause wollen.

Versuchen Sie **ba** nach den Silben **wáng** und **jī** zu vermeiden. Im ersten Fall kann es als das Wort für „Weichschildkröte", das wiederum eine Anspielung auf einen betrogenen Ehemann ist, und im zweiten als vulgären Ausdruck für das männliche Geschlechtsorgan aufgefasst werden!

7. Bezüglich **Bú shì, bú shì!** „Nein, nein" sollte man drei Dinge beachten. Erstens wird in **bú shì** „nicht sein" aus dem **bù** „nicht", das eigentlich im Vierten Ton gesprochen wird, ein **bú** im Zweiten Ton, da die Silbe (**shì** „sein") , die darauf folgt, im Vierten Ton steht. Schauen Sie sich noch einmal die Regel über die Tonveränderungen von **bù** zu **bú** vor Silben im Vierten Ton an (vgl. 1-3: 6A). Zweitens wird das **shì** hier mit vollem Ton anstatt im Neutralen Ton gesprochen, da es betont ist. Und drittens wird **Bú shì** wiederholt, da es so besonders betont ist und auch wegen der chinesischen Vorliebe, kurze Phrasen zu wiederholen, die wir in Lektion 1-4 bereits kennen gelernt haben.

8A. **Nǚshì** „Frau, Madame" ist eine formelle und höfliche Anrede für eine verheiratete, aber auch für eine unverheiratete Frau. Es kann alleine stehen (z.B. **Nèiwèi nǚshì shi shéi?** „Wer ist die Dame?") oder nach dem Nachnamen der betreffenden Frau (z.B. **Wú Nǚshì** „Frau Wood", **Lǐ Nǚshì** „Madam Li").

8B. **Duìbuqǐ** „Entschuldigung, pardon!" bedeutet wörtlich „Ich kann dir nicht gegenübertreten (aufgrund der Scham wegen meines schrecklichen Fehlers)." Sie können es nicht verwenden, wenn etwas offenkundig nicht Ihre Schuld gewesen ist. Es gibt eine Geschichte über einen Ausländer, der, als er davon hörte, dass jemandes Großmutter gestorben sei, **Duìbuqǐ** „Das tut mir leid." sagte. Aber anders als „das tut mir leid" im Deutschen, das allgemeines Bedauern ausdrücken kann, bedeutet **duìbuqǐ**, dass man an der Sache, um die es geht, schuld ist. Daher klingt es so, als ob der Ausländer am Tod der Großmutter schuld sei! Also, wenn Sie in einem vollen Bus jemandem versehentlich auf den Fuß steigen, dürfen Sie natürlich **duìbuqǐ** sagen. Wenn aber jemand sagt, dass es ihm nicht gut gehe, sollten Sie auf keinen Fall **duìbuqǐ** verwenden. Achten Sie auch auf den Unterschied zwischen **duìbuqǐ** und **qǐng wèn** „Entschuldigung(, ich habe eine Frage).", das Sie in 2-1 kennen gelernt haben.

EV1. Sie haben das Wort **tàitai** ursprünglich als Anrede mit der Bedeutung „Frau", z.B. in **Wáng Tàitai** „Frau Wang", kennen gelernt. In dieser Lektion wird es allerdings im Sinne von „Ehefrau", „Gattin" gebraucht, wie in **Tā shi wǒ tàitai** „Sie ist meine Frau." Das Wort **tàitai** ist in Taiwan, Hongkong, Singapur und bei den Überseechinesen sehr geläufig. Aber Sie sollten wissen, dass das Wort **tàitai** von 1949 bis in die 1980er-Jahre nicht in China verwendet wurde, da es Assoziationen an die alte vorkommunistische Gesellschaft weckte; anstelle dessen wurde das auch heute noch verwendete Wort **àirén** eingeführt (**àirén** kann natürlich auch Ehemann bedeuten). Heutzutage kann man in den größeren Städten, insbesondere im Umgang mit Ausländern und Auslandschinesen, **tàitai** wieder benutzen.

EV2. Tonveränderungen bei **Yī**. Wenn es alleine steht oder beim Zählen wird **yī** „eins" oder „ein" im Ersten Ton als **yī** ausgesprochen. Steht **yī** allerdings vor einem Ersten, Zweiten oder Dritten Ton, so bekommt es den Vierten Ton (**yì**). Hier einige Beispiele:

Vor dem Ersten Ton: yī + jiā → **yìjiā** (z. B., **yìjiā gōngsī** „eine Firma")
Vor dem Zweiten Ton: yī + nián → **yìnián** „ein Jahr"
Vor dem Dritten Ton: yī + diǎnr → **yìdiǎnr** „ein wenig"

Vor Silben im Vierten Ton hingegen bekommt **yī** den Zweiten Ton (**yí**). Beispiel:

Vor dem Vierten Ton: yī + wèi → **yíwèi** (z. B., **yíwèi xiáojie** „eine junge Dame")

EV3. Sie haben **xuéxí** als Substantiv mit der Bedeutung „Lernen, Studium" kennen gelernt. Hier bedeutet es „lernen, studieren" und ist ein Verb. Wenn es ohne nachfolgendes Objekt verwendet wird, bedeutet es häufig „studieren". Hier einige Beispiele:

Tā zài Běijīng Dàxué xuéxí. „Sie studiert an der Peking-Universität."
Tā zài túshūguǎn xuéxí. „Sie lernt in der Bibliothek."

Xuéxí kann auch mit einem Objekt verwendet werden, dann bedeutet es „lernen". Hier einige Beispiele:

Nǐ zài nǎr xuéxí Zhōngwén? „Wo lernst du Chinesisch?"
Wǒ zài Wēilián Dàxué xuéxí Zhōngwén. „Ich studiere Chinesisch am Williams College."

Das Verb **xuéxí** ist ein neuer Begriff, der vornehmlich in Festland-China gebraucht wird. In anderen chinesischsprachigen Regionen der Welt werden dafür häufig andere Begriffe verwendet, die wir später noch behandeln werden.

EV5A. Übersetzungen ins und aus dem Chinesischen haben ihre Tücken. Hüten Sie sich vor unangemessenen Gleichsetzungen zwischen Begriffen. So wird im Kontext von Universitäten **xiàozhǎng** „Schulleiter" oft auch mit „Präsident" (z.B. „Universitätspräsident") wiedergegeben, aber mit dem Wort kann man auf keinen Fall den Präsidenten eines Landes bezeichnen. Im Kontext von Schulen z.B. wäre die beste Übersetzung sicherlich „Rektor".

Die US-Botschaft in Beijing

EV5B. Wenn nicht gerade mehrere Rektorinnen bzw. Rektoren oder Schulleiter an einer Stelle versammelt sind, weswegen Sie zwischen diesen differenzieren müssen, ist es am besten, da am respektvollsten, sie oder ihn einfach mit **Xiàozhǎng** anzureden. Das impliziert, dass sie oder er aktuell die oder der einzige **xiàozhǎng** ist. Dieses Prinzip lässt sich auch auf viele andere Titel anwenden. Sollte allerdings eine Versammlung der Erziehungskommission oder eine ähnliche Veranstaltung stattfinden und viele **xiàozhǎng** zugegen sein, so müsste man sie entsprechend mit **Wáng Xiàozhǎng, Lǐ Xiàozhǎng** etc. anreden.

EV5C. Achten Sie auf den Unterschied bei der Aussprache der beiden folgenden Anreden: **Xiàozhǎng** „Rektor ..." und **Xiǎo Zhāng** „Kleiner Zhang."

EV5D. Schauen Sie sich die Frage **Nǐmende xiàozhǎng xìng shémme?** "„Wie lautet der Familienname eures Rektors?" an. Laut Wörterbuch wird die erste Silbe des Fragewortes **shémme**

„was?" im Zweiten Ton gesprochen, was wir auch empfehlen möchten. Andererseits wird sie von vielen auch im Dritten Ton ausgesprochen, sodass **xìng shémme** als **xìng shěmme** gesprochen wird.

EV5E. Mehr zum Thema chinesische Namen. Eine der verbreitetsten Wortarten im Chinesischen sind die Personennamen. Wie im Deutschen gibt es einen Familiennamen (**xìng**) und einen Vornamen (**míngzi**). Anders als im Deutschen steht im Chinesischen allerdings der Familienname zuerst und dann folgt der persönliche Name. Das reiht sich nahtlos in eine Tendenz des Chinesischen ein, zunächst immer die größere und dann die kleinere Kategorie zu nennen, ganz gegenteilig zum Deutschen (Eine Ausnahme ist das Bayrische, in dem gerne zuerst der Familienname und dann der persönliche Name genannt wird: „Ich bin der Huber Wastl."). So hieße es im Chinesischen (hier nehmen wir der Deutlichkeit halber ein deutsches Wort) Schmidt Harry, d.h. aus der größeren Klasse der Schmidts wird das Individuum Harry herausgehoben. Auf Deutsch hingegen würde es Harry Schmidt heißen, d.h. das Individuum Harry ist ein Mitglied der größeren Klasse der Schmidts.

Traditionellerweise bestehen chinesische Namen aus einem einsilbigen Familiennamen und einem zweisilbigen persönlichen Namen, z.B. **Máo Zédōng**, wobei **Máo** der Familienname und **Zédōng** der persönliche Name ist. Andere Beispiele für dieses Muster sind **Jiǎng Jièshí** und **Zhōu Ēnlái**. Bei der Verwendung der Pinyin-Umschrift bevorzugen es manche Chinesen, die Silben des persönlichen Namens getrennt zu schreiben, also Li Zhen Jie / **Lǐ Zhèn Jié** anstelle von **Lǐ Zhènjié**. , obwohl es sich dabei eigentlich um ein zweisilbiges Wort handelt. Das ist ein bisschen so, als ob man Anneliese als Anne Liese schriebe.

Ein weiteres verbreitetes Bildungsmuster für chinesische Namen ist ein einsilbiger Familienname, dem ein einsilbiger persönlicher Name folgt, z.B. **Huáng Huá** und **Hú Shì**, wobei **Huáng** und **Hú** die Familiennamen und **Huá** und **Shì** die persönlichen Namen sind. Diese Art der Namensbildung war in Festland-China in der zweiten Hälfte des 20. Jhs. Sehr verbreitet. Ein wesentlich selteneres Bildungsmuster, das man jedoch hin und wieder antrifft, ist aus einem zweisilbigen Familiennamen und einem einsilbigen oder zweisilbigen persönlichen Namen aufgebaut, z.B. **Sīmǎ Xiàngrú** und **Sītú Fú**, wobei **Sīmǎ** und **Sītú** die Familiennamen und **Xiàngrú** und **Fú** die persönlichen Namen sind.

Die verschiedenen Möglichkeiten sind in der unten stehenden Tabelle aufgeführt:

BEISPIEL	FAMILIENNAME	PERSÖNLICHER NAME
Máo Zédōng	**Máo** (1 Silbe)	**Zédōng** (2 Silben)
Hú Shì	**Hú** (1 Silbe)	**Shì** (1 Silbe)
Ōuyáng Xiū	**Ōuyáng** (2 Silben)	**Xiū** (1 Silbe)
Sīmǎ Xiàngrú	**Sīmǎ** (2 Silben)	**Xiàngrú** (2 Silben)

Es gibt zwar etwa 3.000 chinesische Familiennamen, aber nur 150 davon kommen tatsächlich häufiger vor, wobei 95% der chinesischen Bevölkerung sich auf 20 Familiennamen verteilen. Buchstäblich Dutzende Millionen von Chinesen tragen die drei häufigsten Familiennamen **Wáng**, **Zhāng** und **Lǐ**, weshalb es sich bei diesen um die am weitetesten verbreiteten Familiennamen der Welt handelt.

Die zwanzig häufigsten Familiennamen, mit denen Sie sich im Laufe der Zeit vertraut machen sollten, sind:

Bái	**Hé**	**Wáng**	**Yáng**
Cài	**Huáng**	**Wú**	**Yè**
Chén	**Lǐ**	**Xiè**	**Zhāng**
Gāo	**Liú**	**Xǔ**	**Zhào**
Guō	**Lín**	**Xú**	**Zhōu**

Wie auch im Deutschen hatten die chinesischen Familiennamen ursprünglich eine Bedeutung, z.B. bedeutet **Bái** „Weiß" oder **Wáng** „König"; aber genau wie bei uns die Namen „Weiß" und „König" werden auch **Bái** und **Wáng** nicht mehr mit ihren einstigen Bedeutungen assoziiert. Das heißt, man wird nicht unbedingt an die ursprüngliche Bedeutung der Wörter denken, wenn man von **Bái Xiānsheng** „Herr Bai" oder **Wáng Xiáojie** „Herr Wang" redet. Es gibt einige wenige einsilbige Familiennamen, die exakt die gleiche Aussprache haben (z.B. 江 **Jiāng** und 姜 **Jiāng**), aber unterschiedlich geschrieben werden. Man könnte es entfernt mit dem deutschen „Mayer" und „Meier" vergleichen (die allerdings beide vom selben Wort abstammen, insofern hinkt der Vergleich ein wenig).

Das Nationale Zentrum für Darstellende Künste in Beijing

Anders als chinesische Familiennamen, von denen es nur eine limitierte Anzahl gibt, sind die Möglichkeiten bei den persönlichen Namen im Chinesischen schier unbegrenzt. So ist die Lage im Chinesischen – durch die relativ geringe Anzahl von Familiennamen, aber die große Zahl von persönlichen Namen – praktisch genau umgekehrt wie im Deutschen, wo eine große Zahl an Familiennamen vorhanden ist, die Auswahl an Vornamen jedoch relativ begrenzt (wobei sich eine Tendenz zu einer größeren Bandbreite an Vornamen zeigt).

Die Kinder in China bekommen ihre Namen von den Eltern oder anderen Verwandten, die dabei häufig die Dienste eines Wahrsagers in Anspruch nehmen und für die Namen wohlklingende oder auch glückverheißende Schriftzeichen auswählen, in denen sich eine für die Familie wichtige Einstellung bzw. ein Anspruch oder Wunsch widerspiegelt. Manchmal werden Schriftzeichen aus berühmten Gedichten oder literarischen Werken gewählt oder Schriftzeichen bzw. Namen, die auf ein wichtiges historisches oder aktuelles Ereignis anspielen. Viele in der Volksrepublik China zwischen den 1950er- und 1970er-Jahren geborene Personen tragen Namen, die mit der modernen chinesischen Geschichte in Verbindung stehen, wie **Jiànjūn** „die Armee gründen", **Yǒnghóng** „auf ewig rot" oder **Wèidōng** „Mao Zedong schützen". Viele Chinesen glauben, dass der Name einer Person Einfluss auf deren Schicksal hat, d.h., die Kombination der im Namen vorhandenen Schriftzeichen drückt oft die Wünsche und Hoffnungen der Eltern in Bezug auf die Zukunft ihrer Kinder aus oder sie können eine Beschreibung der Eigenschaften enthalten, die sich die Eltern für Ihr Kind wünschen.

In traditionell orientierten Familien haben die männlichen (zuweilen auch die weiblichen) Mitglieder einer Generation einen Generationsnamen, der eine der zwei Silben des persönlichen Namens bildet. Ein berühmtes Beispiel sind die Söhne und Töchter der Familie Song: **Sòng Qìnglíng** (Madame Sun Yat-sen), **Sòng Měilíng** (Madame Tschiang Kai-shek), **Sòng Àilíng** (Madame H.H. Gong) und ihre Brüder **Sòng Zǐwén**, **Sòng Zǐliáng** und **Sòng Zǐ'ān**.

Meist, wenngleich auch nicht immer, kann man das Geschlecht des Namensträgers an den im Namen vorkommenden Schriftzeichen ablesen. Männernamen suggerieren typischerweise Stärke, Tapferkeit oder Gelehrsamkeit, Frauennamen hingegen zumeist Zartheit, Schönheit und Tugendhaftigkeit. Hier einige Beispiele:

(Männliche Namen)

Zhāng Lìxiàn	„Die Verfassung-Begründen Zhang"
Lǐ Qúnhǔ	„Tigerrotte Li"
Gù Guóguāng	„Glanz-des-Landes Gu"

(Weibliche Namen)

Huáng Měiyù	„Schöne-Jade Huang"
Léi Tíngtíng	„Schlank-und-Anmutig Lei"
Zhāng Lìróng	„Jasmin-Hibiskus Zhang"

Verheiratete Frauen behalten ihren Namen und sind z.B. auf der Arbeit unter diesem bekannt. In Taiwan besteht der formelle Name einer verheirateten Frau aus dem Familiennamen ihres Ehemannes samt ihrem vollständigen Mädchennamen. Ein Beispiel wäre **Jiǎng Sòng Měilíng**. Die Kinder tragen gewöhnlich den Familiennamen ihres Vaters, wenngleich zuweilen ein Sohn auch den Familiennamen der Mutter erhält, wenn auf der mütterlichen Seite ansonsten kein männlicher Erbe vorhanden ist, der den Familiennamen weitertragen kann. In einigen Familien trägt u.U. ein Kind den Namen des Vaters und ein anderes den der Mutter.

Zwar bildet das Pinyin heute die Grundlage für die Namensschreibung in anderen Sprachen als dem chinesischen (also auch im Deutschen), doch aufgrund der vielen verschiedenen historisch gewachsenen Transkriptionssysteme, werden manche Namen völlig anders als im Pinyin geschrieben:

ÜBLICHE SCHREIBWEISE	STANDARD-PINYIN
Konfuzius	**Kǒngzǐ**
Tschiang Kai-shek	**Jiǎng Jièshí**
Mao Tse-tung	**Máo Zédōng**
Peking	**Běijīng**
Nanking	**Nánjīng**
Tschungking	**Chóngqìng**
Hongkong	**Xiānggǎng**

Sie können sich sicherlich denken, dass ein und derselbe chinesische Name unter Umständen mehrere Schreibweisen haben kann. Hier einige Beispiele, wie der häufig vorkommende chinesische Familienname **Chén** transkribiert wird: Chen, Ch'en, Chan, Tan und Tam. Für den Familiennamen **Huáng** gibt es die Transkriptionen: Huang, Hwang, Whang, Wang, Wong, Ong, Oey, Oei, Oeij, Ooi, Oij, Woei, Wee, Uy, Ng, Go, Ang, Eung, Hang und Ueng!

Die Gründe für diese vielen verschiedenen Schreibweisen, die Botschafts- und Visastellenbeamten das Leben recht schwer machen können, liegen in den unterschiedlichen Dialekten der betreffenden Personen, unterschiedlichen Transkriptionssystemen, unterschiedlichen lokalen Traditionen in den verschiedenen Gemeinschaften von Auslandschinesen und – auch nicht selten – in Transliterationsfehlern. Es ist klar, dass es zuweilen problematisch ist, herauszufinden, welches das ursprüngliche Schriftzeichen war, wenn z.B. **Huáng** und **Wáng** beide mit Wong (beide werden im Kantonesischen gleich ausgesprochen) transkribiert werden.

Sie sollten auch wissen, dass einige chinesische Namen mit koreanischen Namen identisch oder ihnen zumindest ähnlich sind (z.B. Chang, Han, Lee, Song) oder auch mit manchen vietnamesischen Namen (z.B. Cao, Ho, Hoang, Li). Außerdem haben manche Chinesen auch englische Namen angenommen, z.B. Dew (von **Dù**), King (von **Wáng** „König"), Lee (von **Lǐ**), oder Love (von **Liú**). Daher sollte man zurückhaltend sein, wenn man von der Schreibung des Familiennamens einer Person Rückschlüsse auf deren ethnische Herkunft zieht.

Bikulturelle Hochzeit im traditionellen Stil in Beijing

Oben haben wir die traditionellen Namensbildungsmuster der Han-Majorität, die 94% der chinesischen Bevölkerung ausmacht, diskutiert. Die Namen der mehr als fünfzig weiteren Nationalitäten Chinas (ethnische Minderheiten) können in ihrer Struktur differieren. Ausländische, sich von den chinesischen stark unterscheidende Namen, die in der Presse erwähnt werden, z.B. bei bekannten Politikern oder anderen bekannten Personen, werden so gut wie es geht nach ihrer Lautung wiedergegeben. So wird in China aus Wolfgang Amadeus Mozart ein [沃尔夫冈·阿马德乌斯·莫扎特 **Wò'ěrfūgāng Āmǎdéwūsī Mòzhātè**]. Es ist unschwer zu erkennen, dass es sich hierbei nicht um einen Chinesen handeln kann. Aber die meisten Nichtchinesen, die viel mit Chinesen im In- und Ausland zu tun haben, legen sich einen Namen zu, der zwar grob am Klang des eigenen Namens orientiert ist, aber vom Bildungsmuster her an die klassische chinesische Vorgehensweise mit einem einsilbigen Familiennamen und einem zweisilbigen persönlichen Namen angelehnt ist.

ABSCHNITT 4

Selbstvorstellung

Jane Rogers, eine US-Amerikanerin, die für ein britisches Handelshaus in Taipei arbeitet, geht zu einem Empfang ihrer Firma. Sie bemerkt eine Taiwanerin, die sie nicht kennt. Daher tritt sie zu ihr und stellt sich ihr vor. Nicht weit davon steht auch Lester Holbrooke, der General Manager der Firma, auch er ist US-Amerikaner.

Basis-Konversation 2-4

1. ROGERS — **Nǐ hǎo! Wǒ jiào Luó Jiésī. Qǐng duō zhǐjiào.**
Guten Tag, ich heiße Rogers. *(sie holt ihre Visitenkarte heraus)*
Ich bitte um viel Belehrung

2. TAIWANERIN — **Wǒ xìng Shī. Duìbuqǐ, wǒ méi dài míngpiàn.**
Wǒ zài Zhōng-Měi Màoyì Gōngsī gōngzuò.
Mein Name ist Shi. Entschuldigen Sie bitte, ich habe keine Visitenkarten dabei.
Ich arbeite bei der Sino-American Trading Company.

3. ROGERS — *(stellt Frau Shi Mr. Holbrooke vor)* **Zǒngjīnglǐ, zhè shi Zhōng-Měi Màoyì Gōngsīde Shī Xiáojie.**
Mr. Holbrooke, das ist Frau Shi von der Sino-American Trading Company.

4. HOLBROOKE — *(überreicht Frau Shi seine Visitenkarte)* **À, huānyíng, huānyíng! Wǒ xìng Hóu.**
Willkommen! Mein Name ist Hou.

5. TAWANERIN — **Xièxie. Zǒngjīnglǐ yě shi Yīngguo rén ba?**
Danke. Mr. Holbrooke, ich nehme an, Sie sind auch Engländer?

6. HOLBROOKE — **Bù, wǒ gēn Luó Xiáojie dōu bú shi Yīngguo rén.**
Wǒmen shi Měiguo rén.
Nein, weder Ms. Rogers noch ich sind Engländer, Wir sind Amerikaner.

7. TAWANERIN — **Ò, duìbuqǐ, wǒ gǎocuòle.**
Oh, Entschuldigung, ich habe mich geirrt.

8. HOLBROOKE — **Méi guānxi.**
Das macht doch nichts.

Build-Up

1. Rogers (holt ihre Visitenkarte heraus)

Luó	Luo **[FN]**
Luó Jiésī	(Chinesisch für „Rogers")
Nǐ hǎo! Wǒ jiào Luó Jiésī.	Guten Tag, ich heiße Rogers.
qǐng duō zhǐjiào	„Bitte belehren Sie (mich)"
Qǐng duō zhǐjiào.	Ich bitte um viel Belehrung.

2. Taiwanerin

Shī	Shi **[FN]**
méi	(verneint Verben in der Vergangenheit) **[HV]**
dài	(mit)bringen **[V]**
méi dài	nicht mitgebracht haben
míngpiàn	Visitenkarte **[S]**
wǒ méi dài míngpiàn	Ich habe keine Visitenkarten dabei (mitgebracht).
Zhōng-Měi	Sino-American **[AT]**
màoyì	Handel **[S]**
màoyì gōngsī	Handelshaus, Handelsfirma **[PH]**
Zhōng-Měi Màoyì Gōngsī	Sino-American Trading Company
Wǒ xìng Shī. Duìbuqǐ, wǒ méi dài míngpiàn.	Mein Name ist Shi. Entschuldigen Sie bitte, ich habe keine Visitenkarten dabei.
Wǒ zài Zhōng-Měi Màoyì Gōngsī gōngzuò.	Ich arbeite bei der Sino-American Trading Company.

3. Rogers (stellt Frau Shi Mr. Holbrooke vor)

jīnglǐ	Manager **[S]**
zǒngjīnglǐ	General Manager **[S]**
-de	(zeigt an, dass das was vorangeht, das, was folgt, beschreibt)
Zhōng-Měi Màoyì Gōngsīde Shī Xiáojie	Frau Shi von der Sino-American Trading Company
Zǒngjīnglǐ, zhè shi Zhōng-Měi Màoyì Gōngsīde Shī Xiáojie.	Mr. Holbrooke, das ist Frau Shi von der Sino-American Trading Company.

4. Holbrooke

à	„oh", „aha" (hier im Dialog nicht übersetzbar) **[I]**
Hóu	Hou **[FN]**
À, huānyíng, huānyíng! Wǒ xìng Hóu.	Willkommen! Mein Name ist Hou.

5. Taiwanerin

Yīngguo	England **[OW]**
Yīngguo rén	Engländer/in
yě shi Yīngguo rén ba	ist wohl auch Engländer
Xièxie. Zǒngjīnglǐ yě shi Yīngguo rén ba?	Danke. Mr. Holbrooke, ich nehme an, Sie sind auch Engländer?

6. Holbrooke

gēn	mit, und **[KJ]**
wǒ gēn Luó Xiáojie	Frau Luo und ich
dōu bù	beide nicht, weder … noch …
dōu bú shi Yīngguo rén	sind beide keine Engländer
Bù, wǒ gēn Luó Xiáojie dōu bú shi Yīngguo rén. Wǒmen shi Měiguo rén.	Nein, weder Ms. Rogers noch ich sind Engländer, Wir sind Amerikaner.

7. Taiwanerin

gǎo	machen, hinkriegen **[V]**
cuò	falsch sein **[SV]**
-cuò	falsch **[RE]**
gǎocuò	etwas falsch machen, sich irren **[RB]**
-le	(zeigt eine vollendete Handlung an) **[P]**
gǎocuòle	etwas falsch gemacht haben, sich geirrt haben
Ò, duìbuqǐ, wǒ gǎocuòle.	Oh, Entschuldigung, ich habe mich geirrt.

8. Holbrooke

méi guānxi	„macht nichts“ **[IA]**
Méi guānxi.	Das macht doch nichts.

Ergänzungsvokabular

1. xiānsheng	Herr **[S]**
nèiwèi xiānsheng	jener Herr (höflich)
Nèiwèi xiānsheng shi shéi?	Wer ist dieser Herr?
2. tàitai	verheiratete Frau, Dame **[S]**
nèiwèi tàitai	jene Dame (höflich)
Nǐ rènshi nèiwèi tàitai ma?	Kennst du diese Dame?
3. xiáojie	Junge Frau („Fräulein“ im Dt. veraltet) **[S]**
zhèiwèi xiáojie	diese junge Dame (höflich)
Zhèiwèi xiáojie xìng Bái.	Diese junge Dame heißt Bai.

Grammatische und kulturelle Anmerkungen

1A. Visitenkarten. Es ist zwar immer besser, wenn man von jemandem vorgestellt wird, aber es ist auch durchaus akzeptabel, sich in der beschriebenen Weise selbst vorzustellen. Unter Geschäftsleuten ist es üblich, bei der Vorstellung die Visitenkarten auszutauschen; Chinesische Studierende tun dies nicht, doch kann es sinnvoll sein, wenn Sie sich in China Visitenkarten drucken lassen. Chinesen, die oft im Ausland unterwegs sind oder viel Kontakt mit Nichtchinesen haben, lassen ihre Visitenkarten häufig zweisprachig drucken, auf einer Seite auf Chinesisch, auf der anderen auf Englisch. Sie sollten das gleiche tun, wenn Sie sich Visitenkarten zulegen. Auf einer Visitenkarte sollten folgende Angaben stehen: Name der Person, **dānwèi** oder Arbeitgeber, Position, wenn möglich der höchste akademische Abschluss und das Fachgebiet, Büro- (und ggf. Heim-)adresse, Festnetz und Handynummer, E-Mail und, sofern vorhanden, Faxnummer und Webadresse. Auf manchen Visitenkarten finden sich sogar Mini-CVs (Kurzlebensläufe). Zwar sind die meisten Visitenkarte auf einfachem weißem Karton gedruckt, der Autor hat aber auch schon auf Bambus oder gar auf 24-Karat-Goldfolie gedruckte Visitenkarten erhalten! Visitenkarten haben in der chinesischen Gesellschaft eine ganz zentrale Bedeutung: Sie zeigen auf einen Blick den Rang einer Person an und machen deren Position in der sozialen „Hackordnung“ klar. Eine Visitenkarte liefert auf einfache und praktische Weise Informationen über ihren Träger und macht diesen glaubwürdig. Wenn Sie eine Visitenkarte bekommen, sollten Sie diese ausgiebig studieren, bevor sie diese einstecken. Viele Chinesen sammeln die erhaltenen Visitenkarten in Alben, die sehr praktisch sein können, wenn es darum geht, Neujahrs- oder Urlaubskarten zu verschicken. Bei einem Bankett oder einem Business Meeting kann es vorteilhaft sein, die erhaltenen Visitenkarten vor sich aufzureihen, so bringen Sie die Bankettteilnehmer oder Ihre Gesprächspartner nicht so leicht durcheinander. Wann immer Sie eine Visitenkarte erhalten, sollten auch Sie eine überreichen. Von Geschäftsleuten, aber auch jedem anderen „Profi“ wird erwartet, dass er stets Visitenkarten bei sich trägt. Daher ist es ein Grund, sich zu entschuldigen, wenn man keine Visitenkarten bei sich hat, wie dies z.B. in der Basis-Konversation dieser Lektion der Fall ist. Wenn Sie jemandem Ihre Visitenkarte geben, halten Sie

Visitenkarten erfüllen in China eine wichtige Funktion, da aufgrund ihrer sofort klar wird, wer wo in der „Hackordnung“ der chinesischen Gesellschaft steht.

diese zwischen Daumen, Zeige- und Mittelfinger beider Hände (das ist ein Zeichen für Respekt), und zwar mit der chinesischen Seite nach oben, um es Ihrem Gegenüber zu ermöglichen, Ihren Namen schon beim Überreichen der Karte zu lesen, worauf diese Person mit einem leichten Neigen des Kopfes antworten wird. Sollten Sie sitzen, stehen Sie auf, um Ihre Visitenkarte zu überreichen, es sei denn, die Person sitzt direkt in Ihrer Nähe. Auf keinen Fall sollten Sie Ihre Visitenkarte einfach über den Tisch werfen oder schieben.

1B. **Qǐng duō zhǐjiào** ist eine höfliche Phrase, die wörtlich übersetzt so viel wie „(Ich) bitte (um) viel Belehrung" bedeutet. Seine Funktion entspricht der des „Ich freue mich, Sie kennen zu lernen" im Deutschen. Es handelt sich um nichts weiteres als um eine höfliche Phrase, die Person, die sie ausspricht, meint damit in der Regel nicht, dass sie um Belehrung bittet. Achten Sie darauf, das **duō** „viel, mehr" nicht wie das im Sinn völlig davon verschiedene **dōu** „alle, beide" auszusprechen. Denken Sie daran, dass, wie sonst auch, das Adverb (**duō**) vor dem Verb (**zhǐjiào**) steht.

Ein wohlhabendes Ehepaar beim Abendessen in ihrer Wohnung in Taipei

2A. **MÉI zur Verneinung von Aktionsverben in der Vergangenheit.** Das Hilfsverb **méi** vor einem Aktionsverb zeigt an, dass die verneinte Handlung, d.h. eine nicht ausgeführte Verbhandlung, in der Vergangenheit liegt. In dieser Äußerung bedeutet **méi dài** „nicht mitgebracht haben" und **wǒ méi dài míngpiàn** „Ich habe keine Visitenkarten dabei (bzw. „mitgebracht")". In Anmerkung 7B dieser Lektion werden wir uns damit beschäftigen, wie eine in der Vergangenheit ausgeführte Handlung ausgedrückt wird. Das Bildungsmuster mit **méi** zum Ausdruck der Verneinung von Verben in der Vergangenheit ist wie folgt aufgebaut:

Subjekt	MÉI	Handlungsverb
Tāmen	**méi**	**lái.**

„Sie sind nicht gekommen" oder „Sie kamen nicht".

Hier einige weitere Beispiele mit **méi** zur Verneinung eines Handlungsverbs in der Vergangenheit:

méi qù	„ging nicht", „ist nicht gegangen"
méi wèn	„fragte nicht", „hat nicht gefragt"
méi zǒu	„ging nicht", „ist nicht gegangen"
méi gōngzuò	„arbeitete nicht", „hat nicht gearbeitet"
méi gǎocuò	„irrte sich nicht", „hat sich nicht geirrt"
méi huí sùshè	„ging nicht zurück ins Wohnheim", „ist nicht zurück ins Wohnheim gegangen"

Man kann an einen Satz mit **méi** und Handlungsverb die Fragepartikel **ma** anhängen. Zum Beispiel:

Nǐ méi qù ma? „Bist du nicht gegangen?"

2B. **BÙ, BIÉ, BÚYÀO und MÉI im Kontrast.** Sie kennen jetzt die vier Verneinungsformen––**bù**, **bié**, **búyào** und **méi**—, die von Chinesischlernenden häufig durcheinander gebracht werden. Die folgende Tabelle soll Ihnen dabei helfen, diese vier Verneinungsformen zu kontrastieren und zu üben:

VERNEINUNGSFORM	GRUNDBEDEUTUNG	BEISPIEL	DEUTSCH
bù	nicht	**Tā bù gōngzuò.**	Er arbeitet nicht.
bié	(tue) nicht!	**Nǐ bié gōngzuò!**	Arbeite nicht!
búyào	(tue) nicht!	**Nǐ búyào gōngzuò!**	Arbeite nicht!
méi	nicht	**Tā méi gōngzuò.**	Er arbeitete nicht.

3A. Wie bereits erwähnt, ist es im Chinesischen üblich, Personen eher mit ihrem Titel anzureden als mit ihrem Namen oder einem Pronomen, wie z.B. **nǐ** „du" oder **nín** „Sie". Man redet den General Manager eines Unternehmens in der Regel mit „General Manager", einen Schuldirektor mit „Direktor" und einen Lehrer mit „Lehrer" an. Nur den Titel zu gebrauchen wird als höflicher angesehen, als die Person mit Namen und Titel oder gar mit einem Pronomen anzureden. Sollten allerdings z.B. mehrere General Manager zugegen sein, lässt es sich nicht vermeiden, diese mit dem Namen anzureden: z.B. **Hóu Zǒngjīnglǐ** „General Manager Hou" und **Wáng Zǒngjīnglǐ** „General Manager Wang" etc. Achten Sie darauf, dass bei der Anrede **Zǒngjīnglǐ** der Name VOR dem Titel steht (wie bei allen Titeln).

3B. **-DE um anzuzeigen, dass das, was davor steht, das was dahinter steht beschreibt.** Achten Sie auf die Partikel **-de** in **Zhōng-Měi Màoyì Gōngsīde Shī Xiáojie** „Ms. Shi von der Sino-American Trading Company". Das **-de** zeigt hier an, dass das was vor dem **-de** steht, das, was danach steht, beschreibt oder modifiziert. Das Muster beschreibende Phrase + **-de** + Nominalphrase wird häufig dazu eingesetzt, um die Zugehörigkeit einer Person zu einem Unternehmen oder zu einer Institution auszudrücken. Das Muster wird wie folgt gebildet:

vorangehende beschreibende Phrase	-DE	nachfolgendes Substantiv
Zhōng-Měi Màoyì Gōngsī	**de**	**Shī Xiáojie**

„Sino-American Trading Company's Frau Shi" oder „Frau Shi von der Sino-American Trading Company."

Beachten Sie, dass dieses **-de** eng verwandt ist mit dem Ihnen bereits bekannten **-de**, das Besitz anzeigt, wie z.B. in **wǒde tóngwū** „mein Mitbewohner" (vgl. 2-2: 3E). Im Folgenden finden Sie noch einige Beispiele für vollständige Sätze mit **-de,** die anzeigen, dass das, was vorangeht, das, was folgt, näher beschreibt.

Zhèiwèi shi Zhōngguo Wàijiāobùde Mǎ Xiānsheng.
„Das ist Herr Ma vom chinesischen Außenministerium."
(wörtl. „Dieser Ehrenwerte ist Chinas Außenministeriums Herr Ma.")

Wǒmen huānyíng Yīngguo Dàshǐguǎnde Xiè Nǚshì!
„Wir heißen Frau Smith von der Britischen Botschaft willkommen!"
(wörtl. „Wir heißen willkommen Britische Botschafts Frau Smith."

Nà shì bu shi Xiānggǎng Zhōngwén Dàxuéde Bái Yùhuì Lǎoshī?
„Ist das nicht Professor Bai Yuhui von der Chinese University of Hongkong?"
(wörtl. „Dies ist nicht ist Hongkong Chinese University's Bai Yuhui Lehrer?")

6A. Denken Sie daran, dass **bù** alleine als „Nein" gebraucht werden kann. Die vollständigere Form ist allerdings **bú shì**. Wir empfehlen Ihnen, **bú shì** zu verwenden.

Der Mazu-Tempel in Magong auf dem Penghu-Archipel

6B. Mit **Gēn** werden in der Regel nur Nomen und Pronomen verbunden, keine Verben oder Phrasen. So können Sie **nǐ gēn tā** „du und sie" oder **Běijīng gēn Táiběi** „Beijing und Taipei" sagen, aber NIEMALS ***Tā xuéxí gēn gōngzuò**, um „Sie studiert und arbeitet" auszudrücken. Anstelle dessen müssten Sie **yě** „auch" benutzen und **Tā xuéxí, yě gōngzuò** „Sie studiert, auch arbeitet" sagen.

6C. Die wörtliche Bedeutung von **Wǒ gēn Luó Xiáojie** ist „Ich und Ms. Rogers". Im höflichen Deutsch ist es üblich, die andere Person zuerst zu nennen, z.B. „Ms. Rogers und ich." Das gibt es im Chinesischen nicht. Auf Chinesisch würde man **wǒ gēn nǐ** „ich und du" oder **wǒ gēn tā** „sie und ich" usw. sagen.

6D. BÙ DŌU vs. DŌU BÙ und MÉI DŌU vs. DŌU MÉI. In der Basis-Konversation für Lektion 2-1 haben wir den Ausdruck **bù dōu** in dem folgenden Satz kennengelernt:

Wǒmen bù dōu shi Měiguo rén.

„Wir sind nicht alle Amerikaner." (wörtl. „Wir nicht alle sind Amerikaner.")

In der Basis-Konversation für diese Lektion findet sich folgender Satz mit **dōu bù**:

Wǒ gēn Luó Xiáojie dōu bú shi Yīngguo rén.

„Weder Ms. Rogers noch ich sind Engländer." (wörtl. „Ich und Ms. Luó beide nicht sind Engländer.")

Wie bereits festgestellt (2-1: 6A), ist es wichtig, zwischen **bù dōu** „nicht alle" und **dōu bù** „alle nicht", „keine/r" zu unterscheiden. Sätze mit **bù dōu** drücken aus, dass die Mitglieder einer Kategorie nicht alle eine bestimmte Eigenschaft oder Zugehörigkeit (oder z.B. etwas getan haben) besitzen, was impliziert, dass einige dazu gehören bzw. eine Eigenschaft haben und einige nicht. Sätze mit **dōu bù** hingegen stellen fest, dass alle Mitglieder einer Kategorie eine bestimmte Eigenschaft oder Zugehörigkeit nicht besitzen. Vergleichen Sie dazu folgende Sätze:

Wǒmen bù dōu shi Měiguo rén.	„Wir sind nicht alle Amerikaner."
Wǒmen dōu bú shi Měiguo rén.	„Niemand von uns ist Amerikaner."

In dieser Lektion wurde zudem **méi** als Verneinung für Handlungsverben in der Vergangenheit eingeführt. Die Kombinationen **méi dōu** „(Verb in der Vergangenheit) nicht alle" und **dōu méi** „alle (Verb in der Vergangenheit) nicht" sind beide möglich und funktionieren parallel zu **bù dōu** und **dōu bù**. Kontrastieren Sie folgende Sätze mit **méi**:

Tāmen méi dōu qù.	„Sie gingen nicht alle." (d.h. einige sind gegangen und einige nicht)
Tāmen dōu méi qù.	„Sie sind alle nicht gegangen." (d.h. niemand ist gegangen)

Wie **bù dōu** und **dōu bù** können **méi dōu** und **dōu méi** nicht alleine stehen, hinter ihnen muss immer ein Verb folgen. Im Deutschen könnten wir fragen „Sind alle gegangen?" und mit „Nicht alle!" antworten. Auf Chinesisch hingegen ist es nicht möglich, mit ***Méi dōu** zu antworten; die kürzestmögliche Antwort wäre vielmehr **Méi dōu qù** „Nicht alle gingen.".

7A. **Gǎocuò** ist ein Beispiel für ein Verb mit Resultativendung. Es setzt sich zusammen aus dem Handlungsverb **gǎo** „machen" und der Resultativendung **-cuò** „falsch", die das Resultat einer Handlung bezeichnet. Die wörtliche Bedeutung der beiden zusammen verwendeten Komponenten ist „etwas machen mit dem Resultat, dass es falsch ist", d.h. „falsch machen", „sich irren." Die Resultativverben, die im Chinesischen sehr häufig vorkommen, werden später noch ausführlicher behandelt.

7B. -LE, um eine vollendete Handlung auszudrücken. Hängt man die Partikel **-le** an ein Handlungsverb wie **gǎocuò** „etwas falsch machen", bedeutet es, dass diese Handlung bereits vollendet wurde. Daher bedeutet **Wǒ gǎocuòle** „Ich habe es falsch gemacht" oder „Ich habe mich geirrt." Das Bildungsmuster funktioniert wie folgt:

Subjekt	**Handlungsverb**	**-LE**
Tāmen	**lái**	**le.**

„Sie kamen" oder „Sie sind gekommen".

An Sätze, die mit **-le** aufhören, kann außerdem noch die Fragepartikel **ma** angehängt werden, z.B.:

Tāmen láile ma? „Sind sie gekommen?" oder „Kamen sie?"

Wenn das **-le** an ein Handlungsverb am Ende des Satzes angehängt wird, kann es tatsächlich beide Bedeutungen gleichzeitig repräsentieren: **-le** zum Ausdruck der vollendeten Handlung und **le** als Ausdruck einer veränderten Situation (1-4: 4C); anders gesagt werden dabei die beiden **le** in einem **le** zusammengefasst. Nicht-Handlungsverben wie **shì** „sein" erhalten niemals ein **-le** , um eine vollendete Handlung anzuzeigen. Bei Nicht-Handlungsverben wird durch den Kontext oder durch zusätzliche adverbiale Zeitbestimmungen klargemacht, dass an dieser Stelle die Vergangenheit gemeint ist. Im Folgenden finden Sie noch einige Beispiele, in denen **-le** die Vollendung einer Handlung ausdrückt:

Tā dàile.	„Sie hat sie mitgebracht."
Wǒ qùle.	„Ich bin gegangen."
Shìr wǒ dōu bànle.	„Ich habe mich um alles gekümmert."
Lǎo Gāo, Xiǎo Lǐ dōu zǒule.	„Der Alte Gao und der Kleine Li sind beide gegangen."

Xīn tóngxué nǐ dōu jièshaole ma? „Hast du alle neuen Kommilitonen vorgestellt?"

Die Verneinungsform eines Satzes, in dem **-le** die Vollendung einer Handlung ausdrückt, ist **méi** plus Verb (vgl. Anmerkung 2A weiter oben). Da das **-le** durch das **méi** ausgelöscht wird, kommt in solchen Sätzen kein **-le** vor, daher können Sie nicht ***Wǒ méi qùle** sagen, wenn Sie „Ich bin nicht gegangen" ausdrücken wollen. Die folgende Tabelle soll Ihnen bei der Wiederholung der Formen für die Bejahung und Verneinung von Handlungsverben helfen:

BEJAHT		VERNEINT	
*(Handlung wurde vollendet; zum Ausdruck einer vollendeten Handlung steht ein **-le** nach dem Verb)*		*(Handlung fand nicht statt; vor dem Verb kommt **méi**, es gibt kein **-le** zum Ausdruck der Vollendung der Handlung)*	
Wǒ qùle.	„Ich ging."	**Wǒ méi qù.**	„Ich ging nicht."
Tā gǎocuòle.	„Sie hat sich geirrt."	**Tā méi gǎocuò.**	„Sie hat sich nicht geirrt."

8. Achten Sie in dieser Zeile auf den äußerst nützlichen und weit verbreiteten idiomatischen Ausdruck **méi guānxi** „Macht nichts!" oder „das ist OK". Wörtlich bedeutet die Phrase: „Es gibt keinen Bezug."

EV1-3. Wiederholen Sie die verschiedenen Bedeutungen von **xiānsheng**, **tàitai** und **xiáojie**, die Sie in dieser und anderen Lektionen kennen gelernt haben:

CHINESISCHER AUSDRUCK	ALS ANREDE	ANZEIGEN VON VERWANDTSCHAFTSBEZIEHUNG	ALS GEWÖHNLICHES SUBSTANTIV
xiānsheng	Herr ...	Ehemann	Herr, Mann
tàitai	Frau ...	Ehefrau	(verheiratete) Frau
xiáojie	Fräulein ...	—	(unverheiratete) Frau

Zum besseren Verständnis sind hier noch einige weitere Beispiele mit **xiānsheng** aufgeführt:

Lǐ Xiānsheng shi Jiā'nádà rén. „Herr Li ist Kanadier."

Xiānsheng, qǐng nín bié qù! „Gehen Sie bitte nicht, mein Herr!"

Tā shi nǐde xiānsheng ma? „Ist er Ihr Ehemann?"

Nèiwèi xiānsheng xìng shémme? „Wie heißt dieser Herr mit Familiennamen?"

EV3. Wenngleich **xiáojie** in der Regel „unverheiratete Frau" bedeutet, kann es sich in Taiwan auch auf verheiratete Frauen beziehen, sofern es sich auf ihren Mädchennamen bezieht. Daher könnte eine Frau **Lǐ**, geborene **Wáng** auf der Arbeit als **Wáng Xiáojie**, von den Freunden des Ehemannes hingegen als **Lǐ Tàitai** angeredet werden.

Wiederholung und Lerntipps für Einheit 2

Neue Vokabeln

ADVERBIEN

zhèmme	so, in dieser Weise

ATTRIBUTIVE

Zhōng-Měi	Sino-American

BEWEGLICHE ADVERBIEN

kěshi	aber

CO-VERBEN

gěi	für
zài	sich in/an/auf befinden

FAMILIENNAMEN

Bái	Bai (wörtl. Weiß)
Chén	Chen
Hóu	Hou
Luó	Luo
Mǎ	Ma (wörtl. Pferd)
Shī	Shi
Wú	Wu

FRAGEWÖRTER

něi-	welche/r/s
něiguó	welches Land
shéi	wer, wem
shémme	was
zěmme	wie

GLEICHSETZENDE VERBEN

jiào	genannt werden/ sein
xìng	mit Familiennamen heißen

HILFSVERBEN

bié	(tue) nicht
búyào	(tue) nicht
méi	(verneint Handlungsverben in der Vergangenheit)
yīnggāi	sollen

IDIOMATISCHE AUSDRÜCKE

hǎo	„gut“, „OK“
guìxìng	„wie lautet der ehrenwerte Familienname?“
méi guānxi	„macht nichts“
qǐng wèn	„darf ich fragen?“

INTERJEKTIONEN

à	„oh“
ò	„oh“ *

KONJUNKTIONEN

gēn	und
nà	dann

ORTSWÖRTER

dānwèi	(Arbeits)Einheit
dàshǐguǎn	Botschaft
dàxué	Universität
gōngsī	Firma, Unternehmen
Jiā'nádà	Kanada
Mǎláixīyà	Malaysia
Měiguo	Amerika
Rìběn	Japan
Táiwān	Taiwan
wàijiāobù	Außenministerium
Xībānyá	Spanien
Xiānggǎng	Hongkong
Xīnjiāpō	Singapur
Yīngguo	England
Zhōngguo	China

PARTIKEL

-de	(zeigt Besitz an)
-de	(zeigt an, dass das, was davor steht, das, was dahinter steht beschreibt)
ba	(zeigt eine Vermutung an)
-le	(zeigt die Vollendung einer Handlung an)

PHRASEN

Huáyì Měiguo rén	Sino-Amerikaner/in
màoyì gōngsī	Handelsfirma

PRONOMEN

nà	jene/r/s
zhè	diese/r/s

RESULTATIVBBILDUNGEN

gǎocuò	etwas falsch machen

RESULTATIVENDUNGEN

-cuò	falsch

SPEZIFIZIERER

nèi-	jene/s/r
zhèi-	diese/s/r

STATISCHE VERBEN

cuò	falsch sein
gāoxìng	froh sein
xīn	neu sein

SUBSTANTIVE

Huáyì	Person chinesischer Abstammung
jīnglǐ	Manager
màoyì	Handel
míngpiàn	Visitenkarte
míngzi	Name
nǚshì	Frau, Dame
rén	Mensch, Person
tàitai	verheiratete Frau, Ehefrau
tóngshì	Kollege
tóngwū(r)	Mitbewohner/in
tóngxué	Kommilitone/Kommilitonin
xiānsheng	Ehemann, Herr
xiáojie	junge Frau
xiàozhǎng	Schulleiter, Rektor
zǒngjīnglǐ	General Manager

VERBEN

chēnghu	anreden
dài	(mit)bringen
gǎo	machen
gōngzuò	arbeiten
huānyíng	willkommen heißen
jiào	jemanden (mit Namen) nennen
jièshao	vorstellen
lái	kommen
rènshi	kennen, kennen lernen
wèn	fragen
xuéxí	lernen, studieren

ZAHLEN

yī	eins

ZÄHLEINHEITSWÖRTER

ge	(allgemeines Zähleinheitswort, „Stück“)
jiā	(für Firmen, Fabriken)
wèi	(höfliches Zähleinheitswort für Personen)

* Achtung: Diese Ausrufe können im Deutschen ggf. mit einer Vielzahl anderer Ausrufe oder auch gar keinem Ausruf übersetzt werden.

Die wichtigsten neuen grammatischen Muster

SHÌ in Sätzen mit einem Gleichsetzenden Verb: Wǒ shi Měiguo rén. „Ich bin US-Amerikaner." (2-1)

Nationalitäten: Měiguo rén „US-Amerikaner", **Zhōngguo rén** „Chinese" etc. (2-1)

JIÀO in Sätzen mit einem Gleichsetzenden Verb: Wǒ jiào Bái Jiéruì. „Mein Name ist Bai Jierui", **Nǐ jiào shémme míngzi?** „Wie heißt du?" (2-1)

BÙ DŌU vs. DŌU BÙ: Wǒmen bù dōu shi Měiguo rén. "„Wir sind nicht alle US-Amerikaner", **Wǒmen dōu bú shi Měiguo rén.** „Keiner von uns ist US-Amerikaner." (2-1, 2-4)

ZHÈI- und NÈI- als Spezifizierer mit dem höflichen Zähleinheitswort WÈI: zhèiwèi lǎoshī „dieser Lehrer", **nèiwèi tóngxué** „jener Kommilitone" (2-1)

YÍXIÀ(R) nach Verben, um sie weniger direkt und abrupt klingen zu lassen: jièshao yixiar „mal vorstellen", **lái yixia** „komm mal", **wèn yixia** „mal fragen" (2-2)

ZHÈ „dies" und NÀ „jenes" als pronominale Subjekte: Zhè shi Wáng Àihuá, zhè shi Chén Lì „Das ist Wang Aihua, das ist Chen Li", **Nà shi shéi?** „Wer ist das?" (2-2)

-DE um Besitz/Zugehörigkeit anzuzeigen: wǒde gōngzuò „meine Arbeit", **nǐde xīn tóngxué** „dein neuer Kommilitone" (2-2)

DÀO...LÁI: Qǐng nǐ dào túshūguǎn lái. „Komm bitte zur Bibliothek." (2-2)

BIÉ oder BÚYÀO, um eine verneinte Befehlsform auszudrücken: Qǐng nǐ bié qù! „Geh bitte nicht!", **Búyào jiào wǒ Lǎo Wáng!** „Nenn mich bitte nicht Alter Wang!" (2-2)

...HǍOLE: Nǐ hái shi jiào wǒ Xiǎo Chén hǎole. „Es wäre besser, wenn du mich Kleine Chen nennst!" (2-2)

XÌNG in Sätzen mit einem Gleichsetzenden Verb: Wǒ xìng Zhāng. „Ich heiße (mit Familiennamen) Zhang", **Nǐ xìng shémme?** „Wie lautet Ihr Nachname?" (2-3)

BA um Vermutung anzuzeigen: Tā shi Yīngguo rén ba „Ich nehme an, sie ist Engländerin.", **Nǐ lèile ba?** „Du bist bestimmt müde." (2-3)

MÉI um die Verneinung für Handlungsverben in der Vergangenheit auszudrücken: Tāmen méi lái. „Sie kamen nicht." (2-4)

-DE um anzuzeigen, dass das, was vorangeht, das, was folgt, näher beschreibt: Zhōng-Měi Màoyì Gōngsīde Shī Xiáojie „Frau Shi von der Sino-American Trading Company" (2-4)

MÉI DŌU vs. DŌU MÉI: Tāmen méi dōu qù. „Sie gingen nicht alle." **Tāmen dōu méi qù.** „Sie gingen alle nicht." (2-4)

-LE um eine abgeschlossene Handlung anzuzeigen: Wǒ gǎocuòle. „Ich habe mich vertan." (2-4)

EINHEIT 3

Zahlen, Daten, Zeit und Geld (I)

KOMMUNIKATIVE LERNZIELE

Wenn Sie diese Lektion beherrschen, sind Sie in der Lage, auf Chinesisch:

1. sich selbst jemandem anderes vorzustellen und bis 9.999 zu zählen;
2. über eine Chinesischlerngruppe zu sprechen: wie viele Lernende, wie viele Lehrende, wie viele männliche und weibliche Personen, deren Nationalität etc.;
3. zu fragen, wie alt jemand ist und selbst auf diese Frage zu antworten;
4. nach der Uhrzeit zu fragen und selbst Fragen nach der Uhrzeit zu beantworten;
5. zu fragen, wie lange es dauert, um zu einem bestimmten Ort zu kommen und diese Frage selbst zu beantworten;
6. einfache Einkäufe zu machen, zu fragen, ob Sie sich etwas anschauen dürfen, nach dem Preis zu fragen, zu sagen, ob Sie etwas günstig oder teuer finden, über Preise ab einem Fen (Cent) bis zu 9.999 Yuan oder Dollars/Euro zu sprechen;
7. mit einfachen Worten über Ihre Familie zu reden: Vater, Mutter, ältere und jüngere Brüder, ältere und jüngere Schwestern.

ABSCHNITT 1

„Wie viele Lerner sind in deiner Klasse?“

Zhang Xiaohui, die an der Beijing Foreign Studies University Englisch studiert, fragt Jerry Freeman nach der Chinesischlernergruppe, in der er am Chinese Language Center der Universität Chinesisch lernt.

Basis-Konversation 3-1

1. CHINESIN **Nǐmen bānshang yǒu jǐwèi tóngxué?**
   Wie viele Klassenkameraden sind in deiner Gruppe?

2. AMERIKANER **Yǒu shíwèi.**
   Es sind zehn.

3. CHINESIN **Dōu shi Měiguo rén ma?**
   Sind es alle Amerikaner?

4. AMERIKANER **Bù dōu shi Měiguo rén. Yǒu qíge Měiguo rén, liǎngge Déguo rén gēn yíge Fǎguo rén.**
   Es sind nicht alles Amerikaner. Sieben sind Amerikaner, zwei sind Deutsche und einer ist Franzose.

5. CHINESIN **Jǐge nánshēng, jǐge nǚshēng?**
   Wie viele Studenten und wie viele Studentinnen?

6. AMERIKANER **Yíbànr yíbànr. Wǔge nánde, wǔge nǚde.**
   Halb und Halb. Fünf männliche und fünf weibliche.

7. CHINESIN **Nà, nǐmen yǒu jǐwèi lǎoshī ne?**
   Und wie viele Lehrkräfte habt ihr?

8. AMERIKANER **Yígòng yǒu sānwèi. Liǎngwèi shi nǚlǎoshī, yíwèi shi nánlǎoshī.**
   Insgesamt drei. Zwei Lehrerinnen und einen Lehrer.

Build-Up

1. Chinesin

bān	Klasse, Gruppe [S]
bānshang	in einer Klasse [S+L]
nǐmen bānshang	in eurer Klasse
yǒu	es gibt, haben [V]

jǐ-	wie viele [FW]
jǐwèi	wie viele (Personen, höflich)
jǐwèi tóngxué	wie viele Klassenkameraden (höflich)
yǒu jǐwèi tóngxué	wie viele Klassenkameraden sind es
Nǐmen bānshang yǒu jǐwèi tóngxué?	Wie viele Klassenkameraden sind in deiner Gruppe?

2. Amerikaner

shí	zehn [Z]
shíwèi	zehn (Personen, höflich)
Yǒu shíwèi.	Es sind zehn.

3. Chinesin

Dōu shi Měiguo rén ma?	Sind es alle Amerikaner?

4. Amerikaner

qī	sieben [Z]
qíge	sieben (Personen oder Gegenstände)
yǒu qíge Měiguo rén	es sind sieben Amerikaner
liǎng-	zwei [Z]
liǎngge	zwei (Personen oder Gegenstände)
Déguo	Deutschland [OW]
Déguo rén	Deutsche/r
liǎngge Déguo rén	zwei Deutsche
yíge	ein, eine/r/s
Fǎguo	Frankreich [OW]
Fǎguo rén	Franzose, Französin
yíge Fǎguo rén	ein Franzose, eine Französin
Bù dōu shi Měiguo rén. Yǒu qíge Měiguo rén, liǎngge Déguo rén gēn yíge Fǎguo rén.	Es sind nicht alles Amerikaner. Sieben sind Amerikaner, zwei sind Deutsche und einer ist Franzose.

5. Chinesin

jǐge	wie viele [FW+ZEW]
nánshēng	Student [S]
nǚshēng	Studentin [S]
Jǐge nánshēng, jǐge nǚshēng?	Wie viele Studenten und wie viele Studentinnen?

6. Amerikaner

bàn(r)	halb [Z]
yíbàn(r)	die Hälfte, ein halbes
yíbànr yíbànr	Halb und Halb
wǔ	fünf [Z]
wǔge	fünf (Personen oder Gegenstände)
nánde	männlich, Mann [S]
nǚde	weiblich, Frau [S]
Yíbànr yíbànr. Wǔge nánde, wǔge nǚde.	Halb und Halb. Fünf männliche und fünf weibliche.

7. Chinesin

jǐwèi lǎoshī	wie viele Lehrer (höflich)
Nà, nǐmen yǒu jǐwèi lǎoshī ne?	Und wie viele Lehrkräfte habt ihr?

8. Amerikaner

yígòng	insgesamt [A]
sān	drei [Z]
sānwèi	drei (Personen, höflich)
yígòng yǒu sānwèi	insgesamt sind es drei

liǎngwèi	zwei (Personen, höflich)
nǚlǎoshī	Lehrerin [S]
liǎngwèi shi nǚlǎoshi	zwei sind Lehrerinnen
yíwèi	eine (Person, höflich)
nánlǎoshī	Lehrer [S]
yíwèi shi nánlǎoshī	einer ist ein Lehrer
Yígòng yǒu sānwèi. Liǎngwèi shi nǚlǎoshī, yíwèi shi nánlǎoshī.	Insgesamt drei. Zwei Lehrerinnen und einen Lehrer.

Ergänzungsvokabular: Die Zahlen von 1 – 10

1. yī	eins [Z]	**6. liù**	sechs [Z]
2. èr	zwei [Z]	**7. qī**	sieben [Z]
3. sān	drei [Z]	**8. bā**	acht [Z]
4. sì	vier [Z]	**9. jiǔ**	neun [Z]
5. wǔ	fünf [Z]	**10. shí**	zehn [Z]

Zusatzvokabular: Einige Länder Europas

1. Déguó	Deutschland [OW]	**16. Pútáoyá**	Portugal [OW]
2. Àodìlì	Österreich [OW]	**17. Xiōngyálì**	Ungarn [OW]
3. Ruìshì	Schweiz [OW]	**18. Jiékè**	Tschechien [OW]
4. Yīngguó	England, Großbritannien [OW]	**19. Bōlán**	Polen [OW]
5. Ài'ěrlán	Irland [OW]	**20. Sīluòfákè**	Slowakei [OW]
6. Hélán	Holland, Niederlande [OW]	**21. Lātuōwéiyà**	Lettland [OW]
7. Dānmài	Dänemark [OW]	**22. Àishāníyà**	Estland [OW]
8. Nuówēi	Norwegen [OW]	**23. Litáowǎn**	Litauen [OW]
9. Ruìdiǎn	Schweden [OW]	**24. Wūkèlán**	Ukraine [OW]
10. Fēnlán	Finnland [OW]	**25. Kèluódìyà**	Kroatien [OW]
11. Fǎguó	Frankreich [OW]	**26. Sīluòwénníyà**	Slowenien [OW]
12. Bǐlìshí	Belgien [OW]	**27. Luómǎníyà**	Rumänien [OW]
13. Lúsēnbǎo	Luxemburg [OW]	**28. Bǎojiāliyà**	Bulgarien [OW]
14. Yìdàlì	Italien [OW]	**29. Xīlà**	Griechenland [OW]
15. Xībānyá	Spanien [OW]		

Zusatzvokabular: Weitere Ländernamen

1. Āfùhàn	Afghanistan* [OW]	**13. Miǎndiàn**	Myanmar, Burma* [OW]
2. Bùdān	Butan* [OW]	**14. Níbó'ěr**	Nepal* [OW]
3. Āijí	Ägypten [OW]	**15. Cháoxiǎn (B)**	Nordkorea* [OW]
4. Yìndù	Indien* [OW]	**16. Bājīsītǎn**	Pakistan* [OW]
5. Yìndùníxīyà (B)	Indonesien [OW]	**17. Fēilùbīn**	Philippinen [OW]
6. Yǐsèliè	Israel [OW]	**18. Éguo (B)**	Russland* [OW]
7. Yìdàlì	Italien [OW]	**19. Nánfēi**	Südafrika [OW]
8. Hāsàkèsītǎn	Kasachstan* [OW]	**20. Hánguo**	Südkorea [OW]
9. Jí'ěrjísīsītǎn	Kirgistan* [OW]	**21. Tǎjíkèsītǎn**	Tadschikistan* [OW]
10. Lǎowō	Laos* [OW]	**22. Tàiguo**	Thailand [OW]
11. Mòxīgē	Mexiko [OW]	**23. Yuènán**	Vietnam* [OW]
12. Měnggǔ	Mongolei* [OW]		

Grammatische und kulturelle Anmerkungen

1A. Der Ausdruck **bānshang** setzt sich zusammen aus dem Substantiv **bān** („Klasse") und dem Lokalisierer **-shang** („in", wörtlich „auf"). Die Lokalisierer, bei denen es sich um Wortbestandteile handelt, die einen Ort anzeigen, werden weiter unten noch detailliert besprochen. **Bān** kann auch ohne **-shang** gebraucht werden, z.B. in einer

* kennzeichnet Länder mit gemeinsamer Grenze zu China

Frage wie der folgenden:

Zhèige bān yǒu jǐge tóngxué?

„Wie viele Lerner sind in dieser Klasse?“ oder „Wie viele Lerner gibt es in dieser Klasse?“

1B. Ortswort + YǑU + Nominalphrase, um Existenz anzuzeigen.

Das Verb **yǒu** kann neben Besitz („haben“, vgl. 1-2) auch Existenz anzeigen („es gibt“, „da ist“). Das Bildungsmuster, um Existenz von etwas an einem bestimmten Ort auszudrücken, lautet:

Ortswort	YǑU	Nominalphrase
Bānshang	**yǒu**	**qíge tóngxué.**

„In der Klasse sind sieben Klassenkameraden.“

Hier noch einige weitere Beispiele für diese Sprachverwendung:

Túshūguǎn yǒu jǐge rén?	„Wie viele Personen sind in der Bibliothek?“
Shítáng xiànzài yǒu shíge rén.	„Im Augenblick sind zehn Leute in der Mensa.“
Gōngsī yǒu yíwèi Yīngguo tóngshì.	„In der Firma gibt es einen englischen Kollegen.“
Zhōngguo yǒu hěn hǎode dàxué!	„In China gibt es sehr gute Universitäten.“

Yǒu kann zudem am Satzanfang oder auch nach einem Adverb verwendet werden, um „es gibt“, „da ist“ auszudrücken. Hier einige Beispiele:

Yǒu liǎngwèi Zhōngguo lǎoshī gēn yíwèi Měiguo lǎoshī.

„Es gibt/gab zwei chinesische und einen amerikanischen Lehrer.“

Míngtiān yǒu gōngkè ma?

„Gibt es Hausaufgaben für morgen?“

In der Regel bedeutet **yǒu** in Sätzen, deren Subjekt ein Nomen oder Pronomen ist, das eine Person oder ein Tier bezeichnet, „haben“, „besitzen“. Ist das Subjekt hingegen eine Orts- oder Zeitangabe, heißt es in der Regel „es gibt“, „dort ist“. Für chinesische Muttersprachler existiert hier allerdings kein Unterschied. Ein Satz wie **Wǒ yǒu yíge háizi** „Ich habe ein Kind.“ könnte ebenso gut als „Was mich betrifft, so existiert ein Kind.“ oder **Zhōngwén yǒu shēngdiào** „Chinesisch hat Töne.“ als „Was das Chinesische betrifft, so gibt es Töne.“ analysiert werden.

1C. **Jǐ-** vor einem Zähleinheitswort (wie zum Beispiel **ge** oder **wèi**) bedeutet „wie viele“. Es wird in der Regel bei Zahlen unter zehn gebraucht.

1D. **Jǐwèi** ist ein höflicher Ausdruck und bedeutet „wie viele (Personen)?“. Es ist aus dem Fragewort **jǐ-** und dem höflichen Zähleinheitswort für Personen **wèi** zusammengesetzt. **Jǐwèi** kann, wie hier, vor einem Substantiv, das sich auf Personen bezieht oder als Frage verwendet werden: **Jǐwèi?** „Wie viele?“ Die Bedienung in einem Restaurant könnte so fragen, wenn sie eine Gruppe von Gästen begrüßt. Hier finden Sie noch weitere Beispiele für **jǐ-** in Verbindung mit den Zähleinheitswörtern **wèi** und **ge**:

JǏ- + ZÄHLEINHEITSWORT + SUBSTANTIV	JǏ- + ZÄHLEINHEITSWORT (SUBSTANTIV WEGGELASSEN, ABER MITGEDACHT)
Jǐwèi xiānsheng? „Wie viele Herren?“	**Jǐwèi?** „Wie viele?“
Jǐwèi lǎoshī? „Wie viele Lehrkräfte?“	**Jǐwèi?** „Wie viele?“
Jǐge rén? „Wie viele Personen?“	**Jǐge?** „Wie viele?“
Jǐge tóngxué? „Wie viele Klassenkameraden?“	**Jǐge?** „Wie viele?“

2. Wenn man die Frage: „Wie viele Lerner sind in deiner Klasse?“ auf Chinesisch beantwortet, kann man KEINESFALLS einfach nur ***shí** sagen, wenn man „zehn“ ausdrücken will. Nach einer Zahl, die anzeigt, wie viele Menschen oder Gegenstände vorhanden sind, muss man stets ein Zähleinheitswort, wie z.B. **wèi** oder **ge** anfügen. Daher muss man für „zehn Studierende“ **shíwèi** „zehn höfliches Zähleinheitswort für Menschen“ sagen. Weniger höflich wäre hingegen **shíge** „zehn allgemeines Zähleinheitswort".

4A. Qíge Sieben (Personen). Viele Chinesen sprechen die Zahl **qī** „sieben", die normalerweise im Ersten Ton steht, im Zweiten Ton aus, wenn sie vor einer Silbe im Vierten Ton auftritt. Das gleiche gilt für die Zahl **bā** „acht". Das heißt:

qī + ge → **qíge**
bā + ge → **báge**

Diese Tonveränderungen werden als optionale Tonveränderungen angesehen, da sie nicht von allen Sprechern gemacht werden. Es ist genauso richtig **qīge** und **bāge** zu sagen und keinen Tonwechsel vorzunehmen.

4B. Achten Sie darauf, die Aussprachen von **jǐge** („wie viele") und **qíge** („sieben") auseinander zu halten. Das **q** von **qíge** wird aspiriert, also mit einem regelrechten kleinen Luftstoß ausgesprochen, das **j** von **jǐge** nicht. Das Gleiche gilt für **jǐwèi** „wie viele (höflich)" und **qíwèi** „sieben (höflich)". Außerdem unterscheiden sich natürlich auch die Töne der verschiedenen Silben.

4C. Hier wechselt der Sprecher vom höflicheren Zähleinheitswort **wèi** zum allgemeineren **ge**. Dafür gibt es zwei Gründe: Zum einen wird **wèi** in der Regel nicht vor dem Substantiv **rén** verwendet, da **rén** als zu allgemein angesehen wird; zum anderen ist es zwar angebracht, die höfliche Form bei einer Frage zu gebrauchen, die sich auf die Lerner im Kurs einer anderen Person bezieht, aber es ist nicht erforderlich, genauso höflich zu sein, wenn man nach den Lernern in der eigenen Gruppe fragt.

4D. **Liǎngge** oder **liǎng-** plus ein anderes Zähleinheitswort verwenden Sie praktisch immer, wenn Sie auf zwei Dinge Bezug nehmen wollen. Beim Zählen oder wenn Sie Ihre Telefonnummer oder Adresse sagen, müssen Sie hingegen anstelle von **liǎng** ein anderen Wort für „zwei", nämlich **èr** verwenden (vgl. EV2 in dieser Lektion). Jedenfalls können Sie auf KEINEN Fall ***èrge rén** für „zwei Personen" sagen. Hier finden Sie einige Beispiele mit **liǎng-** plus Zähleinheitswort:

liǎngge rén	„zwei Personen"
liǎngge míngzi	„zwei Namen"
liǎngwèi xiáojie	„zwei junge Damen"
liǎngjiā màoyì gōngsī	„zwei Handelsfirmen"

4E. Denken Sie daran, dass man mit **gēn** „und", das Sie in 2-4 kennen gelernt haben, nur Substantive verbinden kann, Verben oder Sätze hingegen nicht.

4F. **Yíge** „eine (Person)" ist aus der Zahl **yī** „eins" und dem allgemeinen Zähleinheitswort **ge** (das **gè** gesprochen wird, wenn es den vollen Ton hat) zusammengesetzt. Wie wir in 2-3: EV2 gesehen haben, wird aus dem Ersten Ton der Silbe **yī** normalerweise ein Zweiter Ton, wenn sie vor einer Silbe im Vierten Ton steht. Ein weiteres Beispiel dafür ist **yíwèi** „eine (Person)".

4G. Eine alternative Aussprache für **Fǎguo** „Frankreich", die Ihnen in Taiwan und auch anderswo begegnen kann, ist **Fàguo**.

5A. **Jǐge** „wie viele" (bis zehn) kann alleine oder auch vor einem Substantiv stehen. Hier einige Beispiele:

Yǒu jǐge?	„Wie viele sind es/da?"
Nǐ yǒu jǐge tóngxué?	„Wie viele Klassenkameraden hast du?"

5B. **Jǐge nánshēng, jǐge nǚshēng?** „Wie viele Studenten, wie viele Studentinnen?" Achten Sie darauf, dass es im Chinesischen kein Wort für „und" gibt. In Anmerkung 1-2: 3D haben wir die unmarkierte Koordination kennen gelernt. Wenn in einer Frage oder einer Aussage zwei gleichwertige Formen stehen, wird das Wort für „und" im Chinesischen oft weggelassen. Das gleiche gilt für den zweiten Satz der Äußerung 6 unten: **Wǔge nánde, wǔge nǚde** „Fünf Männer, fünf Frauen."

6. In Beijing und anderen Teilen von Nordchina sagt man gewöhnlich **yíbànr yíbànr**, in den meisten anderen chinesischsprachigen Gebieten hingegen **yíbàn yíbàn**.

7A. Das Wort **nà** „dann", das Sie zuerst in 2-2 kennen gelernt haben, wird verwendet, wenn der Sprecher das Thema wechseln will. Hier hat der Sprecher zunächst nach der Anzahl der Studierenden gefragt, das **nà** soll hier anzeigen, dass nun der Wechsel zur Frage nach der Anzahl der Lehrenden stattfindet. Das **Nà** entspricht somit dem deutschen „Und ...", „Nun ..." oder „Dann ...". Manche Chinesen beginnen viele ihrer Sätze mit **Nà**.

7B. Bei Fragen, die eine Fortsetzung der vorangegangenen Frage darstellen, dann aber nach weiteren Dingen fragen, ist es sehr verbreitet ein **ne** ans Satzende anzufügen. Die vorangegangene Frage in Zeile 1 war **Nǐmen yǒu jǐwèi tóngxué?** „Wie viele Klassenkameraden sind in deiner Gruppe?" Nun verschiebt die Studentin den Fokus ihrer Frage von den **tóngxué** zu den **lǎoshī** und fragt: **Nà, nǐmen yǒu jǐwèi lǎoshī ne?** „Nun, und wie viele Lehrkräfte habt ihr denn?"

Die kaiserlichen Ming-Gräber in der Nähe von Beijing

8A. Achten Sie in Zeile 5 auf **nánshēng** „Student (wörtl. männlicher Student)" und **nǚshēng** „Studentin (wörtl. weiblicher Student)". In Zeile 6 bedeutet dann **nánde** „männlich", "Mann" und **nǚde** „weiblich", „Frau". Dementsprechend heißt in Zeile 8 **nánlǎoshī** „Lehrer" und **nǚlǎoshi** „Lehrerin". Mittlerweile ist Ihnen sicherlich klar, dass die Gebundenen Formen **nán-** und **nǚ-** „männlich" bzw. „weiblich" bedeuten. Diese Gebundenen Formen kommen auch als Teile vieler anderer Wörter vor. Versuchen Sie auch selbst die Bestandteile der Wörter, die Ihnen begegnen, auf diese Weise zu analysieren.

EV1–10. Die Zahlen von Eins bis Zehn. Mit diesen Zahlen sollten Sie sich gründlich vertraut machen. Die Grundformen für diese Zahlen werden zum Zählen, für Telefonnummern, Adressen und Jahre verwendet. Um Substantive zu zählen, muss zwischen der Zahl und dem Substantiv ein Zähleinheitswort wie **ge** oder **wèi** eingefügt werden. Denken Sie auch daran, dass aus **èr** ein **liǎng-** wird, wenn ein Zähleinheitswort folgt (d.h. **liǎngge** oder **liǎngwèi**; Sie dürfen AUF KEINEN FALL ***èrge** sagen). Denken Sie zudem daran, dass **yī**, **qī** und **bā** vor Silben im Vierten Ton zumeist im Zweiten Ton gesprochen werden (z.B. **yíge**, **qíge**, **báge**); ausserdem verändert sich **yī** zu **yì** vor Silbem im ersten, zweiten und dritten Ton. Das wirkt am Anfang verwirrend, ist aber reine Gewohnheitssache und läuft am Ende wie von selbst.

EV6. Wenn Sie die Zahl **liù** „sechs" aussprechen, sollten Sie darauf achten, dass das in Pinyin **liu** geschriebene Wort eigentlich **liou** ausgesprochen wird.

ZV1–23/29. Die vierzehn Länder mit einer Grenze zu China sind mit einem Sternchen (*) versehen.

ZV5. Eine alternative Form (eigentlich eine Abkürzung) von **Yìndùníxīyà** „Indonesien", die Sie in Taiwan und gelegentlich auch andernorts antreffen, ist **Yìnní**.

ZV15. Eine alternative Aussprache von **Cháoxiǎn** „Korea", die man ebenfalls gelegentlich hört, ist **Cháoxiān**.

ZV18. Eine alternative Aussprache von **Éguo** „Russland", die Sie in Taiwan und gelegentlich auch andernorts antreffen, ist **Èguo**.

ZV20. In China bezeichnet **Hánguo** gewöhnlich Südkorea und **Cháoxiǎn** (oder **Cháoxiān**) Nordkorea. In Taiwan ist **Hánguo** das Wort für Korea, wobei **Nánhán** Süd- und **Běihán** Nordkorea bedeutet.

ABSCHNITT 2

Nach dem Alter fragen

Sylvia Thompson, eine US-amerikanische BA-Studentin, die als Austauschstudentin in Beijing eingeschrieben ist, zeigt einer ihrer Lehrerinnen Bilder von ihrer Familie.

Basis-Konversation 3-2

1. LEHRERIN *(sieht sich ein Foto an)* **Zhè shi nǐ fùqin ma? Tā duō dà niánji le?**
   Ist das dein Vater? Wie alt ist er?
2. THOMPSON **Wǒ xiángxiang kàn. Tā jīnnián wǔshisānsuì le—bù, wǔshisìsuì le.**
   Ich muss mal überlegen. Dieses Jahr ist er 53 – nein, 54.
3. LEHRERIN **Ò. Nà, zhèiwèi shi nǐ mǔqin ba?**
   Aha. Dann ist das wohl deine Mutter?
4. THOMPSON **Duì, tā jīnnián sìshibāsuì le.**
   Stimmt, dieses Jahr ist sie 48.
5. LEHRERIN **Zhè shi nǐ mèimei, duì bu dui? Tā hěn kě'ài! Tā jǐsuì le?**
   Das ist deine jüngere Schwester, stimmt's? Sie ist süß. Wie alt ist sie?
6. THOMPSON **Tā bāsuì. Xiàge yuè jiù jiǔsuì le.**
   Sie ist acht. Nächsten Monat wird sie neun.

Build-Up

1. Lehrerin

fùqin	Vater [S]
nǐ fùqin	dein Vater
duō	wie (viel) [FW]
dà	groß sein; alt sein (Personen) [SV]
duō dà	wie alt
niánji	Alter [S]

duō dà niánji	wie viele Jahre alt
tā duō dà niánji le	wie alt ist er
Zhè shi nǐ fùqin ma? Tā duō dà niánji le?	Ist das dein Vater? Wie alt ist er?

2. Thompson

xiǎng	denken [V]
kàn	sehen, ansehen [V]
xiángxiang kàn	mal nachdenken/überlegen
wǒ xiángxiang kàn	Ich muss mal überlegen
jīnnián	dieses Jahr [ZW]
suì	Jahr (Alter) [ZEW]
wǔshisānsuì	53 Jahre (alt)
tā jīnnián wǔshisānsuì le	Dieses Jahr ist er 53
wǔshisìsuì	54 (Jahre)
Wǒ xiángxiang kàn. Tā jīnnián wǔshisānsuì le—bù, wǔshisìsuì le.	Ich muss mal überlegen. Dieses Jahr ist er 53 – nein 54.

3. Lehrerin

mǔqin	Mutter [S]
Ò. Nà, zhèiwèi shi nǐ mǔqin ba?	Aha. Dann ist das wohl deine Mutter?

4. Thompson

duì	richtig sein [SV]
sìshibāsuì	48 Jahre (alt)
Duì, tā jīnnián sìshibāsuì le.	Stimmt, dieses Jahr wird sie 48.

5. Lehrerin

mèimei	jüngere Schwester [S]
zhè shi nǐ mèimei	das ist deine jüngere Schwester
duì bu dui	richtig oder nicht richtig „stimmt's?"
ài	lieben; mögen [V/HV]
kě'ài	lieblich; süß [SV]
tā hěn kě'ài	Sie ist süß
jǐsuì	wie viele Jahre (alt; bei einem Kind)
tā jǐsuì le	wie alt ist sie
Zhè shi nǐ mèimei, duì bu dui?	Das ist deine jüngere Schwester, stimmt's?
Tā hěn kě'ài! Tā jǐsuì le?	Sie ist süß. Wie alt ist sie?

6. Thompson

tā bāsuì	sie ist acht
xià-	nächste/r/s [SP]
xiàge	nächste/r/s
yuè	Monat [S]
xiàge yuè	nächsten Monat
jiù	dann [A]
xiàge yuè jiù jiǔsuì le	nächsten Monat wird sie neun Jahre
Tā bāsuì. Xiàge yuè jiù jiǔsuì le.	Sie ist acht. Nächsten Monat wird sie neun.

Ergänzungsvokabular

1. dìdi	jüngerer Bruder [S]
shàng-	letzte/r/s [SP]
shàngge	letzte/r/s
shàngge yuè	letzten Monat
Wǒ dìdi shàngge yuè hěn máng.	Mein Bruder war letzten Monat sehr beschäftigt.
2. méiyou	nicht haben; nicht da sein [V]
gēge	älterer Bruder [S]
wǒ méiyou gēge	ich habe keinen älteren Bruder
jiějie	ältere Schwester [S]
yě méiyou jiějie	ich habe nicht (auch noch) eine ältere Schwester
Wǒ méiyou gēge, yě méiyou jiějie.	Ich habe weder ältere Brüder noch ältere Schwestern.
3. cāi	raten [V]
cāicai kàn	zu raten versuchen
Nǐ cāicai kàn!	Versuche mal zu raten!

Grammatische und kulturelle Anmerkungen

1A. Alter.

a. Die verbreitetste Art und Weise, jemanden nach seinem Alter zu fragen, ist: **Nǐ duō dà niánji le?** „Wie alt bist du?“ (wörtl. „Wie groß bist du vom Alter?“). Der Grund für das **le** am Ende ist, dass für die Chinesischsprecher das Alter eine sich stetig verändernde Größe ist. Die tatsächliche Bedeutung des Chinesischen ist hier eher: „Wie alt bist du geworden?“ oder „Wie alt bist du jetzt?“

b. Eine kürzere und etwas weniger formelle Möglichkeit, nach dem Alter zu fragen, ist es **niánji** „Alter“ wegzulassen und einfach **Nǐ duō dà le?** „Wie alt bist du?“ (wörtl. „Wie groß bist du?“) zu fragen.

c. Eine formellere und höflichere Möglichkeit, nach dem Alter zu fragen ist: **Nín duō dà suìshu le?** „Wie alt sind Sie?“ (wörtl. „Wie groß sind Sie vom Alter?“; das Substantiv **suìshu** bedeutet „Alter“). Diese Art, nach dem Alter zu fragen, ist bei wesentlich älteren oder ranghöheren Personen angemessen.

d. Um nach dem Alter von Kindern bis zu zehn Jahren zu fragen, verwendet man zumeist: **Nǐ jǐsuì le?** (vgl. Zeile 5 in dieser Konversation). Einige Sprecher allerdings, vor allem in Taiwan, verwenden **Nǐ jǐsuì le?** auch für etwas ältere Personen, z.B. Teenager oder Studierende. Andererseits würden es die meisten Chinesen als unhöflich empfinden, wenn eine jüngere eine ältere Person mit **Nǐ jǐsuì le?** nach ihrem Alter fragt.

e. Das Muster, um sein Alter auszudrücken ist:

Subjekt	Zeitwort	Zahl	SUÌ	LE
Wǒ	**jīnnián**	**shíbā**	**suì**	**le.**

„Ich bin achtzehn.“

Das Zähleinheitswort **suì** bedeutet „Lebensjahr“ (vgl. Zeilen 2, 4, 5 und 6 der Konversation); **suì** kann nicht im Sinne von „Jahr“ , wie z.B. in dem Satz „Ich will für ein Jahr nach Beijing gehen“, verwendet werden. Anders als bei den meisten Zähleinheitswörtern folgt auf **suì** kein Substantiv. Wenn Sie „zwei Jahre alt“ ausdrücken wollen, müssen Sie **liǎngsuì**, auf KEINEN FALL aber ***èrsuì** sagen. In allen anderen Zusammenhängen wird für „zwei“ **èr** gebraucht, so hieße „22 Jahre alt“ **èrshi'èrsuì** und „42 Jahre alt“ **sìshi'èrsuì**. Es ist demgemäß in jeder Situation akzeptabel, **suì** zu sagen, allerdings kann man es in informellen Gesprächen weglassen, wenn es um ein Alter über elf Jahren geht, so heißt **Tā jīnnián sìshibā le** „Sie ist dieses Jahr 48.“ Es klingt dann etwas weniger formell und umgangssprachlicher. Wenn man über ein Alter unter elf Jahren spricht, ist das **suì** hingegen notwendig. Wir empfehlen, dass Sie in diesem Stadium Ihres Chinesischerwerbs das **suì** immer hinzufügen sollten, um sich daran zu gewöhnen. Wollte man „ein alter Herr von über 80 Jahren“ sagen, würde man dies mit **yíwèi bāshi duō suìde lǎo xiānsheng** ausdrücken.

f. Um „(so und so viele) ein halb (Jahre)“ zu sagen, wird **bàn** „halb“ verwendet, so z.B. in **sānsuì bàn** „dreieinhalb Jahre (alt)“.

g. Um Aussagen über das Alter mit **suì** zu negieren, verwendet man **méiyou** „nicht haben“ (vgl. EV2A); so hieße „Ich bin keine 18 Jahre alt.“ **Wǒ méiyou shíbāsuì.**

h. Um mit **suì** nach dem Alter zu fragen, können Sie die Ja-Nein-Verbkonstruktion **yǒu méiyou** „haben nicht haben“ verwenden, z.B. **Nǐ xiǎng tā yǒu méiyou liùshisuì? –Yǒu, tā yǒu!** „meinst du, sie ist (schon) 60?“ — „Ja, sie ist (schon 60).“

i. Anders als bei uns ist es in China, ganz gleich in welchem Kontext, nicht unhöflich, nach dem Alter zu fragen. Im Gegenteil werden Chinesen Sie relativ früh im Verlauf des Kennenlernens nach Ihrem Alter fragen, um sie besser in der sozialen Hierarchie einordnen zu können – schließlich ist das Alter in China von größerer Bedeutung als bei uns. (Schauen Sie sich in diesem Zusammenhang noch einmal die Verwendung von **Lǎo** und **Xiǎo** in informellen Gesprächen an: Dort verwenden Sie **Lǎo** für Personen, die älter als Sie und **Xiǎo** für Personen, die jünger als Sie sind.) Seien Sie also nicht beleidigt, wenn man Sie plötzlich nach dem Alter fragt. Wenn Sie wirklich nicht antworten möchten, können Sie immer noch **Nǐ cāicai kàn!** „rate mal“ sagen und dann auf die Rateversuche Ihres Gesprächspartners mit einem Lächeln oder – sofern diese in einem für Sie „akzeptablen“ Bereich landen – mit einem **Chàbuduō ba** “„ungefähr“ beantworten. Sie könnten auch **Fǎnzhèng bǐ nǐ dà!** „jedenfalls älter als du“ oder **Fǎnzhèng bǐ nǐ xiǎo!** „jedenfalls jünger als du“ sagen. Definitiv werden ältere Menschen in China höher geachtet als im Westen.

Dennoch sollten Sie etwas aufpassen, wenn Sie weltläufigere Chinesen nach ihrem Alter fragen, denn diese wiederum könnten nun davon ausgehen, dass „man im Westen“ nicht nach dem Alter fragt und Ihre Frage aus diesem Grund sonderbar finden. Sie können natürlich deren Alter „raten“ und sie dabei jünger einschätzen, als sie vermutlich sind (was ohnehin häufig der Fall ist, wenn man noch nicht viel Umgang mit Asiaten gehabt hatte); denn in diesem Falle werden diese Sie vermutlich korrigieren und Ihnen sogar ihr tatsächliches Alter verraten. Eine andere Möglichkeit ist es, weniger direkt zu sein und **Nǐ shi něinián shēngde?** „In welchem Jahr bist du geboren?“ zu fragen. Noch raffinierter wäre es **Nǐ shǔ shémme?** „Welches (chinesische) Sternkreiszeichen hast du?“ zu fragen. Diese Frage bezieht sich auf die zwölf chinesischen Jahrestiere, die jeweils ein Jahr in dem zwölfjährigen Sternkreis repräsentieren. Im Folgenden finden Sie die Jahre zu den chinesischen Tierkreiszeichen (mit ihren Gegenstücken aus dem westlichen Kalender) in der korrekten Reihenfolge:

1. **lǎoshǔ** „Ratte“: (1900, 1912, 1924, 1936, 1948, 1960, 1972, 1984, 1996, 2008, 2020)
2. **niú** „Rind“: (1901, 1913, 1925, 1937, 1949, 1961, 1973, 1985, 1997, 2009, 2021)
3. **hǔ** „Tiger“: (1902, 1914, 1926, 1938, 1950, 1962, 1974, 1986, 1998, 2010, 2022)
4. **tù** „Hase“: (1903, 1915, 1927, 1939, 1951, 1963, 1975, 1987, 1999, 2011, 2023)
5. **lóng** „Drache“: (1904, 1916, 1928, 1940, 1952, 1964, 1976, 1988, 2000, 2012, 2024)
6. **shé** „Schlange“: (1905, 1917, 1929, 1941, 1953, 1965, 1977, 1989, 2001, 2013, 2025)
7. **mǎ** „Pferd“: (1906, 1918, 1930, 1942, 1954, 1966, 1978, 1990, 2002, 2014, 2026)
8. **yáng** „Ziege“: (1907, 1919, 1931, 1943, 1955, 1967, 1979, 1991, 2003, 2015, 2027)
9. **hóu** „Affe“: (1908, 1920, 1932, 1944, 1956, 1968, 1980, 1992, 2004, 2016, 2028)
10. **jī** „Hahn“: (1909, 1921, 1933, 1945, 1957, 1969, 1981, 1993, 2005, 2017, 2029)
11. **gǒu** „Hund“: (1910, 1922, 1934, 1946, 1958, 1970, 1982, 1994, 2006, 2018, 2030)
12. **zhū** „Schwein“: (1911, 1923, 1935, 1947, 1959, 1971, 1983, 1995, 2007, 2019, 2031)

Natürlich wiederholen sich die Zyklen alle zwölf Jahre, aber normalerweise sollten Sie in der Lage sein, zu erkennen, ob eine Person 12, 24, 36, oder 48 Jahre alt ist.

(Beachten Sie, dass die chinesischen Jahre erst im Januar oder Februar des westlichen Kalenders beginnen. So kann es sein, dass zwei Personen im gleichen westlichen, aber in verschiedenen chinesischen Jahren geboren wurden. So könnte jemand, der im Jahr 1900 geboren wurde, entweder eine „Ratte“ sein oder auch ein „Schwein“ (dessen Jahr dem Jahr der Ratte vorangeht.)

j. Nach dem traditionellen chinesischen System der Altersrechnung ist man bei der Geburt bereits ein **suì** alt und mit dem ersten chinesischen Neujahr nach der Geburt sogar noch ein weiteres **suì** älter. So ist ein chinesisches Kind, wenn es z.B. am 5. Februar geboren wurde und Chinesisch Neujahr auf den 6. Februar fällt, mit zwei Tagen bereits zwei Jahre (**liǎngsuì**) alt. Die Altersrechnung nach diesem traditionellen System heißt **xūsuì**. In den Städten verwenden viele Chinesen mittlerweile allerdings die westliche Methode, die **shísuì** genannt wird. Daher kann man in der Alltagskonversation mit Chinesen nie ganz sicher in Bezug auf deren tatsächliches Alter sein, wenn man nicht explizit fragt, ob es sich um deren **xūsuì** bzw. **shísuì** handelt.

1B. In den Fragen **Tā duō dà niánji le?** und **Tā duō dàle?**, die beide „Wie alt ist sie/er?" bedeuten, ist **duō** ein Fragewort, das so viel wie „wie ..." oder „in welchem Umfang" bedeutet. **Duō** kombiniert mit dem Statischen Verb **dà** „groß sein" bedeutet „wie groß" oder besser noch „wie alt". **Duō** kann auch vor anderen Statischen Verben stehen, z.B.:

Duō nán?	„Wie schwierig?"
Duō hǎo?	„Wie gut?"
Nǐ duō gāo?	„Wie groß bist du?" (Körperhöhe)

Der Grund dafür, dass am Ende dieser Fragen nicht die Fragepartikel **ma** steht, liegt darin, dass **duō** selbst ein Fragewort ist. Wie Sie wissen, wird an Sätze, in denen bereits ein Fragewort vorhanden ist, kein **ma** angehängt. Achten Sie darauf, dass **duō** im Sinne von „wie" die alternative Aussprache **duó** haben kann, die Sie in Taiwan und zuweilen auch anderswo antreffen.

2A. Hier lernen Sie das gebräuchliche und sehr nützliche Verb **xiǎng** „(ich) denke/meine". Wie im Deutschen kann dieses Verb ein Objekt annehmen, z.B. **Wǒ xiǎng tā shi Déguo rén** „Ich denke, sie ist Deutsche". Achten Sie aber darauf, dass **xiǎng**, anders als im Deutschen, nicht negiert werden kann, wenn man „ich denke nicht, dass ..." ausdrücken will. Wenn Sie „Ich denke nicht, dass ..." ausdrücken wollen, müssen Sie im Chinesischen vielmehr **Wǒ xiǎng...bù...** sagen. So können Sie z.B. für „Ich glaube nicht, dass sie Deutsche ist" NICHT ***Wǒ bù xiǎng tā shi Déguo rén** sagen. Vielmehr müssten Sie dies mit **Wǒ xiǎng tā bú shi Déguo rén** ausdrücken.

2B. Verdoppelung einsilbiger Verben + KÀN. Schauen Sie sich einmal die Phrase **xiángxiang kàn** „probeweise überlegen/nachdenken" an. Ein verdoppeltes (also wiederholtes) einsilbiges Verb, dem ein **kàn** (wörtl. „sehen") folgt, hat die Bedeutung von „versuchen" plus die Bedeutung des einsilbigen Verbs. Dabei ist die zweite Silbe des verdoppelten einsilbigen Verbs oft im Neutralen Ton. Das Grundmuster dabei ist:

Verdoppeltes einsilbiges Verb	KÀN
xiángxiang	**kàn**
„mal denken", „zu überlegen versuchen"	

Hier noch einige weitere Beispiele:

Zuòzuo kàn.	„mal (probeweise) sitzen" (z.B. auf einem Sessel im Möbelgeschäft)
Shuōshuo kàn.	„zu sagen versuchen" (z.B. einen Zungenbrecher)
Tīngting kàn.	„mal anhören" (z.B. unbekannte Musik)

2C. Die Zahlen von 11 bis 99 mit SHÍ. Um die Zahlen zwischen 11 und 19 auszudrücken, verwenden Sie **shí** „zehn", dem dann unmittelbar die entsprechende Grundzahl folgt:

shíyī	„11"	**shísì**	„14"	**shíqī**	„17"
shí'èr	„12"	**shíwǔ**	„15"	**shíbā**	„18"
shísān	„13"	**shíliù**	„16"	**shíjiǔ**	„19"

Um ein Mehrfaches von 10 auszudrücken, verwenden Sie zuerst die Grundzahl, welche die Anzahl der „Zehner" ausdrücken soll, und fügen dann unmittelbar **shí** „zehn" an:

èrshí	„20"	**wǔshí**	„50"	**bāshí**	„80"
sānshí	„30"	**liùshí**	„60"	**jiǔshí**	„90"
sìshí	„40"	**qīshí**	„70"		

Um Zahlen zwischen einem Mehrfachen von 10 und dem nächsten Mehrfachen von 10 auszudrücken, verwenden Sie zunächst die Grundzahl, die das Mehrfache von 10 bestimmen soll, fügen dann unmittelbar **shí** „zehn" und daraufhin wieder die entsprechende Grundzahl an. Beispiele hierfür sind: **èrshiyī** „21", **liùshisān** „63", **jiǔshijiǔ** „99" – ein sehr einfaches und logisches System, wie Sie sehen. Das **shí** in der mittleren Silbe solcher zusammengesetzter Zahlen wird in der Regel im Neutralen Ton ausgesprochen.

Wachttier bei den Ming-Gräbern in der Nähe von Beijing

2D. **Tā jīnnián wǔshisānsuì le** „Er ist dieses Jahr 53". Es ist sehr üblich, im Chinesischen bei Fragen (und Antworten) bezüglich des Alters **jīnnián** „dieses Jahr" hinzuzufügen (Im Deutschen würde man eher sagen: „Er ist 53".). Achten Sie darauf, dass hier kein **shi** vorhanden ist (normalerweise würde man NICHT ***Tā jīnnián shi wǔshisānsuì le** sagen).

3. Sie kennen nun **fùqin** „Vater" (Zeile 1) und **mǔqin** „Mutter" (diese Zeile). Diese Bezeichnungen sind etwas formeller als **bàba** „Papa" und **māma** „Mama", die Sie in 1-2 kennen gelernt haben. In der Regel können Sie beide Wortpaare verwenden, wenn Sie über Ihre eigenen Eltern sprechen, wenn Sie allerdings von den Eltern anderer Personen reden, sollten Sie **fùqin mǔqin** gebrauchen. Wenn Sie hingegen Ihre eigenen Eltern anreden, müssen Sie **bàba māma** benutzen. Zweifellos zeigt sich hier – ausgeprägter noch als z.B. im Deutschen – ein sexistisches Element in der Anordnung der Bezeichnungen für männliche und weibliche Personen. In der Tat müssen Sie **fùqin mǔqin** „Vater und Mutter" oder **bàba māma** „Papa und Mama" sagen. Es würde auf Chinesisch sehr sonderbar klingen, wenn Sie die Reihenfolge der Wörter vertauschen.

4A. Es gibt kein universell einsetzbares Wort für „Ja" im Chinesischen. Ein relativ verbreitetes ungefähres Äquivalent ist allerdings **duì** „korrekt sein, richtig, ja etc.", ein anderes ist **shì** „(so) sein". Beim Verneinen müssen Sie allerdings aufpassen, denn **bú duì** „nicht korrekt, falsch, nein" ist zwar korrektes Chinesisch (vor allem als Antwort auf die Ja-Nein-Frage **Duì bu duì?**), klingt aber recht abrupt und sogar unhöflich und wird daher nur zwischen Personen, die einander recht gut kennen, oder von ranghöheren Personen gegenüber rangniedrigeren benutzt. Ein Student würde einem Lehrer kaum mit **bú duì** antworten, der Lehrer dem Studenten hingegen schon. Eine „sicherere" Möglichkeit, „Nein" zu sagen, ist **bú shì** „es ist nicht (so)".

4B. Wenn Sie die Silbe **duì** „korrekt, richtig" aussprechen, sollten Sie daran denken, dass diese im Pinyin zwar **dui** geschrieben, aber **duei** gesprochen wird (daher reimt sie sich nicht auf das deutsche „hui", sondern auf „hey").

5A. Da das Alter in der chinesischen Gesellschaft nicht nur in Bezug auf die Generationen, sondern sogar unter Geschwistern wichtig ist, werden dieses nicht nur nach Geschlecht (z.B. „Brüder" vs. „Schwestern"), sondern auch nach dem Alter in Relation zum Sprecher (d.h. „Ältere(r) Bruder/Schwester" vs. „Jüngere(r) Bruder/Schwester") unterschieden.

5B. Anhängsel-Fragen. Schauen Sie sich bitte den ersten Satz in Zeile 5 an: **Zhè shi nǐ mèimei, duì bu dui?** „Das ist deine jüngere Schwester, stimmt's?". Man könnte auch **Zhè shi nǐ mèimei, shì bu shi?** oder **Zhè shi nǐ mèimei, shì ma?** „Das ist deine jüngere Schwester, ja?" fragen. Solche Fragen, in denen an einen Aussagesatz eine Ja-Nein-Frage oder eine **ma**-Frage „angehängt" wird, um den Aussagesatz in eine Frage umzuwandeln, sind im Chinesischen sehr verbreitet und sollen bei uns Anhängsel-Fragen genannt werden. Das Bildungsmuster der Anhängsel-Fragen ist nützlich, wenn Sie bestätigen möchten, dass sie etwas verstanden haben, zudem können Sie damit höfliche Vorschläge machen. Außerdem klingt Ihr Chinesisch dadurch flüssiger und natürlicher. Im Folgenden finden Sie noch weitere Beispiele fürAnhängsel-Fragen:

Tā shi nǐ àirén, duì bu dui?	„Sie ist deine Frau, stimmt's?"
Bānshang yǒu liǎngge Jiā'nádà rén, duì ma?	„In der Klasse sind zwei Kanadier, richtig?"
Nǐ shi Zhào Xiansheng, shì bu shi?	„Sie sind Herr Zhao, oder?"
Wǒmen qù shítáng, hǎo bu hao?	„Wir gehen in die Caféteria, O.K.?"
Wǒmen jīnnián bú qù, hǎo ma?	„Dieses Jahr gehen wir nicht, O.K.?"

6A. Einige Sprecher sagen **bāsuì** (ohne Tonveränderung) „acht Jahre (alt)", andere hingegen **básuì** (die Tonveränderung geschieht wegen des auf das **bā** folgende **suì**, das im Vierten Ton gesprochen wird).

6B. Merken Sie sich **xiàge** „der/die/das nächste" und **shàngge** „der /die/das letzte" (in SV1 in dieser Lektion).

Diese beiden Wörter können mit **yuè** „Monat" und mit den Wochentagen kombiniert werden. Diese werden Sie in 4-1 kennen lernen. Hier einige Beispiele:

shàngge yuè „letzten Monat"

xiàge yuè „nächsten Monat"

6C. Das Adverb **jiù** entspricht in etwa dem „schon" in „schon so früh" oder „schon so schnell".

6D. **LE zur Anzeige der erwarteten Veränderung einer Situation.** Schauen Sie sich den Satz **Xiàge yuè jiù jiǔsuì le** „Nächsten Monat wird sie (die kleine Schwester) neun." Das **le** am Satzende zeigt eine veränderte Situation an, obwohl sich die Situation noch gar nicht verändert hat (die kleine Schwester wird erst noch neun Jahre alt), sondern erst noch erwartet wird. Mit anderen Worten, wenn der Sprecher eine Veränderung erwartet, kann **le** genauso gut benutzt werden als wenn diese Veränderung bereits stattgefunden hat. Das Bildungsmuster dafür, dass **le** eine erwartete Veränderung der Situation ausdrückt, ist wie folgt:

Satz	LE
Tā xiàge yuè jiù jiǔsuì	**le.**

„Nächsten Monat wird sie neun."

Die Verwendung von **le** zum Ausdruck einer erwarteten Veränderung der Situation ist im Grunde aber nichts anderes als eine Ableitung vom **le**, das eine veränderte Situation generell ausdrückt (vgl. 1-4: 4C).

EV2A. **MÉIYOU als Verneinungsform von YǑU.** **Méiyou** „nicht haben/es gibt nicht" ist die Verneinung des Verbs **yǒu**. Diese Verneinung ist im Chinesischen sehr weit verbreitet, daher sollten Sie sie gut beherrschen. Achtung: Sie können ***bù yǒu** NICHT als Verneinungsform von **yǒu** verwenden, obwohl alle anderen Verben mit **bù** verneint werden. Die Verneinungsform von **yǒu** ist **méiyou**. Vergleichen Sie:

BEJAHUNG	VERNEINUNG
qù „gehen"	**bú qù** „nicht gehen"
yào „wollen"	**bú yào** „nicht wollen"
yǒu „haben"	**méiyou** „nicht haben"

Die Frage **yǒu méiyou** „haben oder nicht haben" ist ausgesprochen weit verbreitet. Hier ein Beispiel:

Nǐ yǒu méiyou gēge? „Hast du ältere Brüder?"

Wie oben bereits ausgeführt können **bù** und **yǒu** nicht zusammen gebraucht werden, anstelle dessen sagt man **méiyou**. Wenn nun aber ein anderes Wort zwischen **bù** und **yǒu** tritt, wird die Verneinungsform doch mit **bù** gebildet. So heißt es zwar **Yǒu yìsi** „das ist interessant" und **Méiyou yìsi** „das ist nicht interessant"; wenn Sie aber das Adverb **tài** „zu (sehr)" einfügen, würden Sie **Bú tài yǒu yìsi** „nicht allzu interessant" sagen.

EV2B. An dieser Stelle sollten Sie die folgenden Verneinungsformen, die Sie bisher kennen gelernt haben, wiederholen und sicherstellen, dass Sie diese unterscheiden können:

VERNEINUNGSFORM	GRUNDBEDEUTUNG	BEISPIEL	DEUTSCH
bù	nicht	**Tā bù gōngzuò.**	Er arbeitet nicht.
bié	tue nicht!	**Nǐ bié gōngzuò!**	Arbeite nicht!
búyào	tue nicht!	**Nǐ búyào gōngzuò!**	Arbeite nicht!
méi	tat/machte nicht	**Tā méi gōngzuò.**	Er arbeitete nicht.
méiyou	nicht haben;	**Wǒ méiyou jiějie.**	Ich habe keine ältere Schwester.
	es gibt nicht	**Míngtiān méiyou gōngkè!**	Für Morgen gibt es keine Hausaufgabe.

Eine Teetasse kaufen

Jonathan Little, ein US-amerikanischer Student, der in einer Anwaltskanzlei in Beijing sechs Monate Praktikum macht, kommt an einem Geschäft für Kleidung und Küchensachen vorbei. Er fragt den Verkäufer zunächst nach dem Preis eines Mantels in der Auslage und dann nach dem Preis einer Teetasse.

Basis-Konversation 3-3

1.	LITTLE *(schaut sich den Mantel an)*	**Qǐng wèn, zhèige duōshǎo qián?** Entschuldigung, was kostet der?
2.	VERKÄUFER	**Yìbǎi jiǔshibākuài.** 198 Yuan.
3.	LITTLE	**Yò, tài guìle!** Oh, das ist zu teuer!
	(zeigt auf eine Tasse)	**Zhèige bēizi duōshǎo qián?** Was kostet diese Tasse?
4.	VERKÄUFER	**Nèige zhǐ yào sānkuài wǔ.** Die kostet nur dreifünfzig.
5.	LITTLE	**Wǒ kànkan, xíng bu xíng?** Darf ich sie mir mal ansehen?
6.	VERKÄUFER	**Xíng, nín kàn ba.** Klar, schauen Sie sich die (ruhig) an.
7.	LITTLE *(schaut sich die Tasse an)*	**Hǎo, wǒ mǎi liǎngge.** O.K., ich kaufe zwei.

Build-Up

1. Little

zhèige	dieser/diese
duōshǎo	wie viel/e? **[FW]**
qián	Geld **[S]**
duōshǎo qián	wie viel Geld
Qǐng wèn, zhèige duōshǎo qián?	Entschuldigung, was kostet der/das?

2. Verkäufer

-bǎi	hundert [ZW]
yìbǎi	einhundert
kuài	Dollar/Euro/Yuan (Geldeinheit) [ZEW]
jiǔshibākuài	98 Yuan
Yìbǎi jiǔshibākuài.	198 Yuan.

3. Little

yò	„oh" [I]
guì	teuer sein [SV]
tài guìle	zu teuer
Yò, tài guìle!	Oh, das ist zu teuer!
bēizi	Tasse [S]
zhèige bēizi	diese Tasse
Zhèige bēizi duōshǎo qián?	Was kostet diese Tasse?

4. Verkäufer

nèige	jenes/jene
zhǐ	nur [A]
yào	wollen, brauchen, kosten [V]
zhǐ yào	kostet nur
sānkuài wǔ	dreifünfzig, 3,50 (Yuan)
Nèige zhǐ yào sānkuài wǔ.	Die kostet nur dreifünfzig.

5. Little

kànkan	mal anschauen
wǒ kànkan	ich schaue mal
xíng bu xíng	ist es O.K. oder ist es nicht O.K.
Wǒ kànkan, xíng bu xíng?	Darf ich sie mir mal ansehen?

6. Verkäufer

ba	(zeigt hier einen Vorschlag an) [P]
nín kàn ba	schauen Sie mal
Xíng, nín kàn ba.	Klar, schauen Sie sich die (ruhig) an.

7. Little

mǎi	kaufen [V]
wǒ mǎi liǎngge	Ich kaufe zwei
Hǎo, wǒ mǎi liǎngge.	O.K., ich kaufe zwei.

Ergänzungsvokabular

1. máo	zehn Fen, ein „Groschen" [ZEW]
wǔmáo	50 Fen
fēn	Fen (kleinste chinesische Geldeinheit, vergleichbar mit dem Cent oder dem Schweizer Rappen) [ZEW]
jiǔfēn	neun Fen
sānkuài wǔmáo jiǔfēn qián	drei Yuan und neunundfünfzig Fen
2. líng	Null [Z]
yìbǎi líng yī	einhunderteins
3. gōngshìbāo	Aktentasche [S]
nèige gōngshìbāo	jene Aktentasche
-qiān	tausend [Z]
yìqiān	1.000

yìqiānkuài	1.000 Yuan
yào yìqiānkuài	kostet 1.000 Yuan
Yò, nèige gōngshìbāo yào yìqiānkuài!	Wow, diese Aktentasche kostet 1.000 Yuan!
4. mài	verkaufen **[V]**
bēibāo	Rucksack **[S]**
tāmen màide bēibāo	die Rucksäcke, die sie verkaufen
dàizi	Tasche **[S]**
bēibāo gēn dàizi	Rucksäcke und Taschen
piányi	billig sein **[SV]**
dōu tǐng piányide	(sind) alle ziemlich billig
Tāmen màide bēibāo gēn dàizi dōu tǐng piányide.	Die Rucksäcke und Taschen, die sie verkaufen, sind alle ziemlich billig.
5. jiā	hinzufügen; plus **[V]**
Qīshí jiā èrshí shi duōshǎo?	Wie viel ist 70 plus 20?
6. jiǎn	abziehen; subtrahieren **[V]**
Jiǔshí jiǎn liùshí shi sānshí.	90 minus 60 ist 30.

Zusatzvokabular

1. Rénmínbì	RMB, Yuan, Chinesische Währung **[S]**
2. Táibì	NT, Taiwan Dollar, taiwanische Währung **[S]**
3. Gǎngbì	Hongkong Dollar, Währung Hongkongs **[S]**
4. Xīnbì	Singapur Dollar, singapurische Währung **[S]**
5. Měiyuán	US-Dollar **[S]**
6. Ōuyuán	Euro **[S]**
7. Yīngbàng	Britisches Pfund **[S]**

Grammatische und kulturelle Anmerkungen

1A. **ZHÈIGE und NÈIGE.** Beachten Sie das **zhèige** „dieser" in Zeile 1, **zhèige bēizi** „diese Tasse" in Zeile 3, **nèige** „jene" in Zeile 4 und **nèige gōngshìbāo** „jene Aktentasche" in EV3. Die Wörter **zhèige** und **nèige** setzen sich beide aus einem Spezifizierer (**zhèi-** oder **nèi-**) sowie dem allgemeinen Zähleinheitswort **ge** zusammen. Das Bildungsmuster ist:

Spezifizierer	Zähleinheitswort	Deutsch
zhèi-	**ge**	„dies/e/r/s"
nèi-	**ge**	„jen/e/r/s"

Zhèige und **nèige** können entweder als Demonstrativadjektive, die ein darauf folgendes Nomen beschreiben (z.B. **Wǒ mǎi zhèige bēizi** „Ich kaufe diese Tasse."), oder als Pronomen fungieren. Wenn Sie als Pronomen fungieren, wird das Nomen, das ihnen folgt, weggelassen und muss erraten (inferiert) werden (**Wǒ mǎi zhèige** „Ich kaufe diese."). Die wörtliche Bedeutung von **zhèige bēizi** ist in etwa „dieses „Stück" (im Sinne der ganzen Tasse, wie „ein Stück Zucker") Tasse". Hier finden Sie noch einige weitere Beispiele mit **zhèige** und **nèige**:

zhèige bān	„diese Klasse"
zhèige yuè	„dieser Monat"
zhèige niánji	„dieses Alter"
zhèige nǚshēng	„diese Studentin"
nèige nánde	„jener Mann"
nèige bēibāo	„jener Rucksack"
nèige dānwèi	„jene Einheit"
nèige Fǎguo rén	„jener Franzose"
Zhèige, bú shi nèige!	„Dieser, nicht jener!"

Achten Sie auf den Unterschied zwischen den oben aufgeführten Ausdrücken und dem Fragewort **něige** „welch/e/r/s". **Něige** „welcher" und **nèige** „jener" sind sehr leicht zu verwechseln. Schauen Sie sich daher die folgende Konversation an:

Sprecher A:	**Něige rén?**
	„Welche Person? („Wer?")"
Sprecher B:	**Nèige rén!**
	„Jene Person!" („Dieser!", „Diese!")
Sprecher A:	**Něige?**
	„Welche/r?"
Sprecher B:	**Nèige!**
	„Jene/r!"

Schließlich sollten sie noch wissen, dass manche Sprecher **zhège**, **nàge** und **nǎge** anstatt **zhèige**, **nèige** und **něige** sagen.

1B. Das Fragewort **duōshǎo** „wie viel, wie viele" wird gebraucht, wenn die Zahl, nach der gefragt wird, 10 oder mehr beträgt. Wie Sie bereits wissen, wird das Fragewort **jǐ-**, dem ein geeignetes Zähleinheitswort folgt, bei Zahlen unter 10 verwendet. Schauen Sie sich einmal gründlich die folgenden Beispiele an:

Nǐ yǒu duōshǎo qián?	„Wie viel Geld hast du?"
Nǐ yǒu jǐkuài qián?	„Wie viele Yuan hast du?" (die Annahme ist, dass es weniger als zehn Yuan sind)
Yígòng yǒu duōshǎo rén?	„Wie viele Leute sind es insgesamt?"
Yígòng yǒu jǐge rén?	„Wie viele Leute sind es insgesamt?" (die Annahme ist, dass es weniger als zehn sind)

2A. Zahlen von 100 bis 999 mit **-BǍI**. Um Wörter für die „Hunderter" zu bilden, wird **-bǎi** „hundert" mit den Grundzahlen multipliziert:

yībǎi	„100"	**sìbǎi**	„400"	**qībǎi**	„700"
liǎngbǎi	„200"	**wǔbǎi**	„500"	**bābǎi**	„800"
sānbǎi	„300"	**liùbǎi**	„600"	**jiǔbǎi**	„900"

Bei „einhundert" kann man sowohl **yībǎi** als auch **yìbǎi** (mit einer Tonveränderung beim **yī**) sagen. Für „zweihundert" sagen die meisten **liǎngbǎi**, was wir auch empfehlen, andere hingegen sagen **èrbǎi**. Um Zahlen zwischen den Hunderterstellen zu bilden (wie z.B. 358), sagen Sie das entsprechende Mehrfache von 100 (hier 300 **sānbǎi**) dem direkt die Zahl unter 100 (hier 58 **wǔshibā**) folgt, sodass die gesamte Zahl 358 **sānbǎi wǔshibā** lautet.

3. LE nach **TÀI** in Aussagesätzen. Achten Sie auf das **le** nach dem Statischen Verb **guì** „teuer sein" im Satz **Yò, tài guìle** „Oh, das ist zu teuer!" Wenn Statischen Verben (und in selteneren Fällen auch Hilfsverben) in Aussagesätzen ein **tài** „zu (sehr)" vorangeht, folgt dem Statischen Verb (oder Hilfsverb) häufig ein **le**. Das Bildungsmuster ist:

Subjekt	TÀI	Verb	LE
Nèige	**tài**	**guì**	**le.**

„Jener ist zu teuer!"

In der Tat handelt es sich bei dem **le** um eben das **le**, das eine veränderte Situation anzeigt, das wir bereits in 1-4: 4C kennen gelernt haben. In einem Satz wie **Nèige tài guìle**, hat es im Geist des Sprechers eine Veränderung bezüglich des Ausmaßes des Teuer-Seins des fraglichen Dinges gegeben. Das bedeutet, der Sprecher ist ursprünglich davon ausgegangen, dass es nicht so teuer ist, hat aber nun erfahren, dass es doch teurer ist als gedacht. In verneinten Sätzen ist in der Regel kein **le** nach dem **tài**, weswegen man normalerweise **Bú tài guì** und nicht *__Bú tài guìle__ sagen würde. Hier noch einige Beispiele für **le** nach **tài** in Aussagesätzen:

Tài hǎole!	„Das ist prima!"
Nǐ tài jǐnzhāngle!	„Du bist zu nervös."
Zhèige bēizi tài dàle.	„Diese Tasse ist zu groß."
Nèige háizi tài kě'àile!	„Jenes Kind ist so süß!" (wörtl. „Jenes Kind ist zu süß!")

4A. YÀO um den Preis anzuzeigen. Sie kennen das Wort **yào** „wollen, brauchen, kosten" aus dem Ausdruck **búyào** „tue nicht" in 2-2. **Búyào** bedeutet wörtlich „(du) willst nicht". Das Muster im Chinesischen, um einen Preis für etwas auszudrücken, ist:

Ding	YÀO	Preis
Nèige bēizi	**yào**	**sānkuài wǔ.**

„Jene Tasse kostet dreifünfzig." (wörtl. „Jene Tasse will/wollen dreifünfzig.")

Beispiele:

Zhèige yào shíkuài.	„Diese kostet zehn Yuan."
Nèige yào duōshǎo qián?	„Wie viel kostet diese?"
Nèige gōngshìbāo yào yìbǎikuài.	„Jene Aktentasche kostet 100 Yuan."

Achten Sie darauf, die Aussprache von **yào** von der von **yǒu** zu unterscheiden. Sie sollten zudem wissen, dass anstelle von **yào** auch **mài** „verkaufen" oder **děi** „müssen" (im Sinne von „du musst zahlen") verwendet werden kann, um den Preis anzuzeigen. Außerdem kann man das **yào** auch weglassen, man braucht nämlich nicht unbedingt ein Verb zwischen dem Ding und seinem Preis.

4B. **Sānkuài wǔ** ist die Kurzform von **sānkuài wǔmáo**, was wiederum eine Abkürzung von **sānkuài wǔmáo qián** ist (vgl. ZV 1).

5A. VERBVERDOPPELUNG. Einige Verben werden häufig verdoppelt (d.h. wiederholt), um den Satz weniger abrupt und damit lockerer und freundlicher klingen zu lassen. An der Bedeutung ändert sich durch die Verdoppelung nichts. Zum Beispiel wird das Verb **kàn** „sehen, anschauen" häufig als **kànkan** verdoppelt. Die Wiederholung des Verbs hat häufig den Neutralen Ton. Das Bildungsmuster ist:

Verb	→	Verb Verb
kàn	→	**kànkan**

„mal (an)schauen"

Andere, Ihnen bereits bekannte Verben, die man wie **kàn** verdoppeln kann, sind:

shuō	„sagen"	→	**shuōshuo**
tīng	„hören"	→	**tīngting**
wèn	„fragen"	→	**wènwen**
zuò	„sitzen"	→	**zuòzuo**
xiǎng	„denken"	→	**xiángxiang**
cāi	„raten"	→	**cāicai**
jièshao	„vorstellen"	→	**jièshao jieshao**
rènshi	„kennen lernen"	→	**rènshi renshi**
xuéxí	„lernen"	→	**xuéxí xuexi**

Semantisch, also von der Bedeutung her, und von der grammatischen Funktion her entspricht die Verbverdoppelung der Verwendung von **yíxià(r)** nach einem Verb wie in **jièshao yixiar** "„mal vorstellen", das Sie in 2-2 kennen gelernt haben. Man könnte aber auch **Wǒ kàn yixia** anstelle von **Wǒ kànkan** sagen.

5B. **Xíng bu xíng** „O.K.?" ist ein weiteres Beispiel für eine Anhängsel-Frage (vgl. Anmerkung 5B in 3-2, wo wir **duì bu dui** vorgestellt haben). **Xíng bu xíng** wird besonders häufig in Nordchina gebraucht.

6. **BA um einen Vorschlag anzuzeigen.** In 2-3: 6B haben wir die Final-Partikel **ba** in ihrer Funktion, eine Vermutung auszudrücken, vorgestellt. Z.B. in **Nǐ bú shi Zhōngguo rén ba?** „Ich nehme an, Sie sind kein Chinese?". Die Partikel **ba** kann aber auch am Satzende angefügt werden, um einen Vorschlag auszudrücken, wie z.B. in **Nín kàn ba** „Schauen Sie doch mal!" Häufige Übersetzungen dieses „neuen" **ba** sind „Wie wäre es, zu ..." oder „... Sie doch mal" oder schlicht und einfach die Imperativform (Befehlsform) des Verbs. Das Bildungsmuster ist:

Aussage	BA
Nín kàn	**ba.**

„Schauen Sie doch mal!"

Analysieren Sie die folgenden Beispielsätze, in denen **ba** einen Vorschlag ausdrückt:

Zuò ba!	„Setz dich!"
Nǐ qù ba.	„Wie wäre es, wenn du (hin)gingest?"
Nǐ yě mǎi yíge ba.	„Warum kaufst du nicht auch einen?"
Wǒmen zǒu ba.	„Los geht's!"

7A. Beachten Sie, dass die ersten vier Silben der Äußerung **Hǎo, wǒ mǎi liǎngge** alle im Dritten Ton stehen. Sie wissen bereits, was geschieht, wenn zwei Dritte Töne aufeinander folgen; aber was ist mit Fällen wie diesem, in dem vier Dritte Töne hintereinander kommen? Zunächst einmal, wenn eine Pause vorhanden ist, geschieht gar nichts, daher bleibt **hǎo** im Dritten Ton. Was die restlichen Silben angeht, so ändert sich auch das **liǎng-** von **liǎngge** nicht, da es in dieser Gruppe die letzte Silbe im Dritten Ton ist. Was nun **wǒ** und **mǎi** betrifft, gibt es zum einen Sprecher, die beide im Zweiten Ton aussprechen würden, andere hingegen nur **mǎi**. Das heißt, man kann (die Tonveränderungen im Pinyin geschrieben) sowohl **wó mái liǎngge** als auch **wǒ mái liǎngge** sagen.

Bären und Zoobesucher im Beijinger Zoo

7B. Man kann natürlich sagen, dass das **hǎo** in **Hǎo, wǒ mǎi liǎngge** „gut" oder „O.K." bedeutet, aber wie im Deutschen hat es hier nur die Funktion, das Ende eines Gesprächs anzuzeigen. Damit wird signalisiert, dass die Phase des Verhandelns und Nachdenkens vorbei ist und eine Entscheidung getroffen worden ist.

EV1. Das Geldsystem. Die Grundeinheit der Währung Chinas ist der Yuan (**yuán** ausgesprochen), der dem Dollar oder dem Euro entspricht. Zuweilen heißt die Währung auch RMB, was eine Abkürzung für **Rénmínbì** „Volkswährung" darstellt. Dies ist die offizielle Bezeichnung der chinesischen Währung seit der Gründung der Volksrepublik China im Jahre 1949.

Auch in Taiwan heißt die Grundeinheit der Währung **yuán**, die auf Englisch als NT (New Taiwan Dollar) bezeichnet wird. Dies ist abgeleitet von der offiziellen Bezeichnung **Xīn Táibì** „Neue Taiwan-Währung".

Sowohl in der Volksrepublik als auch in Taiwan ist der **yuán** in zehn **jiǎo**, entsprechend unserem Groschen, eingeteilt, wobei jeder **jiǎo** wiederum zehn **fēn** (vergleichbar mit dem Cent) hat. Allerdings kommen aufgrund der Inflation der letzten Jahrzehnte **jiǎo** und **fēn** kaum noch zum Einsatz. **Yuán** und **jiǎo** sind formelle, in der Schriftsprache verwendete Begriffe, die allerdings von manchen auch in der gesprochenen Sprache benutzt werden. Allerdings gebraucht man in der Umgangssprache eher **kuài** (für **yuán**) oder **máo** (für **jiǎo**) Hier eine Zusammenfassung in tabellarischer Form:

FORMELLE BEZEICHNUNG	UMGANGSSPRACHLICHE BEZEICHNUNG	VERGLEICHBARE AUSDRÜCKE AUF DEUTSCH
yuán	**kuài**	Dollar/Euro
jiǎo	**máo**	Groschen
fēn	**fēn**	Cent

Sie sollten allerdings darauf achten, die formellen und die umgangssprachlichen Bezeichnungen nicht durcheinander zu gebrauchen.

Hier noch einige weitere Anmerkungen zum Thema Geld:

Basketballspiel an der Beijing Language and Culture University

a. Der Gebrauch des Wortes **máo**: Im Chinesischen kann man KEINESFALLS *__èrshiwŭfēn__ „fünfundzwanzig Fen“ sagen. Vielmehr wird dies mit **liăngmáo wŭfēn** ausgedrückt, was in etwa mit „zwei Groschen und fünf Cent“ übersetzt werden könnte. Wir empfehlen zwar die Verwendung von **liăng** mit **máo**, aber es gibt auch Sprecher, die an dieser Stelle **èr** gebrauchen würden; daher ist es, wenn man also das chinesische Äquivalent von 20 Cent ausdrücken will, genauso korrekt **liăngmáo** zu sagen wie **èrmáo**. In der Tat vermischen manche Sprecher sogar die beiden Zahlwörter in einer Äußerung, z.B. in **liăngkuài èrmáo wŭ** „zwei Yuan zwanzig Fen“. Außerdem sollte man wissen, dass zwar **èr** am Ende einer Summe auftauchen kann, niemals aber **liăng**, d.h. man könnte den abgekürzten Ausdruck **liăngkuài èr** „2,20“ verwenden, NIEMALS aber *__liăngkuài liăng__ (zu den Abkürzungen vgl. den nächsten Abschnitt).

b. Betrachten Sie einmal deutsche Ausdrücke für Geldsummen wie „zweifünfundsiebzig“ (kurz für „2 Euro 75 Cent“) oder 1 Euro 50 (kurz für 1 Euro 50 Cent). In diesen Fällen werden die Wörter, die aus dem Kontext leicht verständlich sind, weggelassen. Ähnliche Abkürzungen kennt man im Chinesischen auch, z.B. **yìmáo** (von **yìmáo qián**), **liăngmáo wŭ** (von **liăngmáo wŭfēn qián**) oder **sānbăikuà** (von **sānbăikuài qián**). Stehen **fēn** oder **máo** am Ende einer komplexen Phrase, die eine Geldsumme bezeichnet, werden sie beim Sprechen oft weggelassen, z.B. wird **liăngmáo wŭfēn** zu **liăngmáo wŭ** und **sānkuài wŭmáo** zu **sānkuài wŭ**. Gibt es in der Phrase allerdings nur eine Geldeinheit, darf diese nicht weggelassen werden. (Sie können also aus **sānkuài** nicht **sān** machen.) Was das Hörverstehen betrifft, können Sie, wenn Sie einen Ausdruck für eine Geldsumme hören, dessen letzter Bestandteil eine Zahl ist, davon ausgehen, dass es sich um die nächst niedrigere Einheit nach der letzten genannten Einheit handelt.

c. Nach Geldsummen, in denen nur eine Geldeinheit vorkommt, wird in der Regel das Wort **qián** „Geld" gebraucht. Beispiele: **qīkuài qián** „7,00“, **jiŭmáo qián** „neunzig Fen“, **sānfēn qián** „drei Fen“. Allerdings muss vor dem Wort **qián** immer ein Zähleinheitswort stehen. Daher dürfen Sie KEINESFALLS *__sānbăi èrshiwŭ qián__ sagen, vielmehr heißt es **sānbăi èrshiwŭ kuài qián**.

d. **Bàn** „halb“ kann ebenfalls bei Geldsummen verwendet werden. Um „3.50“ auszudrücken, kann man entweder **sānkuài wŭ** oder **sānkuài bàn** sagen. Achten Sie darauf, dass hierbei das **bàn** hinter dem Zähleinheitswort **kuài** steht.

Man kann die wesentlichen Bildungsmuster für den Ausdruck von Geldsummen wie folgt zusammenfassen:

Zahl	KUÀI	Zahl	MÁO	Zahl	FĒN	QIÁN
liù	**kuài**	**wŭ**	**máo**	**jiŭ**	**fēn**	**qián**

„6 Yuan 59 Fen“

EV2. Enthält eine Zahl Nullstellen, muss für diese das Wort **líng** „Null“ eingefügt werden. Allerdings wird es nur ein einziges Mal gesprochen, ganz gleich, wie viele Nullstellen die Zahl hat. Hier zwei Beispiele:

yìbăi líng yī „101“
yìqiān líng yī „1.001“

Das gleiche gilt für Geldsummen, z.B in **shíkuài líng wŭfēn** „10,05 Yuan“. Werden die Zahlen hingegen Ziffer für Ziffer gelesen, wird, wie im Deutschen (eins null null eins für „1.001“ anstatt „eintausendundeins), jede Ziffer, auch die Nullen (**líng**), gelesen: **yī líng líng yī** „1.001“.

EV3. **Zahlen von 1.000 bis 9.999 mit -QIĀN.** Das Grundmuster, um Wörter mit Tausend zu bilden, lautet: Grundzahl mal **-qiān** „tausend". Die Mehrfachen von 1.000 sind:

yìqiān	„1000"	**sìqiān**	„4000"	**qīqiān**	„7000"
liǎngqiān	„2000"	**wǔqiān**	„5000"	**bāqiān**	„8000"
sānqiān	„3000"	**liùqiān**	„6000"	**jiǔqiān**	„9000"

Beachten Sie, dass **-qiān**, wie **-bǎi**, nicht alleine stehen kann. Wollen Sie hingegen 100 bzw. 1.000 sagen, so heißt dies **yì bǎi** bzw. **yìqiān**. 9.999 wäre **jiǔqiān jiǔbǎi jiǔshijiǔ**.

EV4A. Achten Sie auf den Unterschied zwischen **mǎi** „kaufen" und **mài** „verkaufen".

EV4B. Achten Sie auf den Unterschied zwischen **piányi** „billig" und **róngyi** „leicht".

EV4C. Beachten Sie, dass das **-n** in **piányi** nicht wie ein normales **-n** ausgesprochen wird, sondern, dass es nasaliert wird. Der Grund dafür liegt darin, dass wenn eine Silbe mit **-n** aufhört und die folgende Silbe mit **y-**, **w-**, **h-** oder einem Vokal beginnt, das **-n** der ersten Silbe nicht richtig ausgesprochen wird, die Zunge gelangt nicht bis zum Gaumen, wodurch der Vokal der ersten Silbe nasaliert wird.

EV4D. Das **-de** in **tāmen màide bēibāo gēn dàizi** „die Taschen und Rucksäcke, die sie verkaufen" zeigt an, dass das, was dem **-de** vorangeht (**tāmen mài** „sie verkaufen"), das, was ihm folgt (**bēibāo gēn dàizi** „Rucksäcke und Taschen"), beschreibt. Es handelt sich um die gleiche grammatische Struktur wie in **wǒde tóngwū** „mein Mitbewohner" oder in **Zhōng-Měi Màoyì Gōngsīde Shī Xiáojie** „Ms. Shi von der Sino-American Trading Company" (vgl. 2-4: 3B).

Das berühmte Restaurant **Gǒu Bu Lǐ Bāozi** („Gefüllte und gedämpfte Teigtaschen") in Tianjin

Eine Bahnfahrkarte kaufen

Paige Haynes, der in einem Sprachinstitut in China für zwei Jahre als Englischlehrer arbeitet, kommt zu einem Ticketschalter am Beijinger Westbahnhof, wo er ein Ticket nach Tianjin kaufen möchte.

Basis-Konversation 3-4

1. HAYNES — **Qǐng wèn, xiàyítàng dào Tiānjīnde huǒchē jǐdiǎn kāi?**
Entschuldigung, wann geht der nächste Zug nach Tianjin?

2. TICKETVERKÄUFERIN — **Jiǔdiǎn èrshí. Kěshi xiànzài yǐjīng jiǔdiǎn yíkè le, kǒngpà nín láibujíle.**
Neun Uhr zwanzig. Aber es ist schon Viertel nach neun, ich fürchte, das schaffen Sie nicht mehr.

3. HAYNES — **Nèmme, zài xiàyítàng ne?**
Hmm, und der nächste?

4. TICKETVERKÄUFERIN — **Wǒ kànkan. Zài xiàyítàng shi shídiǎn bàn.**
Ich schaue mal, der nächste geht um halb elf.

5. HAYNES — **Hǎo. Nà, wǒ jiù zuò shídiǎn bànde. Duōshǎo qián?**
O.K. Dann nehme ich den um 10:30. Was kostet das?

6. TICKETVERKÄUFERIN — **Shíyīkuài wǔ.**
Elf Yuan fünfzig.

7. HAYNES — **Dào Tiānjīn yào duō cháng shíjiān?**
Wie lange braucht er nach Tianjin?

8. TICKETVERKÄUFERIN — **Chàbuduō yào liǎngge bàn zhōngtóu.**
Er braucht ungefähr zweieinhalb Stunden.

9. HAYNES — **Hǎo, xièxie nín.**
O.K. Danke.

Build-Up

1. Haynes

tàng	(für Zug oder Busfahrten) [ZEW]
xiàyítàng	der nächste (Bus oder Zug)
dào	ankommen [V]
Tiānjīn	Tianjin [OW]
huǒ	Feuer [S]
chē	Fahrzeug (Auto, Taxi, Bus, Fahrrad) [S]
huǒchē	Zug [S]
dào Tiānjīnde huǒchē	der Zug nach Tianjin
xiàyítàng dào Tiānjīnde huǒchē	der nächste Zug nach Tianjin
diǎn	Stunde (Uhrzeit) [ZEW]
jǐdiǎn	wie viel Uhr
kāi	abfahren (Zug, Bus, Schiff) [V]
jǐdiǎn kāi	wann fährt er/es
Qǐng wèn, xiàyítàng dào Tiānjīnde huǒchē jǐdiǎn kāi?	„Entschuldigung, wann geht der nächste Zug nach Tianjin?“

2. Ticketverkäuferin

jiǔdiǎn	neun Uhr
jiǔdiǎn èrshí	neun Uhr zwanzig
xiànzài	jetzt [ZW]
yǐjīng	schon [A]
kè	Viertelstunde [ZEW]
yíkè	eine Viertelstunde
jiǔdiǎn yíkè	Viertel nach neun
xiànzài yǐjīng jiǔdiǎn yíkè	es ist jetzt schon Viertel nach neun
kǒngpà	„Ich fürchte“; wahrscheinlich [BA]
-jí	erreichen (zeitlich) [RE]
láibují	es (zeitlich) nicht schaffen [RB]
kǒngpà nín láibujíle	ich fürchte, Sie schaffen es nicht
Jiǔdiǎn èrshí. Kěshi xiànzài yǐjīng jiǔdiǎn yíkè le, kǒngpà nín láibujíle.	Neun Uhr zwanzig. Aber es ist schon Viertel nach neun, ich fürchte, das schaffen Sie nicht mehr.

3. Haynes

nèmme	Hmm; dann [KJ]
zài	wieder [A]
zài xiàyítàng	der (Zug) nach dem nächsten
Nèmme, zài xiàyítàng ne?	Hmm, und der nächste?

4. Ticketverkäuferin

shídiǎn bàn	halb elf, zehn Uhr dreißig
Wǒ kànkan. Zài xiàyítàng shi shídiǎn bàn.	Ich schaue mal, der nächste geht um halb elf.

5. Haynes

zuò	mit … reisen, (ein Fahrzeug) nehmen [V]
shídiǎn bànde	den von halb elf
wǒ jiù zuò shídiǎn bànde	ich nehme dann den um 10:30
Hǎo. Nà, wǒ jiù zuò shídiǎn bànde. Duōshǎo qián?	O.K. Dann nehme ich den um 10:30. Was kostet das?

6. Ticketverkäuferin

Shíyīkuài wǔ.	Elf Yuan fünfzig.

7. Haynes

cháng	lang sein **[SV]**
duō cháng	wie lang
shíjiān	Zeit **[S]**
duō cháng shíjiān	wie lange, wie viel Zeit
Dào Tiānjīn yào duō cháng shíjiān?	Wie lange braucht er (man) nach Tianjin?

8. Ticketverkäuferin

chàbuduō	fast, ungefähr **[A]**
zhōngtóu	Stunde **[S]**
liǎngge bàn zhōngtóu	zweieinhalb Stunden
Chàbuduō yào liǎngge bàn zhōngtóu.	Er (Man) braucht ungefähr zweieinhalb Stunden.

9. Haynes

Hǎo, xièxie nín.	O.K. Danke.

Ergänzungsvokabular: Über die Zeit sprechen

1. zhōng	Stunde, Uhr(zeit), Glocke **[S]**
Yǐjīng shídiǎn zhōng le, wǒ děi zǒule.	Es ist schon zehn Uhr, ich muss gehen.
2. fēn	Minute **[ZEW]**
shífēn	zehn Minuten
shífēn zhōng	zehn (Minuten; Uhrzeit)
Zhǐ yào shífēn zhōng.	Es dauert nur zehn Minuten.
3. chà	fehlen, mangeln **[V]**
chà yíkè	eine Viertel(stunde) fehlt
chà yíkè bādiǎn	Viertel vor acht
Xiànzài chà yíkè bādiǎn.	Es ist jetzt Viertel vor acht.
4. sānkè	Dreiviertel (einer Stunde)
sāndiǎn sānkè	Viertel vor vier
Yǐjīng sāndiǎn sānkè le.	Es ist schon Viertel vor Vier.

Grammatische und kulturelle Anmerkungen

1A. Das Substantiv **huǒchē** bedeutet „Zug". Das Wort, das wörtlich als „Feuerwagen" übersetzt werden müsste, ist aus den beiden Substantiven **huǒ** „Feuer" und **chē** „Wagen" zusammengesetzt, da zur Zeit der Einführung der Eisenbahn die dem Antrieb dienenden Dampfmaschinen mit Kohlenfeuern betrieben wurden. Im Chinesischen existieren, ähnlich wie bei den deutschen Komposita (zusammengesetzte Hauptwörter), viele Substantive, die aus zwei Substantiven zusammengesetzt sind, wobei das erste das zweite beschreibt.

1B. Die chinesischen Züge sind recht bequem und relativ preiswert. Auf Bahnfahrten lernt man leicht Land und Leute kennen und hat reichlich Gelegenheit, das Sprechen zu üben. Die meisten Chinesen sind einer Plauderei mit Fremden im Zug nicht abgeneigt.

1C. Wenn man von einer planmäßigen Fahrt eines Zuges von einem Ort zu einem anderen spricht, verwendet man **yítàng huǒchē**, wörtlich „eine Fahrt des Zuges". Das Wort **tàng** ist ein Zähleinheitswort, das die Anzahl von Fahrten von Zügen oder anderen Fahrzeugen bezeichnet. Demgemäß bedeutet **xiàyítàng** „die nächste Fahrt".

1D. **-DE** nach längeren Phrasen, um Modifikation anzuzeigen. Wie Sie bereits in 2-4: 3B gesehen haben, kann die Partikel **-de** anzeigen, dass das was ihr vorangeht, das was ihr folgt, beschreibt. Dabei ist es gleichgültig, ob die beschreibende Phrase mit **-de** aus einem einzigen Wort oder einer (u.U. auch längeren) Phrase besteht.

In **xiàyítàng dào Tiānjīnde huǒchē** zeigt das **-de** an, dass der Teil davor (**xiàyítàng dào Tiānjīn** „die nächste Fahrt geht nach Tianjin") den Teil danach (**huǒchē** „Zug") beschreibt, woraus die Bedeutung „der nächste Zug nach Tianjin" abgeleitet werden kann. Das Bildungsmuster ist:

Längere Phrase	-DE	Substantiv
xiàyítàng dào Tiānjīn	**-de**	**huǒchē**

„der nächste Zug nach Tianjin"

Hier finden Sie noch einige weitere Beispiele für Substantive, die von längeren Phrasen modifiziert werden:

wǒ yào mǎide bēizi	„die Tasse, die ich kaufen will"
zài Měiguo gōngzuòde nèige Zhōngguo nánshēng	„der chinesische Student, der in den USA arbeitet"
sāndiǎn zhōng zuò huǒchē dào Běijīng qùde nèiwèi Měiguo xiáojie	„die junge US-amerikanische Frau, die den Dreiuhrzug nach Beijing genommen hat"

1E. Zeitangabe, wann... vor dem Verb. Zeitangaben, die zum Ausdruck bringen, wann etwas geschehen ist, gerade geschieht oder geschehen wird, stehen immer nach dem Subjekt, aber vor dem Verb. Im Deutschen kann die Zeitangabe auch hinter dem Verb oder vor dem Subjekt stehen (die deutsche Syntax, d.h. die Wortreihenfolge, ist in dieser Hinsicht viel freier). Die gleiche Regel gilt für Fragewörter wie z.B. **jǐdiǎn** „wie viel Uhr, wann". Solche Ausdrücke nennen wir „Zeitangabe/Zeitpunkt, wann...". Das Bildungsmuster ist:

Subjekt	Zeitangabe, wann...	Verb
Wǒ	**bādiǎn zhōng**	**qù.**

„Ich gehe um acht Uhr." (wörtl. „Ich acht Uhr gehe.")

Die „Zeitangabe, wann..." steht immer vor dem Verb, und in der Regel sogar direkt davor, wenn der Satz jedoch ein Adverb wie **hěn** „sehr", **jiù** „dann" oder **yǐjīng** „bereits" enthält, ändert sich die Wortreihenfolge wie folgt: Subjekt + Zeitangabe, wann... + Adverb + Verb.

Hier noch einige Beispiele von „Zeitangaben, wann..." vor dem Verb:

Huǒchē jǐdiǎn lái?	„Wann kommt der Zug?"
Huǒchē jiǔdiǎn èrshí lái.	„Der Zug kommt um 9:20 Uhr."
Wǒ míngtiān hěn máng.	„Ich bin morgen sehr beschäftigt."

Beachten Sie in Bezug auf das letzte obige Beispiel, dass man im Chinesischen NIEMALS einen Satz wie ***Wǒ hěn máng míngtiān** „Ich bin morgen sehr beschäftigt", in dem die „Zeitangabe, wann..." nach dem Verb steht, sagen kann.

2A. Uhrzeiten.

a. Ganz Festlandchina (trotz seiner enormen Ost-West-Ausdehnung), Hongkong, Macao und Taiwan liegen in der gleichen Zeitzone. Der Zeitunterschied zwischen der chinesischen Zeit und der Mitteleuropäischen Zeit (MEZ) beträgt im Winter sieben und im Sommer sechs Stunden (in China gibt es keine Sommerzeit).

b. Das Bildungsmuster für Uhrzeiten mit vollen Stunden ist: Stundenzahl + **diǎn** + **zhōng** „Uhr". Das **diǎn** (wörtl. „Punkt") entspricht in etwa dem Doppelpunkt (:) in unseren Uhrzeitangaben (z.B. **yìdiǎn zhōng** „1:00"). So wie im Deutschen das „Uhr", kann im Chinesischen das **zhōng** weggelassen werden; man kann daher sowohl **yìdiǎn zhōng** als auch **yìdiǎn** sagen. Für den Beginn empfehlen wir Ihnen allerdings, die Vollform zu verwenden. Achten Sie darauf **liǎngdiǎn** für „zwei Uhr" zu sagen, KEINESFALLS jedoch ***èrdiǎn**. Hier noch einige Beispiele:

sāndiǎn zhōng oder **sāndiǎn**	„3:00"
wǔdiǎn zhōng oder **wǔdiǎn**	„5:00"
shíyīdiǎn zhōng oder **shíyīdiǎn**	„11:00"

c. Wenn auch die Minuten angegeben werden sollen, so erfolgt dies, indem man nach dem **diǎn** die Minutenzahl + **fēn** „Minute" hinzufügt. **Zhōng** wird in der Regel weggelassen. Bei Zahlen, die ein Mehrfaches von 10 darstellen, kann das **fēn** weggelassen werden. Hier einige Beispiele:

sāndiǎn líng sānfēn „3:03"

sāndiǎn èrshisānfēn „3:23“

sāndiǎn èrshí „3:20“

d. **Yíkè** „Viertel nach“, **bàn** „halb, dreißig“ und **sānkè** „dreiviertel“ werden, teilweise abweichend vom Deutschen, ausschließlich für Uhrzeiten mit 15, 30 oder 45 NACH der vollen Stunde gebraucht. Hier liegt eine Quelle für Missverständnisse, so ist **wǔdiǎn bàn** „halb sechs“ und nicht „halb fünf“ oder **wǔdiǎn sānkè** „Viertel vor sechs“ und nicht „Viertel vor fünf“. Sie sollten darauf achten, dass diese Zeitangaben immer zur vollen Stunde HINZUGERECHNET und nicht, wie im Deutschen teilweise der Fall, abgezogen werden. Hier einige Beispiele:

liùdiǎn yíkè „6:15“

qīdiǎn bàn „7:30“

bādiǎn sānkè „8:45“

Im Übrigen sagen manche Chinesen für „8:45“ lieber **bādiǎn sìshiwǔfēn** anstelle von **bādiǎn sānkè**.

e. **Chà**, wörtlich „fehlen“, kann für jeden Zeitpunkt zwischen der 31. und der 59. Minute jeder vollen Stunde verwendet werden und entspricht damit in etwa dem deutschen „vor“ (das allerdings etwas eingeschränkter und in der Regel erst ab „zwanzig vor“ verwendet wird). Für eine Minutenangabe vor der vollen Stunde sagen einige Sprecher (Stunde) + **chà** + (Minutenzahl), während andere den Ausdruck **chà** vor die Stundenzahl setzen und **chà** + (Minutenzahl) + (Stundenzahl) sagen. Hier zwei Beispiele: „12:55“ könnte entweder als **yīdiǎn chà wǔfēn** oder **chà wǔfēn yīdiǎn** und „11:45“ entweder als **shí'èrdiǎn chà yíkè** oder **chà yíkè shí'èrdiǎn** ausgedrückt werden.

f. Um die Minuten nach der vollen Stunde auszudrücken, verwenden manche Sprecher **guò**. Beispiel: „3:05“ könnte entweder **sāndiǎn líng wǔfēn** oder **sāndiǎn guò wǔfēn** sein.

g. Wenn man die Uhrzeit sagt, ist es üblich die Partikel **le** am Ende zu verwenden, da Uhrzeiten, ganz wie Lebensjahre, Veränderung implizieren.

h. Nach der Uhrzeit fragt man entweder mit **Xiànzài jǐdiǎn zhōng le?** oder mit **Xiànzài jǐdiǎn le?** In chinesischen Fragen oder Antworten zur Uhrzeit ist es sehr verbreitet, das Zeitwort **xiànzài** „jetzt“ hinzuzufügen (vergleiche die Hinzufügung von **jīnnián** in Fragen nach dem Alter). Einer der Gründe, warum Zeitwörter wie **xiànzài** im Chinesischen häufiger vorkommen als im Deutschen, ist, dass das Chinesische über kein explizites Tempussystem (Zeitsystem) wie die deutschen Verbflexionen und Hilfsverben („sein“ und „haben“) verfügt.

i. Wie im europäischen Raum wird in China in offiziellen und öffentlichen Kontexten (TV- und Radionachrichten, Zug- und Flugpläne) das 24-Stunden-System verwendet, das mit **língdiǎn zhōng** „0:00 Uhr“ beginnt und mit **èrshisìdiǎn zhōng** „24 Uhr“ endet. Einige Beispiele: **yīdiǎn zhōng** „1:00 Uhr“, **shísāndiǎn** „13:00 Uhr“, **èrshidiǎn** „20:00 Uhr“, **èrshisāndiǎn** „23:00 Uhr“.

Im Wesentlichen ist das Muster, mit dem die Uhrzeit ausgedrückt wird, das folgende:

XIÀNZÀI	Stunde	DIǍN	Minuten	FĒN	LE
Xiànzài	**liǎng**	**diǎn**	**sānshibā**	**fēn**	**le.**

„Es ist jetzt 2:38.“

Dabei ist wichtig zu erinnern, dass die Minuten mit **fēn** weggelassen werden, wenn es um die volle Stunde (z.B. „2:00“) geht. Wenn die Minuten auf die 15, die 30 oder die 45 fallen werden die Minuten mit **fēn** ebenfalls weggelassen und dafür, wie oben bereits erläutert, **yíkè**, **bàn** oder **sānkè** verwendet.

2B. Im zweiten Satz dieser Äußerung wird ein **le** verwendet, da es zum einen um die Uhrzeit geht und zum anderen zusätzlich das Adverb **yǐjīng** „schon, bereits“ auftritt; es ist ganz üblich, dass nach dem **le** ein **yǐjīng** kommt, da es Veränderung impliziert. Das zweite **le** bringt die erwartete Veränderung zum Ausdruck (vgl. 3-2: 6D). Der Sprecher geht davon aus, dass der Reisende den Zug nicht mehr erreichen wird, da es dafür schon zu spät ist.

2C. **Kǒngpà** mit der Bedeutung „ich fürchte“, „ich nehme an“, „ich denke, dass …“ oder „wahrscheinlich“ kommt im gesprochenen Chinesischen sehr häufig vor. Dabei wird das Pronomen „ich“ weggelassen. Hier noch einige Beispiele mit **kǒngpà**:

Kǒngpà tā tài mángle. „Ich fürchte, er hat zu viel zu tun.“

Kǒngpà yǐjīng sāndiǎn le. „Es ist wohl schon drei Uhr.“

Kŏngpà ist das erste Beispiel für eine Wortklasse, die wir Bewegliches Adverb [BA] nennen. Bei den Beweglichen Adverben handelt es sich um eine große Gruppe von Adverben, die entweder direkt vor dem Verb stehen, aber durchaus auch an den Anfang des Satzes vor ein Ortswort oder das Subjekt des Verbs gesetzt werden können, was sie „beweglich" macht. Der Satz „Ich fürchte, er kommt nicht mehr" könnte daher auf folgende Weisen ausgedrückt werden:

Tā kŏngpà bù láile.

Kŏngpà tā bù láile.

Alle Beweglichen Adverben sind zweisilbig, wenngleich nicht alle zweisilbigen Adverben beweglich sind. Wenn Sie sich nicht sicher sind, ob es sich um ein Bewegliches Adverb handelt oder nicht, sollten Sie es nach dem Subjekt und direkt vor dem Verb platzieren, denn diese Konstruktion ist immer korrekt.

3. Die Konjunktion **Nèmme, ...** „... dann, in diesem Fall, hmm" zeigt einen Themawechsel an. Ganz ähnlich wie die Konjunktion **Nà, ...** , die Sie bereits kennen gelernt haben, verbindet **Nèmme, ...** Teile der Konversation, indem es Sätze verbindet oder eine Schlussfolgerung zieht. Wenn Sie in der Lage sind Konjunktionen wie **nèmme** oder **nà** angemessen zu verwenden, lässt dies Ihr Chinesisch flüssiger wirken und gibt Ihnen außerdem noch etwas mehr Zeit, zu überlegen, was Sie als nächstes sagen möchten.

5A. Das **jiù** hier bedeutet „dann" im Sinne von „in diesem Fall".

5B. Achten Sie hier besonders auf das Verb **zuò**, das neben der Bedeutung „sitzen" auch die Bedeutungen „reisen" oder „ein Transportmittel benutzen" hat. Egal, ob Sie in einem Auto mitfahren, einen Bus oder eine Straßenbahn nehmen oder per Zug, per Schiff oder Flugzeug reisen. **Zuò** ist immer angemessen. Allerdings kann man **zuò** nicht für Transportmittel verwenden, die man „reitet", also Pferde, Fahrräder oder Motorräder.

5C. **-DE um Nominalphrasen zu bilden.** Vergleichen Sie die beiden folgenden Phrasen:

shídiăn bànde huŏchē	„der Zug von 10:30 Uhr"
shídiăn bànde	„der von 10:30 Uhr"

Wenn das auf **-de** folgende Nomen weggelassen wird, kann die übrigbleibende Phrase das Nomen „ersetzen" und hat in etwa die Bedeutung, „der/die/das ..." oder „der/die/das...". Hier einige weitere Beispiele:

wŏ măide	„die, die ich gekauft habe"
tā yàode	„das, was sie wollte"
xìng Gāode	„die (Person) mit dem Familiennamen Gao"
mài bēizide	„der, der Tassen verkauft" oder „der Tassenverkäufer"

7. Warum steht am Ende der Frage **Dào Tiānjīn yào duō cháng shíjiān?** „Wie lange braucht der Zug nach Tianjin?" kein **ma** ? ANTWORT: Weil in der Frage bereits das Fragewort **duō** vorkommt, das so viel wie „wie, in welchem Umfang" bedeutet. Die Frage könnte wörtlich übersetzt werden mit „Nach Tianjin braucht man wie lange Zeit?"

8A. Achten Sie auf die Aussprache der Silbe **duō** in **chàbuduō**. Sie sollten es nicht als **dōu** aussprechen, das Wort *__chàbudōu__* existiert nicht.

8B. **Stundenzahlen.** Um eine Anzahl von Stunden auszudrücken, sagen Sie zuerst die Zahl, dann folgt das allgemeine Zähleinheitswort **ge**, dem schließlich das Substantiv **zhōngtóu** „Stunde" folgt. Das Muster ist:

Zahl	GE	ZHŌNGTÓU
sān	**ge**	**zhōngtóu**
„drei Stunden"		

Hier noch einige weitere Beispiele:

yíge zhōngtóu	„eine Stunde"
liăngge zhōngtóu	„zwei Stunden"

èrshisìge zhōngtóu „vierundzwanzig Stunden"
Jǐge zhōngtóu? „Wie viele Stunden?"

Vergleichen Sie die beiden folgenden Ausdrücke mit **zhōngtóu**, die man leicht verwechseln kann:

bàn'ge zhōngtóu „eine halbe Stunde"
yíge bàn zhōngtóu „eineinhalb Stunden"

Wie würde man dementsprechend „zweieinhalb" Stunden sagen? Die Antwort lautet: **liǎngge bàn zhōngtóu**.

Achten Sie stets auch auf den Unterschied von **bàn'ge zhōngtóu** bzw. **yíge bàn zhōngtóu** von **yīdiǎn bàn**, das „1:30 Uhr" bedeutet (als Uhrzeit, nicht um anzuzeigen, wie lange etwas dauert).

Wiederholung und Lerntipps für Einheit 3

Neue Vokabeln

ADVERBIEN
chàbuduō fast, ungefähr
jiù dann
yǐjīng schon, bereits
yígòng insgesamt
zài erneut, wieder
zhǐ nur

BEWEGLICHE ADVERBIEN
kǒngpà „ich befürchte", wahrscheinlich

FRAGEWÖRTER
duō wie
duōshǎo wie viel/e
jǐ- wie viele

INTERJEKTIONEN
yò oh, ach

KONJUNKTIONEN
nèmme in diesem Fall, dann

ORTSWÖRTER
Déguo Deutschland
Fǎguo Frankreich
Tiānjīn Tianjin

PARTIKEL
ba (zeigt eine Vermutung an)

RESULTATIVBILDUNGEN
láibují nicht genug Zeit haben, zu spät sein

RESULTATIVENDUNGEN
-jí ein Ziel rechtzeitig erreichen

SPEZIFIZIERER
shàng- letzte/s/r
xià- nächste/s/r

STATISCHE VERBEN
cháng lang sein
dà groß; alt (Personen) sein
duì korrekt sein
guì teuer sein
kě'ài lieblich, süß sein
piányi billig sein

SUBSTANTIVE
bān Klasse
bēibāo Rucksack
bēizi Tasse, Becher
chē Fahrzeug (Auto, Taxi, Bus, Fahrrad)
dàizi Tasche
dìdi jüngerer Bruder
fùqin Vater
gēge älterer Bruder
gōngshìbāo Aktentasche
huǒ Feuer
huǒchē Zug, Eisenbahn
jiějie ältere Schwester
mèimei jüngere Schwester
mǔqīn Mutter
nánde Mann, männlich
nánlǎoshī Lehrer
nánshēng Student
niánji Alter
nǚde Frau, weiblich
nǚlǎoshī Lehrerin
nǚshēng Studentin
qián Geld
shíjiān Zeit
yuè Monat
zhōng Stunde (Uhrzeit), Glocke, Uhr
zhōngtóu Stunde

VERBEN
ài lieben
cāi raten
chà mangeln
dào erreichen, ankommen
jiā hinzufügen, plus
jiǎn abziehen, minus
kāi Abfahrt/abfahren (Bus, Schiff, Zug)
kàn schauen, sehen, ansehen
mǎi kaufen
mài verkaufen
méiyou nicht haben; es gibt nicht
xiǎng denken
yào wollen, benötigen, kosten, brauchen
yǒu haben, es gibt
zuò (mit einem Fahrzeug) reisen, (ein Fahrzeug) nehmen

ZAHLEN
bā acht
-bǎi hundert
bàn(r) halb
èr zwei
jiǔ neun
liǎng- zwei
líng null
liù sechs
qī sieben
-qiān tausend
sān drei

shí zehn
sì vier
wǔ fünf
yī eins

ZÄHLEINHEITSWÖRTER
diǎn Stunde, Uhr
fēn Minute
fēn Fen, „Cent"
kè Viertelstunde
kuài Yuan (Währungseinheit), „Dollar, Euro"
máo zehn Fen, „Groschen"
suì Jahr (Alter)
tàng (für Fahrten von Bussen und Zügen)

ZEITWÖRTER
jīnnián dieses Jahr
xiànzài jetzt

Die wichtigsten neuen grammatischen Muster

Ortswort + YǑU + Nominalphrase, um Existenz anzuzeigen: Bānshang yǒu shíge tóngxué. „In der Klasse sind zehn Klassenkameraden." (3-1)

Zahlen von eins bis zehn (3-1)

Alter: Nǐ duō dà niánji le? „Wie alt bist du?"; **Nǐ jǐsuì le?** „Wie alt bist du?" (bei Kindern); **Wǒ jīnnián shíbāsuì le.** „Ich bin achtzehn Jahre alt." (3-2)

Verdoppelte einsilbige Verben + KÀN: xiángxiang kàn „mal überlegen" (3-2)

Zahlen von 11 bis 99 mit SHÍ (3-2)

Anhängsel-Fragen: Zhè shi nǐ mèimei, duì bu dui? „Das ist deine jüngere Schwester, stimmt's?"; **Zhè shi nǐ dìdi, shì bu shi?** „Das ist dein jüngerer Bruder, stimmt's?" (3-2)

LE um eine erwartete Änderung der Situation anzuzeigen: Tā xiàge yuè jiù jiǔsuì le „Nächsten Monat wird sie neun Jahre." (3-2)

MÉIYOU „nicht haben, es gibt nicht" als Negierung von YǑU: Wǒ méiyou gēge. „Ich habe keinen älteren Bruder." (3-2)

ZHÈIGE „diese/r" und NÈIGE „jene/r" (3-3)

Zahlen von 100 bis 999 mit -bǎi „hundert" (3-3)

LE nach TÀI in Aussagesätzen: tài guìle „zu teuer" (3-3)

YÀO um den Preis anzuzeigen: Nèige bēizi yào sānkuài wǔ. „Diese Tasse kostet 3,50." (3-3)

Verbverdoppelung: kàn → kànkan „mal sehen" (3-3)

BA um einen Vorschlag auszudrücken: Nín kàn ba. „Schauen Sie mal!" (3-3)

Währungssystem: liùkuài wǔmáo jiǔfēn qián „Sechs Yuan und neunundfünfzig Fen" (3-3)

Zahlen von 1.000 bis 9.999 mit -qiān „tausend" (3-3)

-DE nach längeren Phrasen um deren Modifikation anzuzeigen: xiàyítàng dào Tiānjīnde huǒchē „der nächste Zug nach Tianjin" (3-4)

Zeitangabe, wann ... vor dem Verb: Wǒ bādiǎn zhōng qù. „Ich gehe um acht." (3-4)

Uhrzeiten: liǎngdiǎn sānshibāfēn zhōng „2:38 Uhr" (3-4)

-DE um Nominalphrasen zu bilden: shídiǎn bànde „der von 10:30", **wǒ mǎide** „die, die ich gekauft habe" (3-4)

Anzahl von Stunden: sān'ge zhōngtóu „drei Stunden" (3-4)

Zahlen, Daten, Zeit und Geld (II)

EINHEIT 4

KOMMUNIKATIVE LERNZIELE

Wenn Sie diese Lektion beherrschen, sind Sie in der Lage, auf Chinesisch:

1. von 10.000 bis zu einer Milliarde zu zählen;
2. Ordinalzahlen (Ordnungszahlen) auszudrücken: das Erste, das Zweite, das Dritte;
3. über Zeiten „hinweg" zu sprechen: heute (Morgen, Mittag, Nachmittag, Abend, Nacht), morgen, gestern, vorgestern, übermorgen, dieses Jahr, nächstes Jahr letztes Jahr, vorletztes Jahr, übernächstes Jahr;
4. fragen, wann jemand geboren wurde (Tag, Monat, Jahr) und antworten, wenn Sie danach gefragt werden;
5. nach den Wochentagen und den Uhrzeiten fragen, wenn eine Einrichtung geöffnet oder geschlossen ist;
6. jemanden nach seiner Adresse fragen und antworten, wenn man Sie nach Ihrer Adresse fragt;
7. über die Einwohner verschiedener Länder sprechen;
8. jemanden fragen, ob er bereits in verschiedenen Ländern und Städten gewesen ist und antworten, wenn Sie danach gefragt werden. Wenn man irgendwo gewesen ist, wie oft? Falls man noch nicht dort gewesen ist, ob man dort hin will? Wann? Und wie lange man dort bleiben will.

ABSCHNITT 1

Nach den Öffnungszeiten fragen

Jessica Osbourne, eine frisch in Taipei angekommene Studentin aus den USA, fragt die Sprachlaborassistentin im Mandarin Training Center der National Taiwan Normal University nach den Öffnungszeiten des Sprachlabors.

Basis-Konversation 4-1

1. AMERIKANERIN **Qǐng wèn, yǔyán shíyànshì měitiān jǐdiǎn zhōng kāimén, jǐdiǎn zhōng guānmén?**
Entschuldigung, wann öffnet das Sprachlabor (jeden Tag) und wann macht es zu?

2. SPRACHLABORASSISTENTIN **Zǎoshang bādiǎn kāimén, wǎnshang jiǔdiǎn bàn guānmén.**
Es öffnet morgens um 8:00 Uhr und schließt abends um 21:30 Uhr.

3. AMERIKANERIN **Xīngqīliù kāi bu kāi?**
Ist es Samstags geöffnet?

4. SPRACHLABORASSISTENTIN **Xīngqīliù kāi bàntiān. Shàngwǔ kāi, xiàwǔ bù kāi.**
Samstags ist es halbtags geöffnet. Es ist morgens geöffnet, nachmittags ist es zu.

5. AMERIKANERIN **Xīngqītiān ne?**
Und Sonntags?

6. SPRACHLABORASSISTENTIN **Xīngqītiān xiūxi.**
Sonntags ist es geschlossen.

7. AMERIKANERIN **Xièxie nǐ.**
Danke.

8. SPRACHLABORASSISTENTIN **Náli.**
Nicht der Rede wert.

Build-Up

1. Amerikanerin

yǔyán	Sprache **[S]**
shíyàn	Experiment **[S]**
shíyànshì	Labor **[S]**
yǔyán shíyànshì	Sprachlabor **[PH]**
měi-	jede/n/s **[SP]**
tiān	Tag **[ZEW]**
měitiān	jeden Tag
měitiān jǐdiǎn zhōng	um wie viel Uhr jeden Tag
kāi	öffnen, geöffnet **[V]**
mén(r)	Tür, Tor **[S]**
kāimén	die Tür öffnen, geöffnet **[VO]**
jǐdiǎn zhōng kāimén	um wie viel Uhr wird … geöffnet
guān	schließen **[V]**
guānmén	die Tür schließen, geschlossen **[VO]**
jǐdiǎn zhōng guānmén	um wie viel Uhr wird … geschlossen
Qǐng wèn, yǔyán shíyànshì měitiān jǐdiǎn zhōng kāimén, jǐdiǎn zhōng guānmén?	Entschuldigung, wann öffnet das Sprachlabor (jeden Tag) und wann macht es zu?

2. Sprachlaborassistentin

zǎoshang	Morgen, morgens **[ZW]**
zǎoshang bādiǎn	acht Uhr morgens
wǎnshang	abends **[ZW]**
wǎnshang jiǔdiǎn bàn	neun Uhr dreißig am Abend
Zǎoshang bādiǎn kāimén, wǎnshang jiǔdiǎn bàn guānmén.	Es öffnet morgens um 8:00 Uhr und schließt abends um 21:30 Uhr.

3. Amerikanerin

xīngqīliù	Samstag, samstags **[ZW]**
kāi bu kāi	geöffnet oder nicht geöffnet
Xīngqīliù kāi bu kāi?	Ist es Samstags geöffnet?

4. Sprachlaborassistentin

bàntiān	halber Tag
kāi bàntiān	(es ist) halbtags geöffnet
shàngwǔ	Vormittag, vormittags **[ZW]**
shàngwǔ kāi	(es ist) morgens geöffnet
xiàwǔ	Nachmittag, nachmittags **[ZW]**
xiàwǔ bù kāi	nachmittags ist es nicht geöffnet
Xīngqīliù kāi bàntiān. Shàngwǔ kāi, xiàwǔ bù kāi.	Samstags ist es halbtags geöffnet. Es ist morgens geöffnet, nachmittags ist es zu.

5. Amerikanerin

xīngqītiān	Sonntag, sonntags **[ZW]**
Xīngqītiān ne?	Und Sonntags?

6. Sprachlaborassistentin

xiūxi	ausruhen, frei haben **[V]**
Xīngqītiān xiūxi.	Sonntags ist es geschlossen. (**xiūxi** „ausruhen" wird hier im Sinne von „geschlossen haben" verwendet)

7. Amerikanerin

Xièxie nǐ.	Danke.

8. Sprachlaborassistentin	
náli	„woher denn" **[IA]**
Náli.	Nicht der Rede wert.

Ergänzungsvokabular

A. ALLGEMEINES

1. **píngcháng**	normalerweise, gewöhnlich **[BA]**
qǐchuáng	aufstehen (aus dem Bett) **[VO]**
zǎoshang jǐdiǎn qǐchuáng	morgens um wie viel Uhr aufstehen
Nǐ píngcháng zǎoshang jǐdiǎn qǐchuáng?	Wann stehst du morgens normalerweise auf?
2. **shuìjiào**	schlafen, schlafen gehen **[VO]**
wǎnshang jǐdiǎn shuìjiào	abends um wie viel Uhr schlafen gehen
Nǐ píngcháng wǎnshang jǐdiǎn shuìjiào?	Wann gehst du abends normalerweise ins Bett?
3. **shuì**	schlafen **[V]**
měitiān shuì jǐge zhōngtóu	jeden Tag wie viele Stunden schlafen
Nǐ píngcháng měitiān shuì jǐge zhōngtóu?	Wie viele Stunden schläfst du jede Nacht?
4. **xīngqī (B)**	Woche **[S]**
shàngge xīngqī	letzte Woche
zhèige xīngqī	diese Woche
Shi shàngge xīngqī, bú shi zhèige xīngqī.	Es war letzte Woche, nicht diese Woche.
5. **lǐbài**	Woche **[S]**
xiàge lǐbài	nächste Woche
dào Táiwān qù	nach Taiwan fahren
Tā xiàge lǐbài dào Táiwān qù.	Sie fährt nächste Woche nach Taiwan.

B. WOCHENTAGE (MIT XĪNGQĪ)

6. **xīngqīyī**	Montag **[ZW]**
7. **xīngqī'èr**	Dienstag **[ZW]**
8. **xīngqīsān**	Mittwoch **[ZW]**
9. **xīngqīsì**	Donnerstag **[ZW]**
10. **xīngqīwǔ**	Freitag **[ZW]**
11. **xīngqīliù**	Samstag **[ZW]**
12. **xīngqītiān**	Sonntag **[ZW]**
13. **xīngqīrì**	Sonntag **[ZW]**
14. **xīngqījǐ**	welcher Wochentag **[FW]**

C. WOCHENTAGE (MIT LǏBÀI)

15. **lǐbàiyī**	Montag **[ZW]**
16. **lǐbài'èr**	Dienstag **[ZW]**
17. **lǐbàisān**	Mittwoch **[ZW]**
18. **lǐbàisì**	Donnerstag **[ZW]**
19. **lǐbàiwǔ**	Freitag **[ZW]**
20. **lǐbàiliù**	Samstag **[ZW]**
21. **lǐbàitiān**	Sonntag **[ZW]**

22. lǐbàirì Sonntag [ZW]
23. lǐbàijǐ welcher Wochentag [FW]

Grammatikalische und kulturelle Anmerkungen

1A. Das Wort „Sprachlabor“ hat mehrere Aussprachen. Außer der in der Basis-Konversation vorgestellten Form **yǔyán shíyànshì** gibt es noch **yǔyán shíyànshǐ**, mit dem Dritten Ton auf der letzten Silbe, und außerdem **yǔyán shìyànshì**, in dem die erste Silbe des zweiten Wortes im Vierten Ton gesprochen wird.

1B. **TIĀN als Zähleinheitswort mit der Bedeutung „Tag“.** Im Gegensatz zum Deutschen, in dem „Tag“ offenkundig ein Substantiv ist, fungiert **tiān** in der chinesischen Grammatik als Zähleinheitswort. Wenn Sie also „jeden Tag“ sagen wollen, setzen Sie den Spezifizierer **měi-** direkt vor **tiān**, sagen also **měitiān**. Da es sich bei **tiān** um ein Zähleinheitswort handelt, kommt zwischen **měi-** und **tiān** kein anderes Wort. Den gleichen Fall haben Sie, wenn Sie „ein Tag“ sagen wollen. Dann setzen Sie die Zahl **yī** direkt vor **tiān** und sagen **yìtiān** (es wäre ein dicker Fehler, ***yíge tiān** zu sagen). Es ist also ganz anders als bei Substantiven, wo zwischen dem Spezifizierer und dem Substantiv ein Zähleinheitswort eingefügt werden muss (z.B. **yíge xīngqī** „eine Woche“ oder **měige yuè** „jeden Monat“). Schauen Sie sich das Folgende bitte gründlich an:

TIĀN (EIN ZÄHLEINHEITSWORT)	XĪNGQĪ (EIN SUBSTANTIV)	YUÈ (EIN SUBSTANTIV)
yìtiān	**yíge xīngqī**	**yíge yuè**
„ein Tag“	„eine Woche“	„ein Monat“
liǎngtiān	**liǎngge xīngqī**	**liǎngge yuè**
„zwei Tage“	„zwei Wochen“	„zwei Monate“
jǐtiān	**jǐge xīngqī**	**jǐge yuè**
„wie viele Tage“	„wie viele Wochen“	„wie viele Monate“
měitiān	**měige xīngqī**	**měige yuè**
„jeden Tag“	„jede Woche“	„jeden Monat“

1C. Beachten Sie die Reihenfolge der verschiedenen Elemente dieser Äußerung: **Yǔyán shíyànshì měitiān jǐdiǎn zhōng kāimén, jǐdiǎn zhōng guānmén?** „Das Sprachlabor jeden Tag wie viel Uhr öffnet, wie viel Uhr schließt?“ Sowohl **měitiān** „jeden Tag“ als auch **jǐdiǎn zhōng** „um wie viel Uhr“ sind adverbale Ausdrücke, die daher dem Verb **kāimén** „Tür öffnen“ vorangehen. Dass nun wiederum **měitiān** dem **jǐdiǎn zhōng** vorangeht, liegt daran, dass es sich um den größeren, generelleren Zeitausdruck handelt.

1D. Der Ausdruck **kāimén** „geöffnet“ (wörtl. „die Tür öffnen“) ist Ihr erstes Beispiel für eine Verb-Objekt-Verbindung [VO]. Bei diesen handelt es sich um einsilbige Verben, denen ein einsilbiges Objekt folgt, und die man häufig, aber nicht immer, mit einem Verb ohne Objekt ins Deutsche übersetzt. In dieser Lektion finden sich noch weitere Verb-Objekt-Verbindungen:

guānmén „geschlossen“ (wörtl. „eine Tür schließen“)
qǐchuáng „aufstehen“ (wörtl. „(sich) aus dem Bett erheben“)
shuìjiào „schlafen“ (wörtl. „einen Schlaf schlafen“)

Die Verb-Objekt-Verbindungen werden in 5-2: EV2 noch ausführlich behandelt.

1E. Manche Sprecher vermeiden den Ausdruck **guānmén** „geschlossen“, wenn sie nach den Öffnungszeiten fragen, da es wörtlich „seine Türen schließen“ bedeutet, was man als unglückverheißend ansehen könnte, da

„die Türen schließen" auch die Bedeutung von „das Geschäft schließen" annehmen kann. Daher verwenden manche Chinesen einen anderen Ausdruck, wenn sie über die Öffnungszeiten sprechen, nämlich: **dǎyáng**.

2A. **Zǎoshang** bezieht sich auf den frühen Morgen, in der Regel vor 9:00 Uhr. Von 9:00 Uhr bis Mittag heißt es, ähnlich wie im Deutschen, **shàngwǔ** „Vormittag" (vgl. Zeile 4).

2B. Wie in 1C geht der größere, generellere Zeitausdruck dem kleineren, spezielleren voran. Daher steht **zǎoshang** „morgens" vor **bādiǎn** „acht Uhr" und **wǎnshang** „abends" steht vor **jiǔdiǎn bàn** „21:30 Uhr". Das ist genau umgekehrt wie im Deutschen, dort heißt es natürlich „acht Uhr morgens" oder „21:30 Uhr am Abend".

2C. Ähnlich wie im Deutschen verwenden die Chinesen den Ausdruck **jīntiān** „heute", wenn sie vom aktuellen Tag sprechen. So sagen Sie **jīntiān zǎoshang** „heute Morgen" oder **jīntiān wǎnshang** „heute Abend". ANDERS als im Deutschen, wo es denkbar ist, Zeitangaben mit einem Demonstrativpronomen zu kombinieren und „diesen Morgen" oder „diesen Nachmittag" zu sagen, kann es im Chinesischen nicht ***zhèige zǎoshang** oder ***zhèige wǎnshang** heißen.

3-6, EV4, EV6-14. Eine andere Aussprache von **xīngqīliù** „Samstag", die Sie in Taiwan, aber auch in anderen Gegenden Chinas zuweilen zu hören bekommen, ist **xīngqíliù**, wo die zweite Silbe im Zweiten Ton gesprochen wird. So wird das Wort auch in der Tonaufnahme der Basis-Konversation ausgesprochen. Diese alternative Aussprache gilt auch für alle anderen Wörter mit **xīngqī** „Woche" in dieser Lektion.

4A. Angabe des Zeitraums nach dem Verb. In Zeile 4 dieser Lektion finden Sie den Zeitausdruck **bàntiān** „halber Tag", der dem Verb **kāi** „öffnen" folgt. Die Zeitausdrücke **xīngqīliù** „Samstag", **shàngwǔ** „Vormittag" und **xiàwǔ** „Nachmittag" hingegen stehen vor dem Verb **kāi**. Das liegt an einer ganz grundlegenden Regel der chinesischen Grammatik, die besagt, dass Ausdrücke für den Zeitpunkt, also wann etwas geschieht (vgl. 3-4: 1E), vor und Ausdrücke für den Zeitraum, also wie lange etwas geschieht, nach dem Verb stehen. Im folgenden Satz, den Sie sich einmal gründlich ansehen sollten, finden Sie beide Muster:

Subjekt	Zeitpunkt	Verb	Zeitraum
Yǔyán shíyànshì	**xīngqīliù**	**kāi**	**bàntiān.**

„Das Sprachlabor ist am Samstag den halben Tag geöffnet."

4B. Sie dürfen **zhèige** „dieser" nicht mit **shàngwǔ** oder **xiàwǔ** verwenden, sondern müssen **jīntiān** „heute" benutzen: **jīntiān shàngwǔ** „heute vormittag" und **jīntiān xiàwǔ** „heute nachmittag" (vgl. 2C oben).

6. Das Verb **xiūxi**, wörtl. „ausruhen", wird hier verwendet, um anzuzeigen, dass das Sprachlabor am Sonntag geschlossen ist. Das Verb wird aber auch in vielen Fällen in seinem eigentlichen Sinne gebraucht, so könnten Sie z.B. während einer anstrengenden Wanderung zu einem Freund sagen:

Wǒ lèile! Nǐ yě lèile ba? Wǒmen xiūxi shífēn zhōng, hǎo ma?

„Ich bin müde. Du bist sicher auch müde. Lass uns zehn Minuten ausruhen, O.K.?"

8. Wörtlich bedeutet **náli** „Wo?" In der Tat wird es oft anstelle von **nǎr** verwendet. **Náli** kann aber auch als Antwort auf einen Dank oder ein Kompliment, das man aus Höflichkeit zurückweist, verwendet werden, etwa wie das Deutsche „Nicht der Rede wert", „gern geschehen" (als Antwort auf Dank) oder „Ach, woher denn" (als Antwort auf ein Kompliment). Im Norden Chinas wird in solchen Situationen häufiger auch **bú kèqi**, etwa „nichts zu danken", gebraucht (1-4).

EV6-23. Wochentage. Das westliche Konzept der Sieben-Tage-Woche existierte in China bis vor 200 Jahren überhaupt nicht, daher gab es auch kein Wort für „Woche".

Haupteingang der National Taiwan Normal University (Pädagogische Universität Taiwans) in Taipei

In den letzten Jahrzehnten wurde für „Woche" das Wort **Xīngqī**, wörtlich „Sternenperiode", populär. Wie bereits erwähnt wird das Wort **xīngqī** in Taiwan und zuweilen auch in Festlandchina als **xīngqí**, also mit der zweiten Silbe im Zweiten Ton, ausgesprochen. Die Wörter für die Wochentage werden gebildet, indem man das Präfix **xīngqī-** mit den Zahlen von **yī** „eins" bis **liù** „sechs" kombiniert, um so den entsprechenden Wochentag zu bilden. Das geht allerdings nur bis zum Samstag. Das Wort für „Sonntag" kann auf zwei Weisen gebildet werden: **xīngqītiān** oder **xīngqīrì** (beachten Sie, dass die Grundbedeutung von **rì** „Sonne", wie in „Sonntag", ist). Achten Sie darauf, die Aussprache von **xīngqī'èr** „Dienstag" und **xīngqīrì** „Sonntag" zu unterscheiden, die man leicht verwechseln kann.

Das Fragewort für den Wochentag ist **xīngqījǐ**. Um zu fragen, welcher Wochentag heute ist, kann man **Jīntiān shi xīngqījǐ?** oder einfach nur **Jīntiān xīngqījǐ?** ohne das Verb **shi** sagen (Die Frage ist dann eine Thema-Rhema-Struktur, bedeutet also „Was heute betrifft: welcher Wochentag?").

Ein älteres Wort für „Woche" ist **lǐbài**, das ursprünglich „verehren" bedeutet, und im 19. Jahrhundert von westlichen Missionaren eingeführt wurde. Wie bei **xīngqī** wird hier das Präfix **lǐbài-** der Zahl für den Wochentag vorangestellt und auch hier gibt es zwei Formen für „Sonntag", nämlich **lǐbàitiān** und **lǐbàirì**. Auch die Frage nach dem Wochentag wird analog gebildet, also mit **lǐbàijǐ**. Beide „Serien" sind überall, wo Chinesisch gesprochen wird, verbreitet. In der Regel wird **xīngqī** als moderner und **lǐbài** als umgangssprachlicher und traditioneller empfunden; zudem wird **lǐbài** nur selten geschrieben. Unsere Empfehlung ist es, die **xīngqī**-Serie sowohl im Mündlichen als auch im Schriftlichen zu verwenden, aber darauf gefasst zu sein, dass jemand den Ausdruck **lǐbài** benutzt.

Es ist durchaus sowohl beim Sprechen als auch beim Schreiben (wie etwa das deutsche Di-Mi-Do) üblich, Abkürzungen wie **yī-sān-wǔ** Mo-Mi-Fr oder **èr-sì-liù** Di-Do-Sa zu verwenden, wenn von mehreren Wochentagen gleichzeitig die Rede ist:

> **Wǒ yī-sān-wǔ jiǔdiǎn shàng Zhōngwén. Nǐ ne?**
>
> „Ich habe montags, mittwochs und freitags um neun Uhr Chinesisch. Und du?"
>
> **Tā èr-sì-liù dōu méiyou kè.**
>
> „Sie hat Dienstag, Donnerstag und Samstag keinen Unterricht."

In EV4-5 haben Sie die Ausdrücke für „letzte Woche" und „nächste Woche" kennen gelernt: **shàngge xīngqī** oder **shàngge lǐbài** für „letzte Woche" und **xiàge xīngqī** oder **xiàge lǐbài** für „nächste Woche". Damit Sie sich besser merken können, welches Wort für was steht, können Sie daran denken, dass das Chinesische traditionellerweise von oben nach unten geschrieben wurde. Die Vergangenheit (also auch die letzte Woche) ist ÜBER (**shàng**) der Stelle, die Sie gerade lesen, und die Zukunft (und somit auch die nächste oder kommende Woche) DARUNTER (**xià**) (Oder Sie merken sich die folgende Eselsbrücke: ‚Hoch auf dem Berg, tief im Tal, grüß ich Dich vieltausend Mal").

Diese Ausdrücke für „letzte Woche" oder „nächste Woche" können mit den Wochentagen kombiniert werden, z.B. in **shàngge xīngqīsān** „letzter Mittwoch" oder **xiàge xīngqīwǔ** „nächster Freitag". Im Chinesischen, wie auch im Deutschen, wird der Montag als der erste Tag und der Sonntag als der letzte Tag der Woche angesehen.

Die Sprecher des Chinesischen sind bei der Verwendung der Ausdrücke **shàngge** und **xiàge** sehr genau. Wenn der aktuelle Tag der Montag ist und man über den Freitag der selben Woche sprechen will, muss man **zhèige xīngqīwǔ** „dieser Freitag" sagen. Man darf nicht ***xiàge xīngqīwǔ** sagen, was „Freitag nächste Woche" bedeutet. Ist das aktuelle Datum hingegen der Samstag und man spricht über den Freitag der nächsten Woche, heißt es natürlich **xiàge xīngqīwǔ** „der kommende Freitag" und nicht ***zhèige xīngqīwǔ**. Das Chinesische ist hier exakter als das Deutsche. Im Chinesischen bezeichnet „dieser Freitag" den Freitag der aktuellen Woche, „nächster Freitag" hingegen den Freitag der nächsten (oder kommenden) Woche. Im Deutschen ist nicht immer klar, der Freitag welcher Woche mit „nächster Freitag" gemeint ist: **shàng** bezieht sich also immer auf letzte und **xià** auf die folgende Woche.

ABSCHNITT 2

Persönliche Angaben

Vernice Johns, eine US-amerikanische Studentin in Taipei, hat seit mehreren Tagen Magen-Darm-Probleme. Daher geht sie zu einer Klinik in der Nachbarschaft, um mit einem Arzt zu sprechen. Da sie noch nicht besonders gut Chinesisch schreiben kann, hilft ihr eine Krankenschwester dabei, das Anmeldeformular auszufüllen.

Basis-Konversation 4-2

1. KRANKENSCHWESTER **Nǐ jiào shémme míngzi?**
„Wie heißt du?"

2. JOHNS **Wǒ jiào Zhāng Wényīng. Zhāng shi "gōng" "cháng" Zhāng, wén shi "wénhuà"de wén, yīng shi "Yīngguo"de yīng.**
Mein Name ist Zhāng Wényīng. Das Zhāng ist das Zhāng, das aus „Bogen" und „lang" besteht, das wén ist das wén im Wort für „Kultur" und das yīng ist das yīng im Wort für „England".

3. KRANKENSCHWESTER **Nǐ shi něinián chūshēngde?**
„In welchem Jahr bist du geboren?"

4. JOHNS **Yī-jiǔ-bā-líng-nián, jiù shi Mínguó liùshijiǔnián.**
„1980, im neunundsechzigsten Jahr der Republik."

5. KRANKENSCHWESTER **Jǐyuè jǐhào?**
„Welcher Monat, welcher Tag?"

6. JOHNS **Sìyuè shísānhào.**
„13. April."

7. KRANKENSCHWESTER **Nǐde dìzhǐ shi...**
„Deine Adresse ist ...?"

8. JOHNS **Hépíng Dōng Lù yīduàn, èrshiqīxiàng, sānnòng, yībǎi wǔshisìhào, bālóu.**
„Heping East Road, Abschnitt eins, Straße 27, Gasse 3, Nummer 154, achter Stock."

9. KRANKENSCHWESTER **Hǎo, qǐng děng yíxià.**
„O.K., einen Moment, bitte."

Build-Up

1. Krankenschwester

Nǐ jiào shémme míngzi?	Wie heißt du?

2. Johns

Zhāng	Zhang **[FN]**
Wényīng	(Chinesisch für den Vornamen „Vernice“)
gōng	Bogen (Waffe) **[S]**
“gōng” “cháng” Zhāng	der Familienname Zhāng, der mit den Schriftzeichen „Bogen“ und „lang“ geschrieben wird
wénhuà	Kultur **[S]**
“wénhuà”de wén	das Schriftzeichen wén von wénhuà
Wǒ jiào Zhāng Wényīng. Zhāng shi “gōng” “cháng” Zhāng, wén shi “wénhuà”de wén, yīng shi “Yīngguo”de yīng.	Mein Name ist Zhāng Wényīng. Das Zhāng ist das Zhāng, das aus „Bogen“ und „lang“ besteht, das wén ist das wén im Wort für „Kultur“ und das yīng ist das yīng im Wort für „England“.

3. Krankenschwester

nián	Jahr **[S]**
něinián	welches Jahr
chūshēng	geboren sein **[V]**
něinián chūshēngde	in welchem Jahr geboren
Nǐ shi něinián chūshēngde?	In welchem Jahr bist du geboren?

4. Johns

yī-jiǔ-bā-líng-nián	im Jahr 1980
jiù	genau, exakt **[A]**
jiù shi	genau das, nichts anderes als
Mínguó	Republik (China) **[ZW]**
Mínguó liùshijiǔnián	das neunundsechzigste Jahr der Republik
Yī-jiǔ-bā-líng-nián, jiù shi Mínguó liùshijiǔnián.	1980, im neunundsechzigsten Jahr der Republik.

5. Krankenschwester

jǐyuè	welcher Monat **[FW]**
hào	Tag des Monats **[ZEW]**
jǐhào	welcher Tag des Monats **[FW]**
Jǐyuè jǐhào?	Welcher Monat, welcher Tag?

6. Johns

sìyuè	April **[ZW]**
shísānhào	der 13. (Tag des Monats)
Sìyuè shísānhào.	13. April

7. Krankenschwester

dìzhǐ	Adresse **[S]**
Nǐde dìzhǐ shi...	Deine Adresse ist ...

8. Johns

hépíng	Frieden **[S]**
dōng	Osten **[L]**
lù	Straße **[S]**
Hépíng Dōng Lù	Heping East Road **[OW]**
duàn	Abschnitt **[ZEW]**
yīduàn	Abschnitt eins
-xiàng	Straße **[GF]**

èrshiqīxiàng	Straße 27
-nòng	Gasse [GF]
sānnòng	Gasse 3
hào	Nummer (in Adressen oder Kleidergrößen) [ZEW]
yībăi wŭshisìhào	Nummer 154
lóu	Stockwerk [S]
bālóu	achter Stock
Hépíng Dōng Lù yīduàn, èrshiqīxiàng, sānnòng, yībăi wŭshisìhào, bālóu.	Heping East Road, Abschnitt eins, Straße 27, Gasse 3, Nummer 154, achter Stock.

9. Krankenschwester

dĕng	warten [V]
dĕng yíxià	einmal kurz warten
Hăo, qĭng dĕng yíxià.	O.K., einen Moment, bitte.

Ergänzungsvokabular

A. TAGE UND JAHRE

1. jīntiān	heute [ZW]
2. míngtiān	morgen [ZW]
3. zuótiān	gestern [ZW]
4. jīnnián	dieses Jahr [ZW]
5. míngnián	nächstes Jahr [ZW]
6. qùnián	letztes Jahr [ZW]

B. MONATE

7. yīyuè	Januar [ZW]
8. èryuè	Februar [ZW]
9. sānyuè	März [ZW]
10. sìyuè	April [ZW]
11. wŭyuè	Mai [ZW]
12. liùyuè	Juni [ZW]
13. qīyuè	Juli [ZW]
14. bāyuè	August [ZW]
15. jiŭyuè	September [ZW]
16. shíyuè	Oktober [ZW]
17. shíyīyuè	November [ZW]
18. shí'èryuè	Dezember [ZW]

C. ALLGEMEINES

19. shēngrì	Geburtstag [S]
Nĭde shēngrì shi jĭyuè jĭhào?	In welchem Monat und an welchem Tag hast du Geburtstag?

Grammatische und kulturelle Anmerkungen

2. Nur vom Hören her kann auch ein Chinese oft nicht sagen, wie ein Name geschrieben wird, da es im chinesischen viele homophone (gleichklingende) Schriftzeichen gibt. So gibt es zum Beispiel zwei Familiennamen, die beide **Zhāng** ausgesprochen werden, nämlich: **gōng cháng Zhāng** , „der Zhang aus Bogen und lang", und **lì zǎo Zhāng** „der Zhang aus stehen und früh". Das ist der Hintergrund für die Beschreibung des Namen hier in dieser Lektion. Manche Schriftzeichen werden mittels der Aufzählung ihrer Bestandteile definiert, andere hingegen durch mehrsilbige Wörter, in denen sie vorkommen (z.B. **wén** ist das **wén** von **wénhuà** „Kultur"). Man könnte das mit dem Problem vergleichen, das man im Deutschen mit dem Namen Schuhmacher haben könnte, da es ja auch die Variante Schumacher gibt. Um Schuhmacher von Schumacher zu unterscheiden, könnte Herr oder Frau Schuhmacher auf die Idee kommen, sich mit den Worten „mein Name ist Schuhmacher, mit einem Schuh wie in Schuhbürste" vorzustellen (Da das Deutsche über eine Alphabetschrift verfügt, würde es allerdings genügen, sich einfach mit „Schuhmacher mit einem H" vorzustellen.). Sie sollten Ihre Lehrperson so früh wie möglich fragen, wie Sie Ihren Namen beschreiben können, da diese Form der Selbstvorstellung häufig eingesetzt wird, wenn man aus irgend einem Grunde gerade keine Visitenkarten dabei hat.

3A. **SHI...-DE um die Zeit oder den Ort von bekannten, vergangenen Geschehnissen auszudrücken.** Das **shi...-de**-Muster wird oft verwendet, um die Zeit oder den Ort von bekannten, vergangenen Geschehnissen auszudrücken. Wenn **shi...-de** gebraucht wird, wissen sowohl Sie als auch Ihr Gesprächspartner, dass etwas bereits geschehen ist, aber einer kennt Ort oder Zeit des Geschehens nicht. Das **shi** wird vor der Zeit- bzw. Ortsangabe und das **-de** normalerweise am Ende des Satzes platziert. Das Muster, um die Zeit von bekannten, vergangenen Geschehnissen auszudrücken, ist:

Subjekt	SHI	Zeit	Verb	-DE
Wǒ	**shi**	**yī-jiǔ-bā-wǔ-nián**	**chūshēng**	**de.**

„Ich bin 1985 geboren."

Das Muster, um den Ort von bekannten, vergangenen Geschehnissen auszudrücken, ist:

Subjekt	SHI	Ort	Verb	-DE
Wǒ	**shi**	**zài Měiguo**	**chūshēng**	**de.**

„Ich bin in den USA geboren."

Beachten Sie das Co-Verb **zài** „in, an, auf", das im Muster für den Ausdruck des Ortes vor dem Ortswort steht. Wir werden uns mit dem **shi...-de**-Muster und dem Co-Verb **zài** später noch ausführlicher beschäftigen. Vorerst sollten Sie sich die beiden folgenden Fragen mit den dazugehörenden Antworten merken:

Frage Nr. 1:	**Nǐ shi něinián chūshēngde?** „In welchem Jahr bist du geboren?"	**Antwort: Wǒ shi...nián chūshēngde.** „Ich wurde ... (Jahr) geboren."
Frage Nr. 2:	**Nǐ shi zài nǎr chūshēngde?** „Wo bist du geboren?"	**Antwort: Wǒ shi zài...chūshēngde.** „Ich wurde in ... (Ort) geboren."

3B. **NIÁN als Zähleinheitswort mit der Bedeutung „Jahr".** Wie bei **tiān** „Tag" (vgl. 4-1: 1B) ist das chinesische Wort **nián** kein Substantiv, sondern ein Zähleinheitswort. Das bedeutet, dass dem **nián**, wenn es weiter spezifiziert oder gezählt wird, direkt eine Zahl (oder ein Spezifizierer) und kein weiteres Zähleinheitswort, wie etwa das **ge**, vorangeht. Zudem folgt, im Gegensatz zu den meisten Zähleinheitswörtern, dem **nián** bzw. dem **tiān** normalerweise kein Substantiv. Daher würde man für „drei Jahre" NIEMALS ***sān'ge nián**, sondern stets **sānnián** sagen. In der folgenden Beispieltabelle werden **nián** und **tiān**, bei denen es sich um Zähleinheitswörter handelt, mit **yuè** und **xīngqī** kontrastiert, die einfache Substantive sind. Achten Sie dabei darauf, welchen dieser Ausdrücke ein **ge** vorangestellt wird und welchen nicht:

NIÁN	TIĀN	XĪNGQĪ	YUÈ
yìnián	**yìtiān**	**yíge xīngqī**	**yíge yuè**
„ein Jahr"	„ein Tag"	„eine Woche"	„ein Monat"
liǎngnián	**liǎngtiān**	**liǎngge xīngqī**	**liǎngge yuè**
„zwei Jahre"	„zwei Tage"	„zwei Wochen"	„zwei Monate"
jǐnián	**jǐtiān**	**jǐge xīngqī**	**jǐge yuè**
„wie viele Jahre"	„wie viele Tage?"	„wie viele Wochen?"	„wie viele Monate?"
měinián	**měitiān**	**měige xīngqī**	**měige yuè**
„jedes Jahr"	„jeden Tag"	„jede Woche"	„jeden Monat"

3C. Der Ausdruck für „ein halbes Jahr" lautet **bànnián**. Achten Sie auf den Unterschied zu **bānián** „acht Jahre". „Anderthalb Jahre" wird mit **yìnián bàn** ausgedrückt, „zweieinhalb Jahre" mit **liǎngnián bàn** usw.

3D. Achten Sie auf den Unterschied zwischen **nián** (Kalenderjahr) und **suì** (Lebensjahr), das Sie in 3-2 kennen gelernt haben. In Fragen und Antworten zum Alter dürfen Sie nur **suì** verwenden, keinesfalls aber **nián**. Parallel dazu würde ein Chinese, wenn er „er ist drei Jahre jünger als ich" ausdrücken wollte, „Er im Vergleich zu mir ist drei **suì** jünger." sagen.

3E. Anstelle von **něinián** „welches Jahr" sagen manche Sprecher (inklusive des Sprechers in der Tonaufnahme zu dieser Lektion) **nǎnián**. Andere wiederum fügen sogar noch ein **yī** „eins" in der Mitte hinzu und sagen **něiyìnián** oder **nǎyìnián**. Die Bedeutung ist bei allen vier Ausdrücken gleich.

3F. „Zeit, wann ..." vor dem Ort. Wenn Sie z.B. nicht nur nach dem Geburtsdatum (Zeit), sondern gleichzeitig auch nach dem Geburtsort fragen möchten, müssen Sie den Zeitausdruck vor die Ortsangabe setzen. Sie könnten z.B. fragen: **Qǐng wèn, nǐ shi něinián zài nǎr chūshēngde?** „Entschuldigung, wann und wo bist du geboren?" (wörtl. „Du bist welches Jahr wo geboren?"). Ihr Gesprächspartner könnte antworten: **Wǒ shi yī-jiǔ-jiǔ-sān-nián zài Měiguo chūshēngde** „Ich bin 1993 in den USA geboren." Beachten Sie, dass sowohl in der Frage als auch in der Antwort die Zeitangabe vor der Ortsangabe kommt. Um das Muster zusammenzufassen:

Subjekt	SHI	Zeitangabe	Ortsangabe	Verb	DE
Wǒ	**shi**	**yī-jiǔ-jiǔ-sān-nián**	**zài Měiguo**	**chūshēng**	**de.**

„Ich bin 1993 in den USA geboren."

4A. Kalenderjahre mit **NIÁN**. Um Kalenderjahre auszudrücken, wird gewöhnlich zuerst die Jahreszahl in Einzelstellen gelesen, dann folgt **nián** „Jahr". Das Muster ist:

Einzelstellen der Jahreszahl	NIÁN
yī-jiǔ-jiǔ-qī	**nián**

„1997" (wörtl. „Das Jahr 1997")

Beispiele:

yī-jiǔ-jiǔ-bā-nián	„das Jahr 1998"
èr-líng-líng-líng-nián	„das Jahr 2000"
èr-líng-líng-wǔ-nián	„das Jahr 2005"
èr-líng-yī-sān-nián	„das Jahr 2013"

Im Deutschen wird das Wort Jahr häufig auch weggelassen, im Chinesischen hingegen wird es in der Regel hinzugefügt, daher sollten Sie es auch so halten. Für „das Jahr 2000" sagen manche Sprecher **liǎngqiānnián**. Auch hört man zuweilen längere Formen wie **yìqiān jiǔbǎi jiǔshibānián** „Neunzehnhundertachtundneunzig", aber sie kommen eher selten vor.

4B. Kalendar. In den meisten Bereichen haben die Chinesen die westliche Zeitrechnung, auch **yánglì** genannt, angenommen, inklusive der Gewohnheit, die Zeit in „v. Chr." und „n. Chr." einzuteilen. In Taiwan hingegen läuft die offizielle Zeitrechnung seit der Gründung der Republik China im Jahr 1911 (damit folgt Taiwan der traditionellen Sitte, dass die Zeitrechnung jeweils mit der Thronbesteigung des Herrschers neu begann). Um die westlichen Jahreszahlen in **Mínguó** -Jahre (die heute noch in Taiwan und von 1911 – 1949 in Festlandchina verwendet werden bzw. wurden) umzuwandeln, brauchen Sie nur 1911 Jahre von der aktuellen Jahreszahl abzuziehen. 2016 wäre also 2016 – 1911 = das 105. Jahr der Republik China. Im Gegenzug brauchen Sie zu den Republik-China-Jahren bloß 1911 hinzuzählen und schon haben Sie das aktuelle westliche Jahr (d.h. das 103. Jahr der Republik China wäre 103 + 1911 = 2014). Aber auch in Taiwan kommt der westliche Kalender zum Einsatz, insbesondere wenn man mit Nichtchinesen über historische Ereignisse außerhalb Chinas spricht. In Festlandchina wird in historischen Untersuchungen gewöhnlich der westliche Kalender verwendet, wenngleich zuweilen für Daten vor 1950 auch die **Mínguó**-Formen angegeben werden. Für Daten nach dem **Mínguó sānshibānián**, d.h. „1949", werden die **Mínguó**-Formen nicht gebraucht, da nach der offiziellen Lesung der Volksrepublik die Republik China von der Volksrepublik China abgelöst wurde. Traditionelle chinesische Feste, wie Chinesisch Neujahr, das Drachenbootfest oder das Mittherbstfest werden jedoch immer noch nach dem traditionellen chinesischen Mondkalender, der **yīnlì** genannt wird, berechnet. Der Mondkalender, der in ländlichen Gegenden noch im Gebrauch ist, richtet sich nach dem 29- bis 30-tägigen Zyklus des Mondes, jeweils von einem Vollmond zum nächsten. Jedes Jahr hat 12 Mondmonate und alle vier Jahre wird ein Schaltmonat eingefügt.

5-6. Tage des Monats mit **HÀO**. Die Tage des Monats werden durch die Zahl des Tages, dem das Zähleinheitswort **hào** (wörtl. „Nummer") folgt, angezeigt. Der Ausdruck für „welcher Tag des Monats?" ist **Jǐhào?**. Das Muster, um den Tag des Monats auszudrücken ist:

Zahl des Tages	HÀO
shíliù	**hào**

„der 16. (Tag des Monats)"

Hier sind die Wörter für die Monatstage noch einmal komplett aufgelistet:

yīhào „der 1. (Tag des Monats)"
èrhào „der 2. (Tag des Monats)"
sānhào „der 3. (Tag des Monats)"
sìhào „der 4. (Tag des Monats)"
wǔhào „der 5. (Tag des Monats)"
liùhào „der 6. (Tag des Monats)"
qīhào „der 7. (Tag des Monats)"
bāhào „der 8. (Tag des Monats)"
jiǔhào „der 9. (Tag des Monats)"
shíhào „der 10. (Tag des Monats)"
shíyīhào „der 11. (Tag des Monats)"
shí'èrhào „der 12. (Tag des Monats)"
shísānhào „der 13. (Tag des Monats)"
shísìhào „der 14. (Tag des Monats)"
shíwǔhào „der 15. (Tag des Monats)"
shíliùhào „der 16. (Tag des Monats)"
shíqīhào „der 17. (Tag des Monats)"
shíbāhào „der 18. (Tag des Monats)"
shíjiǔhào „der 19. (Tag des Monats)"
èrshihào „der 20. (Tag des Monats)"
èrshiyīhào „der 21. (Tag des Monats)"
èrshi'èrhào „der 22. (Tag des Monats)"
èrshisānhào „der 23. (Tag des Monats)"
èrshisìhào „der 24. (Tag des Monats)"
èrshiwǔhào „der 25. (Tag des Monats)"
èrshiliùhào „der 26. (Tag des Monats)"
èrshiqīhào „der 27. (Tag des Monats)"
èrshibāhào „der 28. (Tag des Monats)"
èrshijiǔhào „der 29. (Tag des Monats)"
sānshihào „der 30. (Tag des Monats)"
sānshiyīhào „der 31. (Tag des Monats)"

6. Struktur von Datumsangaben. Wenn im Chinesischen Kategorien gebraucht werden, wird zumeist die größere bzw. allgemeinere Kategorie zuerst und dann die kleinere bzw. spezifischere erwähnt. Das ist genau umgekehrt wie im Deutschen, wo man zumeist vom Spezifischen zum Allgemeinen geht. Dieses Prinzip haben Sie bereits bei den chinesischen Namen kennen gelernt, wo zunächst der Familienname und dann der persönliche Name kommt (man kann hierbei den Familiennamen als die allgemeinere Kategorie ansehen, der mehr Personen angehören, als die Kategorie der persönlichen Namen, der man weniger Personen zuordnen kann). Auch die Anordnung von Datumsangaben ist im Chinesischen genau umgekehrt wie im Deutschen. Im Chinesischen beginnt man mit der größeren Kategorie, dem Jahr, und nennt dann nacheinander Monat, Tag des Monats und Wochentag. Um das Ganze zusammenzufassen:

Jahr	Monat	Tag des Monats	Wochentag
èr-líng-líng-wǔ nián	**shíyīyuè**	**èrhào**	**xīngqīyī**

„Montag, der 2. November 2005" (wörtl. „2005, November, der 2., Montag")

Wenn man eine noch kleinere Kategorie, wie etwa die Uhrzeit oder Tageszeit (z.B., **xiàwǔ sìdiǎn bàn** „nachmittags halb fümf"), nennen will, fügt man diese ganz am Ende, nach dem Wochentag, hinzu.

7. **Nǐde dìzhǐ shi...** „Deine Adresse ist ..." ist ein nicht vollständiger Satz, der als Frage verwendet wird. Er wird unvollständig gelassen, um nicht zu direkt zu erscheinen. Auf Chinesisch würde es sonderbar klingen, wenn man fragte: ***Nǐde dìzhǐ shi shémme?**

8A. Adressen. Wie beim Datum ist auch bei den Adressangaben die Reihenfolge der Elemente (Kategorien) umgekehrt wie im Deutschen, d.h. man bewegt sich vom Größeren zum Kleineren. Was im Deutschen als „Gothenstraße 14, 2. Aufgang, 12345 Berlin, DEUTSCHLAND" ausgedrückt würde, hieße auf Chinesisch (direkt zurückübersetzt) DEUTSCHLAND, 12345 Berlin, Gothenstraße 14, 2. Aufgang". Die Formel für chinesische Adressen lautet:

LAND	PROVINZ	STADT	STRASSE	HAUSNUMMER	STOCKWERK
Zhōngguo	**Guǎngdōng**	**Guǎngzhōu**	**Zhōngshān Lù**	**wǔhào**	**sānlóu**

„Zhongshan Road, Nr. 5, 3. Stock, Guangzhou, Guangdong, VR CHINA"

8B. Straßenabschnitte werden auf Chinesisch **duàn** genannt, die Straßen selbst heißen **lù**. Gassen, die von den Straßen abgehen, nennt man **-xiàng** und noch kleinere Gässchen, die wiederum von diesen Gassen abgehen, **-nòng**. Hausnummer heißt auf Chinesisch **hào** (beachten Sie, dass auch die Monatstage mit **hào** bezeichnet werden). In der Regel finden sich die geraden Hausnummern auf der einen und die ungeraden auf der anderen Straßenseite. Gassen werden durchnummeriert, als ob es sich bei Ihnen um eine weitere Hausnummer handeln würde. Das bedeutet, wenn direkt vor der Gasse ein Haus mit der Nummer 56 steht, hat die Gasse selbst die Nummer 58. Das nächste Gebäude im nächsten Block hat dann die Nummer 60. Das gleiche System gilt auch für die kleineren Gässchen, die von diesen Gassen abgehen.

8C. Manchmal wird **-nòng** „Gässchen" auch **-lòng** ausgesprochen. In der Tat gibt es im Chinesischen bei Sprechern von Nicht-Standard-Mandarin, aufgrund der Einflüsse einiger Dialekte, ein gewisses Durcheinander zwischen **n-** und **l-** , vor allem, wenn die Silbe mit einem Nasal wie **-n** oder **-ng** endet.

8D. Stockwerke von Gebäuden mit **LÓU**. Stockwerke werden durch die Nummer des Stocks, an die das Zähleinheitswort **lóu** „Stockwerk" angefügt wird, ausgedrückt. Der Ausdruck für „welcher Stock?" lautet **Jǐlóu?**. Anders als im Deutschen beginnt die Zählung der Stockwerke im Erdgeschoss, d.h. das Erdgeschoss heißt **yīlóu**. Das Muster, um auszudrücken, um welchen Stock eines Gebäudes es geht, ist:

Nummer des Stockwerks	LÓU
sān	**lóu**
„dritter Stock"	

Die Ausdrücke für die Stockwerke 1 bis 10 sind:

yīlóu	„Erdgeschoss"	**liùlóu**	„5. Stock"
èrlóu	„1. Stock"	**qīlóu**	„6. Stock"
sānlóu	„2. Stock"	**bālóu**	„7. Stock"
sìlóu	„3. Stock"	**jiǔlóu**	„8. Stock"
wǔlóu	„4. Stock"	**shílóu**	„9. Stock"

Kontrastieren Sie die Aussprache von **j-** und **q-** (und auch die Töne der ersten Silbe) im folgenden Dialog und achten Sie darauf dem **q-** einen kräftigen Atemstoß mitzugeben:

Chinesische Aufzugsbedienung:	**Jǐlóu?**	„Welcher Stock?"
Deutscher Besucher:	**Qīlóu!**	„6.Stock!"

Beachten Sie, dass das Ordinalpräfix **dì-** nicht vor **lóu** gesetzt werden darf (ebenso wenig darf es vor **duàn**, **-xiàng**, **-nòng** und **hào** stehen). Daher heißt der „2. Stock" **sānlóu** und NICHT ***dìsānlóu**.

Einige Gebäude, vor allem Krankenhäuser, haben keinen „4. Stock" (im Deutschen eigentlich der 3. Stock), da die Zahl **sì** „Vier" ein wenig wie **sǐ** „sterben" klingt und daher als unglückbringend angesehen wird. In Festlandchina und Taiwan sind die Stockwerke, wie z.B. in den USA, ab dem Erdgeschoss durchnummeriert, in Hongkong hingegen nummeriert man die Stockwerke aufgrund des britischen Einflusses, wie im Deutschen, ab dem ersten Stock.

Um „Stockwerk" auszudrücken verwenden manche Sprecher des Chinesischen das Zähleinheitswort **céng** anstatt **lóu**. Ein solcher Sprecher würde für das Erdgeschoss **yīcéng**, für den 1. Stock **èrcéng** und für den 2. Stock **sāncéng** sagen etc.

9. **Qǐng děng yíxià** „Einen Moment, bitte" ist ein sehr verbreiteter und nützlicher Ausdruck, um jemanden höflich zu bitten, kurz zu warten. Hier noch einige gebräuchliche Varianten dieses Imperativs:

Qǐng nǐ děng yíxià.	„Einen Moment, bitte!"
Nǐ děng yíxià.	„Moment Mal!"
Děng yíxià.	„Moment!"

EV6. Damit Sie sich **qùnián** „letztes Jahr" besser merken können, denken Sie daran als das Jahr **nián**, das gegangen **qù** ist.

EV7–18. Monate des Jahres mit YUÈ. Die Monate werden mit der Nummer des Monats von Eins bis Zwölf und dem Wort **yuè** „Monat“, das wörtlich „Mond“ bedeutet, gebildet. Der Ausdruck für „welcher Monat“ lautet **Jǐyuè?** wie in Zeile 5 der Konversation. Das Muster für die Monate ist:

Nummer des Monats	YUÈ
shí	**yuè**
„Oktober“	

Die Bezeichnungen der Monate sind:

yīyuè	„Januar“	**qīyuè**	„Juli“
èryuè	„Februar“	**bāyuè**	„August“
sānyuè	„März“	**jiǔyuè**	„September“
sìyuè	„April“	**shíyuè**	„Oktober“
wǔyuè	„Mai“	**shíyīyuè**	„November“
liùyuè	„Juni“	**shí’èryuè**	„Dezember“

Achten Sie auf den Unterschied zwischen den Monatsbezeichnungen einerseits und den Ausdrücken für Anzahlen von Monaten andererseits. Beispiele:

yīyuè	„Januar“	**ABER**	**yíge yuè**	„ein Monat“
èryuè	„Februar“	**ABER**	**liǎngge yuè**	„zwei Monate“
jǐyuè	„welcher Monat“	**ABER**	**jǐge yuè**	„wie viele Monate“

Für „diesen Monat“ sagt man **zhèige yuè** und für „letzten Monat“ **shàngge yuè**, „nächster Monat“ heißt **xiàge yuè**.

Will man über einen Monat im letzten, in diesem oder im nächsten Jahr sprechen, kann man im Deutschen „letzter April“, „dieser März“ oder „nächster Mai“ sagen. Im Chinesischen hingegen kann man nicht **shàngge** „letzter“, **zhèige** „dieser“ oder **xiàge** „nächster“ sagen, um diesen Sachverhalt auszudrücken. Anstelle dessen muss man **qùnián** „letztes Jahr“, **jīnnián** „dieses Jahr“ oder **míngnián** „nächstes Jahr“ mit dem Namen des betreffenden Monats kombinieren. Beispiele:

qùnián sìyuè	„letzter April“	**oder**	„April letzten Jahres“ (NICHT ***shàngge sìyuè**)
jīnnián sānyuè	„dieser März“	**oder**	„März diesen Jahres“ (NICHT ***zhèige sānyuè**)
míngnián wǔyuè	„nächster Mai“	**oder**	„Mai nächsten Jahres“ (NICHT ***xiàge wǔyuè**)

EV19. Das Verb **shi** in **Nǐde shēngrì shi jǐyuè jǐhào?** kann weggelassen werden, so dass die Frage **Nǐde shēngrì jǐyuè jǐhào?** lauten würde. Die Phrase würde in eine Thema-Kommentar-Konstruktion umgewandelt, aber die Bedeutung bliebe exakt dieselbe (Was deinen Geburtstag betrifft, welcher Monat, welcher Tag?).

Abschnitt eins der Heping East Road in Taipei

ABSCHNITT 3

Die zweite Reise nach China

Der US-Amerikaner Ben Ross ist in Beijing auf Geschäftsreise und wohnt im Swisshotel. Während er auf den Aufzug wartet, trifft er den Hotelpagen, der ihm am Vortag geholfen hat, das Gepäck aufs Zimmer zu bringen.

Basis-Konversation 4-3

1. ROSS **Nǐ hǎo!**
Hallo!

2. HOTELPAGE **Nǐ hǎo! Nǐ shi Měiguo rén ma?**
Hallo! Bist du Amerikaner?

3. ROSS **Duì, wǒ shi Měiguo rén.**
Richtig, ich bin Amerikaner.

4. HOTELPAGE **Zhè shi nǐ dìyīcì dào Zhōngguo lái ma?**
Ist dies dein erstes Mal in China?

5. ROSS **Bù, zhè shi dì'èrcì. Wǒ qùnián láiguo yícì.**
Nein, dies ist das zweite Mal. Ich war letztes Jahr schon einmal in China.

6. HOTELPAGE **M, nǐ zhèicì yào zhù duō jiǔ?**
Hm, und wie lange bleibst du dieses Mal?

7. ROSS **Dàyuē bàn'ge yuè. Wǒ shí'èrhào huíguó.**
Etwa einen halben Monat. Ich kehre am 12. nach Hause zurück.

8. HOTELPAGE **Nǐ zhù něige fángjiān?**
In welchem Zimmer wohnst du?

9. ROSS **Wǒ zhù sān líng liù.**
Ich wohne in der 306.

10. HOTELPAGE *(bemerkt, dass ein anderer Gast kommt)*
Ò, duìbuqǐ, wǒ děi zǒule. Zàijiàn!
Oh, Entschuldigung, ich muss gehen. Auf Wiedersehen!

11. ROSS **Zàijiàn!**
Auf Wiedersehen!

Build-Up

1. Ross

Nǐ hǎo!	Hallo!

2. Hotelpage

Nǐ hǎo! Nǐ shi Měiguo rén ma?	Hallo! Bist du Amerikaner?

3. Ross

Duì, wǒ shi Měiguo rén.	Richtig, ich bin Amerikaner.

4. Hotelpage

dì-	(bildet Ordinal-, d.h. Ordnungszahlen) [SP]
dìyī	der, die, das Erste, Nummer eins
cì	Mal [ZEW]
dìyīcì	zum ersten Mal
nǐ dìyīcì dào Zhōngguo lái	das erste Mal, dass du nach China kommst
Zhè shi nǐ dìyīcì dào Zhōngguo lái ma?	Ist dies dein erstes Mal in China?

5. Ross

dì'èrcì	das zweite Mal
zhè shi dì'èrcì	das ist das zweite Mal
-guo	(zeigt an, dass man etwas schon einmal erlebt hat) [P]
láiguo	mal dagewesen sein
wǒ qùnián láiguo yícì	ich war letztes Jahr einmal da
Bù, zhè shi dì'èrcì. Wǒ qùnián láiguo yícì.	Nein, das ist das zweite Mal. Ich war letztes Jahr schon einmal in China.

6. Hotelpage

m	(Zögern, Pausenfüller) [I]
yào	wollen, vorhaben [HV]
zhù	wohnen (in), bleiben (in) [V]
yào zhù	bleiben (im Futur)
jiǔ	lang sein (Zeit) [SV]
duō jiǔ	wie lange
yào zhù duō jiǔ	wie lange bleiben
M, nǐ zhèicì yào zhù duō jiǔ?	Hm, und wie lange bleibst du dieses Mal?

7. Ross

dàyuē	ungefähr [A]
bàn'ge yuè	halber Monat
dàyuē bàn'ge yuè	ungefähr einen halben Monat
huíguó	nach Hause zurückkehren [VO]
wǒ shí'èrhào huíguó	Ich kehre am 12. (des Monats) nach Hause zurück
Dàyuē bàn'ge yuè. Wǒ shí'èrhào huíguó.	Etwa einen halben Monat. Ich kehre am 12. nach Hause zurück.

8. Hotelpage

fángjiān	Zimmer [S]
něige fángjiān	welches Zimmer
Nǐ zhù něige fángjiān?	In welchem Zimmer wohnst du?

9. Ross

Wǒ zhù sān líng liù.	Ich wohne in der 306.

10. Hotelpage	
Ò, duìbuqǐ, wǒ děi zǒule. Zàijiàn!	Oh, Entschuldigung, ich muss gehen. Auf Wiedersehen!
11. Ross	
Zàijiàn!	Auf Wiedersehen!

Ergänzungsvokabular

A. ALLGEMEIN

1. shuō	sagen, sprechen **[V]**
ránhòu	danach, dann **[BA]**
Tā xiān shuōle shémme?	Was hat er zuerst gesagt?
Ránhòu shuōle shémme?	Und was hat er danach gesagt?
2. jiā	Familie, Zuhause **[OW/S]**
huíjiā	nach Hause zurückkehren **[VO]**
Nǐ míngtiān huí bu huíjiā?	Kehrst du morgen nach Hause zurück?

B. WEITERE ZEITWÖRTER

3. zhōngwǔ	Mittag **[ZW]**
4. báitiān	tagsüber **[ZW]**
5. yèli	nachts **[ZW]**
6. qiántiān	vorgestern **[ZW]**
7. hòutiān	übermorgen **[ZW]**
8. qiánnián	vorletztes Jahr **[ZW]**
9. hòunián	übernächstes Jahr **[ZW]**

Grammatische und kulturelle Anmerkungen

4A. **Dì-** , um Ordnungszahlen (Ordinalzahlen) zu bilden. Um Ordnungszahlen zu bilden (also z.B. „der erste ...", „der zweite ...", „der dritte ..."), mit denen man ausdrücken kann, an welcher Stelle etwas in einer geordneten Sequenz auftritt, setzt man den Spezifizierer **dì-** vor die Zahl. Der Nummer folgt dann häufig, aber nicht immer, ein Zähleinheitswort. Das Muster ist:

Dì-	**Zahl**	**Zähleinheitswort**
dì	**yī**	**cì**

„das erste Mal"

Hier noch einige Beispiele, in denen auf **dì-** nur eine Zahl folgt (das könnte der Fall sein, wenn man die Einzelpunkte einer Argumentationskette aufzählt):

dìyī	„zuerst"
dì'èr	„zweitens" (bitte NIE ***dìliǎng** sagen)
dìsān	„drittens"

Nun einige Beispiele von **dì-** , auf die eine Zahl und ein Zähleinheitswort, oder eine Zahl, ein Zähleinheitswort und ein Substantiv folgen:

dìshítiān	„der zehnte Tag"
dì'èrnián	„das zweite Jahr"

dìyíge rén	„die erste Person"
dìyíge	„der Erste"
dì'èrwèi xiānsheng	„der zweite Herr"
dì'èrwèi	„der Zweite"

Die Frageform lautet **dìjǐ**, also z.B. **Dìjǐge?** „die Nummer welche eine? / der/die/das wievielte?" oder **Dìjǐcì** „die Nummer welches Mal? / das wievielte Mal?". In allen hier aufgeführten Beispielen wird **dì-** verwendet, um Ordnungszahlen zu erzeugen. Achten Sie aber darauf, dass man, wie Sie in 4-2 gesehen haben, die Stockwerke eines Gebäudes ausdrückt, indem man einfach die Zahl mit **lóu**, kombiniert, wie z.B. in **qīlóu** „6. Stock". Sie dürfen NICHT *__dìqīlóu__ sagen. Außerdem sollten Sie beachten, dass man bei der Erzählung von vergangenen Ereignissen, wo man im Deutschen „am nächsten Tag" oder „im nächsten Jahr" sagen würde, auf Chinesisch **dì'èrtiān** „der folgende Tag" bzw. **dì'èrnián** „das folgende Jahr" verwendet. In diesem Fall kann man **xià-** nicht im Sinne von „nächstes, nächster" gebrauchen, auch **míngtiān** bzw. **míngnián** können hier nicht verwendet werden.

4B. Kontrastieren Sie die folgenden Konstruktionen mit dem Zähleinheitswort **cì** „Mal" und achten Sie dabei auf die Verwendung von **liǎng-** bzw. **èr**:

jǐcì „wie oft (wie viele Male)"	ABER	**dìjǐcì** „das wievielte Mal?"
yícì „einmal, ein Mal"	ABER	**dìyící** „das erste Mal"
liǎngcì „zweimal, zwei Male"	ABER	**dì'èrcì** „das zweite Mal"
sāncì „dreimal, drei Male"	ABER	**dìsāncì** „das dritte Mal"

Achten Sie auch auf den Unterschied in der Aussprache von **cì** „Mal" und **sì** „Vier". Versuchen Sie doch einmal übungshalber die folgenden Ausdrücke zu sagen:

sìcì	„viermal"
dìsìcì	„das vierte Mal"
sìshicì	„vierzigmal"
sìshisìcì	„vierundvierzigmal"
dìsìshisìcì	„das vierundvierzigste Mal"

4C. Die wörtliche Übersetzung von **Zhè shi nǐ dìyícì dào Zhōngguo lái ma?** wäre „Das ist dein erstes Mal nach China kommen?".

5A. **-GUO um ein Erlebnis auszudrücken.** Die verbreitete und äußerst wichtige Partikel **-guo** mit der Grundbedeutung „durchgehen, passieren" drückt aus, dass das Subjekt die Handlung, die durch das Verb ausgedrückt wird, (in der Vergangenheit) durchgeführt bzw. erlebt hat. Die Partikel **-guo** wird gewöhnlich an Verben angehängt, zuweilen aber auch an ganze Sätze. Das Muster ist:

Subjekt	Verb	-GUO
Wǒ	**qù**	**guo.**

„Ich bin dorthin gegangen." Oder „Ich war dort."

Hier noch einige weitere Beispiele mit der Partikel **-guo**:

Wǒ qùguo Zhōngguo.	„Ich war schon einmal in China."
Tā zuòguo huǒchē.	„Sie ist schon einmal mit dem Zug gefahren."
Wǒ yě shíqī, shíbāsuìguo.	„Ich war auch einmal 17, 18 Jahre."

Da es sich immer um Vergangenes handelt, wird **-guo** stets mit **méi** und nie mit **bù** verneint. Das **méi** steht immer unmittelbar vor dem Verb und das **-guo** wird direkt ans Verb angehängt. Die deutsche Übersetzung von verneinten Sätzen mit **-guo** enthält gewöhnlich die Wörter „(noch) nie, niemals". Beispiel:

Wǒ méi zuòguo huǒchē.	„Ich bin noch nie mit dem Zug gefahren."

Ein Student entspannt auf dem Campus der Peking-Universität

Um Fragen zu Verben mit angehängtem **-guo** zu bilden, können Sie entweder ein **ma** am Ende anhängen oder Ja-Nein-Fragen bilden. Deutsche Übersetzungen solcher Fragen enthalten gewöhnlich das Wort „jemals". Beispiele:

Nǐ zuòguo huǒchē ma?	„Bist du jemals mit dem Zug gefahren?"
Nǐ zuòguo méi zuòguo huǒchē?	„Bist du jemals mit dem Zug gefahren?"

Anstelle der Form **Nǐ zuòguo méi zuòguo huǒchē?** benutzen manche Sprecher auch das kürzere **Nǐ zuò méi zuòguo huǒchē?**

Aufgrund dialektaler Einflüsse fügen manche Sprecher in Taiwan oder Hongkong Sätzen mit **-guo** ein **yǒu** hinzu, z.B. ***Wǒ yǒu zuòguo** „Ich war schon einmal (in einem Zug)". Aber das wird nicht als Standard-Chinesisch angesehen, korrekt ist **Wǒ zuòguo**.

5B. Um danach zu fragen, wie oft man bereits in China war, fragen manche Sprecher **Nǐ qùguo Zhōngguo jǐcì?**, andere hingegen **Nǐ qùguo jǐcì Zhōngguo?** Beides ist korrekt.

6A. Die Interjektion **m** ist ein Pausenfüller oder drückt Zögern aus. Er füllt die Pause, in der der Sprecher überlegt, was er als nächstes sagen möchte, und hält seinen Platz in der Konversation frei, d.h. er drückt aus, dass er noch nicht fertig gesprochen hat.

6B. In **Nǐ zhèicì yào zhù duō jiǔ?** „Wie lange bleibst du diesmal?" sollten Sie darauf achten, dass **zhèicì** dem Verb (**yào zhù**) vorangeht, **duō jiǔ** ihm hingegen folgt. Der Grund dafür ist, dass **zhèicì** „dieses Mal" die „Zeit, wann" (Zeitpunkt) ausdrückt, und damit immer vor dem Verb kommt, und **duō jiǔ** „wie lange" die gebrauchte Zeit (Zeitraum), die stets nach dem Verb kommt, ausdrückt (vgl. 3-4: 1E und 4-1: 4A).

6C. In Lektion 3-3 haben wir das Verb **yào** mit der Bedeutung „kosten" und in 3-4 als „(Zeit) brauchen" kennen gelernt. In dieser Zeile der Lektion lernen wir eine weitere Bedeutung von **yào** kennen, nämlich als Hilfsverb im Sinne von „werden, im Begriff sein" kennen. Vergleichen Sie:

Nèige zhǐ yào sānkuài wǔ.	„Das kostet nur 3,50 Yuan."
Dào Tiānjīn yào duō cháng shíjiān?	„Wie lange braucht (der Zug) nach Tianjin?"
Nǐ yào zhù duō jiǔ?	„Wie lange wirst du bleiben?"

7A. Kontrastieren Sie diese beiden Ausdrücke sorgfältig:

bàn'ge yuè	„ein halber Monat"
yíge bàn yuè	„eineinhalb Monate"

7B. Achten Sie hier in dieser Zeile auf **huíguó** „ins Heimatland zurückkehren" und in EV2 dieser Lektion auf **huíjiā** „nachhause zurückkehren". Beide Verb-Objekt-Verbindungen werden mit dem Verb **huí** „zurückgehen, zurückkehren" gebildet, das Sie in 1-1 in der Phrase **huí sùshè** „ins Wohnheim zurückgehen" kennen gelernt haben. Für Sprecher des Chinesischen besteht eine sehr deutliche Verbindung zwischen dem Verb **huí** „zurückgehen" oder „zurückkehren" und einem Ort, zu dem Sie eine enge Beziehung haben, daher sollten Sie aufpassen, wie Sie das Verb verwenden. Im Deutschen könnten Sie zum Beispiel sagen: „Nächste Woche fahre ich für ein paar Tage nach Hause zurück." Im Chinesischen hingegen müssten Sie **huíjiā** verwenden, NIEMALS würden Sie ***qù jiā** oder ***dào wǒde jiā qù** sagen. Wenn Sie also zum Beispiel aus der Schweiz stammen und gerade in China leben, aber planen, nächste Woche für eine einwöchige Geschäftsreise in die Heimat zu fahren, wonach Sie wieder nach China zurückkehren, sollten Sie nicht ***Wǒ xiàge lǐbài qù Ruìshì** oder ***Wǒ xiàge lǐbài dào Ruìshì qù** sagen, sondern **Wǒ xiàge lǐbài huí Ruìshì qù**, da Sie ursprünglich aus der Schweiz kommen, weswegen man davon ausgeht, das Sie dorthin „zurückkehren".

EV1A. **Ránhòu** „danach, dann" kann sich auf vergangene wie auch auf zukünftige Ereignisse beziehen. Manche Sprecher verwenden das Wort in einer sehr „lockeren" Weise, um Gedanken miteinander zu verknüpfen, die eigentlich nicht wirklich miteinander in Zusammenhang stehen, das ist ein bisschen wie das Deutsche „und dann ...".

EV1B. Das **-le** von **shuōle** zeigt an, dass die Handlung abgeschlossen ist (2-4: 7B).

EV3–5. Die folgende Tabelle soll Ihnen helfen, die sich auf die Tageszeiten beziehenden Zeitwörter zu üben, die Sie in den vorangegangenen Lektionen kennen gelernt haben:

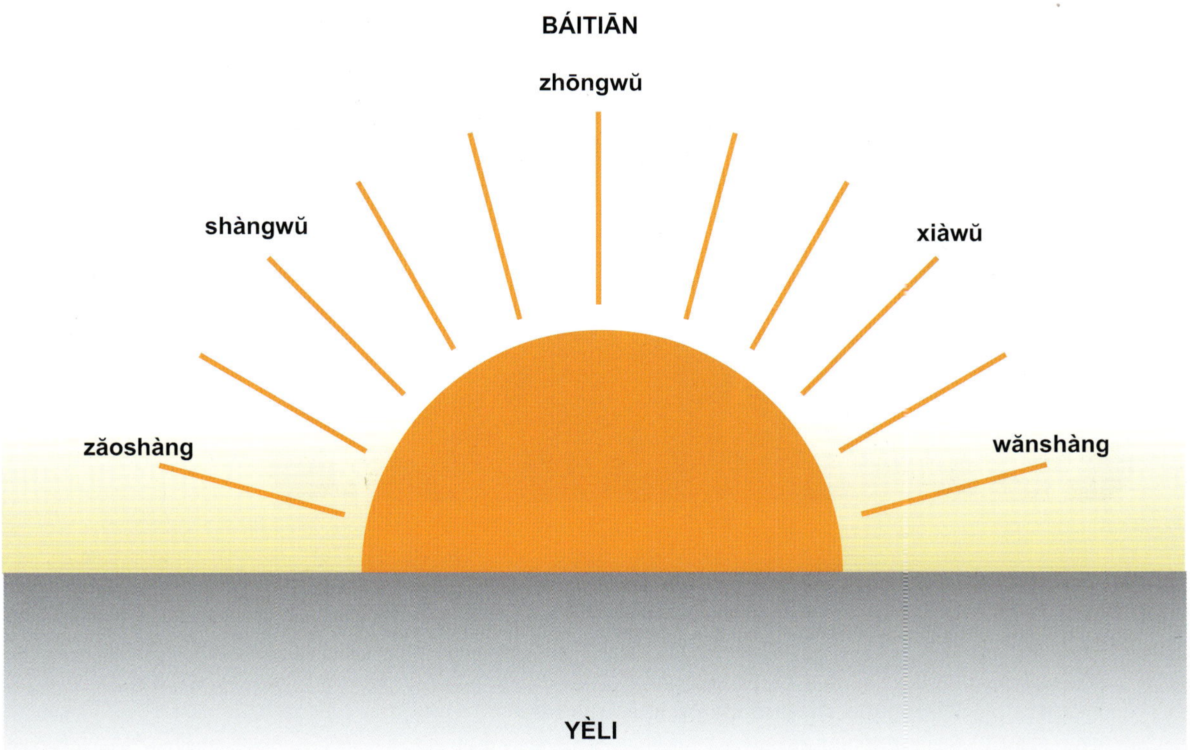

EV5. Für „heute Abend" sagt man **jīntiān yèli**. Wie, glauben Sie, werden „morgen Abend" und „gestern Abend" ausgedrückt? (Antwort: **zuótiān yèli** und **míngtiān yèli**.)

EV6–7. Die folgende Tabelle soll Ihnen dabei helfen, die Zeitwörter für „heute" und die Tage vor und nach „heute" zu üben, die Sie in den den vorangegangenen Lektionen kennen gelernt haben:

QIÁNTIĀN	ZUÓTIĀN	JĪNTIĀN	MÍNGTIĀN	HÒUTIĀN
vorgestern	gestern	heute	morgen	übermorgen

EV8–9. Die folgende Tabelle soll Ihnen dabei helfen, die Zeitwörter für „dieses Jahr" und die Jahre vor und nach „diesem Jahr" zu üben, die Sie in den den vorangegangenen Lektionen kennen gelernt haben:

QIÁNNIÁN	QÙNIÁN	JĪNNIÁN	MÍNGNIÁN	HÒUNIÁN
vorletztes Jahr	letztes Jahr	dieses Jahr	nächstes Jahr	übernächstes Jahr

ABSCHNITT 4

Nach der Bevölkerungszahl fragen

Derek Miller, ein Austauschstudent in Beijing, fragt seinen Lehrer, Herrn Sun, nach der Bevölkerungszahl Chinas und einiger chinesischer Städte.

Basis-Konversation 4-4

1. MILLER **Sūn Lǎoshī, qǐng wèn, Zhōngguo yǒu duōshǎo rén?**
Entschuldigung, wie viele Menschen gibt es in China?

2. SUN **Zhōngguo chàbuduō yǒu shísānyì rén.**
In China gibt es etwa 1,3 Milliarden Menschen.

3. MILLER **Běijīng yǒu duōshǎo rén?**
Wie viele Menschen gibt es in Beijing?

4. SUN **Běijīng yǒu yìqiānduōwàn rén.**
In Beijing gibt es über zehn Millionen Menschen.

5. MILLER **Nèmme, Nánjīng ne?**
Und in Nanjing?

6. SUN **Nánjīngde rénkǒu bǐjiào shǎo. Hǎoxiàng zhǐ yǒu wǔbǎiwàn.**
Die Bevölkerung von Nanjing ist kleiner. Es sind wohl nur fünf Millionen.

Build-Up

1. Miller

Sūn	Sun [FN]
Sūn Lǎoshī	Lehrer Sun, Herr Sun
yǒu duōshǎo rén	wie viele Menschen sind es / gibt es
Sūn Lǎoshī, qǐng wèn, Zhōngguo yǒu duōshǎo rén?	Entschuldigung, wie viele Menschen gibt es in China?

2. Sun

-yì	hundert Millionen [Z]
shísānyì	eine Milliarde dreihundert Millionen
shísānyì rén	eine Milliarde dreihundert Millionen Menschen
Zhōngguo chàbuduō yǒu shísānyì rén.	In China gibt es etwa 1,3 Milliarden Menschen.

3. Miller

Běijīng	Beijing [OW]
Běijīng yǒu duōshǎo rén?	Wie viele Menschen gibt es in Beijing?

4. Sun

-wàn	zehntausend [Z]
-qiānwàn	zehn Millionen [Z]
yìqiānwàn	zehn Millionen
duō	viel sein, viel, mehr [SV/Z]
yìqiānduōwàn	mehr als zehn Millionen
yìqiānduōwàn rén	mehr als zehn Millionen Menschen
Běijīng yǒu yìqiānduōwàn rén.	In Beijing gibt es über zehn Millionen Menschen.

5. Miller

Nánjīng	Nanjing [OW]
Nèmme, Nánjīng ne?	Und in Nanjing?

6. Sun

rénkǒu	Bevölkerung [S]
bǐjiào	vergleichsweise, relativ [A]
shǎo	wenig sein, weniger [SV]
rénkǒu bǐjiào shǎo	die Bevölkerung ist relativ kleiner
hǎoxiàng	anscheinend [BA]
zhǐ yǒu	hat nur, es gibt nur
-bǎiwàn	Million [Z]
wǔbǎiwàn	fünf Millionen
zhǐ yǒu wǔbǎiwàn	es sind nur fünf Millionen
hǎoxiàng zhǐ yǒu wǔbǎiwàn	es sind anscheinend nur fünf Millionen
Nánjīngde rénkǒu bǐjiào shǎo.	Die Bevölkerung von Nanjing ist kleiner.
Hǎoxiàng zhǐ yǒu wǔbǎiwàn.	Es sind wohl nur fünf Millionen.

Ergänzungsvokabular

1. shíwàn	hunderttausend [Z]
sānshiwàn rén	dreihunderttausend Menschen
2. kè	Unterrichtsstunde [S]
shàngkè	Unterricht haben [VO]
shàng Zhōngwén kè	Chinesischunterricht haben
Wǒmen měitiān dōu shàng Zhōngwén kè.	Wir haben jeden Tag Chinesischunterricht.
3. chídào	sich verspäten, zu spät sein [V]
chídàoguo jǐcì	wie viel Male zu spät
Nǐ Zhōngwén kè chídàoguo jǐcì?	Wie oft warst du zu spät im Chinesischunterricht?
4. chángcháng	oft [A]
táokè	Unterricht schwänzen [VO]
Nèige tóngxué chángcháng táokè.	Dieser Kommilitone schwänzt oft den Unterricht.

5. **Guǎngzhōu**	Guangzhou [OW]
Shànghǎi	Shanghai [OW]
Guǎngzhōu, Shànghǎi nǐ dōu qùguo ba?	Ich nehme an, du warst schon in Guangzhou und in Shanghai?
6. **Táiběi**	Taipei [OW]
Xī'ān	Xian [OW]
Wǒ qùguo Táiběi gēn Xiānggǎng, kěshi méi qùguo Xī'ān.	Ich war schon in Taipei und in Hongkong, aber ich war noch nie in Xian.

Grammatische und kulturelle Anmerkungen

1. Beachten Sie, dass die grammatische Struktur der Frage **Zhōngguo yǒu duōshǎo rén?** „Wie viele Menschen gibt es in China?" auf dem Muster Ortswort + **yǒu** + Substantiv basiert, womit man die Existenz von etwas an einem bestimmten Ort ausdrücken kann (3-1: 1B).

2A. Manche Sprecher sagen lieber **Zhōngguo chàbuduō yǒu shísānyì rén**, andere hingegen eher **Zhōngguo yǒu chàbuduō shísānyì rén**.

2B. Große Zahlen. Bei den großen Zahlen gibt es zwei wesentliche Unterschiede zwischen dem Deutschen und dem Chinesischen: (1) Das Chinesische hat besondere Wörter für „zehntausend" (**-wàn**) und „hundert Millionen" (**-yì**), die es im Deutschen nicht gibt (im Deutschen wird die eine Zahl durch ein Kompositum, also ein zusammengesetztes Wort, und die andere Zahl durch zwei Wörter ausgedrückt). (2) Dafür hat das Deutsche ein Wort für „Million", das es wiederum im Chinesischen nicht gibt (im Chinesischen muss man **yībǎiwàn** , d.h. „einhundert zehntausend" sagen).

Die Grundeinheiten für größere Zahlen sind im Chinesischen **-wàn** „zehntausend" und **-yì** „hundert Millionen". Wie **-bǎi** „hundert" und **-qiān** „tausend" werden sie niemals alleine verwendet. Die aus den Grundeinheiten abgeleiteten Zahlen werden im Chinesischen wie folgt gebildet: **yíwàn** „zehntausend", **shíwàn** „hunderttausend" (wörtl. „zehn zehntausend"), **yìbǎiwàn** „eine Million" (wörtl. „hundert zehntausend"), **yìqiānwàn** „zehn Millionen" (wörtl. „tausend zehntausend"), **yíyì** „hundert Millionen" und **shíyì** „eine Milliarde" (wörtl. „zehn einhundert Millionen"). Zwar sollte man das Zahlensystem gründlich verstanden haben, aber sinnvollerweise sollte man die oben genannten Ausdrücke besser auswendig wissen, anstatt sie bei Bedarf zu „konstruieren". Hier einige Beispiele für wichtige chinesische Zahlen:

yíwàn	„10.000"	**shíwàn**	„100.000"	**liǎngbǎiwàn**	„2.000.000"
liǎngwàn	„20.000"	**èrshiwàn**	„200.000"	**sānbǎiwàn**	„3.000.000"
sānwàn	„30.000"	**sānshiwàn**	„300.000"	**yìqiānwàn**	„10.000.000"
sìwàn	„40.000"	**sìshiwàn**	„400.000"	**liǎngqiānwàn**	„20.000.000"
wǔwàn	„50.000"	**wǔshiwàn**	„500.000"	**wǔqiānwàn**	„50.000.000"
liùwàn	„60.000"	**liùshiwàn**	„600.000"	**yíyì**	„100.000.000"
qīwàn	„70.000"	**qīshiwàn**	„700.000"	**sānyì**	„300.000.000"
bāwàn	„80.000"	**bāshiwàn**	„800.000"	**shíyì**	„eine Milliarde"
jiǔwàn	„90.000"	**jiǔshiwàn**	„900.000"	**sānshiyì**	„drei Milliarden"
shíwàn	„100.000"	**yìbǎiwàn**	„1.000.000"		

Beachten Sie, dass das Wort **líng** „Null" immer eingefügt werden muss, wenn die Zahl eine Nullstelle enthält, wie z.B. in **yìqiān líng shíyī** „1.011" oder **yìqiān yībǎi líng yī** „1.101". Wenn zwei oder mehr Nullen direkt aufeinander folgen, kann **líng** für sie alle stehen, ohne dass es wiederholt werden müsste, z.B. in **yìqiān líng yī** „1.001".

Während es bei größeren Zahlen immer korrekt ist, **liǎng**, wie in **liǎngwàn** „20.000" oder **liǎngbǎiwàn** „zwei Millionen" zu gebrauchen, verwenden manche Sprecher anstelle dessen auch **èr** und sagen **èrwàn** „20.000" oder **èrbǎiwàn** „zwei Millionen".

4A. DUŌ , um „mehr als ..." auszudrücken. Wenn es nach einer Zahl steht, bedeutet **duō** „mehr" als die genannte Anzahl. Beispiele:

yībǎiduō rén „mehr als hundert Menschen"

yīqiānduōkuài	„mehr als tausend Yuan“
yíge duō zhōngtóu	„über eine Stunde“
yíwèi yībǎiduōsuìde lǎo tàitai	„eine über hundertjährige alte Frau“

Kontrastieren Sie die Ausdrücke, in denen das **duō** vor dem Zähleinheitswort kommt, wie in **èrshiduōkuài** „mehr als 20 Yuan (aber weniger als 30)“ mit Ausdrücken, in denen es nach dem Zähleinheitswort steht, wie in **èrshikuài duō** „mehr als 20 Yuan (aber weniger als 21)“. Im ersten Ausdruck kommt das **duō** nach der Zahl und vor dem **kuài**, weswegen die Zuhörer wissen, dass es sich um 20 oder mehr Yuan handelt, im zweiten Ausdruck kommt das **duō** nach dem Zähleinheitswort **kuài**, sodass klar wird, dass es sich um mehr als 20 Yuan, aber um eine Summe handelt, die unter dem nächsten **kuài** liegt.

4B. Sowohl die Aussprache **yīqiānduōwàn** als auch die Aussprache **yìqiānduōwàn**, mit einer Tonveränderung auf dem **yī**, ist möglich.

4C. Das Statische Verb **duō** ist nicht nur sehr verbreitet, sondern auch sehr nützlich. Hier noch einige Beispiele mit seiner Grundbedeutung von „viel sein, viele, mehr sein als ...“:

Hǎo rén bù duō.

„Es gibt nicht viele gute Menschen.“ (wörtl. „Gute Menschen nicht viele.“

Lǎo Lǐ rènshi hěn duō rén.

„Der alte Li kennt viele Leute.“ (wörtl. „Alter Li kennt sehr viele Menschen.“)

Chídàode tóngxué duō ma?

„Sind viele Klassenkameraden zu spät?“ (wörtl. „Zu spät kommende Klassenkameraden sind (es) viele?“)

Wenn **duō** ein Substantiv modifizieren soll, muss vor dem **duō** ein Adverb stehen (man darf NIEMALS ***Tā yǒu duō qián** „Sie hat viel Geld“ sagen). Insbesondere die Kombination **hěn duō** findet sich häufig vor Substantiven. Beispiele:

hěn duō rén	„viele Leute“
hěn duō qián	„viel Geld“
hěn duō shíjiān	„viel Zeit“

4D. Bei großen Zahlen wie **-qiān** und **-wàn** sowie beim Fragewort **duōshǎo** kann vor dem Substantiv **rén** optional das Zähleinheitswort **ge** stehen. Daher sind folgende Kombinationen möglich

yìqiān rén oder yìqiān'ge rén	„tausend Menschen“
yíwàn rén oder yíwàn'ge rén	„zehntausend Menschen“
yíwànduō rén oder yíwànduōge rén	„mehr als zehntausend Menschen“
duōshǎo tóngxué oder duōshǎoge tóngxué	„wie viele Kommilitonen?“

4E. Achten Sie beim Statischen Verb **duō** „viel, viel sein, mehr“ auf die korrekte Aussprache, dabei sollten Sie **duō** nicht mit **dōu** „alle, beide“ verwechseln.

Straßenmarkt in Beijing

5. Beachten Sie den Gebrauch von **nèmme** als Markierung für die Einführung eines neuen Themas, nämlich **Nánjīng** (3-4: 3).

6A. Die Standardaussprache des Adverbs **bǐjiào** „relativ, vergleichsweise“ ist **bǐjiào**, wobei die zweite Silbe im Vierten Ton gesprochen wird, es gibt aber auch Sprecher, die **bǐjiǎo** sagen, also die zweite Silbe im Dritten Ton sprechen.

6B. Das Statische Verb **shǎo** „wenig sein, weniger sein“ ist sehr wichtig. Hier einige Beispiele mit **shǎo**:

Kiosk auf der Xizhimen-Straße in Beijing

Rén hěn shǎo.

„Es waren wenige Leute da." (wörtl. „Die Leute waren sehr wenige.")

Qùde rén bù shǎo.

„Nicht wenige Leute gingen." (wörtl. „Die Leute, die gingen, waren nicht wenige.")

Bù duō yě bù shǎo.

„Weder wenige noch viele." (wörtl. „Nicht viele, auch nicht wenige.")

6C. HǍOXIÀNG. Das Adverb **hǎoxiàng** „anscheinend, es scheint, dass ..." ist sehr verbreitet und auch nützlich, wenn man sich nicht zu direkt oder empathisch ausdrücken möchte oder wenn man sich nicht zu sehr auf einen bestimmten Standpunkt festlegen möchte, um sich oder anderen Peinlichkeiten zu ersparen. Sprecher des Chinesischen benutzen zuweilen sogar **hǎoxiàng** in Fällen, wenn sie sich völlig sicher sind. **Hǎoxiàng** ist ein Beispiel für ein bewegliches Adverb, was bedeutet, dass es, wie alle anderen Adverbien auch, direkt vor dem Verb auftreten kann, es kann aber auch am Satzbeginn stehen. Hier einige Beispiele mit **hǎoxiàng**:

Tāmen hǎoxiàng hái méi lái.	„Es scheint, sie sind noch nicht gekommen."
Hǎoxiàng tā xìng Zhào.	„Sie heißt anscheinend Zhao."
Tā hǎoxiàng bù dǒng.	„Sie versteht anscheinend nicht."
Nǐ hǎoxiàng bú tài gāoxìng.	„Du bist anscheinend nicht sehr glücklich."
Tā hǎoxiàng méi qùguo Zhōngguo.	„Anscheinend war sie noch nie in China."

Achten Sie auf den Unterschied zwischen dem Adverb **hǎoxiàng** „es scheint mir, dass ..." und dem Verb **xiǎng** „denken", das Sie in 3-2 kennen gelernt haben. Kontrastieren Sie:

Hǎoxiàng wǒ qùguo.	„Es scheint, ich war schon dort."
Wǒ xiǎng wǒ qùguo.	„Ich denke, ich war schon dort."

EV2A. Beachten Sie, dass **shàngkè** eine Verb-Objekt-Verbindung mit der Bedeutung „ich habe Unterricht" (sowohl als Lernender als auch als Lehrer) ist. Es bedeutet NICHT „eine Unterrichtsstunde", was mit **kè** ausgedrückt wird. Daher muss man, wenn man „Ich mag meinen Unterricht" sagen will, dies mit **Wǒ xǐhuan wǒde kè** und NICHT mit * **Wǒ xǐhuan wǒde shàngkè** ausdrücken.

EV2B. Achten Sie auf das **dōu** hinter dem **měitiān** von **Wǒmen měitiān dōu shàng Zhōngwén kè** „Wir haben jeden Tag Chinesischunterricht". In einer Aussage, der ein **měi-** „jede/r/s" vorangeht, folgt in der Regel das Adverb **dōu**, um zu betonen, dass diese Aussage ausnahmslos gilt.

EV6. Korrekterweise muss der geographische Begriff *Xian* in Pinyin mit einem Apostroph, also **Xī'ān**, geschrieben werden, damit man es von dem Wort **xiān** „zuerst" unterscheiden kann.

Wiederholung und Lerntipps für Einheit 4

Neue Vokabeln

ADVERBIEN

bǐjiào	vergleichsweise, relativ
chángcháng	oft
dàyuē	ungefähr, circa
jiù	genau, exakt

BEWEGLICHE ADVERBIEN

hǎoxiàng	offenbar, anscheinend
píngcháng	gewöhnlich
ránhòu	danach, dann

FAMILIENNAMEN

Sūn	Sun
Zhāng	Zhang

FRAGEWÖRTER

jǐhào	welcher Tag des Monats
jǐyuè	welcher Monat
lǐbàijǐ	welcher Wochentag
xīngqījǐ	welcher Wochentag

GEBUNDENE FORMEN

-nòng	Gasse
-xiàng	Seitengasse

HILFSVERBEN

yào	im Begriff sein, zu ..., werden

IDIOMATISCHE AUSDRÜCKE

náli	überhaupt nicht, woher denn

INTERJEKTIONEN

m	(Ausdruck von Zögern, Pausenfüller)

LOKALISIERER

dōng	Osten

ORTSWÖRTER

Běijīng	Beijing, Peking
Guǎngzhōu	Guangzhou, Kanton
jiā	Zuhause, Familie
Nánjīng	Nanjing, Nanking
Shànghǎi	Shanghai, Schanghai
Táiběi	Taipei, Taipeh
Xī'ān	Xian

PARTIKEL

-guo	(zeigt an, dass man etwas erlebt hat)

PHRASEN

yǔyán shíyànshì	Sprachlabor

SPEZIFIZIERER

dì-	(bildet Ordinalzahlen, d.h. Ordnungszahlen)
měi-	jede/r/s

STATISCHE VERBEN

duō	viel sein, viel, mehr
jiǔ	lange dauern
shǎo	wenig sein, weniger

SUBSTANTIVE

dìzhǐ	Adresse
fángjiān	Zimmer
gōng	Bogen (Waffe)
hépíng	Frieden
kè	Unterricht
lǐbài	Woche
lóu	Stockwerk
mén(r)	Tür, Tor
Mínguó	Republik China
rénkǒu	Bevölkerung
shēngrì	Geburtstag
shíyàn	Experiment
shíyànshì	Labor
wénhuà	Kultur
xīngqī	Woche
yǔyán	Sprache

VERBEN

chídào	sich verspäten
chūshēng	geboren werden
děng	warten
guān	schließen
kāi	öffnen
shuì	schlafen
shuō	sagen, sprechen
xiūxi	ausruhen, frei haben
zhù	wohnen (in), bleiben (in)

VERB-OBJEKT-VERBINDUNGEN

guānmén	eine Tür schließen, schließen
huíguó	in die Heimat zurückkehren
huíjiā	nachhause zurückkommen
kāimén	eine Tür öffnen, öffnen
qǐchuáng	vom Bett aufstehen, aufstehen
shàngkè	Unterricht haben
shuìjiào	schlafen, schlafen gehen
táokè	Unterricht schwänzen

ZAHLEN

-bǎiwàn	Million
-qiānwàn	zehn Millionen
shíwàn	hunderttausend
-wàn	zehntausend
-yì	hundert Millionen

ZÄHLEINHEITSWÖRTER

cì	Mal
duàn	Abschnitt
hào	Tag des Monats; Nummer (bei Adressen, Kleidergrößen)
nián	Jahr
tiān	Tag

ZEITWÖRTER

báitiān	tagsüber
báyuè	August
èryuè	Februar
hòunián	übernächstes Jahr
hòutiān	übermorgen
jīnnián	dieses Jahr
jīntiān	heute
jiǔyuè	September
lǐbài'èr	Dienstag
lǐbàiliù	Samstag
lǐbàirì	Sonntag
lǐbàisān	Mittwoch
lǐbàisì	Donnerstag
lǐbàitiān	Sonntag
lǐbàiwǔ	Freitag
lǐbàiyī	Montag
liùyuè	Juni
míngnián	nächstes Jahr
míngtiān	morgen
qiánnián	vorletztes Jahr
qiántiān	vorgestern
qíyuè	Juli
qùnián	letztes Jahr
sānyuè	März

shàngwǔ	Vormittag, vormittags
shí'èryuè	Dezember
shíyīyuè	November
shíyuè	Oktober
sìyuè	April
wǎnshang	Abend, abends
wǔyuè	Mai
xiàwǔ	Nachmittag, nachmittags
xīngqī'èr	Dienstag
xīngqīliù	Samstag
xīngqīrì	Sonntag
xīngqīsān	Mittwoch
xīngqīsì	Donnerstag
xīngqītiān	Sonntag
xīngqīwǔ	Freitag
xīngqīyī	Montag
yèli	nachts
yīyuè	Januar
zǎoshang	morgens
zhōngwǔ	Mittag, mittags
zuótiān	gestern

Die wichtigsten neuen grammatischen Muster

TIĀN als Zähleinheitswort mit der Bedeutung „Tag“: yìtiān „ein Tag“, **liǎngtiān** „zwei Tage“, **jǐtiān** „wie viele Tage?“, **měitiān** „jeden Tag“ (4-1)

Zeitraum nach dem Verb: Yǔyán shíyànshì xīngqīliù kāi bàntiān. „Samtags ist das Sprachlabor den halben Tag geöffnet.“ (4-1)

Wochentage: xīngqīyī oder lǐbàiyī „Montag“, etc. (4-1)

SHI...-DE um Zeit oder Ort vergangener Handlungen auszudrücken: Wǒ shi yī-jiǔ-bā-wǔ-nián chūshēng de. „Ich bin 1985 geboren.“ **Wǒ shi zài Měiguo chūshēng de.** „Ich wurde in den USA geboren.“ (4-2)

NIÁN als Zähleinheitswort mit der Bedeutung „Jahr“: yìnián „ein Jahr“, **liǎngnián** „zwei Jahre“, **jǐnián** „wie viele Jahre?“, **měinián** „jedes Jahr“ (4-2)

Zeitangabe vor Ortsangabe: Wǒ shi yī-jiǔ-bā-wǔ-nián zài Měiguo chūshēngde „Ich wurde 1985 in den USA geboren.“ (4-2)

Kalenderjahre mit NIÁN: yī-jiǔ-bā-wǔ-nián „1985“ (4-2)

Tage des Monats mit HÀO: wǔhào „der Fünfte“, **jǐhào** „Welcher Tag des Monats?“ (4-2)

Datumsangaben: èr-líng-líng-wǔ nián shíyīyuè èrhào xīngqīyī „Montag, der 2. November 2005“ (4-2)

Adressangaben: Zhōngguo Guǎngdōng Guǎngzhōu Zhōngshān Lù wǔhào sānlóu „Zhong Shan Rd. Nr. 5, 3. Stock, Guangzhou, China.“ (4-2)

Stockwerke mit LÓU: yīlóu „Erdgeschoss“, **èrlóu** „erster Stock“, **sānlóu** „zweiter Stock“, **jǐlóu?** „welcher Stock?“ (4-2)

Monatsbezeichnungen mit YUÈ: sānyuè „März“, **wǔyuè** „Mai“, **shí'èryuè** „Dezember“, **jǐyuè** „welcher Monat?“ (4-2)

DÌ- zur Bildung von Ordinalzahlen (Ordnungszahlen): dìyī „der Erste“, **dì'èrge** „der Zweite“, **dìsāncì** „das dritte Mal“ (4-3)

-GUO um ein Erlebnis auszudrücken: Wǒ qùguo. „Ich war dort“ oder „Ich bin dort gewesen.“ (4-3)

Große Zahlen: yíwàn „zehntausend“, **shíwàn** „hunderttausend“, **yìbǎiwàn** „eine Million“, **yìqiānwàn** „zehn Millionen“, **yíyì** „hundert Millionen“, **shíyì** „eine Milliarde“ (4-4)

DUŌ um „mehr als“ auszudrücken: yìbǎiduō rén „mehr als hundert Menschen“, **yìqiānduōkuài** „mehr als tausend Yuan“ (4-4)

HǍOXIÀNG: Tāmen hǎoxiàng hái méi lái. „Sie sind anscheinend noch nicht gekommen.“ (4-4)

EINHEIT 5

Personen, Orte und Sachen finden

KOMMUNIKATIVE LERNZIELE

Wenn Sie diese Lektion beherrschen, sind Sie in der Lage, auf Chinesisch:

1. zu sagen, wo sich etwas oder jemand in Relation zu etwas anderem oder jemandem anderes befindet: hier, dort, rechts, links, vorne, hinten, oben, unten, über, unter, innerhalb, außerhalb, unterhalb, in der Nähe von;
2. über die Richtung zu sprechen, in der sich ein bestimmter Ort im Verhältnis zu einem anderen Ort befindet: Norden, Süden, Osten, Westen;
3. nachzufragen, ob jemand da ist und falls nicht, ob Sie eine Nachricht hinterlassen können;
4. nachzufragen, wo jemand wohnt oder untergebracht ist und auf Nachfrage hierzu zu antworten;
5. zu fragen, wo sich die Toilette befindet und zu antworten, wenn Sie danach gefragt werden;
6. zu fragen, ob ein Platz besetzt ist und zu antworten, wenn Sie danach gefragt werden;
7. darüber zu sprechen, wo Sie frühstücken, zu Mittag essen und zu Abend essen;
8. sich für Ihr eingeschränktes Chinesisch oder dafür, dass Sie jemanden haben warten lassen, zu entschuldigen;
9. über chinesische oder westliche Namen zu sprechen.

ABSCHNITT 1

Auf der Suche nach Mary Wang

Sarah Eng, die an einer Universität in Beijing Englisch unterrichtet, hat kürzlich eine junge Chinesin kennengelernt, die sie nur als „Mary Wang" kennt. Um sie zu besuchen, begibt sich Sarah an die Adresse, die sie von Mary Wang erhalten hat.

Basis-Konversation 5-1

1. CHINESIN — **Qǐng jìn!**
Bitte kommen Sie herein!

2. AMERIKANERIN — **Duìbuqǐ, wǒ xiǎng zhǎo yixiar Wáng Xiáojie. Qǐng wèn, tā zài bu zai?**
Entschuldigung, ich suche Frau Wang. Darf ich fragen, ob sie da ist?

3. CHINESIN — **Něiwèi Wáng Xiáojie?**
Welche Frau Wang?

4. AMERIKANERIN — **Shízài bàoqiàn. Wǒ shi Měiguo Huáqiáo, Zhōngwén bú tài hǎo. Wǒ bù zhīdào tāde Zhōngwén míngzi. Búguò, tāde Yīngwén míngzi jiào "Mary Wang."**
Es tut mir sehr leid. Ich bin Übersee-Chinesin aus den USA und mein Chinesisch ist nicht sehr gut. Ich kenne ihren chinesischen Namen nicht, aber ihr englischer Name ist „Mary Wang".

5. CHINESIN — **Ò, wǒ zhīdaole. Shi Wáng Guólì. Búguò, tā xiànzài bú zài zhèr.**
Ach so, jetzt weiß ich Bescheid. Das ist Wang Guoli. Aber sie ist gerade nicht hier.

6. AMERIKANERIN — **Qǐng wèn, nǐ zhīdao tā zài nǎr ma?**
Entschuldigung, wissen Sie, wo sie ist?

7. CHINESIN — **Tā zài lǎobǎnde bàngōngshì.**
Sie ist im Büro vom Chef.

8. AMERIKANERIN — **Nà, wǒ kě bu kéyi gěi tā liú yíge tiáozi?**
Darf ich dann eine Nachricht für sie hinterlassen?

9. CHINESIN — **Dāngrán kéyi.**
Natürlich dürfen Sie das.

10. AMERIKANERIN — **Xièxie.**
Danke.

Build-Up

1. Chinesin

Qǐng jìn!	Bitte kommen Sie herein!

2. Amerikanerin

xiǎng	wollen, gerne tun wollen **[HV]**
zhǎo	suchen **[V]**
zhǎo yixiar	(mal) suchen
xiǎng zhǎo yixiar	möchte (mal) suchen
zài	da sein; sich in/an/auf befinden **[V]**
tā zài bu zai	ist sie da
Duìbuqǐ, wǒ xiǎng zhǎo yixiar Wáng Xiáojie.	Entschuldigung, ich suche Frau Wang.
Qǐng wèn, tā zài bu zai?	Darf ich fragen, ob sie da ist?

3. Chinesin

Něiwèi Wáng Xiáojie?	Welche Frau Wang?

4. Amerikanerin

shízài	wirklich **[A]**
bàoqiàn	bedauern **[V]**
shízài bàoqiàn	sehr bedauern
Huáqiáo	Übersee-Chinese **[S]**
Měiguo Huáqiáo	Übersee-Chinese aus den USA
zhīdao	wissen **[V]**
Zhōngwén bú tài hǎo	(mein) Chinesisch ist nicht sehr gut
bù zhīdào	nicht wissen
Zhōngwén míngzi	chinesischer Name
tāde Zhōngwén míngzi	ihr chinesischer Name
búguò	aber **[KJ]**
Yīngwén	Englisch (Sprache) **[S]**
Yīngwén míngzi	englischer Name
tāde Yīngwén míngzi	ihr englischer Name
Shízài bàoqiàn. Wǒ shi Měiguo Huáqiáo, Zhōngwén bú tài hǎo. Wǒ bù zhīdào tāde Zhōngwén míngzi. Búguò, tāde Yīngwén míngzi jiào "Mary Wang."	Es tut mir sehr leid. Ich bin Übersee-Chinesin aus den USA und mein Chinesisch ist nicht sehr gut. Ich kenne ihren chinesischen Namen nicht, aber ihr englischer Name ist „Mary Wang“.

5. Chinesin

wǒ zhīdaole	jetzt weiß ich (Bescheid)
Wáng Guólì	Wang Guoli (chinesischer Name)
zhèr	hier **[OW]**
zài zhèr	(sie) ist hier
bú zài zhèr	(sie) ist nicht hier
tā xiànzài bú zài zhèr	sie ist jetzt nicht hier
Ò, wǒ zhīdaole. Shi Wáng Guólì.	Ach so, jetzt weiß ich Bescheid. Das ist Wang Guoli.
Búguò, tā xiànzài bú zài zhèr.	Aber sie ist gerade nicht hier.

6. Amerikanerin

nǐ zhīdao	wissen Sie
tā zài nǎr	wo ist sie
Qǐng wèn, nǐ zhīdao tā zài nǎr ma?	Entschuldigung, wissen Sie, wo sie ist?

7. Chinesin

lăobăn	Chef, Eigentümer **[S]**
bàngōngshì	Büro **[OW]**
lăobănde bàngōngshì	das Büro vom Chef
Tā zài lăobănde bàngōngshì.	Sie ist im Büro vom Chef.

8. Amerikanerin

kéyi	können, dürfen **[HV]**
kĕ bu kéyi	darf (ich) oder darf (ich) nicht
liú	(etwas, jemanden) zurücklassen **[V]**
gĕi tā liú	für sie da lassen
tiáozi	Nachricht **[S]**
gĕi tā liú yíge tiáozi	ihr eine Nachricht hinterlassen
Nà, wŏ kĕ bu kéyi gĕi tā liú yíge tiáozi?	Darf ich dann eine Nachricht für sie hinterlassen?

9. Chinesin

dāngrán	natürlich **[BA]**
Dāngrán kéyi.	Natürlich dürfen Sie das.

10. Amerikanerin

Xièxie.	Danke.

Ergänzungsvokabular

1. **yàoshi**	falls **[BA]**
yàoshi nĭ zhăo yíge rén	falls du jemanden suchst
zĕmme bàn	„Was sollte man tun?", „Wie geht das?" **[IA]**
Yàoshi nĭ zhăo yíge rén, kĕshi tā bú zài, nĭ zĕmme bàn?	Wenn du jemanden suchst und die Person ist nicht da, was machst du dann?
2. **zhuōzi**	Tisch **[S]**
yĭzi	Stuhl **[S]**
nàr	dort **[OW]**
Zhuōzi zài zhèr, yĭzi zài nàr.	Die Tische sind hier, die Stühle dort.
3. **zhāng**	(Zähleinheitswort für Tische, Visitenkarten) **[ZEW]**
zhèizhāng zhuōzi	dieser Tisch
bă	(Zähleinheitswort für Stühle, Regenschirme) **[ZEW]**
nèibă yĭzi	jener Stuhl
Wŏ yào măi zhèizhāng zhuōzi gēn nèibă yĭzi.	Ich möchte diesen Tisch und jenen Stuhl kaufen.

Grammatische und kulturelle Anmerkungen

2A. Auf **xiăng** folgt, wenn es im Sinne von „ich will", „ich möchte" verwendet wird, gewöhnlich ein Vollverb. So kann man zwar **Wŏ xiăng qù** „Ich möchte gehen", aber nicht ***Wŏ xiăng yíge fángjiān** „Ich möchte ein Zimmer" sagen. Letzteres müsste mit **yào** ausgedrückt werden: **Wŏ yào yíge fángjiān**. Man kann aber auch **xiăng** und **yào** zusammen benutzen und **Wŏ xiăng yào yíge fángjiān** sagen.

2B. Beachten Sie das **yixiar** in **zhăo yixiar** „suchen". Wie in 2-2: 3C, wo wir **jièshao yixiar** „mal vorstellen" kennen gelernt haben, erwähnt wird, wird **yixia**(r) oft nach Verben benutzt, um den Satz weniger abrupt und lockerer klingen zu lassen.

2C. ZÀI als Vollverb. **Zài** „da sein" oder „sich in/an/auf befinden" ist eines der verbreitetsten und wichtigsten Verben des Chinesischen. Es hat eine ganze Reihe von Funktionen und Verwendungsweisen. Sie haben es bereits als Co-Verb in Sätzen wie **Nín zài nĕige dānwèi gōngzuò?** „In welcher Einheit arbeiten Sie?" kennen gelernt (vgl. 2-3).

In Zeile 2 dieser Konversation, **Tā zài bu zài?** „Ist sie da?", wird **zài** als Vollverb und ohne Objekt verwendet und bedeutet dort „da sein". Wenn Sie fragen wollen, ob jemand da ist, ganz egal ob im direkten Gespräch oder am Telefon, sollten Sie dieses Muster verwenden:

Höfliche Phrase	Name der Person	ZÀI BU ZÀI?
Qǐng wèn,	**Wáng Xiáojie**	**zài bu zài?**

„Entschuldigung, ist Frau Wang da?"

Die Antwort auf diese Frage ist entweder **Tā zài** „Er/sie ist da." oder **Tā bú zài** „Er/sie ist nicht da." Ein anderes Beispiel: Wenn in China in der Schule oder der Arbeit die Anwesenheit geprüft wird, antwortet die namentlich aufgerufene Person mit einem lauten **Zài!**, das „(Bin) da." bedeutet.

In den Zeilen 5, 6 und 7 dieser Konversation wird **zài** ebenfalls als Vollverb verwendet, hat aber ein Ortswort als Objekt. Wenn **zài** ein Objekt hat, übersetzt man es am besten mit „sich in/an /auf … befinden". So könnten wir **Tā xiànzài bú zài zhèr** mit „Sie ist jetzt nicht hier.", **Tā zài nǎr?** mit „Wo ist sie?" und **Tā zài lǎobǎnde bàngōngshì** mit „Sie ist im Büro vom Chef." übersetzen. Zusammenfassend lässt sich das Muster wie folgt darstellen:

Subjekt	ZÀI	Ortswort
Yǐzi	**zài**	**nàr.**

„Die Stühle sind dort."

Obwohl man **zài** im Deutschen oft mit einer Form des Seinsverbs übersetzt, sollten Sie darauf achten, in Sätzen mit Ortsangaben nicht **shì**, sondern **zài** zu verwenden. Z.B. müsste man das deutsche „Wo sind meine Visitenkarten?" mit **Wǒde míngpiàn zài nǎr?** übersetzen; NIEMALS könnte man ***Wǒde míngpiàn shi nǎr?** sagen. Kontrastieren Sie die folgenden drei Sätze, in denen auf Deutsch das Seinsverb verwendet wird, im Chinesischen hingegen drei ganz unterschiedliche Konstruktionen:

Tā shi lǎoshī.

„Sie ist Lehrerin." (hier ist **lǎoshī** GLEICHGESETZT MIT **tā**)

Tā hěn máng.

„Sie ist sehr beschäftigt." (hier BESCHREIBT **hěn máng** das Subjekt **tā**)

Tā zài Shànghǎi.

„Sie ist in Shanghai." (hier LOKALISIERT **zài Shànghǎi** das Subjekt **tā**)

Schließlich sollten Sie noch wissen, dass Sätze, in denen das Subjekt von **bú zài** eine Person ist und dem **bú zài** ein **le** folgt, diese eine ganz spezielle Bedeutung, nämlich von „nicht mehr da sein", also von „gestorben" haben. Beispiel: **Tā yǐjīng bú zàile** „Er/sie ist bereits tot."

4A. Das Verb **bàoqiàn**, das Bedauern in Bezug auf andere Personen ausdrückt, hat eine mit **duìbuqǐ** vergleichbare Bedeutung. Es kann alleine stehend verwendet werden oder auch in Phrasen wie **Hěn bàoqiàn** oder **Shízài bàoqiàn**, denen eine Erklärung folgt, was man bedauert; oder man kann erst die Erklärung liefern und dann **hěn bàoqiàn** oder **shízài bàoqiàn** anfügen. Beispiele:

Bàoqiàn!	„Entschuldigung!"
Hěn bàoqiàn, wǒ chídàole.	„Entschuldigung, ich bin zu spät!"
Wǒ chídàole, shízài bàoqiàn.	„Ich bin zu spät, Entschuldigung!"

4B. Das wichtige und sehr verbreitete Verb **zhīdao** bedeutet „wissen" (im Sinne von Tatsachen wissen oder von der Existenz einer Person wissen). Sie sollten es gründlich von **rènshi** unterscheiden, das „jemanden kennen", „mit jemandem bekannt sein" oder auch „jemanden kennen lernen" bedeutet Den Unterschied zwischen den beiden Verben kann man im folgenden Satz sehr schön erkennen:

Wǒ zhīdao zhèige rén, kěshi wǒ bú rènshi ta.

„Ich weiß, dass es diesen Menschen gibt, aber ich kenne ihn nicht." (Da **ta** hier als Objekt steht, wird es im neutralen Ton gesprochen.)

Beachten Sie, dass Verben wie **zhīdao** Zustände („wissend") und keine Handlungen ausdrücken und NICHT mit dem **shi...-de**-Muster kompatibel sind. Verwenden Sie NICHT das Suffix **-le** für abgeschlossene Handlungen und verneinen Sie die Vergangenheit auch NICHT mit **méi** (vielmehr sollten Sie **bù** verwenden). Daher würde man **Wǒ zhīdao tā shi Rìběn rén** „Ich wusste, dass sie Japanerin ist." sagen (und NICHT *__Wǒ shi zhīdaode tā shi Rìběn rén__ oder *__Wǒ zhīdaole tā shi Rìběn rén__). Auch würde man **Wǒmen qùnián hái bù zhīdào** „Wir wussten das letztes Jahr noch nicht." sagen (und NICHT *__Wǒmen qùnián hái méi zhīdào__).

4C. Achten Sie auf den Unterschied bei der Aussprache zwischen **zhīdao** „wissen" und **bù zhīdào** „nicht wissen". Kontrastieren Sie den vollen vierten Ton auf der Silbe **-dào** der verneinten Form **bù zhīdào** mit dem neutralen Ton der Silbe **-dao** im nicht verneinten **zhīdao**. Die übliche Ja-Nein-Frage wäre **Nǐ zhīdao bù zhīdào?** „Weißt du, ob?". Eine nützliche Phrase, wenn Sie mit jemandem nicht übereinstimmen oder eine neue Information in ein Gespräch einbringen wollen, ist **Kěshi, nǐ zhīdao ma, ...** „Aber, weißt du ..." oder einfach **Nǐ zhīdao, ...** „Weißt du ...". Diese Phrasen machen Ihren Gesprächsbeitrag weniger abrupt, da sie implizieren, dass Ihr Gesprächspartner eventuell auch schon weiß, was Sie wissen (selbst wenn das nicht der Fall ist). Solche einführenden Phrasen lassen Ihr Chinesisch flüssiger klingen.

4D. In 1-3 haben Sie **Zhōngwén** „Chinesisch" kennen gelernt. Hier finden Sie einige Wortverbindungen, die mit **Zhōngwén** beginnen, und in denen **Zhōngwén** vor einem weiteren Substantiv steht und dieses modifiziert:

Zhōngwén bān	Chinesischklasse (mit Lehrern und Studenten)
Zhōngwén kè	Chinesischunterricht
Zhōngwén lǎoshī	Chinesischlehrer
Zhōngwén míngzi	chinesischer Name
Zhōngwén zhuōzi	Chinesisch-Tisch (z.B. in Chinesischlehreinrichtungen für Nichtchinesen, damit diese ihr Chinesisch praktisch üben können; es mag sein, dass chinesische Muttersprachler mit diesem Ausdruck nicht vertraut sind)

4E. Chinesen in Taiwan und Hongkong, die viel mit Nichtchinesen zu tun haben, geben sich häufig englische Vornamen. Auch Schüler in den höheren Klassen und Studenten tun dies oft in ihrem Englischunterricht. Dieses Phänomen gibt es auch in China, aber es ist dort seltener.

Eingang zur Verbotenen Stadt in Beijing

5. Das **le** von **zhīdaole** zeigt hier an, dass dem Sprecher plötzlich klar geworden ist, worüber die andere Person redet, d.h., dass sich diese Situation geändert hat.

6. Eingebettete Fragen. Schauen Sie sich die Frage **Qǐng wèn, nǐ zhīdao tā zài nǎr ma?** „Entschuldigung, wissen Sie, wo sie ist?" an. Dieser Satz ist ein Beispiel für eine eingebettete Frage oder eine Frage in der Frage. Die Frage **Tā zài nǎr?** „Wo ist sie?" ist in die Frage **Nǐ zhīdao ma?** „Weißt du?" eingebettet. Oder etwas anschaulicher:

Nǐ zhīdao ma? + Tā zài nǎr? →
Nǐ zhīdao (Tā zài nǎr?) ma? →
Nǐ zhīdao tā zài nǎr ma?

Da es sich um eine eingebettete Frage handelt, darf der Satz sowohl das Fragewort (**nǎr**) als auch die Fragepartikel **ma** enthalten. In einem gewöhnlichen Fragesatz wäre es nicht möglich, dass sowohl ein Fragewort als auch eine Fragepartikel wie **ma** in einem Satz enthalten sind. Hier noch einige Beispiele von eingebetteten Fragen mit **zhīdao**:

Nǐ zhīdao tā shi shéi ma?	„Weißt du, wer sie ist?“
Nǐ zhīdao jīntiān jǐhào ma?	„Weißt du, welches Datum heute ist?“
Nǐmen zhīdao zhè shi shémme ma?	„Wisst ihr, was das ist?“
Nǐ zhīdao zhèige duōshǎo qián ma?	„Weißt du, wie viel (Geld) das ist?“

Merken Sie sich bitte auch, dass die Wortreihenfolge im Chinesischen bei Fragen die gleiche ist wie in Aussagesätzen, während sich die Wortreihenfolge bei Fragen im Deutschen häufig ändert. Vergleichen Sie:

Chinesische Aussage:	**Tā zhīdao wǒ zài nǎr.**
Chinesische Frage:	**Tā zhīdao wǒ zài nǎr ma?**
Deutsche Aussage:	„Sie weiß, wo ich bin.“
Deutsche Frage :	„Weiß sie, wo ich bin?“

7. Unterscheiden Sie zwischen **bàngōngshì** „Büro“ und **gōngshìbāo** „Aktentasche“ (3-3).

8A. **Weglassung der zweiten Silbe von zweisilbigen Verben im Aussageteil einer Ja-Nein-Frage.** Schauen Sie sich die Frage **Wǒ kě bu kéyi gěi tā liú yíge tiáozi?** „Darf ich ihr eine Nachricht hinterlassen?“ in Zeile 8 an. Das **kě bu kéyi** ist hier eine Abkürzung von **kéyi bu kéyi**. Es wäre durchaus auch korrekt, die nicht abgekürzte Form zu verwenden. Aber Chinesischsprecher tendieren dazu in Sätzen mit zweisilbigen Verben (ganz gleich ob es sich um Vollverben, Hilfsverben oder Statische Verben handelt) die zweite Silbe des Aussageteils der Ja-Nein-Frage wegzulassen. Zum besseren Verständnis:

a b BU a b	→	**a BU a b**
kéyi bu kéyi	→	**kě bu kéyi**
„dürfen, nicht dürfen“		

Beispiele:

Volle Form		Abgekürzte Form	
zhīdao bu zhīdào	→	**zhī bu zhīdào**	„wissen oder nicht wissen?“
kéyi bu kéyi	→	**kě bu kéyi**	„dürfen oder nicht dürfen?“
yīnggāi bu yīnggāi	→	**yīng bu yīnggāi**	„sollen oder nicht sollen?“
gāoxìng bu gāoxìng	→	**gāo bu gāoxìng**	„froh oder nicht froh?“
hǎochī bu hǎochī	→	**hǎo bu hǎochī**	„gut oder nicht gut zu essen?“
jǐnzhāng bu jǐnzhāng	→	**jǐn bu jǐnzhāng**	„nervös oder nicht nervös?“

Das Muster im Mandarin, in dem zweisilbige Verben im Aussageteil einer Ja-Nein-Frage abgekürzt werden, ist sehr wahrscheinlich auf den Einfluss südchinesischer Dialekte zurückzuführen. Ältere Sprecher in Beijing tendieren dazu, die Vollformen zu verwenden. Aber das Muster mit den Abkürzungen kommt mittlerweile in ganz China vor, auch unter jüngeren Sprechern in Beijing.

8B. **GĚI als Co-Verb.** Die wörtliche Bedeutung von **gěi** ist „geben“, aber als Co-Verb (d.h., wenn es mit einem anderen Vollverb vorkommt), lässt sich **gěi** im Deutschen oft mit „für“ übersetzen. So haben wir in dieser Zeile **Wǒ gěi tā liú yíge tiáozi** „Ich lasse eine Nachricht für sie da.“ Die Verneinung dieses Satzes würde gebildet, indem man direkt vor das **gěi** ein **bù** oder ein **méi** setzt: **Wǒ bù gěi tā liú yíge tiáozi** „Ich lasse keine Nachricht für sie da.“ In der Tat haben wir in 2-2 bereits **gěi** als Co-Verb mit der Bedeutung „für“ im Satz **wǒ gěi nǐ jièshao yixiar** „Ich stelle dich mal vor.“ (wörtl. „Ich stelle für dich mal vor.“ kennen gelernt. Hier noch einige weitere Beispiele für die Verwendung von **gěi** als Co-Verb mit der Bedeutung „für“:

Beijinger und Touristen vor der Mauer der Verbotenen Stadt

Wǒ gěi nǐ mǎile yíge xīnde gōngshìbāo.	„Ich habe eine neue Aktentasche für dich gekauft."
Nǐ kàn, Xiǎo Lǐ gěi Xiǎo Bái kāimén le!	„Schau mal, der Kleine Li hat für die Kleine Bai die Tür aufgemacht!"
Nǐ yào zhǎo Gāo Xiáojie, shì ma?	„Sie suchen Frau Gao, richtig?"
Nǐ děng yixia, wǒ gěi nǐ zhǎo.	„Einen Moment, ich suche sie für Sie."

8C. Machen Sie sich klar, wie Sie das Verb **liú** „(etwas) hinterlassen, (jemanden) zurücklassen" gebrauchen. Das Muster ist **gěi** (PERSON) **liú** (DING), wörtlich heißt es „für (PERSON) zurücklassen (DING)".

8D. Denken Sie beim Aussprechen des Verbs **liú** daran, dass man die Silbe, die in Pinyin **liu** geschrieben wird, eher wie ein **liou** ausspricht, daher reimt es sich eher auf das Wort „joh" als auf das Wort „Muh".

EV1. **YÀOSHI.** Das sehr verbreitete und nützliche Bewegliche Adverb **yàoshi** „falls" kann entweder vor oder nach das Subjekt oder Thema des Satzes gesetzt werden, um eine Bedingung auszudrücken. Um z.B. „Wenn du jemanden suchst, aber er nicht da ist, was würdest du tun?" auszudrücken, könnte man entweder:

Yàoshi nǐ zhǎo yíge rén kěshi tā bú zài, nǐ zuò shémme? oder

Nǐ yàoshi zhǎo yíge rén kěshi tā bú zài, nǐ zuò shémme? sagen.

EV2A. **-ZI als Nominal-Suffix.** Schauen Sie sich das **-zi** am Ende von **zhuōzi** „Tisch" und **yǐzi** „Stuhl" an. Hierbei handelt es sich um ein Nominal-Suffix, das an viele Substantive angehängt wird. Sie kennen dieses Suffix bereits von folgenden Substantiven:

háizi	„Kind" (1-2)
yàngzi	„Art und Weise" (1-2)
bēizi	„Tasse" (3-3)
dàizi	„Tasche" (3-3)
tiáozi	„Notiz, Nachricht" (5-1)
zhuōzi	„Tisch" (5-1)
yǐzi	„Stuhl" (5-1)

Sie können bei allen Wörtern mit **-zi** am Ende, die Ihnen noch begegnen werden, davon ausgehen, dass es sich um Substantive handelt.

EV2B. Achten Sie auf den Unterschied zwischen **nàr** „dort" und **nǎr** „wo?".

EV2C. Was **zhèr** und **nàr** betrifft, so hat die **zh-**Serie etwas mit Dingen zu tun, die in der Nähe des Sprechers sind, während es bei der **n-**Serie um Dinge geht, die sich etwas weiter weg vom Sprecher befinden. Kontrastieren Sie das Folgende:

In der Nähe des Sprechers:	**zhè** „dies" (als Pronomen)	**zhèige** „diese/r"	**zhèr** „hier"
Weiter entfernt vom Sprecher:	**nà** „jene/r/s" (als Pronomen)	**nèige** „jene/r/s"	**nàr** „dort"

Bei manchen Sprechern klingt **zhèr** beinahe wie "**zhàr**", bei anderen hingegen klingt **nàr** fast so, als ob es "**nèr**" geschrieben würde. Andere Sprecher wiederum fügen ein leichtes **he** in das **zhèr** oder das **nàr** ein, sodass diese beinahe so klingen, als ob sie **zhèher** und **nàher** geschrieben würden.

EV3. Obwohl wir das Zähleinheitswort **bǎ** für das Substantiv **yǐzi** „Stuhl" empfehlen, gibt es auch Sprecher, die sowohl für **zhuōzi** „Tisch" und **yǐzi** „Stuhl" das Zähleinheitswort **zhāng** benutzen.

Unterhaltung an einem Imbissstand

ABSCHNITT 2

Cindy Han, eine Amerikanerin aus Texas, die in Beijing Chinesisch lernt, hat an einem Imbissstand eine Schale Nudeln bestellt. Sie beschliesst, an einem Tisch Platz zu nehmen, an dem bereits eine junge Chinesin sitzt, die im etwa gleichen Alter ist. Nachdem Cindy gefragt hat, ob der Platz frei sei, versucht sie, ein Gespräch mit der Tischnachbarin anzubahnen.

Basis-Konversation 5-2

1. AMERIKANERIN **Qǐng wèn, zhèige wèizi yǒu rén ma?**
Entschuldigung, sitzt hier schon jemand?

2. CHINESIN **Méiyou, méiyou. Nín zùo ba.**
Nein, nein. Setzen Sie sich!

3. AMERIKANERIN **Nín cháng lái zhèr chī wǔfàn ma?**
Kommen Sie oft hierher, um zu Mittag zu essen?

4. CHINESIN **Wǒ cháng lái. Nín ne?**
Ich komme oft. Und Sie?

5. AMERIKANERIN **Wǒ yě cháng zài zhèr chī. Nín shi xuésheng ma?**
Ich esse auch oft hier. Sind Sie Studentin?

6. CHINESIN **Bù, wǒ shi gōngrén, zài Běijīng Dìyī Píxié Chǎng gōngzuò. Nín ne?**
Nein, ich bin Arbeiterin. Ich arbeite in der Beijing Schuhfabrik Nummer 1. Und Sie?

7. AMERIKANERIN **Wǒ zài Měiguo shi dàxuéshēng, xiànzài zài zhèr xué Zhōngwén.**
In den USA bin ich Studentin, hier lerne ich gerade Chinesisch.

8. CHINESIN **Nín zài nǎr xuéxí?**
Wo studieren Sie?

9. AMERIKANERIN **Zài Běidàde Hànyǔ péixùn zhōngxīn.**
Am Chinesisch-Sprachlernzentrum an der Peking-Universität.

10. CHINESIN *(schaut auf ihre Uhr)* **Yò! Kuài yīdiǎn le. Wǒ děi zǒule. Zàijiàn!**
Oh, fast schon ein Uhr. Ich muss gehen. Auf Wiedersehen!

11. AMERIKANERIN **Zàijiàn!**
Auf Wiedersehen!

Build-Up

1. Amerikanerin

wèizi	Sitz, Platz [S]
Qǐng wèn, zhèige wèizi yǒu rén ma?	Entschuldigung, sitzt hier schon jemand?

2. Chinesin

Méiyou, méiyou. Nín zùo ba.	Nein, nein. Setzen Sie sich!

3. Amerikanerin

cháng	oft [A]
cháng lái zhèr	oft hierher kommen
chī	essen [V]
wǔfàn	Mittagessen [S]
chī wǔfàn	zu Mittag essen
Nín cháng lái zhèr chī wǔfàn ma?	Kommen Sie oft hierher, um zu Mittag zu essen?

4. Chinesin

Wǒ cháng lái. Nín ne?	Ich komme oft. Und Sie?

5. Amerikanerin

cháng zài zhèr chī	oft hier essen
xuésheng	Student [S]
nín shi xuésheng ma	sind Sie Studentin
Wǒ yě cháng zài zhèr chī. Nín shi xuésheng ma?	Ich esse auch oft hier. Sind Sie Studentin?

6. Chinesin

gōngrén	Arbeiter/in [S]
pí	Leder, Haut [S]
xié	Schuh [S]
píxié	Lederschuh [S]
chǎng	Fabrik [S]
píxié chǎng	Lederschuhfabrik
Běijīng Dìyī Píxié Chǎng	Beijing Lederschuhfabrik Nummer 1
Bù, wǒ shi gōngrén, zài Běijīng Dìyī Píxié Chǎng gōngzuò. Nín ne?	Nein, ich bin Arbeiterin. Ich arbeite in der Beijing Lederschuhfabrik Nummer 1. Und Sie?

7. Amerikanerin

dàxuéshēng	Student/in [S]
wǒ shi dàxuéshēng	ich bin Studentin
xué	lernen, studieren [V]
xué Zhōngwén	Chinesisch lernen
zài zhèr xué Zhōngwén	hier Chinesisch lernen
Wǒ zài Měiguo shi dàxuéshēng, xiànzài zài zhèr xué Zhōngwén.	In den USA bin ich Studentin, hier lerne ich gerade Chinesisch.

8. Chinesin

Nín zài nǎr xuéxí?	Wo studieren Sie?

9. Amerikanerin

Běidà	Peking-Universität [OW]
Hànyǔ	Chinesisch (Sprache) [S]
péixùn	trainieren [V]
zhōngxīn	Center [S]
Hànyǔ péixùn zhōngxīn	Chinesisch-Sprachlernzentrum

Zài Běidàde Hànyǔ péixùn zhōngxīn.	Am Chinesisch-Sprachlernzentrum an der Peking-Universität.
10. Chinesin	
kuài	bald, schnell **[A]**
kuài yīdiǎn le	es ist bald ein Uhr
Yò! Kuài yīdiǎn le. Wǒ děi zǒule. Zàijiàn!	Oh, fast schon ein Uhr. Ich muss gehen. Auf Wiedersehen!
11. Amerikanerin	
Zàijiàn!	Auf Wiedersehen!

Ergänzungsvokabular

1. zǎofàn	Frühstück **[S]**
zhōngfàn	Mittagessen **[S]**
wǎnfàn	Abendessen **[S]**
zài dàxuéde shítáng chī	in der Unimensa essen
Zǎofàn, zhōngfàn, wǎnfàn, wǒ dōu zài dàxuéde shítáng chī.	Ich esse morgens, mittags und abends in der Unimensa.
2. fàn	Reis (gekocht), Essen **[S]**
chīfàn	essen **[VO]**
Nǐ píngcháng zài něige shítáng chīfàn?	In welcher Mensa isst du normalerweise?
3. cài	Essen **[S]**
Zhōngguo cài	chinesisches Essen
chī Zhōngguo cài	chinesisches Essen essen
Wǒ cháng chī Zhōngguo cài.	Ich esse oft Chinesisch.

Grammatische und kulturelle Anmerkungen

1. Sie sollten das Substantiv **wèizi** „Sitz, Platz" sorgfältig vom Substantiv **yǐzi** „Stuhl" unterscheiden. Ersteres bezieht sich auf den Platz, auf dem man sitzt, wogegen das andere einfach ein Möbelstück ist. Beachten Sie, dass **wèizi**, genau wie **yǐzi**, ein Substantiv mit dem Nominal-Suffix **-zi** ist.

3A. **Cháng** „oft" bedeutet das gleiche wie **chángcháng**, das Sie in 4-4 kennen gelernt haben, und ist mit diesem gewöhnlich austauschbar. Die Verneinung lautet für beide Wörter **bù cháng** „nicht oft", man kann nicht ***bù chángcháng** sagen. Beispiele:

> **Wǒ cháng lái zhèr.** oder **Wǒ chángcháng lái zhèr.**
> „Ich komme oft hierher" oder „Ich bin oft hergekommen".
>
> **Wǒ bù cháng lái zhèr.**
> „Ich komme nicht oft hierher." oder „Ich bin nicht oft hergekommen."

Da **cháng** und **chángcháng** eine gewohnheitsmäßige Handlung über einen Zeitraum hinweg bezeichnen, sind die beiden Wörter mit dem Verb-Suffix **-le**, das eine vollendete Handlung ausdrückt bzw. mit dem Verb-Suffix **-guo**, das eine Erfahrung ausdrückt, inkompatibel. Daher können Sie zwar **Wǒ cháng qù tā jiā** „Ich gehe/ging oft zu ihr nach Hause." sagen, NICHT aber ***Wǒ cháng qùle tā jiā** oder ***Wǒ cháng qùguo tā jiā**. Auch **hěn** „sehr" und **bú tài** „nicht (zu) sehr" lassen sich nicht mit **cháng** oder **chángcháng** kombinieren. Daher können Sie NICHT ***hěn cháng** oder ***hěn chángcháng** sagen, wenn Sie „sehr oft" meinen. Ebenso können Sie NICHT ***bú tài cháng** sagen, wenn Sie „nicht sehr oft" ausdrücken wollen.

Kontrastieren Sie **cháng** und **chángcháng** „oft" mit **píngcháng** „gewöhnlich" (4-1). Sie werden feststellen, dass sich die Wörter nicht nur in der Bedeutung unterscheiden, sondern dass **cháng** und **chángcháng** Adverbien sind, während es sich bei **píngcháng** um ein Bewegliches Adverb handelt, was bedeutet, dass es entweder vor dem Subjekt oder vor dem Verb stehen kann.

3B. **LÁI + Verb um eine Absicht anzuzeigen.** In 1-1: EV2C haben wir erwähnt, dass **qù** gefolgt von einem anderen Verb die Absicht ausdrücken kann, warum jemand sich zu einem bestimmten Ort begibt. In dieser Zeile sehen wir, dass **lái**, wenn ihm ein weiteres Verb folgt, ebenfalls eine Absicht ausdrücken kann: **Nín cháng lái zhèr chī wǔfàn ma?** „Kommen Sie oft hierher, um zu Mittag zu essen?" Nach dem **lái** und vor dem zweiten Verb wird hierbei häufig ein Ortswort wie **zhèr** eingefügt. Das Muster ist:

Subjekt	LÁI	(Ortswort)	Verbphrase
Tā	**lái**	**zhèr**	**xué Zhōngwén.**

„Sie kommt hierher, um Chinesisch zu lernen."

Hier einige weitere Beispiele mit **lái** für den Ausdruck einer Absicht:

Yǎwén lái Běijīng zhǎo tāde tóngxué.

„Yawen ist nach Beijing gekommen, um ihre Kommilitonen aufzusuchen."

Lín Tàitai měige xīngqīliù lái Táiběi mǎi cài.

„Frau Lin kommt jeden Samstag nach Taipei, um Essen zu kaufen."

Nèige Měiguo dàxuéshēng lái wǒmen jiā zuò shémme?

„Warum kommt dieser amerikanische Student zu uns nach Hause?" (wörtl. „Dieser amerikanische Student kommt zu unserem Haus, um was zu tun?")

5. **ZÀI als Co-Verb.** Schauen Sie sich den folgenden Satz an: **Wǒ zài yìjiā gōngsī gōngzuò** „Ich arbeite in einer Firma." (wörtl. „Ich befinde mich in einer Firma arbeiten."). In diesem Satz gibt es zwei Verben, **zài** „sich befinden" und **gōngzuò** „arbeiten". Wenn **zài** in einem Satz vor einem anderen Verb vorkommt, handelt es sich um ein Co-Verb. Obwohl es aus Sicht des Chinesischen ein Verb ist, entsprechen ihm im Deutschen in der Regel Präpositionen wie „in", „an" oder „auf". Wichtig zu wissen ist, dass im Deutschen die Satzteile mit dem „in", „an" oder „auf" gewöhnlich nach dem finiten Verb auftreten, die **zài** -Phrase im Chinesischen hingegen VOR dem Verb. Um das Muster **zài** als Co-Verb zusammenzufassen:

Subjekt	ZÀI	Ort	Verb
Wǒ	**zài**	**yìjiā gōngsī**	**gōngzuò.**

„Ich arbeite in einer Firma."

Schauen Sie sich nun einmal gründlich den ersten Satz in Äußerung 5 dieser Basis-Konversation an: **Wǒ yě cháng zài zhèr chī** „Ich esse auch oft hier." (wörtl. „Ich auch oft befinde mich hier essen.") Auch hierbei handelt es sich um einen Co-Verb-Satz, in dem **zài** vor dem Ortswort **zhèr** verwendet wird. In gleicher Weise sind die Äußerungen 6, 7 und 8 alle Co-Verb-Sätze mit **zài** als Co-Verb vor einem Ortswort. Auch in Äußerung 9 kommt ein **zài** vor, das Verb muss hingegen aus dem Kontext erschlossen werden. Hier noch einige weitere Beispiele mit **zài** als Co-Verb:

Nǐmen zài nǎr shàngkè?

„Wo habt ihr Unterricht?" (Man könnte auf KEINEN FALL sagen: ***Nǐmen shàngkè zài nǎr?**)

Tā zài Zhōngguo xuéxí Hànyǔ.

„Sie studiert Chinesisch in China." (Man könnte auf KEINEN FALL sagen: ***Tā xuéxí Hànyǔ zài Zhōngguo**.)

Wǒ bú zài shítáng chīfàn.

„Ich esse nicht in der Mensa." (Man könnte auf KEINEN FALL sagen: ***Wǒ bù chīfàn zài shítáng**.)

Beachten Sie, dass die Verneinung **bù** im letzten Beispiel vor dem Co-Verb **zài** platziert ist und nicht vor dem Vollverb **chīfàn**.

Achten Sie darauf, das Muster **zài** + Ortswort + Verb nicht mit dem Muster **dào** + Ortswort + Verb zu verwechseln (1-1: 3B; 2-2: 4B). Das Muster mit **zài** zeigt das Sich-an-einem-Ort-Befinden an, das **dào** hingegen zeigt die Bewegung zu einem Ort hin an. Beispiele:

Tā yào zài shítáng chīfàn. „Sie will in der Mensa essen."

Tā yào dào shítáng qù chīfàn. „Sie will zur Mensa gehen, um dort zu essen."

6A. Schauen Sie sich den Namen dieser Fabrik an: **Běijīng Dìyī Píxié Chǎng** „Beijing Schuhfabrik Nummer 1". In China werden Fabriken, die sich am gleichen Ort befinden und dasselbe produzieren, oft durchnummeriert. Das Muster lautet: Name der Stadt + **dì** „Nummer" + Zahl (in der Reihenfolge, in der die Fabriken gegründet worden sind) + Art der Fabrik.

6B. Beachten Sie, dass **pí** und **xié** jeweils „Leder" und „Schuh" bedeuten, die Kombination der beiden Wörter **píxié** dementsprechend also die Bedeutung „Lederschuh" hat. In China wurden Schuhe traditionell aus Stoff hergestellt. In den westlichen Ländern sind „Schuhe" hingegen normalerweise aus Leder. Daher ist die beste Übersetzung von **píxié** sicherlich einfach nur „Schuh", allerdings sollten Sie natürlich wissen, was die Wortbestandteile eigentlich bedeuten.

7. Das Verb **xué** „lernen, studieren" bedeutet das Gleiche wie **xuéxí**, das Sie in 2-3 kennen gelernt haben. Zwischen den beiden Wörtern bestehen folgende Unterschiede: (1) **xuéxí** fungiert sowohl als Verb als auch als Substantiv mit der Bedeutung „Studium, Studien" (1-3), **xué** hingegen kann nur als Verb verwendet werden; (2) **xué** ist ein transitives Verb, braucht also ein ausdrücklich genanntes oder zumindest aus dem Kontext erschließbares Objekt, wohingegen **xuéxí** sowohl transitiv als auch intransitiv, also ohne Objekt, verwendet wird (man kann z. B. sagen: **Wǒ zài túshūguǎn xuéxí** „Ich lerne in der Bibliothek." oder **Wǒ zài Běidà xuéxí** „Ich studiere an der Peking Universität.", aber man könnte in diesen Sätzen das **xuéxí** nicht durch **xué** ersetzen); (3) **xué** ist ein traditionellerer, umgangssprachlicherer Ausdruck, **xuéxí** hingegen ist neuer und auch formeller; (4) **xué** kann überall verwendet werden, wo Chinesisch gesprochen wird, **xuéxí** hingegen wird vor allem in Festlandchina gebraucht (in Taiwan ist es im Gespräch ungebräuchlich).

Studentinnen auf dem Weg zum Unterricht an der Peking-Universität

9A. Abkürzungen für Hochschulen. Die Hochschulbezeichnungen bestehen aus vier Silben, einem zweisilbigen Wort, das den Ort oder den Gründer der Hochschule bezeichnet und dem (ebenfalls zweisilbigen) Wort **dàxué** „Hochschule, Universität". Normalerweise werden beim Abkürzen von solchen Namen die erste und die dritte Silbe beibehalten, die zweite und die vierte hingegen weggelassen, d.h. aus 1234 wird 13. Das ist vergleichbar mit Abkürzungen wie „Cal Tech" (für California Institute of Technology) oder „GroKo" (für Große Koalition), wo Silben aus zwei Wörtern zu einem neuen, kürzeren Wort zusammengefasst werden, wobei die Bedeutungen der ursprünglichen Wörter beibehalten werden. Der linguistische Begriff für solche Wörter lautet Portmanteau-Wort. Aufgrund des Einflusses des Klassischen Chinesisch und um Zeit und Platz zu sparen, kommen solche Portmanteau-Wörter im Chinesischen ausgesprochen häufig vor. Hier einige Beispiele von Abkürzungen chinesischer Hochschulen:

Vollform		Abkürzung	
Běijīng Dàxué	→	**Běidà**	„Peking Universität"
Táiwān Dàxué	→	**Táidà**	„Taiwan-Universität"
Zhōngshān Dàxué	→	**Zhōngdà**	„Sun Yat-sen Universität"

9B. Die Hauptstadt von China, früher in den westlichen Sprachen „Peking" geschrieben, wird nun, den Regeln des Pinyin (die Töne ausgenommen) folgend, mit Beijing wiedergegeben. Aus historischen Gründen haben sich die Verantwortlichen aber dazu entschlossen, die alte Schreibweise, also Peking-Universität, beizubehalten.

9C. **Hànyǔ** bedeutet „Chinesisch" im Sinne der Sprache der Han, also der hanchinesischen Mehrheit im Gegensatz zu den Sprachen der Minderheiten wie den Tibetern oder den Uiguren. **Hànyǔ** bezieht sich in der Regel auch auf die gesprochene im Gegensatz zur geschriebenen Sprache. Zwar sind im Grunde alle chinesischen Dialekte verschiedene Varianten des **Hànyǔ**, aber im Alltag wird mit **Hànyǔ** normalerweise das Mandarin bezeichnet.

10A. KUÀI (YÀO)...LE, um eine unmittelbar bevorstehende Handlung oder Situation anzuzeigen. Schauen Sie sich den Satz **Kuài yīdiǎn le** „Es ist fast ein Uhr" in dieser Äußerung an. Das Adverb **kuài** bedeutet hier „bald, fast" und das **le** am Satzende zeigt die erwartete Veränderung der Situation an (3-2: 6D). **Kuài yīdiǎn le** heißt also so viel wie „Es ist fast ein Uhr, und wenn es soweit ist, wird sich die Situation im Vergleich zu jetzt verändert haben“. Das Hilfsverb **yào** „werden“ wird gewöhnlich an das **kuài** angehängt, um die bald erwartete zukünftige Situation zu betonen. Das Muster ist:

Thema	KUÀI (YÀO)	Verb	LE
Tā	**kuài yào**	**zǒu**	**le.**

„Sie geht bald weg.“

Hier noch einige Beispiele mit **kuài (yào)...le**, um eine unmittelbar bevorstehende Handlung oder Situation anzuzeigen:

Tā kuài sānsuì le.	„Er wird bald drei.“
Kuài shàngkèle.	„Der Unterricht fängt gleich an.“
Wèizi kuài méiyǒu le.	„Bald sind die Plätze weg.“
Tā kuài yào huíguóle.	„Sie wird bald in ihre Heimat zurückkehren.“
Kuài yidianr chī, nǐ kuài yào chídào le!	„Iss schneller, du bist fast schon zu spät.“

10B. Beachten Sie, dass bei **yīdiǎn** „ein Uhr“ (das eigentlich **yìdiǎn**, also mit einer Tonveränderung auf dem **yī** gesprochen würde) keine Tonveränderung eintritt. Die jüngere Generation in Beijing lässt diesen Tonwechsel, vor allem bei Uhrzeiten und Adressen, gerne weg.

Zeremonialgefäß in der Verbotenen Stadt in Beijing

EV1A. Zhōngfàn „Mittagessen“ ist ein Synonym für **wǔfàn**, das in Zeile 3 dieser Basis-Konversation eingeführt wird.

EV1B. Zǎofàn, zhōngfàn, wǎnfàn, wǒ dōu zài dàxuéde shítáng chī heißt wörtlich „Frühstück, Mittagessen, Abendessen, ich immer/alles in der Unimensa esse“. Dies ist ein Beispiel für einen Satz mit einem vorangestellten Objekt („Frühstück, Mittagessen, Abendessen“), das als Thema (Topic) des Satzes dient, wobei der Rest des Satzes als Rhema (Kommentar, Comment) zu diesem Thema anzusehen ist (1-3: 5F). Beachten Sie das **dōu** „alle“ im Kommentar, der sich auf das Thema rückbezieht.

EV2. Verb-Objekt-Verbindungen. Chinesische Verbalphrasen, die aus einem einsilbigen Verb und einem einsilbigen Substantiv bestehen, z.B. **kāimén** „eine Tür öffnen“ oder „geöffnet“, werden Verb-Objekt-Verbindungen genannt. In diesem Lehrbuch werden solche Verb-Objekt-Verbindungen zusammengeschrieben, es sei denn, dass andere Wörter dazwischentreten. Im Deutschen entsprechen diesen chinesischen Verb-Objekt-Verbindungen häufig einfache Verben. Z.B. würde man „essen“ im Chinesischen gewöhnlich mit **chīfàn**, wörtlich „Reis essen“ ausdrücken. Nur **chī** ohne ein Objekt zu sagen, würde unvollständig oder unklar klingen, es sei denn, es wird aus dem realen oder dem linguistischen Kontext klar, was gegessen wird. Hier nun eine Liste mit den Verb-Objekt-Verbindungen, die Sie bereits kennen gelernt haben:

kāimén	„eine Tür öffnen“ (4-1)
guānmén	„eine Tür schließen“ (4-1)
qǐchuáng	„vom Bett aufstehen“ (4-1)
shuìjiào	„schlafen“ (4-1)
huíguó	„in die Heimat zurückkehren“ (4-3)
huíjiā	„nach Hause zurückkehren“ (4-3)
shàngkè	„zum Unterricht gehen, Unterricht haben“ (4-4)
táokè	„den Unterricht schwänzen“ (4-4)
chīfàn	„Reis essen“ (5-2)

Hier noch eine wichtige Anmerkung zu den Verb-Objekt-Verbindungen: Da das Objekt in diesen Verb-Objekt-Verbindungen bereits „eingebaut“ ist, können sie keine weiteren Objekte annehmen. Daher wird das allgemeinere Objekt weggelassen und das spezifischere eingesetzt, wenn ein spezifischeres Objekt benötigt wird. Beispiel: „Ich will essen“ wird mit **Wǒ yào chīfàn** ausgedrückt, aber „Ich will Nudeln essen“ würde mit **Wǒ yào chī miàn** ausgedrückt, man kann NICHT *__Wǒ yào chīfàn miàn__ sagen.

„Wo wohnst du?“

Der US-amerikanische Geschäftsmann Adam Norris, der nur kurz in Beijing ist, hat eine Verabredung zum Mittagessen mit seinem chinesischen Freund Li Zongxian. Wegen der Staus kommt er 20 Minuten zu spät ins Restaurant. Er fragt zuerst an der Kasse nach den Toiletten, dann isst er mit seinem Freund zu Mittag.

Basis-Konversation 5-3

1. NORRIS **Qǐng wèn, cèsuǒ zài nǎr?**
Entschuldigung, wo ist die Toilette?

2. KASSIERER **Zài nèibianr.**
Dort.

3. NORRIS *(kommt aus der Toilette und geht zum Tisch, an dem sein Freund sitzt)*
Xiǎo Lǐ, duìbuqǐ, ràng nǐ jiǔ děngle.
Kleiner Li, entschuldige, ich habe dich lange warten lassen.

4. LI **Méi shìr, méi shìr. Xiǎo Luó, hǎo jiǔ bú jiànle! Nǐ kě shòule yidianr. Nǐ zhèihuí lái Běijīng zhùzai nǎr?**
Das macht nichts, Adam, lange nicht gesehen! Du bist aber echt dünner geworden. Wo wohnst du diesmal in Beijing?

5. NORRIS **Zhùzai Cháng Chéng Fàndiàn, qī-yāo-wǔ-hào fángjiān. Nǐ hái shi zhùzai lǎo dìfang ma?**
Ich wohne im Great Wall Hotel, Zimmer 715. Wohnst du immer noch am gleichen Ort?

6. LI **Bù, wǒmen qùnián jiù bāndao Xiāng Shān le.**
Nein, letztes Jahr sind wir nach Xiangshan gezogen.

7. NORRIS **Xiāng Shān zài nǎr?**
Wo liegt Xiangshan?

8. LI **Zài Běijīng chéngde běibiānr.**
Im Norden der Stadt Beijing.

Build-Up

1. Norris

cèsuǒ	Toilette [OW]
cèsuǒ zài nǎr	Wo ist die Toilette?
Qǐng wèn, cèsuǒ zài nǎr?	Entschuldigung, wo ist die Toilette?

2. Kassierer

nèibian(r)	diese Seite, dort [OW]
Zài nèibianr.	Dort.

3. Norris

Xiǎo Lǐ	Kleiner Li
ràng	lassen, veranlassen, verursachen [V/CV]
ràng nǐ jiǔ děngle	„habe dich lange warten lassen" [IA]
Xiǎo Lǐ, duìbuqǐ, ràng nǐ jiǔ děngle.	Kleiner Li, entschuldige, ich habe dich lange warten lassen.

4. Li

méi shì(r) (B)	„Das macht nichts!" [IA]
kě	ziemlich, sehr [A]
shòu	dünn [SV]
nǐ kě shòule yidianr	du bist wirklich dünner geworden
huí	Mal [ZEW]
zhèihuí	diesmal
lái Běijīng	nach Beijing kommen
nǐ zhèihuí lái Běijīng	diesmal in Beijing
-zài	in, an, auf [PV]
zhùzai	in … wohnen, bleiben [V+PV]
nǐ zhùzai nǎr	wo wohnst du
Méi shìr, méi shìr. Xiǎo Luó, hǎo jiǔ bú jiànle!	Das macht nichts, Adam, lange nicht gesehen!
Nǐ kě shòule yidianr.	Du bist aber echt dünner geworden.
Nǐ zhèihuí lái Běijīng zhùzai nǎr?	Wo wohnst du diesmal in Beijing?

5. Norris

Cháng Chéng	Große Mauer [OW]
fàndiàn	Hotel [OW]
Cháng Chéng Fàndiàn	Great Wall Hotel [OW]
zhùzai Cháng Chéng Fàndiàn	im Great Wall Hotel wohnen
yāo (B)	eins [Z]
qī-yāo-wǔ-hào fángjiān	Zimmer Nummer sieben eins fünf
dìfang	Ort [S]
lǎo dìfang	alter Ort / alte Stelle, der gleiche Ort / die gleiche Stelle
hái shi zhùzai lǎo dìfang	noch am selben Ort wohnen
Zhùzai Cháng Chéng Fàndiàn, qī-yāo-wǔ-hào fángjiān.	Ich wohne im Great Wall Hotel, Zimmer 715.
Nǐ hái shi zhùzai lǎo dìfang ma?	Wohnst du immer noch am gleichen Ort?

6. Li

bān	etwas transportieren (einen Gegenstand oder das Zuhause) [V]
-dào	ankommen in/an/auf [PV]
bāndao	nach … ziehen [V+PV]
xiāng	duften [SV]
shān	Berg, Hügel [S]
Xiāng Shān	Xiangshan (wörtl. „Duftberge") [OW]
bāndao Xiāng Shān	nach Xiangshan ziehen
Bù, wǒmen qùnián jiù bāndao Xiāng Shān le.	Nein, letztes Jahr sind wir nach Xiangshan gezogen.

7. Norris

Xiāng Shān zài năr?	Wo liegt Xiangshan?

8. Li

chéng	Stadt [S]
Běijīng chéng	Stadt Beijing
běibiān(r)	Norden [OW]
Běijīng chéngde běibiānr	(im) Norden der Stadt Beijing
Zài Běijīng chéngde běibiānr.	Im Norden der Stadt Beijing.

Zusatzvokabular

1. něibiān(r)	welche Seite, wo [FW]
Zhōngguode něibiānr	in welcher Gegend von China?
Xiānggăng zài Zhōngguode něibiānr?	In welcher Gegend von China liegt Hongkong?
2. nánbiān(r)	Süden [OW]
zài Zhōngguode nánbiānr	im Süden von China
Xiānggăng zài Zhōngguode nánbiānr.	Hongkong liegt im Süden von China.
3. dōngbiān(r)	Osten [OW]
yě jiù shi shuō	das heißt
xībiān(r)	Westen [OW]
Rìběn zài Zhōngguode dōngbiānr, yě jiù shi shuō Zhōngguo zài Rìběnde xībiānr.	Japan liegt östlich von China, d.h. China liegt westlich von Japan.
4. zhèibian(r)	diese Seite, hier [OW]
zài zhèibianr zhăo	hier suchen
qù nèibianr zhăo	dorthin gehen, um etwas zu suchen
Wŏmen xiān zài zhèibianr zhăo, ránhòu qù nèibianr zhăo.	Wir suchen zuerst hier und dann gehen wir dorthin, um dort zu suchen.
5. pàng	fett sein [SV]
shízài tài pàng	wirklich zu fett
Nèige háizi shízài tài pàngle!	Das Kind ist wirklich zu dick!

Grammatikalische und kulturelle Anmerkungen

3A. Wie Sie aus den vorangegangenen Lektionen wissen, geht die Angabe des Zeitpunktes dem Verb voran, die des Zeitraums (der Zeitdauer) hingegen folgt dem Verb. Es stimmt zwar, dass in **ràng nĭ jiŭ děngle** „habe dich lange warten lassen“ das **jiŭ** einen Zeitraum (eine Zeitdauer) impliziert und trotzdem vor dem Verb steht. Aber der Grund dafür ist, dass **jiŭ děng** eine festgelegte Phrase (Redewendung/Floskel) ist, die nicht den üblichen grammatischen Regeln folgt. In einer gewöhnlichen Konversation wäre **Ràng nĭ děngle hěn jiŭ le** „(Ich) habe dich lange warten lassen“ die normale grammatisch korrekte Reihenfolge.

3B. Das **le** in dem Idiomatischen Ausdruck **ràng nĭ jiŭ děngle** ist ein neues (eine neue Verwendungsweise von) **le** , das anzeigt, dass eine Handlung bereits eine Zeit lang geschieht und auch in der Gegenwart noch weitergeht. Für den Augenblick sollten Sie diesen Ausdruck einfach auswendig lernen, dieses **le** wird in 11-1 noch detaillierter besprochen.

3C. In China ist es kein Problem, fünf oder zehn Minuten zu spät zu einer Verabredung zum Mittagessen zu kommen. Kommt man allerdings zwanzig oder gar noch mehr Minuten zu spät, so sollte man eine echte Entschuldigung bereit haben.

4A. **Méi shìr** „Es ist nichts“, „Macht nichts“, „Das ist schon in Ordnung“ ist ein vor allem in Nordchina sehr verbreiteter Ausdruck. Wörtlich bedeutet es „Da ist keine Angelegenheit“ und wird als höfliche Antwort auf eine Entschuldigung oder auf einen Dank gebraucht. In Taiwan wird stattdessen in der Regel **méi guānxi** (2-4), benutzt, das man in Festlandchina jedoch durchaus auch verwenden kann.

4B. Während es in Deutschland gegebenenfalls als unhöflich empfunden würde, einer Person gegenüber, die man länger nicht gesehen hat, zu sagen sie sei „dünner geworden“, sind solche persönlichen Bemerkungen in China nichts Ungewöhnliches. Diese werden nicht als Unhöflichkeit, sondern als Ausdruck dafür, dass man sich um den anderen sorgt, betrachtet. Sollte also jemand Ihnen gegenüber einen solchen Kommentar oder auch das Gegenteil, nämlich, dass man dicker geworden sei, äußern, sollten Sie nicht böse werden, der Kommentar ist zweifellos gut gemeint.

4C. Das Adverb **kě** „wirklich“, „in der Tat“, „bestimmt“ wird im Nordchinesischen häufig als verstärkender Ausdruck, mit dem etwas betont werden soll, eingesetzt. Sätze mit **kě** enden häufig mit einem **le**. Hier einige Beispiele mit **kě**:

Nàrde fàn kě hǎochīle.	„Das Essen hier ist einfach köstlich.“
Zhèihuí nǐ kě cāiduìle!	„Diesmal hast du wirklich richtig geraten.“
Háizi kě xǐhuan chī táng le.	„Kinder essen wirklich gerne Süßes.“
Nǐ kě bié wàngle!	„Vergiss das auf keinen Fall!“

4D. In China hatte **shòu** „dünn sein“ traditionellerweise die negative Konnotation von schwächlich und kränklich, **pàng** „dick sein“ hingegen (vgl. EV5) wurde mit Gesundheit und Wohlgenährtheit in Verbindung gebracht. Unter der jüngeren und besser gebildeten Stadtbevölkerung hat sich das unter dem Einfluss des westlichen Denkens zu ändern begonnen. Beachten Sie, dass **shòu** nur „dünn“ im Sinne von mangelndem Fettgewebe heißen kann. Um „dünn“ wie etwa in „ein dünnes Stück Holz“ auszudrücken, wird ein völlig anderes Wort benutzt.

4E. Statisches Verb + **(YÌ)DIǍN(R)** um „etwas mehr ...“ auszudrücken. Dieses verbreitete Muster bedeutet „etwas mehr STATISCHES VERB“. Auf diese Weise wird der Komparativ (z.B. größer, besser, schneller) im Chinesischen gebildet. Das **yìdiǎn(r)** wird oft im neutralen Ton als **yidian(r)** ausgesprochen. Oft wird die Silbe **yi** beim schnellen Sprechen sogar ganz weggelassen; das Suffix (**r**) am Ende des Ausdruck ist natürlich ohnehin optional. Das Muster ist:

Statisches Verb	(YÌ)DIǍN(R)
shòu	**yidianr**

„ein bisschen dünner“

Beispiele:

Nèige guì dianr.	„Jenes ist ein bisschen teurer.“
Zhèige piányi yidianr.	„Dieses ist ein bisschen billiger.“
Yǒu hǎo yìdiǎnde ma?	„Gibt es (auch) bessere?“
Nǐ pàngle yidianr!	„Du bist ein bisschen dicker geworden.“
Wǒ jīntiān hǎole yidian.	„Mir geht es heute etwas besser.“

4F. -**ZÀI** als Postverb. Bisher ist Ihnen **zài** als Hauptverb und als Co-Verb bekannt. In dieser Lektion lernen Sie **zài** als Postverb kennen. Ein Postverb ist eine Art von Verb, die an das Hauptverb angehängt (suffigiert) wird, um die Handlung des Hauptverbs mit dem folgenden Objekt zu verknüpfen. Zum Beispiel ist in dem Satz **Wǒ zhùzai Cháng Chéng Fàndiàn** „Ich wohne im Great Wall Hotel“ **zhù** „wohnen, leben“ das Hauptverb und **-zài** „in, an, auf“ das Postverb. Es gibt nur wenige Postverben, wobei **-zài** und **-dào** (vgl. 6B unten) die häufigsten sind. Beim schnellen Sprechen verlieren die Postverben häufig den Ton (d.h. sie erhalten den neutralen Ton) in ihrer Position nach dem Hauptverb. Das Muster mit **-zài** als Postverb ist:

Hauptverb	Postverb
zhù	**zai**

„in … wohnen“

Hier sind noch einige Beispiele mit dem Postverb **-zài**:

Lǐ Tàitai zhùzai nǎr?	„Wo lebt Frau Li?“
Wǒ zhùzai Nánjīng.	„Ich lebe in Nanjing.“
Nín zuòzai zhèr, hǎo ma?	„Setzen Sie sich hierher, OK?“
Tā chūshēngzai Měiguo.	„Sie wurde in den USA geboren.“

Postverben können normalerweise nur an einsilbige Verben angehängt werden. **Chūshēngzai** „geboren in“, wie im letzten Beispiel oben, gehört zu den wenigen zweisilbigen Verben, an die man das Postverb **-zài** anhängen kann. Bei der Mehrzahl der zweisilbigen Verben, wie etwa bei **gōngzuò** „arbeiten“ wird eine Co-Verb-Konstruktion verwendet, etwa wie in **Yǒu hěn duō Měiguo rén zài Běijing gōngzuò** „In Beijing arbeiten viele US-Amerikaner“; es ist NICHT möglich, ***Yǒu hěn duō Měiguo rén gōngzuòzai Běijing** zu sagen.

Alle oben aufgeführten Sätze mit dem Postverb **-zài** können auch mit dem Co-Verb **zài** gebildet werden. Zum Beispiel: **Lǐ Tàitai zhùzai nǎr? → Lǐ Tàitai zài nǎr zhù?** „Wo wohnt Frau Li?“ Sie sollten aber wissen, dass das Muster mit dem Postverb **-zài** ziemlich verbreitet ist.

Das Great Wall Hotel in Beijing

Postverben können nicht beliebig an andere Verben angehängt werden. Die entsprechenden Kombinationen müssen für den jeweiligen Fall erlernt werden. Besonders häufig kommt die Kombination **zhùzai** vor. Wenn im Satz jedoch ein Zeitraum (eine Zeitdauer) genannt wird, kann man **zhùzai**, nicht benutzen, sondern muss das **zài** vor das Ortswort setzen. Beispiel:

> **Wǒ zài Běijīng zhùle liǎngge yuè.**
> „Ich habe zwei Monate in Beijing gewohnt.“
> (Es wäre falsch, ***Wǒ zhùzai Běijīng liǎngge yuè** zu sagen.)

Beachten Sie auch, dass das Postverb **-zài** beim schnellen Sprechen zuweilen weggelassen wird. Das Gespräch, das Sie in 4-3 gehört haben, ist ein Beispiel hierfür:

Chinese:	**Nǐ zhù něige fángjiān?**	„In welchem Zimmer wohnst du?”
US-Amerikaner:	**Wǒ zhù sān líng liù.**	„Ich wohne in der 306.“

Wählt man die vollständigere Aussageform unter Verwendung des Postverbes **-zài**, so lautet diese:

Chinese:	**Nǐ zhùzai něige fángjiān?**	„In welchem Zimmer wohnst du?”
US-Amerikaner:	**Wǒ zhùzai sān líng liù.**	„Ich wohne in der 306.“

5A. Denken Sie daran, dass das Verb **zhù**, das Sie zuerst in Lektion 4-3 kennen gelernt haben, sowohl „leben“ als auch „bleiben“ bedeuten kann. Man kann **zhù** verwenden, um „in einer Stadt oder einem Land leben“ oder auch, um „in einem Hotel wohnen“ oder „im Krankenhaus sein“ auszudrücken.

5B. **Cháng Chéng** „Große Mauer“ bedeutet wörtlich eigentlich „lange Mauer“. In 3-4 haben Sie das statische Verb **cháng** „lang sein“ kennen gelernt, und in Äußerung 8 dieser Lektion lernen Sie **chéng** Stadt“. Das Wort **chéng** hat seine Bedeutung „Stadt“ von der Stadtmauer erhalten, die im traditionellen China jede Stadt umgab. Die Große Mauer wird auf Chinesisch auch **Wàn Lǐ Cháng Chéng** „die 10.000 Meilen lange Mauer“ genannt (das **lǐ** bzw. die „chinesische Meile“ ist eine traditionelle Entfernungsangabe (Längenmasseinheit) und entspricht in etwa einem halben Kilometer)

5C. **Yāo** ist ein anderes Wort für **yī** „eins“, das in China häufig bei Nummern, etwa in Adressen oder Telefonnummern, verwendet wird. **yāo** wird benutzt, um Verwechselungen zwischen **yī** „eins“ und **qī** „sieben“ zu vermeiden, da diese, vor allem beim schnellen Sprechen (z.B. am Telefon) gleich klingen können. In Taiwan ist **Yāo** nicht verbreitet. Auch wird **yāo** nicht für Datumsangaben verwendet, so kann man nur **yīyuè** „Januar“ oder **èr-líng-yī-yī-nián** „das Jahr 2011“ sagen.

6A. Das **jiù** hier bedeutet „dann, so früh“ oder „bereits dann“.

6B. **-DÀO als Postverb.** In dem Satz **Wǒmen qùnián jiù bāndao Xiāng Shān le** „letztes Jahr sind wir nach Xiangshan gezogen“ treffen wir auf unser zweites Postverb, nämlich **-dào**. In diesem Satz ist **bān** „umziehen“ das Hauptverb und **-dào** das Postverb mit der Bedeutung „nach“ (vgl. 4F oben), **Xiāng Shān** ist das Objekt des Postverbs **-dào**. Wie beim Postverb **-zài** (vgl. 4F oben) erhält **-dào** beim schnellen Sprechen oft den neutralen Ton und wird dann **-dao** ausgesprochen. Das Muster mit **-dào** als Postverb ist:

Hauptverb	**Postverb**
bān „umziehen"	**dao**

Einige zusätzliche Beispiele mit dem Postverb **-dào**:

Tāmen bāndao nǎr le?	„Wo sind sie hingezogen?"
Tāmen bāndao Táiběi le.	„Sie sind nach Taipei gezogen."
Wǒ yào zuòdao Tiān'ānmén.	„Ich fahre (z.B. mit dem Bus) bis Tiananmen."
Wǒ xiǎng zhùdao xià xīngqī'èr.	„Ich möchte bis nächsten Dienstag bleiben."
Yǔyán shíyànshì xiàwǔ kāidao wǔdiǎn zhōng.	„Das Sprachlabor ist nachmittags bis um fünf Uhr geöffnet."

In manchen Fällen können statische Verben mit dem Postverb **-dào** kombiniert werden, Beispiel:

Wǒ shízài bù zhīdào yào mángdao shémme shíhou.

„Ich weiß wirklich nicht, bis wann ich beschäftigt sein werde."

6C. **Xiāng Shān** „die Duftberge" ist ein Vorort im Nordwesten von Beijing.

8A UND EV2-3. Die Kardinalpunkte der Kompassrose. Die Wörter für die vier Kardinalpunkte der Kompassrose sind wie folgt (in der chinesischen Reihenfolge):

dōng	„Ost"
nán	„Süd"
xī	„West"
běi	„Nord"

Grammatisch gesehen sind die oben genannten Ausdrücke Lokalisierer und können normalerweise, außer in einer begrenzten Reihe von Mustern, die wir später behandeln, nicht allein verwendet werden. Vielmehr müssen sie mit dem Suffix **-biān(r)** „Seite" kombiniert werden, um so Ortsbezeichnungen zu bilden:

dōngbiān(r)	„Osten, Ostseite"
nánbiān(r)	„Süden, Südseite"
xībiān(r)	„Westen, Westseite"
běibiān(r)	„Norden, Nordseite"

Mythische Drachenschildkröte in der Verbotenen Stadt in Beijing

Viele Länder-, Provinz- und Städtenamen enthalten **dōng**, **nán**, **xī** oder **běi**. Beispiele:

Länder: **Yuènán** „Vietnam", **Nánhán** Südkorea", **Běihán** „Nordkorea"

Provinzen: **Shāndōng** („östlich der Berge"), **Shānxī** („westlich der Berge"), **Hú'nán** („südlich des Sees"), **Húběi** („nördlich des Sees"), **Hé'nán** („südlich des Stroms"), **Héběi** („nördlich des Stroms"), **Guǎngdōng** („im Osten von Guang"), **Guǎngxī** („im Westen von Guang"), **Xīzàng** („westliche Schriften"), **Yúnnán** („südlich der Wolken")

Städte: **Nánjīng** („Südliche Hauptstadt"), **Běijīng** („Nördliche Hauptstadt"), **Táidōng** "Taitung" („Taiwans Osten"), **Táinán** "Tainan" („Taiwans Süden"), **Táiběi** "Taipei" („Taiwans Norden")

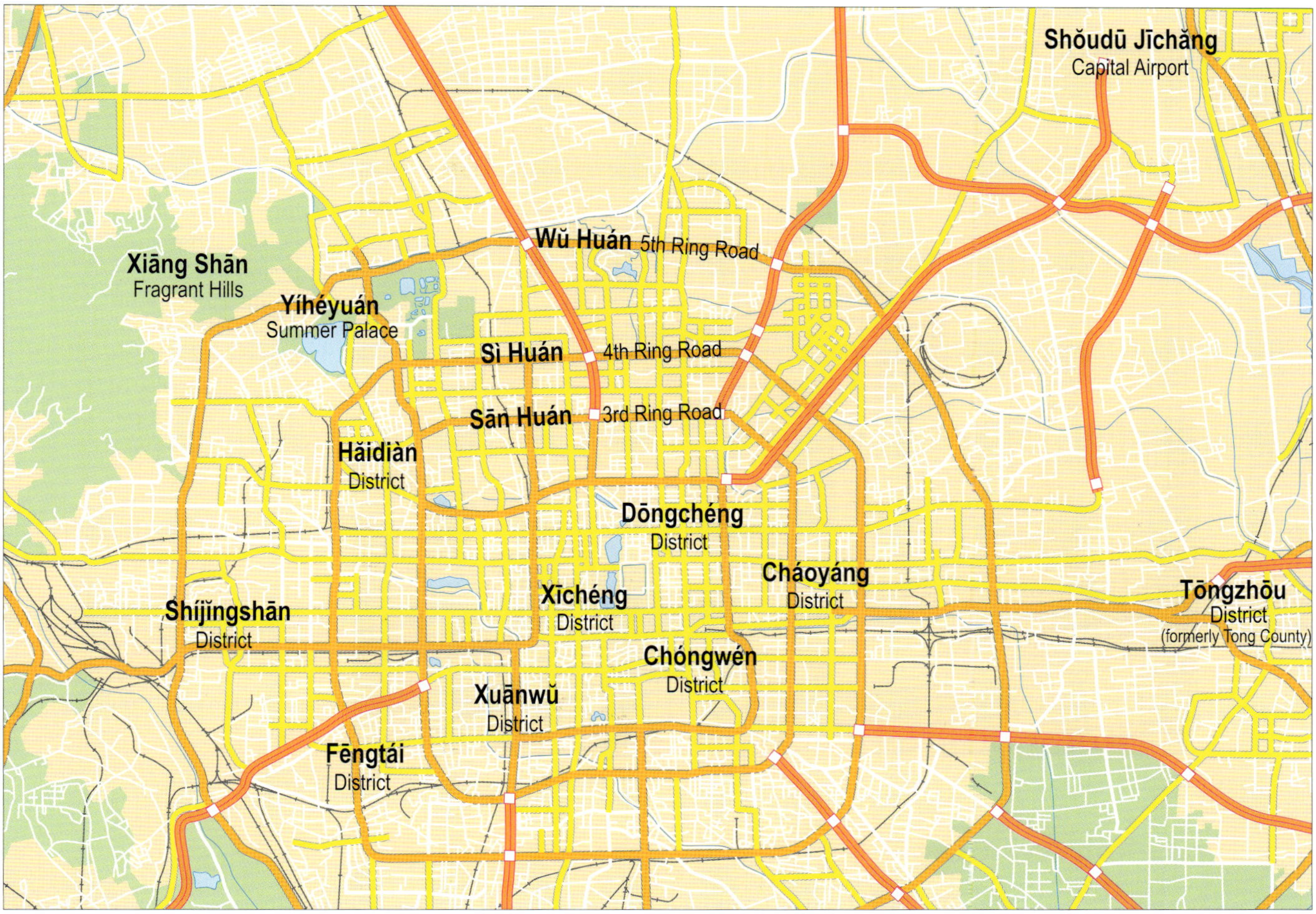

Běijīng und Umgebung

8B. **Zài Běijīng chéngde běibiānr** könnte entweder „es liegt nördlich von der Stadt Beijing“ oder „es liegt im nördlichen Teil der Stadt Beijing“ heißen. In der Regel macht der Kontext klar, was gemeint ist. Vergleichen Sie die folgenden drei Anmerkungen.

EV1. Schauen Sie sich die Frage **Xiānggǎng zài Zhōngguode něibiānr?** „In welchem Teil von China liegt Hongkong?“ an. Bedenken Sie, dass es auch „Auf welcher Seite von China liegt Hongkong?“ heißen könnte. Allerdings hätte diese Übersetzung keinen Sinn, da Hongkong ein Teil von China ist. Wenn wir hingegen **Yuènán zài Zhōngguode něibiānr?** fragen würden, müsste diese Frage mit „Auf welcher Seite von China liegt Vietnam?“ übersetzt werden, da allgemein bekannt ist, dass Vietnam nicht zu China gehört.

EV2. **Xiānggǎng zài Zhōngguode nánbiānr** wird als „Hongkong liegt *im* Süden von China“ übersetzt, **Yuènán zài Zhōngguode nánbiānr** hingegen als „Vietnam liegt südlich *von* China“ (vgl. EV1 oben).

EV3A. Rein grammatisch gesehen, könnte der Satz **Rìběn zài Zhōngguode dōngbiānr** „Japan liegt im Osten von China“ heißen, aber auch hier sagt uns unser gesunder Menschenverstand, dass diese Interpretation nicht angemessen ist, und nur die Interpretation „Japan liegt östlich von China“ Sinn hat.

EV3B. **Yě jiù shi shuō** bedeutet wörtlich „auch genau zu sagen“.

ABSCHNITT 4

Der neue Computer

Guo Zhiwen, ein Taipeier Geschäftsmann im mittleren Alter, hat den 25-jährigen US-Amerikaner Peter Walters, der in Guos Büro als Teilzeitkraft arbeitet, zu sich nach Hause eingeladen. Die beiden kennen sich recht gut. Zunächst unterhalten sie sich im Wohnzimmer von Guos Wohnung, dann schlägt Guo vor, dass sie sich seinen neu gekauften Computer anschauen, der in seinem Arbeitszimmer steht.

Basis-Konversation 5-4

1. GUO **Peter, wǒ mǎile yìtái xīn diànnǎo, zài shūfángli. Nǐ yào bu yao kànkan?**
Peter, ich habe einen neuen Computer gekauft, er ist in meinem Arbeitszimmer. Willst du ihn dir nicht einmal anschauen?

2. WALTERS **Hǎo a!**
Klar!

(Sie gehen ins Arbeitszimmer und Peter schaut sich den neuen Computer an.)

E, shi yìtái wǔ-bā-liù ma? Lǐmiàn yǒu duōshǎo RAM?
Hm, ist das ein Pentium? Wie viel RAM hat er?

3. GUO **Sānshi'èrge.**
Zweiunddreißig.

4. WALTERS *(setzt sich an den Computer und versucht ihn anzuschalten.)*

Kāiguān yīnggāi zài pángbiān ba?
Der Schalter ist an der Seite, nehme ich an?

5. GUO **Bú duì, zài qiánmian.**
Nein, er ist vorne.

6. WALTERS **Ò. E, wǒ kě bu kéyi kànkan shǐyòng shǒucè?**
Oha, darf ich mal das Benutzerhandbuch sehen?

7. GUO **Dāngrán kéyi. Jiù zài nǐ zuǒbiānde nèige shūjiàshang—ò, bú duì, bú duì, shi zài nǐ hòumiande nèibǎ yǐzishang.**
Natürlich darfst du. Es ist (gerade) auf dem Bücherregal links von dir – ach nein, es ist auf dem Stuhl hinter dir.

8. WALTERS **Āiyò, zhuōzi dǐxia shi shémme dōngxi a?**
Hey, was ist denn das unter dem Tisch?

9. GUO **Ò, shi Láifú, wǒmen jiāde gǒu. Nǐ búyào guǎn ta.**
Ach, das ist Laifu, unser Familienhund. Kümmere dich nicht um ihn.

Build-Up

1. Guo

tái	(für Computer, TVs) [ZEW]
diànnǎo	Computer [S]
yìtái diànnǎo	ein Computer
yìtái xīn diànnǎo	ein neuer Computer
wǒ mǎile yìtái xīn diànnǎo	Ich habe einen neuen Computer gekauft.
shūfáng	Arbeitszimmer [OW]
lǐ	in, drin [L]
shūfángli	im Arbeitszimmer
zài shūfángli	(es ist) im Arbeitszimmer
yào	wollen [HV]
yào bu yao kànkan	willst (du es) mal anschauen
Peter, wǒ mǎile yìtái xīn diànnǎo, zài shūfángli.	Peter, ich habe einen neuen Computer gekauft, er ist in meinem Arbeitszimmer.
Nǐ yào bu yao kànkan?	Willst du ihn dir nicht einmal anschauen?

2. Walters

Hǎo a!	Klar.
e	(Laut, der Zögern ausdrückt; Pausenfüller) [I]
wǔ-bā-liù	Pentium® (Prozessor bzw. Computermarke) [S]
yìtái wǔ-bā-liù	ein Pentium
lǐmiàn	in, drin [OW]
lǐmiàn yǒu duōshǎo RAM	wie viel RAM sind drin
E, shi yìtái wǔ-bā-liù ma? Lǐmiàn yǒu duōshǎo RAM?	Hm, ist das ein Pentium? Wie viel RAM hat er?

3. Guo

Sānshi'èrge.	Zweiunddreißig.

4. Walters

kāiguān	Schalter [S]
pángbiān(r)	in/an/auf der Seite, in der Nähe von [OW]
yīnggāi zài pángbiān	sollte an der Seite sein
Kāiguān yīnggāi zài pángbiān ba?	Der Schalter ist an der Seite, nehme ich an?

5. Guo

bú duì	nein, stimmt nicht, nicht korrekt/richtig
qiánmian	vorne [OW]
zài qiánmian	(er) ist vorne
Bú duì, zài qiánmian.	Nein, er ist vorne.

6. Walters

kě bu kéyi kànkan	anschauen dürfen oder nicht
shǐyòng	benutzen, verwenden [V]
shǒucè	Handbuch [S]
shǐyòng shǒucè	Benutzerhandbuch [PH]
Ò. E, wǒ kě bu kéyi kànkan shǐyòng shǒucè?	Oha, darf ich mal das Benutzerhandbuch sehen?

7. Guo

zuǒbian(r)	linke Seite, links [OW]
shūjià	Bücherregal [S]
shàng	oben, oben drauf [L]
shūjiàshang	auf dem Bücherregal
zuǒbiānde nèige shūjiàshang	auf dem Bücherregal links

hòumian	hinten, hinter [OW]
hòumiande nèibă yĭzishang	auf dem Stuhl hinter dir
Dāngrán kéyi. Jiù zài nĭ zuŏbiānde nèige shūjiàshang—ò, bú duì, bú duì, shi zài nĭ hòumiande nèibă yĭzishang.	Natürlich darfst du. Es ist (gerade) auf dem Bücherregal links von dir – ach nein, es ist auf dem Stuhl hinter dir.

8. Walters

āiyò	(zeigt Erstaunen an) [I]
dĭxia	unter [OW]
zhuōzi dĭxia	unter dem Tisch
dōngxi	Ding [S]
shémme dōngxi	was für ein Ding
shi shémme dōngxi	was ist das für ein Ding
Āiyò, zhuōzi dĭxia shi shémme dōngxi a?	Hey, was ist denn das unter dem Tisch?

9. Guo

Láifú	Laifu („Glück bringen"; Hundename)
gŏu(r)	Hund [S]
wŏmen jiāde gŏu	unser Familienhund
guăn	sich um etwas kümmern [V]
tā	es (für Tiere oder Sachen) [PR]
búyào guăn ta	kümmere dich nicht um ihn
Ò, shi Láifú, wŏmen jiāde gŏu. Nĭ búyào guăn ta.	Ach, das ist Laifu, unser Familienhund. Kümmere dich nicht um ihn.

Ergänzungsvokabular: Ortswörter und Lokalisierer

1. qián	vor, vorne [L]
2. qiántou	vor, vorne [OW]
3. qiánbian(r)	vor, vorne [OW]
4. qiánmian	vor, vorne [OW]
5. hòu	hinten, hinter [L]
6. hòutou	hinten, hinter [OW]
7. hòubian(r)	hinten, hinter [OW]
8. hòumian	hinten, hinter [OW]
9. lĭ	in [L]
10. lĭtou	in, drin [OW]
11. lĭbian(r)	in, drin [OW]
12. lĭmiàn	in, drin [OW]
13. wài	außen, draußen [L]
14. wàitou	außen, draußen [OW]
15. wàibian(r)	außen, draußen [OW]
16. wàimian	außen, draußen [OW]
17. shàng	auf, drauf [L]
18. shàngtou	auf, drauf [OW]
19. shàngbian(r)	auf, drauf [OW]
20. shàngmian	auf, drauf [OW]
21. xià	unten, unter [L]
22. xiàtou	unten, unter [OW]

23. **xiàbian(r)** unten, unter [OW]
24. **xiàmian** unten, unter [OW]
25. **zuǒ** links [L]
26. **zuǒbian(r)** links, linke Seite [OW]
27. **yòu** rechts [L]
28. **yòubian(r)** rechts , rechte Seite [OW]

Grammatische und kulturelle Anmerkungen

1A. Beachten Sie, dass der Gastgeber im Video dem Gast, sofort nachdem dieser hereingekommen ist, etwas zu Trinken anbietet. Das ist ein typisch chinesisches Verhalten. Man fragt erst gar nicht, wie dies vielleicht bei uns üblich ist, denn die chinesische Etikette erfordert bei einer solchen direkten Frage als Antwort eine Ablehnung. Andererseits muss man das angebotene Getränk auch nicht unbedingt austrinken. Man kann auch einfach nur ein paar Schlucke nehmen. Trinkt man aus, so ist das ein sehr direktes Signal an den Gastgeber, nachzuschenken. Im Video trinkt der US-amerikanische Gast schon, bevor der chinesische Gastgeber sich selbst etwas eingeschenkt hat; das ist allerdings recht unhöflich. Vielmehr hätte der Gast warten sollen, bis er vom Gastgeber zum Trinken aufgefordert wird.

1B. -LE in Sätzen mit quantifizierten Objekten zum Ausdruck einer abgeschlossenen Handlung. In 2-4: 7B haben wir uns mit der Partikel **-le** zur Kennzeichnung einer abgeschlossenen Handlung, wie in **Wǒ gǎocuòle** „Ich habe mich vertan", befasst. Beachten Sie, dass dieser Satz, wie auch alle anderen Sätze mit **-le** , die wir bisher besprochen haben, kein Objekt hat. In einem Satz mit einem zählbaren Objekt, in dem wir eine vollendete Handlung ausdrücken wollen, steht zwar ein **-le** direkt hinter dem Verb, aber keines am Satzende. (Ein zählbares Objekt ist eines, das einen quantifizierenden Ausdruck vor sich stehen hat.; z.B. sind „ein Tisch", „zwei Stühle" oder „sehr viele Bücher" alles quantifizierte Objekte, während „Tische", „Stühle" oder „Bücher" nicht quantifizierte Objekte sind.) Schauen Sie sich nun den ersten Satz der Basis-Konversation an: **Wǒ mǎile yìtái xīn diànnǎo** „Ich habe einen neuen Computer gekauft". Da das Objekt hier quantifiziert ist („einen neuen Computer") und der Sprecher eine vollendete Handlung ausdrücken will, wird an das **mǎi** ein **-le** angehängt, wodurch **mǎile** entsteht. Am Ende des Satzes befindet sich hingegen kein **le**. Hier noch einige Beispiele mit **-le** in Sätzen mit quantifizierten Objekten, um eine vollendete Handlung auszudrücken:

Lǎo Bái liúle yíge tiáozi. „Der alte Bai hat eine Nachricht hinterlassen."

Lǎobǎn jīntiān màile wǔtái diànnǎo. „Heute hat der Boss fünf Computer verkauft."

Xiǎo Chén chīle hěn duō dōngxi. „Der kleine Chen hat viel gegessen."

1C. **Tái** ist das Zähleinheitswort für Computer, Fernseher und Radios. Denken Sie daran, dass Sie im Chinesischen ein Zähleinheitswort zwischen eine Zahl und ein Substantiv einfügen müssen, wenn Sie die Anzahl ausdrücken wollen. Beispiele:

Nǐ jiāli yǒu jǐtái diànnǎo? „Wie viele Computer hast du zu Hause?"

Wǒ jiāli yǒu liǎngtái diànnǎo. „Ich habe zu Hause zwei Computer."

Diànnǎo gōngsīde lǎobǎn shuō tāmen zhèige yuè děi mài yìbǎi wǔshitái diànnǎo.
„Der Besitzer der Computerfirma sagt, dass sie in diesem Monat 150 Computer verkaufen müssen."

1D. Lokalisierer und Ortswörter. Lokalisierer sind substantivartige Wortformen, die in Kombination mit anderen Wörtern Ortsangaben bilden. In dem Satz **Xīn diànnǎo zài shūfángli** „Der neue Computer ist im Arbeitszimmer" ist **lǐ** „in" (oft mit einem neutralen Ton als **li** ausgesprochen) der Lokalisierer, der an das Substantiv **shūfáng** „Arbeitszimmer" angehängt wird, um das Ortswort **shūfángli** „im Arbeitszimmer" zu bilden. Die häufigsten Lokalisierer sind **lǐ** „in" und **shàng** „auf". Diese beiden Lokalisierer, die häufig ihren Ton verlieren (sie werden also zu **li** und **shang**), werden oft an Substantive angehängt, um Ortswörter zu bilden. Beispiele:

mit **lǐ**: **shūfángli** „im Arbeitszimmer"

fángjiānli „im Zimmer"

shítángli „in der Mensa"

mit **shàng:**	**zhuōzishang**	„auf dem Tisch"
	diànnǎoshang	„auf dem Computer"
	yǐzishang	„auf dem Stuhl"

Eine Reihe von Lokalisierern verbindet sich mit den Suffixen **-miàn** „Seite", **-tou** (Nominalsuffix) oder **-biān(r)** „Seite", um Ortswörter zu bilden. Diese Suffixe verlieren oft, aber nicht immer, ihren Ton und werden im neutralen Ton ausgesprochen. Beispiele:

Gruppe Eins (je mit drei Formen):

miàn	**-tou**	**-biān(r)**	**Deutsch**
lǐmiàn	**lǐtou**	**lǐbian(r)**	„innen"
wàimian	**wàitou**	**wàibian(r)**	„außen"
qiánmian	**qiántou**	**qiánbian(r)**	„vorne"
hòumian	**hòutou**	**hòubian(r)**	„hinten"
shàngmian	**shàngtou**	**shàngbian(r)**	„oben (drauf)"
xiàmian	**xiàtou**	**xiàbian(r)**	„unten (drunter)"

Gruppe Zwei (nur eine Form):

zuǒbian(r)	„linke Seite"
yòubian(r)	„rechte Seite"
pángbiān(r)	„an der Seite, neben, in der Nähe von"
dǐxia	„unter"

Ortswörter stehen immer HINTER dem Substantiv, auf das sie sich beziehen. Beispiele: **zhuōzi dǐxia** „unter dem Tisch", **túshūguǎn wàimian** „außerhalb der Bibliothek". Das ist genau umgekehrt wie im Deutschen. Bei den Ortswörtern mit mehreren Formen werden die Formen mit **-miàn** als „schriftlicher" angesehen und kommen eher in Südchina vor, wogegen die Ortswörter mit **-tou** und **-biānr** eher als umgangssprachlich betrachtet werden und eher in Nordchina vorkommen. In den Fällen, in denen es mehrere Formen gibt, empfehlen wir, die Formen mit **-miàn** zu verwenden, Sie sollten aber auch alle anderen Formen kennen. Außer den oben aufgelisteten, verbreiteten Ortswörtern, existieren auch noch andere Formen, wie **zuǒmiàn** „linke Seite" und **yòumian** „rechte Seite". Da jedoch viele Sprecher diese Formen nicht verwenden, werden sie hier nicht geübt.

1E. Beachten Sie, dass das deutsche Gegenstück von **zài shūfángli** „Er ist im Arbeitszimmer" lautet. Chinesische Sätze haben häufig kein Subjekt, zumindest dann, wenn aus dem Kontext klar wird, um was es geht.

1F. In dieser Zeile lernen Sie eine neue Verwendungsweise von **yào**, nämlich „wollen". Schauen Sie sich noch einmal die Bedeutungen von **yào** an, die Sie bereits kennen: „brauchen, kosten" (3-3) und „werden" (4-3).

2A. Die Interjektion **e** ist ein Pausenfüller oder Zögerlaut. Wie **m** in 4-3: 6A füllt es eine Pause, in der der Sprecher darüber nachdenkt, was er als Nächstes sagen möchte, auch klingt die Äußerung dann weniger direkt oder harsch.

2B. Im Mandarin von gebildeten Chinesen ist es wie bei uns keine Seltenheit, englische Lehnwörter, wie z.B. RAM, zu hören, insbesondere im Bereich der Technik.

4A. Sie haben vielleicht schon erraten, dass das Substantiv **kāiguān** „Schalter" aus den zwei Verben **kāi** „öffnen" und **guān** „schließen" gebildet ist, die Sie in Lektion 4-1 kennen gelernt haben. Eine wörtliche Übersetzung wäre „ein Öffner und Schließer".

4B. Das deutsche Hilfsverb „sollen" kann zum einen eine Verpflichtung (wie in „Du solltest auf deine Eltern hören.") oder eine Wahrscheinlichkeit (wie in „Du solltest keine Probleme damit haben.") ausdrücken. Das chinesische Hilfsverb **yīnggāi** funktioniert genau gleich.

7A. Das **jiù** hier bedeutet „exakt, genau". Häufig kann man es in der Übersetzung aber auch einfach weglassen.

7B. Versuchen Sie die Struktur von **nǐ zuǒbiande nèige shūjiàshang**. richtig zu verstehen. Wenn wir mit dem Skelett dieser Phrase anfangen und dann Stück für Stück die fehlenden Teile ergänzen, kommt dabei Folgendes heraus:

shūjiàshang	„auf dem Bücherregal“
nèige shūjiàshang	„auf jenem Bücherregal“
zuǒbiande nèige shūjiàshang	„auf jenem Bücherregal links“
nǐ zuǒbiande nèige shūjiàshang	„auf jenem Bücherregal links von dir“

Nach dem **nǐ** kommt kein **-de**, denn wenn man zwei **-de** in einer Phrase hat (**nǐde zuǒbiande nèige shūjiàshang**), wird das erste **-de** normalerweise weggelassen. Chinesische Muttersprachler empfinden zu viele **-de** direkt beieinander als unschön.

7C. Unterscheiden Sie sorgfältig die Aussprache dieser drei Wörter, die von deutschsprachigen Sprechern des Chinesischen gerne verwechselt werden:

zǒu	„verlassen, weggehen“ (1-2)
zuò	„sitzen“ (1-4)
zuǒ	„links“ (5-4)

7D. Die grammatische Struktur von **nǐ hòumiande nèibǎ yǐzishang** „auf dem Stuhl hinter dir“ ist die gleiche wie in **nǐ zuǒbiande nèige shūjiàshang**, das wir gerade in 7B besprochen haben.

8A. **Āiyò** ist ein verbreiteter Ausruf, der Überraschung, Erstaunen oder Enttäuschung ausdrückt. Es kann (z.B.) als „Ach!“, „Auweia!“ oder „Mensch!“ übersetzt werden. Je nach Sprecher, Emotion und Situation kann die genaue Aussprache des Ausrufs unterschiedlich sein, so dass man es gegebenenfalls **āiyò** (wie in dieser Lektion), **āiyà** (wie in 10-1) oder **āiya** (wie in 19-3) ausspricht. Beispiele:

Āiyò, nǐ yě láile!	„Ach, du bist auch hier?“
Āiyò, yǐjīng jiǔdiǎn shífēn le!	„Auweia, es ist schon zehn nach neun!“
Āiyò, Hé lǎo xiānsheng yǐjīng bú zàile!	„Oh je, der alte Herr He ist gestorben!“

8B. Das deutsche Wort „Ding“ entspricht dem chinesischen Wort **dōngxi**, das sie in dieser Lektion lernen, und bezeichnet konkrete Gegenstände, das Wort „Angelegenheit“ dem Wort **shì(r)**, das Sie in 1-1 kennengelernt haben, und bezeichnet eher abstraktere Sachverhalte.

Taipeier bei der Morgengymnastik in einem städtischen Park

9A. Es wird als besonders glückbringend angesehen, z.B. einem Hund einen Namen wie **Láifú** „Glück bringen“ zu geben. Viele Chinesen glauben, dass es ihnen und ihrer Familie Glück bringt ein glückbringendes Wort häufig auszusprechen. Ein weiterer verbreiteter Hundename, der sowohl einen sehr positiven Sinn im Chinesischen hat und zudem eine recht genaue phonetische Wiedergabe des englischen Originals ist, ist **Láixǐ** für „Lassie“, wobei **Láixǐ** soviel wie „Freude bringen“ oder Freude kommt“ bedeutet.

9B. **Tā** ist das Pronomen für „es“. Und bezieht sich auf Tiere und, allerdings seltener, auf Dinge. Nach den Regeln des Nördlichen Mandarin kann **tā** nur als Objekt, nicht aber als Subjekt benutzt werden. Auf jeden Fall wird es im Chinesischen viel seltener verwendet als das deutsche „es“. Das Gegenstück zum deutschen „es“ ist in der Regel gar nichts, z.B. **Wǒ méi mǎi** „Ich habe (es) nicht gekauft.“, man darf AUF KEINEN FALL ***Wǒ méi mǎi tā** sagen, wenn man „Ich habe es nicht gekauft.“ meint.

9C. In dem Satz **Nǐ búyào guǎn ta** „Kümmere dich nicht um ihn“, hat das Pronomen **tā** seinen Ton verloren und wird im neutralen Ton (**ta**) ausgesprochen. Das ist bei pronominalisierten Objekten sehr häufig der Fall (siehe den Abschnitt über den neutralen Ton in „Aussprache und Transkription“ am Anfang des Bandes).

EV1-28. Beachten Sie, dass die Mehrzahl der Lokalisierer und Ortswörter, die hier aufgelistet sind, sich in vier Gegensatzpaare einteilen lassen, die auf den folgenden Wortwurzeln basieren:

qián	„vorne“	**hòu**	„hinten“
lǐ	„innen“	**wài**	„außen“
shàng	„oben“	**xià**	„unten“
zuǒ	„links“	**yòu**	„rechts“

Die Reihenfolge ist dabei genau wie im Deutschen.

Ergänzung zu Einheit 5: Eine unendliche Geschichte

Im Englischen gibt es eine Geschichte:

Die Nacht war dunkel und stürmisch

Die Luft voller Eis und Hagel

Der Käp'tn rief Reynaldo: „Erzähl uns was!“

Und Reynaldo fing an …

Nach „Und Reynaldo fing an ...“ geht die unendliche Geschichte dann wieder von vorne los.

Unten finden Sie eine ähnliche unendliche chinesische Geschichte mit zwei der Lokalisierer, die Sie in dieser Einheit kennen gelernt haben (können Sie diese entdecken?):

Shānshang yǒu yízuò miào,	„Auf einem Berg war einmal ein Tempel
Miàoli yǒu yíge héshang,	Im Tempel gab es einen Mönch
Héshang zài zuò shémme ne?	Was tat der Mönch?
Tā shuō gùshi. Tā shuō...	Er erzählte eine Geschichte, er sagte …“

Und nach **Tā shuō** springt man natürlich zum Anfang der Geschichte zurück. Und? Haben Sie die beiden Lokalisierer gefunden? (Antwort: Es handelt sich um **shang** in **shānshang** „Auf dem Berg“ und **li** in **miàoli** „Im Tempel“. Das **shang** in **héshang** „Mönch“ sieht zwar aus wie ein Lokalisierer, ist aber in Wirklichkeit ein Teil des Wortes für „Mönch“.)

Wiederholung und Lerntipps für Einheit 5

Neue Vokabeln

ADVERBIEN

cháng	oft
kě	tatsächlich, wirklich
kuài	bald, schnell
shízài	in der Tat, wahrhaftig

BEWEGLICHE ADVERBIEN

dāngrán	selbstverständlich
yàoshi	falls

CO-VERBEN

ràng	veranlassen, verursachen

FRAGEWÖRTER

něibiān(r)	welche Seite, wo

HILFSVERBEN

kéyi	dürfen, können
xiǎng	wollen, mögen
yào	wollen

IDIOMATISCHE AUSDRÜCKE

méi shì(r)	„Macht nichts!"
ràng nǐ jiǔ děngle	„Ich habe dich lange warten lassen"
zěmme bàn	„Was soll man da tun?"

INTERJEKTIONEN

āiyò	(zeigt Überraschung an)
e	(Zeigt Zögern an; Pausenfüller)

KONJUNKTIONEN

búguò	jedoch, aber

LOKALISIERER

hòu	hinten, hinter
lǐ	in, drin
qián	vorne, vor
shàng	auf
wài	außen
xià	unten, unter
yòu	rechts
zuǒ	links

ORTSWÖRTER

bàngōngshì	Büro
běibiān(r)	nördlich
Běidà	Peking-Universität
cèsuǒ	Toilette
Cháng Chéng	Die Große Mauer
Cháng Chéng Fàndiàn	Das Great Wall Hotel
dōngbiān(r)	östlich
fàndiàn	Hotel
hòubian(r)	hinter
hòumian	hinter
hòutou	hinter
lǐbian(r)	in, drin
lǐmiàn	in, drin
lǐtou	in, drin
nánbiān(r)	südlich
nàr	dort
nèibian(r)	jene Seite, dort
pángbiān(r)	neben, benachbart
qiánbian(r)	vor, vorne
qiánmian	vor, vorne
qiántou	vor, vorne
shàngbian(r)	auf, oben
shàngmian	auf, oben
shàngtou	auf, oben
shūfáng	Arbeitszimmer
wàibian(r)	außen, draußen
wàimian	außen, draußen
wàitou	außen, draußen
xiàbian(r)	unten, unter
xiàmian	unten, unter
xiàtou	unten, unter
xībiān(r)	westlich
Xiāng Shān	Dufthügel, Xiangshan
yòubian(r)	rechte Seite, rechts
zhèibian(r)	diese Seite, hier
zhèr	hier
zuǒbian(r)	linke Seite, links

PHRASEN

shǐyòng shǒucè	Benutzerhandbuch

POSTVERBEN

-zài	in, an, auf
-dào	ankommen in/an/auf, nach

PRONOMEN

tā	es (Tier oder Gegenstand)

STATISCHE VERBEN

pàng	fett sein (Menschen oder Tiere)
shòu	mager sein, dünn sein
xiāng	duften

SUBSTANTIVE

cài	Essen
chǎng	Fabrik
chéng	Stadt
dàxuéshēng	Universitätsstudent
diànnǎo	Computer
dìfang	Ort
dōngxi	Ding
fàn	Reis (gekocht), Essen
gōngrén	Arbeiter
gǒu(r)	Hund
Hànyǔ	Chinesisch (Sprache)
Huáqiáo	Übersee-Chinese
kāiguān	Schalter
lǎobǎn	Chef, Besitzer
pí	Haut, Leder
píxié	Lederschuh
shān	Berg, Hügel
shǒucè	Handbuch
shūjià	Bücherregal
tiáozi	Notiz, Nachricht
wǎnfàn	Abendessen
wèizi	Sitz, Platz
wǔ-bā-liù	Pentium® (Computermarke)
wǔfàn	Mittagessen
xié	Schuh
xuésheng	Student, Schüler
Yīngwén	Englisch (Sprache)
yǐzi	Stuhl
zǎofàn	Frühstück
zhōngfàn	Mittagessen
zhōngxīn	Zentrum, Center
zhuōzi	Tisch

VERBEN

bān	etwas bewegen (einen Gegenstand oder das Zuhause)
bàoqiàn	bedauern
chī	essen
guǎn	sich um etwas kümmern
liú	(etwas) da lassen
péixùn	trainieren
shǐyòng	verwenden, benutzen
xué	lernen, studieren
zài	da sein; sich befinden
zhīdao	wissen

zhǎo suchen

VERB-OBJEKT-VERBINDUNGEN
chīfàn essen

ZAHLEN
yāo eins

ZÄHLEINHEITSWÖRTER
bǎ (für Stühle, Regenschirme)
huí Mal
tái (für Computer, TV-Geräte)
zhāng (für Tische, Visitenkarten)

Die wichtigsten neuen grammatischen Muster

ZÀI als Hauptverb: Tā zài bu zài? „Ist sie da?", **Tā zài Niǔyuē.** „Sie ist in New York." (5-1)

Eingebettete Fragen: Nǐ zhīdao tā zài nǎr ma? „Weißt du, wo sie ist?" (5-1)

Weglassung der zweiten Silbe von zweisilbigen Verben im Aussageteil einer Ja-Nein-Frage: kéyi bu kéyi → kě bu kéyi „Darf ich oder nicht?" (5-1)

GĚI als Co-Verb: Wǒ gěi tā liú yíge tiáozi „Ich hinterlasse ihm eine Notiz." (5-1)

YÀOSHI: Yàoshi nǐ zhǎo yíge rén.../Nǐ yàoshi zhǎo yíge rén... „Wenn du nach einer Person suchst ..." (5-1)

-ZI als Nominal-Suffix: zhuōzi „Tisch", **yǐzi** „Stuhl" (5-1)

LÁI + Verb zur Angabe eines Zwecke: Tā lái zhèr xué Zhōngwén. „Sie kommt hier her, um Chinesisch zu lernen." (5-2)

ZÀI als Co-Verb: Wǒ zài yìjiā gōngsī gōngzuò. „Ich arbeite in einer Firma." (5-2)

Universitäts- und Hochschulabkürzungen: Běijīng Dàxué → Běidà „Peking-Universität" (5-2)

KUÀI (YÀO)...LE um eine unmittelbar bevorstehende Handlung oder Situation anzuzeigen: Tā kuài yào zǒu le. „Sie geht gleich." (5-2)

Verb-Objekt-Verbindungen: chīfàn „Reis essen" → „essen"; **shuìjiào** „schlafen" (5-2)

Statisches Verb + (YÌ)DIǍN(R): piányi yidianr „etwas billiger", **hǎo yìdiǎn** „etwas besser" (5-3)

-ZÀI als Postverb: Wǒ zhùzai Nánjīng. „Ich wohne in Nanjing." (5-3)

-DÀO als Postverb: Tāmen qùnián bāndao Táiběi le. „Letztes Jahr sind sie nach Taipei gezogen." (5-3)

Die Kardinalpunkte der Kompassrose: dōngbiān(r) „Ost, Ostseite", **nánbiān(r)** „Süd, Südseite", **xībiān(r)** „West, Westseite", **běibiān(r)** „Nord, Nordseite" (5-3)

-LE in Sätzen mit quantifizierten Objekten, um vollendete Handlungen auszudrücken: Wǒ mǎile yìtái xīn diànnǎo „Ich habe einen neuen Computer gekauft." (5-4)

Lokalisierer und Ortswörter (5-4):

li: fángjiānli „im Zimmer"

shàng: zhuōzishang „auf dem Tisch"

lǐmiàn/lǐtou/lǐbian(r) „in, innen"

wàimian/wàitou/wàibian(r) „außen"

qiánmian/qiántou/qiánbian(r) „vor"

hòumian/hòutou/hòubian(r) „hinter"

shàngmian/shàngtou/shàngbian(r) „auf"

xiàmian/xiàtou/xiàbian(r) „unten"

zuǒbian(r) „linke Seite"

yòubian(r) „rechte Seite"

pángbiān(r) „an der Seite, neben"

dǐxia „unter"

Biographische Informationen (I)

EINHEIT 6

KOMMUNIKATIVE LERNZIELE

Wenn Sie diese Lektion beherrschen, sind Sie in der Lage, auf Chinesisch:

1. zu fragen, woher jemand stammt und auf diese Frage zu antworten;
2. nachzufragen, wo jemand geboren wurde und aufgewachsen ist und diese Fragen auch zu beantworten;
3. danach zu fragen, ob jemand verheiratet ist und auf diese Frage Antwort zu geben;
4. zu fragen, ob jemand Kinder hat und falls ja, wie viele es sind, ob es Töchter oder Söhne sind und ob sie zur Schule gehen;
5. ausführlicher über die eigene Familie, die Geschwister, die Eltern und Großeltern Auskunft zu geben;
6. die Gründe auszuführen, warum jemand etwas getan hat bzw. warum etwas ist, wie es ist;
7. über verschiedene Niveaus des Ausbildungssystems zu sprechen: Grundschule, weiterführende Schule und Universität;
8. jemanden zu fragen, in welchem Schuljahr und welcher Schulform er oder sie sich befindet, und entsprechende Fragen zu beantworten;
9. jemandem ein Geschenk zu überreichen;
10. zu fragen, was ein bestimmtes chinesisches Wort bedeutet;
11. und über die Zwischenhimmelsrichtungen, nämlich Nordost, Nordwest, Südost und Südwest zu sprechen.

ABSCHNITT 1

Gespräch mit einem Sechsjährigen

Harvey Rosenthal, der für ein Jahr in Beijing die chinesische Sprache und Kultur studiert, ist in das Haus einer seiner chinesischen Lehrerinnen eingeladen worden. Rosenthal sitzt im Wohnzimmer, während seine Lehrerin in der Küche eine Erfrischung vorbereitet. Auf einmal kommt der sechsjährige Sohn der Lehrerin herein.

Basis-Konversation 6-1

1. KIND **Shūshu, nǐ hǎo!**
Hallo, Onkel!

2. ROSENTHAL **Nǐ hǎo! Nǐ jiào shémme míngzi?**
Hallo! Wie heißt du (mit Vornamen)?

3. KIND **Wǒ jiào Dōngdong.**
Ich heiße Dongdong.

4. ROSENTHAL **Dōngdong, nǐ jǐsuì le?**
Dongdong, wie alt bist du?

5. KIND **Liùsuì le.**
Sechs.

6. ROSENTHAL **Nǐ shàng xiǎoxué le ba?**
Du gehst sicher schon in die Grundschule?

7. KIND **Duì, yǐjīng shàng yīniánjí le.**
Ja, ich bin in der ersten Klasse.

8. ROSENTHAL *(nimmt ein Päckchen aus dem Rucksack)*
Dōngdong, zhè shi wǒ sònggěi nǐde xiǎo lǐwù.
Dongdong, das ist ein kleines Geschenk für dich.

9. KIND *(öffnet das Päckchen, findet Schokolade darin, und probiert gleich ein Stück)*
Xièxie shūshu.
Danke, Onkel.

10. ROSENTHAL **Bú kèqi.**
Bitteschön.

11. KIND **M, zhēn hǎochī!**
Mmh, wirklich lecker!

Build-Up

1. Kind

shūshu	Onkel (eigentlich der jüngere Bruder des Vaters) **[S]**
Shūshu, nǐ hǎo!	Hallo, Onkel!

2. Rosenthal

Nǐ hǎo! Nǐ jiào shémme míngzi?	Guten Tag. Wie heißt du?

3. Kind

Dōngdong	Dongdong (kindlicher Spitzname)
Wǒ jiào Dōngdong.	Ich heiße Dongdong.

4. Rosenthal

Dōngdong, nǐ jǐsuì le?	Dongdong, wie alt bist du?

5. Kind

Liùsuì le.	Sechs.

6. Rosenthal

shàng	(zur Schule) gehen **[V]**
xiǎoxué	Grundschule **[OW]**
shàng xiǎoxué	in die Grundschule gehen
Nǐ shàng xiǎoxué le ba?	Du gehst sicher schon in die Grundschule?

7. Kind

niánjí	Jahrgang (in der Schule) **[S]**
yīniánjí	erste Klasse **[ZW]**
Duì, yǐjīng shàng yīniánjí le.	Ja, ich bin in der ersten Klasse.

8. Rosenthal

sòng	schenken **[V]**
-gěi	geben; für **[PV]**
sònggěi	(jemandem etwas als Geschenk) geben **[V+PV]**
lǐwù	Geschenk **[S]**
xiǎo lǐwù	ein kleines Geschenk
wǒ sònggěi nǐde xiǎo lǐwù	ein kleines Geschenk, das ich dir schenke
Dōngdong, zhè shi wǒ sònggěi nǐde xiǎo lǐwù.	Dongdong, das ist ein kleines Geschenk für dich.

9. Kind

Xièxie shūshu.	Danke, Onkel.

10. Rosenthal

Bú kèqi.	Bitteschön. (Wörtlich: Sei nicht (so) höflich.)

11. Kind

m	mmh **[I]**
zhēn	wirklich **[A]**
hǎochī	schmackhaft **[SV]**
zhēn hǎochī	wirklich lecker
M, zhēn hǎochī!	Mmh, wirklich lecker!

Ergänzungsvokabular

A. ALLGEMEIN

1. **péngyou**	Freund [S]
wǒ gěi nǐ jièshao	ich stelle dir vor
Wǒ gěi nǐ jièshao yíge péngyou.	Ich stelle dir einen Freund vor.
2. **yǒu méiyou**	haben, nicht haben; hast du?
nánpéngyou	Freund (im Sinne von **der** Freund) [S]
Nǐ yǒu méiyou nánpéngyou?	Hast du einen Freund?
3. **nǚpéngyou**	Freundin (im Sinne von **die** Freundin) [S]
hǎokàn	hübsch [SV]
Nǐde nǚpéngyou hěn hǎokàn.	Deine Freundin ist hübsch.
4. **āyí**	Tante (Schwester der Mutter) [S]
Tāde āyí zài yìjiā màoyì gōngsī gōngzuò.	Seine Tante arbeitet in einer Handelsfirma.
5. **xǐhuan**	mögen [V/HV]
xǐhuan chī	gerne essen
táng	Süßigkeit; Zucker [S]
Méiyou háizi bù xǐhuan chī táng.	Es gibt keine Kinder, die nicht gerne Süßigkeiten essen.

B. SCHULFORMEN UND JAHRGANGSSTUFEN*

6. **chūzhōng**	Junior High School (entspricht in etwa der Mittelstufe) [OW]
7. **gāozhōng**	Senior High School (entspricht in etwa der Oberstufe) [OW]
8. **zhōngxué**	Mittelschule (entspricht in etwa Mittel- und Oberstufe) [OW]
9. **chūyī**	das erste Jahr in der Junior High School (7. Klasse) [ZW]
10. **chū'èr**	das zweite Jahr in der Junior High School (8. Klasse) [ZW]
11. **chūsān**	das dritte Jahr in der Junior High School (9. Klasse) [ZW]
12. **gāoyī**	das Sophomore Year in der High School (10. Klasse) [ZW]
13. **gāo'èr**	das Junior Year in der High School (11. Klasse) [ZW]
14. **gāosān**	das Senior Year in der High School (12. Klasse) [ZW]
15. **dàyī**	das erste Jahr im College [ZW]
16. **dà'èr**	das Sophomore Year (2. Jahr) im College [ZW]
17. **dàsān**	das Junior Year im College (3. Jahr) [ZW]
18. **dàsì**	das Senior Year im College (4. Jahr) [ZW]

Grammatische und kulturelle Anmerkungen

1A. Chinesische Kinder werden schon früh dazu erzogen, Erwachsene korrekt anzureden. Kinder (d.h. bis 20 Jahre) reden Männer, die etwa so alt oder jünger als ihre Väter sind, mit **shūshu** (wörtl. „jüngerer Bruder des Vaters", d.h. „Onkel") und Frauen, die so alt sind wie ihre Mütter bzw. jünger als diese, mit **āyí** (wörtl. „jüngere Schwester der Mutter", d.h. „Tante" vgl. EV4) an. Ältere Männer werden von Kindern mit **lǎo yéye** (wörtl. „Großvater väterlicherseits") und ältere Frauen mit **lǎo nǎinai** (wörtl. „Großmutter väterlicherseits") angesprochen. Erwachsene können das Kind mit seinem Namen oder seinem Spitznamen oder auch mit **dìdi** (wörtl. „kleiner Bruder"), wenn es sich um einen Jungen bzw. **mèimei** (wörtl. „kleine Schwester"), wenn es sich um ein Mädchen handelt, anreden. Ebenfalls sehr verbreitet ist die Anrede **xiǎo péngyou** , also „kleiner Freund" bzw. „kleine Freundin".

1B. Eine alternative, gelegentlich in Taiwan, aber auch anderweitig anzutreffende Aussprache von **shūshu** ist **shúshu**.

1C. Einige Muttersprachler, vor allem aus der Gegend von Beijing, würden den Kleinen Jungen in dem Video für den Gebrauch des **nǐ** anstelle eines **nín** tadeln. Laut Ansicht dieser Sprechergemeinschaft wäre es höflicher gewesen, **Shūshu, nín hǎo!** zu sagen.

* Das chinesische Schulsystem orientiert sich in vieler Hinsicht am US-amerikanischen. Da es im deutschen Sprachraum keine schulischen bzw. auch keine universitären Entsprechungen gibt, werden hier die US-amerikanischen Äquivalente angegeben.

3. Viele Kinderspitznamen bestehen aus einer verdoppelten Silbe. Beispiele: **Dōngdong**, **Dīngding**, **Fēifei**, **Hónghong**, **Jiājia**, **Lìli**, **Lùlu**. In anderen Kindernamen kommt als erste Silbe **Xiǎo** „klein", dem dann eine Silbe des normalerweise zweisilbigen Vornamens folgt. Beispiele: **Xiǎo Kuí**, **Xiǎo Míng**, **Xiǎo Yún**.

6-7. Das chinesische Schulsystem und Schuljahre.

a. Das chinesische Schulsystem ist gegliedert in: **xiǎoxué** „Grundschule", **zhōngxué** „Mittelschule" und **dàxué** „Universität". **Zhōngxué** wiederum teilt sich auf in **chūzhōng** „Junior High School" und **gāozhōng** „Senior High School". Für alle Schulformen kann das Verb **shàng** verwendet werden, wenn man den Sachverhalt „eine Schule besuchen" ausdrücken will.

Zwei Studentinnen der Peking-Universität in der Pause

b. Das Schul- bzw. Studienjahr wird von der entsprechenden Zahl, der ein **niánjí** „Schuljahr" (bzw. „Studienjahr") folgt, ausgedrückt. Beispiele:

yìniánjí	„erstes Schuljahr"	**sìniánjí**	„viertes Schuljahr"
èrniánjí	„zweites Schuljahr"	**wǔniánjí**	„fünftes Schuljahr"
sānniánjí	„drittes Schuljahr"	**liùniánjí**	„sechstes Schuljahr"

Die Tonveränderung auf **yī** ist optional. Beachten Sie, dass das „zweite Schuljahr" mit **èrniánjí** und NICHT mit ***liǎngniánjí** ausgedrückt wird. Verwenden Sie KEINESFALLS **dì-** mit den Schuljahren (Sie dürfen niemals ***dìsānniánjí** sagen). Das entsprechende Fragewort ist **jǐniánjí** „welches Schuljahr?"; z.B. **Nǐ dàxué jǐniánjí?** „In welchem Studienjahr bist du?" Achten Sie auf den wichtigen Unterschied zwischen **niánjí** „Schul- oder Studienjahr" und **niánji** „Alter", bei denen es sich um zwei völlig unterschiedliche Wörter handelt (3-2).

c. Wenn Sie den Grad (d.h. das Jahr) in einem bestimmten Schultyp ausdrücken wollen, nennen Sie zunächst die Bezeichnung der Schule oder Hochschule und dann das Jahr. Wie wir auch vorher schon bei Namen, Adressen und Daten gesehen haben, geht die größere Kategorie stets der kleineren voran. Beispiele:

xiǎoxué sānniánjí	„drittes Jahr der Grundschule"
chūzhōng èrniánjí	„zweites Jahr der Junior High School, 8. Klasse"
dàxué sìniánjí	„viertes Universitätsjahr, Senior Year"

d. Ab der Junior High School ist es üblich, die Ausdrücke für die Jahrgangsstufen nach dem folgenden Muster abzukürzen: Die erste Silbe für den Schultyp + die Zahl für das Schuljahr. Mit anderen Worten, **chū-**, **gāo-** oder **dà-** plus die entsprechende Zahl. Hier eine Auflistung:

chūyī	„7. Klasse"	**gāoyī**	„10. Klasse"	**dàyī**	„1. Jahr an der Hochschule"
chū'èr	„8. Klasse"	**gāo'èr**	„11. Klasse"	**dà'èr**	„2. Jahr an der Hochschule (Sophomore Year)"
chūsān	„9. Klasse"	**gāosān**	„12. Klasse"	**dàsān**	„3. Jahr an der Hochschule (Junior Year in College)"
				dàsì	„4. Jahr an der Hochschule (Senior Year in College)"

Achten Sie darauf, für das zweite Studienjahr **dà'èr** und NICHT ***dàliǎng** zu sagen. Die folgende Tabelle soll Ihnen dabei helfen, sich das oben Gesagte besser einzuprägen:

CHINESISCH (VOLLFORM)	CHINESISCH (KURZFORM)	DEUTSCH
xiǎoxué yìniánjí	--	erstes Schuljahr
xiǎoxué èrniánjí	--	zweites Schuljahr
xiǎoxué sānniánjí	--	drittes Schuljahr
xiǎoxué sìniánjí	--	viertes Schuljahr
xiǎoxué wǔniánjí	--	fünftes Schuljahr
xiǎoxué liùniánjí	--	sechstes Schuljahr
chūzhōng yìniánjí	**chūyī**	siebtes Schuljahr
chūzhōng èrniánjí	**chū'èr**	achtes Schuljahr
chūzhōng sānniánjí	**chūsān**	neuntes Schuljahr

CHINESISCH (VOLLFORM)	CHINESISCH (KURZFORM)	DEUTSCH
gāozhōng yìniánjí	**gāoyī**	zehntes Schuljahr
gāozhōng èrniánjí	**gāo'èr**	elftes Schuljahr
gāozhōng sānniánjí	**gāosān**	zwölftes Schuljahr
dàxué yìniánjí	**dàyī**	erstes Studienjahr
dàxué èrniánjí	**dà'èr**	zweites Studienjahr
dàxué sānniánjí	**dàsān**	drittes Studienjahr
dàxué sìniánjí	**dàsì**	viertes Studienjahr

8A. Wenn Sie in China jemanden zum ersten Mal zuhause besuchen, sollten Sie auf jeden Fall ein Geschenk mitbringen. Obst ist immer eine gute Wahl, ebenso wie importierte alkoholische Getränke oder gute Tees oder Kaffee, eine Packung Kekse oder Kuchen. Wenn es im Haushalt ein Kind gibt, könnten Sie auch dem Kind etwas mitbringen, ein Spielzeug aus Deutschland, neue europäische Münzen in einem roten Umschlag oder Material zum Englischlernen.

8B. Der Ausdruck **sònggěi** „schenken" setzt sich aus dem Verb **sòng** „schenken" und dem Postverb **-gěi** „geben" zusammen. Hier noch einige Beispiele mit **sònggěi**:

Zhè shi wǒ sònggěi nǐde táng.	„Das ist eine Süßigkeit für dich."
Wǒ sònggěile tā hěn duō lǐwù.	„Ich habe ihm viele Geschenke gegeben."

Das Postverb **-gěi** kann auch an viele andere Verben angehängt werden, wie z.B.:

dàigěi	„jemandem etwas mitbringen"
liúgěi	„etwas für jemanden dalassen"
màigěi	„jemandem etwas verkaufen"
shuōgěi	„jemandem etwas sagen"
xiěgěi	„jemandem etwas schreiben"
zuògěi	„etwas für jemanden tun"

Auf dem Campus der Peking-Universität

9. Beachten Sie, dass das Kind zum fremden „Onkel" **Xièxie shūshu** „Danke Onkel" und nicht **Xièxie nǐ** „Danke" sagt. Das liegt daran, dass es als höflicher angesehen wird, jemanden mit seiner Anrede und nicht mit einem Pronomen wie **nǐ** oder **nín** anzusprechen. Beispielweise würde man sich bei einem General Manager einer Firma eher mit **Xièxie zǒngjīnglǐ** als mit **Xièxie nín** bedanken.

EV2-3. Für traditionell denkende Chinesischsprecher deuten die Begriffe **nánpéngyou** und **nǚpéngyou** häufig ernsthaftere Beziehungen an als das deutsche „Freundin" bzw. „Freund". Ein Satz wie **Tā yǐjīng yǒu péngyou le** kann tatsächlich die Bedeutung von „Er/sie ist verlobt" haben.

EV3. Vergleichen Sie **hǎochī** „schmackhaft" in Äußerung 11 mit **hǎokàn** „schön anzusehen" hier. **Hǎokàn** kann verwendet werden, um Personen, Szenerien und alle möglichen weiteren Gegenstände zu bezeichnen. **Hǎo** kann bei einer ganzen Reihe von Verben diesen vorangestellt werden und bildet dann mit diesen Statische Verben mit der Bedeutung „schön/gut zu ...". Ein weiteres Beispiel ist **hǎotīng** „schön zu hören" (bei Musik, Stimmen oder Klängen).

Die Bibliothek der Peking-Universität

EV5. Das chinesische Verb **xǐhuan** „mögen" ist sehr wichtig und nützlich. Achten Sie dabei aber auf die Aussprache: Nehmen Sie sich Zeit und sprechen Sie die erste Silbe **xǐ** so tief aus wie möglich, das folgende **huan** sollten Sie leichter sprechen. Beachten Sie, dass **xǐhuan** sowohl als normales Verb (wenn **xǐhuan** das einzige Verb im Satz ist) als auch als Hilfsverb (wenn auf **xǐhuan** ein Vollverb folgt) verwendet werden kann, daher sind folgende Sätze beide korrekt:

Als normales Verb:	**Wǒ xǐhuan táng.**	„Ich mag Süßigkeiten."
Als Hilfsverb:	**Wǒ xǐhuan chī táng.**	„Ich esse gerne Süßigkeiten."

Das deutsche Modalverb „mögen" braucht ein Objekt, d.h. man kann nicht einfach „Ich mag" sagen, ohne dass folgt, was man mag. Man muss sagen: „Ich mag das Buch", „Ich mag es", „Ich mag es nicht". Das chinesische Verb **xǐhuan** braucht weder in der positiven Form noch in seiner Verneinungsform ein Objekt. Schauen Sie sich einmal folgendes Beispiel an:

Speaker A:	**Nǐ xǐhuan zhèige dàizi ma?**	"„Magst du diese Tasche?"
Speaker B:	**Wǒ xǐhuan.**	„Ich mag sie."

ABSCHNITT 2

Eine Plauderei am Chiang Kai-Shek Memorial

Wayne Hammond, Konsularbeamter am American Institute in Taiwan, sitzt auf einer Bank beim Chiang Kai-Shek Memorial in Taipei und liest Zeitung. Ein Taiwanese, den er nicht kennt, setzt sich zu ihm und verwickelt ihn in ein Gespräch.

Basis-Konversation 6-2

1. TAIWANER **Hello! Nǐ hǎo! Nǐ shi Měiguo rén ma?**
Hallo! Wie geht es Ihnen? Sind Sie Amerikaner?

2. HAMMOND **Duì, wǒ shi Měiguo rén.**
Richtig, ich bin Amerikaner.

3. TAIWANER **Měiguo shémme dìfang?**
Von wo in Amerika?

4. HAMMOND **Wǒ zài Niǔyuē chūshēng, ránhòu zài Jiùjīnshān zhǎngdàde. Nǐ shi náli rén?**
Ich bin in New York geboren und in San Francisco aufgewachsen. Woher kommst du?

5. TAIWANER **Wǒ shi Táiběi rén. Nǐ kànqilai hěn niánqīng ei! Hái bú dào sānshí ba?**
Ich bin Taipeier. Du siehst jung aus. Ich nehme an, du bist unter 30?

6. HAMMOND **Wǒ jīnnián èrshijiǔ.**
Ich bin 29.

7. TAIWANER **Jiéhūnle ma?**
Bist du verheiratet?

8. HAMMOND **Yǐjīng jiéhūnle.**
Ja, ich bin verheiratet.

9. TAIWANER **Yǒu méiyǒu xiǎohái?**
Hast du Kinder?

10. HAMMOND **Yǒu, wǒmen yǒu liǎngge háizi. Yíge érzi, yíge nǚ'ér.**
Ja, wir haben zwei Kinder. Einen Sohn und eine Tochter.

Build-Up

1. Taiwaner	
Hello! Nǐ hǎo! Nǐ shi Měiguo rén ma?	Hallo! Wie geht es Ihnen? Sind Sie Amerikaner?
2. Hammond	
Duì, wǒ shi Měiguo rén.	Richtig, ich bin Amerikaner.
3. Taiwaner	
shémme dìfang	welcher Ort
Měiguo shémme dìfang?	Von wo in Amerika?
4. Hammond	
Niǔyuē	New York [OW]
wǒ zài Niǔyuē chūshēng	Ich bin in New York geboren
jiù	alt (für Gegenstände) [SV]
jīn	Gold [GF/FN]
Jiùjīnshān	San Francisco [OW]
zhǎng	wachsen [V]
-dà	groß [RE]
zhǎngdà	aufwachsen [RB]
wǒ zài Jiùjīnshān zhǎngdàde	Ich bin in San Francisco aufgewachsen.
náli	wo [FW]
náli rén	Mensch von wo
nǐ shi náli rén	von wo bist du
Wǒ zài Niǔyuē chūshēng, ránhòu zài Jiùjīnshān zhǎngdàde. Nǐ shi náli rén?	Ich bin in New York geboren und in San Francisco aufgewachsen. Von wo kommst du?
5. Taiwaner	
-qǐlai	am VERBen [RE]
kànqilai	beim Ansehen [RB]
niánqīng	jung sein [SV]
nǐ kànqilai hěn niánqīng	du siehst sehr jung aus
ei (T)*	(drückt eine lebendige Emotion aus) [P]
bú dào	nicht erreichen, nicht ankommen
hái bú dào sānshí	noch nicht 30 sein
Wǒ shi Táiběi rén. Nǐ kànqilai hěn niánqīng ei! Hái bú dào sānshí ba?	Ich bin Taipeier. Du siehst jung aus. Ich nehme an, du bist unter 30?
6. Hammond	
Wǒ jīnnián èrshijiǔ.	Ich bin 29.
7. Taiwaner	
jiéhūn	heiraten [VO]
Jiéhūnle ma?	Bist du verheiratet?
8. Hammond	
Yǐjīng jiéhūnle.	Ja, ich bin (bereits) verheiratet.
9. Taiwaner	
xiǎohái(r)	kleines Kind, Kind [S]
Yǒu méiyǒu xiǎohái?	Hast du Kinder?

* Beachten Sie, dass (T), wie in der Abkürzungsliste auf Seite 70 angegeben, bedeutet, dass der Ausdruck vor allem in Taipei oder Taiwan verwendet wird.

10. Hammond

érzi	Sohn [S]
nǚ'ér	Tochter [S]
Yǒu, wǒmen yǒu liǎngge háizi. Yíge érzi, yíge nǚ'ér.	Ja, wir haben zwei Kinder. Einen Sohn und eine Tochter.

Ergänzungsvokabular

1. zěmme kéyi	wie ist es möglich, wie kann man
zhèli	hier [OW]
zài zhèli shuìjiào	hier schlafen
Nǐ zěmme kéyi zài zhèli shuìjiào?	Wie kannst du hier (bloß) schlafen!
2. zuòzai	in/an/auf ... sitzen [V+PV]
nàli	dort [OW]
tā zuòzai nàli	sie sitzt dort
zuò	tun, machen [V]
zuò shémme	was tun
Tā zuòzai nàli zuò shémme?	Warum sitzt sie dort? (wörtlich: Sie sitzt dort macht was?)
3. bānjiā	umziehen [VO]
bānguo jiā	schon einmal umgezogen sein
Nǐ bānguo jiā ma?	Bist du schon einmal umgezogen?
4. jiéguo sāncì hūn	dreimal geheiratet haben
líhūn	sich scheiden lassen [VO]
líguo sāncì hūn	sich dreimal scheiden lassen haben
Tā jiéguo sāncì hūn, yě líguo sāncì hūn.	Er hat dreimal geheiratet und sich dreimal scheiden lassen.
5. yìsi	Bedeutung [S]
"líhūn" shi shémme yìsi	Was bedeutet **líhūn**?
Qǐng wèn, "líhūn" shi shémme yìsi?	Entschuldigung, was bedeutet **líhūn**?

Grammatische und kulturelle Anmerkungen

1. Das Chiang Kai-Shek Memorial (auf Chinesisch **Zhōngzhèng Jìniàntáng**) ist eine im klassischen chinesischen Stil erbaute, große Gedächtnishalle mitten in der Taipeier Innenstadt. Ein ummauerter Park, mehrere traditionelle Torbögen und Seerosenteiche sowie das Nationaltheater und das Nationale Konzerthaus umgeben die Gedächtnishalle. Chiang Kai-Shek (in Mandarin **Jiǎng Jièshí** , 1887-1975) war ein wichtiger Militär und Politiker in Festlandchina von den 1920er- bis zum Ende der 1940er-Jahre und der erste Präsident der Republik China von 1948-49. Nachdem die Republik China den Bürgerkrieg gegen die Kommunisten verloren hatte, zog er sich mit der Regierung der Republik China nach Taiwan zurück, wo er von 1950 bis zu seinem Tode das Präsidentenamt innehatte. Die Schreibweise seines Namens stammt aus der Wade-Giles-Umschrift, in der die Silbe, die das Pinyin mit Jiang wiedergibt, Chiang geschrieben wird. Die Schreibweise seines Vornamens repräsentiert die kantonesische Aussprache der Schriftzeichen, die im Mandarin **Jièshí** gelesen werden. Das liegt daran, dass er ursprünglich in der Provinz Guangdong, in der Kantonesisch gesprochen wird, zu Berühmtheit gelangte. Chiang Kai-Shek ist in Taiwan eine kontroverse Figur, zwar wird ihm von Teilen der Bevölkerung hoch angerechnet, dass er Taiwan vier Jahrzehnte vor der Übernahme durch die Kommunisten bewahrt hat, andererseits wird die Unterdrückung der taiwanischen Bevölkerung unter seiner Regierung scharf kritisiert. 2007 wurde das Memorial, gegen den Willen der Taipeier Stadtregierung, in National Taiwan Democracy Memorial Hall umbenannt und dem Gedenken der Menschenrechtsverletzungen unter seiner autoritären Herrschaft gewidmet; aber schon ein Jahr später erhielt die Stätte wieder ihren ursprünglichen Namen.

1B. Der Sprecher in der Tonaufnahme des Build-Up spricht Standard-Mandarin, die Sprecher im Audio und Video-Teil der Basis-Konversation für diesen Abschnitt und auch in den folgenden beiden Abschnitten (6-3 und 6-4) sprechen Mandarin mit einem leichten taiwanischen Akzent. Typisch dafür ist, dass bei den Anlauten **zh-**, **ch-** und **sh-** das **h** entfällt und diese zu **z-**, **c-** bzw. **s-** werden. Weiterhin verlieren die Auslaute **-ing** und **-eng** das **g** und werden zu **-in** und **-en**. In der Tat finden Sie diese Aussprachevariante aber auch im südlichen Festlandchina. Wir raten Ihnen dringend, Standard-Mandarin zu sprechen, Sie sollten aber in der Lage sein, auch diese Nicht-Standard-Aussprache zu verstehen, wenn Sie damit konfrontiert sind.

4A. Die grammatische Grundkonstruktion im ersten Satz von Äußerung 4 ist ein **shi...-de** mit getilgtem **shi**. Die Vollform des Satzes würde **Wǒ shi zài Niǔyuē chūshēng, ránhòu zài Jiùjīnshān zhǎngdàde** „Ich bin in New York geboren und in San Francisco aufgewachsen." lauten. Denken Sie daran, dass die **shi...-de**-Konstruktion sich auf die Zeit oder (wie hier) auf den Ort einer bekannten vergangenen Handlung bezieht (4-2: 3A). Der Grund dafür, dass hinter dem **chūshēng** kein **-de** steht, ist, dass **zài Niǔyuē chūshēng** ein vom Hauptsatz abhängiger Teilsatz ist, der nicht alleine stehen kann. Sie könnten aber an **chūshēng** durchaus auch ein **-de** anhängen und **Wǒ zài Niǔyuē chūshēngde. Ránhòu zài Jiùjīnshān zhǎngdàde.** sagen. In diesem Falle würde Ihre Äußerung wirken, als ob sie aus zwei verschiedenen Sätzen bestünde: „Ich bin in New York geboren. Und dann bin ich in San Francisco aufgewachsen." Wenn Sie jemand **Nǐ shi zài nǎr zhǎngdàde?** „Wo bist du aufgewachsen?" fragt, sollten Sie darauf achten mit der Struktur **Wǒ shi zài** (NAME DES ORTES) **zhǎngdàde** „Ich bin in (NAME DES ORTES) aufgewachsen."

Der Freiheitsplatz in Taipei, im Hintergrund der Shin Kong Life Tower

4B. **Niǔyuē** „New York" ist eine Entlehnung aus dem Englischen. Da die frühen chinesischen Einwanderer in den USA verschiedene kantonesische Dialekte sprachen, gaben Sie den Namen New York mit den Silben aus ihrem Dialekt wieder, die dem englischen Original am nächsten kamen, was im Standard-Kantonesischen auf **Náuyeuk** hinauslief. Liest man nun wiederum die Schriftzeichen für diese lautliche Wiedergabe mit der Standard-Mandarin-Aussprache, werden sie **Niǔyuē** gelesen und sind damit vom originalen Klangbild sehr weit entfernt.

4C. **Jiùjīnshān** „San Francisco" heißt wörtlich übersetzt „Alter Goldberg".

4D. **Jiù** bedeutet „alt, abgenutzt, altmodisch" und beschreibt GEGENSTÄNDE. Kontrastieren Sie **jiù** mit **lǎo**, das ebenfalls „alt" bedeutet, aber auf MENSCHEN angewendet wird. Beispiele:

Wǒde bēibāo jiùle.	„Mein Rucksack ist alt geworden."
Wǒde fùmǔ lǎole.	„Meine Eltern sind alt geworden."

4E. **Jīn** bedeutet „Gold", allerdings können Sie es nicht alleine verwenden, da es sich dabei um eine gebundene Form handelt (ein Wort für „Gold", bei dem es sich um eine freie Form handelt, und das daher alleine gebraucht werden kann, ist das Wort **jīnzi** mit dem Suffix **-zi**). Beachten Sie, dass **Jīn** auch ein Familienname sein kann; übrigens wird auch der sehr verbreitete koreanische Familienname Kim mit diesem Schriftzeichen geschrieben.

4D. Schauen Sie sich einmal die Struktur des zusammengesetzten Resultativverbs **zhǎngdà** „aufwachsen" an (wörtl. „wachsen mit dem Ergebnis dass man groß ist") an. Wir werden die Resultativbbildungen später noch detaillierter besprechen.

5A. **-QILAI um „am VERBen" auszudrücken.** Die resultative Verbendung **-qilai** bedeutet „am (die Handlung eines Verbs gerade ausführen, im Begriff sein, die Verbhandlung auszuführen)". Das Muster ist:

Verb	-QILAI
kàn	**qilai**

„am Anschauen"; „im Begriff sein, anzuschauen"

Beispiele:

Tā kànqilai hěn lǎo.

„Sie sieht sehr alt aus." (wörtl. „Beim Anschauen ist sie sehr alt.")

Nǐ kànqilai hěn shòu!

„Du siehst dünn aus." (wörtl.: Beim Anschauen bist du sehr dünn.")

Diànnǎo xuéqilai bù nán.

„Es ist nicht schwer, den Umgang mit dem Computer zu erlernen." (wörtl. „Computer sind beim Lernen nicht schwierig.")

Zhōngwén xuéqilai hěn yǒu yìsi.

„Chinesisch ist interessant zu lernen." (wörtl. „Chinesisch ist beim Lernen interessant.")

Shuōqilai róngyi, zuòqilai nán.

„Leicht gesagt, schwer getan." (wörtl. „Beim Sprechen darüber leicht, beim Tun schwer.")

Zhèige gōngzuò zuòqilai tǐng róngyide.

„Diese Arbeit ist einfach." (wörtl. „Diese Arbeit ist beim Tun einfach.")

Shítángde fàn kànqilai hěn hǎochī, búguò chīqilai bú tài hǎochī.

„Das Essen in der Mensa sieht gut aus, schmeckt aber nicht."

Zhèige càide míngzi tīngqilai bú tài hǎotīng, kěshi chīqilai zhēn hǎochī!

„Der Name dieses Gerichts klingt nicht gut, aber es schmeckt wirklich gut!"

5B. Die Phrase **hái bú dào** bedeutet „noch nicht ankommen" oder „noch nicht erreicht". Sie wird verwendet, um auszudrücken, dass eine Summe kleiner ist, als erwartet, oder dass es zu einem bestimmten Zeitpunkt noch früh ist. Die Frage **Hái bú dào sānshí ba?** in der Basis-Konversation bedeutet „Ich nehme an, du bist noch keine 30?" Hier noch einige Beispiele mit **hái bú dào**:

Wǒ xiǎng wǒmende xīn xiàozhǎng hái bú dào wǔshisuì.

„Ich denke, unser Präsident ist noch keine 50."

Zhèige fángjiān yìtiān hái bú dào liǎngbǎikuài? Tài piányile!

„Dieses Zimmer kostet keine 200 Yuan am Tag. Das ist echt billig!"

Huǒchē shídiǎn kāi, xiànzài hái bú dào jiǔdiǎn bàn, yīnggāi láidejí.

„Der Zug geht um 10:00 Uhr und es ist noch nicht einmal 09:30 Uhr, wir sollten ihn noch erreichen."

5C. Achten Sie darauf, wie der taiwanische Mann das Alter seines Gegenübers herausfindet. Anstatt direkt zu fragen, sagt er, „Du siehst jung aus. Ich nehme an, du bist unter 30?" Dadurch ist der US-Amerikaner beinahe schon gezwungen, sein Alter zu nennen.

7A. **Jiéhūn** ist eine Verb-Objekt-Verbindung mit der Bedeutung „heiraten". Eine längere Form der Frage **Jiéhūnle ma?** könnte **Nǐ jiéhūnle ma?** „Bist du verheirate?t" lauten. Das **-le** drückt hier eine vollendete Handlung aus (vgl. 2-4: 7B).

7B. Beachten Sie, dass die Silbe **hūn** in **jiéhūn** klingt, als ob sie **hwūn** geschrieben würde. Nach dem **h** kommt ein **w**-Laut. Außerdem sollte das **h** stark behaucht sein.

8. **Yǐjīng jiéhūnle** bedeutet wörtlich „Bereits geheiratet haben“. Eine längere Form wäre **Wǒ yǐjīng jiéhūnle** „Ich bin schon verheiratet“. Um „jemanden heiraten“ auszudrücken, müssen Sie das Co-Verb **gēn** „mit“ hinzufügen und **gēn...jiéhūn** sagen. Schauen Sie sich die folgenden Beispiele für die verschiedenen Verwendungsweisen von **jiéhūn** einmal gründlich an:

Nǐ jiéhūnle ma?	„Hast du geheiratet?“ oder „Bist du verheiratet?“
Wǒ jiéhūnle.	„Ich habe geheiratet“ oder „Ich bin verheiratet“.
Wǒ hái méi jiéhūn.	„Ich habe noch nicht geheiratet“ oder „ ch bin noch nicht verheiratet“.
Wǒ yào gēn tā jiéhūn, kěshi tā bú yào gēn wǒ jiéhūn.	„Ich will ihn heiraten, aber er will mich nicht heiraten.“
Tā yǐjīng jiéguo sāncì hūn le.	„Er war schon dreimal verheiratet.“

Beachten Sie, dass die übliche Weise, „Ich bin nicht verheiratet.“ zu sagen, **Wǒ hái méi jiéhūn** „Ich habe noch nicht geheiratet.“ ist. Der Grund für das **hái méi** liegt darin, dass man in der chinesischen Gesellschaft davon ausgeht, dass jeder heiratet. Wenn Sie **Wǒ bù jiéhūn** sagen würden, so hieße das NICHT „Ich bin nicht verheiratet“, sondern „Ich werde nicht heiraten.“

Chinesen stellen oft persönliche Fragen wie die, ob man verheiratet ist oder ob und wie viele Kinder man hat. Wenn man im heiratsfähigen Alter aber nicht verheiratet ist bzw. wenn man verheiratet ist und keine Kinder hat, muss man mit der Frage, warum das so ist, rechnen. Die Grundannahme in der chinesischen Gesellschaft ist, dass man zwischen 25 und 30 Jahren heiraten und Kinder bekommen sollte, damit die Familie weiterbesteht. Ein berühmtes Zitat aus dem „Klassiker der kindlichen Pietät“ lautet **Bú xiào yǒu sān, wú hòu wéi dà** „Es gibt drei Arten nicht pietätvoll gegenüber seiner Vorfahren zu sein, die schlimmste ist es, keine Kinder zu haben.“ (Wörtl. „Nicht pietätvoll sein gibt es drei, keine Nachkommen haben ist am größten.“).

9. In 1-2 haben Sie **háizi** kennen gelernt, was „Kind“ im allgemeinen bedeutet, ganz gleich, wie alt das Kind ist. So sind wir, auch mit 50 oder 60, noch immer die **háizi** unserer Eltern. In dieser Lektion lernen Sie **xiǎoháí(r)** kennen, was „kleines Kind bedeutet“. In Beijing sagt man **xiǎoháir** und in Taiwan **xiǎohái**.

EV1-2. Sie kennen mittlerweile folgende drei Ortswörter, die mit **-li** enden:

zhèli	„hier“
nàli	„dort“
náli	„wo?“”

Diese drei Wörter sind Synonyme (Wörter mit der gleichen Bedeutung) der unten stehenden drei Wörter, die mit **-r** enden und die Sie ebenfalls bereits kennen gelernt haben:

zhèr	„hier“
nàr	„dort“
nǎr	„wo?“

Dabei ist das Set mit **-r** typisch für das Chinesisch in Beijing und im nordchinesischen Raum. Die Form mit **-li** ist im gesamten chinesischen Sprachraum verbreitet und außerdem die schriftsprachliche Form.

Beachten Sie, wie die mit **zh-** plus Vierter Ton beginnende Serie „in der Nähe des Sprechers“ bedeutet:

zhè	„dies“ (2-2)
zhèr	„hier“ (5-2)
zhèli	„hier“ (6-2)
zhèi-	„dies“ (2-1)
zhèibian(r)	„diese Seite, hier“ (5-3)
zhèmme	„so, auf diese Weise“ (2-2)

Der Da An Park in Taipei, im Hintergrund sieht man Taipei 101

Und nun schauen Sie sich an, wie die mit **n-** plus Vierter Ton beginnende Serie „entfernt vom Sprecher" bedeutet:

nà	„jenes, in jenem Fall" (2-2)
nàr	„dort" (5-1)
nàli	„dort" (6-2)
nèi-	„jenes" (2-1)
nèibiān(r)	„jene Seite, dort" (5-3)
nèmme	„so, in jenem Falle" (3-4, 7-3)

EV2A. Achten Sie auf Ihre Aussprache und Ihre Verwendung des sehr verbreiteten Verbs **zuò** „machen", wobei Sie es von **zuò** „sitzen" (1-4) oder „mit ... fahren, reisen" (3-4), **zuǒ** „links" (5-4) sowie **zǒu** „(weg)gehen" (1-2) unterscheiden sollten.

EV2B. Hier einige verbreitete Kollokationen (zusammengehörende Wörter) mit **zuò** „tun" oder „machen":

Es mag zunächst schwierig erscheinen, einen chinesischen Muttersprachler in ein Gespräch zu verwickeln, aber denken Sie daran, dass Sie über Phrasen und Strategien verfügen, das Gespräch zu steuern.

zuò'ài	„Liebe machen" (Vorsicht beim Gebrauch dieses Ausdrucks!)
zuòcài	„Essen machen, kochen"
zuòfàn	„Essen machen, kochen"
zuòshì	„arbeiten, einen Job haben"
zuò gōngkè	„Hausaufgaben machen"
zuò péngyou	„Freundschaft schließen"

EV3. Wie sagt man „Ich bin zweimal umgezogen."? Da **bānjiā** „umziehen" (wörtl. „das Zuhause transportieren") eine Verb-Objekt-Verbindung ist, müssen Sie **liǎngcì** „zweimal" zwischen das Verb **bān** und das Objekt **jiā** setzen und **Wǒ bānguo liǎngcì jiā** sagen. Schauen Sie sich auch die Nominalphrase **bānjiā gōngsī** „die Firma umziehen" an.

EV4. Um „sich VON ... scheiden lassen" zu sagen, verwendet man im Chinesischen **gēn...líhūn** (wörtl. „sich MIT ... scheiden lassen"). Denken Sie also daran, sowohl für das Heiraten als auch für die Scheidung sagen Sie **gēn...** gefolgt vom Verb. Ein Beispiel für **gēn...líhūn**:

Tā gēn tā xiānsheng líhūnle. „Sie hat sich von ihrem Mann scheiden lassen."

EV5. Kommunikationsstrategien. Einen chinesischen Muttersprachler in ein Gespräch zu verwickeln, mag einem erst als eine schwierige Aufgabe erscheinen, aber denken Sie daran, dass Sie (anders, als wenn Sie einer Vorlesung zuhören oder einen Film sehen) immer über gewisse Möglichkeiten verfügen, das Gespräch zu steuern. So können Sie darum bitten, dass wichtige Aussagen noch einmal wiederholt werden, Sie können bestätigen, dass bzw. was Sie verstanden haben, Sie können bis zu einem gewissen Grad bestimmen, worüber Sie sich unterhalten wollen oder das Thema wechseln, und Sie können das Gespräch auch einfach beenden.

Daher ist es sinnvoll, über eine Reihe von Redemitteln und Strategien für die Gesprächssteuerung zu verfügen. So haben Sie im Abschnitt „Unterrichtsvokabular" **Qǐng nǐ zài shuō yíbiàn** „Sagen Sie das bitte noch einmal" gelernt. Wenn Sie etwas nicht verstanden haben, können Sie diese Phrase verwenden, um darum zu bitten, dass die letzte Äußerung wiederholt wird, wobei Sie besser die folgende längere, weniger abrupte Form verwenden sollten:

Duìbuqǐ, wǒde Zhōngwén hái bú tài hǎo, kě bu kéyi qǐng nín zài shuō yíbiàn?

„Entschuldigung, mein Chinesisch ist nicht so gut, darf ich dich bitten, das noch einmal zu sagen?"

Allerdings ist es natürlicher, anstatt um eine Wort-für-Wort-Wiederholung des Gesagten zu bitten, das zu bestätigen, was Sie verstanden haben, indem Sie das Muster **"X'de yìsi shi "Y"** (wörtl. „Die Bedeutung von X ist Y.") benutzen. Zum Beispiel:

Ò, suóyi nínde yìsi shì...

„Ach so, Sie meinen ..." (wörtl. „Ach so, Ihre Bedeutung ist ...")

Gleichermaßen ist es wichtig, nützliche Phrasen – zuweilen auch Metasprache genannt – zu erlernen, um das eigene Sprachenlernen zu steuern und zu erleichtern. Einige davon haben Sie im Abschnitt „Unterrichtsvokabular“ gelernt, z.B. **Dìjǐshēng?** „Welcher Ton?“ oder **Duì bu duì?** „Stimmt's?“, **Qǐng nǐ dà shēng yidianr** „Bitte etwas lauter.“, **Qǐng nǐ kuài yidianr** „Bitte etwas schneller.“ oder **Qǐng nǐ màn yidianr** „Bitte etwas langsamer.“. Es kann auch nützlich sein, nach der Bedeutung von etwas zu fragen. Eine hierfür häufig verwendete Phrase lautet, wie in EV5 gezeigt:

Qǐng wèn, X shi shémme yìsi?

„Entschuldigung, was bedeutet X?“ (wörtl. „Entschuldigung, X ist welche Bedeutung?“)

Die Antwort hierauf würde lauten:

“X” shi “Y” de yìsi.

„Die Bedeutung von X ist Y.“ (wörtl. „X ist Ys Bedeutung.“)

Das Paraphrasieren, das heißt, etwas mit anderen, einfacheren Worten zu sagen, um um ein schwierigeres Wort, das Sie nicht kennen oder vergessen haben, „herumzureden“, kann auch eine hilfreiche Kommunikationsstrategie darstellen. So könnten Sie z.B. sagen:

Wǒde yìsi shi shuō...

„Was ich meine, ist ...“ (wörtl. „Meine Bedeutung ist... zu sagen.“)

Wir hoffen, dass Sie in den meisten Fällen auch ohne die Zuhilfenahme von Englisch oder Deutsch zurechtkommen, aber sollten Sie doch einmal das chinesische Gegenstück zu einem englischen oder deutschen Ausdruck suchen und haben gerade einen chinesischen Muttersprachler zur Verfügung, der Englisch oder gar Deutsch kann, so können Sie fragen:

Qǐng wèn, X Zhōngwén zěmme shuō?

„Entschuldigung, wie sagt man X auf Chinesisch?“

Und schließlich ist es zuweilen nützlich, sogenannte „Fluchtsätze“ zu kennen, wenn eine Unterhaltung erstirbt oder wenn Sie vom Sprechen gestresst oder gar erschöpft sind und nur noch schnell weg wollen. Sie könnten dann z.B. auf die Uhr schauen und sagen:

Āiyò, yǐjīng bādiǎnle! Wǒ wàngle wǒ hái yǒu shì. Duìbuqǐ, wǒ děi zǒule!

„Oh je, schon acht Uhr. Ich hatte ganz vergessen, dass ich noch etwas zu tun habe. Entschuldigung, ich muss gehen.“

Ausflug im Rollstuhl zum Nationaltheater in Taipei

A B S C H N I T T 3

Eine Plauderei am Chiang Kai-Shek Memorial (Fortsetzung)

Der Taiwanese stellt Hammond Fragen über seine Kinder und darüber, wo Hammond und seine Frau arbeiten (Fortsetzung des vorhergehenden Gespräches).

Basis-Konversation 6-3

1. TAIWANER **Háizi jǐsuì le? Yǐjīng shàngxuéle ma?**
Wie alt sind deine Kinder? Gehen Sie schon zur Schule?

2. HAMMOND **Méiyou, tāmen hái xiǎo. Érzi sānsuì, nǚ'ér jiǔge yuè dà, suóyi hái méi shàngxué.**
Nein, sie sind noch klein. Mein Sohn ist drei Jahre und meine Tochter neun Monate alt, deshalb gehen sie noch nicht zur Schule.

3. TAIWANER **Nǐ zài náli gōngzuò?**
Wo arbeitest du?

4. HAMMOND **Wǒ zài Měiguo Zài Tái Xiéhuì fúwù.**
Ich arbeite am American Institute in Taiwan.

5. TAIWANER **Ò. Nǐ tàitai yě shàngbān ma?**
Aha. Arbeitet deine Frau auch?

6. HAMMOND **Tā zài Táiběi Měiguo Xuéxiào jiāoshū. Búguò, yīnwei háizi hái xiǎo, suóyi tā zhǐ néng gōngzuò bàntiān.**
Sie unterrichtet an der US-amerikanischen Schule in Taipei. Aber weil unsere Kinder noch klein sind, kann sie nur halbtags arbeiten.

Build-Up

1. Taiwaner

shàngxué	zur Schule gehen **[VO]**
Háizi jǐsuì le? Yǐjīng shàngxuéle ma?	Wie alt sind deine Kinder? Gehen Sie schon zur Schule?

2. Hammond

méiyou	(zeigt die Verneinung von Handlungsverben in der Vergangenheit an) **[HV]**
jiǔge yuè dà	neun Monate alt sein
suóyi	deshalb **[KJ]**

méi shàngxué	nicht in die Schule gegangen sein
hái méi shàngxué	sind noch nicht in der Schule
Méiyou, tāmen hái xiǎo. Érzi sānsuì, nǚ'ér jiǔge yuè dà, suóyi hái méi shàngxué.	Nein, sie sind noch klein. Mein Sohn ist drei Jahre und meine Tochter neun Monate alt, deshalb gehen sie noch nicht zur Schule.

3. Taiwaner

Nǐ zài náli gōngzuò?	Wo arbeitest du?

4. Hammond

xiéhuì	Gesellschaft, Assoziation [S]
Měiguo Zài Tái Xiéhuì	American Institute in Taiwan [OW]
fúwù	dienen [V]
Wǒ zài Měiguo Zài Tái Xiéhuì fúwù.	Ich arbeite am American Institute in Taiwan.

5. Taiwaner

shàngbān(r)	zur Arbeit gehen, arbeiten [VO]
Ò. Nǐ tàitai yě shàngbān ma?	Aha. Arbeitet deine Frau auch?

6. Hammond

xuéxiào	Schule [OW]
Táiběi Měiguo Xuéxiào	US-amerikanische Schule in Taipei [OW]
jiāo	unterrichten [V]
jiāoshū	lehren [VO]
yīnwei	weil [KJ]
yīnwei háizi hái xiǎo	weil die Kinder noch klein sind
néng	können, in der Lage sein [HV]
suóyi tā zhǐ néng gōngzuò bàntiān	daher kann sie nur halbtags arbeiten
Tā zài Táiběi Měiguo Xuéxiào jiāoshū. Búguò, yīnwei háizi hái xiǎo, suóyi tā zhǐ néng gōngzuò bàntiān.	Sie unterrichtet an der US-amerikanischen Schule in Taipei. Aber weil unsere Kinder noch klein sind, kann sie nur halbtags arbeiten.

Ergänzungsvokabular

A. ZWISCHENHIMMELSRICHTUNGEN

1. **dōngnán**	Südost [OW]
2. **dōngběi**	Nordost [OW]
3. **xī'nán**	Südwest [OW]
4. **xīběi**	Nordwest [OW]

B. ALLGEMEINES

5. **hángkōng**	Fliegen, Flugverkehr, Luftfahrt [S]
hángkōng gōngsī	Fluggesellschaft [PH]
Xī'nán Hángkōng Gōngsī	Southwest Airlines® [OW]
Tā zài Xī'nán Hángkōng Gōngsī gōngzuòguo.	Sie hat bei der Firma Southwest Airlines gearbeitet.
6. **xiàbān(r)**	von der Arbeit gehen [VO]
Nǐ mǔqin měitiān jǐdiǎn shàngbān, jǐdiǎn xiàbān?	Um wie viel Uhr geht deine Mutter jeden Tag arbeiten und um wie viel Uhr hört sie auf?
7. **wèishemme**	warum [FW]
nán xué	schwierig zu lernen
Zhōngwén hěn nán xué	Chinesisch ist schwierig
Tāmen wèishemme shuō Zhōngwén hěn nán xué?	Warum sagen sie, dass Chinesisch schwierig zu lernen ist?

Grammatische und kulturelle Anmerkungen

2A. MÉIYOU um die Vergangenheit von Handlungsverben anzuzeigen. Sie kennen bereits **méiyou** „nicht haben, es gibt nicht" als die Verneinung von **yǒu** „haben" (3-2: SV2A). **Méiyou** kann, ganz ähnlich wie **méi** (vgl. 2-4: 2A), als Hilfsverb fungieren, das die Vergangenheit von Handlungsverben anzeigt und „tat nicht", „hat nicht" oder „haben nicht" bedeutet. Dieses **méiyou** steht gewöhnlich vor dem Hauptverb, auf das es sich bezieht. Ist der Kontext aber ganz klar, kann es auch alleine stehen. (In dieser Zeile ist **méiyou** die abgekürzte Form von **Háizi hái méiyou shàngxué** „Die Kinder sind noch nicht in die Schule gegangen.") In vielen Fällen sind **méi** und **méiyou** Synonyme. Aber es gibt zwei Unterschiede: (1) kann **méiyou** alleine am Ende von Sätzen stehen, **méi** hingegen nicht; (2) **méiyou** wird in ganz China verwendet, wohingegen **méi** in Nordchina verbreiteter ist. Das Muster lautet:

Subjekt	MÉIYOU	Handlungsverb
Tāmen	**méiyou**	**lái.**

„Sie sind nicht gekommen."

Hier noch einige weitere Beispiele, in denen **méiyou** die Vergangenheit von Handlungsverben anzeigt:

Huǒchē hái méiyou dào. „Der Zug ist noch nicht gekommen."
Wǒ méiyou dài míngpiàn. „Ich habe keine Visitenkarten dabei."
Tāmen méiyou sòng lǐwù. „Sie haben kein Geschenk gemacht."

Man kann sich sogar einen Dialog wie den folgenden vorstellen:

Sprecher A: **Tā qùle ma?** „Ist sie gegangen?"
Sprecher B: **Méiyou.** „Nein."
Sprecher A: **Tā méiyou qù ma?** „Sie ist nicht gegangen?"
Sprecher B: **Duì, tā méiyou qù.** „Stimmt. Sie ist nicht gegangen."

Im obigen Dialog kann das **méiyou** in der dritten und vierten Zeile durch **méi** ersetzt werden, nicht aber das **méiyou** in der zweiten Zeile. Beachten Sie auch, dass **méiyou** und **méi** zur Anzeige der Verneinung von Handlungsverben das genaue Gegenteil des **-le** zur Anzeige einer vollendeten Handlung sind; **-le** zeigt an, dass eine Handlung stattgefunden hat, **méiyou** und **méi** zeigen hingegen an, dass die Handlung nicht stattgefunden hat.

2B. Schauen Sie sich **nǚ'ér jiǔge yuè dà** „Meine Tochter ist neun Monate alt." (wörtl. „Meine Tochter neun Monate groß.") an. Um zu sagen, wie viele Monate ein Kleinkind ist, sagen Sie (Anzahl der Monate) + **ge yuè dà**. Beispiele:

Tā sān'ge yuè dà. „Sie ist drei Monate alt."
Wǒ cāi nèige xiǎoháir chàbuduō liùge yuè dà. „Ich denke, dieses Kind ist etwa sechs Monate alt."

2C. **Suóyi** ist eine Konjunktion mit der Bedeutung „daher, aus diesem Grunde".

4. American Institute in Taiwan (AIT) ist die Bezeichnung der inoffiziellen Vertretung der USA in Taiwan, welche die Nachfolge der offiziellen US-Botschaft angetreten hat, als die USA 1979 die Volksrepublik China offiziell anerkannten. Deutschland unterhält in Taiwan das Deutsche Institut Taipei, Österreich die Österreichische Botschaft in Taipei und die Schweiz das Trade Office of Swiss Industries.

5. **Shàngbān** bezieht sich darauf, zu einer Arbeit in einem Büro oder einer Organisation zu gehen, die festgelegte Arbeitsanfangs- und -endzeiten hat. So würde z.B. ein Sekretär den Ausdruck verwenden, ein Arbeiter hingegen nicht. Sie sollten auch darauf achten, die folgenden beiden Ausdrücke nicht durcheinander zu bringen:

shàngbān „zur Arbeit gehen" (z.B. **Tā zài yìjiā gōngsī shàngbān** „Sie arbeitet in einer Firma.")
bānshang „in einer Klasse" (z.B. **Tā bānshang yǒu shíge tóngxué** „Es sind zehn Studenten in ihrer Klasse.")

6A. Die US-amerikanische Schule in Taipei, Taipei American School (TAS), ist eine große internationale Schule mit der Unterrichtssprache Englisch, die sich in einem Vorort von Taipei befindet, und die von Kindern aus aller

Welt vom Kindergarten bis zur Oberschule besucht wird.

6B. **JIĀO und JIĀOSHŪ.** Spricht man vom Lehren im Allgemeinen, so verwendet man in der Regel die Verb-Objekt-Verbindung **jiāoshū**, die wörtlich „Bücher lehren" bedeutet. Zum Beispiel:

Wǒ xǐhuan jiāoshū. „Ich unterrichte gern."

Sie können nicht *__Wǒ xǐhuan jiāo__ ohne die Ergänzung des Objekts **shū** sagen, da dies unklar und unvollständig klingen würde. Wie bei anderen Verb-Objekt-Verbindungen wird das allgemeine Objekt **shū** weggelassen, wenn ein spezifischeres Objekt (z.B. das Lehren eines bestimmten Faches, eines bestimmten Niveaus oder einer bestimmten Person) gemeint ist und das spezifischere Objekt ergänzt. Beispiele:

Tā jiāo Yīngwén.	„Sie unterrichtet Englisch."
Wáng Lǎoshī jīnnián jiāo yīniánjí le.	„Lehrer Wang unterrichtet dieses Jahr in Stufe eins."
Shéi jiāo nǐmen?	„Wer unterrichtet euch?"

Beachten Sie schließlich noch, dass **jiāo** zu einer kleinen Gruppe von Verben gehört, die zwei Objekte haben können. Beispiele:

Lǐ Lǎoshī jiāo wǒmen Zhōngwén.	„Lehrer Li unterrichtet uns Chinesisch."
Shéi jiāo nǐmen Rìwén?	„Wer lehrt euch Japanisch?"

6C. **YĪNWEI...SUÓYI...** **Yīnwei...suóyi...** „weil ..." ist unser erstes Beispiel einer paarigen Konjunktion bzw. eines paarigen Adverbs, von denen es im Chinesischen recht viele gibt. Sie sollten wissen, dass zwei Konjunktionen oder Adverbien im Chinesischen nicht unbedingt auch zwei Konjunktionen bzw. Adverbien im Deutschen entsprechen müssen, sondern dass dort gegebenenfalls nur eine bzw. eines nötig ist. So kann im Chinesischen im ersten Teilsatz eine Konjunktion oder ein Adverb nötig sein, und im zweiten ebenfalls. **Yīnwei** bedeutet „weil", **suóyi** bedeutet, wenn es alleine steht (wie z.B. in Zeile zwei dieser Konversation), „daher". Das Muster **yīnwei...suóyi...** (wörtl. „weil, ... daher") wird aber im Deutschen einfach nur mit „weil" wiedergegeben. Der **yīnwei**-Teilsatz gibt den Grund und der **suóyi**-Teilsatz das Resultat an. Im Chinesischen kommt der „weil"-Teilsatz zumeist zuerst, im Deutschen häufig aber erst als zweiter Teilsatz. **Yīnwei** verhält sich wie ein Bewegliches Adverb, wenn das Subjekt beider Teilsätze das selbe ist, kann es dem Subjekt des ersten Teilsatzes vorangehen, aber auch folgen. **Suóyi** hingegen ist nicht beweglich und steht immer am Anfang des zweiten Teilsatzes. Das Muster ist zusammenfassend gesagt:

YĪNWEI	Erster Teilsatz (Grund)	SUÓYI	Zweiter Teilsatz (Resultat)
Yīnwei	**jīntiān shi xīngqītiān,**	**suóyi**	**yǔyán shíyànshì bù kāi.**

„Weil heute Sonntag ist, (daher) ist das Sprachlabor geschlossen."

Beispiele:

Tā yīnwei hěn máng, suóyi bù néng lái.

„Sie kann nicht kommen, weil sie beschäftigt ist." (wörtlich „Weil sie sehr beschäftigt ist, (deshalb) kann sie nicht kommen")

Tā yīnwei méi xuéguo Zhōngwén, suóyi bù néng qù Zhōngguo.

„Er kann nicht nach China gehen, weil er nie Chinesisch gelernt hat."

Yīnwei Xiǎo Wáng chángcháng chídào, suóyi jīnglǐ hěn bù gāoxìng.

„Der Manager ist ärgerlich, weil der Kleine Wang oft zu spät kommt."

Beachten Sie, dass im letzten Beispiel die Subjekte des ersten und des zweiten Teilsatzes nicht identisch sind, daher muss das **yīnwei** im ersten Teilsatz vor dem Subjekt stehen.

Achten Sie stets auf den Unterschied zwischen **yīnwei** „weil" und **suóyi** „daher" und vermischen Sie die beiden Teile dieser Konstruktion nicht.

6D. **Néng** „fähig sein, können" bezieht sich meist auf körperliche Fähigkeiten. Vergleichen Sie **néng** mit **kéyi** „können, dürfen" (5-1), das sich oft auf Erlaubnisse bezieht.

6E. Der Grund dafür, dass **bàntiān** „halber Tag" nach und nicht vor dem Verb **gōngzuò** auftritt, ist, dass es sich um einen Zeitraum (ein halber Tag) und nicht um einen Zeitpunkt handelt (4-1: 4A). Wir könnten in diesen Satz einen Ausdruck für einen Zeitpunkt einbauen und sagen: **Wǒ míngtiān zhǐ néng gōngzuò bàntiān** „Morgen kann ich nur den halben Tag arbeiten."

Betreffend der Zwischenhimmelsrichtungen nimmt das Chinesische nán „Süden" und běi „Norden" als Hauptreferenzpunkte, das Deutsche Osten und Westen.

EV1-4. Die Zwischenhimmelsrichtungen. Die Zwischenhimmelsrichtungen werden im Chinesischen in der gegenteiligen Reihenfolge zu denen im Deutschen aufgeführt. Das Chinesische nimmt **nán** „Süden" und **běi** „Norden" als Hauptreferenzpunkte, das Deutsche Osten und Westen. Die Ausdrücke für die Zwischenhimmelsrichtungen können mit und auch ohne das Suffix **biān(r)** am Ende gebraucht werden. Vergleichen Sie:

dōngnán	oder	**dōngnánbiān(r)**	„Südosten" (wörtl. „Ostsüden")
dōngběi	oder	**dōngběibiān(r)**	„Nordosten" (wörtl. „Ostnorden")
xī'nán	oder	**xī'nánbiān(r)**	„Südwesten" (wörtl. „Westsüden")
xīběi	oder	**xīběibiān(r)**	„Nordwesten" (wörtl. „Westnorden")

EV7A. Das Fragewort **wèishemme** „warum" fungiert als Bewegliches Adverb und kann daher entweder vor dem Verb oder vor dem Subjekt des Satzes stehen (anders als im Chinesischen geht das „warum" im Deutschen stets dem Subjekt voraus). Am Ende von Fragen mit **wèishemme** steht oft die Satzfinalpartikel **ne**, welche die Frage etwas weniger direkt klingen lässt. Beispiel:

Nǐ wèishemme bù xué Zhōngwén ne?

„Warum lernst du nicht Chinesisch?

Wèishemme tā shuō Xiǎo Liú bú shi hǎo rén ne?

„Warum hat sie gesagt, dass der Kleine Liu ein schlechter Mensch ist?"

EV7B. Beachten Sie **nán xué** „schwierig zu lernen". Das Statische Verb **nán** kann, wenn ihm ein anderes Verb folgt, „schwer zu ..." bedeuten. Hier noch ein weiteres Beispiel:

Lǎoshīde bàngōngshì hěn nán zhǎo. „Das Büro der Lehrer ist schwer zu finden."

Manchmal kann **nán** gefolgt von einem anderen Verb auch „unangenehm zu ..." bedeuten. Beispiel: **nánchī** „unappetitlich", **nánkàn** „hässlich" und **nántīng** „unangenehm klingend".

Eine Plauderei am Chiang Kai-Shek Memorial (Fortsetzung)

ABSCHNITT 4

Der Taiwaner und Mr. Hammond unterhalten sich weiter über ihre Familien, dann verabschieden sie sich voneinander (Fortsetzung der vorangegangenen Konversation).

Basis-Konversation 6-4

1. TAIWANER **Nǐ yǒu méiyou xiōngdì jiěmèi?**
Hast du Brüder oder Schwestern?

2. HAMMOND **Wǒ yǒu yíge jiějie. Nǐ ne?**
Ich habe eine ältere Schwester, und du?

3. TAIWANER **Wǒ zài wǒmen jiā páiháng lǎodà. Wǒ yǒu yíge dìdi, liǎngge mèimei.**
Ich bin der Älteste in unserer Familie. Ich habe einen jüngeren Bruder und zwei jüngere Schwestern.

4. HAMMOND **Tāmen dōu zhùzai Táiběi ma?**
Leben sie alle in Taipei?

5. TAIWANER **Wǒ dàmèi zhùzai Táiběi. Xiǎomèi zài Yīngguo liúxué. Wǒ dìdi yímín Àozhōu le.**
Meine ältere jüngere Schwester wohnt in Taipei, meine kleinste Schwester studiert in England. Mein jüngerer Bruder ist nach Australien ausgewandert.

6. HAMMOND **Ò, duìbuqǐ, wǒ hái děi qù bàn yìdiǎn shì. Xiān zǒule.**
Oh, Entschuldigung. Ich habe noch etwas zu tun. Ich muss jetzt gehen.

7. TAIWANER **Ò, wàngle zìwǒ jièshaole. Wǒ jiào Zhèng Détiān. Zhè shi wǒde míngpiàn.**
Ach, ich habe vergessen, mich vorzustellen. Mein Name ist Zheng Detian. Das ist meine Visitenkarte.

8. HAMMOND **Wǒ jiào Huáng Wén. Wǒ yě gěi nǐ yìzhāng míngpiàn**
Mein Name ist Huang Wen. Ich gebe dir auch meine Visitenkarte.

9. TAIWANER **Yǐhòu yǒu jīhui zài liáo ba!**
Wenn es sich ergibt, könnten wir ja wieder plaudern.

10. HAMMOND **Hǎo a.**
Klar.

Build-Up

1. Taiwaner

xiōngdì	ältere und jüngere Brüder [S]
jiěmèi	ältere und jüngere Schwestern [S]
xiōngdì jiěmèi	Geschwister
Nǐ yǒu méiyou xiōngdì jiěmèi?	Hast du Brüder oder Schwestern?

2. Hammond

Wǒ yǒu yíge jiějie. Nǐ ne?	Ich habe eine ältere Schwester, und du?

3. Taiwaner

wǒmen jiā	unsere Familie
páiháng	Rang unter den Geschwistern (Alter) [S]
lǎo-	(zeigt unter Geschwistern den Rang an) [GF]
lǎodà	Ältester (unter den Geschwistern) [S]
páiháng lǎodà	vom Rang der Älteste unter den Geschwistern
Wǒ zài wǒmen jiā páiháng lǎodà. Wǒ yǒu yíge dìdi, liǎngge mèimei.	Ich bin der Älteste in unserer Familie. Ich habe einen jüngeren Bruder und zwei jüngere Schwestern.

4. Hammond

Tāmen dōu zhùzai Táiběi ma?	Leben sie alle in Taipei?

5. Taiwaner

dàmèi	ältere jüngere Schwester [S]
xiǎomèi	jüngere jüngere Schwester [S]
liúxué	im Ausland studieren [VO/V]
zài Yīngguo liúxué	in England ein Auslandsstudium machen
yímín	ein-, auswandern [V]
Àozhōu (T)	Australien [OW]
yímín Àozhōu	nach Australien auswandern
Wǒ dàmèi zhùzai Táiběi. Xiǎomèi zài Yīngguo liúxué. Wǒ dìdi yímín Àozhōu le.	Meine ältere jüngere Schwester wohnt in Taipei, meine kleinste Schwester studiert in England. Mein jüngerer Bruder ist nach Australien ausgewandert.

6. Hammond

Ò, duìbuqǐ, wǒ hái děi qù bàn yìdiǎn shì. Xiān zǒule.	Oh, Entschuldigung. Ich habe noch etwas zu tun. Ich muss jetzt gehen.

7. Taiwaner

wàng	vergessen [V]
wàngle	vergessen haben
zìwǒ jièshao	sich selbst vorstellen [PH]
wàngle zìwǒ jièshaole	(Ich) habe vergessen, mich vorzustellen
Zhèng	Zheng [FN]
Détiān	Detian (Vorname)
wǒ jiào Zhèng Détiān	Ich heiße Zheng Detian
Ò, wàngle zìwǒ jièshaole. Wǒ jiào Zhèng Détiān. Zhè shi wǒde míngpiàn.	Ach, ich habe vergessen, mich vorzustellen. Mein Name ist Zheng Detian. Das ist meine Visitenkarte.

8. Hammond

Huáng	Huang (wörtl. „Gelb“") [FN]
Wén	Wen (Vorname)
wǒ jiào Huáng Wén	ich heiße Huang Wen
gěi	geben [V]

gěi nǐ yìzhāng míngpiàn	gebe dir eine Visitenkarte
Wǒ jiào Huáng Wén. Wǒ yě gěi nǐ yìzhāng míngpiàn.	Mein Name ist Huang Wen. Ich gebe dir auch eine Visitenkarte.

9. Taiwaner

yǐhòu	später [ZW]
jīhui	Gelegenheit, Chance [S]
yǐhòu yǒu jīhui	vielleicht mal später
liáo	plaudern [V]
zài liáo	wieder plaudern
Yǐhòu yǒu jīhui zài liáo ba!	Wenn es sich ergibt, könnten wir ja wieder plaudern.

10. Hammond

Hǎo a.	Klar.

Ergänzungsvokabular

A. VERWANDTSCHAFTSBEZEICHNUNGEN

1. fùmǔ	Eltern [S]
2. zǔfù	Großvater väterlicherseits [S]
3. zǔmǔ	Großmutter väterlicherseits [S]
4. wàizǔfù	Großvater mütterlicherseits [S]
5. wàizǔmǔ	Großmutter mütterlicherseits [S]

B. ALLGEMEINES

6. Àodàlìyà (B)	Australien [OW]
7. gēn	mit [KV]
liáotiān	plaudern [VO]
gēn péngyou liáotiān	mit Freunden plaudern
Wǒ hěn xǐhuan gēn péngyou liáotiān.	Ich plaudere sehr gerne mit Freunden.

Zusatzvokabular

1. dàgē	ältester Bruder [S]
2. dàjiě	älteste Schwester [S]
3. dà dìdi	älterer jüngerer Bruder [S]
4. xiǎodì	kleiner Bruder [S]

Grammatische und kulturelle Anmerkungen

1. Die Phrase **xiōngdì jiěmèi** bedeutet wörtlich „älterer Bruder, jüngerer Bruder, ältere Schwester, jüngere Schwester", wird aber meist mit „Geschwister" übersetzt.

3A. In chinesischen Familien ist die Rangfolge der Geschwister, die sich aus dem Alter ergibt, sehr wichtig. Das ist der Hintergrund von Ausdrücken wie **páiháng** „Rang unter den Geschwistern". Die Frageform mit **páiháng** lautet: **Nǐ zài nǐmen jiā páiháng lǎojǐ?** „Was ist (in eurer Familie) dein Rang unter deinen Geschwistern?" Wenn Sie das gefragt werden, sollte Ihre Antwort mit **Wǒ zài wǒmen jiā páiháng…** „Ich bin in unserer Familie…" beginnen und Sie sollten auf keinen Fall, wie es manchen Chinesischlernern durchaus schon passiert ist, **wǒ** und **nǐ** verwechseln! Grammatisch ist das Substantiv **páiháng** das Thema all dieser Sätze und **lǎodà** und **lǎojǐ** etc. sind die Kommentare dazu.

3B. **Lǎodà** bedeutet „der Älteste". **Lǎo'èr** heißt „Zweitältester" (manche männliche Sprecher bevorzugen **lǎoliǎng**, da **lǎo'èr** auch eine andere Bedeutung haben kann), **lǎosān** bedeutet „Drittältester" und so weiter. Für den

Jüngsten oder die Jüngste in der Familie sagen manche **lǎoyāo**, andere hingegen **lǎoxiǎo**. Unterscheiden Sie **lǎodà**, **lǎo'èr**, **lǎosān** und **lǎosì**, die das relative Alter in der Familie ausdrücken, von **dàyī**, **dà'èr**, **dàsān** und **dàsì**, die das Studienjahr anzeigen.

5A. Das Verb **liúxué** „im Ausland studieren" kann als Verb-Objekt-Verbindung (wie in **Wǒ liúguo sānnián xué** „Ich habe drei Jahre im Ausland studiert.") oder als reguläres Verb (wie in **Wǒ liúxuéguo sānnián**, das dieselbe Bedeutung hat) fungieren. In letzter Zeit wird es sogar als transitives Verb gebraucht, wie in **liúxué Zhōngguo** „in China ein Auslandsstudium machen".

5B. **Yímín** kann ebenfalls als transitives Verb verwendet werden: **yímín Àozhōu** „nach Australien auswandern".

7A. Das Verb **wàng** „vergessen" ist verbreitet und nützlich; vergessen sie es nicht! Da „Vergessen" eine vollendete Tatsache ist, wird ihm häufig ein **-le**, das eine vollendete Handlung anzeigt, angehängt. **Wàng** kann mit dem Postverb **-zai** verwendet werden, um **wàngzai** „etwas an einem Ort vergessen (haben)" auszudrücken. Beispiele:

Duìbuqǐ, wǒ wàngle!	„Entschuldigung, ich vergaß."
Wǒ wàngle wǒ yào shuō shémme le.	„Ich habe vergessen, was ich sagen wollte."
Nǐ bié wàngle dài nǐde míngpiàn, hǎo bu hǎo?	„Vergiss nicht, deine Visitenkarten mitzubringen, OK?"
Nǐ shuōde nèige dàizi, nǐ xiǎng nǐ wàngzai nǎr le?	„Die Tasche, die du erwähnt hast, wo hast du sie vergessen?"
Wǒ hǎoxiàng wàngzai péngyou jiā le.	„Ich habe sie anscheinend bei einem Freund zuhause vergessen."

7B. Die Phrase **zìwǒ jièshao** „sich selbst vorstellen" ist recht nützlich. Wenn Sie sich jemandem vorstellen möchten und es nicht möglich ist, sich von jemandem anderes vorstellen zu lassen, können Sie eine Phrase wie diese verwenden: **Nín hǎo! Wǒ zìwǒ jièshao yixia. Wǒ xìng ..., wǒ jiào ..., wǒ zài ... gōngzuò. Zhè shi wǒde míngpiàn, qǐng duō zhǐjiào! Qǐngwèn, nín guìxìng?** „Hallo. Ich möchte mich mal vorstellen. Mein Familienname ist …, ich heiße …, ich arbeite in/an /bei … . Das ist meine Visitenkarte, vielen Dank. Wie lautet Ihr Familienname?"

7C. **-LE...LE in Sätzen mit nicht gezählten Objekten, um eine vollendete Handlung auszudrücken.** In dem Satz **Wǒ wàngle zìwǒ jièshao le** „Ich habe vergessen, mich vorzustellen." gibt es zwei **le**. Wenn in einem Aussagesatz ein Handlungsverb mit einem einfachen, nicht gezählten Objekt vorhanden und die Verbhandlung vollendet ist, werden zwei **le** benutzt. („Ich habe ein Auto gekauft." ist ein Satz mit einem nicht gezählten Objekt; „Ich habe zwei Autos gekauft" hingegen ein Satz mit einem gezählten Objekt; vgl. 5-4: 1B.) Das erste **-le** steht hinter dem Hauptverb, während das zweite **le** am Satzende kommt. Das Muster lautet:

Subjekt	Verbalphrase	-LE	Objekt	LE
Wǒ	**yǐjīng mǎi**	**le**	**bēibāo**	**le.**

„Ich habe schon einen Rucksack gekauft."

Hier noch einige weitere Sätze mit dem **-le...le**-Bildungsmuster:

Wǒ mǎile chē le.	„Ich habe ein Auto gekauft."
Tā yǐjīng chīle fàn le.	„Er hat schon gegessen."
Tāmen yǐjīng dàole Běijīng le.	„Sie sind schon in Beijing angekommen."
Wǒ guānle diànnǎo le.	„Ich habe den Computer ausgeschaltet."

Das erste, nach dem Verb stehende **-le** wird in Sätzen mit Doppel-**le** gerne weggelassen, aber wir empfehlen Ihnen, beide **le** zu verwenden.

8A. Achten Sie auf den Unterschied in der Aussprache zwischen dem sehr verbreiteten Familiennamen **Huáng** „Gelb" und dem noch weiter verbreiteten Familiennamen **Wáng** „König". Der einzige, aber dafür wichtige Unterschied zwischen den beiden Lauten ist die starke Behauchung des **h** von **Huáng** in der Kehle.

8B. Im Satz **Wǒ yě gěi nǐ yìzhāng míngpiàn** „Ich gebe dir auch meine Visitenkarte." dient **gěi** als reguläres Verb mit der Bedeutung „geben". Achten Sie darauf, dass **gěi** hier zwei Objekte hat: Das indirekte Objekt **nǐ** und das direkte Objekt **míngpiàn**. Sie kennen nun drei verschiedene Verwendungsweisen von **gěi**:

Als Co-Verb mit der Bedeutung „für" (5-1: 8B):

> **Qǐng nǐ gěi wǒ mǎi yíge bēizi, hǎo ma?**
>
> „Bitte kauf mir eine Tasse, OK?"

Als Postverb mit der Bedeutung „geben, für" (6-1: 8B):

> **Duìbuqǐ, wǒmen bù néng màigěi nǐ.**
>
> „Entschuldigung, wir können es dir nicht verkaufen."

Als Vollverb mit der Bedeutung „geben" (6-4: 8B):

> **Wǒ jīntiān xiān gěi nǐ èrshikuài, xíng ma?**
>
> „Ich gebe dir 20 Yuan für heute, OK?"

9. Im Satz **Yǐhòu yǒu jīhui zài liáo ba!** ist eine Bedingung (konditional) impliziert. Wörtlich bedeutet er: „Später gibt es eine Gelegenheit, lass uns wieder plaudern", aber der Satz sollte als: „FALLS sich später mal eine Gelegenheit ergibt, lass uns wieder plaudern." übersetzt werden. Es gibt zwar im Chinesischen durchaus Wörter für „falls", aber es ist sehr verbreitet, solche konditionalen Bedeutungen nicht auszudrücken, sondern zu implizieren. Das **ba** am Ende ist das **ba**, mit dem Vorschläge ausgedrückt werden.

EV1-5, ZV1-4. Die chinesischen Verwandtschaftsbezeichnungen. Das System der chinesischen Verwandtschaftsbezeichnungen ist sehr komplex. Andererseits haben die modernen Verhütungsmethoden, die allmähliche Urbanisierung Chinas und die Ein-Kind-Politik der chinesischen Regierung die Zahl der Geschwister und anderer Verwandter stark schrumpfen lassen. Daher gibt es auch immer weniger Gelegenheiten, Wörter wie „Onkel", „Tante", „Cousine", Neffe", „Nichte" etc. überhaupt anzuwenden. Aus diesem Grund werden die chinesischen Verwandtschaftsbezeichnungen in ihrer Anzahl und bezüglich der Häufigkeit ihres Auftretens sicherlich abnehmen, was das Erlernen des Chinesischen natürlich ein wenig erleichtern wird. In der Tat wird wohl für viele chinesische Kinder die ganze Verwandtschaft lediglich aus den Eltern und den beiden Großelternpaaren bestehen, die versuchen werden, sich gegenseitig in der Gunst des Enkels auszustechen.

Die Ausdrücke für die Großeltern im Ergänzungsvokabular EV2-5 sind die formellen Bezeichnungen. Die umgangssprachlichen Ausdrücke lauten:

yéye	„Großvater väterlicherseits"
nǎinai	„Großmutter väterlicherseits""
lǎoye	„Großvater mütterlicherseits"
lǎolao	„Großmutter mütterlicherseits"
wàipó	„Großmutter mütterlicherseits"

Achten Sie auf die wichtige Unterscheidung zwischen mütterlicherseits und väterlicherseits in den chinesischen Verwandtschaftsbezeichnungen.

In ZV1-4 käme nach **dàgē** „ältester Bruder" **èrgē** „älterer Bruder Nummer zwei", **sān'gē** „älterer Bruder Nummer drei" und so weiter. Nach **dàjiě** „älteste Schwester" käme **èrjiě** „ältere Schwester Nummer zwei", **sānjiě** „ältere Schwester Nummer drei" etc. Auch auf die jüngeren Brüder und Schwestern wird auf diese Weise mit Nummern Bezug genommen. So wäre **sāndì** der „jüngere Bruder Nummer drei" und **sìmèi** die „jüngere Schwester Nummer vier". Beachten Sie, dass in all diesen Fällen nicht das Ordinalzahlpräfix **dì-** verwendet wird.

EV7A. Der Unterschied zwischen **liáo** „plaudern" in Zeile 9 und der Verb-Objekt-Verbindung **liáotiān** „plaudern" ist, dass es ausreicht, **liáo** zu sagen, sofern Sie im Gespräch zuvor bereits den Ausdruck **liáotiān** verwendet haben (oder wenn aus dem Kontext klar ist, dass Sie mit **liáo** plaudern meinen). Ansonsten sollten Sie **liáotiān** verwenden.

EV7B. Um „mit jemandem plaudern" auszudrücken, wird das Co-Verb **gēn** verwendet, wie z.B. in **gēn péngyou liáotiān** „mit Freunden plaudern".

ZV3. Anstelle von **dà dìdi** „älterer jüngerer Bruder" sagen manche Sprecher auch **dàdì**.

Wiederholung und Lerntipps für Einheit 6

Neue Vokabeln

ADVERBIEN
zhēn wirklich

CO-VERBEN
gēn mit

FAMILIENNAMEN
Huáng Huang (wörtl. „Gelb“)
Jīn Gold
Zhèng Zheng

FRAGEWÖRTER
náli wo
wèishemme warum

GEBUNDENE FORMEN
jīn Gold
lǎo- (zeigt den Rang unter Geschwistern an)

HILFSVERBEN
méiyou (zeigt die verneinte Vergangenheit von Handlungsverben an)
néng können, fähig sein
xǐhuan mögen

INTERJEKTIONEN
m (zeigt an, dass etwas gut schmeckt)

KONJUNKTIONEN
suóyi daher, deshalb
yīnwei weil

ORTSWÖRTER
Àodàlìyà Australien
Àozhōu Australien
chūzhōng Junior High School
dōngběi Nordosten
dōngnán Südosten
gāozhōng Senior High School
Jiùjīnshān San Francisco
Měiguo Zài Tái Xiéhuì American Institute in Taiwan
nàli dort
Niǔyuē New York
Táiběi Měiguo Xuéxiào Amerikanische Schule in Taipei
xiǎoxué Grundschule
xīběi Nordwesten
xī'nán Südwesten
Xī'nán Hángkōng Gōngsī Southwest Airlines®
xuéxiào Schule
zhèli hier
zhōngxué Mittelschule

PARTIKEL
ei (drückt eine lebhafte Emotion aus)

PHRASEN
hángkōng gōngsī Luftfahrtgesellschaft
zìwǒ jièshao sich selbst vorstellen

POSTVERBEN
-gěi geben; für

RESULTATIVBBILDUNGEN
kànqilai beim Anschauen
zhǎngdà wachsen, aufwachsen

RESULTATIVENDUNGEN
-dà groß
-qǐlai am VERBen

STATISCHE VERBEN
hǎochī wohlschmeckend sein
hǎokàn schön anzusehen sein
jiù alt (Gegenstände) sein
niánqīng jung sein

SUBSTANTIVE
āyí Tante (Schwester der Mutter)
dàmèi ältere jüngere Schwester
érzi Sohn
fùmǔ Eltern
hángkōng Fliegen, Flugverkehr, Luftfahrt
jiěmèi ältere und jüngere Schwestern
jīhui Chance, Gelegenheit
lǎodà Ältester (unter Geschwistern)
lǐwù Geschenk
nánpéngyou Freund (im Sinne von **der** Freund)
niánjí Jahrgangsstufe (Schule etc.)
nǚ'ér Tochter
nǚpéngyou Freundin (im Sinne von **die** Freundin)
páiháng Rangstufe
péngyou Freund
shūshu Onkel (jüngerer Bruder des Vaters)
táng Bonbon, Zucker
wàizǔfù Großvater mütterlicherseits
wàizǔmǔ Großmutter mütterlicherseits
xiǎohái(r) kleines Kind
xiǎomèi jüngere jüngere Schwester
xiéhuì Gesellschaft, Assoziation
xiōngdì ältere und jüngere Brüder
yìsi Bedeutung
zǔfù Großvater väterlicherseits
zǔmǔ Großmutter väterlicherseits

VERBEN
fúwù dienen
gěi geben
jiāo lehren
liáo plaudern
shàng zur (Schule) gehen, teilnehmen
sòng schenken
wàng vergessen
xǐhuan mögen
yímín aus-, einwandern, migrieren
zhǎng wachsen
zuò tun, machen

VERB-OBJEKT-VERBINDUNGEN
bānjiā umziehen (Wohnung, Haus)
jiāoshū lehren
jiéhūn heiraten
liáotiān plaudern
líhūn sich scheiden lassen
liúxué im Ausland studieren
shàngbān(r) zur Arbeit gehen
shàngxué zur Schule gehen
xiàbān(r) von der Arbeit kommen

ZEITWÖRTER
chū'èr das zweite Jahr in der Junior High School (8. Klasse)
chūsān das dritte Jahr in der Junior High School (9. Klasse)
chūyī das erste Jahr in der Junior High School (7. Klasse)
dà'èr das Sophomore Year (zweites Jahr) im College (2. Studienjahr)
dàsān das Junior Year im College (3. Studienjahr)
dàsì das Senior Year im College (4. Studienjahr)
dàyī das erste Jahr im College (1. Studienjahr)
gāo'èr das Junior Year in der High School (11. Klasse)
gāosān das Senior Year in der High School (12. Klasse)

gāoyī das Sophomore Year (zweites Jahr) in der High School (10. Klasse)

yǐhòu später, in der Zukunft

yìniánjí erstes Studienjahr

Die wichtigsten neuen grammatischen Muster

Schulsystem und Jahrgangsstufen in der Schule: xiǎoxué sānniánjí „das dritte Jahr in der Grundschule"," **chūyī** „siebte Klasse", **gāo'èr** „elfte Klasse", **dàsān** „drittes Studienjahr", **jǐniánjí** „welches Schul-/Studienjahr?" (6-1)

-QILAI um „am VERBen" auszudrücken: Tā kànqilai hěn lǎo. „Sie sieht sehr alt aus." (6-2)

MÉIYOU um die Verneinung von Handlungsverben in der Vergangenheit auszudrücken: Tā méiyou qù. „Sie ging nicht." (6-3)

JIĀO und JIĀOSHŪ: Wǒ xǐhuan jiāoshū. „Ich lehre gerne." **Shéi jiāo nǐmen Yīngwén?** „Wer unterrichtet euch im Englischen?" (6-3)

YĪNWEI...SUÓYI...: Tā yīnwei hěn máng, suóyi bù néng lái. „Sie kann nicht kommen, da sie beschäftigt ist." (6-3)

Die Zwischenhimmelsrichtungen: dōngnán „Südosten", **dōngběi** „Nordosten", **xī'nán** „Südwesten", **xīběi** „Nordwesten" (6-3)

...-LE...LE in Sätzen mit nicht gezählten Objekten um eine vollendete Handlung anzuzeigen: Wǒ wàngle zìwǒ jièshaole. „Ich habe vergessen, mich vorzustellen." (6-4)

EINHEIT 7

Biographische Informationen (II)

KOMMUNIKATIVE LERNZIELE

Wenn Sie diese Lektion beherrschen, sind Sie in der Lage, auf Chinesisch:

1. zu fragen, wann und mit wem jemand an einem bestimmten Ort angekommen ist und auf diese Frage zu antworten;
2. jemanden zu fragen, welche Sprachen er oder sie beherrscht bzw. wo diese gelernt wurden und diese Fragen auch zu beantworten;
3. darüber zu sprechen, wie gut man Chinesisch oder auch andere Sprachen sprechen, lesen und schreiben kann;
4. angemessen zu antworten, wenn Sie jemand für Ihr Chinesisch lobt;
5. zu fragen, was jemand von einem bestimmten Land oder einer bestimmten Stadt hält und diese Fragen auch zu beantworten;
6. verschiedene Zeitabschnitte miteinander zu vergleichen und über den zeitlichen Ablauf eines Ereignisses zu sprechen: vorher, nachher, anfangs, ursprünglich, früher, später etc.;
7. über Ihre eigenen Cousins und Cousinen bzw. über die Cousins und Cousinen anderer zu sprechen, nämlich ältere und jüngere Cousins und Cousinen, väterlicherseits und mütterlicherseits.

ABSCHNITT 1

Noch mehr Fragen zur Familie

John Niu, ein Auslandschinese aus den USA, ist gerade in Beijing angekommen, wo er Chinesische Medizin studieren will. Er wurde von einigen seiner Verwandten zum Abendessen eingeladen. Beim Essen unterhält er sich mit einer älteren Cousine, die er noch nie gesehen hat und die eigens hergekommen ist, um ihn kennen zu lernen.

Basis-Konversation 7-1

1. AMERIKANER **Biǎojiě, nǐmen jiā zhùzai nǎr a?**
Cousine, wo lebt deine Familie?

2. CHINESIN **Wǒmen zhùzai Tōng Xiàn, zài Běijīng chéngde dōngbianr.**
Wir leben im Kreis Tong im Osten von Beijing.

3. AMERIKANER **Ò. Nǐmen jiā dōu yǒu shémme rén a?**
Aha. Wen gibt es alles in eurer Familie?

4. CHINESIN **Wǒ hé nǐ biǎojiěfu, hái yǒu yíge háizi.**
Meinen Ehemann und mich und außerdem ein Kind.

5. AMERIKANER **Nánháir, nǚháir a? Duō dàle?**
Ist es ein Junge oder ein Mädchen?

6. CHINESIN **E, nǚháir, jīnnián jiǔsuì le.**
Mm, ein Mädchen, neun Jahre alt.

7. AMERIKANER **Biǎojiě, nín zài nǎr gōngzuò a?**
Cousine, wo arbeitest du?

8. CHINESIN **E, wǒ zài yòu'éryuán gōngzuò.**
Mm, ich arbeite in einem Kindergarten.

9. AMERIKANER **Biǎojiěfu ne?**
Und dein Ehemann?

10. CHINESIN **Nǐ biǎojiěfu yuánlái zài yìjiā gōngchǎng gōngzuò. Yīnwei shēnti bú tài hǎo, suóyi ne, xiànzài gǎiháng le, zuò diǎnr xiǎo mǎimài.**
Mein Ehemann hat ursprünglich in einer Fabrik gearbeitet. Aber weil er nicht so gesund ist, hat er die Arbeit gewechselt und ein eigenes Geschäft aufgemacht.

Build-Up

1\. Amerikaner

biǎojiě	ältere weibliche Cousine mit anderem Familiennamen **[S]**
Biǎojiě, nǐmen jiā zhùzai nǎr a?	Cousine, wo lebt eure Familie?

2\. Chinese

xiàn	Kreis **[S]**
Tōng Xiàn	Kreis Tong (Tongxian) **[OW]**
Wǒmen zhùzai Tōng Xiàn, zài Běijīng chéngde dōngbianr.	Wir leben im Kreis Tong im Osten von Beijing.

3\. Amerikaner

Ò. Nǐmen jiā dōu yǒu shémme rén a?	Aha. Wen gibt es alles in eurer Familie?

4\. Chinese

hé	und **[KJ]**
biǎojiěfu	Ehemann der älteren Cousine mit anderem Familiennamen **[S]**
wǒ hé nǐ biǎojiěfu	ich und der Ehemann deiner Cousine
hái	außerdem **[A]**
hái yǒu	außerdem gibt es
Wǒ hé nǐ biǎojiěfu, hái yǒu yíge háizi.	Meinen Ehemann und mich und außerdem ein Kind.

5\. Amerikaner

nánháir	Junge **[S]**
nǚháir	Mädchen **[S]**
Nánháir, nǚháir a? Duō dàle?	Ist es ein Junge oder ein Mädchen?

6\. Chinese

E, nǚháir, jīnnián jiǔsuì le.	Mm, ein Mädchen, neun Jahre alt.

7\. Amerikaner

Biǎojiě, nín zài nǎr gōngzuò a?	Cousine, wo arbeitest du?

8\. Chinese

yòu'éryuán (B)	Kindergarten **[OW]**
E, wǒ zài yòu'éryuán gōngzuò.	Mm, ich arbeite in einem Kindergarten.

9\. Amerikaner

Biǎojiěfu ne?	Und dein Ehemann?

10\. Chinese

yuánlái	ursprünglich **[BA]**
gōngchǎng	Fabrik **[OW]**
yuánlái zài yìjiā gōngchǎng	war ursprünglich in einer Fabrik
shēnti	Körper **[S]**
shēnti bú tài hǎo	nicht gesund sein
ne	(Pausenfüller) **[P]**
suóyi ne	daher
gǎiháng	die Arbeit wechseln **[VO]**
mǎimài	Handel, Business (wörtlich „Kaufen und Verkaufen") **[S]**
zuò mǎimài	Handel treiben **[PH]**
zuò xiǎo mǎimài	einen kleinen Handel haben
diǎn(r)	(kurz für **yìdiǎn[r]** „ein bisschen")

zuò diǎnr xiǎo mǎimài	ein bisschen Handel treiben
Nǐ biǎojiěfu yuánlái zài yìjiā gōngchǎng gōngzuò. Yīnwei shēnti bú tài hǎo, suóyi ne, xiànzài gǎiháng le, zuò diǎnr xiǎo mǎimài.	Mein Ehemann hat ursprünglich in einer Fabrik gearbeitet. Aber weil er nicht so gesund ist, hat er die Arbeit gewechselt und ein eigenes Geschäft aufgemacht.

Ergänzungsvokabular

1. **kǒu** — (für Menschen; wörtl. „Mund") [ZEW]
   Tāmen jiā sānkǒu rén. — In ihrer Familie gibt es drei Personen.

2. **cóngqián** — früher, ehemals [ZW]
   Wǒ cóngqián zài yìjiā hěn dàde màoyì gōngsī gōngzuò. — Ich habe früher in einer großen Handelsfirma gearbeitet.

Zusatzvokabular: Mehr Cousins und Cousinen

1. **biǎogē** — älterer Cousin mit anderem Familiennamen [S]
2. **biǎodì** — jüngerer Cousin mit anderem Familiennamen [S]
3. **biǎomèi** — jüngere Cousine mit anderem Familiennamen [S]
4. **tánggē** — älterer Cousin mit gleichem Familiennamen [S]
5. **tángjiě** — ältere Cousine mit gleichem Familiennamen [S]
6. **tángdì** — jüngerer Cousin mit gleichem Familiennamen [S]
7. **tángmèi** — jüngere Cousine mit gleichem Familiennamen [S]

Grammatische und kulturelle Anmerkungen

1A. Beachten Sie, dass der Sprecher seine Cousine weder mit ihrem Vornamen noch mit „Frau ...", sondern mit der angemessenen Verwandtschaftsbezeichnung anspricht. Das zeigt die Bedeutung der Verwandtschaftsbezeichnungen in der chinesischen Gesellschaft.

1B. Phonetische Veränderungen der Satzfinalpartikel **A**. Beachten Sie die wechselnden Aussprachen der Satzfinalpartikel **a** in diesem Gespräch (vgl. 1-1: 3D). Am Ende von Zeile 1, nach dem Wort **nǎr**, klingt **a** wie **ra**. Am Ende von Zeile 3, nach dem Wort **rén**, klingt **a** eher wie **na**. Am Ende von Zeile 5 nach **nǚháir** klingt es hingegen wieder wie **ra**. In der nächsten Lektion (7-2) werden Sie nach dem Wort **huà** eine weitere Form von **a**, nämlich **ya** kennen lernen; und in einer weiteren Lektion werden Sie eine andere verbreitete Form der Partikel **a** nach dem Wort **xíng** kennen lernen, die dort **nga** ausgesprochen wird. Das Prinzip hinter diesen phonetischen Veränderungen (in der Linguistik „Assimilation" genannt) ist, dass der Laut, der dem **a** direkt vorangeht, dessen Aussprache beeinflusst und als Anlaut von **a** weitergeführt wird. Unten finden Sie die Regeln für diese phonetischen Veränderungen von **a**. Sie brauchen diese nicht zu lernen, aber Sie sollten Ihren chinesischen Gesprächspartnern stets aufmerksam und offen zuhören und dann so gut wie möglich versuchen, die Laute nachzuahmen. Mit der Zeit werden Sie viele dieser phonetischen Veränderungen automatisieren.

VORANGEHENDE SILBE ENDET MIT	A WIRD ZU	BEISPIELE
a, e, i, o, ai, ei, yu	**ya**	**Hē ya! Nǐ ya! Wǒ ya! Mǎi ya! Qù ya!**
u, ao, ou	**wa**	**Zhū wa! Nǐ hǎo wa! Gǒu wa!**
chi, r, ri, shi, zhi	**ra**	**Chī ra! Nǎr ra? Xīngqīrì ra! Shì ra! Zhǐ ra!**
n	**na**	**Tā shi nǎrde rén na?**
ng	**nga**	**Zěmmeyàng nga?**

2. **Tōng Xiàn** „Der Kreis Tong“ wurde 1997 unter dem Namen Bezirk Tongzhou in die Stadt Beijing eingegliedert. Tongzhou wird generell als der östliche Zugangsweg nach Beijing angesehen. Viele verwenden noch, wie auch in diesem Gespräch, die alte Bezeichnung.

Verbotene Stadt, Beijing

3. Beachten Sie den Gebrauch von **dōu** in der Frage **Nǐmen jiā dōu yǒu shémme rén a?** „Wer ist alles in eurer Familie?“ oder „Wen gibt es alles in eurer Familie?“ Sie haben **dōu** bislang als ‚nach hinten auf das Subjekt oder Thema des Satzes schauend‘ kennen gelernt, wobei es mehrere Dinge oder Menschen zusammenfasste, die auf irgendeine Weise zusammengehören. Z.B. in **Tāmen dōu láile** „Sie sind alle gekommen.“, wo das **dōu** sich auf das vorangehende **tāmen** bezieht. Das **dōu** in **Nǐmen jiā dōu yǒu shémme rén a?**, das nur in Fragen vorkommt, ist hingegen ein anderes **dōu**. Es ist ein besonderes, nach vorne schauendes **dōu**, das sich auf das folgende Objekt **rén** und nicht auf das vorangehende Subjekt **nǐmen** bezieht, wobei für die Antwort mehr als eine Person erwartet wird. ACHTUNG: Während das **dōu** so in der Frage verwendet werden kann, ist das in der Antwort nicht möglich. Mit anderen Worten, Sie können auf die Frage **Nǐmen jiā dōu yǒu shémme rén?** nicht mit ***Wǒmen jiā dōu yǒu...** antworten. Anstatt dessen sollten Sie mit **Wǒmen jiā yǒu...** antworten. Ein weiteres Beispiel eines solchen ‚nach vorne schauenden‘ **dōu** ist: **Nǐmen dōu mǎile xiē shémme?** „Was habt ihr alles gekauft?“. Und auch hier würden Sie die Frage nicht mit ***Wǒmen dōu mǎile...** , sondern mit **Wǒmen mǎile...** beantworten.

4A. Achten Sie bei **Wǒ hé nǐ biǎojiěfu** „Ich und der Ehemann deiner Cousine“ (= mein Ehemann) darauf, dass das **wǒ** zuerst und dann erst die andere Person genannt wird. Das ist natürlich genau die gegenteilige Reihenfolge zur höflichen Reihenfolge im Deutschen, wo man zuerst die andere Person und dann erst sich selbst nennt; aber im Chinesischen ist das keineswegs unhöflich.

4B. Die Konjunktion **hé** „und“ hat eine ähnliche Bedeutung wie **gēn**, das Sie in 2-4 kennen gelernt haben. Anders als **gēn**, das vor allem in der gesprochenen Sprache vorkommt, kann **hé** sowohl in der gesprochenen als auch in der geschriebenen Sprache verwendet werden. Beide Konjunktionen können normalerweise nur dazu verwendet werden, um Substantive oder Pronomen miteinander zu verbinden, nicht aber für Verben oder Sätze. So KÖNNTEN Sie zwar **wǒ hé nǐ** „du und ich“ oder **bēibāo gēn gōngshìbāo** ‚Rucksäcke und Aktentaschen“ sagen, ABER NICHT ***Wǒ xǐhuan chīfàn hé wǒ xǐhuan shuìjiào** „Ich esse und schlafe gerne.“ (dafür könnten Sie aber **Wǒ xǐhuan chīfàn, yě xǐhuan shuìjiào** sagen).

4C. Viele Sprecher in Taiwan sprechen die Konjunktion **hé** als **hàn** aus.

4D. Beachten Sie in dieser Zeile, dass die Cousine, als sie ihren Ehemann erwähnt, auf diesen weder mit seinem Namen noch mit seiner auf sie bezogenen Verwandtschaftsbezeichnung („mein Ehemann“) Bezug nimmt, sondern mit der Verwandtschaftsbezeichnung, die sich auf ihren Gesprächspartner bezieht („der Ehemann deiner Cousine“). Auf den Gesprächspartner und nicht auf den Sprecher bezogene Verwandtschaftsbezeichnungen zu verwenden ist sehr verbreitet, vor allem wenn der Sprecher älter ist als der Zuhörer.

5. Auswahlfragen mit implizierter Wahl. Im Chinesischen gibt es verschiedene Möglichkeiten, um Alternativen auszudrücken. Obwohl es durchaus Wörter für „oder“ gibt, die später auch eingeführt werden, ist es nicht untypisch, dass Alternativen einfach hintereinander aufgelistet werden. Solche Fragen werden Auswahlfragen mit implizierter Wahl genannt. Das Muster ist:

Alternative 1	Alternative 2
Nánháir	**nǚháir?**

„Ein Junge oder ein Mädchen?“ (wörtl. „Junge Mädchen?“)

Hier noch weitere Beispiele für Auswahlfragen mit implizierter Wahl:

Nǐ yào zhèige yào nèige?

„Willst du dieses oder jenes?“ (wörtl. „Du willst dieses willst jenes?“)

Zhèr hǎo nàr hǎo?

„Ist es hier (in China) besser oder dort (in den USA)?“

8. Ein anderes Wort für **yòu'éryuán** „Kindergarten“, das Sie vor allem in Taiwan hören, lautet **yòuzhìyuán**.

10A. Während man im Deutschen die Verben flektiert, um verschiedene Zeitstufen auszudrücken, verwendet man im Chinesischen vor allem Adverbien. Ein verbreitetes Bewegliches Adverb, mit dem man Zeit ausdrücken kann, ist **yuánlái** „ursprünglich, ehemals“. Hier einige Beispiele:

Wǒ yuánlái zài zhōngxué jiāoshū.

„Ich habe früher an der Mittelschule unterrichtet.“

Lǎo Liú yuánlái zhùzai Nánjīng, qùnián bāndao Běijīng le.

„Der Alte Liu hat ursprünglich in Nanjing gelebt. Letztes Jahr ist er nach Beijing gezogen.“

10B. Schauen Sie sich die Phrase **suóyi ne, ...** „daher ...“ an. Die Partikel **ne** ist hier ein Pausenfüller nach dem **suóyi**. Das gibt der Sprecherin mehr Zeit, den Rest ihrer Äußerung zu planen, während diese gleichzeitig runder klingt, da eine Pause nach dem **suóyi** abgehackt und abrupt klingen würde. Hier noch einige Beispiele für **ne** als Pausenfüller nach einführenden Ausdrücken:

Xiànzài ne, ...	„Jetzt ...“
Kěshi ne, ...	„Aber ...“
Búguò ne, ...	„Wie auch immer, ...“

10C. Der Ausdruck **gǎiháng** „die Arbeit/den Beruf/die Branche wechseln“, der hier auftaucht, wird (in der Tonaufnahme) an dieser Stelle mit dem Suffix (**r**), d.h. als **gǎihángr**, ausgesprochen. Das ist typisch für den Beijinger Dialekt. Wir empfehlen Ihnen, für das Wort selber die Standardaussprache, die **gǎiháng** ist, zu verwenden.

10D. Beachten Sie in dieser Zeile den Ausdruck **zuò mǎimài** „Handel treiben“ (wörtlich „machen kaufen-verkaufen“). Ein umgangssprachlicher Ausdruck für „Händler“ ist **zuò mǎimàide**, wörtlich „(jemand/einer), der Handel treibt“. Mit dem selben Muster können weitere Ausdrücke wie **mài dōngxide** „(jemand/einer), der Dinge verkauft; ein Verkäufer“ und **zuòfànde** „(jemand/einer), der Essen macht; ein Koch“ gebildet werden.

EV1A. Das Zähleinheitswort **kǒu** bedeutet im klassischen Chinesisch „Mund“ und wird im modernen Chinesisch häufig gebraucht, wenn generell über die Anzahl von Menschen in einer bestimmten Gruppe oder Bevölkerungszahlen gesprochen wird (ein Mensch mehr ist eben auch ein Mund mehr, der gefüttert werden muss). Es ist zwar völlig in Ordnung, **sān'ge rén** „drei Personen“ zu sagen, wenn man darüber spricht, wie viele Mitglieder die eigene Familie hat, aber viele Chinesen würden **sānkǒu rén** verwenden. Hier ein weiteres Beispiel mit **kǒu**:

Nǐmen jiāli yǒu jǐkǒu rén? „Wie viele Personen gibt es in eurer Familie?“

EV1B. Dieser Satz kann als Thema (**tāmen jiā**) gefolgt von einem Kommentar (**sānkǒu rén**) analysiert werden, wobei die Bedeutung in etwa „Was ihre Familie betrifft, (so sind es) drei Personen“ wiedergegeben werden kann. Es wäre natürlich durchaus korrekt, ein Verb **yǒu** einzufügen und zu sagen **Tāmen jiā yǒu sānkǒu rén** „In ihrer Familie gibt es drei Personen.“, dann wäre es ein ganz normaler Subjekt-Prädikat-Satz wie im Deutschen.

EV2. Das Bewegliche Adverb **cóngqián** bedeutet „früher, in der Vergangenheit“. Seien Sie beim Aussprechen achtsam und denken Sie daran, dass das Pinyin-**c-** wie ein deutsches „ts“ und das Pinyin-**q-** wie ein deutsches „tch“ im Wort Hütchen, aber stärker behaucht, ausgesprochen wird. **Yuánlái**, das in Zeile 10 der Konversation auftaucht, überlappt sich in seiner Bedeutung mit **cóngqián**, aber **yuánlái** kann auch die Bedeutung „ursprünglich“ haben.

ZV1-7. Aufgrund der Folgen der Ein-Kind-Politik in China werden die verschiedenen Wörter für Cousin bzw. Cousine seltener verwendet als früher. Tatsächlich werden sie häufig durch die Bezeichnungen für die Geschwister (**gēge**, **dìdi**, **jiějie**, **mèimei**) ersetzt. Wir empfehlen dennoch, die traditionellen Ausdrücke für Cousin und Cousine zu benutzen. Sollten Sie aber z.B. den Ausdruck **jiějie** hören, denken Sie daran, dass hier auch **biǎojiě** gemeint sein könnte.

„Du kannst ja Chinesisch!"

Lisa Olsen, eine junge US-Amerikanerin, die in Beijing arbeitet und studiert, ist zu einem festlichen Abendessen eingeladen. Neben ihr sitzt eine Chinesin, die sie noch nie zuvor getroffen hat. Die Frau lächelt sie mehrmals scheu an, als ob sie gerne ein Gespräch mit ihr beginnen würde. Endlich entschließt Olsen sich, sie anzusprechen.

Basis-Konversation 7-2

1. OLSEN	**Nín hǎo!** Hallo!
2. CHINESIN	**Nín hǎo! Nín huì shuō Zhōngguo huà ya!** Hallo! Sie können Chinesisch!
3. OLSEN	**Huì yìdiǎnr.** Ein bisschen.
4. CHINESIN	**Ò, nín shuōde bú cuò ma! Shi zài nǎr xuéde?** Oh, Sie sprechen es wirklich gut! Wo haben Sie es gelernt?
5. OLSEN	**Yuánlái wǒ zài Měiguo xuéguo yìdiǎnr. Xiànzài zài Běijīng Yǔyán Wénhuà Dàxué jìxù xué.** Ich habe früher in den USA ein bisschen Chinesisch gelernt. Jetzt lerne ich an der Beijing Language and Culture University weiter.
6. CHINESIN	**Nín huì xiě Zhōngguo zìr ma?** Können Sie auch chinesische Schriftzeichen schreiben?
7. OLSEN	**Wǒ rènshi jǐbǎige Zhōngguo zì. Yǒude yě huì xiě, yǒude bú huì.** Ich kann ein paar hundert Schriftzeichen lesen. Manche davon kann ich schreiben, manche nicht.
8. CHINESIN	**Nín hái huì qítāde yǔyán ma?** Können Sie auch andere Sprachen?
9. OLSEN	**Wǒ yǐqián huì shuō yìdiǎnr Xībānyáyǔ, kěshi xiànzài quán wàngle.** Ich konnte früher ein bisschen Spanisch sprechen, aber ich habe es mittlerweile völlig vergessen.

Build-Up

1. Olsen

Nín hǎo!	Hallo!

2. Chinesin

huì	wissen, wie …, können [HV]
huà	Wort, Sprache [S]
shuōhuà	Wörter sprechen, sprechen [VO]
Zhōngguo huà	gesprochenes Chinesisch [PH]
huì shuō Zhōngguo huà	Chinesisch sprechen können
ya	(eine Form der Partikel **a**, die nach Wörtern, die mit **-a** oder **-i** enden, verwendet wird) [P]
Nín hǎo! Nín huì shuō Zhōngguo huà ya!	Hallo! Sie können Chinesisch!

3. Olsen

Huì yìdiǎnr.	Ein bisschen.

4. Chinesin

-de	(Verbsuffix, das Art und Weise ausdrückt) [P]
bú cuò	„nicht schlecht", „ziemlich gut" [IA]
shuōde bú cuò	recht gut sprechen
ma	(drückt aus, dass etwas offenkundig ist) [P]
Ò, nín shuōde bú cuò ma! Shi zài nǎr xuéde?	Oh, Sie sprechen es wirklich gut! Wo haben Sie es gelernt?

5. Olsen

Běijīng Yǔyán Wénhuà Dàxué	Beijing Language and Culture University [OW]
jìxù	weitermachen [V/HV]
jìxù xué	weiterlernen
Yuánlái wǒ zài Měiguo xuéguo yìdiǎnr.	Ich habe früher in den USA ein bisschen gelernt.
Xiànzài zài Běijīng Yǔyán Wénhuà Dàxué jìxù xué.	Jetzt lerne ich an der Beijing Language and Culture University weiter.

6. Chinesin

xiě	schreiben [V]
zì(r)	Schriftzeichen, Wort [S]
xiězì(r)	Schriftzeichen schreiben, schreiben [VO]
Zhōngguo zì(r)	chinesische Schriftzeichen [PH]
xiě Zhōngguo zì(r)	chinesische Schriftzeichen schreiben
Nín huì xiě Zhōngguo zìr ma?	Können Sie chinesische Schriftzeichen schreiben?

7. Olsen

rènshi	erkennen, kennen [V]
jǐ-	einige, mehrere [Z]
jǐbǎige	mehrere hundert
yǒude	manche [AT/PR]
yǒude yě huì xiě	manche kann ich schreiben
yǒude bú huì	andere kann ich nicht
Wǒ rènshi jǐbǎige Zhōngguo zì. Yǒude yě huì xiě, yǒude bú huì.	Ich kann ein paar hundert Schriftzeichen lesen. Manche davon kann ich schreiben, manche nicht.

8. Chinesin

qítā	andere [AT]
qítāde yǔyán	andere Sprachen
Nín hái huì qítāde yǔyán ma?	Können Sie auch andere Sprachen?

9. Olsen

yǐqián	früher, vorher **[ZW]**
wǒ yǐqián huì shuō	Ich konnte (es) früher sprechen
Xībānyáyǔ	Spanisch (Sprache) **[S]**
yìdiǎnr Xībānyáyǔ	ein wenig Spanisch
quán	ganz **[A]**
quán wàngle	ganz vergessen
Wǒ yǐqián huì shuō yìdiǎnr Xībānyáyǔ, kěshi xiànzài quán wàngle.	Ich konnte früher ein bisschen Spanisch sprechen, aber ich habe es mittlerweile völlig vergessen.

Ergänzungsvokabular: Über Sprachen sprechen

1. Yīngyǔ	Englisch (Sprache) **[S]**
Nǐde Yīngyǔ shi zài nǎr xuéde?	Wo hast du dein Englisch gelernt?
2. Fǎyǔ	Französisch (Sprache) **[S]**
Tā huì bú huì shuō Fǎyǔ?	Kann er Französisch (sprechen)?
3. yǒu rén	es gibt Leute; es sind Leute da; jemand
yǒu rén shuō	manche sagen, dass ...
Déyǔ	Deutsch (Sprache) **[S]**
Yǒu rén shuō Déyǔ hěn nán xué.	Manche sagen, Deutsch sei schwer zu lernen.
4. Rìyǔ	Japanisch (Sprache) **[S]**
Wǒde Rìyǔ quán wàngle.	Ich habe mein Japanisch völlig vergessen.
5. Pǔtōnghuà (B)	Mandarin (Sprache) **[S]**
Nǐde Pǔtōnghuà shuōde bú cuò.	Du sprichst sehr gut Mandarin.
6. Hànzì	chinesische Schriftzeichen **[S]**
Nǐ huì xiě duōshǎo Hànzì?	Wie viele Schriftzeichen kannst du schreiben?

Zusatzvokabular: Noch mehr Sprachen

A. MODERNE SPRACHEN

1. Ālābóyǔ	Arabisch (Sprache) **[S]**
2. Xībóláiyǔ	Hebräisch (Sprache) **[S]**
3. Yìdàliyǔ	Italienisch (Sprache) **[S]**
4. Hányǔ	Koreanisch (Sprache) **[S]**
5. Éyǔ	Russisch (Sprache) **[S]**
6. Yuènányǔ	Vietnamesisch (Sprache) **[S]**

B. KLASSISCHE SPRACHEN

7. Gǔdài Hànyǔ	klassisches Chinesisch (Sprache) **[S]**
8. Xīlàwén	Griechisch (Sprache) **[S]**
9. Lādīngwén	Lateinisch (Sprache) **[S]**

C. CHINESISCHE DIALEKTE

10. fāngyán	Dialekt **[S]**
11. Guǎngdōng huà	Kantonesisch **[PH]**
12. Fúzhōu huà	Fuzhou-Dialekt **[PH]**
13. Kèjiā huà	Hakka **[PH]**
14. Shànghǎi huà	Schanghai-Dialekt **[PH]**
15. Táiwān huà	Taiwan-Dialekt **[PH]**
16. Cháozhōu huà	Teochew **[PH]**
17. Táishān huà	Toishan **[PH]**

Grammatische und kulturelle Anmerkungen

1. Wie Sie sehen, ist es die US-Amerikanerin, die sich einen Ruck gibt und die Chinesin anspricht. Häufig werden Sie die Initiative übernehmen müssen, wenn Sie sich mit Chinesen auf Chinesisch unterhalten wollen. Die Chinesen, mit denen Sie in Kontakt kommen, mögen genau wie Sie den Wunsch hegen, sich mit Ihnen zu unterhalten, aber häufig überwiegt bei ihnen die Angst, dass Sie nur Englisch oder eine andere Fremdsprache sprechen, sodass das Gespräch erst gar nicht in Gang kommt.

2A. Kennen, können und wissen auf Chinesisch. Wenn Sie im Chinesischen ausdrücken wollen, dass Sie etwas (Erlerntes) „können", so müssen Sie das Verb **huì** verwenden. Für „etwas kennen/wissen" (z.B. eine Tatsache) hingegen verwendet man **zhīdao** (5-1) und für „jemanden kennen, mit jemandem bekannt sein" **rènshi** (2-2). Kontrastieren Sie die folgenden Sätze:

Nǐ huì shuō Zhōngguo huà ma?	„Kannst du Chinesisch?"
Nǐ zhīdao Chéngdū zài nǎr ma?	„Weißt du, wo Chengdu liegt?"
Nǐ rènshi nèige rén ma?	„Kennst du diese Person?"

Im Deutschen verwenden wir das Verb „sprechen" gerne auch im Sinne von „eine Sprache sprechen können", z.B. in dem Satz „Sprichst du Chinesisch?". Dies lässt sich im Chinesischen am Besten mit **huì**, wie in **Nǐ huì shuō Zhōngguo huà ma?** oder **Nǐ huì bu hui shuō Zhōngguo huà?**, ausdrücken. In der Regel kann dabei das **huì** nicht weggelassen werden, weswegen man weder *__Nǐ shuō Zhōngguo huà ma?__ noch *__Nǐ shuō bu shuō Zhōngguo huà?__ sagen kann. Beachten Sie in diesem Zusammenhang auch, dass **huì**, wie die meisten Voll- und Hilfsverben, die Zustände und Gefühle beschreiben, die Vergangenheit ohne weitere Verbsuffixe wie **-le** bildet. Daher würden Sie **Qùnián nǐ huì bu hui shuō Zhōngguo huà?** sagen, um „Konntest du letztes Jahr schon Chinesisch sprechen?" im Chinesischen auszudrücken.

Beim Aussprechen von **huì** sollten Sie darauf achten, den Anlaut **h-** stark und „rau" genug auszusprechen, damit **huì** auf keinen Fall wie **wèi** klingt. Um das zu üben, können Sie den folgenden Satz verwenden: **Zhèiwèi bú huì!** „Dieser kann es nicht!". Das **huì** sollte sich deutlich vom **wèi** unterscheiden.

2B. Chinesische Gegenstücke zum deutschen „Können". Außer als „wissen, wie ..." kann **huì** auch als „können" übersetzt werden. Achten Sie darauf, es von den beiden anderen chinesischen Verben, die ebenfalls häufig mit „können" wiedergegeben werden, zu unterscheiden; es handelt sich um **kéyi**, das eher „etwas dürfen", und um **néng**, das „(körperlich) in der Lage sein, zu ..." bedeutet. Vergleichen Sie die folgenden Beispiele:

Tā huì shuōhuà ma?

„Kann er sprechen?" (d.h. hat das Baby schon sprechen gelernt)

Tā néng shuōhuà ma?

„Kann sie sprechen?" (d.h. kann die Person schon wieder sprechen, nachdem Sie heiser geworden ist?)

Tā kéyi shuōhuà ma?

„Kann sie sprechen?" (d.h. darf sie sprechen bzw. hat sie die Erlaubnis dazu?)

Wenn Sie sagen wollen, dass Sie eine bestimmte Sprache beherrschen, sagen Sie auf keinen Fall *__Wǒ kéyi shuō...__, sondern **Wǒ huì shuō...**

2C. Schauen Sie sich die sehr verbreitete und wichtige Verb-Objekt-Verbindung **shuōhuà** „sprechen, reden" (wörtl. „Wörter sprechen") an. Beispiel:

Nèige rén bù cháng shuōhuà. „Diese Person spricht nicht oft."

Wie wir in 5-2: EV2 bezüglich der Verb-Objekt-Verbindungen festgestellt haben, wird das allgemeine Objekt (hier **huà**) weggelassen, sofern ein spezifischeres Objekt vorhanden ist (etwa wenn man nicht nur sagen will, dass man spricht, sondern was man spricht, z.B. eine Sprache). So würde man „Ich spreche gerne Chinesisch" mit

Wǒ xǐhuan shuō Zhōngguo huà.

wiedergeben. Sie können AUF KEINEN FALL *__Wǒ xǐhuan shuōhuà Zhōngguo huà__ sagen.

2D. Bezeichnungen für die Chinesische Sprache. Während der sprachlichen und historischen Entwicklung in China während des letzten Jahrhunderts sind mehrere konkurrierende Bezeichnungen für das Chinesische bzw. das Mandarin entstanden, was anfangs etwas verwirrend sein kann. Der herkömmliche, allgemein im chinesischsprachigen Raum verbreitete Ausdruck für das Chinesische in nicht-fachspezifischen Konversationen lautet **Zhōngguo huà** „Chinesische Sprache". Der ebenfalls im ganzen chinesischsprachigen Raum verbreitete Ausdruck für das geschriebene Chinesisch lautet **Zhōngwén** (manche gebrauchen diesen Ausdruck auch für die gesprochene Sprache, aber Sprachpuristen würden dies als inkorrekt bezeichnen). In Festlandchina und zunehmend auch in Hongkong und Macao ist die offizielle Bezeichnung für das Chinesische **Pǔtōnghuà** „allgemeines Chinesisch". Auch das Wort **Hànyǔ** „Sprache der Han-Chinesen" wird häufig verwendet als Synonym zu **Pǔtōnghuà**, wenngleich dieser Ausdruck streng genommen auch die anderen chinesischen Dialekte beinhaltet. Der Ausdruck **Guóyǔ** „Landessprache" wurde von 1918 bis in die 1950er-Jahre in ganz China verwendet, um das Mandarin zu bezeichnen. Heute findet man ihn noch in Taiwan, Hongkong und Macao. In Singapur und Malaysia findet man den Ausdruck **Huáyǔ** „Chinesische Sprache". Daraus folgt, dass alle folgenden Sätze „Du sprichst ziemlich gut Chinesisch." bedeuten:

Nǐde Zhōngguo huà shuōde bú cuò! (wird überall verwendet, umgangssprachlich, etwas altmodisch)

Nǐde Zhōngwén shuōde bú cuò! (wird überall verwendet, Puristen sind allerdings der Ansicht, dass der Ausdruck **Zhōngwén** sich nur auf das geschriebene Chinesisch beziehen sollte)

Nǐde Pǔtōnghuà shuōde bú cuò! (Festlandchina, Hongkong, Macao)

Nǐde Hànyǔ shuōde bú cuò! (Festlandchina)

Nǐde Guóyǔ shuōde bú cuò! (Taiwan, Hongkong, Macao)

Nǐde Huáyǔ shuōde bú cuò! (Singapur, Malaysia)

Unsere Empfehlung: (1) Seien Sie darauf vorbereitet, alle oben genannten Ausdrücke zu verstehen; (2) wenn Sie bemerken sollten, welchen der Ausdrücke Ihr Gesprächspartner bevorzugt, sollten auch Sie diesen Ausdruck gebrauchen; (3) im Zweifelsfall benutzen Sie **Zhōngguo huà** für „gesprochenes Chinesisch" und **Zhōngwén** für „geschriebenes Chinesisch".

2E. Obwohl sich die Situation allmählich ändert, sind trotzdem immer noch viele Chinesen überrascht, wenn ein Ausländer Chinesisch spricht. Meistens wird angenommen, dass Ausländer nur Englisch können. Auch antworten Chinesen, die Englisch gelernt haben, im Gegensatz zur Frau im Dialog, die bereit ist Chinesisch zu sprechen, zuweilen auf in chinesischer Sprache gestellte Fragen auf Englisch, während andere Chinesen, die nur wenig Englisch können, mit „Sorry, no English." antworten (was soviel heißt wie: „Pardon, ich kann kein Englisch."). Was kann man tun, wenn Sie zwar Chinesisch sprechen möchten, Ihr Gegenüber es aber vorzieht, Englisch (oder Deutsch) zu sprechen? Natürlich sollten Sie so viel wie möglich Chinesisch reden, da Sie nur auf diese Weise Ihr Chinesisch verbessern können. Aber wenn das Englisch (oder Deutsch) Ihres Gesprächspartners deutlich besser ist als Ihr Chinesisch und dieser es vorzieht, mit Ihnen Englisch (oder Deutsch) zu sprechen, wäre es Ihrerseits unhöflich, weiter Chinesisch zu sprechen. (Dies könnte Ihnen dahingehend ausgelegt werden, dass Sie der Ansicht seien, dass Ihr Chinesisch besser sei als das Englisch oder das Deutsch Ihres Gegenübers, wodurch sowohl Sie als auch Ihr Gesprächspartner an Gesicht verlieren könnten.) Aber keine Sorge, Sie werden jede Menge Chinesen treffen, die gerne mit Ihnen Chinesisch sprechen, vor allem, wenn Sie über das Anfängerniveau hinaus sind. Aber selbst wenn Sie mit Ihrem chinesischen Gegenüber Englisch oder Deutsch reden, sollten Sie Ihre Kenntnisse der chinesischen Sprache, Gesellschaft und Kultur nicht vergessen und nicht mit diesen reden, wie sie etwa mit Ihren eigenen Landsleuten sprechen würden. Bis zu einem gewissen Grad sind die Konventionen der interkulturellen Kommunikation auch in diesem Falle wichtig.

3. Wenn Sie „Ich kann ein bisschen Chinesisch" sagen möchten, so heißt dies auf Chinesisch **Wǒ huì shuō yìdianr Zhōngguo huà** oder **Wǒ huì yìdianr Zhōngguo huà** (Sie können NICHT **yìdianr** ans Satzende stellen und ***Wǒ huì shuō Zhōngguo huà yìdianr** sagen). Um „Ich kann sehr wenig (Chinesisch)." auszudrücken, sagen Sie **Wǒ huì yìdiǎndiǎn**. Sie können NICHT ***Wǒ huì hěn yìdiǎnr** sagen, da im Chinesischen Adverbien wie **hěn** stets dem Verb oder anderen Adverben vorangehen müssen.

4A. -DE nach Verben, um die Art und Weise auszudrücken. Schauen Sie sich in dieser Zeile die Phrase **nín shuōde bú cuò** „Du sprichst gut." an. Wenn nach einem Verb bzw. vor einer Ergänzung, die eine Art und Weise (Komplement der Art und Weise) ausdrückt, die Partikel **-de** steht, drückt sie die Art und Weise aus, in der die Verbhandlung vollzogen wird oder wurde. Das Muster ist:

Thema	Verb	-DE	Komplement
Nín	**shuō**	**de**	**bú cuò.**

„Du sprichst gut."

Hier noch einige weitere Beispiele:

Nǐ láide tài zǎo.	„Du bist zu früh gekommen."
Xiǎoháir zhǎngde tài kuàile!	„Kleine Kinder werden zu schnell groß."
Wǒ zuótiān yèli shuìde bú tài hǎo.	„Gestern Nacht habe ich nicht gut geschlafen."
Zhèige lǐbài bēibāo màide hěn hǎo.	„Diese Woche haben sich Rucksäcke sehr gut verkauft."

Wenn das Hauptverb des Satzes eine Verb-Objekt-Verbindung ist, sollten Sie, falls Sie die Art und Weise ausdrücken wollen, in der die Verbhandlung vollzogen wird, zunächst das Thema mittels der Verb-Objekt-Verbindung in ihrer Grundform nennen und dann nur das Verb (nicht das Objekt) gefolgt von einem **-de** und dem Komplement der Art und Weise wiederholen. Beispiele:

Thema	Verb	-DE	Komplement
Tā chīfàn	**chī**	**de**	**hěn dà shēng.**

„Er isst sehr laut."

Thema	Verb	-DE	Komplement
Tā xiě Zhōngguo zì	**xiě**	**de**	**hěn hǎokàn.**

„Ihre Schriftzeichen sehen schön aus." (wörtl. „Sie schreibt Schriftzeichen auf eine schöne Weise.")

Einige weitere Beispiele:

Tāmen xué Zhōngwén xuéde hěn màn.	„Sie lernen sehr langsam Chinesisch."
Liú Lǎoshī jiāoshū jiāode bú cuò.	„Lehrer Liu unterrichtet sehr gut."
Wǒmen liáotiān liáode hěn gāoxìng.	„Wir haben uns sehr fröhlich unterhalten."
Tā shuō Zhōngguo huà shuōde hěn hǎo.	„Er spricht sehr gut Chinesisch."

4B. Der Ausdruck **bú cuò**, wörtlich „nicht schlecht", entspricht in seinem Gebrauch dem entsprechenden deutschsprachigen Ausdruck, wobei es noch mehr als im Deutschen „ziemlich gut" bedeutet. Chinesischsprecher haben eine starke Tendenz, Dinge eher indirekt durch Understatement oder doppelte Verneinung anstatt zu direkt auszudrücken. Sie sind der Ansicht, eine zu direkte Redeweise könnte ihr Gegenüber in Verlegenheit bringen, sollte dieses anderer Ansicht sein oder auf der eigenen Seite für Gesichtsverlust sorgen, falls man sich geirrt haben sollte. Hier einige Beispiele für dieses Phänomen:

bù duō	„nicht viele"	= „wenige"
bù shǎo	„nicht wenige"	= „viele"
bù hǎochī	„nicht wohlschmeckend"	= „schlecht schmeckend"
bù hǎokàn	„nicht schön"	= „hässlich"
bù gāoxìng	„nicht fröhlich"	= „verärgert, böse"
bú tài hǎo	„nicht allzu gut"	= „schlecht"
bú tài guì	„nicht zu teuer"	= „eher preiswert"

4C. **MA** um eine offensichtliche Situation zu bezeichnen. Die Partikel **ma** am Satzende kann ausdrücken, dass etwas für den Sprecher offenkundig ist und der Sprecher der Ansicht ist, dass dies auch für seinen Gesprächspartner so ist. Das Muster lautet:

Aussage	MA
Nàrde dōngxi tǐng guì	**ma!**

„Die Sachen dort sind wirklich ganz schön teuer!"

Während die Fragepartikel **ma**, die Sie in 1-2 kennen gelernt haben, eher hoch ausgesprochen wird, spricht man die Partikel **ma**, die Offenkundigkeit ausdrückt, eher tiefer aus. Kontrastieren Sie:

Frage-**ma** in einem hohen Tonfall:

Tā bú huì ma? „Sie weiß nicht wie?"

Das **ma**, mit dem Offenkundigkeit ausgedrückt wird, in einem tieferen Tonfall gesprochen:

Tā bú huì ma! „Sie weiß nicht wie (und das ist offenkundig für mich und ich glaube, für dich auch)!"

Beachten Sie, dass eine sehr häufige Verwendung des **ma**, das Offenkundigkeit ausdrückt, von manchen Sprechern als eine weibliche Ausdrucksweise empfunden wird.

4D. **(Nín) shi zài năr xuéde?** „Wo haben Sie gelernt?" Dies ist ein Beispiel für die **shi...-de**-Konstruktion, mit der der Ort einer vergangenen Handlung ausgedrückt wird (4-3: 3A). Der Grund, warum hier kein **-le** steht, das die Vergangenheit der Handlung ausdrückt, liegt darin, dass die Tatsache, dass etwas gelernt wurde, bereits bekannt ist. Die Betonung liegt hier eher darauf, wo die Handlung (hier das Lernen) stattgefunden hat. Achten Sie auf den Unterschied zwischen dem **-de** der **shi...-de**-Konstruktion und dem **-de**, das nach Verben steht und die Art und Weise der Verbhandlung anzeigt, wie z.B. in **nín shuōde bú cuò** „Sie sprechen nicht schlecht." (vgl. 4A in dieser Lektion).

5. Mit über 13.000 Studenten ist die **Běijīng Yŭyán Wénhuà Dàxué** „Beijing Language and Culture University", oft als **Běiyŭ** abgekürzt, die größte Einrichtung Chinas, die sich mit Sprachdidaktik befasst. Eines ihrer bekanntesten Programme ist das Chinesisch als Fremdsprache-Programm. Obschon der offizielle englische Name der Universität immer noch „Beijing Language and Culture University" lautet, wurde er im Chinesischen zu **Běijīng Yŭyán Dàxué** (wörtl. „Beijinger Sprachenuniversität") verkürzt, was Anlass für den populären Witz, "**Běijīng Yŭyán Dàxué méiyou wénhuà le!**" „Die Beijinger Sprachenuniversität hat keine Kultur mehr." gab.

6. Der Ausdruck für „Chinesisches Schriftzeichen" ist **Zhōngguo zì(r)** oder, wie in EV6 vorgestellt, **Hànzì**. Man kann NICHT ***Zhōngwén zì** sagen. Als Substantiv muss dem **zì(r)** das unspezifische Zähleinheitswort **ge** vorangehen, wenn es gezählt wird oder ein bestimmtes Schriftzeichen gemeint ist. So sagt man, wenn man „Ich kenne mehr als 200 Schriftzeichen." sagen will, **Wŏ rènshi chàbuduō liăngbăige Zhōngguo zì**. Sie dürfen das **ge** auf KEINEN FALL weglassen und ***Wŏ rènshi chàbuduō liăngbăi Zhōngguo zì** sagen.

7A. In dieser Zeile lernen Sie eine weitere Bedeutung von **rènshi**, nämlich „erkennen" (in diesem Falle chinesische Schriftzeichen erkennen) kennen. Um das deutsche „Ich kenne dieses Schriftzeichen nicht." auf Chinesisch auszudrücken, würde man **Wŏ bú rènshi zhèige zì** „Ich erkenne dieses Schriftzeichen nicht." sagen. Es wäre FALSCH ***Wŏ bù zhīdào zhèige zì** zu sagen (vgl. Anmerkung 2A oben). Wenn Sie nun aber ein Schriftzeichen erkennen, aber nicht wissen, was es bedeutet, so sagen Sie **Wŏ rènshi zhèige zì, búguò wŏ bù zhīdào zhèige zì zài zhèli shi shémme yìsi** „Ich erkenne das Schriftzeichen, aber ich weiß nicht, was es hier bedeutet." Übrigens, der Ausdruck für „lesen können" lautet **rènshi zì** (wörtl. „Schriftzeichen erkennen"), daher würde man „Der alte Mann ist Analphabet." mit **Nèiwèi lăo xiānsheng bú rènshi zì** ausdrücken.

7B. Fragewörter als Ausdruck von Unbestimmtheit als Indefinitpronomen. Schwach betont und in normaler (zumindest eher als in höherer) Tonhöhe ausgesprochen, drücken Fragewörter Unbestimmtheit aus anstelle einer Frage (d.h. werden Fragewörter zu Indefinitpronomen und drücken eine unbestimmte Menge aus). Normalerweise wird aus dem Kontext klar, was gemeint ist. Ihr erstes Beispiel für ein Fragewort, das zum Ausdruck von Unbestimmtheit verwendet wird, ist **jĭ-**, das gewöhnlich „wie viele", als unbestimmter Ausdruck hingegen „einige, ein paar" bedeutet. Kontrastieren Sie:

(1) a. **Nĭ rènshi jĭbăige Zhōngguo zì?** (Frage, hoch ausgesprochen)
„Wie viel hundert Schriftzeichen kennst du?"

b. **Wŏ rènshi jĭbăige Zhōngguo zì.** (Aussage, normale Tonhöhe)
„Ich kenne ein paar hundert Schriftzeichen."

(2) a. **Nĭ yŏu jĭkuài qián?** (Frage, hoch ausgesprochen)
„Wie viel Yuan hast du?"

b. **Wŏ zhĭ yŏu jĭkuài qián.** (Aussage, normale Tonhöhe)
„Ich habe nur ein paar Yuan."

Beachten Sie, dass **jǐ-** stets mit einem Zähleinheitswort verwendet werden muss, daher muss man für „einige hundert Schriftzeichen" **jǐbǎige zì** sagen und darf AUF KEINEN FALL ***jǐbǎi zì** sagen. Vergegenwärtigen Sie sich bitte auch gründlich den Unterschied in der Aussprache zwischen der jeweils ersten Silbe in der folgenden Frage bzw. Antwort:

Jǐbǎige? „Wie viel hundert?"

Qībǎige! „Siebenhundert!"

7C. **YǑUDE...YǑUDE...** „einige ..., andere ...". Das Muster **yǒude...yǒude...** , das in diesem Satz zum ersten Mal vorkommt, ist sowohl weit verbreitet als auch nützlich. Schauen wir uns **yǒude** zunächst einmal allein an. Eine Möglichkeit, auf Chinesisch „einige" zu sagen, ist der Ausdruck **yǒude**, wenn er einem Substantiv vorangestellt wird. Zum Beispiel:

yǒude rén	„einige Leute"
yǒude lǎoshī	„einige Lehrer"
yǒude zì	„einige Schriftzeichen"

In all diesen Fällen von nominalen Ausdrücken, die aus einem Substantiv und **yǒude** bestehen, kann das Substantiv weggelassen werden, sodass das Pronomen **yǒude** „einige" übrig bleibt. Wie Sie vielleicht bereits erraten haben, ist der Ausdruck **yǒude** vom Verb **yǒu** „es gibt, haben" abgeleitet. Sagt man **yǒude zì** „einige Schriftzeichen", so heißt das wörtlich übersetzt „Schriftzeichen, die es gibt"; und wenn man **yǒude** sagt, so heißt das wörtlich „die, die da sind".

WICHTIGE ANMERKUNG: **Yǒude** kann ausschließlich vor dem Subjekt oder Thema eines Satzes verwendet werden, NICHT vor dem Objekt. Daher können Sie zwar **Yǒude Zhōngguo zì wǒ huì xiě** „Einige Schriftzeichen kann ich schreiben", aber NICHT ***Wǒ huì xiě yǒude Zhōngguo zì** „Ich kann einige Schriftzeichen schreiben" sagen.

Yǒude kommt häufig in dem Muster **yǒude...yǒude...** „einige ..., einige ..." oder „einige ..., andere ..." vor. Das Grundmuster lautet:

Thema 1	**Kommentar 1**	**Thema 2**	**Kommentar 2**
Yǒude zì	**wǒ huì xiě,**	**yǒude**	**hái bú huì.**

„Einige der Schriftzeichen kann ich schreiben, einige noch nicht."

Hier noch einige weitere Beispiele für dieses Muster:

Yǒude láile, yǒude méi lái.	„Einige kamen, andere nicht."
Yǒude huì, yǒude bú huì.	„Einige (z.B. Leute) können (das), andere nicht." oder „(Ich) kenne einige (z.B. Schriftzeichen), andere nicht. "
Yǒude wǒ mǎile, yǒude wǒ méi mǎi.	„Einige habe ich gekauft, andere nicht."
Yǒude shi wǒde, yǒude bú shi wǒde.	„Einige sind meine, einige nicht."
Yǒude rén yǐjīng zhīdao, yǒude hái bù zhīdào.	„Einige Leute wissen (das) schon, andere nicht."
Yǒude dìfang hěn nán, yǒude dìfang bú tài nán.	„Manche Teile (z.B. in einem Buch oder einem Film) waren schwierig, manche nicht."

8. Achten Sie auf den Unterschied in Aussprache und Bedeutung bei **hái** „außerdem" und **huì** „können".

9. **Xībānyáyǔ** „Spanisch" wird manchmal als **Xīyǔ** abgekürzt.

EV1-6 UND ZV1-17. Bezeichnungen für Sprachen. Die traditionelle Form, um eine Sprache zu bezeichnen, ist es, an den Namen des Landes ein **huà** „gesprochene Sprache" anzuhängen, z.B. **Déguo huà** „gesprochenes Deutsch" oder **Fǎguo huà** „gesprochenes Französisch" etc. In der nichtfachlichen, alltäglichen Sprache ist dies auch heute durchaus noch üblich. Beachten Sie, dass **Yīngguo huà** „gesprochenes Englisch" eher selten vorkommt, vielmehr sagt man **Yīngwén** oder **Yīngyǔ**. Will man ausdrücklich vom US-Amerikanischen sprechen, so sagt man **Měiyǔ**.

Die modernere und „wissenschaftlichere" Weise, auf eine Sprache Bezug zu nehmen, erfolgt mittels der Verwendung der Silbe **-yǔ** „Sprache". Normalerweise lassen Sie, wenn Sie das Wort für eine Sprache bilden wollen, das **guo** (sofern vorhanden) im Ländernamen weg und ersetzen es durch **-yǔ**:

Yīngguo	→	**Yīngyǔ**	„Englisch"
Yìdàlì	→	**Yìdàlìyǔ**	„Italienisch"
Déguo	→	**Déyǔ**	„Deutsch"

Beachten Sie aber, dass man KEINESFALLS ***Zhōngyǔ** für „Chinesisch" sagen kann.

Wenn es um die geschriebene Sprache geht, wird an die erste Silbe des Ländernamens oft die Silbe **-wén** angehängt, z.B. **Yīngwén** „Englisch" oder **Déwén** „Deutsch". Manche Sprecher verwenden die Ausdrücke mit **-wén** auch für die gesprochene Sprache, aber das wird von anderen wiederum als schlechtes Chinesisch betrachtet. Generell gesprochen, müssen Sie das **guo** im Ländernamen (sofern vorhanden) weglassen und dafür ein **-wén** einfügen, wenn Sie die Bezeichnung für die geschriebene Sprache eines Landes bilden wollen.

Yīngguo	→	**Yīngwén**	„(geschriebenes) Englisch"
Yìdàlì	→	**Yìdàlìwén**	„(geschriebenes) Italienisch"
Déguo	→	**Déwén**	„(geschriebenes) Deutsch"
Zhōngguo	→	**Zhōngwén**	„(geschriebenes) Chinesisch"

EV2. Eine in Taiwan und zuweilen auch in anderen Gegenden anzutreffende, alternative Aussprache von **Fǎyǔ** „Französisch" ist **Fàyǔ**.

EV3. Beachten Sie, dass **shuō** nicht nur „sprechen", sondern auch „sagen", im Sinne von „(jemand) sagt (etwas)", bedeutet.

EV5. **Pǔtōnghuà**, wörtlich „allgemeine Sprache," ist der Ausdruck, mit dem in China gewöhnlich das Mandarin bezeichnet wird. Es besteht aus dem Statischen Verb **pǔtōng** „allgemein, gewöhnlich" und dem Substantiv **huà** „gesprochene Sprache".

ZV4. Es gibt mehrere Wörter für „Koreanisch". Außer **Hányǔ** kommt noch **Hánguo huà,** ein weiterer verbreiteter Ausdruck für „gesprochenes Koreanisch", vor. Sollten Sie „geschriebenes Koreanisch" sagen wollen, so können Sie **Hánwén** sagen. Ein weiterer Ausdruck für das Koreanische, dem Sie zuweilen begegnen, ist **Cháoxiǎnyǔ**.

ZV5. Eine in Taiwan und zuweilen auch anderen Gegenden anzutreffende, alternative Aussprache von **Éyǔ** „Russisch" ist **Èyǔ**.

ZV7. Weitere Bezeichnungen für **Gǔdài Hànyǔ** „klassisches Chinesisch", die Sie zuweilen antreffen, sind **Gǔ Hànyǔ, Gǔwén** und **Wényánwén**.

ZV10-17. Wie wir bereits in der Einleitung besprochen haben, sind die so genannten „Dialekte" des Chinesischen vom linguistischen Standpunkt aus gesehen eigene Sprachen.

ABSCHNITT 3

Der neugierige Professor

Der US-amerikanische Masterstudent Eric Bigelow unterhält sich vor dem Wohnheim für die ausländischen Studierenden auf dem Campus der Capital University of Economics and Business Beijing mit einem seiner Professoren. Obwohl Bigelow den Unterricht dieses Professors bereits seit einigen Wochen besucht, unterhalten sich die beiden zum ersten Mal etwas länger.

Basis-Konversation 7-3

1. CHINESISCHER PROFESSOR **Nǐ shémme shíhou dào Běijīngde?**
Wann bist du in Beijing angekommen?

2. BIGELOW **Wǒ shi jīnnián èr yuèfen dàode.**
Ich bin im Februar dieses Jahres angekommen.

3. CHINESISCHER PROFESSOR **Nǐ yíge rén láide ma?**
Bist du allein gekommen?

4. BIGELOW **Bù, hé wǒ àirén yìqǐ láide.**
Nein, ich bin zusammen mit meiner Frau gekommen.

5. CHINESISCHER PROFESSOR **Nǐ zài nǎr xuéde Zhōngwén? Shì bu shi yǐqián zài Zhōngguo xuéguo?**
Wo hast du Chinesisch gelernt? Hast du es nicht vorher schon in China gelernt?

6. BIGELOW **Kāishǐ shi zài Měiguo xuéde. Hòulái yòu zài Táiwān xuéle yíduànr shíjiān.**
Zuerst habe ich es in den USA gelernt. Später habe ich es dann eine Weile in Taiwan gelernt.

7. CHINESISCHER PROFESSOR **Nánguài nǐde Hànyǔ jiǎngde zhèmme hǎo.**
Kein Wunder, dass du so gut Chinesisch sprichst.

8. BIGELOW **Náli, náli. Hái chàde hěn yuǎn ne!**
Woher denn. Es ist noch sehr schlecht.

Build-Up

1. Chinesischer Professor

shíhou(r)	Zeit [S]
shémme shíhou	welche Zeit
Nǐ shémme shíhou dào Běijīngde?	Wann bist du in Beijing angekommen?

2. Bigelow

yuèfen(r)	Monat **[S]**
èr yuèfen	Februar
jīnnián èr yuèfen	im Februar dieses Jahres
Wǒ shi jīnnián èr yuèfen dàode.	Ich bin im Februar dieses Jahres angekommen.

3. Chinesischer Professor

yíge rén	allein, einzeln **[PH]**
yíge rén lái	alleine kommen
Nǐ yíge rén láide ma?	Bist du allein gekommen?

4. Bigelow

hé	mit **[CV]**
yìqǐ	zusammen **[A/OW]**
hé wǒ àirén yìqǐ	zusammen mit meiner Frau
hé wǒ àirén yìqǐ lái	zusammen mit meiner Frau kommen
Bù, hé wǒ àirén yìqǐ láide.	Nein, ich bin zusammen mit meiner Frau gekommen.

5. Chinesischer Professor

nǐ shi zài nǎr xuéde	wo hast du (es) gelernt
nǐ shi zài nǎr xuéde Zhōngwén	wo hast du Chinesisch gelernt
shì bu shi	ist es der Fall oder nicht, dass
yǐqián zài Zhōngguo xuéguo	vorher in China gelernt haben
Nǐ zài nǎr xuéde Zhōngwén?	Wo hast du Chinesisch gelernt?
Shì bu shi yǐqián zài Zhōngguo xuéguo?	Hast du es nicht vorher schon in China gelernt?

6. Bigelow

kāishǐ	zu Beginn **[ZW]**
hòulái	später, danach **[ZW]**
yòu	wieder **[A]**
duàn(r)	Abschnitt, Zeitabschnitt **[ZEW]**
yíduànr shíjiān	eine Weile
xuéle yíduànr shíjiān	eine Weile gelernt haben
Kāishǐ shi zài Měiguo xuéde.	Zuerst habe ich es in den USA gelernt.
Hòulái yòu zài Táiwān xuéle yíduànr shíjiān.	Später habe ich es dann eine Weile in Taiwan gelernt.

7. Chinesischer Professor

nánguài...	kein Wunder ... **[BM]**
jiǎng	sprechen, sagen **[V]**
zhèmme hǎo	so gut
jiǎngde zhèmme hǎo	so gut sprechen
Nánguài nǐde Hànyǔ jiǎngde zhèmme hǎo.	Kein Wunder, dass du so gut Chinesisch sprichst.

8. Bigelow

yuǎn	weit weg sein **[SV]**
chàde hěn yuǎn	sehr mangeln
hái chàde hěn yuǎn ne	noch sehr mangelhaft sein
Náli, náli. Hái chàde hěn yuǎn ne!	Woher denn. Es ist noch sehr schlecht.

Ergänzungsvokabular

1. **kāishǐ**	anfangen [V]
Wǒde gōngzuò yǐjīng kāishǐle.	Meine Arbeit hat schon angefangen.
2. **nèmme**	so [A]
nèmme duō	so viel
Wǒ bù néng chī nèmme duō.	Ich kann nicht so viel essen.
3. **yǒude shíhou(r)**	manchmal [PH]
jiǎnghuà	sprechen [VO]
tā huà jiǎngde tài duō	sie spricht zu viel
Yǒude shíhou tā huà jiǎngde tài duō.	Sie redet manchmal zu viel.

Grammatische und kulturelle Anmerkungen

1. Beachten Sie, dass in der Frage **Nǐ shémme shíhou dào Běijīngde?** „Wann bist du in Beijing angekommen?" **shémme shíhou** „welche Zeit" oder „wann" als Fragewortausdruck fungiert. Das ist der Grund dafür, dass am Ende des Satzes nicht die Fragepartikel **ma** steht.

1-6. **SHI...-DE um Begleitumstände einer bekannten Verbhandlung in der Vergangenheit auszudrücken.** Wie wir in 4-2: 3A gesehen haben, kann das **shi...-de**-Muster Ort oder Zeit vergangener bekannter Handlungen in der Vergangenheit ausdrücken. Wenn Sie sich nun die Zeilen 1-6 dieser Konversation anschauen, werden Sie feststellen, dass **shi...-de** nicht nur Ort und Zeit vergangener Handlungen, sondern auch andere Begleitumstände auszudrücken vermag, etwa, ob jemand alleine zu einem bestimmten Ort gekommen ist oder zusammen mit jemandem anderes. Das Muster lautet:

Subjekt	SHI	Begleitumstände	Verb	-DE
Wǒ	**shi**	**hé wǒ àirén yìqǐ**	**lái**	**de.**

„Ich bin zusammen mit meiner Frau gekommen."

Wenn **shi...-de** verwendet wird, sind Sie und Ihr Gesprächspartner sich bereits darüber im Klaren, dass etwas in der Vergangenheit geschehen ist. Was noch unbekannt ist, ist unter welchen Umständen die vergangene Handlung stattgefunden hat. **Shi...-de** betont diese Umstände, unter der eine vergangene Handlung stattgefunden hat, z.B. wann, wo, mit wem, wodurch und wie etwas geschehen ist. Die Verneinung von **shi...-de** ist **bú shi...-de**. Schauen Sie sich den folgenden Dialog mit Beispielen der Aussageform bzw. der verneinten Form an:

Sprecher A: **Nǐ shi zuótiān dàode ma?**
„Bist du gestern angekommen?"

Sprecher B: **Wǒ bú shi zuótiān dàode. Wǒ shi jīntiān dàode.**
„Ich bin nicht gestern angekommen. Ich bin heute angekommen."

Beim schnellen Sprechen wird das **shi** von **shi...-de** bei AUSSAGESÄTZEN oft weggelassen. Anstatt **Wǒ shi gēn tā yìqǐ qùde** „Ich bin mit ihm gegangen" würden viele Chinesen einfach **Wǒ gēn tā yìqǐ qùde**. sagen. In der Basis-Konversation dieser Lektion kommt das **shi...-de**-Muster in den Zeilen 2 und 6 mit und in den Zeilen 1,3,4 und 5 ohne **shi** vor (obwohl man es dort durchaus einfügen könnte). Wir raten Ihnen, vorerst das vollständige **shi...-de**-Muster zu verwenden. Im Laufe der Zeit, wenn sich Ihr Chinesisch verbessert, werden Sie vermutlich ganz von selbst beginnen das **shi** im **shi...-de**-Muster wegzulassen. Beachten Sie aber, dass das **shi** in VERNEINTEN SÄTZEN (**bú shi...-de**) auf keinen Fall weggelassen werden kann.

Schauen Sie sich nun die Frage **Nǐ shémme shíhou dào Běijīngde?** „Wann bist du in Beijing angekommen?" in Zeile 1 an. Manche Sprecher würden eher **Nǐ shémme shíhou dàode Běijīng?** mit einem **-de** nach dem Verb (hier **dào**) anstatt nach dem Objekt (hier **Běijīng**) sagen. Schauen Sie sich außerdem einmal die Frage **Nǐ zài nǎr xuéde Zhōngwén?** „Wo hast du Chinesisch gelernt?" in Zeile 5 an. Manche Sprecher würden anstatt dessen **Nǐ zài nǎr xué Zhōngwénde?** sagen. Der Punkt dabei ist, dass das Objekt in einem Satz mit Verb und Objekt, in dem eine **(shi)...-de**-Konstruktion verwendet wird, sowohl vor, als auch nach dem **-de** stehen kann. Die einzige Ausnahme ist es, wenn das Objekt ein PRONOMINAL-Objekt ist; in diesem Fall muss das **-de** nach dem Pronomen stehen. Beispiele:

Entweder:	**Nǐ shémme shíhou dào Běijīngde?**
Oder:	**Nǐ shémme shíhou dàode Běijīng?**
Entweder:	**Nǐ shi zài nǎr xuéde Zhōngwén?**
Oder:	**Nǐ shi zài nǎr xué Zhōngwénde?**
Aber nur:	**Nǐ shi zài nǎr rènshi tāde?**
(FALSCH:	***Nǐ shi zài nǎr rènshide tā?**)

Schließlich sollten Sie sich noch merken, dass **shi...-de** nur für bereits bekannte Handlungen in der Vergangenheit verwendet werden kann. Wenn Sie fragen wollen, ob jemand zu einem bestimmten Ort gegangen ist, können Sie nicht **shi...-de** verwenden, da die vergangene Handlung nicht bekannt ist (sie würden anstatt dessen die vollendete Handlung in der Vergangenheit mit **-le** ausdrücken). Auch wenn Sie fragen, ob jemand Student gewesen ist, an einem bestimmten Ort war oder an einem bestimmten Ort gelebt hat, können Sie **shi...-de** nicht verwenden, da „sein" und „leben" keine Handlungen, sondern Zustände sind (sie würden daher weder **shi...-de** noch **-le** benutzen, sondern möglicherweise ein Zeitwort oder ein Adverb gebrauchen). Wenn Ihnen noch nicht ganz klar ist, wann Sie **shi...-de** verwenden können, schauen Sie sich die folgenden zwei Sätze an, die auf Deutsch identisch, auf Chinesisch hingegen völlig unterschiedlich sind:

a. **Tā fùmǔ qùnián líhūnle.** „Seine Eltern haben sich letztes Jahr scheiden lassen." (Die dahinter steckende Annahme lautet, dass dem Hörer noch nicht bekannt ist, dass die beiden Eltern geschieden sind. Die Betonung liegt auf dem, WAS die Eltern taten, d.h. dass sie sich scheiden ließen.)

b. **Tā fùmǔ shi qùnián líde hūn.** „Seine Eltern haben sich letztes Jahr scheiden lassen." (Die dahinter steckende Annahme ist, dass dem Hörer bereits bekannt ist, dass sich die Eltern scheiden ließen, er aber nicht weiß, WANN dies geschah. Die Betonung liegt auf der Zeit der Scheidung.)

2A. Denken Sie daran, dass ein Ausdruck, der beschreibt, wann etwas geschieht (Zeitpunkt), im Chinesischen immer vor dem Verb steht, im Deutschen hingegen ist das etwas flexibler und auch komplizierter. Kontrastieren Sie:

Chinesisch:	**Wǒ shi jīnnián èr yuèfen dàode.**
Wörtliche Übersetzung:	„Ich dieses Jahr Februar angekommen."
Korrektes Deutsch:	„Ich bin dieses Jahr im Februar angekommen."

2B. Das Nomen **yuèfen(r)** in **èr yuèfen** „Februar" hier ist ein Synonym für **yuè**, das man auch anstelle dessen hätte verwenden können. Beachten Sie aber, dass Sie, wenn Sie **yuèfen** verwenden, nicht noch den Tag mit **hào** hinzufügen können. Daher kann „Februar" zwar entweder **èryuè** oder **èr yuèfen** sein, der „5. Februar" aber nur **èryuè wǔhào**.

3. Die Phrase **yíge rén** „ein Mensch — allein" ist sehr verbreitet. Die ganze Phrase fungiert als Adverb, weswegen sie vor dem Verb steht, auf das sie sich bezieht. Daher sollten Sie darauf achten, **Wǒ yíge rén qù** „Ich gehe allein." und NICHT ***Wǒ qù yíge rén** zu sagen.

4A. Lernen Sie das verbreitete chinesische Adverb **yìqǐ** „zusammen", z.B. **Wǒmen yìqǐ chīfàn ba** „Lasst uns zusammen essen." **Yìqǐ** kann auch als Ortswort fungieren, z.B. **Jīntiān wǒmen dōu zài yìqǐ** „Heute sind wir alle zusammen."

4B. In Lektion 7-1 haben Sie **hé** als Konjunktion mit der Bedeutung „und", wie in **wǒ hé nǐ** „ich und du" kennen gelernt. In dieser Lektion lernen Sie es als Co-Verb mit der Bedeutung „mit" kennen (vgl. nächste Anmerkung).

4C. **HÉ...YÌQǏ und GĒN...YÌQǏ.** **Hé...yìqǐ** „zusammen mit ..." ist ein wichtiges Muster, um auszudrücken, dass jemand etwas mit jemandem anderes gemeinsam getan hat. Eine ausführlichere Form dieses Satzes wäre **Bù, wǒ shi hé wǒ àirén yìqǐ láide** „Nein, ich bin zusammen mit meiner Frau gekommen." Das Grundmuster ist wie folgt aufgebaut:

Subjekt	HÉ	Substantiv/Pronomen	YÌQǏ	Verb
Wǒ	**hé**	**nǐ**	**yìqǐ**	**qù.**

„Ich gehe zusammen mit dir."

Außer **hé...yìqǐ** können Sie auch das Co-Verb **gēn** „mit", mit dem Sie in Lektion 6-4 **gēn...yìqǐ** sagen gelernt haben, verwenden, es hat genau die gleiche Bedeutung und wird in exakt der gleichen Weise benutzt. Beispiel:

Wǒmen gēn tāmen yìqǐ zǒu ba! „Lasst uns zusammen mit ihnen gehen!"

5A. Schauen Sie sich **(Nǐ) shì bu shi yǐqián zài Zhōngguo xuéguo?** „Hast du (es = Chinesisch) nicht vorher schon in China gelernt?" an. Das **shì bu shi** bedeutet hier „Ist es nicht oder doch der Fall, dass ...". **Shì bu shi** wird häufig verwendet, um Fragen in dieser Art zu formulieren.

5B. Das Suffix **-guo** in **xuéguo** zeigt Erfahrung in der Vergangenheit an (4-3: 5A). **Xuéguo** kann hier als „hat gelernt" übersetzt werden.

6A. Unterscheiden Sie **kāishǐ** „anfangs" von **kǎoshì** „Test" oder „an einem Test teilnehmen".

6B. Das Zeitwort **hòulái** bedeutet „danach, später" und bezieht sich immer auf Vergangenes. Um sich auf die Zukunft zu beziehen, können Sie **yǐhòu** verwenden, das Sie in 6-4 kennen gelernt haben.

6C. **Yòu** ist ein Adverb mit der Bedeutung „wieder", es wird in der Regel für Handlungen in der Vergangenheit verwendet und zeigt an, dass eine Handlung wiederholt stattgefunden hat. Zuvor haben Sie bereits das Adverb **zài** kennen gelernt, das ebenfalls „wieder" bedeutet, aber für die Zukunft verwendet wird und eine noch nicht stattgefundene Handlung (von der man nicht weiß ob sie stattfinden wird) anzeigt. Beispiele:

Tā zuótiān yòu láile. „Sie kam gestern wieder."

Wǒ míngtiān zài lái. „Ich werde morgen wiederkommen."

Zuweilen kann **yòu** zum Ausdruck der Tatsache verwendet werden, dass eine Handlung in der Zukunft wiederholt wird, wenn man davon ausgeht, dass diese Handlung auch stattfinden wird oder wenn die Handlung regelmäßig stattfindet (und damit zu erwarten ist, dass dies auch in diesem Fall so sein wird). Beispiele:

Míngtiān yòu shi xīngqīyī le. „Morgen ist wieder Montag."

Xīngqīwǔ wǒmen yòu yào kǎoshìle. „Am Freitag haben wir wieder eine Prüfung."

Tā míngtiān yòu yào láile. „Sie kommt morgen wieder."

6D. Das **-le** von **xuéle** zeigt eine vollendete Handlung an. Zum Ausdruck von vollendeten Handlungen durch Verben, denen ein quantifiziertes (gezähltes) Objekt folgt (in diesem Satz **yíduànr shíjiān** „eine Weile"), steht nur direkt nach dem Verb, nicht aber nach dem Objekt ein **-le** (5-4: 1B). Beachten Sie, dass der Sprecher eine **shi...-de**-Konstruktion verwendet, um die Frage zu beantworten, wo er Chinesisch gelernt hat und dann zu dem Thema übergeht, was er woanders gemacht hat.

7A. **NÁNGUÀI...** Das Muster **nánguài...** bedeutet, „kein Wunder, dass...". Wörtlich bedeutet es „schwer zu tadeln". Das **nánguài** wird direkt vor den Satz gesetzt, bezüglich dessen der Sprecher ausdrücken will, dass sein Inhalt nicht verwunderlich ist. Das Muster lautet:

NÁNGUÀI	Satz
Nánguài	**nǐde Hànyǔ jiǎngde zhèmme hǎo.**

„Kein Wunder, dass du so gut Chinesisch sprichst."

Beispiele:

Xiǎo Wángde tàitai shi Měiguo rén, nánguài tāde Yīngwén nèmme hǎo.
„Die Frau vom Kleinen Wang ist Amerikanerin, kein Wunder, dass sein Englisch so gut ist."

Tā shi gāozhōng Zhōngwén lǎoshī, nánguài tāde Hànyǔ jiǎngde nèmme hǎo.
„Sie ist High School-Lehrerin für Chinesisch, kein Wunder, dass ihr Chinesisch so gut ist."

Zhèrde fàn zhēn hǎochī, nánguài nǐ měitiān dōu lái zhèr chī wǔfàn!
„Das Essen hier ist wirklich gut, kein Wunder, dass du jeden Tag zum Mittagessen herkommst."

7B. **Jiǎng** ist ein Synonym für **shuō** „sprechen". Genauso wie man **shuō** mit **huà** zur Verb-Objekt-Verbindung **shuōhuà** „Wörter sagen" (vgl. die letzte Lektion) kombinieren kann, lässt sich auch **jiǎng** mit **huà** zu **jiǎnghuà** verbinden (vgl. EV3). **Jiǎnghuà** ist in Südchina und Taiwan weiter verbreitet als **shuōhuà**.

8A. Wie man mit Komplimenten und Lob umgehen sollte. In formellen Situationen oder wenn man sich nicht gut kennt, ist es in China üblich, Lob oder Komplimente nicht zu akzeptieren oder gar zurückzuweisen. Darum sagt der Sprecher in diesem Dialog **náli**, als sein Gesprächspartner sein Chinesisch lobt (**Náli** bedeutet wörtlich „wo" und die implizierte Bedeutung ist: „Woher kommt dieses Lob, es ist doch ganz unverdient.". Im Deutschen kommt diesem der Ausdruck „Ach woher!" einigermaßen nahe.) Es ist sehr verbreitet **náli** als **náli, náli** zu wiederholen und dann einen erklärenden Kommentar oder etwas Nettes bezüglich des Gesprächspartners zu sagen. In der letzten Zeit, vermutlich auch durch westliche Einflüsse, haben manche Sprecher der jüngeren chinesischen Generation begonnen, Lob zu akzeptieren und mit **xièxie** „Danke!" zu antworten. Wir empfehlen Ihnen jedoch, sich insbesondere in formellen Situationen oder gegenüber älteren Personen auf traditionelle Weise zu verhalten.

Eingang der Hauptbibliothek der Beijing Language and Culture University

Außerdem sollten Sie bezüglich des Themas Komplimente noch Folgendes wissen: In westlichen Ländern macht man Komplimente häufig aus der Perspektive des Sprechers, z.B. indem man sagt: „Ich mag wirklich deine neue Frisur / Ich finde deine neue Frisur schön." (mit „ich" als Thema/Subjekt). Im Chinesischen würde man hingegen normalerweise sagen: „Deine neue Frisur ist wirklich schön." (mit der Frisur als Thema), was von Chinesischsprechern eher als objektive Aussage angesehen würde. In China macht man sich eher Komplimente über Fähigkeiten als sich über das Äußere des oder der anderen auszulassen. Tendenziell machen Chinesinnen sich eher gegenseitig Komplimente als Chinesen.

Schließlich sollte man noch wissen, dass die Zurückweisung eines Kompliments soziale Distanz schafft. Wenn man sich näher kennt, besteht weniger Grund zu Komplimenten, wird einem dennoch ein Kompliment gemacht, so sagt man entweder gar nichts oder akzeptiert des Kompliment – vielleicht mit einem Zusatz („Danke, aber ..."). Denn, wie gesagt, wenn Sie jemanden gut kennen und sich dennoch immer noch sehr formell verhalten, kann das Distanz schaffen.

Noch eine letzte Anmerkung zur interkulturellen Kommunikation. Angenommen, Sie sind stolzer Vater oder stolze Mutter und jemand macht Ihnen ein schmeichelhaftes Kompliment über Ihren Sohn. In einem solchen Falle würden manche Chinesen mit **Náli, tā tiáopí dǎodàn** „Woher denn, er ist ein Schlingel." antworten. Natürlich sollten Sie sich überlegen, wie weit Sie bei der Akkulturation, der Anpassung an die fremde Kultur, gehen wollen. Sie müssen selbst entscheiden, ob Sie negative Kommentare über Ihr Kind machen wollen, wenn Sie genau wissen, dass diese nicht zutreffen, bloß um „chinesisch" zu sein. Zu verstehen, wie die chinesische Gesellschaft funktioniert ist das Eine, sich aber in völliger Übereinstimmung mit den Konventionen dieser Gesellschaft zu verhalten, etwas ganz Anderes. Generell wirkt es im Umgang mit modernen und gut ausgebildeten Chinesen vielleicht sogar albern, wenn Sie sich völlig an die chinesischen Konventionen anpassen. Ihr Ziel dürfte es vielmehr sein, sich als Ausländer erfolgreich zu positionieren und in der Lage zu sein, die Ziele zu erreichen, die Sie erreichen möchten. Es würde gekünstelt wirken und könnte sich auch durchaus als ungünstig erweisen, wenn Sie so tun, als ob Sie ein Chinese wären, obwohl das ganz klar nicht der Fall ist.

8B. **Hái chàde hěn yuǎn ne**, wörtlich „Es fehlt noch sehr weit.", ist eine bescheidene Antwort auf das Lob hinsichtlich der Chinesischkenntnisse des Sprechers. Das **-de** nach dem Verb **chà** ist das **-de**, das die Art und Weise bezeichnet (7-2: 4A). Es handelt sich hierbei um einen sehr nützlichen Ausdruck, den Sie Ihrem sprachlichen Repertoire hinzufügen sollten!

EV3A. **Yǒude shíhou(r)** ist eine sehr verbreitete Phrase, die „manchmal" bedeutet. Wörtlich heißt es „die Zeiten, die da sind / es gibt". Das **-de** ist optional, weswegen Sie durchaus auch **yǒu shíhou(r)** zu hören bekommen, Die Phrase wird wie ein Bewegliches Adverb verwendet, da es dem Subjekt oder Thema des Satzes sowohl vorangehen als auch folgen kann. Es kann auch in Paarkonstruktionen verwendet werden, wie z.B.:

> **Wǒ yǒude shíhou zài túshūguǎn xuéxí, yǒude shíhou zài fángjiānli xuéxí.**
>
> „Manchmal lerne ich in der Bibliothek, manchmal lerne ich in meinem Zimmer."

EV3B. Die Phrase **tā huà jiǎngde tài duō** heißt wörtlich „Sie Wörter sagt zu viele." → „Sie sagt zu viele Wörter." → „Sie redet zu viel."

ABSCHNITT 4

Gespräch mit einer Kellnerin

Ein US-amerikanischer Student der Chinesischen Sprache versucht sein Mandarin bei einer chinesischen Kellnerin in einem China-Restaurant in Massachusetts an die Frau zu bringen.

Basis-Konversation 7-4

1. US-AMERIKANER **Qǐng wèn, nǐ shi cóng Zhōngguo láide ma?**
Entschuldigung, bist du aus China?

2. KELLNERIN **Shì a. Nǐ qùguo Zhōngguo ma? Nǐde Zhōngguo huà shuōde tǐng bàng ma!**
Ja, warst du schon mal in China? Du sprichst wirklich gut Chinesisch.

3. US-AMERIKANER **Náli. Nǐ jiā zài Zhōngguo shémme dìfang?**
Woher denn. Woher in China kommst du?

4. KELLNERIN **Xī'ān. Shì ge gǔ chéng. Nǐ tīngshuōguo ma?**
Xian. Es ist eine alte Stadt. Hast du von ihr gehört?

5. US-AMERIKANER **Tīngshuōguo. Lái Měiguo zhīqián, nǐ zài shémme dānwèi gōngzuò?**
Ja, habe ich. Wo hast du gearbeitet, bevor du in die USA kamst?

6. KELLNERIN **Wǒ dàxué bìyè yǐhòu, zài yíge zhōngxué jiāole jǐnián shū (Ò.), ránhòu jiù shēnqǐng lái Měiguo niàn yánjiūshēng le.**
Nach meinem Universitätsabschluss habe ich eine Zeit lang als Mittelschullehrerin gearbeitet (Oh). Dann habe ich mich für ein ein Graduiertenstudium in den USA beworben.

7. US-AMERIKANER **Ò, shi zhèiyang. Nèmme, nǐ juéde Měiguo zěmmeyàng?**
Aha, so ist das. Was denkst du über die USA?

8. KELLNERIN **Bú cuò. Měiguo tǐng fùyu, dà duōshù rén gōngzuò dōu hěn nǔlì, jiù shi zhì'ān chàle dianr (Ò.).**
Nicht schlecht. Die USA sind sehr reich und die meisten Leute arbeiten sehr hart, bloß, es gibt hier etwas zu viele Verbrechen (Oh).

Build-Up

1. US-Amerikaner

cóng	von [CV]
cóng Zhōngguo lái	aus China kommen
nǐ shi cóng Zhōngguo láide	du bist aus China gekommen
Qǐng wèn, nǐ shi cóng Zhōngguo láide ma?	Entschuldigung, bist du aus China?

2. Kellnerin

bàng	großartig, wunderbar [SV]
shuōde tǐng bàng	sehr gut sprechen
Shì a. Nǐ qùguo Zhōngguo ma?	Ja, warst du schon mal in China?
Nǐde Zhōngguo huà shuōde tǐng bàng ma!	Du sprichst wirklich gut Chinesisch.

3. US-Amerikaner

Náli. Nǐ jiā zài Zhōngguo shémme dìfang?	Woher denn. Woher in China kommst du?

4. Kellnerin

gǔ	alt sein [SV]
gǔ chéng	alte Stadt
shì ge gǔ chéng	ist eine alte Stadt
tīngshuō	von etwas hören, hören, dass … [V]
nǐ tīngshuōguo ma	hast du schon mal davon gehört
Xī'ān. Shì ge gǔ chéng. Nǐ tīngshuōguo ma?	Xian. Es ist eine alte Stadt. Hast du davon gehört?

5. US-Amerikaner

...zhīqián	(be)vor … [BM]
lái Měiguo zhīqián	bevor (du) in die USA kamst
Tīngshuōguo. Lái Měiguo zhīqián, nǐ zài shémme dānwèi gōngzuò?	Ja, habe ich. Wo hast du gearbeitet, bevor du in die USA kamst?

6. Kellnerin

bìyè	Abschluss machen [VO]
dàxué bìyè	einen Universitätsabschluss machen
...yǐhòu	nach(dem) … [BM]
dàxué bìyè yǐhòu	nach dem Universitätsabschluss
jiāole jǐnián shū	mehrere Jahre unterrichtet haben
shēnqǐng	beantragen [V]
shēnqǐng lái Měiguo	beantragen, in die USA zu kommen
niàn	studieren [V]
yánjiūshēng	Graduiertenstudent/in [S]
niàn yánjiūshēng	als Graduierte/r studieren
Wǒ dàxué bìyè yǐhòu, zài yíge zhōngxué jiāole jǐnián shū (Ò.), ránhòu jiù shēnqǐng lái Měiguo niàn yánjiūshēng le.	Nach meinem Universitätsabschluss habe ich eine Zeit lang an einer Mittelschule unterrichtet (Oh). Dann habe ich mich für ein ein Graduiertenstudium in den USA beworben.

7. US-Amerikaner

zhèiyang(r)	so, dieser Art [BM]
shi zhèiyang	es war so
juéde	meinen [V]
nǐ juéde Měiguo zěmmeyàng	wie findest du die USA
Ò, shi zhèiyang. Nèmme, nǐ juéde Měiguo zěmmeyàng?	Aha, so ist das. Was denkst du über die USA?

8. Kellnerin

fùyu	reich **[SV]**
duōshù	die Mehrheit **[S]**
dà duōshù	die große Mehrheit
dà duōshù rén	die große Mehrheit der Leute
nǔlì	fleißig sein, arbeitsam sein **[SV]**
jiù	nur **[A]**
jiù shi	es ist (nur), dass ...
zhì'ān	öffentliche Ordnung, öffentliche Sicherheit **[S]**
chà	mangeln, mangelhaft sein **[SV]**
zhì'ān chàle dianr	die öffentliche Ordnung ist etwas mangelhaft
Bú cuò. Měiguo tǐng fùyu, dà duōshù rén gōngzuò dōu hěn nǔlì, jiù shi zhì'ān chàle dianr (Ò.).	Nicht schlecht. Die USA sind sehr reich und die meisten Leute arbeiten sehr hart, bloß, es gibt hier etwas zu viele Verbrechen (Oh).

Ergänzungsvokabular

1. **nèiyang(r)**	in dieser Weise, so **[BA]**
nèiyangr xiě	so schreiben
Zhèige zì nèiyangr xiě bú duì.	Es ist nicht korrekt, dieses Schriftzeichen so zu schreiben.
2. **...yǐqián**	bevor ..., vor ... **[BM]**
yíge yuè yǐqián	vor einem Monat
Yíge yuè yǐqián wǒmen hái zài Zhōngguo.	Vor einem Monat waren wir noch in China.
3. **...zhīhòu**	nach(dem) ... **[BM]**
bìyè zhīhòu	nach dem Abschluss
Nǐ dàxué bìyè zhīhòu xiǎng zuò shémme?	Was willst du nach deinem Universitätsabschluss machen?

Grammatische und kulturelle Anmerkungen

1A. Das Co-Verb **cóng** „von" ist ein sehr verbreitetes und nützliches Wort. Wie alle Co-Verben steht es VOR dem Hauptverb des Satzes. So würde man, um „Ich werde einen Freund aus Berlin treffen" auszudrücken, auf Chinesisch „Ich treffe einen aus-Berlin-kommenden Freund" **Wǒ qù kàn yíge cóng Bólín láide péngyou.** sagen. **Cóng** bildet gerne Paarkonstruktionen, wie hier mit dem Hauptverb **lái** „kommen", wodurch das Muster **cóng...lái** „aus ... kommen" entsteht.

1B. Schauen Sie sich die Verwendung von **shi...-de** in diesem Satz an. Damit werden hier die Begleitumstände einer bekannten Handlung in der Vergangenheit ausgedrückt (7-3: 1-6). In diesem Falle weiß der Frager zwar bereits, dass sein Gesprächspartner (von irgendwoher) gekommen ist, will nun aber genauer wissen, woher die Person gekommen ist.

4A. Xian, die Hauptstadt der Provinz Shaanxi, ist für die berühmte Terracotta-Armee aus der Han-Dynastie bekannt, die hier 1974 entdeckt wurde. Denken Sie daran, dass Xian im Pinyin **Xī'ān** mit einem Apostroph geschrieben werden muss, um es von **xiān** „zuerst" zu unterscheiden.

4B. Im Satz **Shì ge gǔ chéng** „Es ist eine alte Stadt." ist **ge** eine Abkürzung von **yíge** „eine", da beim schnelleren Sprechen **yíge** häufig als **ge** abgekürzt wird.

4C. **Tīngshuō** „hören, sagen hören" ist ein sehr verbreitetes und nützliches Verb. Wörtlich bedeutet es „hörensagen"; vgl. das deutsche Wort „Hörensagen" wie in „vom Hörensagen kennen".

5. In der Frage **Nǐ zài shémme dānwèi gōngzuò** „Wo hast du gearbeitet?" gibt es keinen grammatischen Indikator für den Tempus oder den Aspekt des Verbs (wie dies etwa **-le**, **-guo** oder **shi...-de** sind). Wenn man im Chinesischen über Vergangenes spricht, das sich zeitlich über einen längeren Zeitraum ausgedehnt hat, und dabei aufgrund des Kontexts klar ist, dass es um die Vergangenheit geht (die vorangegangene Phrase war **lái Měiguo zhīqián** „bevor du in die USA kamst"), braucht man keine grammatischen Elemente hinzuzufügen, die Vergangenheit oder Aspekt anzeigen.

5-6. **Phrase + YĬQIÁN/ZHĪQIÁN und Phrase + YĬHÒU/ZHĪHÒU.** Im Chinesischen gibt es ein Wortpaar für „bevor ..." bzw. „vor ...", nämlich **yĭqián** und **zhīqián**; ebenso gibt es ein Wortpaar für „nach ..." bzw. „nachdem ... ", nämlich **yĭhòu** und **zhīhòu**. Die Unterschiede zwischen den Wörtern liegen vor allem auf der stilistischen Ebene (die „Serie", die mit **yĭ-** beginnt, wird von manchen Sprechern als informeller und die, die mit **zhī-** beginnt, als formeller angesehen) und es ist eher Geschmackssache, welche der beiden Formen man bevorzugt. Aber ganz egal, welche der Wörter verwendet werden, man muss sie (in ihrer Bedeutung „vor" oder „nach" einem Ereignis) ans ENDE des Nebensatzes setzen zu denen sie gehören. Im Deutschen werden „bevor" und „nachdem" hingegen an den Anfang des entsprechenden Nebensatzes gesetzt. Die grundlegenden Muster im Chinesischen sind:

Nebensatz	YĬQIÁN/ZHĪQIÁN
wŏ shàng dàxué	**yĭqián**

„bevor ich an die Universität gehe/ging"

Nebensatz	YĬHÒU/ZHĪHÒU
tāmen qù Zhōngguo	**zhīhòu**

„nachdem sie nach China gehen/gingen"

Weiterhin sollte man in Bezug auf **yĭqián/zhīqián** und **yĭhòu/zhīhòu** noch Folgendes beachten:

a. Im Chinesischen folgt stets der Hauptsatz dem Nebensatz mit **yĭqián/zhīqián** oder **yĭhòu/zhīhòu**. Ein Beispiel hierfür ist **Wŏ shàng dàxué yĭqián, gōngzuòle liăngnián** „Bevor ich an die Universität ging, habe ich zwei Jahre gearbeitet.", wobei **gōngzuòle liăngnián** „habe ich zwei Jahre gearbeitet" der Hauptsatz ist. Im Deutschen kann man nun die Reihenfolge von Haupt- und Nebensatz problemlos vertauschen, ohne dass sich dadurch der Sinn verändert („Ich habe zwei Jahre gearbeitet, bevor ich an die Universität ging.") Im Chinesischen hingegen muss der Nebensatz, der „bevor" oder „nachdem" enthält, zuerst kommen!

b. **Yĭhòu/zhīhòu** kann bisweilen für zukünftige Ereignisse verwendet werden. In diesem Falle übersetzt man sie am Besten als „in" (vgl. die unten stehenden Beispiele 4. und 5.).

c. Anstelle von **yĭqián/zhīqián** und **yĭhòu/zhīhòu** verwenden manche Sprecher nur **qián** und **hòu**, was die gleiche Bedeutung hat (vgl. die unten stehenden letzten zwei Beispiele). Auch im geschriebenen Chinesisch kommt dies recht häufig vor.

d. Zusätzlich zu den Verwendungsweisen in den oben vorgestellten Mustern können **yĭqián/zhīqián** auch allein als Zeitwörter am Anfang des Satzes gebraucht werden, um „früher, in der Vergangenheit" auszudrücken (vgl. 7-2). Beispiel: **Yĭqián Mĕiguo méiyou rén xué Zhōngwén** „Früher hat in den USA niemand Chinesisch gelernt." Analog kann **yĭhòu/zhīhòu** als Zeitwort am Satzanfang gebraucht werden, um „in der Zukunft, später" auszudrücken (vgl. 6-4). Beispiel: **Yĭhòu wŏ yào xué Gŭdài Hànyŭ** „Später möchte ich klassisches Chinesisch lernen."

Schauen wir uns noch einige weitere Sätze mit **yĭqián/zhīqián/qián** und **yĭhòu/zhīhòu/hòu** an:

1. Tā shi yìnián yĭqián qù Zhōngguode.	„Er ist vor einem Jahr nach China gegangen."
2. Wŏ lái zhèr yĭqián jiù tīngshuōguo.	„Ich habe davon gehört, bevor ich hierher kam."
3. Tā chīle fàn yĭhòu jiù qù túshūguăn xuéxí.	„Nachdem er gegessen hatte, ging er in die Bibliothek um zu lernen."
4. Chén Xiānsheng liăngge yuè zhīhòu yào jiéhūnle.	„Herr Chen heiratet in zwei Monaten."
5. Tā sāntiān hòu yào huí Táiwān.	„In drei Tagen kehrt sie nach Taiwan zurück."
6. Lín Xiáojie shi yíge xīngqī qián lái Mĕiguode.	„Fräulein Lin kam vor einer Woche in die USA."

6A. **BÌYÈ.** Das Verb **bìyè** „Abschluss machen" unterscheidet sich in der Verwendungsweise stark von Verben im Deutschen mit ähnlicher Bedeutung. Schauen Sie sich die Phrase **wŏ dàxué bìyè yĭhòu** „nachdem ich meinen Universitätsabschluss gemacht habe" an. Im Chinesischen wird in der Regel der Name oder die Bezeichnung der Bildungsinstitution genannt und dann direkt das Verb **bìyè** angehängt. Im Deutschen würde man vorzugsweise eine Präposition hinzufügen und verfügt außerdem noch über eine ganze Reihe von Bezeichnungen für die absolvierten Prüfungen, wie z.B. „Ich habe am Goethe-Gymnasium mein Abitur gemacht." oder „Ich habe an der Ruhr-Universität meinen Master gemacht." Im Gegensatz zum Chinesischen werden im Deutschen je nach Schulform und zudem auch je nachdem, ob der Name der Bildungseinrichtung genannt wird oder nicht, ganz unterschiedliche Konstruktionen verwendet, während das Chinesische in all diesen Fällen mit dem einfachen Verb **bìyè** ohne weitere Zusätze auskommt. Das Muster lautet:

Institution	BÌYÈ
Běidà	**bìyè**

„an der Peking-Universität Abschluss gemacht“, „von der Peking-Universität absolviert“

Dieses wiederum kann dann in Sätze wie **Nǐ Běidà bìyè yǐhòu yào zuò shémme?** „Was willst du machen, wenn du deinen Abschluss an der Peking-Universität gemacht hast?“ oder **Tā jiějie shi Běidà bìyède** „Ihre Schwester hat an der Peking-Universität Abschluss gemacht.“ eingebettet werden.

Prägen Sie sich die folgenden Fragen mit **bìyè** ein, denn Sie werden oft Gelegenheit haben, diese zu verwenden oder zu beantworten:

Nǐ shi něige dàxué bìyède?	„An welcher Universität hast du Abschluss gemacht?“
Nǐ shi něinián dàxué bìyède?	„In welchem Jahr hast du deinen Universitätsabschluss gemacht?“
Nǐ dàxué bìyè yǐhòu yào zuò shémme?	„Was willst du nach deinem Studium machen?“

Nun noch einige Anmerkungen zum Verb **bìyè** zum späteren Gebrauch (sie müssen das jetzt noch nicht lernen):

a. Manche Sprecher sehen **bìyè** als Verb-Objekt-Verbindung an, andere wiederum als einfaches Verb, daher sind die beiden folgenden Formen möglich, um „Sie hat vorletztes Jahr Abschluss gemacht.“ auszudrücken: **Tā shi qiánnián bìyède** oder **Tā shi qiánnián bìde yè**.

b. Einige Sprecher fügen vor der Bildungseinrichtung ein **zài** „in, an“ ein (z.B. **Nǐ shi zài něige dàxué bìyède?** „An welcher Universität hast du Anschluss gemacht?“), wir empfehlen Ihnen jedoch **zài** nicht in dieser Weise zu verwenden.

c. Einige Sprecher fügen vor der Bildungseinrichtung ein **cóng** „von“ ein (z.B. **Wǒ shi yī-jiǔ-qī-èr nián cóng Kāngnài'ěr Dàxué bìyède** „Ich habe 1972 an der Cornell University meinen Studienabbschluss gemacht“); wir empfehlen Ihnen jedoch auch in diesem Falle **cóng** nicht in dieser Weise zu verwenden.

6B. Beachten Sie, wie hier die Verb-Objekt-Verbindung **jiāoshū** in **jiāole jǐnián shū** „unterrichtete einige Jahre“ aufgesplittet ist, wobei der Ausdruck, der den Zeitraum angibt, zwischen **jiāo** und **shū** eingefügt ist. Das wird bei vielen Verb-Objekt-Verbindungen so gemacht. Ein weiteres Beispiel ist **jiéle sāncì hūn** „war dreimal verheiratet“.

6C. Rückmeldungen. Wenn Chinesen anderen zuhören, unterlegen sie die Äußerungen des anderen gern mit kurzen Rückmeldungen, dass sie dem Anderen tatsächlich zuhören. Solche Rückmeldungen finden Sie in den Zeilen 6, 7 und 8, in denen **Ò** „Oh!“ oder **Zhèiyang** „So ist das!“ verwendet werden. Weitere wichtige chinesische Rückmeldepartikel sind **Èi** „Aha!“ und **Ng** „Ja!“. Natürlich können auch andere Ausdrücke wie **Shì** „Es ist so!“, **Shìde** „Ja!“ und **Duì** „Stimmt!“ zur Rückmeldung verwendet werden. Die Grundbedeutung ist dabei stets „Ich höre dir zu, ich verstehe dich!“, aber nicht unbedingt „Ich bin mit dir einverstanden!“. Viele Missverständnisse, gerade in geschäftlichen Gesprächen, resultieren aus einer Fehlinterpretation dieser chinesischen Rückmeldungen (ganz gleich, welche Sprache die chinesischen Gesprächspartner gerade sprechen) durch westliche Geschäftsleute. Wir empfehlen Ihnen, wenn Sie selbst Chinesisch sprechen, von diesen Rückmeldungen reichlich Gebrauch zu machen, da dies das Verstehen seitens der Gegenseite erleichtert. Das ist vor allem am Telefon besonders wichtig, wo Ihr Gegenüber sie nicht sehen und daher nicht so einfach beurteilen kann, ob Sie zuhören. Die angemessene Verwendung von Rückmeldungen lässt Ihr Chinesisch besser und natürlicher wirken und hilft Ihrem Gesprächspartner, sich zu versichern, dass Sie zuhören und dem, was der Andere sagt, auch folgen. Das ist besonders wichtig, da Ihr chinesischer Gesprächspartner ansonsten befürchten könnte, dass Sie nicht alles verstehen.

6D. Das Wort **yánjiū** „forschen, Forschung“ kann im Chinesischen sowohl als Verb als auch als Substantiv verwendet werden. Das Verb **yánjiū** kann zuweilen auch als eine Art hinhaltender Kommentierung oder Antwort auf eine unbequeme Nachfrage verwendet werden, wie z.B. in:

Zhèijiàn shì ma, wǒmen yánjiū yanjiu zài shuō ba.

„Was diese Angelegenheit betrifft, werden wir sie untersuchen und dann einmal sehen.“

6E. Das Verb **niàn** bedeutet „studieren“; hier einige verbreitete Wortverbindungen (Kollokationen) mit **niàn**:

niàn Zhōngwén	„Chinesisch studieren“ (auch für andere akademische Fächer)
niàn dàxué	„an der Universität studieren“
niàn Běidà	„an der Peking-Universität studieren“
niàn yánjiūshēng	„als Graduierter studieren“

Niàn kann zudem „laut lesen" bedeuten, wie in **Xiànzài qǐng nǐ niàn** „Lesen Sie (das) jetzt bitte laut."

7A. Anstelle von **zhèiyang(r)** „so, auf diese Weise" sagen manche auch **zhèyang(r)**, andere sagen wiederum **zhèiyangzi**. Die Bedeutung ist in allen Fällen dieselbe.

7B. Beachten Sie hier die Verwendung von **nèmme** als Markierung für den Themenwechsel.

7C. In dieser Äußerung lernen Sie das verbreitete und nützliche Verb **juéde** „empfinden, denken, meinen" kennen. Hier einige Beispiele mit **juéde**:

Nǐ juéde zěmmeyàng?

„Wie fühlst du dich?" (z.B. „Ist dein Kopfweh jetzt weg?") oder „Wie findest du das?" (z.B. diesen Vorschlag)

Wǒ juéde hěn hǎo.

„Mir geht es gut." oder „Ich finde das gut."

Wǒ jīntiān juéde hěn lèi.

„Ich fühle mich heute sehr müde."

Wǒ juéde zhèrde dōngxi tài guìle.

„Ich finde die Sachen hier zu teuer."

Wǒ juéde nǐ bù yīnggāi qù.

„Ich meine, du solltest nicht gehen."

Achten Sie im letzten Beispiel darauf, dass die Verneinung **bù** vor dem **yīnggāi qù** und nicht vor dem **juéde** steht. „Ich meine/finde nicht, dass ..." sollte normalerweise ins Chinesische übersetzt werden als „Ich meine/finde, dass .... nicht." Wie wir bereits vorher in 3-2: 2A gesehen haben, gilt ähnliches auch für das Verb **xiǎng** „denken".

8A. Unterscheiden Sie die Aussprache von **dà duōshù** „die große Mehrheit" von der von **duō dà** „Wie alt?" (3-2).

8B. Neben **zhǐ** (3-3) kann auch das Adverb **jiù** zum Ausdruck von „nur" verwendet werden, z.B. in **Wǒ jiù yǒu yíkuài qián** „Ich habe nur einen Yuan.". Denken Sie aber daran, dass **jiù** noch andere Bedeutungen hat. Z.B. „dann" (3-2) und „genau, gerade so" (4-2). **Jiù** im Sinne von „nur" wird vor allem in Nordchina gebraucht, während man **zhǐ** überall, wo das Chinesische gesprochen wird, verwenden kann.

Wiederholung und Lerntipps für Einheit 7

Neue Vokabeln

ADVERBIEN

hái	zudem
jiù	nur
nèmme	so, so wie ...
quán	ganz, gänzlich
yìqǐ	zusammen
yòu	wieder

ATTRIBUTIVE

qítā	andere
yǒude	manche

BEWEGLICHE ADVERBIEN

nèiyang(r)	auf diese Weise, so
yuánlái	ursprünglich, früher
zhèiyang(r)	auf diese Weise, so

BILDUNGSMUSTER

nánguài...	kein Wunder, dass ...
...yǐhòu	nach ...
...yǐqián	bevor ..., vor ...
...zhīhòu	nach ...
...zhīqián	bevor ..., vor ...
bìyè	Abschluss machen

CO-VERBEN

cóng	von
hé	mit

HILFSVERBEN

huì	können (da erlernt)

IDIOMATISCHE AUSDRÜCKE

bú cuò	nicht schlecht, recht gut

KONJUNKTIONEN

hé	und

ORTSWÖRTER

Běijīng Yǔyán Wénhuà Dàxué	Beijing Language and Culture University
gōngchǎng	Fabrik
yòu'éryuán	Kindergarten

PARTIKEL

-de	(Verbsuffix, das die Art und Weise anzeigt)
ma	(zeigt etwas Offenkundiges an)
ne	(Pausenfüller)
ya	(Form der Partikel

a nach Wörtern, die auf **-a** oder **-i** enden)

PHRASEN

yíge rén	einzeln, eine Person, allein
yǒude shíhou(r)	manchmal
Zhōngguo huà	gesprochenes Chinesisch
Zhōngguo zì(r)	Chinesisches Schriftzeichen
zuò mǎimài	ein Geschäft betreiben

STATISCHE VERBEN

bàng	großartig sein, wunderbar sein
chà	mangelhaft sein
fùyu	wohlhabend sein
gǔ	alt sein
nǔlì	fleißig sein
yuǎn	weit weg sein

SUBSTANTIVE

biǎojiě	ältere Cousine mit anderem Familiennamen
biǎojiěfu	Ehemann der älteren Cousine mit anderem Familiennamen
Déyǔ	Deutsch (Sprache)
duōshù	die Mehrheit
Fǎyǔ	Französisch (Sprache)
Hànzì	Chinesische Schriftzeichen
huà	Wort, Sprache
mǎimài	ein Geschäft, ein Business, Handel
nánháir	Junge
nǚháir	Mädchen
Pǔtōnghuà	Mandarin, Standard-Chinesisch
Rìyǔ	Japanisch (Sprache)
shēnti	Körper
shíhou(r)	Zeit(punkt)
xiàn	Landkreis
Xībānyáyǔ	Spanisch (Sprache)
yánjiū	Forschung
yánjiūshēng	Graduiertenstudent/in
Yīngyǔ	Englisch (Sprache)
yuèfen(r)	Monat
zhì'ān	Öffentliche Ordnung, Öffentliche Sicherheit

VERBEN

jiǎng	sprechen, sagen
jìxù	weitermachen
juéde	fühlen, empfinden
kāishǐ	anfangen
niàn	studieren
rènshi	erkennen
shēnqǐng	beantragen
tīngshuō	hören, Gesagtes hören
xiě	schreiben
yánjiū	forschen

VERB-OBJEKT-VERBINDUNGEN

gǎiháng	die Profession/den Beruf wechseln
jiǎnghuà	sprechen
shuōhuà	sprechen
xiězì(r)	schreiben, Schriftzeichen schreiben

ZAHLEN

jǐ-	einige, ein paar

ZÄHLEINHEITSWÖRTER

duàn(r)	Abschnitt, Sektion, Segment, Zeitraum
kǒu	(für Menschen, wörtl. „Mund")

ZEITWÖRTER

cóngqián	früher, in der Vergangenheit
hòulái	später, danach
kāishǐ	am Anfang
yǐqián	vor, bevor (zeitlich)

Die wichtigsten neuen grammatischen Muster

Auswahlfragen mit implizierter Wahl: Nánháir nǚháir? „Ein Junge oder ein Mädchen?" **Nǐ yào zhèige yào nèige?** „Willst du diese oder willst du jenes?" (7-1)

Kennen, können und wissen auf Chinesisch: Nǐ huì shuō Zhōngguo huà ma? „Kannst du Chinesisch sprechen?" **Nǐ zhīdao Chéngdū zài nǎr ma?** „Weißt du, wo Chengdu liegt?" **Nǐ rènshi tā ma?** „Kennst du ihn?" (7-2)

Chinesische Gegenstücke zum deutschen „Können": Tā huì shuōhuà ma? „Kann es sprechen?" (D.h. hat das Baby schon sprechen gelernt?) **Tā néng shuōhuà ma?** „Kann sie sprechen?" (D.h. körperliche Fähigkeit, z.B. kann sie nach ihrer Krankheit wieder sprechen?) **Tā kéyi shuōhuà ma?** „Darf sie sprechen?" (D.h. hat sie die Erlaubnis, zu sprechen?) (7-2)

Bezeichnungen für die Chinesische Sprache (7-2)

-DE nach Verben, um die Art und Weise auszudrücken: Tā Zhōngguo huà shuōde hěn hǎo. „Sie spricht sehr gut Chinesisch." **Tā xiě Zhōngguo zì xiěde hěn hǎokàn.** „Er schreibt Chinesische Schriftzeichen sehr schön." (7-2)

MA, um Offenkundigkeit anzuzeigen: Nínde Hànyǔ shuōde tǐng bú cuò ma! „Sie sprechen sehr gut Chinesisch, wissen Sie?" (7-2)

Fragewörter als Ausdruck von Unbestimmtheit (einer unbestimmten Menge): Wǒ rènshi jǐbǎige Zhōngguo zì. „Ich kenne einige hundert chinesische Schriftzeichen." **Wǒ zhǐ yǒu jǐkuài qián.** „Ich habe nur ein paar Yuan." (7-2)

YǑUDE...YǑUDE...: Yǒude láile, yǒude méi lái. „Einige sind gekommen, einige nicht." **Yǒude wǒ mǎile, yǒude méi mǎi.** „Einige habe ich gekauft, andere nicht." (7-2)

Bezeichnungen für Sprachen (7-2)

SHI...-DE um Begleitumstände einer bekannten Verbhandlung in der Vergangenheit auszudrücken: Wǒ shi hé wǒ àirén yìqǐ lái de. „Ich bin zusammen mit meiner Frau gekommen." (7-3)

HÉ...YÌQǏ und GEN...YÌQǏ: Wǒmen hé tāmen yìqǐ qù ba! „Lasst uns zusammen mit ihnen gehen." (7-3)

NÁNGUÀI...: Nánguài nǐde Hànyǔ jiǎngde zhème hǎo. „Kein Wunder, dass du so gut Chinesisch sprichst." (7-3)

Phrase + YǏQIÁN/ZHĪQIÁN und Phrase + YǏHÒU/ZHĪHÒU: Tā shi yìnián yǐqián qù Zhōngguode. „Er ist vor einem Jahr nach China gegangen." **Tā liǎngge yuè zhīhòu yào jiéhūn.** „Sie wird in zwei Monaten heiraten." (7-4)

BÌYÈ: Tā shi Běidà bìyède. „Sie hat an der Peking-Universität Abschluss gemacht." (7-4)

Rückmeldepartikel: Ò. „Oh!" **Zhèiyang.** „Aha, so ist das!" (7-4)

EINHEIT 8

Kreuz und quer durch Beijing (I)

KOMMUNIKATIVE LERNZIELE

Wenn Sie diese Lektion beherrschen, sind Sie in der Lage, auf Chinesisch:

1. zu fragen, wie Sie zu einem bestimmten Ort kommen;
2. einfache Wegauskünfte zu verstehen oder zu geben;
3. zu fragen, ob ein Ort nah oder weit von Ihnen entfernt ist oder nah oder weit von einem anderen Ort ist;
4. ein Taxi zu rufen und dem Taxifahrer angemessene Anweisungen zu geben: von wo nach wo, wann, mit wie vielen Personen, mit wie viel Gepäck etc.;
5. sich bei der Taxifirma zu beschweren, dass ein bestelltes Taxi noch nicht angekommen ist;
6. über Routenalternativen zu sprechen, wenn es Stau gibt;
7. Verärgerung Ausdruck zu verleihen.

ABSCHNITT 1

„Wie komme ich zum Beijing Hotel?"

Patricia Ngyuen ist Chinesischstudentin in einem Austauschprogramm in Beijing. Sie fragt einen Passanten, wie sie zum Peking-Hotel kommt.

Basis-Konversation 8-1

1. AMERIKANERIN **Láojià, qù Běijīng Fàndiàn zěmme zǒu?**
Entschuldigung, wie komme ich zum Peking-Hotel?

2. PASSANT **Běijīng Fàndiàn, shi ma? Yìzhí wàng qián zǒu, guòle Tiān'ānmén jiù dàole.**
Zum Peking-Hotel? Gehen Sie immer geradeaus, es kommt gleich nach dem Tiananmen.

3. AMERIKANERIN **Lí zhèr hěn yuǎn ma?**
Ist es sehr weit von hier?

4. PASSANT **Lí zhèr bú tài yuǎn.**
Es ist nicht allzu weit von hier.

5. AMERIKANERIN **Dàgài yào duō jiǔ?**
Wie lange dauert es ungefähr?

6. PASSANT **Zǒulùde huà, dàgài yào èrshifēn zhōng zuǒyòu, huòzhě nín dǎ ge dī gèng kuài, wǔfēn zhōng jiù dàole.**
Zu Fuß brauchen Sie ungefähr zwanzig Minuten, oder wenn Sie ein Taxi nehmen, dann sind Sie schneller, dann sind Sie schon nach fünf Minuten da.

7. AMERIKANERIN **Hǎo, xièxie nín.**
OK, danke.

8. PASSANT **Bú kèqi.**
Gern geschehen.

Build-Up

1. Amerikanerin

láojià (B)	„Entschuldigung" [IA]
Běijīng Fàndiàn	Peking-Hotel [OW]
zǒu	gehen, laufen [V]

zěmme zǒu	wie geht man
Láojià, qù Běijīng Fàndiàn zěmme zǒu?	**Entschuldigung, wie komme ich zum Peking-Hotel?**

2. Passant

yìzhí	gerade **[A]**
wàng	nach, hin zu … **[CV]**
wàng qián zǒu	geradeaus gehen
yìzhí wàng qián zǒu	immer geradeaus gehen
guò	passieren, vorbeikommen **[V]**
Tiān'ānmén	Tiananmen **[OW]**
guòle Tiān'ānmén	(wenn du) am Tiananmen vorbei bist
jiù dàole	dann bist (du) angekommen
Běijīng Fàndiàn, shi ma? Yìzhí wàng qián zǒu, guòle Tiān'ānmén jiù dàole.	Zum Peking-Hotel? Gehen Sie immer geradeaus, es kommt gleich nach dem Tiananmen.

3. Amerikanerin

lí	entfernt sein, von **[CV]**
Lí zhèr hěn yuǎn ma?	Ist es sehr weit von hier?

4. Passant

Lí zhèr bú tài yuǎn.	Es ist nicht allzu weit von hier.

5. Amerikanerin

dàgài	wahrscheinlich, ungefähr **[BA]**
Dàgài yào duō jiǔ?	Wie lange dauert es ungefähr?

6. Passant

zǒulù	gehen **[VO]**
zǒulùde huà	wenn du gehst
zuǒyòu	ungefähr, annähernd **[OW]**
èrshifēn zhōng zuǒyòu	ungefähr zwanzig Minuten
huòzhě	oder **[KJ]**
dǎdī	ein Taxi nehmen **[VO]**
nín dǎ ge dī	Sie nehmen ein Taxi
gèng	noch mehr, mehr **[A]**
kuài	schnell sein **[SV]**
gèng kuài	noch schneller, schneller
nín dǎ ge dī gèng kuài	(wenn) Sie ein Taxi nehmen, sind Sie noch schneller
Zǒulùde huà, dàgài yào èrshifēn zhōng zuǒyòu, huòzhě nín dǎ ge dī gèng kuài, wǔfēn zhōng jiù dàole.	Zu Fuß brauchen Sie wahrscheinlich zwanzig Minuten, oder wenn Sie ein Taxi nehmen, dann sind Sie schneller, dann sind Sie schon nach fünf Minuten da.

7. Amerikanerin

Hǎo, xièxie nín.	OK, danke.

8. Passant

Bú kèqi.	Gern geschehen.

Ergänzungsvokabular: Entfernungen und Richtungen

1. jìn	nah sein **[SV]**
lí wǒ jiā hěn jìn	in der Nähe meines Zuhauses
Tā jiā lí wǒ jiā hěn jìn.	Ihr Zuhause ist in der Nähe meines Hauses.
2. wàng dōng zǒu	nach Osten gehen

nán	Süden **[L]**
wàng nán zǒu	nach Süden gehen
Qǐng nǐ xiān wàng dōng zǒu, ránhòu wàng nán zǒu.	Gehen Sie bitte zuerst nach Osten, gehen Sie dann nach Süden.
3. xī	Westen **[L]**
kāi	(ein Fahrzeug) fahren **[V]**
wàng xī kāi	(ein Fahrzeug) nach Westen fahren
běi	Norden **[L]**
wàng běi kāi	nach Norden fahren
Nín xiān wàng xī kāi, ránhòu wàng běi kāi.	Fahren Sie zuerst nach Westen und dann nach Norden.
4. dōngfāng	Osten, der Osten **[OW]**
dào dōngfāng lái	in den Osten kommen
xīfāng	Westen, der Westen **[OW]**
dào xīfāng qù	in den Westen gehen
Wǒ yào dào dōngfāng lái, nǐ yào dào xīfāng qù.	Ich wollte in den Osten kommen und du wolltest in den Westen gehen.
5. nánfāng	Süden, der Süden **[OW]**
cóng nánfāng lái	aus dem Süden kommen
běifāng	Norden, der Norden **[OW]**
cóng běifāng lái	aus dem Norden kommen
Lǎo Lǐ shi cóng nánfāng láide, bú shi cóng běifāng láide.	Der Alte Li kam aus dem Süden, nicht aus dem Norden.
6. Dōngfāng rén	Asiat **[PH]**
Xīfāng rén	Westler **[PH]**
Yīngwén lǎoshī shi Dōngfāng rén, Zhōngwén lǎoshī shi Xīfāng rén, hěn yǒu yìsi!	Der Englischlehrer ist ein Asiat und der Chinesischlehrer ein Westler, sehr interessant (lustig).
7. nánfāng rén	Südländer **[PH]**
nánfāng huà	Südländische Sprache **[PH]**
běifāng rén	Nordländer **[PH]**
běifāng huà	Nordländische Sprache **[PH]**
Nánfāng rén jiǎng nánfāng huà, běifāng rén jiǎng běifāng huà.	Südländer sprechen Südländisch und Nordländer Nordländisch.

Grammatische und kulturelle Anmerkungen

1A. **Láojià** „Entschuldigung…" ist ein höflicher Ausdruck, der in Beijing und Umgebung häufig verwendet wird, wenn Sie jemanden ansprechen, um eine Frage zu stellen. **Láojià** wird zunächst als Entschuldigung verwendet und zudem, um die Aufmerksamkeit des Angesprochenen zu wecken, auf **láojià** folgt dann die Bitte um Information oder um Hilfe. **Láojià** wird in Südchina und Taiwan nicht verwendet, dort gebraucht man **qǐngwèn**, das in etwa die gleiche Bedeutung hat (der Hauptunterschied ist, dass nach **qǐngwèn** eine Frage kommen muss, während **láojià** zuweilen auch als unabhängige Aussage verwendet wird). Beachten Sie, dass auch **duìbuqǐ** mit „Entschuldigung" übersetzt wird, aber im Chinesischen vor allem für echte Entschuldigungen verwendet wird und in der Regel nicht, um eine Frage einzuleiten.

1B. **QÙ...ZĚMME ZǑU?** Das Muster, um „Wie komme ich nach/zu …" zu fragen, lautet: **qù** + Name des Ortes + **zěmme zǒu?** . Wörtlich bedeutet dies „Gehen nach (Name des Ortes) wie gehen?". Meist kommt vor dem **qù** eine höfliche Phrase wie **láojià** oder **qǐngwèn**.

Höfliche Phrase	QÙ	Ort	ZĚMME ZǑU
Láojià,	**qù**	**Tiān'ānmén**	**zěmme zǒu?**

„Entschuldigung, wie komme ich zum Tiananmen?“

Einige weitere Beispiele:

Láojià, qù Wàijiāobù zěmme zǒu?

„Entschuldigung, wie kommt man zum Außenministerium?“

Láojià, qù Cháng Chéng Fàndiàn zěmme zǒu?

„Entschuldigung, wie kommt man zum Great Wall-Hotel?“

Qǐngwèn, qù Táidà zěmme zǒu?

„Entschuldigung, wie kommt man zur National Taiwan Universität?“

1C. In 1-2 haben Sie **zǒu** mit der Bedeutung „gehen, weggehen“ kennen gelernt. Hier lernen Sie eine weitere Bedeutung von **zǒu**: „laufen“.

2A. Beachten Sie, dass der Passant die Frage der Amerikanerin bestätigt: **Běijīng Fàndiàn, shi ma?** „Zum Peking-Hotel, richtig?“. Es ist sehr üblich, Fragen auf diese Weise mit **shi ma** zu bestätigen. Neben der Tatsache, dass Sie so bestätigen, dass Sie richtig verstanden haben, können Sie so auch peinliche Augenblicke ausfüllen und haben zugleich mehr Zeit, sich die Antwort zu überlegen. Daher schlagen wir Ihnen vor, davon Gebrauch zu machen.

2B. Das Adverb **yìzhí** „geradeaus“ ist sehr verbreitet. Es kann auch „immer weiter machen“ bedeuten. Einige weitere Beispiele:

Qǐng nǐ yìzhí zǒu.	„Gehen Sie bitte geradeaus.“
Qǐng nǐ yìzhí wàng zuǒ zǒu.	„Gehen Sie bitte immer weiter nach links.“

2C. **WÀNG, um Bewegung in eine bestimmte Richtung auszudrücken.** Das Co-Verb **wàng** „nach“ drückt eine Bewegung in eine bestimmte Richtung aus. Ihm folgen ein Lokalisierer und ein Verb. Das Grundmuster ist:

Co-Verb	Lokalisierer	Verb
wàng	**qián**	**zǒu**

„Geradeaus gehen.“

Obwohl wir die übliche Aussprache **wàng** empfehlen, wird von vielen die formellere Aussprache **wǎng** bevorzugt. Beide Aussprachen sind korrekt. Hier einige weitere Beispiele:

Qǐng nǐ xiān wàng dōng zǒu, ránhòu zài wàng xī zǒu.

„Bitte gehen Sie zunächst nach Osten und dann nach Westen.“

Tā zhǐ huì wàng qián kāi, hái bú huì wàng hòu kāi.

„Er kann nur vorwärts fahren, rückwärts kann er noch nicht fahren.“

Wàng lǐ jǐ, wàng lǐ jǐ!

„Drücken Sie sich hinein, drücken Sie sich hinein.“ (sagt evtl. der Busschaffner, wenn der Bus sehr voll ist)

Xiān wàng zuǒ kàn, zài wàng yòu kàn!

„Erst nach links schauen, dann nach rechts.“

Beachten Sie, dass, wo wir bei Wegbeschreibungen „nach links“ oder „nach rechts“ benutzen würden, Chinesen in der Regel die Lokalisierer **dōng** „Osten“, **nán** „Süden“, **xī** „Westen“ und **běi** „Norden“ verwenden und „nach Osten abbiegen“ oder „nach Norden gehen“ sagen.

2D. Das Verb **guò** bedeutet „passieren, vorbeigehen", sowohl im physischen Sinn von „vorbeigehen" (z.B. an einem Gebäude) als auch im temporalen (zeitlichen) Sinn von „die Zeit geht vorüber". Daher kann man sagen:

Shíjiān guòde tài kuàile!	„Die Zeit vergeht zu schnell."

2E. Tiananmen ist aus dem Wort **tiān** „Himmel", **ān** „Frieden" und **mén** „Tür, Tor" (dieses Wort kennen Sie bereits) zusammengesetzt. Daher bedeutet der Name „Tor des himmlischen Friedens". Es handelt sich um den in der Ming-Zeit im Jahr 1417 errichteten Haupteingang des Kaiserpalastes.

2F. Eine wörtliche Übersetzung des Satzes **Yìzhí wàng qián zǒu, guòle Tiān'ānmén jiù dàole** wäre: „Gerade nach vorne gehen, Tiananmen passiert habend, dann angekommen sein."

3. **LÍ um Entfernung von ... auszudrücken.** Das Co-Verb **lí** bedeutet wörtlich „getrennt sein von ...". Es gibt zwei verbreitete Muster mit **lí**, die mit den Statischen Verben **yuǎn** „entfernt sein" und **jìn** „nah sein" gebildet werden: **lí...yuǎn** bedeutet „weit weg von ... sein" und **lí...jìn** „nahe bei ... sein" (vgl. EV1). Obwohl **lí** in der Regel für physische Distanzen verwendet wird, kann es zuweilen auch im abstrahierten, zeitlichen Sinn gebraucht werden, um auszudrücken, wie lange her etwas ist. Die beiden Muster können in den folgenden Diagrammen zusammengefasst werden:

Ort 1	LÍ	Ort 2	HĚN YUǍN
Zhōngguo	**lí**	**Měiguo**	**hěn yuǎn.**

„China ist weit weg von den USA."

Ort 1	LÍ	Ort 2	HĚN JÌN
Jiānádà	**lí**	**Měiguo**	**hěn jìn.**

„Kanada ist nicht weit von den USA." (wörtlich: „Kanada ist in der Nähe von den USA.")

Beispiele:

Nǐ jiā lí zhèr yuǎn ma?	„Ist dein Zuhause weit von hier?"
Nǐ jiā lí zhèr yuǎn bu yuǎn?	„Ist dein Zuhause weit von hier?"
Wǒ jiā lí zhèr hěn jìn.	„Mein Zuhause ist in der Nähe."

Lí kann nicht verneint werden. Daher wird in Konstruktionen mit **lí**, anders als bei anderen Co-Verben, das Hauptverb verneint. Die häufigsten verneinten Muster mit **lí** sind **A lí B bù yuǎn** „A ist nicht weit von B." und **A lí B bú jìn** „A ist nicht in der Nähe von B." Beispiele:

Wǒ jiā lí zhèr bù yuǎn.

„Mein Zuhause ist nicht weit von hier."

Hángzhōu lí Shànghǎi bù yuǎn yě bú jìn.

„Hangzhou ist weder nah noch weit von Schanghai."

Obwohl **yuǎn** und **jìn** sehr häufig zusammen mit **lí** auftreten, gibt es auch andere Komplemente (Ergänzungen). Zum Beispiel:

Xiànzài lí shàngkè hái yǒu shífēn zhōng.

„Es sind noch zehn Minuten bis der Unterricht beginnt."

Achtung: Verwechseln Sie **lí** „entfernt sein von" nicht mit **cóng** (7-4), das einfach nur „von (einem Ort)" bedeutet. Wenn Sie die Entfernung zwischen zwei Orten ausdrücken wollen (z.B. wie weit weg oder wie nahe ein Ort ist) müssen Sie **lí**. verwenden. Wenn Sie Herkunft (z.B. von woher jemand kommt) oder eine Richtung („von ... nach ...") ausdrücken wollen, sollten Sie **cóng** gebrauchen. Hier einige Sätze, in denen **lí** und **cóng** kontrastiert werden:

Tāmen lí Běijīng hěn jìn.	„Sie sind in der Nähe von Beijing."
Tāmen cóng Běijīng lái.	„Sie kommen von Beijing."
Wǒ jiā lí nǐ jiā bú tài yuǎn.	„Mein Zuhause ist nicht sehr weit weg von deinem Zuhause."
Cóng wǒ jiā dào nǐ jiā zěmme zǒu?	„Wie kommt man von meinem Zuhause zu deinem Zuhause?"

Denken Sie daran, dass **yuǎn** „weit entfernt sein“ und **jìn** „in der Nähe sein“ Statische Verben sind, in denen das deutsche Seinsverb ‚eingebaut‘ ist. Daher gibt es keinen Grund, ein **shì** hinzuzufügen, es sei denn, Sie wollen es besonders betonen. Daher würde man normalerweise **Xuéxiào lí wǒ jiā hěn jìn** „Die Schule ist in der Nähe von meinem Zuhause.“ und NICHT ***Xuéxiào shi lí wǒ jiā hěn jìn** sagen.

6A. Konditionalsätze (Bedingungssätze) mit **-DE HUÀ**. Die Anfügung von **-de huà** (wörtl. „die Wörter, die ...“) am Ende eines Nebensatzes betont, dass dieser Nebensatz ein Konditionalsatz (Bedingungssatz) ist („wenn ...“). Zum Beispiel **zǒulùde huà**, wörtlich „wenn es das Wort ist, dass man läuft“ oder in richtigem Deutschen, „wenn man läuft“. Das Muster **-de huà** wird häufig nach **yàoshi** oder anderen Adverbien mit der Bedeutung „falls“ oder einfach allein verwendet. Beispiele:

Das Peking-Hotel auf der East Chang An Avenue

Zǒulùde huà, dàgài yào bàn'ge zhōngtóu zuǒyòu.

„Wenn du läufst, dauert es ungefähr eine halbe Stunde.“

Yàoshi dǎdīde huà, dàgài yào shífēn zhōng zuǒyòu.

„Wenn du ein Taxi nimmst, dauert es etwa zehn Minuten.“

6B. **ZUǑYÒU**. Das Ortswort **zuǒyòu**, wörtlich „links-rechts“, bedeutet „ungefähr, etwa“ und wird nach einem Zahlenausdruck verwendet, um eine ungefähre Anzahl auszudrücken. Sie sollten **zuǒyòu** von **chàbuduō** und **dàyuē** unterscheiden, die zwar in etwa die gleiche Bedeutung haben, aber vor dem Zahlenausdruck stehen. Das Muster ist:

Zahlenausdruck	ZUǑYÒU
èrshifēn zhōng	**zuǒyòu**
„ungefähr zwanzig Minuten“	

Vergleichen Sie die folgenden drei Phrasen, die alle „ungefähr zwei Monate“ bedeuten:

chàbuduō liǎngge yuè

dàyue liǎngge yuè

liǎngge yuè zuǒyòu

Beachten Sie auch, dass, wenn „rechts“ und „links“ gemeinsam erwähnt werden, dies in der umgekehrten Reihenfolge wie im Deutschen erfolgt, also **zuǒyòu** „links“ und „rechts“. Hier noch einige Beispiele von **zuǒyòu** in der Bedeutung von „ungefähr“:

Yào bànnián zuǒyòu.

„Es dauert ungefähr ein halbes Jahr.“

Táiběide rénkǒu yǒu sānbǎiwàn zuǒyòu.

„Die Bevölkerung von Taipei beläuft sich ungefähr auf drei Millionen.“

Cóng Běijīng dào Chángchéng hěn kuài; zhǐ yào yíge zhōngtóu zuǒyòu.

„Von Beijing zur Großen Mauer geht es sehr schnell, es dauert ungefähr eine Stunde.“

6C. Der Ausdruck **dī** in **dǎdī** „ein Taxi nehmen“ ist eine Abkürzung von **dīshì** „Taxi“. Eigentlich ist **dīshì** allerdings die Mandarin-Aussprache des kantonesischen Wortes **dīksí**, das sich wiederum vom englischen „Taxi“ ableitet.

6D. Machen Sie sich die Verwendungsweise des sehr verbreiteten Adverbs **gèng** „noch, noch mehr“ zu eigen. Es tritt gewöhnlich vor Statischen Verben und Hilfsverben auf. Einige weitere Beispiele:

Zhèige bú cuò, kěshi nèige gèng hǎo.

„Dieses ist nicht schlecht, aber jenes ist noch besser.“

Wǒ yě xǐhuan chī Měiguo cài, búguò wǒ gèng xǐhuan chī Zhōngguo cài.

„Ich mag auch amerikanisches Essen, aber chinesisches Essen mag ich noch mehr.“

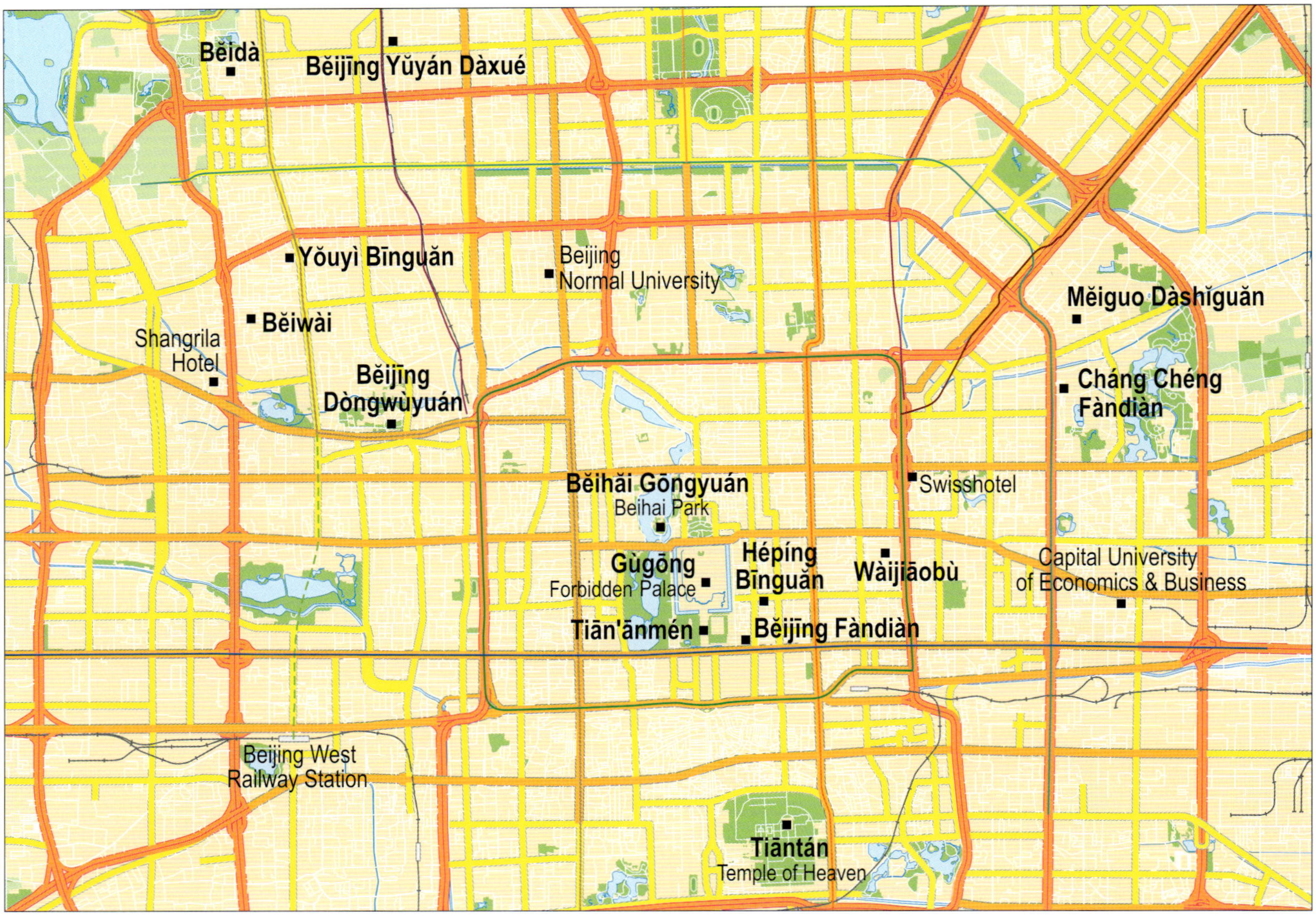

Die Innenstadt von **Běijīng**

6E. Beachten Sie die Grammatik im Satz **Nín dǎ ge dī gèng kuài**. Wörtlich bedeutet das „Du nimmst ein Taxi noch schneller.“, oder in richtigem Deutsch „Wenn du ein Taxi nimmst, bist du schneller.“. Das Thema des Satzes ist **Nín dǎ ge dī**, der Kommentar **gèng kuài**.

EV2-3. Für viele verwandte Begriffe gibt es im Chinesischen feste Anordnungen, die sich von denen im Deutschen zum Teil unterscheiden. Im Deutschen sagen wir: „Norden, Süden, Osten, Westen“, im Chinesischen ist die richtige Anordnung hingegen:

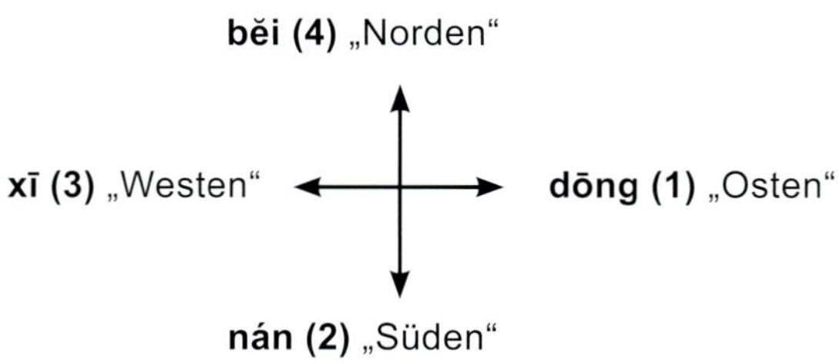

EV3. Eine der vielen Bedeutungen des Verbs **kāi** ist „führen“ (Auto, Bus, Straßenbahn, U-Bahn, Schiff, Flugzeug etc.). Die jeweils beste deutsche Übersetzung hängt vom aktuell geführten Fahrzeug ab. Daher wird **kāi** zuweilen als „fahren“, in anderen Fällen als „fliegen“ etc. übersetzt.

Ein Taxi zum Flughafen rufen

Linda Fuentes, die ein Jahr als Graduiertenstudentin der Kunstgeschichte in Beijing geforscht hat, ruft eine Taxifirma an, um ein Taxi vom Wohnheim für ausländische Experten (Foreign Experts Building) der Beijing Foreign Studies University zum Hauptstadtflughafen zu bestellen.

Basis-Konversation 8-2

1. TELEFONIST **Nín hǎo! Yǒuyì Bīnguǎn Qìchē Gōngsī.**
Hallo, Friendship Hotel Taxi.

2. FUENTES **Wéi? Nǐ hǎo. Wǒ yào yíliàng chē qù Shǒudū Jīchǎng.**
Hallo? Guten Tag, ich möchte ein Taxi zum Hauptstadtflughafen.

3. TELEFONIST **Nín xiànzài zài nǎr?**
Wo sind Sie jetzt?

4. FUENTES **Zài Běijīng Wàiguoyǔ Dàxuéde zhuānjiā lóu.**
Im Wohnheim für ausländische Experten der Beijing Foreign Studies University.

5. TELEFONIST **Jǐge rén?**
Wie viele Personen?

6. FUENTES **Jiù wǒ yíge rén.**
Nur ich allein.

7. TELEFONIST **Shémme shíhou yào chē?**
Um wie viel Uhr wollen Sie das Taxi?

8. FUENTES **Xiànzài jiù yào.**
Jetzt.

9. TELEFONIST **Xíng. Nín guìxìng?**
OK. Wie heißen Sie mit Familiennamen?

10. FUENTES **Wǒ shi Měiguo rén, wǒde Zhōngguo xìngmíng shi Fù Líndá.**
Ich bin Amerikanerin, mein chinesischer Name ist **Fù Líndá**.

11. TELEFONIST **Hǎode. Chēzi shífēn zhōng yǐhòu jiù dào. Nín zài Běiwài zhuānjiā lóu ménkǒur děng ba.**
Gut. Der Wagen wird in zehn Minuten da sein. Warten Sie am Eingang des Wohnheims für ausländische Experten der BFSU.

Build-Up

1. Telefonist

yǒuyì (B)	Freundschaft [S]
bīnguǎn	Guest House, Hotel [OW]
Yǒuyì Bīnguǎn	Friendship Hotel [OW]
qìchē	Auto [S]
qìchē gōngsī	Taxifirma
Nín hǎo! Yǒuyì Bīnguǎn Qìchē Gōngsī.	Hallo, Friendship Hotel Taxi.

2. Fuentes

wéi	„Hallo!" (am Telefon) [I]
liàng	(für Landfahrzeuge) [ZEW]
yíliàng chē	ein Wagen, ein Taxi
shǒudū	Hauptstadt [S]
jīchǎng	Flughafen [OW]
Shǒudū Jīchǎng	Hauptstadtflughafen [OW]
Wéi? Nǐ hǎo. Wǒ yào yíliàng chē qù Shǒudū Jīchǎng.	Hallo? Guten Tag, ich möchte ein Taxi zum Hauptstadtflughafen.

3. Telefonist

Nín xiànzài zài nǎr?	Wo sind Sie jetzt?

4. Fuentes

wàiguo	Ausland [S]
wàiguoyǔ	Fremdsprache [S]
Běijīng Wàiguoyǔ Dàxué	Beijing Foreign Studies University [OW]
zhuānjiā	Experte [S]
lóu	Gebäude mit mehr als einem Stockwerk [S]
zhuānjiā lóu	Wohnheim für (ausländische) Experten [PH]
Zài Běijīng Wàiguoyǔ Dàxuéde zhuānjiā lóu.	Im Wohnheim für ausländische Experten der Beijing Foreign Studies University.

5. Telefonist

Jǐge rén?	Wie viele Personen?

6. Fuentes

Jiù wǒ yíge rén.	Nur ich allein.

7. Telefonist

Shémme shíhou yào chē?	Um wie viel Uhr wollen Sie das Taxi?

8. Fuentes

Xiànzài jiù yào.	Jetzt.

9. Telefonist

Xíng. Nín guìxìng?	OK. Wie heißen Sie mit Familiennamen?

10. Fuentes

xìngmíng	Vor- und Zuname [S]
Zhōngwén xìngmíng	chinesischer Name
wǒde Zhōngwén xìngmíng	mein chinesischer Name
Fù	Fu [FN]
Líndá	(Chinesisch für „Linda")

Wǒ shi Měiguo rén, wǒde Zhōngwén xìngmíng shi Fù Líndá. — Ich bin Amerikanerin, mein chinesischer Name ist Fù Líndá.

11. Telefonist

hǎode	„gut", „OK" [IA]
chēzi	Auto [S]
shífēn zhōng yǐhòu	nach/in zehn Minuten
shífēn zhōng yǐhòu jiù dào	es kommt in zehn Minuten
Běiwài	(Abkürzung für Beijing Foreign Studies University oder BFSU bzw. Beijinger Fremdsprachenuniversität) [OW]
Běiwài zhuānjiā lóu	Wohnheim für ausländische Experten an der BFSU
ménkǒu(r)	Eingang, Eingangstür, -tor [OW]
Běiwài zhuānjiā lóu ménkǒur	Eingang des Wohnheims für ausländische Experten der BFSU
zài ménkǒur děng	am Eingang warten
Hǎode. Chēzi shífēn zhōng yǐhòu jiù dào.	Gut. Der Wagen wird in zehn Minuten da sein.
Nín zài Běiwài zhuānjiā lóu ménkǒur děng ba.	Warten Sie am Eingang des Wohnheims für ausländische Experten der BFSU.

Ergänzungsvokabular

1. **wàiguo rén**	Ausländer [PH]
wàiguo huà	Fremdsprache [PH]
Zhōngguo rén jiǎng Zhōngguo huà, wàiguo rén jiǎng wàiguo huà.	Chinesen sprechen Chinesisch und Ausländer sprechen ausländische Sprachen.
2. **chūzū**	vermieten [V]
chūzū qìchē	Taxi [PH]
liǎngliàng chūzū qìchē	zwei Taxis
Wǒ yào liǎngliàng chūzū qìchē.	Ich will zwei Taxis.

Grammatische und kulturelle Anmerkungen

1A. Es gibt eine Reihe von Phrasen mit **yǒuyì** „Freundschaft", wie z.B. **Zhōng-Měi yǒuyì** „chinesisch-amerikanische Freundschaft" oder **Zhōng-Dé yǒuyì** „chinesisch-deutsche Freundschaft", Ausdrücke, die Ihnen in China häufiger begegnen werden.

1B. Eine alternative Aussprache von **yǒuyì**, die Sie zuweilen hören werden, ist **yǒuyí**.

2A. **Wéi** ist der Ausdruck für das deutsche „Hallo?" am Telefon. Manche Sprecher sprechen es auch **wái** aus.

2B. **Liàng** ist das Zähleinheitswort für alle möglichen Landfahrzeuge, die mit **-chē** enden. Beispiele:

yíliàng chē	„ein Auto"
zhèiliàng qìchē	„dieses Auto"
nèiliàng qìchē	„jenes Auto"
jǐliàng chēzi?	„wie viele Autos?"
něiliàng chūzū qìchē?	„welches Taxi?"

2C. Pivotal-Sätze (Scharniersätze). Der Satz **Wǒ yào yíliàng chē qù Shǒudū Jīchǎng** „Ich will einen Wagen zum Hauptstadtflughafen." (oder: „Ich will einen Wagen (um) zum Hauptstadtflughafen zu fahren.") ist ein Beispiel für einen so genannten Pivotal-Satz (Scharniersatz). Dieser ist eigentlich aus folgenden zwei Sätzen zusammengesetzt:

Wǒ yào yíliàng chē.	+	**Chē qù Shǒudū Jīchǎng.**
„Ich will einen Wagen."	+	„Der Wagen fährt zum Hauptstadtflughafen."

Im ersten Satz ist **chē** das Objekt, während es im zweiten Satz das Subjekt bildet. Werden nun die beiden Sätze kombiniert, dann wird das zweite **chē** getilgt und das erste **chē** fungiert als „Scharnier", indem es gleichzeitig als Subjekt des ersten und als Objekt des zweiten Satzes dient. Andere verbreitete Verben in Pivotal-Sätzen sind neben **yào** u.a. **qǐng**, **yǒu** und **zhǎo**. Hier noch einige Beispiele für Pivotal-Sätze:

Wǒ qǐng nǐ chī wǔfàn.	„Ich lade dich zum Mittagessen ein."
Wǒ yǒu ge péngyou xìng Lǐ.	„Ich habe einen Freund mit dem Familiennamen Li."
Wǒmen zhǎo yíge tóngxué gēn wǒmen yìqǐ qù.	„Wir suchen einen Mitstudenten, der mit uns geht."
Wǒ rènshi yíge rén yǒu shí'èrge háizi!	„Ich kenne jemanden, der zwölf Kinder hat."

4A. **Wàiguoyǔ** „Fremdsprache" kann zu **wàiyǔ** verkürzt werden. Ein weiterer, noch umgangssprachlicherer Ausdruck für Fremdsprache ist **wàiguo huà** (vgl. EV1 in dieser Lektion).

4B. **Zhuānjiā** „Experte" bezieht sich hier auf **wàiguo zhuānjiā** „ausländische Experten". Bei diesen handelt es sich um ausländische technische, medizinische oder pädagogische Fachleute, die durch die chinesische Regierung oder andere offizielle Einrichtungen nach China eingeladen werden, um bei der Modernisierung Chinas mitzuwirken. Dieses System, das es seit den 1950er-Jahren gibt, wurde aus der damaligen Sowjetunion übernommen. Diese **wàiguo zhuānjiā** wohnen oft in besonderen Gebäuden mit der Bezeichnung **zhuānjiā lóu**.

6. Schauen Sie sich **jiù wǒ yíge rén** „ich allein / nur ich" an. Normalerweise können Adverbien nicht vor Pronomen stehen. Aber mit dem Sinn „nur" (aber nicht im Sinn von „dann") kann **jiù** zuweilen vor Pronomen auftreten. Wir könnten den Satz in dem Sinne analysieren, dass er von dem Satz **jiù yǒu wǒ yíge rén** „da war nur ich allein" abgeleitet wurde, wobei das Verb **yǒu** getilgt wurde.

10A. **Xìngmíng** „Vor- und Zuname" ist ein spezifischerer und formellerer Ausdruck als **míngzi** „Name". Denken Sie daran, dass **míngzi** sich sowohl auf den Vornamen als auch auf Vor- und Zunamen beziehen kann. **Xìngmíng** wird in Formularen oder in formellen Situationen verwendet, wenn jemand namentlich identifiziert werden soll. In alltäglichen Situationen sollte man einfach **míngzi** „Name" sagen.

10B. Sie haben vielleicht bemerkt, dass die Sprecher im Video und den Tonaufnahmen **wǒde Zhōngguo xìngmíng** „mein chinesischer Name" sagen, die Sprecherin im Build-Up hingegen **wǒde Zhōngwén xìngmíng** „mein chinesischsprachiger Name" verwendet. Beide Ausdrücke sind korrekt, wir empfehlen Ihnen aber, **wǒde Zhōngwén xìngmíng** zu gebrauchen.

11A. Merken Sie sich **hǎode** „Gut!" „OK!", das sehr häufig als kurze Antwort verwendet wird. Bei vielen kurzen Antworten auf Fragen wird **-de** gerne zur Betonung eingesetzt. Die beiden häufigsten Formen sind **hǎode** und **shìde** „Ja!". Andere Formen sind **kéyide** „In Ordnung!", **duìde** „Stimmt!" und **xíngde** „OK!".

11B. **Chēzi shífēn zhōng yǐhòu jiù dào** „Der Wagen wird in zehn Minuten da sein." Wir haben in 7-4: 5-6 gelernt, dass das Muster Phrase + **yǐhòu**, wörtlich „nachdem …", für zukünftige Ereignisse gebraucht werden kann, um „in einem bestimmten Zeitraum" auszudrücken. Ein anderes Beispiel ist:

Wǒ wǔfēn zhōng yǐhòu lái zhǎo nǐ.	„Ich komme in fünf Minuten." / „Ich komme in fünf Minuten zu dir."

11C. Wiederholen Sie zwei gebräuchliche Verwendungsweisen von **jiù**, die in diesem Dialog gezeigt werden. In den Zeilen 11 und 8 bedeutet **jiù** „so früh, schon, bereits", in Zeile 6 hingegen bedeutet **jiù** „nur".

11D. Am Ende von Imperativsätzen (d.h. Befehls- oder Aufforderungssätzen) steht oft ein **ba**. Dies ist das gleiche **ba**, das auch bei Vorschlägen verwendet wird, es dient hier dazu, die Aufforderung etwas abzumildern.

EV1. Für viele Chinesen gibt es eigentlich nur zwei Sorten von Menschen: **Zhōngguo rén** „Chinesen" und **wàiguo rén** „Ausländer". Das gilt ohne Ansehung des aktuellen Standortes des betreffenden Chinesen. So wird manch ein Chinese, der schon lange in Deutschland lebt, die Deutschen (und andere Nicht-Chinesen) dennoch auf Chinesisch als **wàiguo rén** „Ausländer" bezeichnen.

Ein Taxi zum Flughafen rufen (Fortsetzung)

Nach über einer halben Stunde ist das Taxi noch nicht da. Daher beschließt Fuentes, die sich immer mehr um ihren Flug sorgt, nochmals bei der Taxifirma anzurufen und zu fragen, warum das Taxi noch nicht angekommen ist.

Basis-Konversation 8-3

1. TELEFONIST **Nǐ hǎo! Yǒuyì Bīnguǎn Qìchē Gōngsī.**
   Hallo, Friendship Hotel Taxi.

2. FUENTES **Wéi? Wǒ bàn'ge xiǎoshí yǐqián dǎ diànhuà yàoguo yíliàng chē. Nǐmen shuō shífēn zhōng jiù dào. Zěmme dào xiànzài hái méi lái a?**
   Hallo. Vor einer halben Stunde habe ich angerufen und ein Taxi bestellt. Ihr habt gesagt, es komme in zehn Minuten. Warum ist es immer noch nicht da?

3. TELEFONIST **Duìbuqǐ, xiànzài shi shàngxiàbān shíjiān, jiāotōng bǐjiào yōngjǐ. Chē wǒmen yǐjīng pàiqule, qǐng nín zài nàixīn děng yìhuǐr.**
   Entschuldigung, es ist Stoßzeit und die Straßen sind sehr verstopft. Wir haben das Taxi schon geschickt. Haben Sie bitte Geduld und warten Sie bitte noch ein wenig.

4. FUENTES **Hái yào děng duō jiǔ a?**
   Wie lange muss ich noch warten?

5. TELEFONIST **Nín bié zháojí, wǒ xiǎng yìhuǐr jiù huì dào.**
   Keine Sorge. Ich denke, es kommt gleich an.

6. FUENTES **Máfan nín kuài yidianr, hǎo ma? Wǒ kuài yào láibujíle!**
   Bitte beeilen Sie sich, OK? Ich bin bald zu spät.

7. TELEFONIST **Hǎo, wǒ mǎshàng tōngzhī sījī jìnkuài gǎndào.**
   OK. Ich gebe dem Taxifahrer sofort Bescheid, dass er so schnell wie möglich kommen soll.

Build-Up

1. Telefonist

Nǐ hǎo! Yǒuyì Bīnguǎn Qìchē Gōngsī.	Hallo, Friendship Hotel Taxi.

2. Fuentes

xiǎoshí	Stunde [S]
bàn'ge xiǎoshí	halbe Stunde
bàn'ge xiǎoshí yǐqián	vor einer halben Stunde
dǎ	schlagen [V]
diànhuà	Telefon [S]
dǎ diànhuà	anrufen [PH]
yào	wollen, verlangen [V]
yàoguo yíliàng chē	hatte ein Taxi bestellt
zěmme	warum, wieso [FW]
zěmme hái méi lái	warum ist (es) noch nicht da
dào xiànzài	bis jetzt
dào xiànzài hái méi lái	(es) ist bis jetzt noch nicht gekommen
Wéi? Wǒ bàn'ge xiǎoshí yǐqián dǎ diànhuà yàoguo yíliàng chē. Nǐmen shuō shífēn zhōng jiù dào. Zěmme dào xiànzài hái méi lái a?	Hallo. Vor einer halben Stunde habe ich angerufen und ein Taxi bestellt. Ihr habt gesagt, es komme in zehn Minuten. Warum ist es immer noch nicht da?

3. Telefonist

shàngxiàbān shíjiān	die Zeit, wenn man von der Arbeit kommt oder zur Arbeit geht/fährt
jiāotōng	Verkehr [S]
yōngjǐ	voll (mit Personen, Autos ...), sich drängen [SV]
jiāotōng bǐjiào yōngjǐ	der Verkehr ist relativ dicht
pài	senden [V]
-qu	(zeigt eine Bewegung vom Sprecher weg an) [RE]
pàiqu	senden, aussenden, entsenden [RB]
chē wǒmen yǐjīng pàiqule	wir haben den Wagen schon geschickt
nàixīn	geduldig sein [SV]
yìhuǐr	ein Weilchen [S]
nàixīn děng yìhuǐr	ein Weilchen geduldig warten
zài nàixīn děng yìhuǐr	noch ein bisschen länger geduldig warten
Duìbuqǐ, xiànzài shi shàngxiàbān shíjiān, jiāotōng bǐjiào yōngjǐ. Chē wǒmen yǐjīng pàiqule, qǐng nín zài nàixīn děng yìhuǐr.	Entschuldigung, es ist Stoßzeit und die Straßen sind sehr verstopft. Wir haben das Taxi schon geschickt. Haben Sie bitte Geduld und warten Sie bitte noch ein wenig.

4. Fuentes

yào	müssen; brauchen, bedürfen, notwendig sein [HV]
Hái yào děng duō jiǔ a?	Wie lange muss ich noch warten?

5. Telefonist

zháojí	besorgt sein, sich aufregen [VO/SV]
nín bié zháojí	seien Sie unbesorgt
huì	wahrscheinlich sein, werden [HV]
yìhuǐr jiù huì dào	(es) kommt bald an, (es) kommt in einem Moment
Nín bié zháojí, wǒ xiǎng yìhuǐr jiù huì dào.	Keine Sorge. Ich denke, es kommt gleich an.

6. Fuentes

máfan	stören **[V]**
máfan nín	[ich] störe Sie, bitte
kuài yidianr	etwas schneller
kuài yào láibujíle	bald nicht mehr rechtzeitig kommen
Máfan nín kuài yidianr, hăo ma? Wŏ kuài yào láibujíle!	Bitte beeilen Sie sich, OK? Ich bin bald zu spät.

7. Telefonist

măshàng	sofort **[A]**
tōngzhī	benachrichtigen **[V]**
sījī	Fahrer, Chauffeur **[S]**
wŏ măshàng tōngzhī sījī	Ich benachrichtige sofort den Fahrer
jìnkuài	so schnell wie möglich **[A]**
găn	(sich) eilen **[V]**
găndào	zu einem Ort eilen **[V+PV]**
jìnkuài găndào	so schnell wie möglich dort hineilen
Hăo, wŏ măshàng tōngzhī sījī jìnkuài găndào.	OK. Ich gebe dem Taxifahrer sofort Bescheid, dass er so schnell wie möglich kommen soll.

Ergänzungsvokabular

1. juédìng	entscheiden **[V]**
juédìng zuò shémme	entscheiden, was zu tun
Chūzū qìchē hái méi lái, tā juédìng zuò shémme?	Wofür entschied sie sich, als das Taxi immer noch nicht kam?
2. fázi	Methode, Weg **[S]**
yŏu fázi	einen Ausweg / Plan haben
shàng	kommen **[CV]**
shàng zhèr lái	hierher kommen
ràng tā shàng zhèr lái	ihn veranlassen, hierher zu kommen
Nĭ yŏu fázi ràng tā shàng zhèr lái ma?	Hast du einen Plan, wie du ihn dazu bringst herzukommen?

Grammatische und kulturelle Anmerkungen

2A. **Xiăoshí** „Stunde" kann, wie hier, als Substantiv mit dem Zähleinheitswort **ge** verwendet werden oder selbst als Zähleinheitswort dienen. Anders gesagt, man kann sowohl **yíge xiăoshí** als auch **yìxiăoshí** und auch sowohl **bàn'ge xiăoshí** als auch **bànxiăoshí** sagen. **Zhōngtóu** hingegen, das Sie in Lektion 3-4 kennen gelernt haben, kann nur zusammen mit dem Zähleinheitswort **ge** gebraucht werden.

2B. **Dă diànhuà** ist der Ausdruck für „telefonieren". **Dă** für sich genommen bedeutet „schlagen" (z.B. **Bié dă wŏ!** „Schlag mich nicht!") und **diànhuà** „elektrische Worte". Es handelt sich hierbei um einen Ausdruck, der im 19. Jahrhundert, als das Telefon in China eingeführt wurde, geprägt wurde. Erwähnt man die angerufene Person, verwendet man hierfür das Co-Verb **gĕi** „geben", gefolgt vom entsprechenden Substantiv oder Pronomen, das für die angerufene Person steht. Die Verneinungen **bù** und **méi** stehen vor dem **gĕi**. Beispiel:

Qĭng nĭ gĕi tā dă ([yí]ge) diànhuà.

„Rufe sie bitte an!"

Wŏ gĕi tā dăle hăojĭcì diànhuà, kĕshi méi rén zài.

„Ich habe ihn mehrfach angerufen, aber es war niemand da."

Wŏ méi gĕi tā dă diànhuà.

„Ich habe sie nicht angerufen."

Wenn Sie „Ich habe ihn angerufen." sagen möchten, müssen Sie **Wǒ gěi tā dǎ diànhuà le** verwenden, sagen Sie in diesem Fall niemals **Wǒ dǎ tā le** (Es sei denn, sie meinen es so!), da es „Ich habe ihn geschlagen." bedeutet.

2C. Achten Sie auf die verschiedenen Bedeutungen des Verbs **yào**. In Zeile 2 hier bedeutet es „anfordern", in Zeile 4 hingegen bedeutet es „müssen" oder „brauchen, notwendig sein". In Zeile 6 bedeutet **yào** wiederum „werden". Sie haben **yào** bereits mit den Bedeutungen „wollen", „brauchen", „benötigen", „kosten" (3-3) und „(tun) wollen" (5-4) kennen gelernt. Vergleichen Sie:

Nǐ yào shémme?	„Was willst du?"
Zhèige yào duōshǎo qián?	„Was kostet das?"
Wǒ yào qù Zhōngguo le!	„Ich werde nach China gehen."
Wǒ yě yào kàn!	„Ich will (es) auch sehen!"
Wǒ yàoguo liǎngliàng chē.	„Ich habe zwei Wagen angefordert."
Hái yào děng duō jiǔ?	„Wie lange muss (ich) noch warten?"

2D. **Nǐmen shuō shífēn zhōng jiù dào** „Ihr habt gesagt, es komme in zehn Minuten.". Beachten Sie, dass hier nach dem Verb **shuō** nicht das Verbsuffix **-le** steht, obwohl hier eine vollendete Handlung vorliegt. Das ist die normale Vorgehensweise, wenn man Gesagtes (zitierend) wiedergibt. Wenn Sie also beispielsweise „Sie sagte, sie sei in der letzten Zeit sehr beschäftigt gewesen." sagen wollen, sollten Sie **Tā shuō tā zuìjìn hěn máng** und NICHT ***Tā shuōle tā zuìjìn hěn máng** sagen.

2E. In 2-2 haben Sie gelernt, dass **zěmme** „wie" bedeutet. Nun lernen Sie es in seiner anderen Bedeutung, nämlich der von „wie kommt es, dass ..." „warum" kennen. Es ist in dieser Bedeutung häufig mit **wèishemme** (6-3) austauschbar, abgesehen davon, dass **zěmme** umgangssprachlicher und auch etwas stärker ist – oft drückt es aus, dass der Sprecher erstaunt ist oder etwas nicht glauben kann. Wie bei **wèishemme** enden Fragesätze mit **zěmme** häufig (aber nicht immer) mit der Finalpartikel **ne**, die die Frage etwas abschwächt. Beispiele:

Nǐ zěmme méi gàosu wǒ ne?	„Warum hast du mir das denn nicht gesagt!"
Wǒmen zěmme bù qǐng tā ne?	„Wieso laden wir sie nicht ein?"
Tā zěmme měicì dōu chídào ne?	„Wie kommt es, dass er immer zu spät ist?"

3A. **Shàngxiàbān(r)** „zur Arbeit gehen und von der Arbeit kommen" ist eine komprimierte Form von **shàngbān(r)** „zur Arbeit gehen" und **xiàbān(r)** „von der Arbeit kommen". Solche Komprimierungen sind im Chinesischen sehr üblich.

3B. **Chē wǒmen yǐjīng pàiqule** bedeutet wörtlich „Der Wagen, wir haben ihn schon losgeschickt." Das **chē** hier ist ein Beispiel für ein vorangestelltes Objekt, welches das Thema für den Satz darstellt.

3C. Resultativbildungen. Beachten Sie die Resultativbildung **pàiqu** „senden, aussenden, schicken" in dieser Zeile, die aus dem Verb **pài** „senden" und der Resultativendung **-qu** (wörtl. „gehen") besteht und eine Bewegung weg vom Sprecher ausdrückt. Schauen Sie sich auch die Resultativbildung **láibují** „nicht rechtzeitig kommen" in Zeile 6 an, die sie zuerst in 3-4 kennen gelernt haben. In 2-4 findet sich zudem **gǎocuò** „falsch machen", das sich aus dem Handlungsverb **gǎo** „machen" und der Resultativendung **-cuò** „falsch" zusammensetzt. In 6-2 schließlich hatten wir **zhǎngdà** „aufwachsen". Bei all diesen Verben handelt es sich um Resultativverben, die zusammen einen sehr wichtigen Verbtyp des Chinesischen bilden. Eine Resultativbildung ist eine Verbbildung, die sich aus einem Handlungsverb und einer Resultativendung (zumeist ein Verb oder ein Statisches Verb) zusammensetzt, und das Ergebnis einer Handlung anzeigt. So zum Beispiel **zhǎngdà** „wachsen mit dem Ergebnis, dass man groß wird", das aus dem Handlungsverb **zhǎng** „wachsen" und der Resultativendung **-dà** „groß" besteht. Andere Resultativbildungen werden aus Bewegungsverben und der Resultativendung **-lái** „kommen" oder **-qù** „gehen" gebildet; **pàiqu** „aussenden" gehört in diese Gruppe. In den folgenden Lektionen werden Sie noch viele weitere Resultativbildungen kennen lernen.

3D. Das Statische Verb **nàixīn** „geduldig sein" kann auch als Substantiv mit der Bedeutung „Geduld" gebraucht werden. Beispiel: **Nǐ zěmme zhèmme méiyou nàixīn?** „Warum bist du so ungeduldig?" (wörtl. „Wieso so nicht haben Geduld?"). Wie Sie auch schon an anderer Stelle gesehen haben, ist es im Chinesischen nicht ungewöhnlich, dass ein Wort gleichzeitig mehreren Wortarten angehört.

3E. Manche sprechen **yìhuǐr** „eine Weile" auch **yíhuìr** aus.

5-6. Schauen Sie sich das Hilfsverb **huì** „wahrscheinlich sein, werden" in Zeile 5 an und vergleichen Sie es mit dem Hilfsverb **yào** „werden" in Zeile 6. Beide Hilfsverben können „werden" bedeuten, aber es besteht dennoch ein Bedeutungsunterschied: **huì** impliziert oft „wahrscheinlich sein, dass ..." und ist auch nicht so betont wie **yào**.

6A. Die höfliche Anfangsfloskel **máfan nín** (wörtl. „Ich störe Sie, um ...") wird gerne vor Aufforderungen und Bitten verwendet. Es macht eine Aufforderung weniger direkt und „anerkennt", dass die andere Person damit, dass sie der Aufforderung nachkommt, „gestört" wird.

6B. Beachten Sie den Gebrauch von **yidianr** „ein wenig" nach dem Statischen Verb **kuài** „schnell". **Kuài yidianr**, das wörtlich „schnell ein bisschen" bedeutet, lässt sich als „ein bisschen schneller" übersetzen (5-3: 4E). Beachten Sie, dass Sie NICHT ***yìdiǎnr kuài** sagen können.

6C. Schauen Sie sich **Wǒ kuài yào láibujíle!** „Ich bin bald zu spät." an. Wie wir in 5-2: 10A gesehen haben, zeigt das Muster **kuài yào...le** an, dass eine Handlung im Begriff ist stattzufinden. Das **kuài** in dieser Phrase ist ein Adverb mit der Bedeutung „bald". Hier noch einige weitere Beispiele für das Muster **kuài yào...le**, das ein unmittelbar bevorstehendes Geschehen ausdrückt:

Kuài yào kāishǐle!	„Es geht gleich los!"
Xiàozhǎng kuài yào jiǎnghuàle.	„Der Präsident redet gleich."
Wǒ tīngshuō tāmen kuài yào líhūnle.	„Ich habe gehört, dass sie im Begriff sind, sich scheiden zu lassen."

Beachten Sie, dass in Zeile 6 zwei **kuài** mit unterschiedlichen Bedeutungen und Verwendungsweisen vorkommen. Das erste **kuài** ist ein Statisches Verb mit der Bedeutung „schnell sein", während das zweite **kuài**, wie oben erwähnt, ein Adverb mit der Bedeutung „bald" ist.

7A. **Tōngzhī** „mitteilen" impliziert eine Mitteilung von einem Vorgesetzten gegenüber einem Niedrigergestellten. Während ein Lehrer zu seinen Studenten **Wǒ huì tōngzhī nǐmen** „Ich werde euch das mitteilen." sagen kann, können die Studenten dies gegenüber dem Lehrer nicht tun.

7B. Das Adverb **mǎshàng** „sofort" bedeutet wörtlich „auf einem Pferd" und stammt aus der Mongolenzeit, d.h. der Yuan-Dynastie (1271-1368).

7C. **Wǒ mǎshàng tōngzhī sījī jìnkuài gǎndào** „Ich gebe dem Taxifahrer sofort Bescheid, dass er so schnell wie möglich kommen soll (sich so schnell wie möglich beeilen soll)." ist ein weiteres Beispiel für einen Pivotal- oder Scharniersatz (8-2: 2C). Dieser Satz besteht eigentlich aus den folgenden zwei Sätzen:

Wǒ mǎshàng tōngzhī sījī.	+	**Sījī jìnkuài gǎndào.**
„Ich werde den Fahrer sofort benachrichtigen."	+	„Der Fahrer wird so schnell hereilen wie er kann."

Wenn die beiden Sätze verknüpft werden, dient **sījī** als Scharnier, indem es sowohl Objekt des ersten als auch Subjekt des zweiten Satzes ist, wobei das zweite **sījī** getilgt wird.

EV2. Das Verb **shàng** kann „zu ... gehen" oder „zu ... kommen" bedeuten. Sowohl **shàng** als auch **qù** können beide „gehen" bedeuten, aber es gibt mehrere Unterschiede: (1) **shàng** ist in Nordchina üblich, wird aber in Südchina kaum verwendet, während **qù** überall benutzt wird; (2) **shàng** ist umgangssprachlicher, während **qù** gesprochenes bzw. geschriebenes Standardchinesisch ist; (3) auf **shàng** folgt stets ein Orts- oder ein Fragewort, während auf **qù** auch Verben folgen können (z.B. **Wǒ qù mǎi dōngxi**); (4) **qù** kann als Ein-Wort-Antwort auf eine Frage verwendet werden, **shàng** nicht. Beispiele:

Nǐmen shàng nǎr a?
„Wohin geht ihr?"

Nǐ shàng wǒ zhèr lái zuò shémme?
„Warum bist du zu mir gekommen?" (wörtl. „Du kamst zu mir hier, kamst zu tun was?")

Ein Taxi zum Flughafen rufen (Fortsetzung)

Endlich kommt das Taxi und nachdem der Fahrer das Gepäck eingeladen hat, fährt er Fuentes zum Flughafen. Nach der Ankunft bezahlt sie das Taxi und begibt sich in das Flughafenterminal (Fortsetzung des letzten Dialogs).

Basis-Konversation 8-4

1. FAHRER **Shi nín yào chē dào Shǒudū Jīchǎng ma?**
Haben Sie ein Taxi zum Flughafen bestellt?

2. FUENTES **Duì, shì wǒ.**
Richtig, ich war das.

3. FAHRER **Jiù zhèiliǎngjiàn xíngli ma?**
Nur diese beiden Gepäckstücke?

4. FUENTES **Duì.**
Ja.

(nachdem das Taxi losgefahren ist)

Cóng zhèr dào jīchǎng xūyào duōshǎo shíjiān?
Wie lange dauert es von hier zum Flughafen?

5. FAHRER **Sìshifēn zhōng zuǒyòu ba.**
Ungefähr vierzig Minuten.

(bemerkt, dass der Verkehr sehr dicht ist)
Zāogāo, zhèr yòu dǔchē le, wǒmen zhǐhǎo huàn tiáo biéde lù zǒule.
Verflixt, da ist schon wieder ein Stau, uns bleibt nichts anderes übrig, als auf eine andere Strecke auszuweichen.

6. FUENTES *(als sie am Flughafen ankommen)*

Duōshǎo qián?
Wie viel kostet es?

7. FAHRER **Yìbǎi èrshibākuài sì.**
128,40 Yuan.

8. FUENTES **Gěi nín yìbǎi wǔshikuài. Nín zhǎo wǒ èrshikuài jiù hǎole.**
Ich gebe Ihnen 150 Yuan. Geben Sie mir zwanzig Yuan zurück, dann passt es.

9. FAHRER **Xièxie.**
Danke.

10. FUENTES **Zàijiàn.**
Auf Wiedersehen!

11. FAHRER **Zàijiàn.**
Auf Wiedersehen!

Build-Up

1. Fahrer

Shi nín yào chē dào Shǒudū Jīchǎng ma?	Haben Sie ein Taxi zum Flughafen bestellt?

2. Fuentes

Duì, shì wǒ.	Richtig, ich war das.

3. Fahrer

jiàn	(für Gepäck; Angelegenheiten) [ZEW]
zhèiliǎngjiàn	diese zwei Stücke
xíngli	Koffer, Gepäck [S]
zhèiliǎngjiàn xíngli	diese zwei Gepäckstücke
Jiù zhèiliǎngjiàn xíngli ma?	Nur diese beiden Gepäckstücke?

4. Fuentes

Duì.	Ja!
cóng zhèr dào jīchǎng	von hier zum Flughafen
xūyào	brauchen [V]
xūyào duōshǎo shíjiān	wie viel Zeit braucht (man/es)
Cóng zhèr dào jīchǎng xūyào duōshǎo shíjiān?	Wie lange dauert es von hier zum Flughafen?

5. Fahrer

Sìshifēn zhōng zuǒyòu ba.	Ungefähr vierzig Minuten.
zāogāo	Verflixt!; Mist! [IA/SV]
dǔchē	es gibt Stau [VO]
zhèr yòu dǔchē le	hier ist wieder ein Stau
zhǐhǎo	keine Wahl haben, es bleibt nichts anderes übrig [A]
huàn	wechseln, auswechseln [V]
tiáo	(für Straßen und Wege) [ZEW]
biéde	andere/r [AT]
biéde lù	eine andere Straße
zhǐhǎo huàn tiáo biéde lù	wir müssen auf eine andere Straße wechseln
Zāogāo, zhèr yòu dǔchē le, wǒmen zhǐhǎo huàn tiáo biéde lù zǒule.	Verflixt, da ist schon wieder ein Stau, uns bleibt nichts anderes übrig, als auf eine andere Strecke auszuweichen.

6. Fuentes

Duōshǎo qián?	Wie viel kostet es?

7. Fahrer

Yìbǎi èrshibākuài sì.	128,40 Yuan.

8. Fuentes

zhǎo	(Wechselgeld) herausgeben [V]
Gěi nín yìbǎi wǔshikuài. Nín zhǎo wǒ èrshikuài jiù hǎole.	Ich gebe Ihnen 150 Yuan. Geben Sie mir zwanzig Yuan zurück, dann passt es.

9. Fahrer

Xièxie. — Danke.

10. Fuentes

Zàijiàn. — Auf Wiedersehen!

11. Fahrer

Zàijiàn. — Auf Wiedersehen!

Ergänzungsvokabular

1. **kāichē** — Auto fahren [VO]
   yīngdāng — sollen, müsste [HV]
   Nǐ hái bú huì kāichē? Yīngdāng xué ma! — Du kannst noch nicht Auto fahren? Das solltest du lernen!

2. **zhǎoqián** — (jemandem) Wechselgeld geben [VO]
   Zhèige dōngxi mài jiǔkuài wǔ, wǒ gěi nǐ shíkuài, nǐ dāngrán yīngdāng zhǎoqián! — Das Ding kostet 9,50 Yuan und ich habe dir 10 Yuan gegeben, natürlich musst du mir herausgeben.

3. **qīng** — leicht sein (von Gewicht) [SV]
   zhòng — schwer sein [SV]
   Nǐ bān qīngde ba, wǒ kéyi bān zhòngde. — Warum trägst du nicht die leichten, ich nehme die schweren.

4. **gōngjīn** — Kilogramm [ZEW]
   Nǐ duō zhòng? –Wǒ jiǔshibāgōngjīn. — Wie schwer bist du? – Ich wiege 98 Kilo.

5. **mǐ** — Meter [ZEW]
   Nǐ duō gāo? –Wǒ yīmǐ bā èr. — Wie groß bist du? – Ich bin einszweiundachtzig.

6. **bàntiān** — „den halben Tag", lange [Z+ZEW]
   zuìhòu — am Ende [ZW]
   Wǒ zuótiān xiàwǔ děng nǐ děngle bàntiān, zuìhòu wǒ zhǐhǎo zǒule. — Ich habe gestern lange auf dich gewartet, am Ende musste ich gehen.

7. **shīfu** — Meister; Fahrer [S]
   sāichē — durch Autos verstopft sein [VO]
   Shīfu, yàoshi sāichēde huà, shì bu shi huàn biéde lù bǐjiào hǎo? — Fahrer, falls es einen Stau geben sollte, wäre es nicht besser, die Strecke zu wechseln?

Grammatische und kulturelle Anmerkungen

2. Achten Sie auf **Duì, shì wǒ** „Richtig, ich war das.". Normalerweise wird das Verb **shì** „sein" im Neutralen Ton gesprochen (**shi**). Will man es aber betonen, so spricht man es im Vierten Ton. Vergleichen Sie die **shì / shi** im folgenden Gespräch zwischen drei Personen:

Sprecher A: **Túshūguǎn wàitou nèige rén shi Xiǎo Liú ma?**
„Ist das außerhalb der Bibliothek der Kleine Liu?"

Sprecher B: **Bú shi, bú shi Xiǎo Liú.**
„Nein, das ist nicht der Kleine Liu."

Sprecher C: **Shì tā, shì Xiǎo Liú!**
„Er ist es doch, es ist der Kleine Liu!"

3A. Spezifizierer + Zahl + Zähleinheitswort + Substantiv. Sie haben bereits das Muster Spezifizierer + Zähleinheitswort + Substantiv kennen gelernt (z.B. **zhèijiàn xíngli** „dieses Gepäckstück"). Auch das Muster Zahl + Zähleinheitswort + Substantiv ist Ihnen bereits bekannt (z.B. **liǎngjiàn xíngli** „zwei Gepäckstücke"). In diesem Muster werden die beiden Muster kombiniert. Das neue Muster lautet:

Spezifizierer	Zahl	Zähleinheitswort	Substantiv
zhèi	**liǎng**	**jiàn**	**xíngli**

„diese zwei Gepäckstücke"

Hier noch einige weitere Beispiele von Spezifizierer + Zahl + Zähleinheitswort + Substantiv:

zhèisānzhāng zhuōzi	„diese drei Tische"
zhèibáge rén	„diese acht Personen"
nèiwǔge shūjiàzi	„jene fünf Bücherregale"
nèijǐjiā gōngchǎng	„jene mehrere Fabriken"
něiliǎngliàng chē?	„welche zwei Autos?"
měishíge yuè	„alle zehn Monate"
"péngyou" zhèiliǎngge zì	„das Wort Freund" (wörtl. „diese zwei Schriftzeichen **péngyou**")

3B. In der Konversation wird **zhèliǎngjiàn** anstelle von **zhèiliǎngjiàn** gesagt. Diese Variierung zwischen **zhè-** und **zhèi-** ist sehr üblich. Beide Aussprachen sind korrekt.

4A. Wenn eine einzelne Person ein Taxi nimmt, sitzt sie in Taiwan in der Regel hinten rechts. In Festlandchina ist es ebenfalls in Ordnung, hinten zu sitzen. Aber einige betrachten es als „proletarischer" und damit besser, vorne neben dem Fahrer zu sitzen und sich mit diesem zu unterhalten. Das ist für Ihr Chinesisch definitiv besser, kann aber eine furchteinflößende oder sogar gefährliche Erfahrung sein.

4B. CÓNG...DÀO... Das Muster **cóng...dào...** „von … nach ..." ist ein sehr verbreitetes Muster, wenn man von Anfangs- und Endpunkten in Bezug auf Orte, Richtungen, Ziele, Zeiten, Daten etc. spricht. Das Muster kann wie folgt als Diagramm dargestellt werden:

CÓNG	Ort 1	DÀO	Ort 2
cóng	**Běijīng**	**dào**	**Tiānjīn**

„von Beijing nach Tianjin"

Beispiele:

Cóng zhèr dào Tiān'ānmén bú tài yuǎn.

„Von hier nach Tiananmen ist es nicht allzu weit."

Cóng shítáng dào túshūguǎn zěmme zǒu?

„Wie kommt man von der Mensa zur Bibliothek?"

Cóng wǒ jiā dào xuéxiào yào chàbuduō shífēn zhōng.

„Von meinem Zuhause zur Schule braucht man zehn Minuten."

Wǎnfàn shi cóng jǐdiǎn dào jǐdiǎn?

„Von wann bis wann gibt es Abendessen?"

Cóng wǔdiǎn bàn dào qīdiǎn.

„Von 17:30 bis 19:00."

Tā cóng yī-jiǔ-bā-yī-nián dào yī-jiǔ-bā-qī-nián zài Běidà xuéxí.

„Sie hat von 1981 bis 1987 an der Peking-Universität studiert."

Tā měitiān cóng zǎoshang dào wǎnshang yìzhí dōu hěn máng.

„Er ist jeden Tag von morgens bis abends sehr beschäftigt."

4C. Anstelle von **Cóng zhèr dào jīchǎng xūyào duōshǎo shíjiān?** „Wie viel Zeit braucht man von hier zum Flughafen?" sagen manche Sprecher lieber **Cóng zhèr dào jīchǎng xūyào duōcháng shíjiān?** „Wie lange braucht man von hier zum Flughafen?" Beide Formulierungen sind korrekt.

5A. Slang / Saloppe Ausdrucksweisen. Wie in allen Sprachen gibt es auch im Chinesischen saloppe Ausdrucksweisen. **Zāogāo** „Verflixt, Mist etc." gilt als akzeptabel, wenn man seiner Frustration oder Konsterniertheit Ausdruck verleihen möchte, dass etwas ärgerlicherweise schiefgegangen ist. Manchmal wird das Wort in die Länge gezogen, sodass es wie **z-ā-o-g-ā-o** klingt. **Zāogāo**, das wörtlich „vergammelter Kuchen" bedeutet, kann auch als Statisches Verb verwendet werden, z.B. **Nà zhēnde hěn zāogāo** „Das ist wirklich ein großer Mist.".

5B. ZHǏHǍO. Das Adverb **zhǐhǎo** „keine Wahl haben, müssen" (wörtl. „nur gut") zeigt gewöhnlich an, dass es keine Alternative gibt und man einen eigentlich unerwünschten Weg wählen muss, um mit dem Problem fertig zu werden. Das Muster lautet:

Subjekt	ZHǏHǍO	Verbphrase
Wǒmen	**zhǐhǎo**	**míngtiān zài lái.**

„Uns bleibt nichts anderes übrig, als morgen wieder zu kommen."

Beispiele:

Túshūguǎn yǐjīng guānle, wǒmen zhǐhǎo huí sùshè.

„Die Bibliothek ist bereits geschlossen, uns bleibt nichts anderes übrig, als ins Wohnheim zurück zu gehen."

Xiǎo Wáng bú zài, wǒmen zhǐhǎo gěi tā liú ge tiáozi.

„Der Kleine Wang ist nicht hier, es bleibt uns nichts anderes übrig, als ihm eine Nachricht zu hinterlassen."

5C. Das Verb **huàn** bedeutet „wechseln, auswechseln". Das **huàn lù** in der Basis-Konversation bedeutet „die Strecke wechseln", also auf eine andere Strecke ausweichen. Hier noch ein paar Dinge oder Menschen, deren Wechsel man mit **huàn** ausdrücken kann:

huàn chē	„den Bus / Zug wechseln"
huàn fángjiān	„das Zimmer wechseln"
huàn gōngzuò	„die Arbeit wechseln"
huàn nánpéngyou	„den Freund wechseln"
huàn nǚpéngyou	„die Freundin wechseln"
huàn lǎoshī	„den Lehrer wechseln" (in der Regel nicht empfehlenswert)
huàn qián	„Geld wechseln"
huàn rén	„Leute auswechseln" (in Teams, z.B. in einer Firma oder beim Sport)

Beachten Sie, dass man **huàn** nicht verwenden kann, um auszudrücken, dass eine Veränderung stattgefunden hat.

5D. Sie lernen hier das Attributiv **biéde** „andere/r" kennen, das in **huàn tiáo biéde lù** auf eine andere Strecke wechseln" vorkommt. Vergleichen Sie es mit dem Attributiv **qítā** „andere/r", wie in **huì qítāde yǔyán** „kann andere Sprachen", das Sie in 7-2 kennen gelernt haben. Der Unterschied liegt darin, dass **qítāde** den Rest einer bekannten Anzahl impliziert, von der ein Teil bereits erwähnt worden ist, wohingegen **biéde** allgemeiner ist und eine unbekannte Anzahl impliziert. Es handelt sich in etwa um den Unterschied zwischen „der andere" und „ein anderer".

5E. Achten Sie darauf, das **h-** in **huàn** ausreichend zu behauchen, damit es anders klingt als das **w-** in **wàn** (zehntausend).

5F. **Tiáo** ist das Zähleinheitswort für lange, schmale Dinge, wie z.B. Straßen, Wege, Flüsse, Schlangen, Fische und (bei manchen Sprechern) Hunde.

5G. **Tiáo** steht hier als Abkürzung von **yìtiáo**. Das **yī** wird beim schnellen, umgangssprachlichen Sprechen vor Zähleinheitswörtern oft weggelassen. Beispiele:

yǒu yíge rén	→	**yǒu ge rén**	„da war einer"
huàn yìtái xīnde	→	**huàn tái xīnde**	„tausche es (z.B. einen Computer) gegen ein anderes"
gěi tā dǎ yíge diànhuà	→	**gěi tā dǎ ge diànhuà**	„ruf sie an"
wǒ yǒu yìdiǎnr shì	→	**wǒ yǒu diǎnr shì**	„Ich habe etwas zu tun."

7. In der Tonaufnahme heißt es **bākuài** ohne Tonveränderung auf dem **bā**, anstelle von **bákuài** mit Tonveränderung vor dem Wort **kuài**, das im Vierten Ton steht. Beide Aussprachen sind verbreitet und korrekt.

Die Große Halle des Volkes in Beijing

EV1A. **Nǐ hái bú huì kāichē?** „Du kannst noch nicht Auto fahren?" ist eine Intonationsfrage (2-3: 1C), weswegen hier weder eine Ja-Nein-Frage-Konstruktion noch eine Partikel **ma** benötigt wird.

EV1B. Das Hilfsverb **yīngdāng** „sollen" bedeutet das gleiche wie **yīnggāi** (2-2).

EV1C. **Yīngdāng xué ma!** „Das solltest du lernen!" Beim **ma** am Ende handelt es sich um das **ma** zum Ausdruck von Offenkundigkeit bzw. Selbstverständlichkeit (7-2: 4C).

EV3. Sie haben das Statische Verb **qīng** „leicht sein" bereits im Substantiv **qīngshēng** „Neutraler Ton" im Unterrichtsvokabular am Anfang dieses Bandes kennen gelernt.

EV3-5. Körpergröße und Gewicht. Merken Sie sich das Statische Verb **zhòng** „schwer sein". Damit können Sie fragen, wie viel jemand wiegt bzw. auf diese Frage selbst antworten. Die Frage lautet:

Nǐ duō zhòng? „Wie schwer bist du?"

Um Fragen nach dem Gewicht zu beantworten, benutzt man das Zähleinheitswort **gōngjīn** „Kilo". Ein Verb wird nicht benötigt. Zum Beispiel:

Wǒ liùshisāngōngjīn. „Ich wiege 63 Kilo." (wörtl. „Ich 63 Kilo.")

Sie kennen bereits das Statische Verb **gāo** „groß sein". Um zu fragen, wie groß jemand ist, fragen Sie:

Nǐ duō gāo? „Wie groß bist du?"

Um Fragen nach der Körpergröße zu beantworten, verwenden Sie einfach die Meterangabe, gefolgt vom Zähleinheitswort **mǐ** „Meter". Für die Zentimeter sprechen Sie einfach, wie bei einer Telefonnummer, eine Zahl nach der anderen aus. Zum Beispiel:

Wǒ yìmǐ bā èr. „Ich bin einszweiundachtzig groß."

EV7A. Das Wort **shīfu** bedeutet ursprünglich „Meister (in einigen Berufen)" im Gegensatz zu „Lehrling". Zusätzlich zu dieser traditionellen Bedeutung wird **shīfu** (außer in Taiwan und Hongkong) als höfliche Anrede für einen professionellen Fahrzeugführer verschiedenster Vehikel gebraucht, auch für Fahrzeugführerinnen. **Sījī xiānsheng** ist ein weiterer höflicher Ausdruck, um einen (in diesem Falle natürlich männlichen) Fahrer anzureden.

EV7B. Die Verb-Objekt-Verbindung **sāichē** ist ein verbreitetes Synonym für **dǔchē**. Beide bedeuten „mit Autos verstopft, (es gibt) Stau"."

Wiederholung und Lerntipps für Einheit 8

Neue Vokabeln

ADVERBIEN

gèng	mehr, noch mehr
jìnkuài	so schnell wie möglich
mǎshàng	sofort
yìzhí	geradeaus, immer
zhǐhǎo	keine andere Wahl haben (als)

ATTRIBUTIVE

biéde	andere

BEWEGLICHE ADVERBIEN

dàgài	wahrscheinlich, ungefähr

CO-VERBEN

lí	entfernt sein von
shàng	zu … gehen, nach … kommen
wàng	nach

FAMILIENNAMEN

Fù	Fu

FRAGEWÖRTER

zěmme	wie, wieso

HILFSVERBEN

huì	wahrscheinlich sein, werden
yào	brauchen, müssen, sollen
yīngdāng	sollen

IDIOMATISCHE AUSDRÜCKE

hǎode	„Gut!", „OK!"
láojià	Entschuldigung
zāogāo	„Verflixt!", „Mist!"

INTERJEKTIONEN

wéi	„hallo"

KONJUNKTIONEN

huòzhě	oder

LOKALISIERER

běi	Norden
nán	Süden
xī	Westen

ORTSWÖRTER

běifāng	Norden
Běijīng Fàndiàn	Peking-Hotel
Běijīng Wàiguoyǔ Dàxué	Beijing Foreign Studies University
Běiwài	(Abkürzung für Beijing Foreign Studies University)
bīnguǎn	guest house, Hotel
dōngfāng	Osten
jīchǎng	Flughafen
ménkǒu(r)	Eingang, Tor
nánfāng	Süden
Shǒudū Jīchǎng	Hauptstadtflughafen
Tiān'ānmén	Tiananmen
xīfāng	Westen
Yǒuyì Bīnguǎn	Freundschaftshotel, Friendship Hotel
zuǒyòu	ungefähr

PHRASEN

běifāng huà	nördliche Sprache
běifāng rén	Nordländer
chūzū qìchē	Taxi
dǎ diànhuà	telefonieren
Dōngfāng rén	Asiat
nánfāng huà	südliche Sprache
nánfāng rén	Südländer
wàiguo huà	Fremdsprache
wàiguo rén	Ausländer
Xīfāng rén	Westler
zhuānjiā lóu	Wohnheim der (ausländischen) Experten

RESULTATIVBILDUNGEN

pàiqu	aussenden, schicken

RESULTATIVENDUNGEN

-qu	(zeigt Bewegung vom Sprecher weg an)

STATISCHE VERBEN

jìn	nah sein
kuài	schnell sein
nàixīn	geduldig sein
qīng	leicht sein (Gewicht)
yōngjǐ	voll sein, sich drängen (Menschen, Autos)
zāogāo	miserabel, mies; Verlixt!, Verflucht!, Was für ein Pech!
zháojí	besorgt, aufgeregt sein
zhòng	schwer sein (Gewicht)

SUBSTANTIVE

chēzi	Auto
diànhuà	Telefon, Telefonat
fázi	Methode, Verfahren, Weg
jiāotōng	Verkehr
lóu	Gebäude mit mehr als einem Stockwerk (außer dem Erdgeschoss)
nàixīn	Geduld
qìchē	Auto, Fahrzeug
shīfu	Meister; Fahrer
shǒudū	Hauptstadt
sījī	Fahrer, Chauffeur
wàiguo	Ausland
wàiguoyǔ	Fremdsprache
xiǎoshí	Stunde
xíngli	Gepäck, Koffer
xìngmíng	Vor- und Zuname
yìhuǐr	ein Weilchen
yǒuyì	Freundschaft
zhuānjiā	Experte

VERBEN

chūzū	vermieten
dǎ	schlagen
gǎn	eilen, sich beeilen, hasten
guò	passieren, über-, durchqueren, vorbeigehen
huàn	wechseln, auswechseln
juédìng	entscheiden
kāi	fahren, ein Fahrzeug führen
máfan	belästigen, stören
pài	senden
tōngzhī	benachrichtigen
xūyào	brauchen
yào	wollen, anfordern
zhǎo	herausgeben (Wechselgeld)
zǒu	gehen, laufen

VERB-OBJEKT-VERBINDUNGEN

dǎdī	ein Taxi nehmen
dǔchē	mit Autos verstopft sein, sich stauen
kāichē	ein Auto fahren
sāichē	mit Autos verstopft sein, sich stauen
zháojí	sich sorgen, sich aufregen
zhǎoqián	jemandem Wechselgeld herausgeben
zǒulù	zu Fuß gehen

ZAHL + ZÄHLEINHEITSWORT

bàntiān	„halber Tag", lange Zeit

ZÄHLEINHEITSWÖRTER

gōngjīn	Kilo
jiàn	(für Gepäck; Angelegenheiten)

liàng (für Landfahrzeuge)
mǐ Meter
tiáo (für Straßen, Wege)

ZEITWÖRTER
zuìhòu am Ende

Die wichtigsten neuen grammatischen Muster

QÙ...ZĚMME ZǑU: **Láojià, qù Wàijiāobù zěmme zǒu?** „Entschuldigung, wie komme ich zum Außenministerium?" (8-1)

WÀNG, um eine Bewegung in eine bestimmte Richtung auszudrücken: **wàng xī zǒu** „nach Westen gehen", **wàng qián kāi** „vorwärts fahren" (8-1)

LÍ, um Entfernung von ... auszudrücken: **Nǐ jiā lí zhèr yuǎn bu yuǎn?** „Ist dein Zuhause weit von hier?", **Wǒ jiā lí zhèr hěn jìn.** „Mein Zuhause ist ganz in der Nähe von hier." (8-1)

ZUǑYÒU: **liǎngge yuè zuǒyòu** „ungefähr zwei Monate" (8-1)

Bedingungssätze mit -DE HUÀ: **Zǒulùde huà, dàgài yào bàn'ge zhōngtóu zuǒyòu.** „Wenn man läuft, dauert es etwa eine halbe Stunde." (8-1)

Pivotalsätze (Scharniersätze): **Wǒ yào yíliàng chē qù Shǒudū Jīchǎng** „Ich brauche einen Wagen zum Hauptstadtflughafen." (8-2)

Resultativbildungen: **pàiqu** „aussenden", **láibují** „nicht rechtzeitig kommen (können)" (8-3)

Spezifizierer + Zahl + Zähleinheitswort + Substantiv: **zhèiliǎngjiàn xíngli** „diese zwei Gepäckstücke" (8-4)

CÓNG...DÀO...: **Cóng sāndiǎn bàn dào wǔdiǎn.** „Von 3:30 bis 5:00 Uhr." (8-4)

ZHǏHAO: **Wǒmen zhǐhǎo huí sùshè.** „Uns bleibt nichts anderes übrig, als ins Wohnheim zurückzukehren." (8-4)

Größe und Gewicht: **Nǐ duō zhòng?** „Wie viel wiegst du?" **Wǒ liùshisāngōngjīn.** „Ich wiege 63 Kilo." **Nǐ duō gāo?** „Wie groß bist du?" **Wǒ yìmǐ bā èr.** „Ich bin einszweiundachtzig groß." (8-4)

EINHEIT 9

Kreuz und quer durch Beijing (II)

KOMMUNIKATIVE LERNZIELE

Wenn Sie diese Lektion beherrschen, sind Sie in der Lage, auf Chinesisch:

1. komplexere Wegbeschreibungen zu verstehen und zu geben: an einem bestimmten Ort vorübergehen, an der dritten Ampel nach rechts gehen etc.;
2. nach Bus- oder Straßenbahnlinien zu fragen: Welche Nummer man nehmen muss, wo die Haltestelle ist, wo man um- oder aussteigen muss;
3. mit einem Bus- oder Straßenbahnschaffner zu sprechen: dem Schaffner zu sagen, wo Sie zugestiegen sind und wohin Sie wollen, eine Fahrkarte zu kaufen, den Schaffner zu bitten, Ihnen zu sagen, wenn Sie an der gewünschten Haltestelle angekommen sind, zu fragen, wie viele Haltestellen es noch sind etc.;
4. darüber zu sprechen, ob jemand in der Lage ist, etwas zu tun oder nicht: etwas finden/nicht finden können, einschlafen können/nicht einschlafen können, verstehen können/nicht verstehen können etc.;
5. über Farben zu sprechen;
6. über Haustiere zu sprechen.

ABSCHNITT 1

Verirrt in Beijing

Cindy Han, eine junge Frau aus Texas, die in Beijing Chinesisch studiert, sucht das Peace Hotel. Sie befürchtet sich verirrt zu haben und fragt eine Passantin nach dem Weg.

Basis-Konversation 9-1

1. AMERIKANERIN **Duìbuqǐ, qǐng wèn, qù Hépíng Bīnguǎn zěmme zǒu?**
Entschuldigung, wie komme ich zum Peace Hotel?

2. ERSTE CHINESISCHE PASSANTIN **Duìbuqǐ, wǒ bú shi běndì rén, wǒ yě bú tài qīngchu. Nàr yǒu yíwèi jiāotōngjǐng, nín qù wèn tā ba.**
Tut mir leid, ich bin nicht von hier, ich weiß auch nicht genau. Da drüben ist ein Verkehrspolizist, warum gehen Sie nicht ihn fragen?

3. AMERIKANERIN *(fragt einen anderen Passanten)*
Láojià, qǐng wèn, qù Hépíng Bīnguǎn zěmme zǒu?
Pardon, wie komme ich zum Peace Hotel?

4. ZWEITE CHINESISCHE PASSANTIN **Cóng zhèr yìzhí wàng qián zǒu. Guòle dì'èrge hónglǜdēng, wàng běi guǎi. Zài zǒu chàbuduō wǔfēn zhōng jiù dàole.**
Gehen Sie von hier immer geradeaus. Nach der zweiten Ampel gehen Sie nach Norden. Nach ungefähr fünf Minuten sind Sie schon da.

5. AMERIKANERIN **Xièxie.**
Danke.

6. ZWEITE CHINESISCHE PASSANTIN **Bú yòng xiè.**
Nichts zu danken.

Build-Up

1. Amerikanerin

Hépíng Bīnguǎn	Peace Hotel [OW]
Duìbuqǐ, qǐng wèn, qù Hépíng Bīnguǎn zěmme zǒu?	Entschuldigung, wie komme ich zum Peace Hotel?

Mit Bus und Straßenbahn zum Sommerpalast

Der US-amerikanische Student Rick Price, der vor Kurzem in Beijing angekommen ist, will den Sommerpalast besichtigen. Er fragt eine Passantin, welchen Bus er nehmen muss.

Basis-Konversation 9-2

1. PRICE — **Duìbuqǐ, qǐng wèn, qù Yíhéyuán zuò jǐlù chē?**
Entschuldigung, wenn ich zum Sommerpalast will, welche Buslinie muss ich dann nehmen?

2. PASSANTIN — **Yíhéyuán a? Wǒ děi xiángxiang. Nín xiān zuò sān-èr-sān-lù gōnggòng qìchē, ránhòu huàn yāo-yāo-yāo-lù diànchē, zuòdao zhōngdiǎn zhàn jiù shi Yíhéyuán le.**
Der Sommerpalast? Ich muss mal kurz überlegen. Nehmen Sie erst den Bus Nummer 323 und steigen Sie dann in die Straßenbahnlinie Nummer 111 um, wenn Sie bis zur Endhaltestelle fahren, sind Sie am Sommerpalast.

3. PRICE — **Nà, wǒ zuòdao nǎr huàn yāo-yāo-yāo-lù ne?**
Und wo steige ich in die 111?

4. PASSANTIN — **Zuòdao Dòngwùyuán huàn chē.**
Fahren Sie bis zum Zoo und steigen Sie da um.

5. PRICE — **Xièxie.**
Danke.

6. PASSANTIN — **Bú kèqi.**
Gern geschehen.

(sieht den Bus kommen)

Chē láile! Kuài shàngchē ba.
Der Bus kommt! Steigen Sie schnell ein.

Build-Up

1. Price

Yíhéyuán	Sommerpalast **[OW]**
lù	(für Buslinien) **[ZEW]**
jǐlù chē	Bus Nummer wie viel?
zuò jǐlù chē	mit Bus Nummer wie viel fahren?

Duìbuqǐ, qǐng wèn, qù Yíhéyuán zuò jǐlù chē?	Entschuldigung, wenn ich zum Sommerpalast will, welche Buslinie muss ich dann nehmen?

2. Passantin

xiángxiang	mal nachdenken
wǒ děi xiángxiang	ich muss mal kurz nachdenken
gōnggòng	öffentlich [AT]
gōnggòng qìchē	öffentlicher Bus [PH]
diànchē	Straßenbahn, Tram [S]
xiān zuò gōnggòng qìchē	erst den Bus nehmen
ránhòu huàn diànchē	dann in die Straßenbahn umsteigen
sān-èr-sān-lù gōnggòng qìchē	Bus Nummer 323
yāo-yāo-yāo-lù diànchē	Straßenbahn Nummer 111
zuòdao	ein Fahrzeug nach ... nehmen [V+PV]
zhōngdiǎn	Endpunkt [S]
zhàn	Station, Haltestelle [S/ZEW]
zhōngdiǎn zhàn	Endhaltestelle [PH]
zuòdao zhōngdiǎn zhàn	bis zur Endhaltestelle fahren (wörtl. sitzen)
Yíhéyuán a? Wǒ děi xiángxiang.	Der Sommerpalast? Ich muss mal kurz überlegen.
Nín xiān zuò sān-èr-sān-lù gōnggòng qìchē, ránhòu huàn yāo-yāo-yāo-lù diànchē, zuòdao zhōngdiǎn zhàn jiù shi Yíhéyuán le.	Nehmen Sie erst den Bus Nummer 323 und steigen Sie dann in die Straßenbahnlinie Nummer 111 um, wenn Sie bis zur Endhaltestelle fahren, sind Sie am Sommerpalast.

3. Price

Nà, wǒ zuòdao nǎr huàn yāo-yāo-yāo-lù ne?	Und wo steige ich in die 111?

4. Passantin

dòngwù	Tier [S] (ZEW: **zhī**)
dòngwùyuán(r)	Zoo [OW]
Dòngwùyuán(r)	Zoo (Name der Haltestelle in der Nähe des Beijinger Zoos) [PW]
Zuòdao Dòngwùyuán huàn chē.	Fahren Sie bis zum Zoo und steigen Sie da um.

5. Price

Xièxie.	Danke.

6. Passantin

Bú kèqi.	Gern geschehen.
shàngchē	in ein Fahrzeug einsteigen [VO]
kuài shàngchē ba	steigen Sie besser schnell ein
Chē láile! Kuài shàngchē ba.	Der Bus kommt! Steigen Sie schnell ein.

Ergänzungsvokabular

1. **chēzhàn**	Bushaltestelle; Busstation [OW]
búbì	nicht müssen; unnötig sein [HV]
búbì dào ménkǒur	nicht zur Türe gehen müssen
Chēzhàn hái méi dào, nín xiān búbì dào ménkǒur děng.	Wir sind noch nicht an der Haltestelle. Sie brauchen noch nicht zur Tür zu gehen, um (dort) zu warten.
2. **nǐmen jiāli**	bei euch zuhause
yǎng	halten, großziehen (Tiere) [V]
xiǎo dòngwù	kleines Tier
Nǐmen jiāli yǎng xiǎo dòngwù ma?	Haltet ihr zuhause irgendwelche kleinen Tiere?
3. **zhī**	(für die meisten kleineren Tiere) [ZEW]

yìzhī gǒu	ein Hund
māo(r)	Katze [S] (ZEW: **zhī**)
yìzhī māo	eine Katze
niǎo(r)	Vogel [S] (ZEW: **zhī**)
liǎngzhī niǎo	zwei Vögel
yú(r)	Fisch [S] (ZEW: **tiáo**)
jǐtiáo yú	einige Fische
Wǒmen jiā yǎngle yìzhī gǒu, yìzhī māo, liǎngzhī niǎo gēn jǐtiáo yú.	Wir haben zuhause einen Hund, eine Katze, zwei Vögel und ein paar Fische.

Grammatische und kulturelle Anmerkungen

1A. **Yíhéyuán**, der Sommerpalast, liegt in den nordwestlichen Vororten von Beijing. Die Kaiser der Qing-Dynastie verbrachten hier ihre Sommer. Es ist nun der größte Park von Beijing.

1B. Wie Sie in 4-2 gelernt haben, ist **lù** im Grunde ein Substantiv mit der Bedeutung „Straße“. Hier wird **lù** als Zähleinheitswort mit der Bedeutung von Buslinie gebraucht. Die Bus- und Straßenbahnlinien in der Lektion sind nur Beispiele für den Spracherwerb und definitiv nicht aktuell, bitte richten Sie sich in Beijing nach den aktuellen Fahrplänen!

2A. **Diànchē** „Straßenbahn“ bedeutet wörtlich „elektrischer Wagen“. Zwei andere Wörter mit dem Bestandteil **diàn** „Elektrizität“, die Sie bereits kennen gelernt haben, sind **diànhuà** „Telefon/Telefonat“ (wörtl. „Elektrische Worte“) und **diànnǎo** „Computer“ (wörtl. „Elektrisches Gehirn“).

2B. **XIĀN...RÁNHÒU...** Das Muster **xiān...ránhòu...** „zuerst ..., dann ...“ wird gewöhnlich verwendet, um die Reihenfolge anzuzeigen, in der zwei Ereignisse oder Handlungen ablaufen. Oft, aber nicht immer, steht hinter dem **ránhòu** ein **zài** „wieder, nochmals, dann“. Das Muster lautet:

XIĀN	Handlung 1	RÁNHÒU (ZÀI)	Handlung 2
Xiān	**zuò gōnggòng qìchē,**	**ránhòu (zài)**	**huàn diànchē.**

„Erst den Bus nehmen, dann die Straßenbahn.“

Hier zwei weitere Beispiele:

Xiān chīfàn, ránhòu zài qù mǎi dōngxi.	„Erst essen gehen dann shoppen.“
Xiān xué shuōhuà, ránhòu zài xué xiězì.	„Erst sprechen lernen, dann schreiben (lernen).“

2C. **Zuòdao**, wörtlich „sitzen (in einem Fahrzeug) bis ...“, besteht aus dem Hauptverb **zuò** „sitzen“ und dem Postverb **-dào** „nach, bis“.

3. Diese Zeile bedeutet wörtlich „Dann sitze ich bis wo umsteige in die (Straßenbahn)Linie 111?“.

4. Ab dieser Lektion werden die Zähleinheitswörter für jedes neue Substantiv, dem ein spezifisches Zähleinheitswort vorangeht, im Fettdruck in Klammer nach der deutschen Erläuterung und der Wortklasse aufgeführt. So bedeutet (ZEW: **zhī**) nach **dòngwù** „Tier“, dass **zhī** das Zähleinheitswort für das Substantiv **dòngwù** Tier ist. In Lektion 12-2 werden die Zähleinheitswörter noch im Detail behandelt (eine Definition von Zähleinheitswort finden Sie im Abschnitt Wortklassen des gesprochenen Chinesischen kurz vor Ende dieses Bandes).

EV1A. **Chēzhàn hái méi dào** bedeutet wörtlich „Die Haltestelle ist noch nicht angekommen.“. Beachten Sie, dass im Chinesischen der Fokus auf der Haltestelle liegt, im Deutschen hingegen eher auf den Personen: „Wir sind noch nicht an der Haltestelle.“

EV1B. **Búbì** „nicht müssen“ wird oft verwendet, um die Verneinung von **děi** „müssen“ zu bilden (***bù děi** kann man nicht sagen und ***bì** kann nicht alleine mit diesem Sinn verwendet werden). Kontrastieren Sie:

Nǐ děi qù.	„Du musst gehen.“
Nǐ búbì qù.	„Du brauchst nicht zu gehen.“ bzw. „Du musst nicht gehen.“

Anstelle von **Nǐ búbì qù** können Sie auch **Nǐ bú yòng qù** sagen; die Bedeutung bleibt die gleiche (9-1).

EV3. Ein verbreitetes Zähleinheitswort für Hund, das wir Ihnen empfehlen, ist **zhī,** das zugleich das verbreitetste Zähleinheitswort für Tiere ist, z.B. **yìzhī gǒu** „ein Hund“. Sie sollten aber wissen, dass manche Sprecher auch das Zähleinheitswort **tiáo** „langer dünner Streifen“ verwenden, wie etwa in **yìtiáo gǒu** „ein Hund“.

ABSCHNITT 3

Mit Bus und Straßenbahn zum Sommerpalast (Fortsetzung)

Price steigt in den Bus ein und kauft bei der Schaffnerin eine Fahrkarte (Fortsetzung des obigen Dialogs).

Basis-Konversation 9-3

1. SCHAFFNERIN **Yǒu mǎi piàode ma? Méi piàode mǎi piào!**
   Kauft jemand eine Fahrkarte? Wer noch keine Fahrkarte hat, bitte eine Fahrkarte kaufen!
2. PRICE **Yìzhāng dào Dòngwùyuánrde.**
   Eine Fahrkarte zur Haltestelle Zoo.
3. SCHAFFNERIN **Nín shi zài nǎr shàngde?**
   Wo sind Sie eingestiegen?
4. PRICE **Gāng shàngde.**
   Ich bin gerade eingestiegen.
5. SCHAFFNERIN **Wǔmáo.**
   Fünf Mao.
6. PRICE **Gěi nín qián. Dào Dòngwùyuánr máfan nín jiào wo yixia.**
   Hier ist das Geld. Sagen Sie mir bitte Bescheid, wenn wir zum Zoo kommen?
7. SCHAFFNERIN **Xíng.**
   OK.

Build-Up

1. Schaffnerin

piào	Fahrkarte, Ticket [S] (ZEW: **zhāng**)
mǎi piàode	jemand, der eine Fahrkarte kauft
yǒu mǎi piàode ma	ist jemand da, der eine Fahrkarte kauft
méi	nicht haben [V]
méi piàode	jemand, der kein Ticket hat
Yǒu mǎi piàode ma? Méi piàode mǎi piào!	Kauft jemand eine Fahrkarte? Wer noch keine Fahrkarte hat, bitte eine Fahrkarte kaufen!

2. Price

Yìzhāng dào Dòngwùyuánrde.	Eine Fahrkarte zur Haltestelle Zoo.

3. Schaffnerin

shàng	einsteigen [V]
Nín shi zài nǎr shàngde?	Wo sind Sie eingestiegen?

4. Price

gāng	gerade, soeben [A]
Gāng shàngde.	Ich bin gerade eingestiegen.

5. Schaffnerin

Wǔmáo.	Fünf Mao.

6. Price

gěi nín qián	(Ich) gebe Ihnen das Geld
jiào	jemanden rufen [V]
jiào wo	rufen Sie mich
jiào wo yixia	rufen Sie mich mal kurz
máfan nín jiào wo yixia	darf ich Sie damit belästigen, dass Sie mich rufen
Gěi nín qián. Dào Dòngwùyuánr máfan nín jiào wo yixia.	Hier ist das Geld. Sagen Sie mir bitte Bescheid, wenn wir zum Zoo kommen?

7. Schaffnerin

Xíng.	OK.

Ergänzungsvokabular

A. VERBREITETE ANTONYME (GEGENSÄTZLICHE BEGRIFFE)

1. cōngming	klug sein [SV]
bèn	dumm sein [SV]
Wǒ xǐhuan hé cōngmingde rén zài yìqǐ, bù xǐhuan hé bènde rén zài yìqǐ.	Ich bin gerne mit klugen Menschen zusammen, ich bin nicht gerne mit dummen Menschen zusammen.

2. lǎn	faul sein [SV]
yònggōng	fleißig sein, hart arbeitend [SV]
yònggōng yìdiǎnr	ein bisschen fleißiger
Nǐ shízài tài lǎnle; yǐhòu děi yònggōng yidianr.	Du bist wirklich zu faul, du musst in Zukunft fleißiger sein.

3. gānjìng	sauber sein [SV]
tǐng gānjìngde	sehr/äußerst sauber sein
zhǐ yǒu nǐde fángjiān	(da ist / gibt es) nur dein Zimmer
zāng	schmutzig sein [SV]
nèmme zāng	so schmutzig sein
Tāmende fángjiān dōu tǐng gānjìngde, wèishemme zhǐ yǒu nǐde fángjiān nèmme zāng?	Ihre Zimmer sind alle sauber, warum ist allein deines so schmutzig?

4. zhěngqí	ordentlich sein [SV]
yǒude hěn zhěngqí	manche sind ordentlich
luàn	unordentlich sein [SV]
yǒude hěn luàn	manche sind unordentlich
Xuéshēng zhùde sùshè, yǒude hěn zhěngqí, yǒude hěn luàn.	Einige der Wohnheimzimmer, in denen die Studenten wohnen, sind ordentlich, andere sind unordentlich.

B. ALLGEMEIN

5. **shòupiàoyuán**	Fahrkartenverkäufer, Schaffner [N]
gānggāng	gerade eben [A]
Shòupiàoyuán gānggāng zǒu.	Der Schaffner ist gerade gegangen.
6. **búdàn**	nicht nur [A]
érqiě	sondern auch [KJ]
búdàn cōngming érqiě hěn yònggōng	nicht nur klug, sondern auch sehr fleißig
Xiǎo Zhèng búdàn cōngming érqiě hěn yònggōng.	Der Kleine Zheng ist nicht nur klug, sondern auch sehr fleißig.
7. **tā zhīdaole**	(wenn) er erfährt
shēngqì	ärgerlich werden [VO/SV]
huì bu hui shēngqì	möglicherweise ärgerlich werden (oder nicht)
Nǐ xiǎng tā zhīdaole, huì bu hui shēngqì?	Meinst du, er wird ärgerlich, wenn er es erfährt?
8. **wánxiào**	Witz [S]
kāi wánxiào	einen Spaß machen, einen Streich spielen [PH]
gēn tā kāi wánxiào	sich mit ihm einen Spaß erlauben
Nǐ bié gēn tā kāi wánxiào.	Mach keine Späße mit ihm.
9. **shuō xiàohua(r)**	einen Witz erzählen [PH]
Tā cháng shuō xiàohuar.	Sie erzählt oft Witze.
10. **xīwàng**	hoffen [V]
néng yǒu jīhui	eine Gelegenheit haben können
Wǒ xīwàng yǐhòu néng yǒu jīhui rènshi nǐmende xiàozhǎng.	Ich hoffe, ich werde in Zukunft die Gelegenheit haben, Euren Schuldirektor kennen zu lernen.

Grammatische und kulturelle Anmerkungen

1. Beachten Sie das **méi** „nicht haben" in **méi piàode** „jemand, der keine Fahrkarte hat". **Méi** ist eine abgekürzte Form von **méiyou**, daher wäre **méiyou piàode rén** eine vollständigere Form von **méi piàode**. In der Tat haben Sie diese Verwendungsweise von **méi** in der Bedeutung von **méiyou** bereits kennen gelernt. Schauen Sie sich folgende Beispiele an:

méi yìsi	„nicht interessant sein" (1-4)
méi guānxi	„das macht nichts" (2-4)
méi shì(r)	„das macht nichts" (5-3)

Sie sollten nun erkannt haben, dass es eigentlich zwei **méi** gibt: (1) eins, das die Verneinung von Handlungsverben in der Vergangenheit ausdrückt (**Wǒ méi qù** „Ich ging nicht.") und (2) das, welches „nicht haben; es gibt nicht" bedeutet wie in **méi piàode**. Beachten Sie auch, dass **méiyou** am Ende eines Satzes oder einer Frage vorkommen kann, die abgekürzte Form **méi** normalerweise jedoch nicht.

2. **Yìzhāng dào Dòngwùyuánrde** bedeutet wörtlich „Eine (Fahrkarte) zum Zoo (Haltestelle)." Eine ausführlichere Form wäre **yìzhāng dào Dòngwùyuánrde piào** „Eine Fahrkarte zum Zoo (Haltestelle)." Noch kürzer wäre **yìzhāng Dòngwùyuánr** „Eine Zoo.".

3. Andere, häufig verwendete Variationen dieser Frage sind: **Zài nǎr shàngde?**, **Cóng nǎr shàngde?** und **Nǎr shàngde?** Diese bedeuten allesamt „Wo bist du eingestiegen?". Das **shàng** bedeutet hier natürlich **shàngchē** „einsteigen".

4. **Gāng** „gerade eben" ist ein verbreitetes und nützliches Adverb, das sich auf die unmittelbare Vergangenheit oder auf eine Handlung in der Vergangenheit, die sich direkt vor einer anderen vergangenen Handlung abspielte oder abspielen sollte, bezieht. Hinter Verben, die nach **gāng** stehen, gibt es in der Regel kein **-le**. Um einen Satz mit **gāng** zu verneinen, setzen Sie **bú shi** vor das **gāng**; **méi** dürfen Sie nicht benutzen. Beispiele für Sätze mit **gāng**:

Tā gāng dào.	„Er ist gerade angekommen."
Lǎoshī gāng zǒu.	„Der Lehrer ist gerade gegangen."
Wǒ gāng yào zǒu tā jiù láile.	„Ich wollte gerade gehen, als sie ankam."
Nǐ gāng cóng Měiguo lái, dàgài hái bù xíguàn.	„Du bist gerade aus den USA gekommen, wahrscheinlich bist du noch nicht daran gewöhnt."
Wǒ bú shi gāng láide, wǒ yǐjīng láile yíge duō zhōngtóu le!	„Ich bin nicht gerade erst angekommen, ich bin schon über eine Stunde da."

6A. **Gěi nín qián** bedeutet wörtlich „(Ich) gebe Ihnen das Geld.". Das wird in der Regel gesagt, um die Aufmerksamkeit auf die Tatsache zu lenken und damit festzuhalten, dass das Geld in der Tat bezahlt wird.

6B. Die wörtliche Übersetzung von **Dào Dòngwùyuánr máfan nín jiào wo yixia** ist „Angekommen Zoo störe Sie rufen mich mal kurz."

6C. In dieser Äußerung lernen Sie eine weitere Verwendungsweise des Verbs **jiào**, nämlich „(jemanden) rufen", d.h. etwas mit lauter, deutlicher Stimme äußern, damit man auch über eine weitere Entfernung gehört wird und um die Aufmerksamkeit einer anderen Person auf sich zu lenken. Sie haben das Verb **jiào** bereits mehrfach kennen gelernt, zum einen in 2-1, wo es „heißen, genannt werden" bedeutet, und zum anderen in 2-2, wo es die Bedeutung „jemanden mit einem Namen anreden" hat. Diese Bedeutungen sind verwandt, aber nicht identisch. Vergleichen Sie diese drei Beispiele:

Wǒ jiào Bái Jiéruì.
„Ich heiße Bai Jierui."

Nǐ hái shi jiào wǒ Xiǎo Chén hǎole.
„Du nennst mich besser Kleine Chen."

Máfan nín jiào wo yixia.
„Könnten Sie mich (auf)rufen?"

6D. Pronomen in Objektposition verlieren oft ihren Ton. Aus diesem Grund steht das **wo** in **jiào wo yixia** „rufe mich mal kurz" im neutralen Ton.

6E. Beachten Sie, dass das **yixia** in **jiào wo yixia** nach dem Objekt **wo** kommt. Was könnte der Unterschied zwischen **jiào wo** und **jiào wo yixia** sein? Wie wir in 2-3 gesehen haben, macht der Gebrauch von **yixia** nach Verben eine Äußerung etwas höflicher und weniger direkt.

EV2. Das Statische Verb **yònggōng** „arbeitsam sein, fleißig sein" bezieht sich ausschließlich auf Lernende. Das Statische Verb **nǔlì** hingegen, das Sie in 7-4 kennen gelernt haben, kann sowohl auf Lernen als auch auf jede Art von Arbeit bezogen werden.

EV5A. **Shòupiàoyuán** bedeutet wörtlich „Fahrkartenverkaufsperson".

EV5B. **Gānggāng** ist ein enger Verwandter von **gāng**. Aber außer „gerade eben" kann es auch „genau, exakt", wie z.B. in **gānggāng yìqiān kuài** „genau 1.000 Yuan", bedeuten. Wie bei **gāng** steht nach Verben, die mit **gānggāng** auftreten, kein **-le**.

EV6. **BÚDÀN...ÉRQIĚ...** Das Muster **búdàn...érqiě...** „nicht nur ..., sondern auch ..." ist ein verbreitetes und nützliches Muster, das die Information im zweiten Teil des Satzes betont (also in dem Teil, der dem **érqiě** folgt). Die beiden Satzbestandteile müssen logisch aufeinander aufbauen und einander verstärken. Beide Teile müssen entweder positiv (also bejaht) oder negativ (also verneint) sein. Genau wie im Deutschen, wo man nicht sinnvollerweise sagen könnte: „Er ist nicht sehr intelligent, sondern auch sehr faul.". Man kann im Chinesischen NICHT *__Tā búdàn cōngming, érqiě hěn lǎn.__ sagen. Das Grundmuster lautet:

Thema	BÚDÀN	Verbphrase 1	ÉRQIĚ	Verbphrase 2
Xiǎo Zhèng	**búdàn**	**cōngming,**	**érqiě**	**hěn yònggōng.**

„Die Kleine Zheng ist nicht nur sehr klug, sondern auch sehr arbeitsam."

Hier noch einige weitere Beispiele des **búdàn...érqiě...**-Musters:

Tā búdàn lǎn, érqiě hěn bèn.

„Er ist nicht nur sehr faul, sondern auch sehr dumm."

Tā búdàn niánqīng, érqiě cōngming.

„Sie ist nicht nur jung, sondern auch sehr klug."

Wǒmen búdàn shi tóngshì, érqiě yě shi péngyou, duì bu duì?

„Wir sind nicht nur Kollegen, sondern auch Freunde, stimmt's?"

Zuweilen tritt **búdàn** mit **hái** anstelle von **érqiě** auf. Beispiel:

Tā búdàn huì shuō Guóyǔ, hái huì shuō qítāde wàiyǔ.

„Er kann nicht nur Mandarin sprechen, sondern auch andere Fremdsprachen."

SV8. **Kāi wánxiào** kann auch im Sinne von „sich lustig machen über, scherzen, veralbern" gebraucht werden. Zum Beispiel:

Nǐ zài kāi wánxiào ba?

„Du machst wohl Witze?"

SV10. Achten Sie auf den Unterschied in der Aussprache von **xīwàng** „hoffen" und **xǐhuan** „mögen".

Fahrräder und ein Gelenkbus an einem sonnigen Wintertag in Beijing

Mit Bus und Straßenbahn zum Sommerpalast (Fortsetzung)

ABSCHNITT 4

Price will gerade aussteigen, als er bemerkt, dass seine Fahrkarte weg ist. Er teilt der Schaffnerin mit, dass er seine Fahrkarte nicht mehr findet (Fortsetzung).

Basis-Konversation 9-4

1. PRICE **Kuài dàole ba?**
Sind wir gleich da?

2. SCHAFFNERIN **Zǎozhe ne, hái yǒu sìzhàn. Dào shíhou wǒ jiào nín.**
Es ist noch zu früh, es sind noch vier Haltestellen. Wenn es soweit ist, rufe ich Sie.

(nach einem Weilchen)

Wèi, xiàyízhàn jiù shi Dòngwùyuánr le. Nín gāi zhǔnbèi xiàchē le.
Hallo, die nächste Station ist Zoo. Sie sollten sich zum Aussteigen bereit machen.

3. PRICE **Hǎo, xièxie nín.**
OK. Danke.

4. SCHAFFNERIN *(an alle Passagiere)*

Xiàchēde tóngzhì qǐng chūshì chēyuèpiào.
Die Kameraden, die aussteigen, bitte Fahrkarte oder Monatskarte vorzeigen!

5. PRICE *(sucht im Aussteigen nach seiner Fahrkarte)*

Duìbuqǐ, wǒde piào zhǎobuzháole.
Entschuldigung, ich finde meine Fahrkarte nicht mehr.

6. SCHAFFNERIN **Méi guānxi, wǒ jìde nín mǎiguo piào le. Yǐhòu kě děi xiǎoxīn diǎnr!**
Macht nichts, ich erinnere mich, dass Sie eine Fahrkarte gekauft haben. Sie sollten in Zukunft wirklich vorsichtiger sein.

Build-Up

1. Price
Kuài dàole ba? Sind wir gleich da?

2. Schaffnerin

zǎo	früh sein [SV]
-zhe	(zeigt an, dass die Verbhandlung gerade stattfindet) [P]
ne	(zeigt an, dass die Verbhandlung gerade stattfindet) [P]
zǎozhe ne	es ist (zu) früh
hái yǒu sìzhàn	es sind noch vier Haltestellen
dào shíhou	wenn die Zeit gekommen ist
Zǎozhe ne, hái yǒu sìzhàn. Dào shíhou wǒ jiào nín.	Es ist noch zu früh, es sind noch vier Haltestellen. Wenn es soweit ist, rufe ich Sie.
wèi	„Hallo!" [I]
xiàyízhàn	nächste Station
gāi	sollen [HV]
zhǔnbèi	vorbereiten [V/HV]
xiàchē	aussteigen [VO]
nín gāi zhǔnbèi xiàchē le	Sie sollten sich auf das Aussteigen vorbereiten
Wèi, xiàyízhàn jiù shi Dòngwùyuánr le. Nín gāi zhǔnbèi xiàchē le.	Hallo, die nächste Station ist Zoo. Sie sollten sich zum Aussteigen bereit machen.

3. Price

Hǎo, xièxie nín.	OK. Danke.

4. Schaffnerin

tóngzhì	Kamerad, Genosse [S]
xiàchēde tóngzhì	Kameraden, die aussteigen
chūshì	zeigen, vorweisen [V]
chēpiào	Busfahrkarte [S] (ZEW: **zhāng**)
yuèpiào	Monatskarte [S] (ZEW: **zhāng**)
chēyuèpiào	Einzel- oder Monatskarte
qǐng chūshì chēyuèpiào	Bitte weisen Sie Ihre Einzel- oder Monatskarte vor
Xiàchēde tóngzhì qǐng chūshì chēyuèpiào.	Die Kameraden, die aussteigen, bitte die Fahrkarte oder Monatskarte vorzeigen!

5. Price

-zháo	(zeigt an, dass die Verbhandlung vollendet wurde) [RE]
zhǎozháo	suchen und finden, finden [RB]
zhǎobuzháo	nicht finden können
wǒde piào zhǎobuzháole	meine Fahrkarte ist nicht zu finden
Duìbuqǐ, wǒde piào zhǎobuzháole.	Entschuldigung, ich finde meine Fahrkarte nicht mehr.

6. Schaffnerin

jìde	sich erinnern [V]
wǒ jìde	ich erinnere mich
nín mǎiguo piào le	Sie haben eine Fahrkarte gekauft
xiǎoxīn	vorsichtig sein [SV]
xiǎoxīn diǎnr	etwas vorsichtiger
yǐhòu kě děi xiǎoxīn diǎnr	zukünftig wirklich vorsichtiger sein
Méi guānxi, wǒ jìde nín mǎiguo piào le. Yǐhòu kě děi xiǎoxīn diǎnr!	Macht nichts, ich erinnere mich, dass Sie eine Fahrkarte gekauft haben. Sie sollten in Zukunft wirklich vorsichtiger sein.

Ergänzungsvokabular

1. **shuìzháo**	einschlafen, eingeschlafen sein [RB]
shuìbuzháo	nicht einschlafen können
Lǎo Hóu yǐjīng shuìle, kěshi wǒ shuìbuzháo.	Der Alte Hou schläft schon, aber ich kann nicht einschlafen.

2. **-dào**	(zeigt an, dass die Verbhandlung vollendet ist) **[RE]**
zhǎodào	suchen und finden, finden **[RB]**
zhǎobudào	sie kann nicht finden
Tāde chēpiào zhǎodàole, kěshi zāogāo, wǒde zhǎobudào!	Sie hat ihre Busfahrkarte gefunden, aber verflixt, ich finde meine nicht.
3. **tīng**	hören, zuhören **[V]**
dǒng	verstehen **[V]**
-dǒng	verstehen **[RE]**
tīngdǒng	hören und verstehen **[RB]**
tīngdedǒng	hören und in der Lage sein, zu verstehen
tīngbudǒng	hören, (aber) nicht in der Lage sein, zu verstehen
Wǒ yǒude shíhou tīngdedǒng, yǒude shíhou tīngbudǒng.	Manchmal verstehe ich (etwas) und manchmal nicht.
4. **kàn**	lesen **[V]**
kàndǒng	lesen und verstehen **[RB]**
kàndedǒng	lesen und in der Lage sein, zu verstehen
kànbudǒng	lesen und nicht verstehen, nicht lesen können
Zhōngguo zì, yǒude wǒ kàndedǒng, yǒude wǒ kànbudǒng.	Einige chinesische Schriftzeichen kann ich lesen, andere nicht.

Grammatische und kulturelle Anmerkungen

2A. **-ZHE als Suffix zum Ausdruck einer andauernden Handlung (Aspekt der Dauer).** Achten Sie in dieser Zeile auf **zǎozhe ne** „Es ist noch früh.". Das Verbsuffix **-zhe** kann an verschiedene Arten von Verben angehängt werden, um den Aspekt der Dauer anzuzeigen, z.B. dass eine Handlung oder ein Zustand (in diesem Fall das Frühsein) eine Zeit lang andauert. Dies ist eine nordchinesische Redeweise; in anderen Gegenden würde man einfach **Hái zǎo** „Es ist noch früh." sagen. Das Suffix für den Aspekt der Dauer **-zhe** entspricht im Deutschen inhaltlich der Verlaufsform, d.h. „im Begriff sein, zu ..." oder umgangssprachlicher formuliert „am VERBen sein". Um den Aspekt der Dauer noch zu betonen, wird ans Satzende oft die Partikel **ne** angehängt. Wir werden später noch weitere Verwendungsweisen von **-zhe** kennen lernen. Das Grundmuster lautet:

Verb	ZHE	(NE)
Zǎo	**zhe**	**ne.**

„Es ist früh." (wörtl. „Es ist gerade immer noch früh.")

Hier sind noch zwei weitere Beispiele von Verben mit dem Suffix des Aspekts der Dauer **-zhe**:

Mén hái kāizhe ne.

„Die Tür ist immer noch offen." (wörtl. „Die Tür ist andauernd offen.")

Tāmen dōu hái zài fángjiānli zuòzhe ne.

„Sie sitzen immer noch im Zimmer."

2B. Hier gibt es einen Unterschied zwischen der Video-Aufnahme, wo es **hái yǒu liǎngzhàn** „Es sind noch zwei Haltestellen." und dem Lektionstext bzw. der Audio-Aufnahme, wo es **hái yǒu sìzhàn** „Es sind noch vier Haltestellen." heißt.

2C. Das Hilfsverb **gāi** „sollen" ist ein Synonym (ein bedeutungsgleiches Wort) von **yīnggāi** (2-2) und **yīngdāng** (8-4). Allerdings hat **gāi** noch eine weitere Bedeutung, nämlich „an der Reihe sein", wie in **Xiànzài gāi nǐ le** „Jetzt bist du dran."

4A. Der geschlechtsneutrale Ausdruck **tóngzhì** „Genosse, Kamerad" (wörtl. „gleicher Wille") kam im frühen 20. Jahrhundert mit dem Kommunismus nach China. Von 1950 bis 1980 wurde **tóngzhì** landesweit in China verwendet und verdrängte die traditionelleren Anreden **xiānsheng**, **tàitai** und **xiáojie**. Aufgrund der Öffnung der chinesischen Gesellschaft sowie der Einflüsse aus Hongkong und Taiwan, wo diese Ausdrücke stets verwendet wurden, feierten **xiānsheng** und in geringerem Umfang auch **tàitai** und **xiáojie** ihr Comeback. Obwohl das Wort **tóngzhì** mittlerweile seltener gebraucht wird, benutzt man es immer noch im Kontext der Kommunistischen Partei und zuweilen auch bei anderen Gelegenheiten. In den letzten Jahren hat das Wort **tóngzhì** zusätzlich die Konnotation (Beibedeutung) „Homosexueller" angenommen. **Tóngzhì** können Sie zu Ihrer Liste der **tóng-**Wörter hinzufügen:

tóngshì	„Kollege" (wörtl. „gleiche Arbeit", 2-3)
tóngwū(r)	„Mitbewohner" (wörtl. „gleiches Zimmer", 2-2)
tóngxué	„Mitschüler; Kommilitone" (wörtl. „gleiches Lernen", 2-1)
tóngzhì	„Genosse" (wörtl. „gleicher Wille", 9-4)

4B. **Chēpiào** ist ein verbreiteter Ausdruck für eine Einzelfahrkarte im Bus, der Straßenbahn oder dem Zug. Das Substantiv **yuèpiào** bedeutet „Monatskarte". **Chēyuèpiào** ist eine Abkürzung von **chēpiào hé yuèpiào** „Einzel- und Monatsfahrkarte".

5. Resultativbildungen mit der Bedeutung „können" (Potenzialformen). Resultativbildungen wie **zhǎozháo**, in die das Infix **-de-** eingefügt ist, haben die Bedeutung von „in der Lage sein; können" (z.B. **zhǎodezháo** „finden können") und werden bejahte (affirmative) Potenzialresultativbildungen genannt. Resultativbildungen, in die das Infix **-bu-** eingefügt ist, haben die Bedeutung von „nicht in der Lage sein" (z.B. **zhǎobuzháo** „nicht finden können") und werden negierte (verneinte) Potenzialresultativbildungen genannt. Schauen Sie sich die folgenden Beispiele genau an:

BASISVERB	RESULTATIV-BILDUNG	BEJAHTE POTENTIAL-RESULTATIVBILDUNG	VERNEINTE POTENZIAL-RESULTATIVBILDUNG
zhǎo	**zhǎozháo**	**zhǎodezháo**	**zhǎobuzháo**
„suchen"	„suchen und finden"	„finden können"	„nicht finden können"
mǎi	**mǎidào**	**mǎidedào**	**mǎibudào**
„kaufen"	„kaufen"	„kaufen können"	„nicht kaufen können"
kàn	**kàndào**	**kàndedào**	**kànbudào**
„sehen"	„erblicken"	„sehen können"	„nicht sehen können"
tīng	**tīngdào**	**tīngdedào**	**tīngbudào**
„hören"	„hören"	„hören können"	„nicht hören können"
zhǎng	**zhǎngdà**	**zhǎngdedà**	**zhǎngbudà**
„wachsen"	„aufwachsen"	„aufwachsen können"	„nicht aufwachsen können"

Die bejahte und die verneinte Form der Potenzialresultativbildungen können zusammen verwendet werden, um Ja-Nein-Fragen zu bilden, z.B.: **Nǐ kàndedào kànbudào?** „Kannst du es sehen?"

Eigentlich ist **duìbuqǐ** „Entschuldigung", das Sie in 2-3 kennen gelernt haben, selbst eine verneinte Resultativbildung mit der Bedeutung „nicht gegenübertreten können (wegen Scham)", **duìbuqǐ** kann sogar ein Objekt haben, z.B. **Nǐ zhèiyangr zuò duìbuqǐ wǒ** „Wenn du das so machst, kannst du mir nicht gegenübertreten.".

Achten Sie auf den Unterschied zwischen verneinten Potenzialresultativbildungen (z.B. **zhǎobudào** „nicht finden können") und (verneinten) Resultativbildungen mit **méi** (z.B. **méi zhǎodào** „fand nicht"). Erstere drücken Unfähigkeit bzw. Nichtkönnen aus, während Letztere einfach nur ausdrücken, dass eine Handlung nicht stattfand. Einige weitere Beispiele:

VERNEINTE POTENZIAL-RESULTATIVBILDUNG		VERNEINTE RESULTATIVBILDUNG MIT **MÉI**	
kànbudào	„nicht sehen können"	**méi kàndào**	„sah nicht"
tīngbudào	„nicht hören können"	**méi tīngdào**	„hörte nicht"
zhǎngbudà	„nicht aufwachsen können"	**méi zhǎngdà**	„wuchs nicht auf"

Es gibt allerdings auch ‚lückenhafte' Resultativbildungen. In 3-4 haben Sie beispielsweise die verneinte Potenzialresultativbildung **láibují** „zu spät sein, nicht rechtzeitig kommen" mit der Resultativendung **-jí** „ein Ziel rechtzeitig erreichen" kennen gelernt. Die entsprechende bejahte Potenzialresultativbildung **láidejí** „rechtzeitig kommen" ist durchaus verbreitet, aber die anzunehmende Grundform, die einfache Resultativbildung *****láijí**, existiert nicht.

Obwohl auch **néng** und **kéyi** zum Ausdruck von Fähigkeit gebraucht werden können, sind die Potenzialresultativbildungen im Chinesischen weit verbreitet und sehr typisch (idiomatisch), weswegen Sie diese in Ihren aktiven Wortschatz aufnehmen sollten.

6A. Das Verb **jìde** „erinnern" sollten Sie sich merken. Es kommt sehr häufig vor und kann allein oder mit einem voran- bzw. nachgestellten Objekt stehen. Hier einige Beispiele mit **jìde**:

Nǐ hái jìde wǒ ma?	„Erinnerst du dich noch an mich?"
Nǐ jìde bu jìde?	„Erinnerst du dich (oder nicht)?"
Wǒ yǐjīng bú jìdele.	„Ich weiß (bereits) nicht mehr."
Wǒ xiǎo shíhoude shìr hái jìde hěn qīngchu.	„Ich erinnere mich noch sehr deutlich an die Dinge in meiner Kindheit."
Tā yǐqián shuōde huà wǒ hái jìde hěn qīngchu.	„Ich erinnere mich noch sehr deutlich an das, was er (früher, vormals) gesagt hat."

6B. **Yǐhòu kě děi xiǎoxīn diǎnr** „in Zukunft solltest du wirklich vorsichtiger sein." Das Adverb **kě** dient hier als Verstärker des Hilfsverbs **děi** und betont den Sachverhalt (vgl. 5-3: 4C), weswegen wir **kě děi** mit „wirklich müssen" übersetzen können.

EV1. Um „jemand schläft" oder „jemand ist schlafen gegangen" zu sagen, verwenden Sie **Tā shuìle**. Der Satz **Tā shuìzháole** bedeutet „eingeschlafen sein". Man kann KEINESFALLS *****Tā shi shuì** sagen, wenn man „Er / sie schläft / ist eingeschlafen" ausdrücken will.

EV2. Die Resultativendung **-dào** zeigt an, dass die Verbhandlung vollendet wurde. Neben **zhǎodào** ist **mǎidào** „(erfolgreich) kaufen, kaufen" ein weiteres verbreitetes Beispiel für diese Resultativendung. Eine ganze Reihe von Verben lassen sich sowohl mit **-zháo** als auch mit **-dào** verwenden. Beim Verb **shuì** „schlafen" hingegen können Sie nur die Resultativendung **-zháo**, niemals jedoch **-dào** gebrauchen. Beispiel:

Nǐ mǎidào nèiběn shū méiyou?

„Konntest du das Buch kaufen?" bzw. „Hast du das Buch gekauft?"

Wiederholung und Lerntipps für Einheit 9

Neue Vokabeln

ADVERBIEN

búdàn	nicht nur
gāng	eben, gerade
gānggāng	genau, gerade

ATTRIBUTIVE

gōnggòng	öffentlich

HILFSVERBEN

búbì	nicht müssen, nicht nötig sein
bú yòng	nicht brauchen
gāi	sollen

IDIOMATISCHE AUSDRÜCKE

bú yòng xiè	„Nichts zu danken!"

INTERJEKTIONEN

wèi	„Hallo!"

KONJUNKTIONEN

érqiě	und, zudem

ORTSWÖRTER

chēzhàn	Bushaltestelle, Busbahnhof
dòngwùyuán(r)	Zoo
Hépíng Bīnguǎn	Peace Hotel
lùkǒu(r)	Straßenkreuzung
Yíhéyuán	Sommerpalast

PARTIKEL

ne	(zeigt den Aspekt der Dauer an)
-zhe	(zeigt den Aspekt der Dauer an)

PHRASEN

gōnggòng qìchē	öffentlicher Bus
jiāotōng jǐngchá	Verkehrspolizei
kāi wánxiào	einen Spaß machen, Scherze treiben
shuō xiàohua(r)	einen Witz / Witze erzählen
zhōngdiǎn zhàn	Endhaltestelle

RESULTATIVBILDUNGEN

kàndǒng	lesen und verstehen
shuìzháo	einschlafen
tīngdǒng	hören und verstehen
zhǎodào	suchen und finden, finden
zhǎozháo	suchen und finden, finden

RESULTATIVENDUNGEN

-dào	(zeigt an, dass die Verbhandlung vollendet ist)
-dǒng	verstehen
-zháo	(zeigt an, dass die Verbhandlung vollzogen ist)

STATISCHE VERBEN

bái	weiß sein
bèn	dumm sein
cōngming	klug sein
gānjìng	sauber sein
hēi	schwarz sein
hóng	rot sein
huáng	gelb sein
lán	blau sein
lǎn	faul sein
lǜ	grün sein
luàn	durcheinander sein
qīngchu	klar sein, sich im Klaren sein
shēngqì	ärgerlich sein
xiǎoxīn	vorsichtig sein
yònggōng	fleißig sein
zāng	schmutzig sein
zǎo	früh sein
zhěngqí	ordentlich sein

SUBSTANTIVE

báisè	Weiß (Farbe)
běndì	dieser Ort, hier
chēpiào	Busfahrkarte
dēng	Lampe, Licht
diànchē	Straßenbahn, Trolleywagen
dòngwù	Tier
hēisè	Schwarz
hónglǜdēng	Verkehrsampel
hóngsè	Rot
huángsè	Gelb
jiāotōngjǐng	Verkehrspolizei
jǐngchá	Polizei
lánsè	Blau
lǜsè	Grün
māo(r)	Katze
niǎo(r)	Vogel
piào	Fahrkarte
shòupiàoyuán	Fahrkartenverkäufer, Schaffner
tóngzhì	Genosse
wánxiào	Witz
yánsè	Farbe
yú(r)	Fisch
yuèpiào	Monatskarte
zhàn	Station, Haltestelle
zhōngdiǎn	Endpunkt

VERBEN

chūshì	vorweisen
dǒng	verstehen
guǎi	abbiegen
jiào	(jemanden) rufen
jìde	sich erinnern
kàn	lesen
méi	nicht haben
shàng	einsteigen
tīng	hören, zuhören
xiè	danken
xīwàng	hoffen
yǎng	(ein Tier) halten
zhuǎn	abbiegen
zhǔnbèi	vorbereiten

VERB-OBJEKT-VERBINDUNGEN

shàngchē	in ein Fahrzeug einsteigen
shēngqì	ärgerlich werden
xiàchē	aus einem Fahrzeug aussteigen

ZÄHLEINHEITSWÖRTER

lù	(für Bus- oder Straßenbahnlinien)
zhī	(für Tiere)

Die wichtigsten neuen grammatischen Muster

Farbbezeichnungen: (im Vokabular aufgeführt) **(9-1)**

XIĀN...RÁNHÒU... „Zuerst ..., dann ...": Xiān chīfàn ránhòu zài qù mǎi dōngxi. „Zuerst essen, dann shoppen gehen." **(9-2)**

BÚDÀN...ÉRQIĚ... „Nicht nur ..., sondern auch ...": Tā búdàn niánqīng, érqiě cōngming. „Sie ist nicht nur jung, sondern auch intelligent." **(9-3)**

-ZHE als Suffix für den Aspekt der Dauer: zǎozhe ne „Es ist (immer noch) früh." **(9-4)**

Potenzialresultativbildungen: **zhǎo** „suchen", **zhǎozháo** „suchen und finden", **zhǎodezháo** „finden können", **zhǎobuzháo** „nicht finden können" **(9-4)**

Das Wetter

EINHEIT 10

KOMMUNIKATIVE LERNZIELE

Wenn Sie diese Lektion beherrschen, sind Sie in der Lage, auf Chinesisch

1. über das Wetter und den Wetterbericht zu sprechen: heiß, warm, kühl, kalt; hohe und niedrige Temperaturen; trockene und feuchte Luft; klarer und bedeckter Himmel; Donner, Blitz, Regen, Nebel, Schnee, Taifune etc.;
2. über das Klima zu sprechen: Beijing, Taipei, Ihre Heimat;
3. über die vier Jahreszeiten zu sprechen;
4. Vergleiche und Kontrastierungen vorzunehmen: „San Francisco ist kälter als Taipei, aber nicht so kalt wie Beijing“ etc.

ABSCHNITT 1

Wettervorhersage

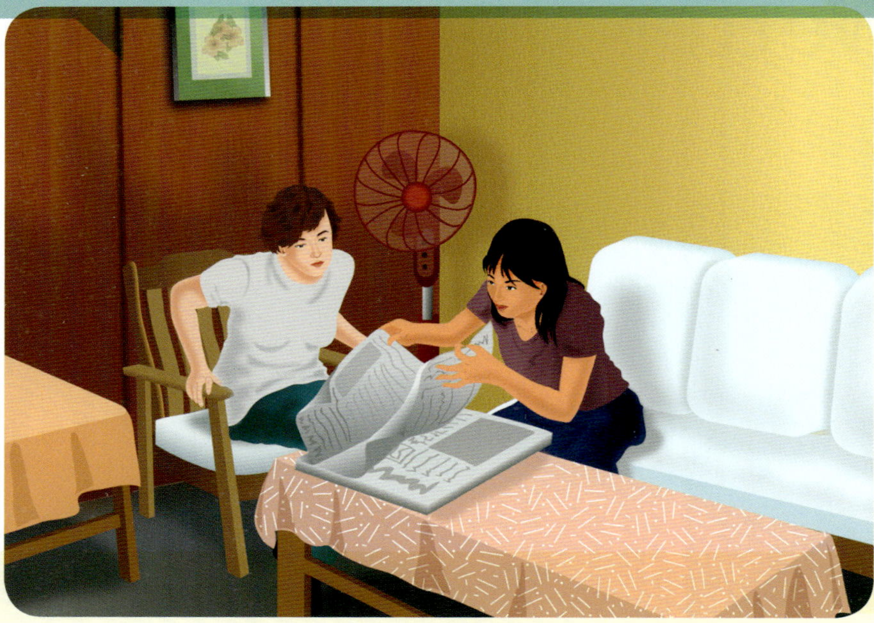

Holly Young, eine US-amerikanische Studentin, die in Taipei Chinesisch studiert und Englisch unterrichtet, ist gerade aufgestanden. Sie geht ins Wohnzimmer des Apartments, das sie mit ihrer taiwanischen Freundin Su Ning teilt. Als sie sieht, dass Su Ning die Morgenzeitung liest, fragt sie, wie der Wetterbericht für diesen Tag aussieht.

Basic-Konversation 10-1

1. YOUNG **Zǎo! Jīntiān tiānqi yùbào zěmme shuō?**
Morgen! Was sagt die Wettervorhersage für heute?

2. SU *(schaut sich die Wettervorhersage in der Zeitung an)*
Wǒ kànkan. Jīntiān shàngwǔ shi qíngtiān, xiàwǔ kěnéng huì biànchéng yīntiān.
Ich schaue mal. Am Morgen ist es klar, am Nachmittag wird es vielleicht bedeckt sein.

3. YOUNG **Ò.**
Aha.

4. SU *(fasst die Wettervorhersage weiter zusammen)*
Cóng míngtiān kāishǐ huì yuè lái yuè rè. Jīntiān zuì gāo wēndù shi èrshibādù, zuì dī wēndù shi èrshisìdù.
Ab morgen wird es immer heißer. Heute wird die Höchsttemperatur 28 Grad und die Tiefsttemperatur 24 Grad betragen.

5. YOUNG *(hört Donner und Regengeräusche)*
Éi? Hǎoxiàng dǎléi le! Shì bu shi yào xiàyǔ?
Was? Ich glaube, ich habe Donner gehört. Regnet es vielleicht gleich? *(geht zum Fenster)*
Āiyà! Yǐjīng xiàle, hái xiàde bù xiǎo ei!
Oh! Es hat schon angefangen zu regnen, und zwar nicht gerade wenig!

6. SU **Suóyi shuō, tiānqi yùbào yě zhǐ shi yùbào éryǐ, bù yídìng zhǔn.**
Deshalb ist es ja nur eine Wettervorhersage, die nicht unbedingt stimmen muss.

Build-Up

1. Young

zǎo	„Morgen" [IA]
tiānqi	Wetter [S]

yùbào	Vorhersage [S]
tiānqi yùbào	Wettervorhersage [PH]
zěmme shuō	wie sagt, was sagt
Zǎo! Jīntiān tiānqi yùbào zěmme shuō?	Morgen! Was sagt die Wettervorhersage für heute?

2. Su

qíngtiān	sonniges Wetter, klarer Himmel [S]
kěnéng	möglich sein; vielleicht [HV / A]
kěnéng huì	vielleicht wird
biàn	sich verändern [V]
-chéng	zu … werden [PV]
biànchéng	(zu etwas) werden [V+PV]
yīntiān	wolkiges Wetter, bedeckter Himmel [S]
Wǒ kànkan. Jīntiān shàngwǔ shi qíngtiān, xiàwǔ kěnéng huì biànchéng yīntiān.	Ich schaue mal. Am Morgen ist es klar, am Nachmittag wird es vielleicht bedeckt sein.

3. Young

Ò.	Aha.

4. Su

cóng míngtiān kāishǐ	ab morgen
yuè lái yuè...	immer mehr [BM]
rè	heiß sein [SV]
yuè lái yuè rè	immer heißer
zuì	am meisten [A]
zuì gāo	höchste/r
wēndù	Temperatur [S]
zuì gāo wēndù	Höchsttemperatur
dù	Grad (Temperatur) [ZEW]
èrshibādù	28 Grad
dī	niedrig sein [SV]
zuì dī	am niedrigsten
zuì dī wēndù	Tiefsttemperatur
Cóng míngtiān kāishǐ huì yuè lái yuè rè. Jīntiān zuì gāo wēndù shi èrshibādù, zuì dī wēndù shi èrshisìdù.	Ab morgen wird es immer heißer. Heute wird die Höchsttemperatur 28 Grad und die Tiefsttemperatur 24 Grad betragen.

5. Young

éi	(geht einer Frage voran) [I]
dǎléi	donnern [VO]
hǎoxiàng dǎléi le	anscheinend hat es gedonnert
yǔ	Regen [S]
xiàyǔ	regnen [VO]
yào xiàyǔ	es regnet gleich, es wird regnen
shì bu shi yào xiàyǔ	regnet es nicht gleich?
Éi? Hǎoxiàng dǎléi le! Shì bu shi yào xiàyǔ?	Was? Ich glaube, ich habe Donner gehört. Regnet es vielleicht gleich?
āiyà	„Was?" „Huch!" [I]
xiàde bù xiǎo	es regnet nicht wenig
Āiyà! Yǐjīng xiàle, hái xiàde bù xiǎo ei!	Oh! Es hat schon angefangen zu regnen, und zwar nicht gerade wenig!

6. Su

suóyi shuō	daher [PH]
...éryǐ	… und sonst nichts [BM]
zhǐ shi yùbào éryǐ	sind nur Vorhersagen und sonst nichts
yídìng	unbedingt [A]

bù yídìng	nicht unbedingt
zhǔn	korrekt sein [SV]
bù yídìng zhǔn	nicht unbedingt korrekt
Suóyi shuō, tiānqi yùbào yě zhǐ shi yùbào éryǐ, bù yídìng zhǔn.	Deshalb ist es ja nur eine Wettervorhersage, die nicht unbedingt stimmen muss.

Ergänzungsvokabular

1. tiān	Himmel [S]
tiānshang	am Himmel
yún	Wolke [S] (ZEW: **duǒ**)
Tiānshang hǎo duō yún.	Am Himmel sind viele Wolken.
2. shǎndiàn	blitzen, es blitzt, Blitze leuchten auf (Gewitter) [VO]
Tāmen jiā yǎngde xiǎo gǒu pà shǎndiàn.	Der Welpe, den sie zuhause haben, hat Angst vor Blitzen.

Grammatische und kulturelle Anmerkungen

1. **Tiānqi yùbào zěmme shuō** „Was sagt die Wettervorhersage?" heißt wörtlich übersetzt „Wie sagt die Wettervorhersage?". Hier noch ein weiteres Beispiel für **zěmme shuō**:

Nà, nǐde fùmǔ zěmme shuō ne?	„Nun, was sagen deine Eltern?" bzw. „Nun, was haben deine Eltern gesagt?""

2A. **Kěnéng** ist ein Hilfsverb mit der Bedeutung „möglich sein" oder „es ist möglich". Es kann allein als kurze Antwort oder in einem längeren Satz verwendet werden:

Kěnéng.	„Möglich."
Bù kěnéng!	„Unmöglich!"

Míngtiān kěnéng huì xiàyǔ.

„Morgen regnet es vielleicht."

Tā yǒu kěnéng wàngle shíjiān.

„Es kann sein, dass sie die Zeit vergessen hat."

Nǐ kěnéng hái méi tīngshuō: tāmen liǎngge líhūnle.

„Vielleicht hast du es noch nicht gehört: Die beiden sind geschieden."

Nèiliàng qìchē tài jiùle, mài yíwàn kuài shi bù kěnéngde.

„Dieses Auto ist zu alt, man kann es nicht für 10.000 Yuan verkaufen."

A: Nǐ juéde tā míngtiān huì lái ma?

A:„Glaubst du, sie kommt morgen?"

B: Bú tài kěnéng.

B:„Das ist nicht sehr wahrscheinlich."

Manchmal gebrauchen Chinesen **kěnéng** auch, obwohl sie sich sicher sind, um nicht zu direkt zu klingen. So könnten Sie zum Beispiel, obschon sie genau wissen, dass jemand etwas anderes vorhatte und daher nicht zu einem Event gekommen ist, sagen: **Tā kěnéng yǒu diǎnr shìr** „Vielleicht hatte sie/er etwas anderes zu tun."

2B. **Huì** ist hier ein Hilfsverb mit der Bedeutung „wahrscheinlich sein, werden" (8-3: 5-6). Damit haben wir hier zwei Hilfsverben hintereinander (**kěnéng huì** „es ist möglich" und „werden") vor dem Hauptverb **biànchéng** „(zu etw.) werden, sich in etw. verwandeln".

2C. **Biànchéng** „zu etwas werden, in etwas verwandelt werden, werden" besteht aus dem Hauptverb **biàn** „sich wandeln", dem das Postverb **-chéng** „zu etwas werden" folgt. **Biànchéng** wird zum Beispiel für die Veränderung des Wetters gebraucht oder, in der Science Fiction, wenn sich Menschen in Tiere verwandeln. Sie können **biànchéng** allerdings nicht als „werden" im Sinne von „Ich will Lehrer werden." verwenden. Einige weitere Beispiele von Konstruktionen mit dem Postverb **-chéng**:

kànchéng	„etwas als etwas ansehen"
shuōchéng	„etwas so sagen, dass es etwas anderes wird"
tīngchéng	„etwas als etwas anderes hören"
xiěchéng	„etwas so schreiben, dass es etwas anderes wird"

Hier ein Beispielsatz mit **xiěchéng**:

Wǒ yuánlái xiǎng xiě yíge "dà" zì, kěshi bù xiǎoxīn xiěchéng "tài" zì le!

„Ursprünglich wollte ich das Schriftzeichen **dà** schreiben, aber ich habe nicht aufgepasst und habe es als das Schriftzeichen **tài** geschrieben!"

4A. **CÓNG...KĀISHǏ.** Wie Sie bereits wissen, bedeutet das Coverb **cóng** „von" und das Verb **kāishǐ** „anfangen". Das Muster **cóng...kāishǐ** bedeutet daher „mit / bei … anfangen". Zwischen **cóng** und **kāishǐ** wird ein Zeitausdruck eingefügt. Das Grundmuster lautet:

CÓNG	Zeitausdruck	KĀISHǏ
cóng	**míngtiān**	**kāishǐ**
„Ab morgen"		

Zwei weitere Beispiele mit dem **cóng...kāishǐ**-Muster:

cóng xià xīngqī kāishǐ	„Ab nächster Woche"
cóng míngnián wǔyuè yīhào kāishǐ	„Ab dem 1. Mai des nächsten Jahres"

4B. **YUÈ LÁI YUÈ...** Das verbreitete und nützliche Muster **yuè lái yuè...** „immer mehr ..." kann von einem Hilfsverb, einem Statischen Verb oder einem Hauptverb gefolgt sein und bedeutet dann „immer mehr ...". Diese Konstruktion wird im Deutschen zumeist mit der Konstruktion „immer + Komparativ (Vergleichsform)" übersetzt, z.B. **yuè lái yuè gāo** „immer höher". Ist das Verb oder das Statische Verb verneint, so wird es oft mit „immer weniger" übersetzt. Beispiele:

YUÈ LÁI YUÈ	Verb
yuè lái yuè	**rè**
„immer heißer"	

Yǔ xiàde yuè lái yuè dà.

„Es regnet immer stärker." (wörtl. „Der Regen kommt immer größer herunter.")

Nǐde Hànyǔ yuè lái yuè hǎo!

„Dein Chinesisch wird immer besser."

Zuìjìn wēndù yuè lái yuè gāo.

„In der letzten Zeit wird es immer heißer." (wörtl. „In letzter Zeit wird die Temperatur immer höher.")

Xuéxí Zhōngwénde Měiguo dàxuéshēng yuè lái yuè duō.

„Mehr und mehr amerikanische Studenten lernen Chinesisch."

Tā yuè lái yuè huì zuò Zhōngguo cài le.

„Er kann immer besser chinesisch kochen." (wörtl. „Er kann mehr und mehr chinesisch kochen.")

Wǒ yuè lái yuè bù xǐhuan ta.

„Ich kann ihn immer weniger ausstehen."

Zuìjìn tiānqi yùbào yuè lái yuè bù zhǔn.

„In letzter Zeit wird der Wetterbericht immer unzuverlässiger."

Nach **yuè lái yuè...** kann kein Adverb, das Ausmaß ausdrückt, wie z.B. **hěn** oder **bǐjiào**, benutzt werden. Daher kann man NICHT ***Tāde Zhōngwén yuè lái yuè hěn hǎo** sagen. Aufgrund des Einfluss des Englischen wird an Satzanfängen zuweilen **Yuè lái yuè duōde...** „Mehr und mehr ..." verwendet, um das Thema zu ändern oder ganz zu wechseln. Zum Beispiel:

Yuè lái yuè duōde Zhōngguo rén huì shuō Yīngwén.

„Immer mehr Chinesen können Englisch."

Die traditionellere Art, dies auszudrücken ist:

Huì shuō Yīngwénde Zhōngguo rén yuè lái yuè duō.

„Die Chinesen, die Englisch sprechen können, werden immer mehr."

4C. Kontrastieren Sie die Aussprache von **rè** „heiß sein" mit der von **rì** wie in **Rìběn** „Japan" oder **xīngqīrì** „Sonntag". Beim **rè** sollte Ihr Mund halb geöffnet sein, während beim **rì** Ihre Zähne geschlossen bleiben und Ihr Mund fast zu ist. Kontrastieren Sie auch die Aussprache und die Pinyin-Transkription von **rè** und **rì** mit der Zahl **èr** „zwei".

4D. Beachten Sie das Adverb **zuì** „am meisten", wie in **zuì gāo wēndù** „Höchsttemperatur" (wörtl. „höchste Temperatur") und in **zuì dī wēndù** „Tiefsttemperatur". Das Adverb **zuì** ist sehr verbreitet und wichtig. Hier noch einige weitere Beispiele:

Tài Shān shi wǒ zuì xǐhuande dìfang.

„Der Berg Tai ist der Ort, den ich am liebsten mag." (Der Berg Tai oder Taishan ist einer der fünf heiligen taoistischen Berge Chinas und liegt mitten in der Provinz Shandong.)

Wǒde péngyou lǐtou, wǒ juéde Xiǎo Báide Zhōngwén zuì hǎo.

„Unter meinen Freunden finde ich das Chinesisch des Kleinen Bai am besten." (Achten Sie auf die Verwendung von **lǐtou** hier.)

4E. Für Höchst- bzw. Tiefsttemperatur sagen viele **zuì gāo wēndù** bzw. **zuì dī wēndù**. Es gibt allerdings auch Sprecher, die die Abkürzungen **zuìgāowēn** und **zuìdīwēn** verwenden, welche exakt die gleiche Bedeutung haben. Beide Ausdrucksweisen sind korrekt. Beachten Sie, dass im Build-Up die Langformen, in den Video- und Audio-Aufnahmen hingegen die Abkürzungen verwendet werden.

4F. **DÙ um Temperaturen auszudrücken.** **Dù** „Grad" ist ein Zähleinheitswort. Das Muster lautet:

Zahl	DÙ
èrshibā	**dù**
„28 Grad"	

Schauen Sie sich die folgenden Beispiele an:

yídù	„1 Grad"	**shíbādù**	„18 Grad"
liǎngdù	„2 Grad"	**sānshi'èrdù**	„32 Grad"
sāndù	„3 Grad""	**jǐdù**	„Wie viel Grad?"

Sowohl in Taiwan als auch in Festlandchina wird, wie bei uns, die Celsius-Skala (bezeichnet als **Shèshì**) verwendet. (Die in den USA verwendete Fahrenheit-Skala wird als **Huáshì** bezeichnet.)

4G. Denken Sie daran, dass, obschon die Bedeutung von **dī** „niedrig sein“ ist, das Wort im Ersten Ton und HOCH ausgesprochen wird!

5A. Wie in vielen anderen Sprachen fallen Wetterphänomene auch im Chinesischen aus den üblichen sprachlichen Mustern heraus. So sagen wir im Deutschen „Es regnet.“, aber was ist das „es“, das da regnet? Im Chinesischen werden Wetterphänomene zumeist mit Verb-Objekt-Verbindungen ohne Subjekt ausgedrückt; z.B. bedeutet **dăléi** „Schlägt Donner.“ — „Es donnert.“ und **xiàyŭ** „Fällt Regen.“ — „Es regnet.“

Detail von einem taoistischen Tempel auf der Insel Penghu, Taiwan

5B. **Shì bu shi yào xiàyŭ?** „Ist es der Fall oder nicht, dass es gleich regnet?“ — „Wird es gleich regnen?“ Die Antwort auf diese Frage könnte entweder **Duì, yào xiàyŭ** oder **Bú huì xiàyŭ** lauten. Die Ja-Nein-Verb-Konstruktion **Shì bu shi...** wird zuweilen verwendet, um auf diese Weise Fragen zu bilden. Ein anderes Beispiel: **Tā shì bu shi bù láile?** „Ist es der Fall oder nicht, dass er nicht mehr kommt?“ bzw. „Kommt er nicht mehr?“

5C. Achten Sie auf den Unterschied bei der Aussprache von **xiàyŭ** „regnen“ und **xiàwŭ** „Nachmittag“. Zu Übungszwecken könnten Sie versuchen so schnell wie möglich **Jīntiān xiàwŭ yào xiàyŭ** „Heute Nachmittag wird es regnen.“ zu sagen.

5D. **Xiàde bù xiăo** „regnet nicht wenig“ ist eine Abkürzung von **xiàyŭ xiàde bù xiăo**. Vergleichen Sie es auch mit **xiàyŭ xiàde hĕn xiăo** „Es regnet sehr wenig.“ und **xiàyŭ xiàde hĕn dà** „Es regnet sehr stark.“. Achten Sie auch auf die Untertreibung in **hái xiàde bù xiăo**, wörtlich „Noch fällt nicht wenig.“ oder „Es regnet nicht wenig.“, obwohl man durchaus auch **xiàde hĕn dà** „Es regnet stark.“ sagen könnte. Das Chinesische hat einen Hang zur Untertreibung in dieser Art.

6A. **...ÉRYĬ.** **Éryĭ** kann am Ende eines Satzes auftreten, um „und das war's“ oder „und mehr nicht“ auszudrücken. **Éryĭ** kann allein oder in Kombination mit einem vorangehenden Adverb, wie **zhĭ** „nur“ oder **jiù** „bloß“ verwendet werden. Das Muster lautet:

Satz	...ÉRYĬ
Tiānqi yùbào zhĭ shi yùbào	**éryĭ.**

„Wetterprognosen sind bloß Vorhersagen und sonst nichts.“

Einige weitere Beispiele mit **...éryĭ**:

Wŏ zhĭ yŏu yìbăikuài éryĭ.

„Ich habe bloß 100 Yuan, mehr nicht.“

Tā shuō tā jiù yŏu liăngge hăo péngyou éryĭ.

„Sie sagt, sie habe nur zwei gute Freunde, mehr nicht.“

Wŏmen bù yídìng zhēn xiăng măi shémme, zhĭ shi kànkan éryĭ.

„Wir wollen nicht unbedingt wirklich etwas kaufen, wir wollen bloß mal schauen, sonst nichts.“

6B. Merken Sie sich das verbreitete Adverb **yídìng** „unbedingt“ und seine Verneinung **bù yídìng** „nicht unbedingt“. Seltener als diese, aber durchaus auch zu hören, ist **yídìng bù** „auf keinen Fall“. Vergleichen Sie die folgenden drei Beispiele, die auf einer Skala von sehr positiv über neutral bis hin zu sehr negativ angeordnet sind:

Wŏ yídìng lái.	„Ich komme bestimmt.“ oder „Ich komme sicherlich.“
Wŏ bù yídìng lái.	„Ich komme nicht unbedingt“ oder „Ich komme vielleicht.“
Wŏ yídìng bù lái.	„Ich komme bestimmt nicht.“ oder „Ich komme auf keinen Fall.“

Denken Sie daran, dass **yídìng** und **bù yídìng** Adverbien sind, weswegen Sie nur vor Verben oder zuweilen auch vor einem anderen Adverb vorkommen können. Es heißt **Wŏ yídìng lái** „Ich komme bestimmt." und AUF KEINEN FALL *__Yídìng wŏ lái.__ Beachten Sie, dass **Bù yídìng** häufig allein als Antwort oder als ein Kommentar zu einer anderen Aussage verwendet wird.

EV1. Schauen Sie sich den Satz **Tiānshang hăo duō yún** „Der Himmel ist sehr bewölkt." an. Hierbei handelt es sich um eine Thema-Kommentar-Konstruktion (Thema-Rhema-Konstruktion; vgl. 1-3: 5F). Eine wörtliche Übersetzung wäre: „Was den Himmel betrifft, ist er bewölkt." Nicht alle chinesischen Sätze enthalten ein Verb. Allerdings können Sie ohne weiteres ein **yŏu** „es gibt" in den Satz einfügen, was **Tiānshang yŏu hăo duō yún** ergibt.

EV2. Das Wort **diàn** kann entweder „Elektrizität" oder „Blitz" bedeuten. **Shăndiàn** bedeutet wörtlich „Flackerblitz" oder „(es) flackert Blitze". Im Folgenden rufen wir Ihnen die Wörter, die **diàn** enthalten, nochmals ins Gedächtnis:

diànchē	„Straßenbahn"
diànhuà	„Telefon"
diànnăo	„Computer"
shăndiàn	„Blitze flackern"

Hof eines traditionellen Hauses auf der Insel Penghu, Taiwan

Das Wetter in Beijing

ABSCHNITT 2

Oliver Kerr unterhält sich an einem schönen Oktobermorgen auf dem Campus der Beijing Foreign Studies University mit einem Kommilitonen. Kerr, ein US-amerikanischer Student, der sein Junior Year an der BFSU verbringt, ist erst vor wenigen Wochen angekommen. Er und sein chinesischer Kommilitone, beide sind 21 Jahre alt und kennen sich schon recht gut.

Basis-Konversation 10-2

1. KERR **Běijīngde tiānqi bú cuò ma! Bù lěng yě bú rè, tǐng shūfu.**
Das Wetter in Beijing ist echt nicht schlecht! Weder kalt noch heiß, ziemlich angenehm.

2. CHINESISCHER KOMMILITONE **Yě jiù shi qiūtiān hái kéyi. Xiàtiān rède yào sǐ. Dōngtiān yòu gān yòu lěng, hěn shǎo xiàxuě.**
Der Herbst ist ganz in Ordnung. Die Sommer sind furchtbar heiß. Im Winter ist es trockenkalt und es schneit sehr wenig.

3. KERR **Nà, chūntiān ne?**
Hm, und der Frühling?

4. CHINESISCHER KOMMILITONE **Rúguǒ bú shi fēngshā tài dà jiù hǎole. Yào xiǎng zài Běijīng wánr yě jiù shi qiūtiān zuì héshì.**
Wenn nicht zu viel Wind und Sand wären, wäre es in Ordnung. Wenn du in Beijing Spaß haben willst, ist der Herbst die beste Zeit.

5. KERR **Zhèmme shuō, wǒ láide zhèng shi shíhou le.**
So gesehen bin ich ja genau zum richtigen Zeitpunkt gekommen.

6. CHINESISCHER KOMMILITONE **Duì.**
Stimmt.

Build-Up

1. Kerr

lěng	kalt sein [SV]
bù lěng yě bú rè	weder kalt noch heiß
shūfu	bequem, angenehm sein [SV]
Běijīngde tiānqi bú cuò ma!	Das Wetter in Beijing ist echt nicht schlecht!
Bù lěng yě bú rè, tǐng shūfu.	Weder kalt noch heiß, ziemlich angenehm.

2. Chinesischer Kommilitone

qiūtiān	Herbst [ZW]
xiàtiān	Sommer [ZW]
sǐ	sterben [V]
rède yào sǐ	sehr heiß, „zum Sterben heiß“
dōngtiān	Winter [ZW]
gān	trocken sein [SV]
yòu gān yòu lěng	sowohl trocken als auch kalt, trockenkalt
hěn shǎo	sehr wenig [PH]
xuě	Schnee [S]
xiàxuě	schneien [VO]
hěn shǎo xiàxuě	es schneit sehr wenig
Yě jiù shi qiūtiān hái kéyi. Xiàtiān rède yào sǐ. Dōngtiān yòu gān yòu lěng, hěn shǎo xiàxuě.	Der Herbst ist ganz in Ordnung. Die Sommer sind furchtbar heiß. Im Winter ist es trockenkalt und es schneit sehr wenig.

3. Kerr

chūntiān	Frühling [ZW]
Nà, chūntiān ne?	Hm, und der Frühling?

4. Chinesischer Kommilitone

rúguǒ	wenn, falls [BA]
fēng	Wind [S]
shā	Sand [W]
fēngshā	Wind und Sand; fliegender Sand, Flugsand [S]
rúguǒ bú shi fēngshā tài dà jiù hǎole	Wenn nicht zu viel Wind und Sand wären, wäre es in Ordnung.
yào	wenn, falls [BA]
wán(r)	spielen, sich vergnügen [V]
yào xiǎng zài Běijīng wánr	wenn du dich in Beijing vergnügen willst
héshì	passend sein, angemessen sein [SV]
qiūtiān zuì héshì	der Herbst passt am besten
Rúguǒ bú shi fēngshā tài dà jiù hǎole.	Wenn nicht zu viel Wind und Sand wären, wäre es in Ordnung.
Yào xiǎng zài Běijīng wánr yě jiù shi qiūtiān zuì héshì.	Wenn du in Beijing Spaß haben willst, ist der Herbst die beste Zeit.

5. Kerr

zhèmme shuō	so gesagt, so gesehen [PH]
zhèng	gerade, genau [A]
zhèng shi shíhou	genau die richtige Zeit
Zhèmme shuō, wǒ láide zhèng shi shíhou le.	So gesehen bin ich ja genau richtig gekommen.

6. Chinesischer Kommilitone

Duì.	Stimmt.

Ergänzungsvokabular

1. jìjié	Jahreszeit [S]
Nǐ zuì xǐhuande jìjié shi něige jìjié?	Welche Jahreszeit magst du am liebsten? (wörtlich: „Die Jahreszeit, die du am liebsten magst, ist welche Jahreszeit?“)
2. tàiyáng	Sonne [S]
chū tàiyáng	die Sonne kommt heraus [PH]
Nǐ kàn, chū tàiyáng le!	Schau, die Sonne ist herausgekommen!

Grammatische und kulturelle Anmerkungen

1A. Das **ma** hier drückt Offensichtlichkeit aus (7-2: 4C). Der Sprecher ist der Ansicht, dass seine Bemerkung über das Wetter in Beijing angesichts des schönen Tages recht offenkundig für seinen Zuhörer sein müsste. Denken Sie daran, dass die Partikel **ma**, die Offenkundigkeit ausdrückt, mit einer fallenden Satzintonation ausgesprochen wird, während die Fragepartikel **ma** mit einer steigenden Satzintonation ausgesprochen wird und natürlich auch eine völlig andere Bedeutung hat als diese.

1B. **BÙ...YĚ BÙ...** Schauen Sie sich das Muster **bù...yě bù...** „weder … noch ...“ in diesem Satz an. Obwohl Sprecher des Chinesischen sehr direkt und präzise sein können, wenn sie dies wollen, gibt es doch, wie wir bereits festgestellt haben, eine starke Tendenz zur Indirektheit und Vagheit. Ein Grund dafür ist, dass man sich Peinlichkeiten ersparen will, für den Fall, dass sich die Antwort später als falsch erweisen sollte. Das Muster lautet:

Subjekt	BÙ	Verbphrase 1	YĚ BÙ	Verbphrase 2
Tā	bù	gāo	yě bù	ǎi.

„Sie ist weder groß noch klein.“

Einige weitere Beispiele:

Jīntiān tiānqi bù lěng yě bú rè. „Das Wetter heute ist weder kalt noch heiß.“

Wǒde péngyou bù duō yě bù shǎo. „Meine Freunde sind weder viele noch wenige.“

Tā shuō Zhōngwén bù nán yě bù róngyi. „Er sagte, Chinesisch sei weder schwer noch leicht.“

1C. Das Statische Verb **shūfu** „bequem, angenehm sein“ ist sehr verbreitet und nützlich. Es kann sowohl für Dinge als auch für Personen verwendet werden. Beispiele:

Zhèibǎ yǐzi zuòqilai hěn shūfu.
„Dieser Stuhl ist bequem.“ (wörtl. „Dieser Stuhl, wenn man sitzt, ist sehr bequem.“

Zhèige fángjiān zhùqilai hěn shūfu.
„Dieses Zimmer ist sehr angenehm.“ (wörtl. „Dieses Zimmer, wenn man darin wohnt, ist sehr angenehm.“)

Wǒ jīntiān bú tài shūfu.
„Ich fühle mich heute nicht sehr wohl.“ (d.h. „Ich bin krank.“)

Tāmen nèiyang jiǎnghuà ràng wǒ juéde hěn bù shūfu.
„Dass sie so redeten, machte mich sehr unruhig.“

2A. Wenn Sie die Pinyin-Silbe **qiū** in **qiūtiān** „Herbst“ aussprechen, sollten Sie daran denken, dass das **qiu** im Pinyin ausgesprochen wird, als ob es **qiou** geschrieben würde.

2B. **Rède yào sǐ** heißt wörtlich „zum Sterben heiß“, mit anderen Worten „extrem heiß“. Dieses **-de**, das oft an Statische Verben angehängt wird, drückt Ausmaß (so …, dass …) aus. Damit werden wir uns später noch genauer beschäftigen. Die Wendung **...yào sǐ ...**„bald sterben“ wird umgangssprachlich für unangenehme Dinge verwendet. Manche Chinesen finden es abstoßend und grob, da es auf den Tod Bezug nimmt (aus diesem Grunde wird diese Wendung von manchen Sprechern zu Chinesisch Neujahr gemieden). Hier noch einige weitere Beispiele mit **...yào sǐ**:

Wǒ lèide yào sǐ. „Ich bin todmüde.“

Tā zuìjìn mángde yào sǐ. „Sie ist wahnsinnig beschäftigt.“

Kuài yào kǎoshile, wǒ jǐnzhāngde yào sǐ! „Gleich beginnt die Prüfung. Ich bin total nervös.“

2C. **YÒU...YÒU...** Wie Sie bereits wissen, bedeutet das Adverb **yòu** „wieder“. Bei bejahten Verben bedeutet die Paarkonstruktion **yòu...yòu...** „sowohl … als auch ...“. Jedem **yòu** folgt eine Verbalphrase, die Statische Verben, Hilfsverben, Hauptverben oder Resultativverben beinhalten kann. Das Muster bedeutet, dass mehrere Handlungen oder Zustände gleichzeitig existieren. Daher müssen die beiden Ausdrücke nach den zwei **yòu** in einem logischen Zusammenhang stehen und sich entsprechend ergänzen; sie dürfen sich nicht widersprechen. Sie könnten daher zwar **yòu hǎo yòu piányi** „sowohl gut als auch billig“, aber normalerweise nicht *****yòu**

hǎo yòu guì „sowohl gut als auch teuer“ sagen. Die Klammerkonstruktion „sowohl … als auch ...“ kann unter Umständen in der Übersetzung weggelassen werden (z.B. „gut und billig“). Das Muster lautet:

Subjekt/Thema	YÒU	Verbphrase 1	YÒU	Verbphrase 2
Tāmen màide dōngxi	**yòu**	**hǎo**	**yòu**	**piányi.**

„Die Sachen, die sie verkaufen, sind gut und billig.“

Das **yòu...yòu...** ist stärker und „enger“ als **yě...yě...**, das ebenfalls für „sowohl … als auch ...“ gebraucht werden kann (z.B. **Wǒ yě shi Měiguo rén yě shi Zhōngguo rén** „Ich bin sowohl US-Amerikaner als auch Chinese.“). Wenn zwei Statische Verben vorhanden sind, wird eher **yòu...yòu...** als **yě...yě...** verwendet. Beachten Sie auch, dass nach dem **yòu** gewöhnlich nicht das Adverb **hěn** „sehr“ steht. Hier einige weitere Beispiele für die **yòu...yòu...** -Konstruktion:

Nèige xuésheng yòu cōngming yòu yònggōng.

„Jener Student ist sowohl klug als auch arbeitsam.“

Tā shuōhuà yòu kuài yòu bù qīngchu, shízài tīngbudǒng.

„Sie spricht schnell und undeutlich. Ich kann sie wirklich nicht verstehen.“

Die **yòu...yòu...** -Konstruktion kann verneint werden, indem man hinter jedes **yòu** entweder ein **bù** oder ein **méi** setzt. Ins Deutsche lassen sich Sätze mit **yòu bù...yòu bù...** oder **yòu méi...yòu méi...** gewöhnlich mit „weder … noch ...“ übersetzen. Beispiele:

Zhèrde cài yòu bù hǎochī yòu bù hǎokàn.

„Das Essen hier ist weder wohlschmeckend noch sieht es gut aus.“

Tā yòu bú huì shuō Zhōngguo huà, yòu bú huì xiě Zhōngguo zì.

„Er kann weder Chinesisch sprechen noch schreiben.“

2D. Sie haben **shǎo** bereits als Statisches Verb mit der Bedeutung „wenig sein, wenige sein“ kennen gelernt. Als Prädikat eines Satzes bedeutet **hěn shǎo**, dass das Subjekt bzw. Thema des Satzes „sehr wenig, sehr wenige“ ist/sind. Zum Beispiel:

Tāde péngyou hěn shǎo.

„Seine Freunde sind sehr wenige.“ bzw. „Er hat sehr wenig Freunde.“

Wenn es nun einem Verb vorangeht, kann die Phrase **hěn shǎo** („sehr wenig/e“) auch als Adverb dienen und „selten“ bedeuten. Beispiele:

Tā hěn shǎo qù.	„Sie geht selten hin.“”
Zhèr hěn shǎo xiàyǔ.	„Es regnet hier selten.“
Wǒmen hěn shǎo zài nàr chīfàn.	„Wir essen hier selten.“

Im Folgenden sind die Ihnen bisher bereits bekannten Adverbien, die Häufigkeit ausdrücken, in absteigender Ordnung aufgeführt:

cháng oder **chángcháng**	„oft“
yǒude shíhou(r)	„manchmal“
bù cháng	„nicht oft“
hěn shǎo	„selten“

3. Sie haben nun die chinesischen Bezeichnungen für die vier Jahreszeiten kennen gelernt. Wie im Deutschen werden Sie in der Regel in der Reihenfolge **chūntiān**, **xiàtiān**, **qiūtiān** und **dōngtiān** aufgeführt, was zu **chūn-xià-qiū-dōng** verkürzt werden kann. Im Deutschen gebrauchen wir oft „dieser“, „nächster“ oder „letzter“, um uns auf die Jahreszeiten des aktuellen, des kommenden oder des vergangenen Jahres zu beziehen. Im Chinesischen hingegen nennt man zunächst das Jahr —**jīnnián**, **míngnián** oder **qùnián**— und dann die Jahreszeit. Beispiele:

jīnnián xiàtiān	„dieser Sommer“
míngnián chūntiān	„nächster Frühling“
qùnián qiūtiān	„letzter Herbst“

4A. Bedingungssätze mit **RÚGUǑ...JIÙ...** Dieses Muster, das „wenn ..., dann .. " bedeutet, ist eine verbreitete Möglichkeit, eine Bedingung auszudrücken. Das Muster lautet:

RÚGUǑ	Bedingung	Subjekt	JIÙ	Ergebnis
Rúguǒ	**xiàxuě,**	**wǒ**	**jiù**	**bú qù.**

„Wenn es schneit, dann komme ich nicht."

Rúguǒ...jiù... ist bedeutungsgleich mit **yàoshi...jiù...**, abgesehen davon, dass das Muster mit **yàoshi** umgangssprachlicher klingt und vor allem in Nordchina benutzt wird. Das Muster mit **rúguǒ** hingegen kann sowohl gesprochen als auch geschrieben werden und ist in der gesamten chinesischsprachigen Welt verbreitet. Beachten Sie, dass im Deutschen das „wenn" relativ obligatorisch ist, das „dann" hingegen auch gerne einmal weggelassen wird. Im Chinesischen jedoch ist das „dann" (**jiù**) obligatorisch, das „wenn" (**rúguǒ** oder **yàoshi**) hingegen kann durchaus weggelassen werden. Es ist auch möglich, in Verbindung mit dem **rúguǒ** ein konditionales **-de huà** am Ende des ersten Teilsatzes (8-1: 6A) zu haben. Generell sollten Sie darauf achten, dass das **jiù** dem Subjekt folgt und vor dem Verb steht.

Einige weitere Beispiele:

Rúguǒ tā lái, wǒ jiù bù lái.	„Wenn sie kommt, komme ich nicht."
Rúguǒ nǐ bù xǐhuan, wǒ jiù bù mǎi.	„Wenn du es nicht magst, dann kaufe ich es nicht."
Rúguǒ xiàyǔde huà, wǒmen jiù bú qù.	„Wenn es regnet, gehen wir nicht."

4B. Merken Sie sich das Substantiv **fēng** „Wind", das gerne zusammen mit dem Statischen Verb **dà** „groß" verwendet wird. Beispiel:

Jīntiān fēng hěn dà. „Heute weht ein starker Wind." (wörtl. „Heute ist der Wind sehr groß.)"

4C. Schauen Sie sich den Satz **Rúguǒ bú shi fēngshā tài dà jiù hǎole**. an. Die wörtliche Übersetzung wäre: „Wenn der Wind-Sand nicht zu groß ist/wäre, dann wird/wäre es gut." In gutem Deutsch müsste man dies wie folgt ausdrücken: „Wenn es nicht so viel Flugsand gäbe, wäre es in Ordnung."

4D. Das **yào** „falls" bedeutet das gleiche wie **yàoshi**, das eigentlich aus **yào** und **shi** „sein" zusammengesetzt ist."

4E. Das chinesische Verb **wán(r)** „spielen, sich vergnügen" ist sehr verbreitet und nützlich. Anders als das deutsche „spielen" kann es sowohl in Bezug auf Kinder als auch auf Erwachsene verwendet werden. Beispiele:

Huānyíng nǐ dào wǒ jiā lái wánr.

„Willkommen bei mir zuhause für eine nette Zeit."

Xièxie nín, wǒ jīntiān wánrde hěn gāoxìng.

„Danke, es war ein schöner Abend." (z.B. von einem Gast zum Gastgeber nach einem festlichen Abendessen)

4F. Anmerkung zu **zuì héshì** „am angemessensten". In Lektion 10-1 haben sie das sehr verbreitete Adverb **zuì** „am meisten" kennen gelernt. Bisher haben Sie **zuì** in folgenden Ausdrücken kennen gelernt:

zuì dī wēndù	„Tiefsttemperatur"	**zuìjìn**	„letztens, kürzlich"
zuì gāo wēndù	„Höchsttemperatur"	**zuìhòu**	„am Ende, schließlich"

Wollte man verschiedene Grade der Angemessenheit unterscheiden, könnte man sagen:

Zhèige héshì, nèige gèng héshì, kěshi nèibiān nèige zuì héshì.

„Dieser hier ist passend, jener hier ist noch passender, aber jener dort ist am passendsten."

Hier noch einige weitere Beispiele mit **zuì**:

zuì guìde qìchē	„das teuerste Auto"
zuì nán xiěde zì	„die am schwersten zu schreibenden Schriftzeichen"
wǒ kànguo zuì gāode shān	„der höchste Berg, den ich je gesehen habe"
wǒ zuì nán wàngde yíge rén	„der Mensch, den ich am schwersten vergessen kann"

ABSCHNITT 3

Das Wetter in Taiwan

Ellen Thompson ist für ein paar Tage in Taipei und wohnt bei ihrer taiwanischen Freundin Wu Xiaoling in deren japanisch eingerichteter Wohnung. Die zwei Frauen, beide in den mittleren Jahren, unterhalten sich angeregt im Wohnzimmer, als Thompson direkt vor der Schiebetür dichten Nebel sieht.

Basis-Konversation 10-3

1. THOMPSON **Jīntiān zǎoshàng zěmme yòu yǒu wù? Hǎoxiàng shi cóng shāchuāng piāojìnláide yàngzi.**
Wie kann es sein, dass es heute morgen schon wieder neblig ist? Es sieht aus, als ob er geradewegs durch die Schiebetür geschwebt komme.

2. WU **M. Yángmíng Shān dōngtiān chángcháng shi zhèiyangzi. Kōngqì hěn cháoshī, yě cháng xià máomáoyǔ. Qíshí, xiànzài jiù zài xià dànshi yīnwei yǒu wù, suóyi kànbuchūlái.**
Ja. Der Yangming-Berg ist im Winter oft so. Die Luft ist feucht und es nieselt häufig. Eigentlich nieselt es gerade, aber wegen des Nebels kann man das nicht sehen.

3. THOMPSON **Wǒ yùnqi zhēn shi bù hǎo. Shàngcì lái Táiwān pèngshang dà táifēng. Zhèicì tiāntiān xiàyǔ, gēnběn méi bànfǎ chūmén!**
Ich habe wirklich Pech. Als ich das letzte Mal nach Taiwan kam, gab es einen großen Taifun. Diesmal regnet es jeden Tag, so dass ich nicht ausgehen kann.

Build-Up

1. Thompson

wù	Nebel **[S]**
shāchuāng	Schiebetür **[S]**
piāo	schweben **[V]**
-lái	(zeigt eine Bewegung zum Sprecher hin an) **[RE]**
jìnlái	hereinkommen **[RB]**
-jìnlái	hereinkommen **[RE]**
piāojìnlái	hereinschweben **[RB]**
hǎoxiàng shi cóng shāchuāng piāojìnláide yàngzi	es sieht aus, als ob es durch die Schiebetür hereingeschwebt sei

Jīntiān zǎoshàng zěmme yòu yǒu wù?
Hǎoxiàng shi cóng shāchuāng piāojìnláide yàngzi.

Wie kann es sein, dass es heute morgen schon wieder neblig ist? Es sieht aus, als ob er geradewegs durch die Schiebetür geschwebt käme.

2. Wu

m	(deutet Zustimmung an) **[I]**
Yángmíng Shān	Yangming-Berg **[OW]**
zhèiyangzi	auf diese Weise, so **[BA]**
kōngqì	Luft **[S]**
cháoshī	feucht sein **[SV]**
máomáoyǔ	Nieselregen **[S]**
xià máomáoyǔ	es nieselt **[PH]**
qíshí	eigentlich, tatsächlich **[BA]**
zài	(zeigt den progressiven Aspekt an) **[HV]**
zài xià	es regnet/nieselt gerade
xiànzài jiù zài xià	gerade jetzt nieselt es
dànshi	aber **[KJ]**
chūlái	herauskommen **[RB]**
-chūlái	herauskommen **[RE]**
kànchūlái	etwas durch Schauen herausfinden **[RB]**
kànbuchūlái	etwas durch Schauen nicht herausfinden
M. Yángmíng Shān dōngtiān chángcháng shi zhèiyangzi.	Ja. Der Yangming-Berg ist im Winter oft so.
Kōngqì hěn cháoshī, yě cháng xià máomáoyǔ.	Die Luft ist feucht und es nieselt häufig.
Qíshí, xiànzài jiù zài xià dànshi yīnwei yǒu wù, suóyi kànbuchūlái.	Eigentlich nieselt es gerade, aber wegen des Nebels kann man das nicht sehen.

3. Thompson

yùnqi	Glück **[S]**
yùnqi bù hǎo	Pech haben (Wörtlich: „Das Glück ist nicht gut.“)
yùnqi zhēn shi bù hǎo	wirklich Pech haben
shàngcì lái Táiwān	als ich das letzte Mal nach Taiwan kam
pèng	etwas oder jemanden zufällig antreffen, gegen etwas stoßen **[V]**
-shàng	auf, an **[RE]**
pèngshang	auf etwas stoßen, etw./jn. antreffen **[RB]**
táifēng	Taifun **[S]**
pèngshang dà táifēng	in einen großen Taifun geraten
tiāntiān	jeden Tag
tiāntiān xiàyǔ	es regnet jeden Tag
gēnběn (+ VERNEINUNG)	überhaupt nicht / kein **[A]**
bànfǎ(r)	Methode; Art und Weise, etwas zu machen **[S]**
méi bànfǎ(r)	keine Möglichkeit haben, etwas zu tun
gēnběn méi bànfǎ	(überhaupt) keine Chance
chūmén(r)	herausgehen **[VO]**
Wǒ yùnqi zhēn shi bù hǎo. Shàngcì lái Táiwān pèngshang dà táifēng.	Ich habe wirklich Pech. Als ich das letzte Mal nach Taiwan kam, gab es einen großen Taifun.
Zhèicì tiāntiān xiàyǔ, gēnběn méi bànfǎ chūmén!	Diesmal regnet es jeden Tag, so dass ich nicht ausgehen kann.

Ergänzungsvokabular

1. jìnqu	hineingehen **[RB]**
Nǐ jìnqu kànkan, hǎo ma?	Könntest du mal hineingehen und schauen!
2. chūqu	herausgehen **[RB]**
Zhèige dìfang zěmme chūqu?	Wie kommt man hier heraus?
3. nèiyangzi	auf diese Weise **[BA]**
Nǐ búyào nèiyangzi kàn wǒ!	Schau mich nicht so an!

Grammatische und kulturelle Anmerkungen

1A. Dieser Dialog spielt in einem Haus im japanischen Stil am Yangming-Berg (Yangming-Shan), bei dem es sich zum einen um eine berühmte Feriengegend und zum anderen um einen Nationalpark handelt. Der Yangming-Shan liegt etwa 15 Kilometer nördlich von der Taipeier Innenstadt. Taiwan war 51 Jahre lang von Japan besetzt, von 1895 bis 1945. In dieser Zeit wurden dort viele japanische Häuser gebaut. Zwar sind einige dieser Häuser erhalten geblieben, doch die meisten mussten moderneren Betonhäusern weichen.

1B. Wie wir in 10-3 gesehen haben, verwendet man **dà** um **xiàyǔ xiàde hěn dà** „Es regnet stark." auszudrücken. Gleichermaßen würde man, um „Es ist sehr neblig." auszudrücken, **wù hěn dà** „der Nebel ist gross" sagen. Bei den meisten anderen Wetterphänomenen ist es ebenso: **fēng hěn dà** „Es ist sehr windig." oder **xiàxuě xiàde hěn dà** „Es schneit sehr stark."

1C. HǍOXIÀNG...-DE YÀNGZI. Schon früh im Kurs haben Sie das Bewegliche Adverb **hǎoxiàng** „anscheinend" sowie das Substantiv **yàngzi** „Art und Weise, Aussehen" (wie z.B. **lǎo yàngzi** „alte Art und Weise, wie immer") kennen gelernt. In dieser Lektion werden die beiden zu dem Muster **hǎoxiàng...-de yàngzi** kombiniert, das „scheinen wie ..." oder „scheinen, als ob ..." bedeutet. Die Bedeutung von **yàngzi** ist „Aussehen, Erscheinung", weswegen die wörtliche Bedeutung des Gesamtmusters „scheinen wie die Erscheinung von ..." wäre. Zwischen **hǎoxiàng**, das dem Subjekt vorausgehen wie auch folgen kann, und **-de yàngzi** wird ein Satz gesetzt. Die Bedeutung entspricht der von **hǎoxiàng**, wenn es alleine steht. Das Muster lautet:

HǍOXIÀNG	Satz	-DE YÀNGZI
Hǎoxiàng	**wù cóng shāchuāng piāojìnlái**	**de yàngzi.**

„Es sieht so aus, als ob der Nebel durch die Schiebetür geschwebt komme."

Denken Sie daran, dass im Chinesischen häufig Aussagen gemacht werden, die weniger direkt und vorsichtiger sind als im Deutschen, um sich im Falle eines Irrtums Peinlichkeiten zu ersparen bzw. um Konflikten mit dem Gesprächspartner aus dem Weg zu gehen, sofern dieser anderer Meinung sein sollte. Hier einige weitere Beispiele für das Muster **hǎoxiàng...-de yàngzi**:

Hǎoxiàng tā xiànzài bú zàide yàngzi. „Es sieht so aus, als ob sie jetzt nicht hier sei."

Hǎoxiàng zhèiyàng bǐjiào hǎokànde yàngzi. „So scheint es besser auszusehen."

1D. Richtungsverben. Schauen Sie sich die Verben **piāojìnlái** „hereinschweben" in Zeile 1 und **kànbuchūlái** „etwas nicht durch Schauen feststellen können" in Zeile 2 der Basis-Konversation an. Beachten Sie auch die vier sehr wichtigen Verben **jìnlái** „hereinkommen", **jìnqu** „hineingehen", **chūlái** „herauskommen" und **chūqu** „hinausgehen" im Build-Up bzw. dem Ergänzungsvokabular.

Es handelt sich bei diesen Verben um eine Untergruppe von resultativen Verben, die man Richtungsverben nennt. Ein Richtungsverb ist eine Resultativbildung, die aus einem Basisverb, das eine Richtung oder Bewegung angibt, und an das eine von zwei Resultativendungen angehängt wird: Entweder **-lái**, das eine Bewegung zum Sprecher hin, oder **-qù**, das eine Bewegung vom Sprecher weg ausdrückt. Nehmen wir das Richtungsverb **jìn** mit der Bedeutung „ein-, betreten, hinein/herein (kommen oder gehen)", das Sie in Lektion 1-4 in der Phrase **qǐng jìn** kennen gelernt haben. Hängt man an dieses die Resultativendung **-lái** an, erhält man das Richtungsverb **jìnlái** „hereinkommen". Hier eine tabellarische Übersicht:

BASISVERB	VERBENDUNG (RESULTATIVENDUNG)	DEUTSCH
jìn	**lái**	hereinkommen
chū	**lái**	herauskommen
jìn	**qù**	hineingehen
chū	**qù**	hinausgehen

Verneint werden alle diese Verben mit **bù** oder **méi**: **bú jìnlái** „kommt nicht herein", **bú jìnqù** „geht nicht hinein", **méi chūlái** „kam nicht heraus" und **méi chūqu** „ging nicht heraus".

Zuweilen können aus Richtungsverben gebildete Resultativbildungen wiederum als Resultativendungen fungieren. Das ist z.B. bei den Verben **piāojìnlái** und **kànchūlái** der Fall, wo **jìnlái** und **chūlái** als Verbendungen dienen, die an die Basisverben **piāo** „schweben" und **kàn** „schauen" angehängt sind. Hier eine Übersicht:

BASISVERB	VERBENDUNG	DEUTSCH
piāo	**jìnlái**	hereinschweben (wörtl. „schweben und hereinkommen")
kàn	**chūlái**	etwas durch Schauen feststellen (wörtl. „schauen und es kommt heraus")

Die Verneinung wird in diesen Fällen mit **méi** gebildet: **méi piāojìnlái** „schwebte nicht herein" und **méi kànchūlái** „nicht durch Schauen festgestellt haben".

Schließlich können zwischen den Basisverben und den Resultativendungen von Richtungsverben die Infixe **-de-** und **-bu-** eingefügt werden, um auszudrücken, ob das von der Resultativendung ausgedrückte Resultat tatsächlich erreicht werden kann oder nicht (vgl. 9-4). Beispiele:

BASISVERB	INFIX	VERBENDUNG	DEUTSCH
jìn	**de**	**lái**	hereinkommen können
jìn	**bu**	**lái**	nicht hereinkommen können
jìn	**de**	**qù**	hineingehen können
jìn	**bu**	**qù**	nicht hineingehen können
chū	**de**	**lái**	herauskommen können
chū	**bu**	**lái**	nicht herauskommen können
chū	**de**	**qù**	hinausgehen können
chū	**bu**	**qù**	nicht hinausgehen können
piāo	**de**	**jìnlái**	hereinschweben können
piāo	**bu**	**jìnlái**	nicht hereinschweben können
kàn	**de**	**chūlái**	etwas durch Schauen feststellen können
kàn	**bu**	**chūlái**	etwas durch Schauen nicht feststellen können

2A. ZÀI als Hilfsverb, um den progressiven Aspekt auszudrücken. Schauen Sie sich die Phrase **xiànzài jiù zài xià** „es (nieselt) gerade" in der Basis-Konversation an (das Thema **máomáoyǔ** „Nieselregen" wurde im letzten Satz erwähnt). Das Hilfsverb **zài** zeigt, wenn es vor einem Hauptverb steht, häufig den progressiven Aspekt an, d.h., dass eine Handlung gerade stattfindet. Das entspricht dem deutschen „am VERBen" oder „im Begriff sein, zu ...". Je nach Kontext kann diese Handlung sich in der Vergangenheit, der Gegenwart oder der Zukunft abspielen. Dieses Muster, das gewöhnlich als „im Begriff sein, etwas zu tun" bedeutet, kann wie folgt zusammengefasst werden:

Subjekt	**ZÀI**	**Verbphrase**
Tā	**zài**	**chīfàn.**

„Er isst (gerade)."

Beispiele:

Tā zài xiězì.	„Sie schreibt."
Tā zài kāichē.	„Sie fährt Auto."
Tā zài jiǎnghuà.	„Er spricht.""
Nǐ zài zuò shémme ne?	„Was machst du gerade?"
Wǒ zài xuéxí ne!	„Ich studiere."

2C. Die wörtliche Bedeutung der Resultativbildung **kànchūlái** ist „schauen und es kommt heraus" oder „etwas durch Schauen herausfinden". Die Verneinung von **kànbuchūlái** in der Basis-Konversation bedeutet demnach „etwas nicht durch Schauen herausfinden können". Hier einige weitere Beispiele:

Nǐ shuō tā yǐjīng bāshi duō suìle? Zhēn shi kànbuchūlái!

„Du sagst, sie ist schon über 80? Das sieht man nicht!"

Tā shi nánde, bú shi nǚde! Nǐ kànbuchūlái ma?

„Er ist ein Mann, keine Frau, siehst du das nicht!"

Ein weiteres Beispiel mit der Resultativendung **-chūlái** ist **shēngbuchūlái** „nicht gebären können" (wörtl. „gebären, aber es kommt nicht heraus"):

Tāmen yuánlái yào shēng sìge háizi, dànshi shēngbuchūlái.

„Sie wollten ursprünglich vier Kinder (wörtl. „gebären"), aber sie konnten keine bekommen."

3A. Hier lernen Sie „Glück haben" und „Pech haben". Die chinesischen Gegenstücke sind **yùnqi hěn hǎo** „Glück ist gut" und **yùnqi bù hǎo** „Glück ist nicht gut". Diesen Phrasen geht das Thema des Satzes voraus. Hier sind zwei Beispiele:

Nǐde yùnqi zhēn hǎo!	„Du hast wirklich Glück."
Wǒ zuìjìn yùnqi bú tài hǎo.	„In letzter Zeit habe ich Pech."

3B. Beachten Sie das Thema **wǒ** „ich" im ersten Satz. Die beiden folgenden Sätze haben kein explizites Thema, aber **wǒ** wird aus dem Kontext erschlossen. Wie wir bereits gesehen haben, werden Pronomen, insbesondere Pronomen in der ersten Person im Chinesischen viel häufiger weggelassen als im Deutschen. Oft, wie auch hier, wird das Thema im ersten Satz einer Äußerung erwähnt, in den folgenden Sätzen dann aber weggelassen, es sei denn, dass das Thema wechselt.

3C. Das deutsche Wort „Taifun" ist eine Eindeutschung des englischen „Typhoon", das wiederum vom kantonesischen **daih fùng** „großer Wind" abgeleitet ist, zugleich ist das kantonesische Wort auch der Ursprung des Mandarin-Wortes **táifēng**.

3D. Verdoppelung von Zähleinheitswörtern und Substantiven mit der Bedeutung „alle". Manche Zähleinheitswörter und Substantive werden verdoppelt, um „alle" auszudrücken. Das Zähleinheitswort **tiān** „Tag" z.B. erhält durch die Verdoppelung **tiāntiān** die Bedeutung jeden Tag. Einige andere Zähleinheitswörter und Substantive funktionieren vergleichbar:

tiān	„Tag"	→	**tiāntiān**	„jeden Tag"
nián	„Jahr"	→	**niánnián**	„jedes Jahr"
rén	„Mensch"	→	**rénrén**	„alle (Menschen)"

An diese verdoppelten Formen wird häufig, aber nicht immer, ein **dōu** angehängt. Beispiel:

Tāmen tiāntiān dōu lái.	„Sie kommen jeden Tag."

3E. Das Adverb **gēnběn**, gefolgt von einem **bù** oder **méi**, bedeutet „gar nicht", „überhaupt nicht". Beispiele:

Tā gēnběn bú huì.

„Er weiß überhaupt nicht, wie es geht."

Tā gēnběn méiyou lái shàngkè.

„Sie kam überhaupt nicht zum Unterricht."

Nǐ gēnběn bù zhīdào wǒ zài shuō shémme!

„Du hast keine Ahnung, wovon ich rede."

3F. Das Nominalsuffix -FĂ. Das Substantiv **bànfă(r)** besteht aus dem Verb **bàn** „machen", das Sie in 1-1 kennen gelernt haben, und dem Nominalsuffix **-fă**, das „Weg" oder „Methode, etwas zu tun" bedeutet. Das Suffix **-fă(r)** kann an viele andere Verben angehängt werden und so Substantive schaffen. Das Muster ist:

Verb	FĂ(R)
bàn	**fă(r)**

„Methode, etwas zu tun"

Bànfă(r) ist ein verbreitetes und nützliches Substantiv mit der Bedeutung „Methode, etwas zu tun". Es bezieht sich oft auf eine schwierige Situation. In diesem Zusammenhang wird **méi bànfă(r)** häufig verwendet, um „da lässt sich nichts machen" auszudrücken. Einige Beispiele mit **bànfă(r)**:

Duìbuqǐ, méi bànfăr.	„Entschuldigung, da kann man nichts machen."
Wŏ shízài méi bànfă.	„Ich konnte wirklich nichts tun."
Wŏmen yídìng yào xiăng ge bànfă a!	„Wir müssen unbedingt eine Lösung finden.""

Hier sind noch einige verbreitete Beispiele von Verben, die Sie bereits kennen, an die das Suffix **-fă** angehängt wurde, um Substantive zu bilden:

chīfă	„Art und Weise, etwas zu essen"
jiăngfă	„Art und Weise, zu sprechen""
jiāofă	„Art und Weise, zu lehren"
kànfă	„Art und Weise, etwas anzusehen: Ansicht, Meinung, Betrachtungsweise"
shuōfă	„Art und Weise, zu sprechen; Erklärungsweise"
xiăngfă	„Art und Weise, zu denken; Meinung"
xiĕfă	„Art und Weise, zu schreiben"
xuéfă	„Art und Weise, zu lernen"
zuòfă	„Art und Weise, etwas zu tun: Herangehensweise, Methode"

Familienausflug auf dem Yangming-Berg, Taipei

ABSCHNITT 4

Über das Wetter in der Heimat sprechen

In einem Beijinger Park sieht ein Einheimischer einen Mann, der ein Auslandschinese zu sein scheint und eine fremdsprachige Zeitschrift liest. Er setzt sich dazu und beginnt ein Gespräch.

Basis-Konversation 10-4

1. CHINESE **Nǐ hǎo!**
Hallo.

2. AMERIKANER **Nǐ hǎo!**
Hallo.

3. CHINESE **Qǐng wèn, nǐ shi Zhōngguo rén ma?**
Entschuldigung, bist du Chinese?

4. AMERIKANER **Wǒ shi Huáyìde Měiguo rén.**
Ich bin Amerikaner chinesischer Herkunft.

5. CHINESE **Ò, nǐ shi Měijí Huárén. Éi, nǐ jiā zài Měiguo shémme dìfang?**
Ach, du bist Amerikaner chinesischer Herkunft. Und wo lebst Du in den USA?

6. AMERIKANER **Zài Měiguo xī'àn, Jiāzhōu, lí Jiùjīnshān bù yuǎn.**
An der Westküste der USA, in Kalifornien, nicht weit von San Francisco.

7. CHINESE **Nàrde qìhou zěmmeyàng?**
Wie ist das Klima dort?

8. AMERIKANER **Tǐng bú cuòde. Dōngtiān bǐ Běijīng nuǎnhuo, yě méiyou zhèr zhèmme gānzào; érqiě xiàtiān hái bǐ zhèr liángkuai. Kéyi shuō shi dōng-nuǎn-xià-liáng.**
Ziemlich gut. Die Winter sind wärmer als in Beijing und nicht so trocken wie hier; die Sommer sind kühler als hier. Man könnte sagen, im Winter ist es warm und im Sommer ist es kühl.

9. CHINESE **Nà, nǐ lái Běijīng zhèmme jiǔ le, xiànzài yǐjīng xíguàn Běijīngde qìhou le ba?**
Nun, wenn du schon so lange in Beijing bist, hast du dich sicherlich schon an das Beijinger Klima gewöhnt.

10. AMERIKANER **M, gāng láide shíhou, bú tài shìyìng. Xiànzài chàbuduōle.**
Hmh, als ich gerade angekommen war, war ich nicht sehr daran gewöhnt. Jetzt geht es.

Build-Up

1. Chinese

Nǐ hǎo!	Hallo.

2. US-Amerikaner

Nǐ hǎo!	Hallo.

3. Chinese

Qǐng wèn, nǐ shi Zhōngguo rén ma?	Entschuldigung, bist du Chinese?

4. US-Amerikaner

Wǒ shi Huáyìde Měiguo rén.	Ich bin Amerikaner chinesischer Herkunft.

5. Chinese

Měijí Huárén	Amerikaner chinesischer Abstammung (wörtlich: Chinese mit US-Staatsbürgerschaft) **[PH]**
Ò, nǐ shi Měijí Huárén.	Ach, du bist Amerikaner chinesischer Herkunft.
Éi, nǐ jiā zài Měiguo shémme dìfang?	Und wo lebst Du in den USA?

6. US-Amerikaner

xī'àn	Westküste **[OW]**
Jiāzhōu	Kalifornien **[OW]**
Zài Měiguo xī'àn, Jiāzhōu, lí Jiùjīnshān bù yuǎn.	An der Westküste der USA, in Kalifornien, nicht weit von San Francisco.

7. Chinese

qìhou	Klima **[S]**
Nàrde qìhou zěmmeyàng?	Wie ist das Klima dort?

8. US-Amerikaner

tǐng bú cuòde	gar nicht schlecht
bǐ	vergleichen **[V/CV]**
nuǎnhuo	warm sein **[SV]**
bǐ Běijīng nuǎnhuo	im Vergleich mit Beijing wärmer
gānzào	trocken sein **[SV]**
méiyou zhèr zhèmme gānzào	nicht so trocken wie hier
liángkuai	frisch, angenehm kühl sein **[SV]**
dōng-nuǎn-xià-liáng	im Winter warm, im Sommer kühl **[AD]**
Tǐng bú cuòde. Dōngtiān bǐ Běijīng nuǎnhuo, yě méiyou zhèr zhèmme gānzào; érqiě xiàtiān hái bǐ zhèr liángkuai. Kéyi shuō shi dōng-nuǎn-xià-liáng.	Ziemlich gut. Die Winter sind wärmer als in Beijing und nicht so trocken wie hier; die Sommer sind kühler als hier. Man könnte sagen, im Winter ist es warm und im Sommer ist es kühl."

9. Chinese

xíguàn	gewöhnt sein **[V]**
xíguàn Běijīngde qìhou	an das Beijinger Klima gewöhnt sein
Nà, nǐ lái Běijīng zhèmme jiǔ le, xiànzài yǐjīng xíguàn Běijīngde qìhou le ba?	Nun, wenn du schon so lange in Beijing bist, hast du dich sicherlich schon an das Beijinger Klima gewöhnt.

10. US-Amerikaner

...-de shíhou(r)	(zur Zeit) als … **[BM]**
gāng láide shíhou	als ich gerade gekommen war
shìyìng	sich anpassen, sich an etwas gewöhnen **[V]**

bú tài shìyìng	nicht besonders gut an etwas gewöhnt sein
chàbuduō	fehlt nicht viel, gut genug **[IA]**
M, gāng láide shíhou, bú tài shìyìng. Xiànzài chàbuduōle.	Hmh, als ich gerade angekommen war, war ich nicht sehr daran gewöhnt. Jetzt geht es.

Ergänzungsvokabular

1. dōngàn	Ostküste **[OW]**
Měiguode dōngàn bǐ xī'àn lí Zhōngguo yuǎn.	Die Ostküste der USA ist weiter entfernt von China als die Westküste.
2. Àomén	Macao **[OW]**
Àomén méiyou Xiānggǎng nèmme dà.	Macao ist nicht so groß wie Hongkong.
3. fēngjǐng	Szenerie, Landschaft(sbild) **[S]**
měi	schön sein **[SV]**
Nàrde fēngjǐng hěn měi.	Die Gegend dort ist schön.
4. wǎn	(zu) spät sein **[SV/A]**
Tā bǐ wǒ wǎn dào shífēn zhōng.	Sie kam zehn Minuten später als ich.
5. nánguò	traurig sein **[SV]**
Nǐ bié nánguò, zhè shi méiyou bànfǎde.	Sei nicht traurig, da kann man nichts machen.

Grammatische und kulturelle Anmerkungen

5. **Měijí Huárén** (wörtl. „Chinese mit US-amerikanischer Staatsbürgerschaft“) ist der verbreitetste Ausdruck für US-Amerikaner chinesischer Herkunft in der Volksrepublik. Er betont, dass die Person grundsätzlich ein Chinese ist, obwohl sie die US-amerikanische Staatsbürgerschaft hat. In Taiwan wird oft der Ausdruck **Měiguo Huáqiáo** „Überseechinese aus den USA“ verwendet. Der Ausdruck **Huáyì(de) Měiguo rén** „US-Amerikaner chinesischer Abstammung“ hingegen, den Sie in 2-1 kennen gelernt haben, basiert auf der US-amerikanischen Perspektive und betont, dass man ethnisch Chinese, aber im Prinzip US-Amerikaner ist.

6. **Jiāzhōu** „Kalifornien“ ist eine Abkürzung von **Jiālìfúníyà zhōu** „Staat Kalifornien“.

8A. Der Satz **Dōngtiān bǐ Běijīng nuǎnhuo** „Die Winter sind wärmer als in Beijing.“ ist eine verkürzte Form von **Nàrde dōngtiān bǐ Běijīngde dōngtiān nuǎnhuo** „Die Winter dort sind wärmer als die Winter in Beijing.“.

8B. **Bǐ** um Komparativ (Vergleichsform) auszudrücken. Im Chinesischen kann man, wie im Deutschen, den Vergleich steigern. In dieser Lektion wird die Steigerung des Vergleichs (etwas ist mehr / besser als etwas anderes) behandelt. Diese Steigerung wird mit dem Co-Verb **bǐ** ausgedrückt, das eines der verbreitetsten und wichtigsten grammatischen Muster des Chinesischen bildet. Als reguläres Verb bedeutet **bǐ** „vergleichen“, z.B. **Nǐ bié gēn rénjia bǐ** „Vergleich dich nicht immer mit anderen“. Streng genommen hat **bǐ**, wenn man es in einem Satz wie **Tā bǐ wǒ gāo** „Sie ist größer als ich.“ als Coverb benutzt, die gleiche Bedeutung, der Satz bedeutet wörtlich übersetzt „Sie verglichen mit mir, ist groß.“. Co-Verb-Phrasen mit **bǐ** und einem Objekt modifizieren oft Statische Verben, wie in diesem Beispiel, sie können aber auch Hilfsverben modifizieren (z.B. **Tā bǐ wǒ huì wánr** „Er kann sich besser vergnügen als ich.“) oder reguläre Verben (z.B. **Tā bǐ wǒ zǎo láile yíge zhōngtóu** „Sie war eine Stunde früher da als ich.“). Das Grundmuster lautet:

Thema	Bǐ	Objekt	Kommentar
Tā	bǐ	wǒ	gāo.

„Sie ist größer als ich.“ (wörtl. „Sie verglichen mit mir, ist groß.“)

Hier noch einige weitere Beispiele, in denen **bǐ** einen Komparativ ausdrückt:

Xiānggǎng bǐ Àomén dà.
„Hongkong ist größer als Macao."

Zhèrde xuésheng bǐ nàrde xuésheng cōngming.
„Die Studenten hier sind klüger als die Studenten dort."

Nǐ jiā lí wǒ jiā bǐ tā jiā lí wǒ jiā hái yuǎn ma?
„Ist dein Zuhause weiter entfernt von meinem Zuhause als seines?"

Das Muster mit **bǐ** kann auch dazu verwendet werden, um auszudrücken, dass jemand älter ist als jemand anderes. Um „eine bestimmte Anzahl von Jahren älter" zu sagen, verwendet man **dà**, wörtlich „groß", ABER NICHT ***lǎo** „alt"; für „eine bestimmte Anzahl von Jahren jünger" benutzt man **xiǎo**, wörtlich „klein", NICHT ***niánqīng** „jung". Wenn man den Altersunterschied in Jahren ausdrücken will gebraucht man **suì**, und NICHT ***nián**. Beispiele:

Wǒ jiějie bǐ wǒ dà yísuì.	„Meine ältere Schwester ist ein Jahr älter als ich."
Wǒ dìdi bǐ wǒ xiǎo liǎngsuì.	„Mein kleiner Bruder ist zwei Jahre jünger als ich."

Achtung: Vor dem Verb dürfen Sie bei der **bǐ**-Konstruktion KEINE Adverbien wie **hěn** oder **tài** oder **fēicháng** verwenden. Sie dürfen AUF KEINEN FALL ***Zhèige bǐ nèige hěn hǎo** für „Dieser ist besser als jener." benutzen. Vielmehr würde man einfach **Zhèige bǐ nèige hǎo** sagen, ohne **hěn** oder ein anderes Adverb.

Die Verneinung von Sätzen mit **bǐ** erfolgt mit **bù**, das direkt vor das **bǐ** gesetzt wird. Beispiele:

Zhèige bù bǐ nèige hǎo!	„Dieses ist NICHT besser als jenes."
Gōngchē bù bǐ qìchē màn!	„Busse sind NICHT langsamer als Autos."

Das **bù** steht immer direkt vor dem **bǐ**; man kann auf keinen Fall ***Zhèige bǐ nèige bù hǎo** sagen. Sie sollten aber wissen, dass die Verneinung mit **bù bǐ** nicht allzu häufig gebraucht wird, außer wenn Sie die gesamte Konstruktion verneinen, etwa wenn Sie der Äußerung einer anderen Person direkt widersprechen wollen. Normalerweise werden verneinte Komparative (also wenn man „Das ist nicht so gut wie jenes." sagen möchte) mit einer anderen Form gebildet, die wir aber in der Anmerkung 8D besprechen werden.

8C. Einige Sprecher sprechen **nuǎnhuo** „warm sein" als **nuǎnhé** oder **nuǎnhe** aus, obwohl diese Aussprachen nicht als Standard angesehen werden.

8D. **A MÉIYOU B NÈMME/ZHÈMME C.** Dieses sehr verbreitete Muster **A méiyou B nèmme** (oder **zhèmme**) **C** bedeutet „A ist nicht so C wie B". Dieses Muster wird gewöhnlich als Verneinung für das in 8B besprochene Muster mit **bǐ** gebraucht. Vergleichen Sie die folgenden beiden Sätze:

BEJAHT:	**Zhèige bǐ nèige hǎo.** „Dieses ist besser als jenes." (wörtl. „ Dieses, verglichen mit jenem, ist gut.")
VERNEINT:	**Zhèige méiyou nèige nèmme hǎo.** „Dieses ist nicht so gut wie jenes." (wörtl. „Dieses hat nicht jenes so gut.")

Generell verwendet man **zhèmme**, wenn man über etwas in der Nähe Befindliches spricht, und **nèmme**, wenn es sich um etwas Entfernteres handelt. Zusammenfassend gesagt lautet das Muster:

A	MÉIYOU	B	ZHÈMME/NÈMME	C
Zhōngwén	**méiyou**	**Rìwén**	**nèmme**	**nán.**

„Chinesisch ist nicht so schwierig wie Japanisch." (wörtl. „Chinesisch hat nicht Japanisch so schwer.")

Beispiele:

Tā méiyou wǒ zhèmme gāo.	„Sie ist nicht so groß wie ich."
Wǒ méiyou tā nèmme cōngming.	„Ich bin nicht so klug wie sie."

Achtung: Um „Dieses ist nicht so gut wie jenes." zu sagen, dürfen Sie nicht ***Zhèige bǐ nèige bù hǎo** sagen, vielmehr wird dies mit **Zhèige méiyou nèige nèmme hǎo** ausgedrückt.

8E. Schauen Sie sich **érqiě** „auch, weiterhin" an, das Sie in 9-3 kennen gelernt haben. Diese stets am Satzanfang stehende Konjunktion eignet sich sehr gut dazu, um Phrasen oder Sätze zu kombinieren.

8F. Achten Sie auf die Verwendung von **yě** und **érqiě** mit der Bedeutung „und" in **Dōngtiān bǐ Běijīng nuǎnhuo, yě méiyou zhèr zhèmme gānzào; érqiě xiàtiān hái bǐ zhèr liángkuai** „Die Winter sind wärmer als in Beijing und nicht so trocken wie hier; die Sommer sind kühler als hier." In diesem Fall können Sie **gēn** NICHT in der Bedeutung von „und" verwenden", da **gēn** nur Substantive verbindet (wie in **gōngshibāo gēn bēibāo** „Aktentaschen und Rucksäcke"), nicht aber Phrasen.

8G. Vier-Zeichen-Ausdrücke. Sowohl im gesprochenen als auch im geschriebenen Chinesisch kommen zahlreiche Vier-Zeichen-Ausdrücke vor, die auf Chinesisch **chéngyǔ** genannt werden. Diese spielen oft auf berühmte Geschichten oder Ereignisse in der chinesischen Geschichte an, oder sind direkte Zitate aus berühmten Texten der chinesischen Literatur. Diese Vier-Zeichen-Ausdrücke sind gewöhnlich in Klassischem Chinesisch verfasst und haben daher eine andere grammatische Struktur als das Moderne Chinesisch (um dies zu verdeutlichen, setzen wir in den Vier-Zeichen-Ausdrücke in unseren Pinyin-Transkriptionen Bindestriche). Sprecher des Chinesischen verwenden häufig solche Vier-Zeichen-Ausdrücke, da diese Sachverhalte, die ansonsten nur mit vielen Wörtern erklärt werden können, in kürzester Form ausdrücken können, zudem ist es ein Zeichen von Bildung und Eloquenz, viele **chéngyǔ** zu verwenden. **Dōng-nuǎn-xià-liáng**, was wörtlich mit „Winter warm Sommer kühl" übersetzt werden müsste, ist unser erstes Beispiel für ein **chéngyǔ**. Viele **chéngyǔ** zu kennen ist ein Weg, als Nichtmuttersprachler des Chinesischen in der chinesischen Gesellschaft Anerkennung zu finden; kaum etwas beeindruckt Chinesen mehr als ein korrekt angewendetes **chéngyǔ** aus dem Munde eines Ausländers! Der angemessene Gebrauch von **chéngyǔ** ist ein Maßstab für einen gebildeten Sprecher des Chinesischen. Zudem bieten sie sehr gute Möglichkeiten, um komplexe Gedanken in sehr kurzer Form auszudrücken.

9A. Unterscheiden Sie die Aussprache von **xíguàn** „gewohnt sein" von **xǐhuan** „mögen".

9B. Das **le** in **nǐ lái Běijīng zhèmme jiǔ le** „Du bist schon so lange in Beijing." zeigt an, dass etwas bis in die Gegenwart andauert. Eigentlich ist diese Phrase eine Abkürzung für **nǐ lái Běijīng láile zhèmme jiǔ le**, das die gleiche Bedeutung hat. Mit dem Gebrauch von **le**, um Andauer bis zur Gegenwart auszudrücken, werden wir uns später noch befassen.

9C. **(Nǐ) xiànzài yǐjīng xíguàn Běijīngde qìhou le ba?** „Ich nehme an, du hast dich jetzt schon an das Klima in Beijing gewöhnt?" Dies ist ein Beispiel für eine **le**-Konstruktion, in der ein **-le** weggelassen wurde. Normalerweise würde hinter dem **xíguàn** ein **-le** stehen, das eine vollendete Handlung ausdrückt, aber solange am Satzende ein **le** steht, kann das **-le** in der Satzmitte weggelassen werden. Es wäre aber völlig korrekt, beide **le** stehen zu lassen und **Nǐ xiànzài yǐjīng xíguànle Běijīngde qìhou le ba?** zu sagen.

10A. ...-DE SHÍHOU(R). Das Muster **...-de shíhou(r)** am Ende eines Nebensatzes bedeutet: „Zu der Zeit, als ...". Sprecher aus Beijing und Umgebung fügen häufig ein (**r**) hinzu und sagen **...-de shíhour**. Das Muster lautet:

Nebensatz	-DE SHÍHOU,	Hauptsatz
Tā zài Běijīng	**de shíhou,**	**yǒu hěn duō péngyou.**

„Als sie in Beijing war, hatte sie viele Freunde."

Eigentlich handelt es sich bei **...-de shíhou** um eine Nominalphrase mit der Bedeutung „die … Zeit", weswegen das oben stehende Beispiel wörtlich als „Sie-war-in-Beijing-Zeit, sie hatte viele Freunde." oder „(Zu der) Zeit, (als) sie in Beijing war, hatte sie viele Freunde." übersetzt werden könnte.

Was das **...-de shíhou** -Muster betrifft, sollten Sie sich Folgendes merken:

a. Dieses Muster kann nicht in einer Frage verwendet werden, in der das Fragewort „wann" vorkommt, wie z.B. in der Frage „Wann war sie in Beijing?". Das würde auf Chinesisch mit **Tā shémme shíhou zài Běijīng?** ausgedrückt werden.

b. Im Deutschen kann der „wann"-Satz dem Hauptsatz vorangehen wie auch folgen. Mit anderen Worten, Sie könnten sowohl „Als ich hereinkam, schlief er noch." als auch „Er schlief noch, als ich hereinkam." sagen. Im Chinesischen hingegen steht der **...-de shíhou** -Nebensatz in der Regel vor dem Hauptsatz.

c. Das Muster **...-de shíhou** „Zu der Zeit, als ...“ kann im Deutschen mit „wenn ...“ oder „als ...“. übersetzt werden. Beachten Sie jedoch, dass umgekehrt nicht jedes „wenn ...“ oder „als ...“ im Deutschen im Chinesischen mit **...-de shíhou** „Zu der Zeit, als ...“ wiedergegeben werden kann. Wenn wir im Deutschen „wenn ...“ oder „als ...“ im Sinne „wenn/als ... dann/kurz darauf/folglich ...“ von verwenden, wie etwa in „Wenn die Glocke schrillt, (dann) müssen alle nach draußen“ oder „Als ich nach Schanghai kam, stellte ich (daraufhin) fest, dass das Leben dort viel moderner ist, als ich es mir vorgestellt hatte.“ , wird im Chinesischen normalerweise nicht **...-de shíhou** verwendet, sondern **...yǐhòu** oder einfach nichts. Beispiel:

Wǒ shàngle dàxué yǐhòu, rènshile hěn duō cóng Zhōngguo láide péngyou.

„Als/Nachdem ich an die Uni kam, lernte ich viele Freunde aus China kennen.“

d. Das **-le** zum Ausdruck einer vollendeten Handlung wird nicht zusammen mit **...-de shíhou** gebraucht. Daher würde man sagen:

Tā mǎile yìzhāng chēpiào. „Sie hat eine Busfahrkarte gekauft.“

Tā mǎi chēpiàode shíhou, ... „Als sie die Busfahrkarte kaufte ...“

Man kann NICHT ***Tā mǎile chēpiàode shíhou, ...** sagen.

Hier einige Beispiele, wie **...-de shíhou** korrekt verwendet wird:

Tā gàosu wǒde shíhou, yǐjīng tài wǎnle.

„Als er es mir sagte, war es schon zu spät.“

Wǒ tīngbudǒngde shíhou, zěmme bàn?

„Was soll ich tun, wenn ich nicht verstehe?“

Měicì kǎoshìde shíhou, tā dōu huì jǐnzhāngde yào sǐ.

„Immer wenn wir eine Prüfung haben, wird er unglaublich nervös.“

Beachten Sie, dass das Subjekt des Nebensatzes mit **...-de shíhou** dasselbe, aber auch ein anderes sein kann als das des Hauptsatzes. Anders gesagt, gibt es folgende Möglichkeiten:

(a) Wǒ dàode shíhou, hái bù zhīdào. „Als ich ankam, wusste ich es noch nicht.“

(b) Wǒ dàode shíhou, tā hái bù zhīdào. „Als ich ankam, wusste er es noch nicht.“

Ist das Subjekt im ersten Teilsatz das gleiche wie das im zweiten Teilsatz, wird es, wie in (a) oben gezeigt, gewöhnlich weggelassen.

10B. Die Verben **shìyìng** „angepasst sein, sich anpassen“ (in dieser Zeile) und **xíguàn** „gewohnt sein“ (in Zeile 9) sind beinahe bedeutungsgleich (Synonyme), es gibt aber geringfügige Bedeutungsunterschiede. Bei **shìyìng** ändern Sie sich selbst, um sich an die Situation anzupassen, bei **xíguàn** ändern Sie sich nicht selbst, sondern gewöhnen sich einfach an das Neue.

EV2. **Àomén** „Macao“ ist eine der zwei Sonderverwaltungszonen der Volksrepublik China. Etwa 60 Kilometer westlich von Hongkong gelegen, besteht Macao aus einer Halbinsel, die im Norden an die Provinz Guangdong grenzt, und zwei Inseln in Richtung des südchinesischen Meeres. Macao war vom 16. Jahrhundert bis 1999 portugiesische Kolonie und fiel dann wieder an China zurück. Es wird hauptsächlich Kantonesisch gesprochen, obgleich auch das Mandarin zusehends Verbreitung findet, zudem gibt es auch immer noch eine Minderheit, die Portugiesisch bzw. macanesisches Kreolisch spricht.

EV4. Das Statische Verb **wǎn** „spät sein“ ist verbreitet und nützlich. Beispiele:

Yǐjīng hěn wǎnle. „Es ist schon sehr spät.“

Xiànzài tài wǎnle. „Jetzt ist es zu spät.“

Wǎn ist eines der wenigen Statischen Verben, die auch als Adverb dienen können, wie in dem Beispielsatz im Ergänzungsvokabular: **Tā bǐ wǒ wǎn dào shífēn zhōng** „Sie kam zehn Minuten später als ich an.“

Wiederholung und Lerntipps für Einheit 10

Neue Vokabeln

ADVERBIEN
gēnběn (+ VERNEINUNG) gar nicht
yídìng bestimmt
zhèng gerade, genau
zuì am meisten

AUSDRÜCKE
dōng-nuǎn-xià-liáng „im Winter warm, im Sommer kühl"

BEWEGLICHE ADVERBIEN
nèiyangzi in dieser Weise, so
qíshí eigentlich, tatsächlich
rúguǒ wenn, falls
yào wenn, falls
zhèiyangzi in dieser Weise, so

CO-VERBEN
bǐ vergleichen

HILFSVERBEN
kěnéng möglich sein
zài (zeigt den progressiven Aspekt an)

IDIOMATISCHE AUSDRÜCKE
chàbuduō fehlt nicht viel, gut genug
zǎo „Guten Morgen!"

INTERJEKTIONEN
āiyà „Huch!", „Oh!"
éi (führt Fragen ein)
m (zeigt Zustimmung an)

KONJUNKTIONEN
dànshi aber

MUSTER
...-de shíhou(r) wenn, während, als
...éryǐ nur
yuè lái yuè... immer mehr

ORTSWÖRTER
Àomén Macao
dōng'àn Ostküste
Jiāzhōu Kalifornien
xī'àn Westküste
Yángmíng Shān Yangming-Berg (Yangming-Shan)

POSTVERBEN
-chéng zu … werden

PHRASEN
chū tàiyáng die Sonne kommt heraus
hěn shǎo sehr wenig, selten
Měijí Huárén Chinese mit US-Staatsbürgerschaft
suóyi shuō daher
tiānqi yùbào Wetterbericht
xià máomáoyǔ nieseln
zhèmme shuō so gesagt, dann

RESULTATIVBILDUNGEN
chūlái herauskommen
chūqu hinausgehen
jìnlái hereinkommen
jìnqu hineingehen
kànchūlái etwas durch Schauen feststellen
pèngshang jemanden (zufällig) treffen, auf etw. treffen
piāojìnlái hereinschweben

RESULTATIVENDUNGEN
-chūlái herauskommen
-jìnlái hereinkommen
-shàng auf, hoch

STATISCHE VERBEN
cháoshī feucht sein
dī niedrig sein
gān trocken sein
gānzào trocken sein
héshì angemessen sein
lěng kalt sein
liángkuai frisch, (angenehm) kühl sein
měi schön sein
nánguò traurig sein
nuǎnhuo warm sein
rè heiß sein
shūfu bequem, angenehm sein
wǎn spät sein
zhǔn korrekt sein

SUBSTANTIVE
bànfǎ(r) Methode; Art und Weise, etwas zu tun
fēng Wind
fēngjǐng Szenerie, Landschaft(sbild)
fēngshā Wind und Sand, Flugsand
jìjié Jahreszeit
kōngqì Luft
máomáoyǔ Nieselregen
qìhou Klima
qíngtiān schönes Wetter, blauer Himmel
shā Sand, Kies
shāchuāng Schiebetür
táifēng Taifun
tàiyáng Sonne
tiān Himmel
tiānqi Wetter
wēndù Temperatur
wù Nebel
xuě Schnee
yīntiān bedeckter Himmel, wolkiges Wetter
yǔ Regen
yùbào Vorhersage
yún Wolken
yùnqi Glück, Schicksal

VERBEN
bǐ vergleichen
biàn sich verändern
pèng jemanden (zufällig) treffen, auf etw. treffen
piāo schweben
shìyìng sich anpassen
sǐ sterben
wán(r) spielen, sich vergnügen
xíguàn sich gewöhnen

VERB-OBJEKT-VERBINDUNGEN
chūmén(r) hinausgehen
dǎléi donnern, Donner schlagen
shǎndiàn Blitze leuchten auf, es blitzt
xiàxuě es schneit
xiàyǔ es regnet

ZÄHLEINHEITSWÖRTER
dù Grad (Temperatur)

ZEITWÖRTER
chūntiān Frühling
dōngtiān Winter
qiūtiān Herbst
xiàtiān Sommer

Die wichtigsten neuen grammatischen Muster

CÓNG...KĀISHǏ: cóng míngtiān kāishǐ „ab morgen" **(10-1)**

YUÈ LÁI YUÈ... „immer mehr": Tiānqi yuè lái yuè rè. „Das Wetter wird immer heißer." **(10-1)**

DÙ, um Temperatur auszudrücken: shíbādù „18 Grad" **(10-1)**

...ÉRYǏ „das ist alles; und sonst nichts": Wǒ zhǐ yǒu yìbǎikuài éryǐ. „Ich habe nur 100 Kuai, das ist alles." **(10-1)**

BÙ...YĚ BÙ... „weder ... noch ...": Tā shuō Zhōngwén bù nán yě bù róngyi. „Sie sagte, Chinesisch sei weder schwer noch leicht." **(10-2)**

YÒU...YÒU... „sowohl...als auch...": Nèige xuésheng yòu cōngming yòu yònggōng. „Dieser Student ist sowohl klug als auch fleißig." **(10-2)**

RÚGUǑ...JIÙ... „Wenn ..., dann ...": Rúguǒ xiàyǔde huà, wǒmen jiù bú qù. „Wenn es regnet, gehen wir nicht." **(10-2)**

HǍOXIÀNG...-DE YÀNGZI „Den Anschein haben": Hǎoxiàng wù cóng shāchuāng piāojìnláide yàngzi. „Es sieht aus, als ob der Nebel durch die Schiebetür geschwebt käme." **(10-3)**

Richtungsverben: jìnlái „hereinkommen", **jìnqu** „hineingehen", **chūlái** „herauskommen", **chūqu** „hinausgehen", **piāojìnlái** „hereinschweben", **kànbuchūlái** „etwas nicht erkennen können" **(10-3)**

ZÀI als Hilfsverb, um den progressiven Aspekt anzuzeigen: Tā zài chīfàn. „Er isst (gerade)." **(10-3)**

Wiederholung von Zähleinheitswörtern und Substantiven, um „alle", „jeder" auszudrücken: tiān „Tag" → **tiāntiān** „jeder Tag", **nián** „Jahr" → **niánnián** „jedes Jahr", **rén** „Mensch" → **rénrén** „alle Menschen" **(10-3)**

Das Nominalsuffix -FǍ „Methode; Weg, etwas zu tun": bànfǎ „Methode, etwas zu tun", **kànfǎ** „Art und Weise, etwas zu betrachten (abstrakt)", **xiǎngfǎ** „Denkweise", **xiěfǎ** „Art und Weise, etwas zu schreiben" etc. **(10-3)**

BǏ , um Komparativ auszudrücken Tā bǐ wǒ gāo. „Er ist größer als ich." **(10-4)**

A MÉIYOU B NÈMME/ZHÈMME C „A ist nicht so C wie B": Wǒ méiyou tā nèmme gāo. „Ich bin nicht so groß wie er." **(10-4)**

...DE SHÍHOU(R) „wenn, als, während, zur Zeit von ...": Tā gàosu wǒde shíhou, yǐjīng tài wǎnle. „Als er es mir sagte, war es bereits zu spät." **(10-4)**

Wortklassen des gesprochenen Chinesischen

Adverb [A]

Adverbien sind Wörter, die Verben modifizieren und Fragen wie „Wie?“, „Wann?“ oder „In welchem Ausmaß?“ beantworten. Im Satz **Zhèige tài guì** „Dieses ist zu teuer.“ zum Beispiel modifiziert das Adverb **tài** „zu sehr“ das Statische Verb **guì** „teuer sein“. Einige Adverbien können Prädikate modifizieren, die selbst mit Adverbien beginnen, z.B. **Tāmen dōu hěn lèi** „Sie waren alle sehr müde.“, wo das Adverb **dōu** „alle“ das Prädikat **hěn lèi** „sehr müde sein“, das selbst mit dem Adverb **hěn** „sehr“ beginnt, modifiziert. Neben **dōu**, **hěn**, **tài** und **yě** sind auch folgende Adverbien sehr häufig: **bù** „nicht“, **cái** „erst dann; nicht bis ...“, **cháng** „oft“, **gāng** „gerade“, **gèng** „noch mehr“, **hái** „noch; noch immer“, **jiù** „dann“, **xiān** „erst, zuerst“, **yòu** „wieder (in der Vergangenheit)“, **zài** „wieder (in der Zukunft)“, **zhēn** „wirklich“, **zhǐ** „nur“ und **zuì** „am meisten“.

Im Deutschen können Adverbien an verschiedenen Stellen im Satz vorkommen (z.B. „Oft gehe ich schwimmen.“, „Ich gehe oft schwimmen.“, „Schwimmen gehe ich oft.“), im Chinesischen hingegen ist die Position des Adverbs im Satz wesentlich stärker festgelegt (für die o.g. deutschen Sätze kann man im Chinesischen nur **Wǒ cháng qù yóuyǒng** sagen). Im Chinesischen gibt es zwei Hauptgruppen von Adverbien. Die erste Gruppe, regelmäßige Adverbien [**A**] genannt, beinhaltet alle einsilbigen Adverbien und einige zweisilbige, wie **bǐjiào** „relativ“ und **yídìng** „unbedingt“, und muss nach dem Subjekt und vor dem Verb stehen. Die Mitglieder der zweiten Gruppe, Bewegliche Adverbien [**BA**] genannt, deren Mitglieder alle zweisilbig sind, können zwar sowohl vor als auch nach dem Subjekt, müssen aber, wie die anderen Adverbien, vor dem Verb stehen. Einige bekanntere Beispiele für Bewegliche Adverbien sind **dàgài** „ungefähr, wahrscheinlich“, **dāngrán** „natürlich“, **píngcháng** „gewöhnlich“ und **yěxǔ** „vielleicht“. Wenn Ihnen nicht bekannt sein sollte, ob es sich um ein Bewegliches Adverb handelt oder nicht, ist es das Sicherste, es nach dem Subjekt und vor dem Verb zu verwenden, da diese Position immer korrekt ist. Auf jeden Fall dürfen einsilbige Adverbien wie **dōu** und **yě** niemals vor einem Substantiv oder einem Pronomen gebraucht werden.

Es gibt wenige Ausnahmen von der Regel, dass ein Adverb immer vor einem Verb stehen muss. Z.B. das Muster **...-de hěn** „sehr“, wie in **hǎode hěn** „sehr gut“, wo das **hěn** am Satzende steht und im informellen Beijinger Dialekt, wo Adverbien zuweilen am Satzende stehen, wie in **Tā wǔsuì cái** „Sie ist nur fünf Jahre alt.“, anstelle des im Mandarin korrekten **Tā cái wǔsuì**.

Attributiv [AT]

Attributive stellen eine kleine Gruppe von adjektivartigen Wörtern dar, die ein auf sie folgendes Substantiv modifizieren, wie z.B. **gōnggòng** „öffentlich“, **guójì** „international“ oder **Zhōng-Měi** „sino-amerikanisch“. Dabei ist wichtig zu wissen, dass Attributive nicht als Statische Verben im Prädikat benutzt werden dürfen (so kann man nicht ***Zhèige xuéxiào hěn guójì** „Diese Schule ist sehr international“ sagen), obwohl sie vor Substantiven als Adjektive fungieren können (wie z.B. in **guójì xuéxiào** „Internationale Schule“).

Ausdruck [AD]

Ausdrücke sind feste Phrasen mit konventionalisierten Bedeutungen, die von Sprechern des Chinesischen häufig bei passender Gelegenheit verwendet werden. Es gibt zwei Arten von Ausdrücken. Die erste Art beinhaltet festgelegte Phrasen aus dem klassischen Chinesisch, **chéngyǔ** genannt, die in der Regel aus vier Schriftzeichen bestehen und eine prägnante Anmerkung zu einem bestimmten Thema machen. In der Pinyin-Transkription in diesem Text werden die einzelnen Silben der **chéngyǔ** durch Bindestriche verbunden, um Bedeutung und Silbenaufteilung deutlicher zu machen. Beispiel: **jiào-xué-yǒu-fāng** „eine effektive Lehrmethode haben“ oder **yì-yán-wéi-dìng** „sich mit einem Wort einigen“.

Die zweite Art beinhaltet populäre Sprichwörter aus dem umgangssprachlichen Chinesisch, die sogenannten **súyǔ**, welche nicht unbedingt aus vier Schriftzeichen bestehen müssen. Beispiele: **Bú dào Cháng Chéng fēi hǎohàn** „Wenn du nicht auf der Großen Mauer warst, bist du kein richtiger Kerl.“ oder **Gōngjìng bù rú cóng mìng** „Es ist besser, Befehle zu befolgen, als Respekt zu zeigen.“ (wörtlich: „Respekt zu zeigen ist nicht gleich (gut) wie Befehle zu folgen.“)

Bewegliche Adverbien [BA]

Wie gewöhnliche Adverbien können Bewegliche Adverbien nach dem Subjekt und vor dem Verb eines Satzes auftreten und modifizieren das Verb. Aber anders als gewöhnliche Adverbien, können Bewegliche Adverbien auch vor dem Subjekt des Satzes stehen. **Shízài** „wirklich" ist zum Beispiel ein gewöhnliches Adverb, weswegen es immer nach dem Subjekt stehen muss, weswegen man nur **Wǒ shízài yǒu diǎnr hòuhuǐ** „Ich bedaure es wirklich ein bisschen." sagen kann und NIEMALS ***Shízài wǒ yǒu diǎnr hòuhuǐ**. Hingegen ist **xiànzài** „jetzt" ein Bewegliches Adverb, weswegen man sowohl **Xiànzài wǒ yǒu diǎnr hòuhuǐ** „Jetzt bedaure ich es ein bisschen." wie auch **Wǒ xiànzài yǒu diǎnr hòuhuǐ** „Ich bedaure es jetzt ein bisschen." sagen kann.

Alle Beweglichen Adverbien sind zweisilbig, aber nicht alle zweisilbigen Adverbien sind Bewegliche Adverbien. Verbreitete Bewegliche Adverbien sind: **běnlái** „ursprünglich", **dàgài** „wahrscheinlich, ungefähr", **dāngrán** „natürlich", **gānghǎo** „gerade, genau, eben", **kěshi** „aber", **píngcháng** „gewöhnlich", **xiànzài** „jetzt" und **yěxǔ** „vielleicht". Wenn Sie sich nicht sicher sind, ob es sich bei einem Adverb um ein Bewegliches oder um ein gewöhnliches Adverb handelt, sollten Sie es hinter das Subjekt und vor das Verb setzen, diese Satzstellung ist immer korrekt. Schauen Sie sich ebnfalls die Erläuterung in den Anmerkungen zum Adverb an.

Bildungsmuster [BM]

Ein Bildungsmuster besteht aus zwei oder mehr Wörtern, die in grammatisch korrekter Weise aufeinander folgen und eine bestimmte Bedeutung haben. Bildungsmuster bilden verschiedenste grammatische Konstruktionen. Sie sollten sich mit diesen beschäftigen, da sie in der Regel produktiv sind, d.h. neue Konstruktionen bilden können. Beispiele: **chúle...** „außer", **...-de shíhou** „wenn, während, als", **...fēnzhī...** (für Prozentzahlen), **nándào...** „ist es nicht so, dass ...", **...shemmede** „und so weiter" und **yuè lái yuè...** „immer mehr".

Co-Verb [CV]

Ein Co-Verb ist ein Verb, das zusammen mit dem Hauptverb des Satzes auftritt und Informationen dazu liefert, „wie", „wo", „für wen" oder „mit wem" die Verbhandlung sich abspielt. Auf ein Co-Verb folgt in der Regel ein Substantiv oder ein Pronominalobjekt, mit dem zusammen es eine Co-Verb-Phrase bildet, ganz ähnlich wie eine Präpositionalphrase im Deutschen. Das Co-Verb steht immer vor dem Hauptverb. Z.B. ist in **Wǒ měitiān zài shítáng chī wǔfàn** „Ich esse jeden Tag in der Mensa zu Mittag." In diesem Satz ist **zài** „in" ein Co-Verb, dessen Objekt das Substantiv **shítáng** „Mensa" ist. Die Co-Verb-Phrase **zài shítáng** „in der Mensa" steht vor dem Hauptverb **chī** „essen" und gibt Auskunft darüber, wo gegessen wird.

Es gibt zwei Gruppen von Co-Verben. Die Mitglieder der ersten Gruppe können nur als Co-Verben fungieren; zu dieser Gruppe gehören **bǎ** (bewegt das Objekt vor das Verb), **bèi** (zeigt Passiv an), **cóng** und **lí** „von" und **wàng** „nach". Die Co-Verben der zweiten Gruppe können sowohl als Co- als auch als Vollverben dienen, obschon sich ihre Bedeutung häufig etwas unterscheidet, je nachdem, in welcher Funktion sie verwendet werden. Zur zweiten Gruppe gehören **dào** „ankommen", **gěi** „geben; für", **yòng** „benutzen", **zài** „in, an auf, da sein" und **zuò** „(in einem Fahrzeug - Auto, Schiff, Zug, Flugzeug) sitzen".

Co-Verben haben folgende Charakteristika:

1. Bei Verneinungen steht **bù** bzw. **méi(you)** gewöhnlich vor dem Co-Verb und nicht vor dem Hauptverb. Beispiele: **Wǒ yǐhòu bù gěi ta mǎi dōngxi le** „In Zukunft werde ich nichts mehr für sie kaufen." oder **Wǒ méi bǎ nǐ gěi wàngle!** „Ich habe dich nicht vergessen."

2. In Ja-Nein-Fragen wird die Frage in der Regel mittels des Co-Verbs gebildet, nicht mittels des Hauptverbs. Man könnte z.B. sagen **Nǐ gēn bu gēn wǒ lái?** „Kommst du mit mir?", aber nicht ***Nǐ gēn wǒ lái bu lái?**

3. Nach Co-Verben stehen in der Regel keine Verbsuffixe wie **-le** oder **-guo**, die gewöhnlich an das Hauptverb des Satzes gebunden sind. Allerdings können einige Co-Verben das Suffix zur Anzeige der Andauer **-zhe** angehängt bekommen, wie z.B. in **Qǐng nǐ gēnzhe wǒ zǒu** „Folge mir bitte."

4. In einem Satz kann es mehr als ein Co-Verb geben. So hat z.B. der folgende Satz drei Co-Verben: **Tā yào zuò chuán cóng Xiānggǎng dào Fúzhōu qù** „Er wird mit dem Boot von Hongkong nach Fuzhou fahren."

Man sollte stets daran denken, dass die Co-Verb-Phrasen VOR dem Hauptverb stehen, nicht danach. So würde „Sie lernt in der Bibliothek." auf Chinesisch mit **Tā zài túshūguǎn xuéxí.** und NIEMALS mit ***Tā xuéxí zài túshūguǎn.** wiedergegeben werden. Eigentlich scheint die Reihenfolge von Co-Verb und Hauptverb im Chinesischen „logischer" zu sein als im Deutschen, da man zunächst einmal in die Bibliothek hinein muss (**zài túshūguǎn**), wenn man darin lernen (**xuéxí**) will.

Familienname [FN]

Die Mehrzahl der chinesischen Familiennamen besteht aus einer einzigen Silbe, allerdings gibt es auch eine Reihe zweisilbiger Familiennamen. Zu den verbreitetsten einsilbigen Familiennamen gehören **Bái**, **Chén**, **Gāo**, **Mǎ**, **Lǐ**, **Lín**, **Wáng** und **Zhāng**. Bekannte zweisilbige Familiennamen sind **Duānmù**, **Ōuyáng**, **Sīmǎ** und **Sītú**. Je nachdem, wie formell die Situation ist, werden zweisilbige Familiennamen allein oder in Kombination mit einer Anrede verwendet, einsilbige Familiennamen hingegen dürfen auf keinen Fall allein stehen, sondern müssen mit einer Anrede gebraucht werden. Gebräuchliche Anreden sind **Lǎo** „Alte/r" und **Xiǎo** „Klein/e", die beide vor dem Familiennamen stehen, und **Xiānsheng** „Herr", **Tàitai** „Frau" und **Xiáojie** „Fräulein", **Tóngzhì** „Genosse" und **Lǎoshi** „Lehrer", die alle nach dem Familiennamen stehen.

Fragewort [FW]

Ein Fragewort ist ein Wort bzw. in einigen Fällen eine Gebundene Form, mit der eine Frage gebildet wird, die nicht mit „Ja" oder „Nein" beantwortet werden kann. Z.B. ist in der Frage **Tā shi shéi?** „Wer ist sie?" **shéi** „wer" ein Fragewort. Andere Beispiele für Fragewörter sind **duō** „wie", **duōshǎo** „wie viel", **jǐ-** „wie viele", **nǎr** „wo", **náli** „wo", **něi-** „welcher", **shémme** „was", **wèishemme** „warum" und **zěmme** bzw. **zěmmeyàng** „wie (auf welche Weise)".

Viele Fragewörter gehören gleichzeitig noch einer anderen Wortklasse an, so sind z.B. **shéi** und **shémme** auch Pronomen, **jǐ-** und **něi-** auch Spezifizierer und **zěmme** und **zěmmeyàng** auch Adverbien. Mit manchen Fragewörtern lassen sich auch Ausrufe bilden, z.B. **Duō hǎo wa!** „Wie wunderbar!", **Nèmme dàde fángzi yào huā duōshǎo qián na!** „Wie viel Geld muss man für ein so großes Haus ausgeben!" oder **Zěmme zhèmme guì ya!** „Wie kann es so teuer sein!".

Denken Sie daran, dass in Sätzen, die ein Fragewort enthalten, am Satzende nicht die Fragepartikel **ma** stehen darf, wenn es eine Frage sein soll. Auch sollten Sie daran denken, dass zwar im Deutschen Fragen mit „wer", „wo" oder „was" etc. eine andere Satzstellung als die entsprechenden Aussagesätze haben, im Chinesischen hingegen die Satzstellung in Aussagesätzen und Fragesätzen gleich bleibt, wobei die Fragewörter in den Fragen an der gleichen Stelle stehen wie die Wörter, die dieses in der Antwort ersetzen. Schauen Sie sich zur Verdeutlichung einmal die Wortstellung in der Frage „Was kauft er?" bzw. in der Antwort „Er kauft ein Buch." an. Im Chinesischen hingegen ist die Wortstellung in Frage und Antwort gleich: **Tā mǎi shémme?** vs. **Tā mǎi shū**.

Unter bestimmten Bedingungen werden aus Fragewörtern unbestimmte Ausdrücke wie „irgendwer, irgendwas, irgendwelche, irgendwo, wie auch immer, jeder, alles, überall, jemand, niemand, etwas, irgendwo, irgendeine Weise, irgendjemand" oder „einige". Solche Bedingungen sind gegeben:

1. Wenn den Fragewörtern ein **dōu** oder ein **yě** folgt, z.B. **Nǎr dōu xíng** „Egal wo, ist OK.", **Shéi yě méi qù** „Niemand ging."
2. Wenn ihnen ein **bù** oder ein **méi(you)** vorangeht, z.B. **Bù zěmme guì** „Nicht sonderlich teuer" oder **Méiyou shéi bǐ nǐ cōngming** „Niemand ist klüger als du." (wörtl. „Es gibt niemanden verglichen mit dir klug.").
3. Wenn sie unbetont in Aussagesätzen oder Fragen, die bereits Fragen sind, da in ihnen eine Ja-Nein-Frage-Konstruktion oder ein finales **ma** vorhanden ist, auftreten. Z.B. **Tā yǒu jige hǎo péngyou** „Er hat ein paar gute Freunde." **Mǎi diǎnr shémme ma?** „Willst du etwas/irgendwas kaufen?" **Nǐ yào bu yao dào nar qù hē diar shémme?** „Möchtest du irgendwo hingehen und etwas/irgendwas trinken?"
4. Wenn sie in einer parallelen Konstruktion in einem aus zwei Teilsätzen zusammengesetzten Satz wiederholt werden, z.B. **Shéi yùnqi hǎo, shéi jiù yíng** „Wer Glück hat, der siegt." oder **Nǐ dào nǎr qù, wǒ jiù dào nǎr qù** „Wo auch immer du hingehst, dahin gehe auch ich."

Gebundene Form [GF]

Eine Gebundene Form ist eine Silbe, die zwar eine eigene Bedeutung hat, aber nicht allein gesprochen werden kann. Gebundene Formen müssen stets mit einer weiteren Silbe oder einem Wort verbunden sein, um unabhängig gebraucht werden zu können. Man kann das im Deutschen mit dem Präfix „anti" in „Antikriegsfilm" oder „antiautoritär" vergleichen, das eine erkennbare eigene Bedeutung („dagegen") hat, aber in der Regel nicht allein verwendet werden kann. Beispiele für Gebundene Formen sind **wū** „Raum", wie in den Wörtern

wūzi „Zimmer“ oder **tóngwū** „Zimmerkollege“; oder **cān** „Mahl“, wie in den Wörtern **cāntīng** „Restaurant“, **cānzhuō** „Esstisch“, **jùcān** „sich zum Essen treffen“, **wǎncān** „Abendessen“ oder **Xīcān** „Westliches Essen“.

Gleichsetzendes Verb [GV]

Ein Gleichsetzendes Verb verbindet zwei Substantive, Pronomen oder Nominalphrasen. **Shì** „sein“, das, wenn es nicht betont ist, normalerweise ohne Ton als **shi** ausgesprochen wird, ist das bei weitem häufigste Gleichsetzende Verb. In dem Satz **Wǒ shi Měiguo rén** „Ich bin US-Amerikaner.“ verbindet das Gleichsetzende Verb **shì** das Pronomen **wǒ** „ich“ mit der Nominalphrase **Měiguo rén** „US-Amerikaner“. Es gibt nur eine kleine Anzahl von Gleichsetzenden Verben: Außer **shì** gibt es nur noch zwei weitere verbreitete Gleichsetzende Verben im gesprochenen Chinesisch, nämlich: **jiào** „nennen, genannt werden“ und **xìng** „mit Familiennamen heißen“.

Hilfsverb [HV]

Diese Gruppe lässt sich mit den Modalverben der deutschen Grammatik (sollen, können, müssen etc.) vergleichen. Hilfsverben stehen immer vor dem Hauptverb und modifizieren die Bedeutung des Hauptverbs auf verschiedenste Arten und Weisen. Im Satz **Nǐ yīnggāi gàosu wǒ** „Das hättest du mir sagen sollen.“ modifiziert das Hilfsverb **yīnggāi** „sollen“ das Hauptverb **gàosu** „sagen“, indem es dessen Sinn eine Art von Verpflichtung des Hörers gegenüber dem Sprecher hinzufügt. Die wichtigsten chinesischen Hilfsverben sind: **ài** „lieben, mögen“, **děi** „müssen“, **gāi** „sollen“, **gǎn** „wagen“, **huì** „können; wissen, wie ..; wahrscheinlich sein, werden“, **kěnéng** „möglich sein“, **kéyi** „dürfen“, **néng** „in der Lage sein, zu ...“; **xiǎng** „denken, glauben; möchten“ und **yào** „wollen“; **yīngdāng** und **yīnggāi** „sollen“ und **yuànyi** „etwas gerne tun; gewillt sein, bereit sein“. Einige Hilfsverben kommen nur in verneinten Formen vor, z.B. **méi** und **méiyou** „nicht getan haben“ oder **bié** und **búyào** „tue nicht“ und **búbì** „nicht müssen, nicht notwendig sein“.

Hilfsverben haben folgende Charakteristika:

1. In Ja-Nein-Fragen wird die Frage mittels des Hilfsverbs gebildet, nicht mit dem Hauptverb, z.B. **Nǐ yuànyi bu yuanyi qù?** „Möchtest du gehen?“. Beantwortet werden solche Fragen, indem das Hilfsverb (nicht das Hauptverb) in seiner positiven bzw. verneinten Form wiederholt wird, wie z.B. in **Yuànyi!** „ich möchte“ oder **Bú yuànyi** „ich möchte nicht“.

2. Anders als andere Verben können an Hilfsverben nicht die Suffixe **-le**, **-guo** und **-zhe** angehängt werden (außer, wenn das Hauptverb weggelassen wird, dann ist es möglich **-le** zu verwenden). Außerdem werden Hilfsverben nur sehr selten mit der Verneinung in der Vergangenheit **méi**, bei dem es sich selbst um ein Hilfsverb handelt, kombiniert (auch wenn man zuweilen **méi néng** „konnte nicht“ hört). Um „Du hättest nicht gehen sollen.“ auszudrücken, muss man **Nǐ bù yīnggāi qù** sagen und für „Vor zwei Jahren konnte ich noch kein Chinesisch.“ muss man **Liǎngnián qián wǒ hái bú huì shuō Hànyǔ.** sagen.

3. Anders als bei den meisten regulären Verben (aber genau wie bei Statischen Verben) können Hilfsverben Adverbien wie **hěn** und **tài** vorangehen. Zudem können Hilfsverben Ergänzungen wie **-jíle** folgen. Beispiele: **Tā hěn ài chī làde** „Sie isst sehr gerne scharf.“ oder **Wǒ xǐhuanjíle!** „Ich mag es sehr gerne.“

4. In den meisten Fällen folgt das Hauptverb unmittelbar nach dem Hilfsverb; aber zuweilen tritt ein weiteres Wort zwischen Haupt- und Hilfsverb. Zum Beispiel in der Frage **Nǐ xǐhuan zài zhèr shàng dàxué ma?** „Gehst du gerne hier an die Uni?“ steht die Co-Verb-Phrase **zài zhèr** „hier“ zwischen dem Hilfsverb **xǐhuan** „mögen“ und dem Hauptverb **shàng** „(eine Schule o.ä.) besuchen“. Manchmal stehen auch zwei oder mehr Hilfsverben hintereinander, wie in **Tā kěnéng bú huì yuànyi gēn nǐ qù** „Vielleicht mag sie nicht mit dir gehen“, in der drei Hilfsverben vorkommen.

5. Viele Hilfsverben können auch als Vollverben fungieren, z.B. **yào** „wollen“ in **Wǒ yào zhèige, bú yào nèige** „Ich will dieses, nicht jenes.“ oder **xǐhuan** „mögen“ in **Wǒ hěn xǐhuan nǐ** „Ich mag dich sehr.“

Idiomatische Ausdrücke [IA]

Eine Reihe von chinesischen Wörtern oder Phrasen haben eine Bedeutung, die sich nicht aus der Bedeutung ihrer Bestandteile ableiten lässt. Mit anderen Worten, das Ganze ist mehr – oder anders – als die Summe seiner Teile. Daher muss man Idiomatische Ausdrücke als Ganzes lernen, sie sind nicht analysierbar. Idiomatische

Ausdrücke, bei denen es sich um Begrüßungen, Höfliche Ausdrücke oder andere konventionalisierte Redewendungen handeln kann, werden oft zweimal oder sogar noch häufiger hintereinander gesagt. Beispiele: **duìbuqǐ** „Entschuldigung!“, **gānbēi** „Prost (auf Ex)!“, **jiùmìng** „Hilfe!“, **méi shìr** „Macht nichts“, **nǐ hǎo** „Hallo!“ oder **zàijiàn** „Auf Wiedersehen!“

Interjektion [I]

Interjektionen sind einzelne Wörter, die keinen direkten grammatischen Zusammenhang mit dem Rest des Satzes haben, in dem sie vorkommen. Sie werden als Ausrufe, Zögerlaute, Pausenfüller oder Rückmeldungen (um zu zeigen, dass man jemandem zuhört und seinen Ausführungen gedanklich folgt) verwendet. Interjektionen stehen oft allein oder am Anfang des Satzes, können aber zuweilen auch an anderen Stellen vorkommen. Die Töne der Interjektionen sind nicht so festgelegt wie die anderer Wörter, es gibt hier, je nach Sprecher oder sogar von Äußerung zu Äußerung beim gleichen Sprecher, beträchtliche Unterschiede. Verbreitete Interjektionen sind: **āiyà** „Huch!“, **e** (Zögerlaut), **èi** „He“, **hài** (zeigt Entnervtheit an), **m** (zeigt Zustimmung an), **ò** „Oh!“, **wà** „Wow!“ und **yò** „Meine Güte!“.

Konjunktion [KJ]

Konjunktionen verbinden zwei oder mehr Wörter, Phrasen, Nebensätze oder Hauptsätze. Beispiele: **búguò** „wie auch immer“, **dànshi** „aber“ und **gēn** „mit“. Da sich die Konjunktionen aus anderen Wortklassen entwickelt haben, ist es zuweilen schwierig, sie von Beweglichen Adverbien oder Co-Verben zu unterscheiden. Ein wesentlicher Unterschied besteht darin, dass Konjunktionen vor dem Subjekt stehen müssen, Bewegliche Adverbien hingegen dem Subjekt vorangehen, aber auch zwischen Subjekt und Verb stehen können. Aus diesem Grunde ist **dànshi** „aber“ eine Konjunktion, **kěshi** hingegen, das auch mit „aber“ übersetzt werden kann, ein Bewegliches Adverb.

Lokalisierer [L]

Lokalisierer sind substantivartige Formen, die mit anderen Wörtern kombiniert werden, um Orte anzuzeigen. Außer in sehr seltenen Fällen (vgl. Nr. 3 unten) können sie nicht alleine verwendet werden, sondern müssen mit anderen Elementen verbunden werden. Die am weitesten verbreiteten Lokalisierer sind: **běi** „Norden“, **dōng** „Osten“, **hòu** „hinten“, **lǐ** „innen“, **nán** „Süden“, **qián** „vorne“, **shàng** „auf, oben, über“, **wài** „außerhalb“, **xī** „Westen“, **xià** „unter, unten“, **yòu** „rechts“ und **zuǒ** „links“.

Lokalisierer haben folgende Charakteristika:

1. Sie können an Substantive angehängt (suffigiert) werden, um Ortswörter zu bilden. Beispiele: **guówài** „im Ausland“, **shūjiàshang** „auf dem Bücherregal“ oder **wūzili** „im Raum“.
2. Sie können mit dem Präfix **yǐ-** oder den Suffixen **-biān(r)**, **-bù**, **-miàn** oder **-tou** kombiniert werden, um Ortswörter zu bilden. Beispiele: **yǐxī** „westlich von“, **zuǒbianr** „auf der linken Seite“, **nánbù** „im Süden eines Gebietes“, **lǐmiàn** „innerhalb von etwas“ oder **wàitou** „außerhalb von etwas“.
3. Nach den Co-Verben **wàng/wǎng**, **xiàng** und **cháo**, die allesamt „nach, zu … hin“ bedeuten, können Lokalisierer alleine stehen. Beispiele: **wàng qián zǒu** „geradeaus gehen“, **wàng lǐ jǐ** „sich hineinquetschen“ oder **xiàng dōng zǒu** „nach Osten gehen“.

Ortswort [OW]

Bei den Ortswörtern handelt es sich um eine bestimmte Klasse von Substantiven, die Orte anzeigen oder benennen. Alle geographischen Namen — wie die Namen von Dörfern, Städten, Kreisen, Provinzen oder Ländern – sind Ortswörter, ebenso Substantive, die sich auf Gebäude, Institutionen, Organisationen, Parks, Berge, Wasseransammlungen oder andere spezifische Orte beziehen. Hier einige Beispiele für Ortswörter: **Àodàlìyà** „Australien“, **bàngōngshì** „Büro“, **Běidà** „Peking-Universität“, **Běifāng** „der Norden“, **Cháng Chéng** „die Große Mauer“, **Cháng Chéng Fàndiàn** „das Great Wall Hotel“, **dàshǐguǎn** „Botschaft“, **gébì** „nebenan“, **Hépíng Dōng Lù** „Heping East Road“, **jiā** „Zuhause“, **Jiāzhōu** „Kalifornien“, **kètīng** „Wohnzimmer“, **lǐtou** „innen“, **lóushàng** „im oberen Stockwerk“, **Shànghǎi** „Schanghai“, **shàngmian** „oben“, **tǐyùguǎn** „Stadion, Sporthalle“, **yòubiān** „rechts“ und **zhèli** „hier“.

Ortswörter können ohne Zuhilfenahme eines Lokalisierers oder eines anderen Wortes einen Ort oder eine

Position bezeichnen. Alle Ortswörter können vor dem Verb **yǒu** „es gibt" und nach den Verben **zài** „sich in/an / auf befinden" und **dào** „ankommen in/an ..." stehen. Sie können zudem in das Muster **cóng...lái** „aus ... kommen" und **dào...qù** „nach ... gehen" eingefügt werden. Da es sich um Substantive handelt, können Ortswörter als Subjekt, Thema oder Objekt eines Satzes dienen, z.B. **Zhèr tài chǎo** „Es ist hier zu laut." (wörtl. „Hier zu laut.") oder **Tā zài Guǎngzhōu** „Sie ist in Guangzhou.". Ortswörter können zudem andere Substantive modifizieren oder durch andere Substantive modifiziert werden, z.B. **qiánmiànde sùshè** „Das vordere Wohnheim." vs. **sùshède qiánmiàn** „Die Vorderseite des Wohnheims."

Zwei Dinge sollten Sie sich vor allem in Bezug auf die Ortswörter merken: (1) Da alle geographischen Namen als Ortswörter angesehen werden, kann man an geographische Namen nicht den Lokalisierer **lǐ** anfügen, um „in ..." auszudrücken (es heißt **Tāmen dōu zài Zhōngguo**, aber auf KEINEN FALL ***Tāmen dōu zài Zhōngguoli**); (2) wenn einem Substantiv oder einem Pronomen **zài**, **cóng** oder **dào** vorangeht und es nicht selbst ein Ortswort ist, muss ihm entweder ein Lokalisierer hinzugefügt werden oder ein **zhèr** bzw. **nàr** folgen (es heißt **zài zhuōzishang** „auf dem Tisch", aber NIEMALS ***zài zhuōzi**; und **Qǐng dào tā nar qù** „Geh bitte zu ihm hin!", aber NIEMALS ***Qǐng dào tā qù**).

Partikel [P]

Partikel, die niemals alleine stehen, werden am Ende von Wörtern, Phrasen oder Sätzen gebraucht, um bestimmte grammatische Funktionen anzuzeigen. Es gibt zwei Arten von Partikeln: (1) Partikel, die als Wortsuffixe verwendet werden, z.B. **-de**, **-le**, **-guo**, **-zhe**; und (2) Satzfinalpartikel wie, **a**, **ba**, **le**, **ma**, **ne**.

Phrase [PH]

In diesem Lehrbuch werden Gruppen von Wörtern, die gewöhnlich zusammen verwendet werden und die als Einheit zu erlernen sich lohnt, als Phrasen angesehen. Grammatisch können Phrasen bestehen aus: zwei Substantiven, bei denen das erste das zweite näher beschreibt, z.B. **diànyǐng míngxīng** „Filmstar" oder **tiānqi yùbào** „Wettervorhersage"; einem Verb plus einem Objekt, z.B. **dǎ diànhuà** „telefonieren" oder **xià máomáoyǔ** „nieseln"; oder aus Kombinationen aus Wörtern, die verschiedensten Wortklassen angehören und häufig zusammen auftreten, z.B. **hěn shǎo** „sehr selten", **yíge rén** „allein" oder **yǒude shíhou** „manchmal".

Postverb [PV]

Ein Postverb ist eine Verbart, die an das Hauptverb angehängt wird, um die Verbhandlung des Hauptverbs mit dem Objekt zu verbinden. Postverben implizieren häufig eine Bewegung zu einem bestimmten Ort hin. Im Satz **Wǒmen bāndao Xiāng Shān le** „Wir sind nach Xiangshan gezogen." zum Beispiel ist **bān** „umziehen" das Hauptverb, **-dào** „nach" ist das Postverb und **Xiāng Shān** „Xiangshan" das Objekt des Postverbs **-dào**. Im Satz **Qǐng nǐ bǎ míngzi xiězai zhèr** „Bitte schreiben Sie Ihren Namen hierhin." ist **xiě** „schreiben" das Hauptverb und **-zài** das Postverb, während **zhèr** „hier" das Objekt des Postverbs **-zài** ist. Oder auch in **Tā bǎ "shí" zì xiěcheng "qiān" zì le** „Er hat aus dem Schriftzeichen für „Zehn" das Schriftzeichen für „Tausend" gemacht. / Er hat das Schriftzeichen für „Zehn" so geschrieben, dass es aussieht wie das das Schriftzeichen für „Tausend"." ist **xiě** „schreiben" das Hauptverb, **-chéng** „zu etwas werden" das Postverb und **"qiān" zì** „Schriftzeichen für Tausend" das Objekt des Postverbs **-chéng**. Es gibt nur wenige Postverben, wobei **-chéng** „zu etwas werden", **-dào** „nach", **-gěi** „für" und **-zài** „in, an auf" die häufigsten sind.

Hier noch einige zusätzliche Anmerkungen zu den Postverben:

1. In ihrer Position nach dem Hauptverb verlieren Postverben oft ihren Ton (d.h. sie werden im Neutralen Ton gesprochen).
2. In einigen wenigen Verb-Postverb-Kombinationen, wie **zhùzai** „wohnen in" und **shēngzai** „geboren in", ist keine Bewegung zu einem Ort hin impliziert und die Bedeutung entspricht alternativen Konstruktionen mit dem Co-Verb **-zài**. Daher könnte man für „Sie lebt in Schanghai." entweder **Tā zhùzai Shànghǎi** oder **Tā zài Shànghǎi zhù** sagen, und für „Er ist in Beijing geboren." **Tā shēngzai Běijing** oder **Tā zài Běijing shēngde**. Allerdings haben die meisten Postverben keine Co-Verb-Alternativen, zudem zeigen die meisten Postverben Bewegung an.
3. Zuweilen lassen sich Statische Verben mit Postverben kombinieren, z.B. **Wǒ zhēn bù zhīdào yào mángdao shémme shíhou** „Ich weiß wirklich nicht, bis wann ich zu tun haben werde." oder **Nǐ kàn nǐ lèicheng zhèige yàngzi!** „Schau, wie müde du geworden bist!"

4. Mit den Postverben **-zài** und **-gěi** können keine Potenzialformen gebildet werden (d.h. man kann NICHT *__xiědegei__ oder *__zhùbuzai__ sagen).

5. Partikel treten normalerweise nach dem Objekt auf und hängen nicht am Postverb, daher heißt es **Xiǎoháir diàozai shuǐlǐ le** „Das Kind fiel ins Wasser." und NICHT *__Xiǎoháir diàozaile shuǐlǐ__.

6. Postverben stehen normalerweise nur nach einsilbigen Hauptverben, wie z.B. in **zhùzai** „in ... leben" oder **bāndao** „nach … ziehen". Nur nach wenigen zweisilbigen Verben können Postverben stehen, z.B. in **chūshēngzai** „in … geboren" oder **shēnghuozai** „in … leben", aber diese Einzelfälle muss man auswendig kennen. Bei der Mehrzahl der zweisilbigen Verben werden Co-Verb-Konstruktionen verwendet, wie etwa mit dem Verb **gōngzuò** „arbeiten" in **Yǒu hěn duō Měiguo rén zài Běijing gōngzuò** „In Beijing arbeiten viele US-Amerikaner.", man würde NIEMALS *__Yǒu hěn duō Měiguo rén gōngzuòzai Běijing__ sagen.

7. Zuweilen trifft man auf Quasi-Postverb-Konstruktionen wie **xiě xìn gěi tā** „ihr einen Brief schreiben" oder **dǎ diànhuà gěi wǒ** „mich anrufen", in denen **gěi** einem Vollverb plus seinem direkten Objekt folgt, um das indirekte Objekt anzuzeigen. Da nun aber das direkte Objekt zwischen dem Hauptverb und **gěi** steht, sehen wir diese nicht als Postverben im eigentlichen Sinne an.

Pronomen [PR]

Ein Pronomen ist ein Wort, das ein Substantiv (Nomen) ersetzt und sich auf Personen oder Dinge bezieht, die im Kontext genannt oder durch den Kontext erschlossen werden können. Die größte Klasse der Pronomen im Chinesischen bilden die Personalpronomen, zu denen **wǒ** „ich", **nǐ** „du", **nín** „Sie (höfliche Anrede)", **tā** „er, sie, es", **wǒmen** „wir", **zámmen** „wir (inkludierend)", **nǐmen** „ihr" und **tāmen** „sie (3. Person Plural)" gehören.

Neben den Personalpronomen gibt es noch eine Reihe anderer Pronomen, die sich auf Personen beziehen, wie **biérén** „andere", **dàjiā** „alle" und das Reflexivpronomen **zìjǐ** „selbst". Weiterhin gibt es die Demonstrativpronomen **zhè** „dies" und **nà** „jenes", die als Thema oder Subjekt, aber niemals als Objekte auftreten. Daher kann man zwar **Nà shi shémme?** „Was ist das?", aber NIEMALS *__Wǒ bú yào nà__ „Ich will das nicht." sagen.

Chinesische Pronomen werden, anders als die deutschen, nicht dekliniert (z.B. „ich, mir, mich, mein"). Chinesische Pronomen können als Subjekte, Themen oder auch als Objekte verwendet werden. Fügt man ihnen ein **-de** hinzu (das vor Verwandtschaftsbezeichnungen oder Körperteilen weggelassen werden kann), können sie auch Substantive modifizieren, z.B. **wǒde qián** „mein Geld", **nǐde gōngsī** „deine Firma", **tā bàba** „ihr Vater" oder **wǒ shǒu** „meine Hand".

Resultativbildung [RB]

Eine Resultativbildung ist eine Bildung aus einem Handlungsverb und einer Resultativendung (in der Regel ein Verb oder ein Statisches Verb), die das Ergebnis der Handlung anzeigt. Beispielsweise ist **zhǎngdà** „wachsen mit dem Resultat, dass man groß wird; aufwachsen" eine Resultativbildung aus dem Handlungsverb **zhǎng** „wachsen" und der Resultativendung **-dà** „groß". Oder **kàndǒng** „etwas anschauen, mit dem Resultat, dass man es versteht" ist eine Resultativbildung aus dem Handlungsverb **kàn** „anschauen" und der Resultativendung **-dǒng** „verstehen".

Für die meisten Verben gibt es aktuale resultative Formen oder potenzielle resultative Formen, wobei es für beide bejahte und verneinte Formen gibt. Die aktualen Formen zeigen an, dass das Resultat erreicht wird/wurde oder nicht. Die potenziellen Formen, bei denen zwischen Verb und Resultativendung die Infixe **-de-** oder **-bu-** eingefügt werden, zeigen an, ob das Resultat, das in der Endung ausgedrückt wird, erreicht werden kann oder nicht. Nicht bei allen Verben kommen alle diese Formen vor. Beispiele:

Aktual resultativ (bejaht): tīngdǒngle „gehört mit dem Ergebnis, dass verstanden wurde; verstanden"

Aktual resultativ (verneint): méi tīngdǒng „hörte mit dem Ergebnis, dass nicht verstanden wurde; nicht verstanden"

Potenziell resultativ (bejaht): tīngdedǒng „in der Lage sein, zu hören, sodass man versteht; verstehen können"

Potenziell resultativ (verneint): tīngbudǒng „nicht in der Lage sein, zu hören, sodass man versteht; nicht verstehen können"

Einige Resultativbildungen sind aus Verben, die eine Richtung oder eine Bewegung anzeigen, und den Resultativendungen **-lái** „kommen“ bzw. **-qù** „gehen“ zusammengesetzt, z.B. **jìnlái** „hereinkommen“ oder **chūqu** „herausgehen“. Auch diese haben aktuale und potenzielle Formen, z.B. **jìndelái** „hereinkommen können“ bzw. **chūbuqù** „nicht herausgehen können“. Zuweilen dienen auch Resultativbildungen, die mit Richtungsverben gebildet sind, wiederum als Resultativendungen und werden an andere Handlungsverben angehängt. Z.B. kann die Resultativendung **-jìnlái** „hereinkommen“ an das Handlungsverb **pǎo** „rennen“ angehängt werden und so **pǎojìnlái** „hereinrennen“ bilden. Wenn ein Objekt vorhanden ist, wird es vor dem **-lái** bzw. dem **-qù** eingefügt, wie z.B. in **pǎojìn fángzili lái** „ins Haus hineinrennen“.

Resultativendung [RE]

Eine Resultativendung ist eine Endung in einer Resultativbildung, die das Ergebnis der Handlung des ersten Verbs anzeigt. So ist die Resultativbildung **chībǎo** „essen mit dem Ergebnis, dass man voll ist“ aus dem Verb **chī** „essen“ und der Resultativendung **-bǎo** „voll“ zusammengesetzt. Einige Resultativendungen zeigen eine Richtung an, z.B. die Resultativendung **-lái** „kommen“ in **huílai** „zurückkommen“. Bei den meisten Resultativendungen handelt es sich um Verben oder Statische Verben. Zwar bestehen die meisten Resultativendungen aus einer einzigen Silbe, es gibt aber auch verbreitete Resultativendungen, wie **-qǐlai**, **-jìnlai** und **-jìnqu**, die aus zwei Silben zusammengesetzt sind.

Beispiele für andere Resultativendungen sind **-bǎo** „voll; satt“ (wie in **chībǎo** „sich sattessen“), **-dìng** „fixiert, fest“ (wie in **shuōbudìng** „nicht sicher sagen können“), **-guàn** „gewöhnt sein“ (wie in **chīdeguàn** „sich daran gewöhnen können, etwas zu essen“), **-hǎo** „gut“ (wie in **náhǎo** „gut festhalten“), **-qilai** (wie in **kànqilai** „beim Schauen“ oder **xiángqilai** „beim Denken“), **-liǎo** „in der Lage sein“ (wie in **shòubuliǎo** „nicht in der Lage sein, zu ertragen“), **-míngbai** „verstehen“ (wie in **tīngbutàimíngbai** „ich kann nicht so gut verstehen“), **-sǐ** „bis zum Tod“ (wie in **xiàsǐ** „zu Tode erschrecken“), **-wán** „beenden“ (wie in **màiwán** „fertig verkaufen; ausverkaufen“) und **-zháo** (wie in **shuìbuzháo** „nicht einschlafen können“. Weitere Informationen über die Resultativendungen finden sie in der Erläuterung zu den Resultativbildungen.

Spezifizierer [SP]

Spezifizierer sind adjektivische Ausdrücke wie **zhèi-** „dies“ oder **nèi-** „jenes“, die etwas spezifizieren bzw. auf ein bestimmtes Ding oder eine Reihe von bestimmten Dingen „zeigen“. Die Anordnung ist in der Regel Spezifizierer + Zahl + Zähleinheitswort + Substantiv, z.B. **zhèisānběn shū** „diese drei Bücher“. Wenn es sich bei der Zahl um eine Eins (**yī**) handelt, wird diese in der Regel weggelassen, z.B. **nèitái diànnǎo** „jener Computer“ (anstelle von **nèi yìtái diànnǎo**). Lässt sich das Substantiv aus dem Kontext erschließen, wird es ebenfalls oft weggelassen; wenn man beispielsweise über Bücher spricht, kann man einfach **nèiběn** „dieses (dieser Band)“ sagen. Andere wichtige Spezifizierer sind neben **zhèi-** und **nèi-** noch **dì-** (für Ordnungszahlen), **gè-** „jede/r/s“, **měi-** „alle“, **shàng-** „letzte/r/s“ und **xià-** „nächste/r/s“. **Něi-** „welch/e“ ist sowohl ein Fragewort als auch ein Spezifizierer.

Statisches Verb [SV]

Ein Statisches Verb ist ein Verb, das einen Zustand, eine Eigenschaft oder eine Bedingung eines Themas oder Subjekts beschreibt. Im Satz **Nǐ máng ma?** „Bist du beschäftigt?“ zum Beispiel ist **máng** ein Statisches Verb mit der Bedeutung „beschäftigt sein“. Weitere Beispiele für Statische Verben sind **chǎo** „laut sein“, **dǎoméi** „Pech haben“, **dà** „groß sein“, **gāoxìng** „froh sein“, **hǎo** „gut sein“, **hǎochī** „wohlschmeckend sein“, **lǜ** „grün sein“, **yǒumíngr** „berühmt sein“ und **yǒuqián** „reich sein“.

Im Deutschen werden Statische Verben in der Regel mit „sein + Adjektiv“ übersetzt. Sie sollten aber beachten, dass die Bedeutung von „sein“ im Chinesischen in der Bedeutung des Statischen Verbs ‚eingebaut‘ ist, weswegen Sie kein **shì** „sein“ hinzufügen dürfen (es sei denn, Sie wollen es ganz besonders betonen). Um z.B. „Ich bin beschäftigt.“ auszudrücken, würden Sie normalerweise **Wǒ hěn máng** und NICHT ***Wǒ shi máng** sagen.

Zu den Charakteristika der Statischen Verben gehören:

1. Statische Verben können als Prädikat oder als dessen Hauptwort dienen, z.B. **Wǒ hěn hǎo** „Mir geht es gut.“
2. Anders als bei den regulären Verben, kann Statischen Verben das Adverb **hěn** „sehr“ vorangestellt werden

(und das ist sehr häufig tatsächlich auch der Fall), z.B. **Rìwén hěn nán** „Japanisch ist (sehr) schwer.". In einer Aussage, die aus **hěn** + Statischem Verb besteht, verliert das **hěn** meist seine Bedeutung „sehr", es sei denn es wird betont ausgesprochen. Ohne Adverbien wie **hěn** haben Statische Verben oft eine komparative (vergleichende) Bedeutung, z.B. **Zhōngguo hǎo, Měiguo hǎo?** „Ist China besser oder sind die USA besser?"

3. Statische Verben werden zumeist mit **bù** und nur selten mit **méi** verneint (Ausnahme hierzu sind die Statischen Verben, die mit **yǒu** anfangen, diese werden immer mit **méi** oder **méiyou** verneint).
4. Auf Statische Verben kann ein **le** folgen, um eine Zustandsveränderung anzuzeigen, z.B. **Tā èle** „Sie ist hungrig geworden." Ein verneinendes Adverb plus ein Statisches Verb plus die Final-Partikel **le** zeigt an, dass ein bestimmter Zustand nicht mehr besteht; weswegen es oft als „nicht mehr" übersetzt werden kann, z.B. **Tā bù gāoxìngle** „Sie ist nicht mehr froh."
5. Außer als Teil des Prädikats können Statische Verben auch als Adjektive vor Substantiven gebraucht werden, z.B. **hǎo háizi** „gutes Kind", **hǎokànde huār** „schöne Blumen". Diese Fähigkeit unterscheidet die Statischen Verben von den regulären Verben, da das, was einem regulären Verb folgt, in der Regel als dessen Objekt angesehen wird.
6. Auf Statische Verben kann **(yi)dian(r)** „(ein bisschen) mehr" folgen, um den Komparativ auszudrücken, z.B. **hǎo yidian** „besser" oder **guì dianr** „etwas teurer".
7. Auf Statische Verben können außerdem verschiedene Suffixe oder Konstruktionen folgen, die ein extremes Ausmaß ausdrücken, wie z.B. **-jíle** oder **...-de hěn**, z.B. **lèijíle** „extrem müde", **hǎode hěn** „sehr gut".
8. Statische Verben kommen häufig in Resultativkonstruktionen vor, entweder als erstes Verb (z.B. **hǎobuliǎo** „nicht in der Lage, besser zu werden") oder als Resultativendung (z.B. **nònghuàile** „kaputt gemacht").
9. Statische Verben können verdoppelt werden, um Adverbien zu bilden, z.B. **mànmàn chī** „iss langsam", **hǎohāor zuò** „mach es gut" oder **gāogaoxìngxìngde huíjiā** „fröhlich nach Hause zurückkehren".
10. Statische Verben können zuweilen Verben wie Adverbien modifizieren, z.B. **hěn nǔlìde xuéxí** „sehr fleißig lernen".

Wie bereits gesagt, entsprechen die meisten Statischen Verben dem deutschen „sein + Adjektiv", allerdings gibt es auch Ausnahmen, daher sollten Sie aufpassen. So entspricht dem deutschen „krank sein" das chinesische (reguläre, nicht statische) Verb **bìng** „erkranken". Daher heißt es **Tā bìngle** „Sie ist krank geworden." oder **Tā bìngde hěn lìhai** „Sie ist sehr krank." und NICHT ***Tā hěn bìng**.

Substantiv [S]

Wie im Deutschen steht ein Substantiv für eine Person, ein Tier, ein Ding oder etwas Abstraktes, z.B. **dàgē** „Ältester Bruder", **gǒu** „Hund", **fēijī** „Flugzeug" oder **hépíng** „Frieden". Grammatisch gesehen ist jedes Wort, dem eine Zahl plus Zähleinheitswort (z.B. **yìběn shū** „ein Buch") oder ein Pronomen plus **de** (**wǒde diànnǎo** „mein Computer") vorangestellt werden kann, ein Substantiv. Einige Substantive erkennt man auch an den an sie angehängten typischen Suffixen wie **-jiā** in **huàjiā** „Maler", **-tou** in **shítou** „Stein" oder **-zi** in **háizi** „Kind".

Ein Substantiv kann direkt vor einem anderen Substantiv stehen und es modifizieren, wie in **mùtou zhuōzi** „Holztisch" oder **Zhōngguo zì** „chinesisches Schriftzeichen". Anders als im Deutschen können chinesische Substantive nicht gezählt werden, indem man Zahlen direkt davor setzt. Man kann z.B. nicht ***liǎng yǐzi** für „zwei Stühle" sagen, sondern muss ein Zähleinheitswort zwischen Zahl und Substantiv setzen, wie in **liǎngbǎ yǐzi**. Auch sind chinesische Substantive, außer einer geringen Anzahl von Substantiven, die sich auf Personen beziehen und die optional das Pluralsuffix **-men** (z.B. **péngyoumen** „Freunde" oder **tóngxuémen** „Kommilitonen") bekommen können, nicht hinsichtlich der Anzahl (Numerus) markiert. Daher kann das Wort **bǐ** „Stift" je nach Kontext„Stift" oder „Stifte" bedeuten.

Verb [V]

In diesem Buch bezieht sich der Ausdruck Verb auf „reguläre Verben" im Gegensatz zu anderen Verbtypen, wie dem Hilfsverb, dem Co-Verb, dem Gleichsetzenden Verb, dem Postverb, der Resultativbildung mit Verb, der Resultativendung mit Verb, dem Statischen Verb und der Verb-Objekt-Verbindung.

Im Chinesischen drückt ein reguläres Verb eine Handlung, ein Geschehnis, ein Auftreten bzw. eine Funktion von etwas aus. Chinesische Verben können transitiv sein (d.h. ein Objekt haben, z.B. **cāi** „raten", **jiǎnchá** „inspizieren", **kāishǐ** „anfangen", **mǎi** „kaufen", **pà** „fürchten") oder intransitiv sein (also kein Objekt haben, z.B. **bìng** „krank werden", **chūshēng** „geboren werden", **gǎnmào** „sich erkälten", **sǐ** „sterben", **tǎng** „sich hinlegen").

Grammatisch gesehen können zu allen Verben die Verneinungen **bù**, **méi** sowie das Suffix der abgeschlossenen Handlung **-le** hinzugefügt werden. Chinesische Verben werden nicht konjugiert wie im Deutschen (vgl. „gehen, ging, gegangen"). Außer dem Verb **yǒu** „haben", dessen Verneinung **méiyou** lautet und nicht, wie man erwarten könnte, *__bù yǒu__, existieren im Chinesischen keine unregelmäßigen Verben.

Verb-Objekt-Verbindung [VO]

Verbphrasen, die aus einem einsilbigen Verb und einem darauf folgenden einsilbigen Objekt bestehen, nennt man Verb-Objekt-Verbindungen, z.B. **fùqián** „Geld zahlen, zahlen", **kāichē** „Auto fahren, fahren". Bei den Verb-Objekt-Verbindungen werden in diesem Lehrbuch das Verb und das Objekt im Pinyin zusammengeschrieben, es sei denn, dass zwischen den beiden weitere Wörter stehen (vgl. unten). Obgleich aus chinesischem Blickwinkel alle Verb-Objekt-Verbindungen grundsätzlich gleich zu sein scheinen, stellt sich das durch die deutsche Brille etwas anders dar. Man könnte sagen, dass zwei Typen existieren.

Beim ersten Typ sind die Objekte sehr generalisiert, d.h. sehr allgemein. Diese werden in der deutschen Übersetzung normalerweise weggelassen. Zwar ist in diesen Fällen das Objekt im Deutschen nicht erforderlich, im Chinesischen würde es aber unvollständig und unklar wirken, ließe man es weg. So können wir im Deutschen zwar „sprechen" sagen, im Chinesischen hingegen heißt es **shuōhuà** „Wörter sprechen"; im Deutschen heißt es „essen", im Chinesischen hingegen **chīfàn** „Essen essen". Andere Beispiele dafür sind **chōuyān** „Tabak rauchen, rauchen", **huàhuàr** „ein Bild malen, malen", **jiāoshū** „ein Buch lehren, lehren", **kànshū** „ein Buch lesen, lesen", **shuìjiào** „einen Schlaf schlafen, schlafen", **xiàyǔ** „Regen fällt, regnen", **xiězì** „Schriftzeichen schreiben, schreiben" oder **zǒulù** „(auf der) Straße gehen, gehen".

Beim zweiten Typ von Verb-Objekt-Verbindungen ist auch aus der Sicht der deutschen Sprache ein spezifisches Objekt vorhanden, weswegen dieses auch in der Übersetzung auftaucht. Beispiele hierfür sind **chīsù** „vegetarisch essen: Vegetarier sein", **dǎdī** „ein Taxi nehmen", **dǎqiú** „ein Ballspiel spielen", **diǎncài** „Essen bestellen", **pàochá** „Tee aufgießen" oder **tuōxié** „Schuhe ausziehen".

Verb-Objekt-Verbindungen können durch Suffixe oder andere Wörter aufgesplittet werden, z.B. **jiéhūn** „heiraten" kann in **tā hái jiézhe hūnde shíhou** „Als sie noch verheiratet war" aufgesplittet werden; **biyè** „Abschluss machen" in **Tā kěnéng bìbuliǎo yè** „Möglicherweise kann er keinen Abschluss machen." und **jiāoshū** „lehren" wird z.B. zu **Tā jiāoguo hǎojǐniánde shū** „Sie hat recht viele Jahre unterrichtet."

Wichtig im Zusammenhang mit Verb-Objekt-Verbindungen ist, dass sie keine weiteren Objekte annehmen können, da das Objekt bereits „eingebaut" ist. Daher muss, wenn man ein spezifisches Objekt nennen will, zunächst das allgemeine, unspezifische Objekt getilgt werden. **chīfàn** zum Beispiel heißt „essen", weswegen man **Wǒ yào chīfàn** „Ich will essen." sagen kann. Will man nun aber „Ich will Fisch essen." ausdrücken, kann man nicht *__Wǒ yào chīfàn yú__ sagen, vielmehr muss man das allgemeine, unspezifische Objekt **fàn** weglassen und dafür das spezifische Objekt **yú** „Fisch" hinzufügen, wodurch **Wǒ yào chī yú** entsteht.

Zahl [Z]

Zahlen sind substantivartige Formen, die zum Zählen, Aufzählen oder Messen verwendet werden. Beispiele sind **jiǔ** „neun", **wǔshisān** „53" oder **liǎngqiānwàn** „20 Millionen". Zahlen werden nur beim Zählen, wenn man einzelne Zahlen nennt (wie z.B. bei Telefonnummern) oder in der Mathematik allein ausgesprochen, ansonsten sind Zahlen stets mit Zähleinheitswörtern verbunden.

Einige Zahlen werden niemals alleine verwendet. Z.B. muss **-bǎi** „hundert", **-qiān** „tausend", **-wàn** „10.000" oder **-yì** „100 Millionen" immer eine andere Zahl vorangehen (z.B. **sānbǎi** „300", **wǔqiān** „5.000", **báwàn** „80.000" oder **shísānyì** „1,3 Milliarden"). Der Zahl **liǎng-** „zwei" folgt stets ein Zähleinheitswort oder eine andere Zahl. Die Zahlen stehen in der Regel vor den Zähleinheitswörtern, aber manchmal folgen sie diesen auch, z.B. **yíge bàn** „eineinhalb" oder **jiǔkuài wǔ** „9,50 Yuan". Wenn das Fragewort **jǐ-** in der unbestimmten Bedeutung im Sinne von „einige, ein paar" gebraucht wird, betrachtet man es als Zahl und spricht es in der Regel im Neutralen Ton aus (z.B. **Wǒ yǒu jige wèntí** „Ich habe einige Fragen."). Auch das Statische Verb **duō** „viel sein, mehr sein" wird als Zahl angesehen, wenn es in der unbestimmten Bedeutung von „mehr als ..." gebraucht wird (z.B. in **liǎngbǎiduōge** „über zweihundert").

Zähleinheitswort [ZEW]

Zähleinheitswörter, in manchen Grammatiken auch Klassifizierer genannt, sind substantivartige Formen, die direkt nach einem Spezifizierer und/oder einer Zahl verwendet werden, um Substantive zu quantifizieren (d.h. ihre Anzahl auszudrücken). In der Phrase **zhèisānzhāng zhuōzi** „diese drei Tische" zum Beispiel ist **zhèi-** der Spezifizierer mit der Bedeutung „dieser, diese", **sān** ist eine Zahl mit der Bedeutung „drei", **zhāng** ist das Zähleinheitswort für Tische und **zhuōzi** ist ein Substantiv mit der Bedeutung „Tisch".

Es gibt verschiedene Arten von Zähleinheitswörtern. Manche Zähleinheitswörter können Andauer oder Auftretenshäufigkeit anzeigen, z.B. **tiān** „Tag" in **Tā shuìle yìtiān jiào** „Sie hat einen ganzen Tag geschlafen." oder **cì** „mal", wie in **Wǒ qùguo liǎngcì** „Ich bin zweimal hingegangen." Andere hingegen drücken Gewicht oder Länge aus, z.B. **jīn** „Pfund" in **liǎngjīn xiāngjiāo** „zwei Pfund Bananen" oder **gōnglǐ** „Kilometer" in **wǔshi gōnglǐ** „50 Kilometer". Weitere Zähleinheitswörter hängen mit Zeit, Geld oder dem Datum zusammen.

Beim schnellen Sprechen wird die Zahl **yī** „eins" vor einem Zähleinheitswort gerne weggelassen, z.B. **Wǒ mǎi (yí)ge hóngde** „Ich kaufe ein rotes." Auch das Substantiv nach einem Zähleinheitswort kann, wenn aus dem Kontext klar ist, um was es geht, weggelassen werden, z.B. **Wǒ yào zhèitái, bú yào nèitái** „Ich will diesen, nicht jenen." (wenn es um **diànnǎo** „Computer" geht, für die **tái** das Zähleinheitswort ist). Einige Zähleinheitswörter können verdoppelt werden, um „alle, jede/r" auszudrücken, z.B. **tiān** „Tag" in **Tā tiāntiān dōu lái** „Sie kommt jeden Tag." oder **zhāng** (Zähleinheitswort für flache Gegenstände) in **Wǒ zhāngzhāng dōu yào** „Ich will alle." (wenn es z.B. um **dìtú** „Landkarten" geht, die mit dem Zähleinheitswort **zhāng** gezählt werden). Achten Sie auf die Zähleinheitswörter, die man im Deutschen mit einem Substantiv wiedergibt (z.B. **tiān** „Tag" oder **nián** „Jahr"), vor diese dürfen Sie kein weiteres Zähleinheitswort setzen. Es heißt **yìtiān** „ein Tag" oder **yìnián** „ein Jahr", AUF KEINEN FALL ***yíge tiān** oder ***yíge nián**.

Zeitwort [ZW]

Bei den Zeitwörtern handelt es sich um eine eigene Klasse von Substantiven, die sich auf die Zeit beziehen. Dazu gehören die Tageszeiten, die Wochentage, die Monate, die Jahreszeiten, Jahre sowie einige Zeitadverbien. Beispiele: **shàngwǔ** „Vormittag", **lǐbàisān** „Mittwoch", **míngtiān** „morgen", **èryuè** „Februar", **chūntiān** „Frühling", **jīnnián** „dieses Jahr", **dàsì** „Senior Year im College" und **xiànzài** „jetzt".

Die Zeitwörter unterscheiden sich von gewöhnlichen Substantiven darin, dass sie nicht nur als Subjekte, Objekte und Substantivmodifizierer dienen können, sondern auch als Bewegliche Adverbien. Schauen Sie sich die jeweils unterschiedliche Verwendung des Zeitwortes **xīngqīyī** „Montag" im Folgenden an:

Als Subjekt: Xīngqīyī shi wǔyuè wǔhào. „Montag ist der 5. Mai."

Als Objekt: Wǒ bù xǐhuan xīngqīyī. „Ich mag keine Montage."

Als Substantivmodifizierer: xīngqīyī wǎnshang „Montagabend"

Als Bewegliches Adverb vor dem Subjekt: Xīngqīyī wǒ hěn máng. „Am Montag werde ich sehr beschäftigt sein."

Als Bewegliches Adverb nach dem Subjekt: Wǒ xīngqīyī hěn máng. „Am Montag werde ich sehr beschäftigt sein."

Chinesisch-deutsches Glossar

Dieses Glossar enthält sämtliche chinesischen Vokabeln, die in den Basis-Konversationen und Ergänzungsvokabularien der Lektionen 1-10 von *Basis Chinesisch Sprechen* eingeführt wurden. Jeder Eintrag enthält folgende Informationen: das chinesische Wort in Pinyin, fett gedruckt; eine oder mehrere deutsche Übersetzungen; die Wortklasse des chinesischen Wortes [in eckigen Klammern]; und die Nummer der Einheit und des Abschnittes, in dem das chinesische Wort eingeführt wurde (in runden Klammern). Zum Beispiel:

Chinesisch	Deutsch	Wortklasse	Einheit/Abschnitt
róngyi	„einfach sein"	[SV]	(1-3)

Die Einträge sind alphabetisch nach der Pinyin-Umschrift angeordnet, jeweils nach den Silben, wobei der Vokal **u** dem **ü** vorangeht. Gleiche Silben wiederum sind nach den Tönen geordnet, und zwar in der Reihenfolge Erster Ton, Zweiter Ton, Dritter Ton, Vierter Ton und schließlich Neutraler Ton. Bei Einträgen, die aus mehr als einer Silbe bestehen, werden diese zunächst nach der ersten Silbe die jeweils wieder nach Tönen angeordnet sind, und dann erst nach der zweiten Silbe aufgeführt. Zum Beispiel:

bā	**bān**
bá	**bānjiā**
báyuè	**bàn(r)**
bǎ	**bàngōngshì**
bà	**bāng**
ba	**bāngmáng**
-bǎi	

Großschreibung, Bindestriche (-), Apostrophe ('), Punkte (...), und das optionale (**r**)-Suffix werden bei der alphabetischen Einordnung nicht beachtet. Falls zwei Einträge identisch ausgesprochen werden, aber mit unterschiedlichen Schriftzeichen geschrieben werden, werden sie anhand ihres ersten Auftretens in diesem Lehrbuch geordnet. Falls sie aber identisch ausgesprochen werden und auch mit den gleichen Schriftzeichen geschrieben werden, werden sie als zwei verschiedene Gebrauchsweisen innerhalb eines Eintrages anstatt als zwei unterschiedliche Einträge behandelt.

Der Sinn dieses Glossars ist es, Ihr Gedächtnis aufzufrischen, und zwar bezüglich der Wörter, die Sie bereits gelernt, aber wieder vergessen haben. Da jeder Eintrag die Nummer der Einheit und des Abschnittes enthält, wo er zum ersten Mal aufgetaucht ist, lohnt es sich, dort für weitere und genauere Informationen noch einmal nachzuschlagen. Versuchen Sie nicht, mittels dieses Glossars neue Wörter zu lernen. Denken Sie daran, dass ein chinesisches Wort nur in einem ganz bestimmten grammatischen und semantischen Kontext eine bestimmte Bedeutung hat und die deutsche Übersetzung im Glossar irreführend sein kann.

A

āyí Tante (Schwester der Mutter) [S] (6-1)

à „oh" [I] (2-4)

a (macht den Satz freundlicher, weicher) [P] (1-1)

ǎi klein sein (Körpergröße) [SV] (1-3)

ài lieben; mögen [V/HV] (3-2)

àirén Ehemann, Ehefrau [S] (1-2)

āiyà „huch", „oh je" [I] (10-1)

āiyò (zeigt Überraschung an) [I] (5-4)

Àodàlìyà Australien [OW] (6-4)

Àomén Macao [OW] (10-4)

Àozhōu Australien [OW] (6-4)

B

bā acht [Z] (3-1)

báyuè August [ZW] (4-2)

bǎ (für Stühle, Regenschirme) [ZEW] (5-1)

bàba Vater, Papa [S] (1-2)

ba (zeigt einen Vorschlag an) [P] (3-3); (zeigt eine Vermutung an) [P] (2-3)

Bái Bai (wörtl. „Weiß") [FN] (2-1)

bái weiß sein [SV] (9-1)

báisè die Farbe Weiß [S] (9-1)

báitiān tagsüber [ZW] (4-3)

-bǎi hundert [Z] (3-3)

-bǎiwàn Million [Z] (4-4)

bān Klasse [S] (3-1)

bān bewegen (einen Gegenstand); umziehen [V] (5-3)

bāndào etwas nach … bewegen [V+PV] (5-3)

bānjiā umziehen [VO] (6-2)

bānshang in einer Klasse [S+L] (3-1)

bàn etwas erledigen, machen [V] (1-1)

bàn(r) halb [Z] (3-1)

bànfǎ(r) Art und Weise, etwas zu tun, Methode [S] (10-3)

bàngōngshì Büro [OW] (5-1)

bàntiān halber Tag, eine lange Zeit [Z+ZEW] (8-4)

bàng großartig sein, wunderbar [SV] (7-4)

bàoqiàn bedauern [V] (5-1)
bēibāo Rucksack [S] (3-3)
bēizi Becher [S] (3-3)
běi Norden [L] (8-1)
běibiān(r) im Norden [OW] (5-3)
Běidà Peking Universität [OW] (5-2)
Běifāng der Norden [OW] (8-1)
Běifāng huà nördliche Sprache [PH] (8-1)
Běifāng rén Nordländer [PH] (8-1)
Běijīng Beijing [OW] (4-4)
Běijīng Fàndiàn Beijing Hotel [OW] (8-1)
Běijīng Wàiguoyǔ Dàxué Beijing Foreign Studies University [OW] (8-2)
Běijīng Yǔyán Wénhuà Dàxué Beijing Language and Culture University [OW] (7-2)
Běiwài (Abkürzung für Beijing Foreign Studies University) [OW] (8-2)
běndì dieser Ort, hier [S] (9-1)
bèn dumm sein [SV] (9-3)
bǐ vergleichen [V/CV] (10-4)
bǐjiào vergleichsweise, relativ [A] (4-4)
bìyè Abschluss machen, wörtl. Studium abschließen [VO] (7-4)
biàn sich verändern [V] (10-1)
biànchéng zu etwas werden [V+PV] (10-1)
biǎojiě ältere Cousine mit anderem Familiennamen [S] (7-1)
biǎojiěfū Ehemann der älteren Cousine mit anderem Familiennamen [S] (7-1)
bié tue nicht [HV] (2-2)
biéde ein/e andere/r, andere [AT] (8-4)
bīnguǎn Guest House, Hotel [OW] (8-2)
bú cuò „nicht schlecht", „ziemlich gut" [IA] (7-2)
bú duì nicht richtig, nein (5-4)
bú kèqi „gern geschehen", wörtl. „nicht (so) höflich" [IA] (1-4)
bú yòng nicht brauchen, nicht müssen [A+HV] (9-1)
bú yòng xiè „nichts zu danken" [IA] (9-1)
búbì nicht nötig, nicht müssen [HV] (9-2)
búdàn nicht nur [A] (9-3)
búguò wie auch immer; aber [KJ] (5-1)
búyào tue nicht [HV] (2-2)
bù nicht [A] (1-3)

C

cāi raten [V] (3-2)
cài Essen [S] (5-2)
cèsuǒ Toilette [OW] (5-3)
chà ermangeln [V] (3-4); fehlerhaft sein [SV] (7-4)
chàbuduō fast, beinahe [A] (3-4); fehlt nicht viel, gut genug [IA] (10-4)
cháng lang sein [SV] (3-4)
cháng oft [A] (5-2)
Cháng Chéng die Große Mauer [OW] (5-3)
Cháng Chéng Fàndiàn Great Wall Hotel [OW] (5-3)
chángcháng oft [A] (4-4)
chǎng Fabrik [S] (5-2)
cháoshī feucht sein [SV] (10-3)
chē Fahrzeug (Auto, Taxi, Bus, Fahrrad) [S] (3-4)
chēpiào Busfahrkarte [S] (9-4)
chēzhàn Bushaltestelle; Busstation [OW] (9-2)
chēzi Auto, Fahrzeug [S] (8-2)
Chén Chen [FN] (2-1)
chēnghu anreden [V] (2-2)
chéng Stadt [S] (5-3)
-chéng zu etwas werden [PV] (10-1)
chī essen [V] (5-2)
chīfàn Essen essen, essen [VO] (5-2)
chídào spät kommen, zu spät sein [V] (4-4)
chū tàiyáng die Sonne kommt heraus [PH] (10-2)
chū'èr das zweite Jahr in der Junior High School [ZW] (6-1)
chūmén(r) herausgehen [VO] (10-3)
chūlái herauskommen [RB] (10-3)
-chūlái herauskommen [RE] (10-3)
chūqu hinausgehen [RB] (10-3)
chūsān das dritte Jahr in der Junior High School [ZW] (6-1)
chūshēng geboren werden [V] (4-2)
chūshì vorzeigen [V] (9-4)
chūyī das erste Jahr in der Junior High School [ZW] (6-1)
chūzhōng Junior High School [OW] (6-1)
chūzū vermieten [V] (8-2)
chūzū qìchē Taxi [PH] (8-2)
chūntiān Frühling [ZW] (10-2)
cì Mal [ZEW] (4-3)
cōngming klug sein [SV] (9-3)
cóng von [CV] (7-4)
cóngqián in der Vergangenheit, früher [ZW] (7-1)
cuò falsch sein [SV] (2-4)
-cuò falsch [RE] (2-4)

D

dǎ schlagen [V] (8-3)
dǎ diànhuà telefonieren [PH] (8-3)
dǎdī ein Taxi nehmen [VO] (8-1)
dǎléi donnern [VO] (10-1)
dà groß sein; alt (Personen) [SV] (3-2)
-dà groß [RE] (6-2)
dà'èr Sophomore Year im College (bzw. an der Universität) [ZW] (6-1)
dàgài wahrscheinlich, circa [BA] (8-1)
dàmèi ältere jüngere Schwester [S] (6-4)
dàsān Junior Year im College (bzw. an der Universität) [ZW] (6-1)
dàshǐguǎn Botschaft [OW] (2-3)
dàsì Senior Year im College (bzw. an der Universität) [ZW] (6-1)
dàxué Universität, College (bzw. an der Universität) [OW] (2-3)
dàxuéshēng Student [S] (5-2)
dàyī erstes Jahr im College (bzw. an der Universität) [ZW] (6-1)
dàyuē etwa, ungefähr [A] (4-3)
dài mitbringen [V] (2-4)
dàizi Tasche [S] (3-3)
dānwèi Arbeitseinheit, Organisation [OW] (2-3)
dànshi aber [KJ] (10-3)
dāngrán selbstverständlich, natürlich [BA] (5-1)
dào nach, zu [CV] (1-1); ankommen, erreichen, eintreffen [V] (3-4)
-dào ankommen in, nach [PV] (5-3); (zeigt an, dass die Verbhandlung vollzogen wurde) [RE] (9-4)
Déguo Deutschland [OW] (3-1)
Déyǔ Deutsch (Sprache) [S] (7-2)
-de (im **tīng...-de**-Muster) [P] (1-3); (zeigt Besitz an) [P] (2-2); (zeigt an, dass das, was vorangeht, das, was folgt, beschreibt) [P] (2-4)
-de (Verbsuffix, das Art und Weise anzeigt) [P] (7-2)
...-de shíhou(r) während ... [BM] (10-4)
děi müssen [HV] (1-4)
dēng Licht, Lampe [S] (9-1)
děng warten, warten auf [V] (4-2)
dī niedrig sein [SV] (10-1)
dǐxia unter [OW] (5-4)
dì- (bildet Ordinalzahlen) [SP] (4-3)
dìdi jüngerer Bruder [S] (3-2)
dìfang Ort [S] (5-3)
dìzhǐ Adresse [S] (4-2)
diǎn Uhrzeit, Stunde [ZEW] (3-4)
diànchē Straßenbahn, Trolleybus, Tram [S] (9-2)

diànhuà Telefon [S] (8-3)
diànnǎo Computer [S] (5-4)
dōng Osten [L] (4-2)
dōng'àn Ostküste [OW] (10-4)
dōngběi Nordosten [OW] (6-3)
dōngbiān(r) Osten [OW] (5-3)
dōngfāng Osten, der Osten [OW] (8-1)
Dōngfāng rén Asiat [PH] (8-1)
dōngnán Südosten [OW] (6-3)
dōng-nuǎn-xià-liáng „warm im Winter und kühl im Sommer" [AD] (10-4)
dōngtiān Winter [ZW] (10-2)
dōngxi Ding [S] (5-4)
dǒng verstehen [V] (9-4)
-dǒng verstehen [RE] (9-4)
dòngwù Tier [S] (9-2)
dòngwùyuán(r) Zoo [OW] (9-2)
Dòngwùyuán(r) Zoo (Name einer Bus- und Straßenbahnhaltestelle) [OW] (9-2)
dōu alle, beide [A] (1-2)
dǔchē mit Autos verstopft sein, Stau haben [VO] (8-4)
dù Grad (Temperatur) [ZEW] (10-1)
duàn Abschnitt (einer Straße) [ZEW] (4-2); Zeitabschnitt [ZEW] (7-3)
duì korrekt sein [SV] (3-2)
duìbuqǐ „Entschuldigung, Pardon" [IA] (2-3)
duō wie [FW] (3-2); viele sein, viel, mehr [SV/Z] (4-4)
duōshǎo wie viel, wie viele [FW] (3-3)
duōshù die Mehrheit [S] (7-4)

E

e (Zögerlaut; Pausenfüller) [I] (5-4)
éi (führt eine Frage ein) [I] (10-1)
èi „hey, hallo" [I] (1-3)
ei (zeigt eine lebhafte Emotion an) [P] (6-2)
érqiě und, zudem, auch [KJ] (9-3)
...éryǐ und das ist alles [BM] (10-1)
érzi Sohn [S] (6-2)
èr zwei [Z] (3-1)
èryuè Februar [ZW] (4-2)

F

fázi Mittel, Methode, Weg [S] (8-3)
Fǎguo Frankreich [OW] (3-1)
Fǎyǔ Französisch (Sprache) [S] (7-2)
fàn gekochter Reis; Essen [S] (5-2)
fàndiàn Hotel [OW] (5-3)
fángjiān Zimmer [S] (4-3)
fēn Fen [ZEW] (3-3); Minute [ZEW] (3-4)
fēng Wind [S] (10-2)
fēngjǐng Szenerie [S] (10-4)
fēngshā Wind und Sand; Flugsand [S] (10-2)
fúwù bedienen [V] (6-3)
Fù Fu [FN] (8-2)
fùmǔ Eltern [S] (6-4)
fùqin Vater [S] (3-2)
fùyu wohlhabend sein [SV] (7-4)

G

gāi sollen [HV] (9-4)
gǎiháng(r) die Arbeit/Branche wechseln [VO] (7-1)
gān trocken sein [SV] (10-2)
gānjìng sauber sein [SV] (9-3)
gānzào trocken sein [SV] (10-4)
gǎn sich eilen [V] (8-3)
gǎndào zu einem Ort eilen [V+PV] (8-3)
gāng gerade, eben [A] (9-3)
gānggāng gerade jetzt, eben [A] (9-3)
gāo hoch sein, groß sein (Personen) [SV] (1-3)
Gāo Gao (wörtl. „Groß") [FN] (1-3)
gāo'èr Junior Year in der High School [ZW] (6-1)
gāosān Senior Year in der High School [ZW] (6-1)
gāoxìng froh sein [SV] (2-2)
gāoyī Sophomore Year in der High School [ZW] (6-1)
gāozhōng Senior High School [OW] (6-1)
gǎo machen [V] (2-4)
gǎocuò etwas falsch machen [RB] (2-4)
gēge älterer Bruder [S] (3-2)
ge (allgemeines Zähleinheitswort) [ZEW] (2-3)
gěi für [CV] (2-2); geben [V] (6-4)
-gěi geben; für, an/zu [PV] (6-1)
gēn und [KJ] (2-4)
gēn mit [CV] (6-4)
gēnběn (+ VERNEINUNG) gar (nicht) [A] (10-3)
gèng noch mehr, mehr [A] (8-1)
gōng Bogen (Waffe) [S] (4-2)
gōngchǎng Fabrik [OW] (7-1)
gōnggòng öffentlich [AT] (9-2)
gōnggòng qìchē Bus des ÖPNV, öffentlicher Bus [PH] (9-2)
gōngjīn Kilo [ZEW] (8-4)
gōngrén Arbeiter [S] (5-2)
gōngshìbāo Aktentasche [S] (3-3)
gōngsī Firma [OW] (2-3)
gōngzuò Arbeit [S] (1-3); arbeiten [V] (2-3)
gǒu(r) Hund [S] (5-4)
gǔ alt sein [SV] (7-4)
guǎi abbiegen [V] (9-1)
guān schließen [V] (4-1)
guānmén die Tür schließen, zumachen [VO] (4-1)
guǎn sich um etwas kümmern [V] (5-4)
Guǎngzhōu Guangzhou [OW] (4-4)
guì teuer sein [SV] (3-3)
guìxìng „Wie lautet Ihr ehrenwerter Familienname?" [IA] (2-3)
guò passieren, an etwas vorbeigehen [V] (8-1)
-guo (zeigt Erfahrung an) [P] (4-3)

H

hái noch [A] (1-2); außerdem [A] (7-1)
háizi Kind/er [S] (1-2)
Hànyǔ Chinesisch (Sprache) [S] (5-2)
Hànzì chinesisches Schriftzeichen [S] (7-2)
hángkōng Luftfahrt [S] (6-3)
hángkōng gōngsī Fluggesellschaft [PH] (6-3)
hǎo gut sein [SV] (1-2); „OK" [IA] (2-2)
hǎo jiǔ bú jiànle „Lange nicht gesehen!" [IA] (1-2)
hǎochī wohlschmeckend [SV] (6-1)
hǎode „in Ordnung", „OK" [IA] (8-2)
hǎokàn schön, gutaussehend [SV] (6-1)
hǎoxiàng anscheinend, mir scheint [BA] (4-4)
hào Nummer (bei Adresse, Größen) [ZEW] (4-2); Tag des Monats [ZEW] (4-2)
Hé He [FN] (1-3)
hé und [KJ] (7-1); mit [CV] (7-3)
hépíng Frieden [S] (4-2)
Hépíng Bīnguǎn Peace Hotel [OW] (9-1)
Hépíng Dōng Lù Heping East Road [OW] (4-2)
héshì angemessen sein [SV] (10-2)
hēi schwarz sein [SV] (9-1)
hēisè die Farbe Schwarz [S] (9-1)
hěn sehr [A] (1-2)
hěn shǎo selten [PH] (10-2)
hóng rot sein [SV] (9-1)

hónglǜdēng Ampel [S] (9-1)
hóngsè die Farbe Rot [S] (9-1)
Hóu Hou [FN] (2-4)
hòu hinten, hinter [L] (5-4)
hòubian(r) hinten, hinter [OW] (5-4)
hòulái später [ZW] (7-3)
hòumian hinten, hinter [OW] (5-4)
hòunián übernächstes Jahr [ZW] (4-3)
hòutiān übermorgen [ZW] (4-3)
hòutou hinten, hinter [OW] (5-4)
Huáqiáo Auslandschinese/n [S] (5-1)
Huáyì Person chinesischer Abstammung [S] (2-1)
Huáyì Měiguo rén Sino-Amerikaner [PH] (2-1)
huà Wort, Sprache [S] (7-2)
huānyíng „willkommen" [IA] (1-4); willkommen heißen [V] (2-2)
huàn wechseln, tauschen [V] (8-4)
Huáng Huang (wörtl. „gelb") [FN] (6-4)
huáng gelb sein [SV] (9-1)
huángsè die Farbe Gelb [S] (9-1)
huí zurückkehren [V] (1-1); Zeit [ZEW] (5-3)
huíguó ins Heimatland zurückkehren [VO] (4-3)
huíjiā nach Hause zurückkehren [VO] (4-3)
huì können (da erlernt haben) [HV] (7-2); werden, wahrscheinlich sein [HV] (8-3)
huǒ Feuer [S] (3-4)
huǒchē Zug [S] (3-4)
huòzhě oder [KJ] (8-1)

J

jīchǎng Flughafen [OW] (8-2)
jīhui Gelegenheit, Chance [S] (6-4)
-jí rechtzeitig kommen [RE] (3-4)
jǐ- wie viele [FW] (3-1); einige, wenige [Z] (7-2)
jǐge wie viele [FW+ZEW] (3-1)
jǐhào welcher Tag des Monats [FW] (4-2)
jǐyuè welcher Monat [FW] (4-2)
jìde erinnern [V] (9-4)
jìjié Jahreszeit [S] (10-2)
jìxù weitermachen [V/HV] (7-2)
jiā (für Firmen, Fabriken) [ZEW] (2-3); Familie, Zuhause [OW] (4-3)
jiā hinzufügen; plus [V] (3-3)
Jiā'nádà Kanada [OW] (2-1)
Jiāzhōu Kalifornien [OW] (10-4)
jiǎn abziehen; minus [V] (3-3)
jiàn (für Gepäck, Angelegenheiten etc.) [ZEW] (8-4)
jiǎng sprechen, sagen [V] (7-3)
jiǎnghuà sprechen, reden [VO] (7-3)
jiāo lehren [V] (6-3)
jiāoshū lehren [VO] (6-3)
jiāotōng Verkehr [S] (8-3)
jiāotōng jǐngchá Verkehrspolizei [PH] (9-1)
jiāotōngjǐng Verkehrspolizist [S] (9-1)
jiào genannt werden [GV] (2-1); nennen (jemanden) [V] (2-2); rufen (jemanden) [V] (9-3)
jiéhūn heiraten [VO] (6-2)
jiějie ältere Schwester [S] (3-2)
jiěmèi ältere und jüngere Schwestern [S] (6-4)
jièshao vorstellen [V] (2-2)
jīn Gold [GF/FN] (6-2)
jīnnián dieses Jahr [ZW] (3-2)
jīntiān heute [ZW] (4-2)
jǐnzhāng nervös sein, angespannt [SV] (1-3)
jìn in etwas hineingehen [V] (1-4)
jìn nahe sein [SV] (8-1)
jìnkuài so schnell wie möglich [A] (8-3)
jìnlái hereinkommen [RB] (10-3)
-jìnlái hereinkommen [RE] (10-3)
jìnqu hineingehen [RB] (10-3)
jīnglǐ Manager [S] (2-4)
jǐngchá Polizei [S] (9-1)
jiǔ neun [Z] (3-1)
jiǔ lang sein (Zeit) [SV] (4-3)
jiǔyuè September [ZW] (4-2)
jiù dann [A] (3-2); genau, exakt [A] (4-2); nur [A] (7-4)
jiù alt sein (Gegenstände) [SV] (6-2)
Jiùjīnshān San Francisco [OW] (6-2)
juéde empfinden, meinen, finden [V] (7-4)
juédìng entscheiden [V] (8-3)

K

kāi abfahren (Zug, Bus, Schiff) [V] (3-4); öffnen [V] (4-1); führen/fahren/lenken (ein Fahrzeug) [V] (8-1)
kāi wánxiào Witze machen, Späße machen [PH] (9-3)
kāichē ein Auto fahren [VO] (8-4)
kāiguān Schalter [S] (5-4)
kāimén eine Tür öffnen, geöffnet [VO] (4-1)
kāishǐ anfangen [V] (7-3); am Anfang [ZW] (7-3)
kàn sehen [V] (3-2); lesen [V] (9-4)
kànchūlái etwas durch Schauen feststellen [RB] (10-3)
kàndǒng lesen und verstehen [RB] (9-4)
kànqilai beim Schauen; anscheinend [RB] (6-2)
Kē Ke [FN] (1-1)
kéyi OK sein [SV] (1-3); dürfen, können [HV] (5-1)
kě bestimmt, sicherlich [A] (5-3)
kě'ài lieblich, süß [SV] (3-2)
kěnéng möglich sein [HV] (10-1)
kěshi aber [BA] (2-1)
kè Viertelstunde [ZEW] (3-4)
kè Klasse [S] (4-4)
kōngqì Luft [S] (10-3)
kǒngpà „Ich fürchte, dass ..."; wahrscheinlich [BA] (3-4)
kǒu(r) (für Personen; wörtl. „Mund") [ZEW] (7-1)
kuài Yuan (Geldeinheit) [ZEW] (3-3)
kuài bald, schnell [A] (5-2); schnell sein [SV] (8-1)
kùn müde sein [SV] (1-3)

L

lái kommen [V] (2-2)
-lái (zeigt eine Bewegung zum Sprecher an) [RE] (10-3)
láibují zu spät sein, nicht genug Zeit haben [RB] (3-4)
lán blau sein [SV] (9-1)
lánsè die Farbe Blau [S] (9-1)
lǎn faul sein [SV] (9-3)
láojià „Entschuldigung!" [IA] (8-1)
lǎo alt sein (Personen) [SV] (1-3)
lǎo- zeigt die Stellung unter Geschwistern an) [GF] (6-4)
lǎobǎn Chef, Eigentümer [S] (5-1)
lǎodà Älteste/r (unter Geschwistern) [S] (6-4)
lǎoshī Lehrer [S] (1-4)
le (zeigt einen veränderten Zustand an) [P] (1-2)
-le (zeigt eine vollendete Handlung an) [P] (2-4)
lèi müde sein, ermüdet [SV] (1-2)
lěng kalt sein [SV] (10-2)
lí entfernt von, von [CV] (8-1)
líhūn sich scheiden lassen [VO] (6-2)
Lǐ Li [FN] (1-4)
lǐ in, innerhalb [L] (5-4)
lǐbài Woche [S] (4-1)
lǐbài'èr Dienstag [ZW] (4-1)
lǐbàijǐ welcher Wochentag [FW] (4-1)
lǐbàiliù Samstag [ZW] (4-1)
lǐbàirì Sonntag [ZW] (4-1)
lǐbàisān Mittwoch [ZW] (4-1)
lǐbàisì Donnerstag [ZW] (4-1)
lǐbàitiān Sonntag [ZW] (4-1)

lĭbàiwŭ Freitag [ZW] (4-1)
lĭbàiyī Montag [ZW] (4-1)
lĭbian(r) in, innerhalb [OW] (5-4)
lĭmiàn in, innerhalb [OW] (5-4)
lĭtou in, innerhalb [OW] (5-4)
lĭwù Geschenk [S] (6-1)
liángkuai angenehm kühl sein [SV] (10-4)
liăng- zwei [Z] (3-1)
liàng (für Landfahrzeuge) [ZEW] (8-2)
liáo plaudern [V] (6-4)
liáotiān plaudern [VO] (6-4)
Lín Lin [FN] (1-4)
líng Null [Z] (3-3)
liú zurücklassen (jemanden, etwas) [V] (5-1)
liúxué ein Auslandsstudium machen [VO/V] (6-4)
liù sechs [Z] (3-1)
liùyuè Juni [ZW] (4-2)
lóu Geschoss (eines Gebäudes) [S] (4-2); Gebäude (mit mehr als zwei Etagen) [S] (8-2)
lù Straße [S] (4-2); (für Buslinien) [ZEW] (9-2)
lùkŏu(r) Kreuzung [OW] (9-1)
lǜ grün sein [SV] (9-1)
lǜsè die Farbe Grün [S] (9-1)
luàn durcheinander sein, chaotisch sein [SV] (9-3)
Luó Luo [FN] (2-4)

M

m (Zögerlaut; Pausenfüller) [I] (4-3); (zeigt an, dass etwas gut schmeckt) [I] (6-1); (zeigt Zustimmung an) [I] (10-3)
Măláixīyà Malaysia [OW] (2-1)
māma Mama, Mami [S] (1-2)
máfan stören [V] (8-3)
Mă Ma (wörtl. „Pferd") [FN] (2-1)
măshàng sofort, gleich [A] (8-3)
ma (zeigt Fragen an) [P] (1-2)
ma (zeigt an, dass etwas offenkundig ist) [P] (7-2)
măi kaufen [V] (3-3)
măimài kaufen und verkaufen, Business [S] (7-1)
mài verkaufen [V] (3-3)
màn zŏu „Pass auf dich auf!" [IA] (1-4)
máng beschäftigt sein [SV] (1-2)
māo(r) Katze [S] (9-2)
máo zehn Fen, Groschen [ZEW] (3-3)
máomáoyŭ Nieselregen [S] (10-3)
màoyì Handel [S] (2-4)
màoyì gōngsī Handelsfirma [PH] (2-4)
méi (zeigt Verneinung eines Handlungsverbs in der Vergangenheit an) [HV] (2-4); „Macht nichts!" [V] (9-3)
méi guānxi „Macht nichts!", „Ist schon in Ordnung!", „Das ist nicht von Belang!" [IA] (2-4)
méi shì(r) „Macht nichts!", „Ist schon in Ordnung!" [IA] (5-3)
méi yìsi uninteressant [PH] (1-4)
méiyou nicht haben; es gibt nicht/keine [V] (3-2); (zeigt Verneinung eines Handlungsverbs in der Vergangenheit an) [HV] (6-3)
mĕi schön sein [SV] (10-4)
Mĕiguo Amerika, USA [OW] (2-1)
Mĕiguo Zài Tái Xiéhuì American Institute in Taiwan [OW] (6-3)
mĕi- jeder, alle [SP] (4-1)
Mĕijí Huárén Chinese mit US-amerikanischer Staatsbürgerschaft [PH] (10-4)
mèimei jüngere Schwester [S] (3-2)
mén(r) Tür, Tor [S] (4-1)
ménkŏu(r) Torweg, Eingang [OW] (8-2)
mĭ Meter [ZEW] (8-4)
Mínguó Republik (China) [ZW] (4-2)
míngnián nächstes Jahr [ZW] (4-2)
míngpiàn Visitenkarte [S] (2-4)
míngtiān morgen [ZW] (4-2)
míngzi Name [S] (2-1)
mŭqin Mutter [S] (3-2)

N

nà jenes [PR] (2-2); in diesem Falle, so [KJ] (2-2)
náli „überhaupt nicht" [IA] (4-1); wo [FW] (6-2)
nàli dort [OW] (6-2)
nàixīn geduldig sein; Geduld [SV/S] (8-3)
nán schwierig sein [SV] (1-3)
nán Süden [L] (8-1)
nánbiān(r) Süden [OW] (5-3)
nánde Mann, männlich [S] (3-1)
Nánfāng Süden, der Süden [OW] (8-1)
Nánfāng huà südliche Sprache [PH] (8-1)
Nánfāng rén Südländer [PH] (8-1)
nánguài... kein Wunder, dass ... [BM] (7-3)
nánguò traurig sein [SV] (10-4)
nánháir Junge [S] (7-1)
Nánjīng Nanjing, Nanking [OW] (4-4)
nánlăoshī Lehrer (männlich) [S] (3-1)
nánpéngyou (der) Freund [S] (6-1)
nánshēng Student (männlich) [S] (3-1)
năr wo [FW] (1-1)
nàr dort [OW] (5-1)
ne und wie ist es mit ... [P] (1-1); (Pausenfüller) [P] (7-1); (zeigt den Aspekt der Dauer an) [P] (9-4)
nĕi- welche/r/s [FW] (2-1)
nĕibiār(r) welche Seite, wo [FW] (5-3)
nĕiguó welches Land [FW] (2-1)
nèi- jener es [SP] (2-1)
nèibian(r) jene Seite, dort [OW] (5-3)
nèiyang(r) auf diese Weise, so [BA] (7-4)
nèiyangzi auf diese Weise, so [BA] (10-3)
nèmme dann, in diesem Fall [KJ] (3-4); in dieser Weise, so [A] (7-3)
néng in der Lage sein, können [HV] (6-3)
nĭ du [PR] (1-1)
nĭ hăo „Hallo!", „Guten Tag!" [IA] (1-1)
nĭmen ihr [PR] (1-4)
nián Jahr [ZEW] (4-2)
niánji Alter [S] (3-2)
niánjí Jahrgangsstufe (in der Schule o.ä.) [S] (6-1)
niánqīng jung sein [SV] (6-2)
niàn studieren [V] (7-4)
niăo(r) Vogel [S] (9-2)
nín Sie (höfliche Anrede) [PR] (1-4)
Niŭyuē New York [OW] (6-2)
nòng Gasse [GF] (4-2)
nŭlì fleißig sein [SV] (7-4)
nǚde Frau, weiblich [S] (3-1)
nǚ'ér Tochter [S] (6-2)
nǚhá r Mädchen [S] (7-1)
nǚlăoshī Lehrerin [S] (3-1)
nǚpéngyou (die) Freundin [S] (6-1)
nǚshēng Studentin [S] (3-1)
nǚshì Madam, Dame [S] (2-3)
nuănhuo warm sein [SV] (10-4)

O

ò „Oh!" [I] (2-2)

P

páiháng der Rang unter Geschwistern [S] (6-4)
pài senden [V] (8-3)
pàiqu senden, aussenden [RB] (8-3)
pángbiān(r) an der Seite, in der Nähe [OW] (5-4)
pàng dick sein, fett sein [SV] (5-3)
péixùn trainieren [V] (5-2)
péngyou Freund [S] (6-1)
pèng jemanden zufällig treffen [V] (10-3)
pèngshang jemanden zufällig treffen [RB] (10-3)

pí Leder, Haut [S] (5-2)

píxié Lederschuh/e [S] (5-2)

piányi billig sein [SV] (3-3)

piāo schweben [V] (10-3)

piāojinlái hereinschweben [RB] (10-3)

piào Fahrkarte [S] (9-3)

píngcháng gewöhnlich, normalerweise [BA] (4-1)

Pǔtōnghuà Mandarin (Sprache) [S] (7-2)

Q

qī sieben [Z] (3-1)

qíshí tatsächlich [BA] (10-3)

qítā andere [AT] (7-2)

qíyuè Juli [ZW] (4-2)

qǐchuáng aus dem Bett aufstehen, sich erheben [VO] (4-1)

-qǐlai am VERBen [RE] (6-2)

qìchē Auto, Fahrzeug [S] (8-2)

qìhou Klima [S] (10-4)

-qiān tausend [Z] (3-3)

-qiānwàn zehn Millionen [Z] (4-4)

qián Geld [S] (3-3)

qián vor, vorne [L] (5-4)

qiánbian(r) vor, vorne [OW] (5-4)

qiánmian vor, vorne [OW] (5-4)

qiánnián vorletztes Jahr [ZW] (4-3)

qiántiān vorgestern [ZW] (4-3)

qiántou vor, vorne [OW] (5-4)

qīng leicht (Gewicht) [SV] (8-4)

qīngchu klar sein, sich im Klaren sein [SV] (9-1)

qíngtiān sonniger Himmel, gutes Wetter [S] (10-1)

qǐng „bitte“ [IA] (1-4)

qǐng jìn „Komm bitte herein!“ [IA] (1-4)

qǐng wèn „Entschuldigung!“, „darf ich fragen“ [IA] (2-1)

qǐng zuò „Setz dich bitte!“ [IA] (1-4)

qiūtiān Herbst [ZW] (10-2)

qù gehen, nach ... gehen [V] (1-1)

-qù (zeigt eine Bewegung weg vom Sprecher an) [RE] (8-3)

qùnián letztes Jahr [ZW] (4-2)

quán völlig, ganz [A] (7-2)

R

ránhòu danach, dann [BA] (4-3)

ràng machen, dass ..., verursachen, veranlassen [V/CV] (5-3)

ràng nǐ jiǔ děngle „Ich habe dich lange warten lassen.“ [IA] (5-3)

rè heiß sein [SV] (10-1)

rén Mensch, Person [S] (2-1)

rénkǒu Bevölkerung [S] (4-4)

rènshi kennen, kennen lernen [V] (2-2); erkennen [V] (7-2)

Rìběn Japan [OW] (2-1)

Rìyǔ Japanisch (Sprache) [S] (7-2)

róngyi leicht sein [SV] (1-3)

rúguǒ wenn, falls [A] (10-2)

S

sān drei [Z] (3-1)

sānyuè März [ZW] (4-2)

sāichē durch Autos verstopft [VO] (8-4)

shā Sand, Kies [S] (10-2)

shāchuāng Schiebefenster [S] (10-3)

shān Berg, Hügel [S] (5-3)

shǎndiàn es blitzt, „der Blitz blitzt" [VO] (10-1)

shàng- letzte/r [SP] (3-2)

shàng auf [L] (5-4); zu ... gehen, besuchen (Schule etc.) [V] (6-1); zu ... gehen, zu ... kommen [CV] (8-3); einsteigen (Fahrzeug etc.) [V] (9-3)

-shàng auf [RE] (10-3)

shàngbān(r) arbeiten, zur Arbeit gehen [VO] (6-3)

shàngbian(r) auf [OW] (5-4)

shàngchē einsteigen (Fahrzeug) [VO] (9-2)

Shànghǎi Shanghai [OW] (4-4)

shàngkè Unterricht haben [VO] (4-4)

shàngmian auf [OW] (5-4)

shàngtou auf [OW] (5-4)

shàngwǔ Morgen, Vormittag [ZW] (4-1)

shàngxué zur Schule gehen [VO] (6-3)

shǎo wenige sein, weniger [SV] (4-4)

shéi wer, wem [FW] (2-2)

shémme was [FW] (2-1)

shēnqǐng beantragen [V] (7-4)

shēnti Körper [S] (7-1)

shēngqì ärgerlich werden, ärgerlich sein [VO/SV] (9-3)

shēngrì Geburtstag [S] (4-2)

Shī Shi [FN] (2-4)

shīfu Meister, Fahrer [S] (8-4)

shí zehn [Z] (3-1)

shí'èryuè Dezember [ZW] (4-2)

shíhou(r) Zeit [S] (7-3)

shíjiān Zeit [S] (3-4)

shítáng Cafeteria, Mensa [OW] (1-1)

shíwàn hunderttausend [Z] (4-4)

shíyàn Experiment [S] (4-1)

shíyànshì Labor [S] (4-1)

shíyīyuè November [ZW] (4-2)

shíyuè Oktober [ZW] (4-2)

shízài wirklich, tatsächlich [A] (5-1)

shǐyòng benutzen, verwenden [V] (5-4)

shǐyòng shǒucè Bedienungsanleitung [PH] (5-4)

shì(r) Sache, Angelegenheit (abstrakt) [S] (1-1)

shì sein [GV] (1-3)

shìyìng sich anpassen [V] (10-4)

shǒucè Bedienungsanleitung [S] (5-4)

shǒudū Hauptstadt [S] (8-2)

Shǒudū Jīchǎng Hauptstadtflughafen [OW] (8-2)

shòu dünn sein [SV] (5-3)

shòupiàoyuán Fahrkartenverkäufer, Schaffner [S] (9-3)

shūfáng Arbeitszimmer [OW] (5-4)

shūfu bequem sein [SV] (10-2)

shūjià Bücherregal [S] (5-4)

shūshu Onkel (jüngerer Bruder des Vaters) [S] (6-1)

shuì schlafen [V] (4-1)

shuìjiào schlafen, schlafen gehen [VO] (4-1)

shuìzháo einschlafen [RB] (9-4)

shuō sagen, sprechen [V] (4-3)

shuō xiàohua(r) einen Witz erzählen [PH] (9-3)

shuōhuà Wörter sprechen, sprechen [VO] (7-2)

sījī Fahrer, Chauffeur [S] (8-3)

sǐ sterben [V] (10-2)

sì vier [Z] (3-1)

sìyuè April [ZW] (4-2)

sòng geben (Geschenk) [V] (6-1)

sònggěi (jemanden ein Geschenk) geben [V+PV] (6-1)

sùshè Wohnheim [OW] (1-1)

suì Lebensjahr [ZEW] (3-2)

Sūn Sun [FN] (4-4)

suóyi daher, so [KJ] (6-3)

suóyi shuō so, daher [PH] (10-1)

T

tā er, sie; ihm, ihr etc. [PR] (1-2); es (Tier oder Gegenstand) [PR] (5-4)

tāmen sie (2. Person Plural), ihnen [PR] (1-2)

tái (für Computer, TVs) [ZEW] (5-4)

Táiběi Taipei [OW] (4-4)

Táiběi Měiguo Xuéxiào Taipei American School [OW] (6-3)
táifēng Taifun [S] (10-3)
Táiwān Taiwan [OW] (2-1)
tài zu sehr, im Übermaß [A] (1-3)
tàitai Frau [S] (1-4); Ehefrau [S] (2-3); verheiratete Frau, Dame [S] (2-4)
tàiyáng Sonne [S] (10-2)
táng Bonbon; Zucker [S] (6-1)
tàng (für Fahrten von Bussen und Zügen) [ZEW] (3-4)
táokè Unterricht schwänzen [VO] (4-4)
tiān Tag [ZEW] (4-1); Himmel [S] (10-1)
Tiān'ānmén Tiananmen [OW] (8-1)
Tiānjīn Tianjin [OW] (3-4)
tiānqi Wetter [S] (10-1)
tiānqi yùbào Wettervorhersage [PH] (10-1)
tiáo (für Straßen und Gassen) [ZEW] (8-4)
tiáozi Notiz, Nachricht [S] (5-1)
tīng hören, zuhören [V] (9-4)
tīngdǒng hören und verstehen [RB] (9-4)
tīngshuō von etwas hören, Gesagtes hören [V] (7-4)
tǐng ziemlich, sehr [A] (1-3)
Tōng Xiàn Kreis Tong [OW] (7-1)
tōngzhī benachrichtigen [V] (8-3)
tóngshì Kollege [S] (2-3)
tóngwū(r) Mitbewohner [S] (2-2)
tóngxué Klassenkamerad, Kommilitone [S] (2-1)
tóngzhì Genosse, Kamerad [S] (9-4)
túshūguǎn Bibliothek [OW] (1-1)

W

wài außen [L] (5-4)
wàibian(r) außen [OW] (5-4)
wàiguo Ausland [S] (8-2)
wàiguo huà Fremdsprache [PH] (8-2)
wàiguo rén Ausländer [PH] (8-2)
wàiguoyǔ Fremdsprache [S] (8-2)
wàijiāobù Außenministerium [OW] (2-3)
wàimian außen, draußen [OW] (5-4)
wàitou außen, draußen [OW] (5-4)
wàizǔfù Großvater mütterlicherseits [S] (6-4)
wàizǔmǔ Großmutter mütterlicherseits [S] (6-4)
wán(r) spielen, sich vergnügen [V] (10-2)
wánxiào Witz [S] (9-3)
wǎn spät sein [SV/A] (10-4)
wǎnfàn Abendessen [S] (5-2)
wǎnshang am Abend, abends [ZW] (4-1)
-wàn zehntausend [Z] (4-4)
Wáng Wang [FN] (1-1)
wàng vergessen [V] (6-4)
wàng nach [CV] (8-1)
wéi „Hallo" (am Telefon) [I] (8-2)
wèi (höflich für Personen) [ZEW] (2-1)
wèi „Hallo" [I] (9-4)
wèishemme warum [FW] (6-3)
wèizi Sitzplatz [S] (5-2)
wénhuà Kultur [S] (4-2)
wèn fragen [V] (2-1)
wēndù Temperatur [S] (10-1)
wǒ ich, mir [PR] (1-1)
wǒmen wir, uns [PR] (1-4)
Wú Wu [FN] (2-3)
wǔ fünf [Z] (3-1)
wǔ-bā-liù Pentium® (Computermarke) [S] (5-4)
wǔfàn Mittagessen [S] (5-2)
wǔyuè Mai [ZW] (4-2)
wù Nebel [S] (10-3)

X

xī Westen [L] (8-1)
Xī'ān Xian [OW] (4-4)
xī'àn Westküste [OW] (10-4)
Xībānyá Spanien [OW] (2-1)
Xībānyáyǔ Spanisch (Sprache) [S] (7-2)
xīběi Nordwesten [OW] (6-3)
xībiān(r) Westen [OW] (5-3)
xīfāng Westen, der Westen [OW] (8-1)
Xīfāng rén Westler [PH] (8-1)
xī'nán Südwesten [OW] (6-3)
Xī'nán Hángkōng Gōngsī Southwest Airlines® [OW] (6-3)
xīwàng hoffen [V] (9-3)
xíguàn etwas gewohnt sein [V] (10-4)
xǐhuan mögen [V/HV] (6-1)
xià- nächste/r [SP] (3-2)
xià unten, unter [L] (5-4)
xià máomáoyǔ nieseln [PH] (10-3)
xiàbān(r) von der Arbeit kommen [VO] (6-3)
xiàbian(r) unten, unter [OW] (5-4)
xiàchē aussteigen (aus einem Fahrzeug) [VO] (9-4)
xiàmian unten, unter [OW] (5-4)
xiàtiān Sommer [ZW] (10-2)
xiàtou unten, unter [OW] (5-4)
xiàwǔ Nachmittag, nachmittags [ZW] (4-1)
xiàxuě schneien [VO] (10-2)
xiàyǔ regnen [VO] (10-1)
xiān zuerst, vor jemandem anderes [A] (1-2)
xiānsheng Herr [S] (1-4); Ehemann [S] (2-3); Ehemann, Herr, Gentleman [S] (2-4)
xiàn Kreis (Verwaltungsbezirk) [S] (7-1)
xiànzài jetzt [ZW] (3-4)
xiāng duften, gut riechen [SV] (5-3)
Xiāng Shān Xiangshan, Duftberge [OW] (5-3)
Xiānggǎng Hongkong [OW] (2-3)
Xiānggǎng Zhōngwén Dàxué Chinese University of Hong Kong [OW] (2-3)
xiǎng denken [V] (3-2); wollen, etwas wollen, möchte [HV] (5-1)
-xiàng Gasse [GF] (4-2)
xiáojie Frau [S] (1-4); junge Dame, Fräulein [S] (2-4)
xiǎo klein sein, jung sein [SV] (1-3)
xiǎohái(r) kleines Kind [S] (6-2)
xiǎomèi jüngere jüngere Schwester [S] (6-4)
xiǎoshí Stunde [S] (8-3)
xiǎoxīn vorsichtig sein [SV] (9-4)
xiǎoxué Grundschule [OW] (6-1)
xiàozhǎng Schuldirektor [S] (2-3)
xié Schuh [S] (5-2)
xiéhuì Gesellschaft, Vereinigung [S] (6-3)
xiě schreiben [V] (7-2)
xiězì(r) Schriftzeichen schreiben, schreiben [VO] (7-2)
Xiè (wörtl. „danken") [FN] (1-4)
xiè danken [V] (9-1)
xièxie „Danke" [IA] (1-2); danken [V] (1-4)
xīn neu sein [SV] (2-2)
Xīnjiāpō Singapur [OW] (2-1)
xīngqī Woche [S] (4-1)
xīngqī'èr Dienstag [ZW] (4-1)
xīngqījǐ welcher Wochentag? [FW] (4-1)
xīngqīliù Samstag [ZW] (4-1)
xīngqīrì Sonntag [ZW] (4-1)
xīngqīsān Mittwoch [ZW] (4-1)
xīngqīsì Donnerstag [ZW] (4-1)
xīngqītiān Sonntag [ZW] (4-1)
xīngqīwǔ Freitag [ZW] (4-1)
xīngqīyī Montag [ZW] (4-1)
xíng in Ordnung sein, OK [V] (1-2)
xíngli Gepäck, Koffer [S] (8-4)
xìng mit Familiennamen heißen [GV] (2-3)
xìngmíng Vor- und Nachname [S] (8-2)
xiōngdì ältere und jüngere Brüder [S] (6-4)

xiūxi ausruhen, Pause machen **[V]** (4-1)

xūyào benötigen, brauchen **[V]** (8-4)

xué lernen, studieren **[V]** (5-2)

xuésheng Schüler, Student **[S]** (5-2)

xuéxí Studien, Studium **[S]** (1-3); lernen, studieren **[V]** (2-3)

xuéxiào Schule **[OW]** (6-3)

xuě Schnee **[S]** (10-2)

Y

ya (Form von **a**, die nach Wörter, die mit **-a** oder **-i** enden, vorkommt) **[P]** (7-2)

yánjiū Forschung, forschen **[S/V]** (7-4)

yánjiūshēng Graduierter **[S]** (7-4)

yánsè Farbe **[S]** (9-1)

Yángmíng Shān Yangming-Berg **[OW]** (10-3)

yǎng halten, züchten (Tiere) **[V]** (9-2)

yàngzi Art, Erscheinung **[S]** (1-3)

yāo eins **[Z]** (5-3)

yào wollen, brauchen, kosten, benötigen **[V]** (3-3); werden **[HV]** (4-3); wollen **[HV]** (5-4); verlangen **[V]** (8-3); müssen, sollen; brauchen, notwendig sein **[HV]** (8-3); falls **[BA]** (10-2)

yàoshi falls, wenn **[BA]** (5-1)

yě auch **[A]** (1-1)

yèli nachts **[ZW]** (4-3)

yī eins **[Z]** (2-3)

yīyuè Januar **[ZW]** (4-2)

yídìng bestimmt, sicherlich **[A]** (10-1)

yíge rén einzeln, allein **[PH]** (7-3)

yígòng zusammen, insgesamt **[A]** (3-1)

Yíhéyuán Sommerpalast **[OW]** (9-2)

yímín ein-, auswandern **[V]** (6-4)

yíxià(r) (macht das Verb weicher) **[Z+ZEW]** (2-2)

yǐhòu in der Zukunft, später, danach **[ZW]** (6-4)

...yǐhòu nach ... **[BM]** (7-4)

yǐjīng schon, bereits **[A]** (3-4)

yǐqián vor, vorher, früher **[ZW]** (7-2)

...yǐqián vor ... **[BM]** (7-4)

yǐzi Stuhl **[S]** (5-1)

-yì hundert Millionen: 100.000.000 **[Z]** (4-4)

yìdiǎn(r) ein wenig, etwas **[Z+ZEW]** (1-1)

yìhuǐr ein Weilchen **[S]** (8-3)

yìniánjí erste Jahrgangsstufe **[ZW]** (6-1)

yìqǐ zusammen, gemeinsam **[A/OW]** (7-3)

yìsi Bedeutung **[S]** (6-2)

yìzhí gerade, geradeaus **[A]** (8-1)

yīntiān wolkiger Himmel, bedeckter Himmel **[S]** (10-1)

yīnwei weil **[KJ]** (6-3)

yīngdāng sollen **[HV]** (8-4)

yīnggāi sollen **[HV]** (2-2)

Yīngguo England **[OW]** (2-4)

Yīngwén Englisch (Sprache) **[S]** (5-1)

Yīngyǔ Englisch (Sprache) **[S]** (7-2)

yò „Wow" **[I]** (3-3)

yōngjǐ voll sein (mit Menschen), sich drängen **[SV]** (8-3)

yònggōng hart arbeitend, fleißig sein **[SV]** (9-3)

yǒu haben **[V]** (1-2); es gibt **[V]** (3-1)

yǒu yìsi interessant sein **[PH]** (1-4)

yǒude einige **[AT/PR]** (7-2)

yǒude shíhou(r) manchmal **[PH]** (7-3)

yǒuyì Freundschaft **[S]** (8-2)

Yǒuyì Bīnguǎn Friendship Hotel **[OW]** (8-2)

yòu rechts **[L]** (5-4)

yòu wieder, nochmals **[A]** (7-3)

yòubian(r) rechte Seite, rechts **[OW]** (5-4)

yòu'éryuán Kindergarten **[OW]** (7-1)

yú(r) Fisch **[S]** (9-2)

yǔ Regen **[S]** (10-1)

yǔyán Sprache **[S]** (4-1)

yǔyán shíyànshì Sprachlabor **[PH]** (4-1)

yùbào Vorhersage **[S]** (10-1)

yuánlái ursprünglich, früher **[BA]** (7-1)

yuǎn weit weg sein **[SV]** (7-3)

yuè Monat **[S]** (3-2)

yuè lái yuè... immer mehr ... **[BM]** (10-1)

yuèfen(r) Monat **[S]** (7-3)

yuèpiào Monatskarte **[S]** (9-4)

yún Wolke **[S]** (10-1)

yùnqi Glück **[S]** (10-3)

Z

zài sich befinden, in/an/auf **[CV]** (2-3); da sein, sich in/an auf ... befinden **[V]** (5-1); (zeigt den progressiven Aspekt an) **[HV]** (10-3)

zài wieder, nochmals **[A]** (3-4)

-zài in, an, auf **[PV]** (5-3)

zàijiàn „Auf Wiedersehen!" **[IA]** (1-2)

zāng schmutzig sein **[SV]** (9-3)

zāogāo „Verflixt!"; durcheinander sein **[IA/SV]** (8-4)

zǎo früh sein **[SV]** (9-4); „Guten Morgen" **[IA]** (10-1)

zǎofàn Frühstück **[S]** (5-2)

zǎoshang morgens **[ZW]** (4-1)

zěmme wie **[FW]** (2-2); wie kommt es, dass..., warum **[FW]** (8-3)

zěmme bàn „Was kann man da tun?" **[IA]** (5-1)

zěmmeyàng wie, in welcher Weise? **[FW]** (1-2)

zhàn Station, Haltestelle **[S/ZEW]** (9-2)

Zhāng Zhang **[FN]** (4-2)

zhāng (für Tische, Visitenkarten) **[ZEW]** (5-1)

zhǎng wachsen **[V]** (6-2)

zhǎngdà aufwachsen **[RB]** (6-2)

-zháo (zeigt an, dass die Verhandlung vollzogen wurde) **[RE]** (9-4)

zháojí sich sorgen, sich aufregen **[VO/SV]** (8-3)

zhǎo suchen **[V]** (5-1); (Wechselgeld) herausgeben **[V]** (8-4)

zhǎodào suchen und finden, finden **[RB]** (9-4)

zhǎoqián herausgeben (Wechselgeld) **[VO]** (8-4)

zhǎozháo suchen und finden, finden **[RB]** (9-4)

Zhào Zhao **[FN]** (1-2)

-zhe (zeigt an, dass die Verbhandlung gerade stattfindet: Aspekt der Andauer) **[P]** (9-4)

zhè dies **[PR]** (2-2)

zhèli hier **[OW]** (6-2)

zhèibian(r) diese Seite, hier **[OW]** (5-3)

zhèi- dies **[SP]** (2-1)

zhèiyang(r) auf diese Weise, so **[BA]** (7-4)

zhèiyangzi auf diese Weise, so **[BA]** (10-3)

zhèmme auf diese Weise, so **[A]** (2-2)

zhèmme shuō so gesagt; dann **[PH]** (10-2)

zhēn wirklich **[A]** (6-1)

zhěngqí in Ordnung sein, ordentlich **[SV]** (9-3)

Zhèng Zheng **[FN]** (6-4)

zhèng gerade, eben, genau **[A]** (10-2)

zhèr hier **[OW]** (5-1)

zhī (für die meisten Tiere) **[ZEW]** (9-2)

zhīdao wissen, kennen **[V]** (5-1)

...zhīhòu nach ... **[BM]** (7-4)

...zhīqián bevor ..., vor ... **[BM]** (7-4)

zhǐ nur **[A]** (3-3)

zhǐhǎo keine andere Wahl haben als ... **[A]** (8-4)

zhì'ān Öffentliche Sicherheit, Öffentliche Ordnung **[S]** (7-4)

zhōng Uhrzeit; Glocke **[S]** (3-4)

zhōngdiǎn Endpunkt **[S]** (9-2)

zhōngdiǎn zhàn Endhaltestelle **[PH]** (9-2)

zhōngfàn Mittagessen **[S]** (5-2)

Zhōngguo China [OW] (2-1)

Zhōngguo huà gesprochenes Chinesisch [PH] (7-2)

Zhōngguo zì(r) Chinesische Schriftzeichen [PH] (7-2)

Zhōng-Měi sino-amerikanisch [AT] (2-4)

zhōngtóu Stunde [S] (3-4)

Zhōngwén Chinesisch (Sprache) [S] (1-3)

zhōngwǔ Mittag [ZW] (4-3)

zhōngxīn Center, Zentrum [S] (5-2)

zhōngxué Mittelschule [OW] (6-1)

zhòng schwer sein (Gewicht) [SV] (8-4)

zhù leben (in), wohnen (in) [V] (4-3)

zhùzai wohnen in; bleiben in [V+PV] (5-3)

zhuānjiā Experte [S] (8-2)

zhuānjiā lóu (Foreign) Experts Building (Wohnheim für ausländische Fachkräfte) [PH] (8-2)

zhuǎn abbiegen [V] (9-1)

zhǔn genau sein [SV] (10-1)

zhǔnbèi vorbereiten, planen [V/HV] (9-4)

zhuōzi Tisch [S] (5-1)

zì(r) Schriftzeichen, Wort [S] (7-2)

zìwǒ jièshao sich selbst vorstellen [PH] (6-4)

zǒngjīnglǐ General Manager [S] (2-4)

zǒu verlassen, weggehen [V] (1-2); gehen, laufen [V] (8-1)

zǒulù zu Fuß gehen [VO] (8-1)

zǔfù Großvater väterlicherseits [S] (6-4)

zǔmǔ Großmutter väterlicherseits [S] (6-4)

zuì am meisten [A] (10-1)

zuìhòu am Ende, schließlich [ZW] (8-4)

zuìjìn in letzter Zeit, kürzlich [BA] (1-3)

zuótiān gestern [ZW] (4-2)

zuǒ links [L] (5-4)

zuǒbian(r) linke Seite, links [OW] (5-4)

zuǒyòu etwa, ungefähr [OW] (8-1)

zuò sitzen [V] (1-4); mit ... reisen, nehmen (z.B. Bus oder Flugzeug) [V] (3-4)

zuò tun, machen [V] (6-2)

zuò mǎimài Geschäfte machen, Handel treiben [PH] (7-1)

zuòdào (ein Fahrzeug) nach ... nehmen [V+PV] (9-2)

zuòzai in ... sitzen [V+PV] (6-2)

Deutsch-chinesisches Glossar

In diesem Glossar finden Sie die deutschen Äquivalente der chinesischen Vokabeln, die in den Basis-Konversationen und den Ergänzungsvokabularen der Einheiten 1 bis 10 von *Basis Chinesisch Sprechen* enthalten sind. Eine Reihe von chinesischen Wörtern, bei denen es unwahrscheinlich ist, dass Sie diese nachschlagen müssen (wie z.B. chinesische Familiennamen, Partikel, Verbindungen und bestimmte Zähleinheitswörter) wurden ausgelassen.

Jeder Eintrag enthält folgende Informationen: das deutsche Wort, ein chinesisches Äquivalent in Pinyin, die Wortklasse des chinesischen Wortes [in eckigen Klammern], und die Nummer der Einheit und des Abschnittes, in dem das chinesische Wort eingeführt wurde (in runden Klammern). Zum Beispiel:

Deutsch	Chinesisch	Wortklasse	Einheit/Abschnitt
einfach sein	róngyi	[SV]	(1-3)

Der Sinn dieses Glossars, dessen deutsche Einträge alphabetisch angeordnet sind, ist es, Ihr Gedächtnis aufzufrischen, und zwar bezüglich der Wörter, die Sie bereits gelernt, aber wieder vergessen haben. Da jeder Eintrag die Nummer der Einheit und des Abschnittes enthält, wo der Eintrag zum ersten Mal aufgetaucht ist, lohnt es sich, dort für weitere und genauere Informationen noch einmal nachzuschlagen. Versuchen Sie nicht, mittels dieses Glossars neue Wörter zu lernen. Denken Sie daran, dass ein chinesisches Wort nur in einem ganz bestimmten grammatischen und semantischen Kontext eine bestimmte Bedeutung hat und die deutsche Übersetzung im Glossar irreführend sein kann.

A

abbiegen guǎi [V] (9-1); zhuǎn [V] (9-1)

Abend wǎnshang [ZW] (4-1)

Abendessen wǎnfàn [S] (5-2)

aber dànshi [KJ] (10-3); kěshi [BA] (2-1)

abfahren kāi [V] (3-4); zǒu [V] (1-2)

Abschluss machen bìyè [VO] (7-4)

Abschnitt duàn [ZEW] (4-2)

abziehen (Mathematik) jiǎn [V] (3-3)

acht bā [Z] (3-1)

Adresse dìzhǐ [S] (4-2)

Aktentasche gōngshìbāo [S] (3-3)

alle dōu [A] (1-2); měi- [SP] (4-1)

allein yíge rén [PH] (7-3)

alt (sein; Personen) dà [SV] (3-2); lǎo [SV] (1-3) **(Gegenstände)** jiù [SV] (6-2); **(Dinge)** gǔ [SV] (7-4)

Alter (Lebensalter) niánji [S] (3-2)

ältester (unter Geschwistern) lǎodà [S] (6-4)

am Ende zuìhòu [ZW] (8-4)

Amerika Měiguo [OW] (2-1)
Ampel hónglǜdēng [S] (9-1)
an zài [CV] (2-3); -zài [PV] (5-3)
andere/r/s biéde [AT] (8-4); qítā [AT] (7-2)
andererseits búguò [KJ] (5-1)
anfangen kāishǐ [V] (7-3)
anfangs kāishǐ [ZW] (7-3)
Angelegenheit shì(r) [S] (1-1)
angemessen (sein) héshì [SV] (10-2)
angespannt (sein) jǐnzhāng [SV] (1-3)
ankommen dào [V] (3-4)
(in/an/auf ...) ankommen -dào [PV] (5-3)
(sich) anpassen shìyìng [V] (10-4)
anreden chēnghu [V] (2-2)
anscheinend hǎoxiàng [BA] (4-4)
April sìyuè [ZW] (4-2)
arbeiten gōngzuò [S] (1-3); gōngzuò [V] (2-3); shàngbān(r) [VO] (6-3)
Arbeiter gōngrén [S] (5-2)
Arbeitseinheit dānwèi [OW] (2-3)
Arbeitszimmer shūfáng [OW] (5-4)
ärgerlich werden/sein shēngqì [VO/SV] (9-3)
Art und Weise yàngzi [S] (1-3)
Asiat Dōngfāng rén [PH] (8-1)
auch érqiě [KJ] (9-3); yě [A] (1-1)
auf shàng [L] (5-4); shàngbian(r) [OW] (5-4); shàngmian [OW] (5-4); shàngtou [OW] (5-4); -zài [PV] (5-3)
Auf Wiedersehen! zàijiàn [IA] (1-2)
aufgeregt (sein) zháojí [VO/SV] (8-3)
aufwachsen zhǎngdà [RB] (6-2)
(aus dem Bett) aufstehen qǐchuáng [VO] (4-1)
August bāyuè [ZW] (4-2)
Ausland wàiguo [S] (8-2)
Ausländer wàiguo rén [PH] (8-2)
ausruhen xiūxi [V] (4-1)
Aussehen yàngzi [S] (1-3)
außen wài [L] (5-4); wàibian(r) [OW] (5-4); wàimian [OW] (5-4); wàitou [OW] (5-4)
Außenministerium wàijiāobù [OW] (2-3)
außerdem érqiě [KJ] (9-3); yě [A] (1-1); hái [A] (7-1)
aussteigen (Fahrzeug) xiàchē [VO] (9-4)
Australien Àodàlìyà [OW] (6-4); Àozhōu [OW] (6-4)
Auto chēzi [S] (8-2); qìchē [S] (8-2)
Auto fahren kāichē [VO] (8-4)
Autostau dǔchē [VO] (8-4); sāichē [VO] (8-4)

B

bald kuài [A] (5-2)
beantragen shēnqǐng [V] (7-4)
Becher bēizi [S] (3-3)
bedauern bàoqiàn [V] (5-1)
bedeckter Himmel yīntiān [S] (10-1)
Bedeutung yìsi [S] (6-2)
Bedienungsanleitung shǐyòng shǒucè [PH] (5-4)
befürchten, etwas Negatives erwarten (adverbal) kǒngpà [BA] (3-4)
(jemandem) begegnen pèng [V] (10-3), pèngshang [RB] (10-3)
beginnen kāishǐ [V] (7-3)
beide dōu [A] (1-2)
Beijing Běijīng [OW] (4-4)
beinahe chàbuduō [A] (3-4)
benachrichtigen tōngzhī [V] (8-3)
benötigen xūyào [V] (8-4); yào [V] (3-3)
benutzen shǐyòng [V] (5-4)
bequem (sein) shūfu [SV] (10-2)
bereits yǐjīng [A] (3-4)
Berg shān [S] (5-3)
beschäftigt (sein) máng [SV] (1-2)
besorgt (sein) zháojí [VO/SV] (8-3)
bestimmt yídìng [A] (10-1)
besuchen (z.B. die Schule, die Universität) shàng [V] (6-1); shàngxué [VO] (6-3)
Bevölkerung rénkǒu [S] (4-4)
bewegen (einen Gegenstand oder das Zuhause) bān [V] (5-3); **(umziehen)** bānjiā [VO] (6-2); **(nach)** bāndào [V+PV] (5-3)
Bibliothek túshūguǎn [OW] (1-1)
billig (sein) piányi [SV] (3-3)
bitte qǐng [IA] (1-4)
Blau (Farbe) lánsè [S] (9-1)
blau (sein) lán [SV] (9-1)
bleiben zhù [V] (4-3)
Blitz/e shǎndiàn [VO] (10-1)
Bogen (Waffe) gōng [S] (4-2)
Bonbon táng [S] (6-1)
Botschaft (eines Landes in einem anderen) dàshǐguǎn [OW] (2-3)
Bruder (älter) gēge [S] (3-2); **(jünger)** dìdi [S] (3-2)
Brüder (älter und jünger) xiōngdì [S] (6-4)
Bücherregal shūjià [S] (5-4)
Büro bàngōngshì [OW] (5-1)
Bus gōnggòng qìchē [PH] (9-2)
Busfahrkarte chēpiào [S] (9-4)
Bushaltestelle chēzhàn [OW] (9-2)
Business mǎimài [S] (7-1)
Busstation chēzhàn [OW] (9-2)

C

Cafeteria shítáng [OW] (1-1)
Capital Airport Shǒudū Jīchǎng [OW] (8-2)
Center zhōngxīn [S] (5-2)
Chance jīhui [S] (6-4)
Chauffeur sījī [S] (8-3)
Chef lǎobǎn [S] (5-1)
China Zhōngguo [OW] (2-1)
Chinese mit US-amerikanischer Staatsbürgerschaft Měijí Huárén [PH] (10-4)
Chinesisch Hànyǔ [S] (5-2); **(geschriebenes Chinesisch)** Zhōngwén [S] (1-3); **(gesprochenes Chinesisch)** Zhōngguo huà [PH] (7-2)
chinesisches Schriftzeichen Hànzì [S] (7-2); Zhōngguo zì(r) [PH] (7-2)
Computer diànnǎo [S] (5-4)
Cousine (ältere Cousine mit anderem Familiennamen) biǎojiě [S] (7-1)

D

da sind yǒu [V] (3-1)
da sind keine méiyou [V] (3-2)
daher suóyi [KJ] (6-3); suóyi shuō [PH] (10-1)
dalassen liú [V] (5-1)
Dame nǚshì [S] (2-3); tàitai [S] (2-4)
danach hòulái [ZW] (7-3); ránhòu [BA] (4-3)
danke xièxie [IA] (1-2)
danken xiè [V] (9-1); xièxie [V] (1-4)
dann jiù [A] (3-2); nèmme [KJ] (3-4); ránhòu [BA] (4-3); zhèmme shuō [PH] (10-2)
denken xiǎng [V] (3-2)
Deutsch Déyǔ [S] (7-2)
Deutschland Déguo [OW] (3-1)
Dezember shí'èryuè [ZW] (4-2)
dick (sein; Personen oder Tiere) pàng [SV] (5-3)
dienen fúwù [V] (6-3)
Dienstag lǐbài'èr [OW] (4-1); xīngqī'èr [OW] (4-1)
dies/e/r/s zhè [PR] (2-2); zhèi- [SP] (2-1)

dieser Ort běndì [S] (9-1)
dieses Jahr jīnnián [ZW] (3-2)
Ding dōngxi [S] (5-4)
donnern dăléi [VO] (10-1)
Donnerstag lǐbàisì [ZW] (4-1); xīngqīsì [ZW] (4-1)
dort nàli [OW] (6-2); nàr [OW] (5-1); nèibian(r) [OW] (5-3)
draußen wài [L] (5-4); wàibian(r) [OW] (5-4); wàimian [OW] (5-4); wàitou [OW] (5-4)
drei sān [Z] (3-1)
drittes Jahr in der Junior High School chūsān [ZW] (6-1)
du nǐ [PR] (1-1)
duften xiāng [SV] (5-3)
dumm (sein) bèn [SV] (9-3)
dünn (sein; Personen) shòu [SV] (5-3)
durcheinander (sein) luàn [SV] (9-3)
dürfen kéyi [HV] (5-1)

E

Ehefrau àirén [S] (1-2); tàitai [S] (2-3)
Ehemann àirén [S] (1-2); xiānsheng [S] (2-3)
Eigentümer lăobăn [S] (5-1)
eilen găn [V] (8-3)
(nach, zu, zu etwas) eilen găndào [V+PV] (8-3)
(sich) eilen găn [V] (8-3)
ein Weilchen yìhuǐr [S] (8-3)
ein wenig yìdiăn(r) [Z+ZEW] (1-1)
Eingang ménkŏu(r) [OW] (8-2)
Einheit dānwèi [S/OW] (2-3)
einige jǐ- [Z] (7-2); yŏude [AT/PR] (7-2)
Eins yāo [Z] (5-3); yī [NU] (2-3)
einschlafen shuìzháo [RB] (9-4)
einsetzen shǐyòng [V] (5-4)
einsteigen (Fahrzeug etc.) shàng [V] (9-3); shàngchē [VO] (9-2)
einwandern yímín [V] (6-4)
einzeln (Person) yíge rén [PH] (7-3)
Eltern fùmŭ [S] (6-4)
empfinden juéde [V] (7-4)
Endhaltestelle zhōngdiăn zhàn [PH] (9-2)
Endpunkt zhōngdiăn [S] (9-2)
Endstation zhōngdiăn zhàn [PH] (9-2)
England Yīngguo [OW] (2-4)
Englisch Yīngwén [S] (5-1); Yīngyŭ [S] (7-2)
entscheiden juédìng [V] (8-3)
Entschuldigung! duìbuqǐ [IA] (2-3); láojià [IA] (8-1); qǐng wèn [IA] (2-1)
er tā [PR] (1-2)
erinnern jìde [V] (9-4)
erkennen rènshi [V] (7-2)
(etwas) erledigen bàn [V] (1-1)
erreichen dào [V] (3-4)
erster Jahrgang yìniánjí [ZW] (6-1)
Erstes Jahr am College (bzw. an der Universität) dàyī [ZW] (6-1)
Erstes Jahr in der Junior High School chūyī [ZW] (6-1)
es (Tier oder Ding) tā [PR] (5-4)
es gibt nicht méiyou [V] (3-2)
es gibt yŏu [V] (3-1)
essen chī [V] (5-2); chīfàn [VO] (5-2)
Essen fàn [S] (5-2); cài [S] (5-2)
Etage lóu [S] (4-2)
etwas falsch machen găocuò [RB] (2-4)
exakt gāng [A] (9-3); gānggāng [A] (9-3); zhèng [A] (10-2)
Experiment shíyàn [S] (4-1)
Experte zhuānjiā [S] (8-2)

F

Fabrik chăng [S] (5-2); gōngchăng [OW] (7-1)
fahren (ein Fahrzeug) kāi [V] (8-1)
Fahrer shīfu [S] (8-4); sījī [S] (8-3)
Fahrkarte piào [S] (9-3)
Fahrkartenverkäufer shòupiàoyuán [S] (9-3)
Fahrzeug chē [S] (3-4)
falls rúguŏ [BA] (10-2); yào [BA] (10-2); yàoshi [BA] (5-1)
falsch (sein) cuò [SV] (2-4)
falsch bú duì (5-4)
Familie jiā [OW] (4-3)
Farbe yánsè [S] (9-1)
fast chàbuduō [A] (3-4)
faul (sein) lăn [SV] (9-3)
Februar èryuè [ZW] (4-2)
Fen fēn [ZEW] (3-3)
fett (sein; Personen oder Tiere) pàng [SV] (5-3)
feucht (sein) cháoshī [SV] (10-3)
Feuer huŏ [S] (3-4)
finden zhăodào [RB] (9-4); zhăozháo [RB] (9-4)
Firma gōngsī [OW] (2-3)
Fisch yú(r) [S] (9-2)
fleißig (sein) nŭlì [SV] (7-4); yònggōng [SV] (9-3)
fliegen (ein Flugzeug) kāi [V] (4-3)
Flughafen jīchăng [OW] (8-2)
Foreign Experts Building zhuānjiā lóu [PH] (8-2)
forschen yánjiū [V] (7-4)
Forschung yánjiū [S] (7-4)
fortsetzen jìxù [V/HV] (7-2)
fragen wèn [V] (2-1)
Frankreich Făguo [OW] (3-1)
Französisch Făyŭ [S] (7-2)
Frau nǚde [S] (3-1); nǚshì [S] (2-3); **(verheiratet)** tàitai [S] (2-4); **(unverheiratet)** xiáojie [S] (2-4)
Fräulein xiáojie [S] (1-4)
Freitag lǐbàiwŭ [ZW] (4-1); xīngqīwŭ [ZW] (4-1)
Fremdsprache wàiguo huà [PH] (8-2); wàiguoyŭ [S] (8-2)
Freund (männlich, „der Freund") nánpéngyou [S] (6-1)
Freund péngyou [S] (6-1)
Freundin („die Freundin") nǚpéngyou [S] (6-1)
Freundschaft yŏuyì [S] (8-2)
Frieden hépíng [S] (4-2)
froh (sein) gāoxìng [SV] (2-2)
früh (sein) zăo [SV] (9-4)
früher cóngqián [ZW] (7-1); yǐqián [ZW] (7-2); yuánlái [BA] (7-1)
Frühling chūntiān [ZW] (10-2)
Frühstück zăofàn [S] (5-2)
fünf wŭ [Z] (3-1)
für gěi [CV] (2-2); -gěi [PV] (6-1)

G

ganz quán [A] (7-2)
gar nicht gēnběn (+ VERNEINUNG) [A] (10-3)
Gasse nòng [GF] (4-2)
Gattin àirén [S] (1-2)
Gebäude (mehr als zwei Etagen) lóu [S] (8-2)
geben gěi [V] (6-4); -gěi [PV] (6-1); **(als Geschenk)** sòng [V] (6-1); **(jemandem als Geschenk geben)** sònggěi [V+PV] (6-1)
geboren werden chūshēng [V] (4-2)
Gebrauchsanweisung shŏucè [S] (5-4)
Geburtstag shēngrì [S] (4-2)
Geduld nàixīn [S] (8-3)
geduldig (sein) nàixīn [SV] (8-3)
gehen qù [V] (1-1); zŏu [V] (8-1); **(nach)** qù [V] (1-1); shàng [V] (6-1), [CV] (8-3); **laufen** zŏu [V] (8-1); zŏulù [VO] (8-1)
Gelb (Farbe) huángsè [S] (9-1)
gelb (sein) huáng [SV] (9-1)

Geld qián [S] (3-3)
Gelegenheit jīhui [S] (6-4)
genau (sein) zhǔn [SV] (10-1)
genau jiù [A] (4-2)
genau jiù [A] (4-2)
General Manager zǒngjīnglǐ [S] (2-4)
Genosse tóngzhì [S] (9-4)
Gepäck xíngli [S] (8-4)
geradeaus yìzhí [A] (8-1)
gern geschehen bú kèqi [IA] (1-4)
Geschäft mǎimài [S] (7-1)
Geschäfte machen zuò mǎimài [PH] (7-1)
Geschenk lǐwù [N] (6-1); zài [V] (5-1)
geschlossen guān [V] (4-1); guānmén [VO] (4-1)
gestern zuótiān [ZW] (4-2)
gewiss kě [A] (5-3)
gewöhnlich píngcháng [BA] (4-1)
gewohnt (sein) xíguàn [V] (10-4)
Glocke zhōng [S] (3-4)
Glück yùnqi [S] (10-3)
Gold jīn [GF/FN] (6-2)
Grad (Temperatur) dù [ZEW] (10-1)
Graduate Student, Graduiertenstudent yánjiūshēng [S] (7-4)
Groschen máo [ZEW] (3-3)
groß (sein) dà [SV] (3-2); **(körperlich)** gāo [SV] (1-3)
großartig (sein) bàng [SV] (7-4)
Große Mauer Cháng Chéng [OW] (5-3)
Großmutter (mütterlicherseits) wàizǔmǔ [S] (6-4); **(väterlicherseits)** zǔmǔ [S] (6-4)
Großvater (mütterlicherseits) wàizǔfù [S] (6-4); **(väterlicherseits)** zǔfù [S] (6-4)
Grün (Farbe) lǜsè [S] (9-1)
grün (sein) lǜ [SV] (9-1)
Grundschule xiǎoxué [OW] (6-1)
Guangzhou Guǎngzhōu [OW] (4-4)
Guest House bīnguǎn [OW] (8-2)
gut (sein) hǎo [SV] (1-2)
gut genug chàbuduō [PH] (10-4)
Gut! hǎo [IA] (2-2); hǎode [IA] (8-2); xíng [V] (1-2)
gutaussehend (sein) hǎokàn [SV] (6-1)
Guten Morgen! zǎo [IA] (10-1)

H

haben yǒu [V] (1-2)
halb bàn(r) [Z] (3-1)
Hallo (am Telefon) wéi [I] (8-2)
Hallo! (Ausruf) èi [I] (1-3); **(Anrede)** nǐ hǎo [IA] (1-1)
halten (Tiere) yǎng [V] (9-2)
Haltestelle zhàn [S/ZEW] (9-2)
Handbuch shǒucè [S] (5-4)
Handel màoyì [S] (2-4)
Handelsfirma màoyì gōngsī [PH] (2-4)
Hauptstadt shǒudū [S] (8-2)
heiraten jiéhūn [VO] (6-2)
heiß (sein) rè [SV] (10-1)
heißen jiào [GV] (2-1)
(mit Familiennamen) heißen xìng [GV] (2-3)
herausgeben (Wechselgeld) zhǎo [V] (8-4); zhǎoqián [VO] (8-4)
herausgehen chūqu [RB] (10-3); **(aus der Tür)** chūmén(r) [VO] (10-3)
herauskommen chūlái [RB] (10-3)
Herbst qiūtiān [ZW] (10-2)
hereinkommen jìnlái [RB] (10-3)
hereinschweben piāojìnlái [RB] (10-3)
Herr xiānsheng [S] (2-4)
Heute jīntiān [ZW] (4-2)
Hey! èi [I] (1-3); wèi [I] (9-4)
hier běndì [O] (9-1); zhèli [OW] (6-2); zhèr [OW] (5-1); zhèibian(r) [OW] (5-3)
hinein(gehen) jìn [V] (1-4)
hineingehen jìnqu [RB] (10-3)
hinten hòu [L] (5-4); hòubian(r) [OW] (5-4); hòumian [OW] (5-4); hòutou [OW] (5-4)
hinter hòu [L] (5-4); hòubian(r) [OW] (5-4); hòumian [OW] (5-4); hòutou [OW] (5-4)
hinterlassen liú [V] (5-1)
hinzufügen jiā [V] (3-3)
hoch (sein) gāo [SV] (1-3)
hoffen xīwàng [V] (9-3)
Hongkong Xiānggǎng [OW] (2-3)
hören tīng [V] (9-4); **(hören, dass gesagt wird)** tīngshuō [V] (7-4)
Hotel bīnguǎn [OW] (8-2); fàndiàn [OW] (5-3)
Hügel shān [S] (5-3)
Hund gǒu(r) [S] (5-4)
hundert -bǎi [Z] (3-3)
hundert Millionen -yì [Z] (4-4)
hunderttausend shíwàn [Z] (4-4)

I

ich wǒ [PR] (1-1)
ihr nǐmen [PR] (1-4)
immer mehr... yuè lái yuè... [BM] (10-1)
in diesem Falle nà [KJ] (2-2); nèmme [KJ] (3-4)
in lǐ [L] (5-4); lǐbian(r) [OW] (5-4); lǐmiàn [OW] (5-4); lǐtou [OW] (5-4); -zài [PV] (5-3)
in welcher Weise zěmmeyàng [FW] (1-2)
innerhalb lǐ [L] (5-4); lǐbian(r) [OW] (5-4); lǐmiàn [OW] (5-4); lǐtou [OW] (5-4); -zài [PV] (5-3)
insgesamt yígòng [A] (3-1)
interessant yǒu yìsi [PH] (1-4)

J

Jahr nián [ZEW] (4-2); (Alter) suì [ZEW] (3-2)
Jahreszeit jìjié [S] (10-2)
Jahrgang (in einer Bildungseinrichtung) niánjí [S] (6-1)
Januar yīyuè [ZW] (4-2)
Japan Rìběn [OW] (2-1)
Japanisch Rìyǔ [S] (7-2)
jede/r/s měi- [SP] (4-1)
(auf) jene Weise nèiyang(r) [BA] (7-4); nèiyangzi [BA] (10-3)
jene/r/s nà [PR] (2-2); nèi- [SP] (2-1)
jetzt xiànzài [ZW] (3-4)
Juli qíyuè [ZW] (4-2)
jung (sein) niánqīng [SV] (6-2); xiǎo [SV] (1-3)
Junge nánháir [S] (7-1)
Juni liùyuè [ZW] (4-2)
Junior High School chūzhōng [OW] (6-1)
Junior Year im College (bzw. an der Universität) dàsān [ZW] (6-1)
Junior Year in der High School gāo'èr [ZW] (6-1)

K

Kalifornien Jiāzhōu [OW] (10-4)
kalt (sein) lěng [SV] (10-2)
Kamerad tóngzhì [S] (9-4)
Kanada Jiā'nádà [OW] (2-1)
Kantine shítáng [OW] (1-1)
Katze māo(r) [S] (9-2)
kaufen mǎi [V] (3-3)
kein Wunder... nánguài... [BM] (7-3)
keine andere Wahl haben, als... zhǐhǎo [A] (8-4)
kennen rènshi [V] (2-2); zhīdao [V] (5-1)
Kies shā [S] (10-2)
Kilo gōngjīn [ZEW] (8-4)

Kind háizi [S] (1-2); xiǎohái(r) [S] (6-2)

Kindergarten yòu'éryuán [OW] (7-1)

klar (sein) qīngchu [SV] (9-1)

(sich über etwas) klar sein qīngchu [SV] (9-1)

Klasse bān [S] (3-1)

klein (sein) xiǎo [SV] (1-3); **(Körpergröße)** ǎi [SV] (1-3)

Klima qìhou [S] (10-4)

klug (sein) cōngming [SV] (9-3)

Kollege tóngshì [S] (2-3)

kommen (zu) shàng [CV] (8-3)

kommen lái [V] (2-2)

Kommilitone, Mitschüler tóngxué [S] (2-1)

können huì [AV] (7-2); kéyi [HV] (5-1); néng [HV] (6-3)

Körper shēnti [S] (7-1)

korrekt (sein) duì [SV] (3-2)

(Geld) kosten yào [V] (3-3)

Kreis (Verwaltungsbezirk) xiàn [S] (7-1)

Kreuzung lùkǒu(r) [OW] (9-1)

kühl (sein) liángkuai [SV] (10-4)

Kultur wénhuà [S] (4-2)

(sich um etwas) kümmern guǎn [V] (5-4); bàn [V] (1-1)

L

Laboratorium shíyànshì [S] (4-1)

Lampe dēng [S] (9-1)

lang (sein) cháng [SV] (3-4); (Zeit) jiǔ [SV] (4-3)

lange Zeit bàntiān [Z+ZEW] (8-4)

lecker (sein) hǎochī [SV] (6-1); m [I] (6-1)

Leder pí [S] (5-2)

Lederschuh/e píxié [S] (5-2)

lehren jiāo [V] (6-3); jiāoshū [VO] (6-3)

Lehrer lǎoshī [S] (1-4); nánlǎoshī [S] (3-1)

Lehrerin nǚlǎoshī [S] (3-1)

leicht (sein) róngyi [SV] (1-3)

lernen xué [V] (5-2); xuéxí [V] (2-3)

lesen kàn [V] (9-4)

letzte/r/s shàng- [SP] (3-2)

letztens zuìjìn [ZW] (1-3)

letztes Jahr qùnián [ZW] (4-2)

lieben ài [V/HV] (3-2)

links zuǒ [L] (5-4); zuǒbian(r) [OW] (5-4)

Luft kōngqì [S] (10-3)

Luftfahrt hángkōng [S] (6-3)

M

Macao Àomén [OW] (10-4)

machen bàn [V] (1-1); gǎo [V] (2-4); zuò [V] (6-2)

machen zuò [V] (6-2)

Macht nichts! méi guānxi [IA] (2-4); méi shì(r) [IA] (5-3)

Mädchen nǚháir [S] (7-1)

mager (sein) shòu [SV] (5-3)

Mai wǔyuè [ZW] (4-2)

Mal cì [ZEW] (4-3); huí [ZEW] (5-3)

Malaysia Mǎláixīyà [OW] (2-1)

Mama māma [S] (1-2)

Manager jīnglǐ [S] (2-4)

manchmal yǒude shíhou(r) [PH] (7-3)

Mandarin Pǔtōnghuà [S] (7-2)

mangelhaft (sein) chà [SV] (7-4)

mangeln chà [V] (3-4)

Mann nánde [S] (3-1)

männlich nánde [S] (3-1)

männlicher Freund („der Freund") nánpéngyou [S] (6-1)

März sānyuè [ZW] (4-2)

mehr (sein) duō [SV/Z] (4-4); (4-4); gèng [A] (8-1)

mehrere jǐ- [Z] (7-2)

Mehrheit duōshù [S] (7-4)l

(am) meisten (am) zuì [A] (10-1)

Meister shīfu [S] (8-4)

Mensa shítáng [OW] (1-1)

Meter mǐ [ZEW] (8-4)

Methode bànfǎ(r) [S] (10-3); fázi [S] (8-3)

migrieren yímín [V] (6-4)

Million -bǎiwàn [Z] (4-4)

Minute fēn [ZEW] (3-4)

mit gēn [KJ] (6-4); hé [KJ] (7-3)

Mitbewohner tóngwū(r) [S] (2-2)

mitbringen dài [V] (2-4)

mitnehmen dài [V] (2-4)

Mitschüler, Kommilitone tóngxué [S] (2-1)

Mittag zhōngwǔ [ZW] (4-3)

Mittagessen wǔfàn [S] (5-2); zhōngfàn [S] (5-2)

mitteilen tōngzhī [V] (8-3)

Mittel (etwas zu tun) fázi [S] (8-3)

Mittelschule zhōngxué [OW] (6-1)

Mittwoch lǐbàisān [ZW] (4-1); xīngqīsān [ZW] (4-1)

mögen ài [V/AV] (3-2); xǐhuan [V/AV] (6-1)

Monat yuè [S] (3-2); yuèfen(r) [S] (7-3)

Monatskarte yuèpiào [S] (9-4)

Montag lǐbàiyī [ZW] (4-1); xīngqīyī [ZW] (4-1)

morgen míngtiān [ZW] (4-2)

Morgen shàngwǔ [ZW] (4-1); **morgens** zǎoshang [ZW] (4-1)

müde (sein) lèi [SV] (1-2)

müssen děi [HV] (1-4); yào [HV] (8-3)

Mutter mǔqin [S] (3-2)

N

name míngzi [N] (2-1)

nach (zeitlich) ...yǐhòu [BM] (7-4); ...zhīhòu [BM] (7-4)

nach (räumlich) dào [CV] (1-1); -dào [PV] (5-3); wàng [CV] (8-1)

(ein Fahrzeug) nach...nehmen zuòdào [V+PV] (9-2)

Nachmittag, nachmittags xiàwǔ [ZW] (4-1)

Nachricht tiáozi [S] (5-1)

nächste/r/s xià- [SP] (3-2)

nächstes Jahr míngnián [ZW] (4-2)

nachts yèli [ZW] (4-3)

nahe (sein) jìn [SV] (8-1)

Name míngzi [S] (2-1)

Nanjing Nánjīng [OW] (4-4)

Nebel wù [S] (10-3)

neben pángbiān(r) [OW] (5-4)

nehmen (Zug, Flugzeug etc.) zuò [V] (3-4)

nein bú duì (5-4)

(jemanden ...) nennen jiào [V] (2-2)

nervös (sein) jǐnzhāng [SV] (1-3)

neu (sein) xīn [SV] (2-2)

neun jiǔ [Z] (3-1)

New York Niǔyuē [OW] (6-2)

nicht benötigen bú yòng [A+HV] (9-1)

nicht brauchen/müssen búbì [HV] (9-2)

nicht bù/bú [A] (1-3)

nicht genug Zeit haben láibují [RB] (3-4)

nicht haben méi [V] (9-3); méiyou [V] (3-2)

nicht nur búdàn [A] (9-3)

nicht schlecht bú cuò [IA] (7-2)

niedrig (sein) dī [SV] (10-1)

nieseln xià máomáoyǔ [PH] (10-3)

Nieselregen máomáoyǔ [S] (10-3)

noch (mehr) gèng [A] (8-1); hái [A] (1-2)

Norden běi [L] (8-1); běibiān(r) [OW] (5-3); Běifāng [OW] (8-1)

Nordländer Běifāng rén [PH] (8-1)

nördliche Sprache Běifāng huà [PH] (8-1)

Nordosten dōngběi [OW] (6-3)

Nordwesten xīběi [OW] (6-3)

normalerweise píngcháng [BA] (4-1)

November shíyīyuè [ZW] (4-2)

Null líng [Z] (3-3)

Nummer hào [ZEW] (4-2)

nun nèmme [KJ] (3-4)

nur ...éryǐ [BM] (10-1); jiù [A] (7-4); zhǐ [A] (3-3)

O

oben shàng [L] (5-4); shàngbian(r) [OW] (5-4); shàngmian [OW] (5-4); shàngtou [OW] (5-4)

oder huòzhě [KJ] (8-1)

offenbar hǎoxiàng [BA] (4-4)

öffentlich gōnggòng [AT] (9-2)

Öffentliche Sicherheit zhì'ān [S] (7-4)

öffnen kāi [V] (4-1); kāimén [VO] (4-1)

oft cháng [A] (5-2); chángcháng [A] (4-4)

oh à [I] (2-4); āiyà [I] (10-1); ò [I] (2-2)

OK! hǎo [IA] (2-2); hǎode [IA] (8-2); kéyi [SV] (1-3); xíng [V] (1-2)

Oktober shíyuè [ZW] (4-2)

Onkel (jüngerer Bruder des Vaters) shūshu [S] (6-1)

ordentlich (sein) zhěngqí [SV] (9-3)

Organisation dānwèi [OW] (2-3)

Osten dōng [L] (4-2); dōngbiān(r) [OW] (5-3); dōngfāng [OW] (8-1)

Ostküste dōngàn [OW] (10-4)

P

Papa bàba [S] (1-2)

passieren guò [V] (8-1)

Pentium® (Computer) wǔ-bā-liù [S] (5-4)

Periode (Zeit) duàn [ZEW] (7-3)

Person rén [S] (2-1)

planen zhǔnbèi [V/AH] (9-4)

Platz dìfang [S] (5-3); wèizi [S] (5-2)

plaudern liáo [V] (6-4); liáotiān [VO] (6-4)

Polizei jǐngchá [S] (9-1)

Q

R

raten cāi [V] (3-2)

rechts yòu [L] (5-4); yòubian(r) [OW] (5-4)

reden jiǎnghuà [VO] (7-3)

Regen yǔ [S] (10-1)

regnen xiàyǔ [VO] (10-1)

Reis (gekocht) fàn [S] (5-2)

relativ bǐjiào [A] (4-4)

Republik China Mínguó [ZW] (4-2)

richtig (sein) duì [SV] (3-2)

Rot (Farbe) hóngsè [S] (9-1)

rot (sein) hóng [SV] (9-1)

Rucksack bēibāo [S] (3-3)

(jemanden) rufen jiào [V] (9-3)

S

Sache (abstrakt) shì(r) [S] (1-1)

sagen jiǎng [V] (7-3); shuō [V] (4-3)

Samstag lǐbàiliù [ZW] (4-1); xīngqīliù [ZW] (4-1)

San Francisco Jiùjīnshān [OW] (6-2)

Sand shā [S] (10-2)

sauber (sein) gānjìng [SV] (9-3)

Schaffner shòupiàoyuán [S] (9-3)

Schalter kāiguān [S] (5-4)

Schanghai Shànghǎi [OW] (4-4)

(sich) scheiden lassen líhūn [VO] (6-2)

schicken pài [V] (8-3); pàiqu [RB] (8-3)

Schiebefenster shāchuāng [S] (10-3)

schlafen gehen shuìjiào [VO] (4-1)

schlafen shuì [V] (4-1); shuìjiào [VO] (4-1)

schläfrig (sein) kùn [SV] (1-3)

schlagen dǎ [V] (8-3)

schließen guān [V] (4-1); guānmén [VO] (4-1)

schließlich zuìhòu [ZW] (8-4)

schmutzig (sein) zāng [SV] (9-3)

Schnee xuě [S] (10-2)

schneien xiàxuě [VO] (10-2)

schnell (sein) kuài [SV] (8-1)

schnell kuài [A] (5-2)

schnellstmöglich jìnkuài [A] (8-3)

schön (sein) měi [SV] (10-4)

schon yǐjīng [A] (3-4)

schreiben xiě [V] (7-2); xiězì(r) [VO] (7-2)

Schriftzeichen zì(r) [S] (7-2)

Schuh xié [S] (5-2)

Schuldirektor xiàozhǎng [S] (2-3)

Schule xuéxiào [OW] (6-3)

schwänzen táokè [VO] (4-4)

Schwarz (Farbe) hēisè [S] (9-1)

schwarz (sein) hēi [SV] (9-1)

schweben piāo [V] (10-3)

schwer (sein) zhòng [SV] (8-4)

schwer, schwierig (sein) nán [SV] (1-3)

Schwester (jüngere) mèimei [S] (3-2); **(jüngere)** xiǎomèi [S] (6-4); **(ältere)** jiějie [S] (3-2); **(ältere jüngere)** dàmèi [S] (6-4)

Schwestern (ältere und jüngere) jiěmèi [S] (6-4)

schwierig (sein) nán [SV] (1-3)

sechs liù [Z] (3-1)

sehen kàn [V] (3-2)

sehr hěn [A] (1-2); tǐng [A] (1-3)

Sei vorsichtig! màn zǒu [IA] (1-4)

sein shì [GV] (1-3)

selbstverständlich dāngrán [BA] (5-1)

selten hěn shǎo [PH] (10-2)

senden pài [V] (8-3)

Senior High School gāozhōng [OW] (6-1)

Senior Year im College (bzw. an der Universität) dàsì [ZW] (6-1)

Senior Year in der High School gāosān [ZW] (6-1)

September jiǔyuè [ZW] (4-2)

sich befinden zài [CV] (2-3); zài [V] (5-1)

sicherlich kě [A] (5-3)

Sie (höfliche Anrede) nín [PR] (1-4)

sie (3. Person Singular) tā [PR] (1-2); **(3. Person Plural)** tāmen [PR] (1-2)

sieben qī [Z] (3-1)

Singapur Xīnjiāpō [OW] (2-1)

Sino-Amerikaner Huáyì Měiguo rén [PH] (2-1)

sino-amerikanisch Zhōng-Měi [AT] (2-4)

Sitz wèizi [S] (5-2)

sitzen zuò [V] (1-4); **(in, an, auf)** zuòzai [V+PV] (6-2)

so (derart) zhèmme [A] (2-2); zhèiyang(r) [BA] (7-4); zhèiyangzi [BA] (10-3); nèmme [A] (7-3); nèiyang(r) [BA] (7-4); nèiyangzi [BA] (10-3)

sofort mǎshàng [A] (8-3)

Sohn érzi [S] (6-2)

sollen gāi [HV] (9-4); yào [HV] (8-3); yīngdāng [HV] (8-4); yīnggāi [HV] (2-2)

Sommer xiàtiān [ZW] (10-2)

Sommerpalast Yíhéyuán [OW] (9-2)

Sonne tàiyáng [S] (10-2)

(die) Sonne kommt heraus chū tàiyáng [PH] (10-2)

sonniger Tag qíngtiān [S] (10-1)

Sonntag lǐbàirì [ZW] (4-1); lǐbàitiān [ZW] (4-1); xīngqīrì [ZW] (4-1); xīngqītiān [ZW] (4-1)

Sophomore Year im College (bzw. an der Universität) dà'èr [ZW] (6-1)

Sophomore Year in der High School gāoyī [ZW] (6-1)

(sich) sorgen zháojí [VO/SV] (8-3)

Spanien Xībānyá [OW] (2-1)

Spanisch Xībānyáyǔ [S] (7-2)

Spaß machen kāi wánxiào [PH] (9-3)

spät (sein) wǎn [SV/A] (10-4)

spät kommen chídào [V] (4-4)

später hòulái [ZW] (7-3)

spielen wán(r) [V] (10-2)

Sprache huà [S] (7-2); yǔyán [S] (4-1)

Sprachlabor yǔyán shíyànshì [PH] (4-1)

sprechen jiǎnghuà [VO] (7-3); jiǎng [V] (7-3); shuō [V] (4-3); shuōhuà [VO] (7-2)

Stadt chéng [S] (5-3)

Station zhàn [S/ZEW] (9-2)

Stau dǔchē [VO] (8-4); sāichē [VO] (8-4)

sterben sǐ [V] (10-2)

stören máfan [V] (8-3)

Straße lù [S] (4-2)

Straßenbahn diànchē [S] (9-2)

Student dàxuéshēng [S] (5-2); xuésheng [S] (5-2); nánshēng [N] (3-1)

Studentin nǚshēng [S] (3-1)

studieren niàn [V] (7-4); xué [V] (5-2); xuéxí [S] (1-3), [V] (2-3); **(im Ausland)** liúxué [VO/V] (6-4)

Studium xuéxí [S] (1-3)

Stuhl yǐzi [S] (5-1)

Stunde diǎn [ZEW] (3-4); xiǎoshí [S] (8-3); zhōngtóu [S] (3-4)

suchen zhǎo [V] (5-1)

Süden nán [L] (8-1); nánbiān(r) [OW] (5-3); Nánfāng [OW] (8-1)

Südländer Nánfāng rén [PH] (8-1)

südliche Sprache Nánfāng huà [PH] (8-1)

Südosten dōngnán [OW] (6-3)

Südwesten xī'nán [OW] (6-3)

süß (sein; Personen) kě'ài [SV] (3-2)

Szenerie fēngjǐng [S] (10-4)

T

Tag des Monats hào [ZEW] (4-2)

Tag tiān [ZEW] (4-1)

tagsüber báitiān [ZW] (4-3)

Taifun táifēng [S] (10-3)

Taipei Táiběi [OW] (4-4)

Taiwan Táiwān [OW] (2-1)

Tante (Schwester der Mutter) āyí [S] (6-1)

Tasche dàizi [S] (3-3)

Tasse bēizi [S] (3-3)

tatsächlich qíshí [BA] (10-3)

tauschen huàn [V] (8-4)

tausend -qiān [Z] (3-3)

Taxi chūzū qìchē [PH] (8-2)

(ein) Taxi nehmen dǎdī [VO] (8-1)

Telefon diànhuà [S] (8-3)

telefonieren dǎ diànhuà [PH] (8-3)

Temperatur wēndù [S] (10-1)

teuer (sein) guì [SV] (3-3)

Tiananmen Tiān'ānmén [OW] (8-1)

Tianjin Tiānjīn [OW] (3-4)

Tier dòngwù [S] (9-2)

Tisch zhuōzi [S] (5-1)

Tochter nǚ'ér [S] (6-2)

Toilette cèsuǒ [OW] (5-3)

Tor mén(r) [S] (4-1)

trainieren péixùn [V] (5-2)

Tram diànchē [S] (9-2)

traurig (sein) nánguò [SV] (10-4)

trocken (sein) gān [SV] (10-2); gānzào [SV] (10-4)

Trolley diànchē [S] (9-2)

tue nicht bié [HV] (2-2); búyào [HV] (2-2)

Tür mén(r) [S] (4-1)

U

überhaupt nicht gēnběn (+ NEGATION) [A] (10-3)

übermorgen hòutiān [ZW] (4-3)

übernächstes Jahr hòunián [ZW] (4-3)

Überseechinese Huáqiáo [S] (5-1)

Uhr diǎn [ZEW] (3-4); zhōng [S] (3-4)

und érqiě [KJ] (9-3); gēn [KJ] (2-4); hé [KJ] (7-1)

ungefähr chàbuduō [A] (3-4); dàgài [BA] (8-1); dàyuē [A] (4-3); zuǒyòu [OW] (8-1)

uninteressant méi yìsi [PH] (1-4)

Universität dàxué [OW] (2-3)

unnötig bú yòng [A+HV] (9-1); búbì [HV] (9-2)

unten xià [L] (5-4); xiàbian(r) [OW] (5-4); xiàmian [OW] (5-4); xiàtou [OW] (5-4)

unter xià [L] (5-4); xiàbian(r) [OW] (5-4); xiàmian [OW] (5-4); xiàtou [OW] (5-4); dǐxia [OW] (5-4)

Unterricht haben shàngkè [VO] (4-4)

Unterricht kè [S] (4-4)

ursprünglich yuánlái [BA] (7-1)

USA Měiguo [OW] (2-1)

V

Vater fùqin [S] (3-2)

(sich) verändern biàn [V] (10-1)

veranlassen ràng [V] (5-3)

(sich) vergnügen wán(r) [V] (10-2)

Vereinigung xiéhuì [S] (6-3)

verflixt zāogāo [IA/SV] (8-4)

vergessen wàng [V] (6-4)

vergleichen bǐ [V/CV] (10-4)

vergleichsweise bǐjiào [A] (4-4)

verkaufen mài [V] (3-3)

Verkehr jiāotōng [S] (8-3)

Verkehrspolizei jiāotōng jǐngchá [PH] (9-1); jiāotōngjǐng [S] (9-1)

verlangen yào [V] (8-3)

vermieten chūzū [V] (8-2)

verstehen dǒng [V] (9-4)

(sich) vertun gǎocuò [RB] (2-4)

viele (sein) duō [SV] (4-4)

vier sì [Z] (3-1)

Viertelstunde kè [ZEW] (3-4)

Visitenkarte míngpiàn [S] (2-4)

Vogel niǎo(r) [S] (9-2)

voll (sein; mit Menschen) yōngjǐ [SV] (8-3)

von cóng [CV] (7-4); lí [CV] (8-1)

von der Arbeit kommen xiàbān(r) [VO] (6-3)

vor (zeitlich) yǐqián [ZW] (7-2); ...yǐqián [BM] (7-4); ...zhīqián [BM] (7-4)

vor (räumlich) qián [L] (5-4); qiánbian(r) [OW] (5-4); qiánmian [OW] (5-4); qiántou [OW] (5-4)

Vor- und Zuname xìngmíng [S] (8-2)

vorbeikommen guò [V] (8-1)

vorbereiten zhǔnbèi [V/HV] (9-4)

(sich) vorbereiten zhǔnbèi [V/HV] (9-4)

vorgestern qiántiān [ZW] (4-3)

vorher cóngqián [ZW] (7-1); yǐqián [ZW] (7-2); yuánlái [BA] (7-1)

Vorhersage yùbào [S] (10-1)

vorletztes Jahr qiánnián [ZW] (4-3)

Vormittag, vormittags shàngwǔ [ZW] (4-1)

vorn/e qián [L] (5-4); qiánbian(r) [OW] (5-4); qiánmian [OW] (5-4); qiántou [OW] (5-4)

vorsichtig (sein) xiǎoxīn [SV] (9-4)
vorstellen jièshao [V] (2-2)
(sich selbst) vorstellen zìwǒ jièshao [PH] (6-4)
vorweisen chūshì [V] (9-4)

W

wachsen zhǎng [V] (6-2)
Wagen chēzi [S] (8-2)
wahrscheinlich dàgài [BA] (8-1); kǒngpà [BA] (3-4); huì [HV] (8-3)
wann jǐdiǎn (3-4);shémme shíhou (7-3)
warm (sein) nuǎnhuo [SV] (10-4)
warten děng [V] (4-2)
warum wèishemme [FW] (6-3); zěmme [FW] (8-3)
was shémme [FW] (2-1)
wechseln (z.B. Geld) huàn [V] (8-4); **(die Arbeit)** gǎiháng(r) [VO] (7-1)
Weg (Methode) bànfǎ(r) [S] (10-3); fázi [S] (8-3)
weiblich nǚde [S] (3-1)
weil yīnwei [KJ] (6-3)
Weiß (Farbe) báisè [S] (9-1)
weiß (sein) bái [SV] (9-1)
weit weg (sein) yuǎn [SV] (7-3)
weitermachen jìxù [V/HV] (7-2)
welche/r/s něi- [FW] (2-1)
welcher Monat des Jahres jǐyuè [FW] (4-2)
welcher Tag des Monats jǐhào [FW] (4-2)
welcher Wochentag lǐbàijǐ [FW] (4-1); xīngqījǐ [FW] (4-1)
welches Land něiguó [FW] (2-1)
wem shéi [FW] (2-2)
wen shéi [FW] (2-2)
wenig (sein) shǎo [SV] (4-4)
weniger (sein) shǎo [SV] (4-4)
wenn ...de shíhou(r) [BM] (10-4)
wer shéi [FW] (2-2)
werden huì [HV] (8-3); yào [HV] (4-3)
(zu etwas) werden biànchéng [V+PV] (10-1); -chéng [PV] (10-1)
Westen xī [L] (8-1); xībiān(r) [OW] (5-3); xīfāng [OW] (8-1)
Westküste xī'àn [OW] (10-4)
Westler Xīfāng rén [PH] (8-1)
Wetter tiānqi [S] (10-1)
Wettervorhersage tiānqi yùbào [PH] (10-1)
wie duō [FW] (3-2); zěmme [FW] (2-2); zěmmeyàng [FW] (1-2)
wie kann es sein/kommt es zěmme [FW] (8-3)
wie viele duōshǎo [FW] (3-3); jǐ- [FW] (3-1); jǐge [FW+ZEW] (3-1)
wieder yòu [A] (7-3); zài [A] (3-4)
wieviel duōshǎo [FW] (3-3)
willkommen huānyíng [IA] (1-4); huānyíng [V] (2-2)
Wind fēng [S] (10-2)
Wind und Sand fēngshā [S] (10-2)
Winter dōngtiān [ZW] (10-2)
wir wǒmen [PR] (1-4)
wirklich shízài [A] (5-1); zhēn [A] (6-1)
Witz wánxiào [S] (9-3)
(einen) Witz erzählen shuō xiàohua(r) [PH] (9-3)
wo nǎr [FW] (1-1); náli [FW] (6-2); něibiān(r) [FW] (5-3)
Woche lǐbài [S] (4-1); xīngqī [S] (4-1)
wohlhabend (sein) fùyu [SV] (7-4)
wohlriechend (sein; duften) xiāng [SV] (5-3)
wohlschmeckend (sein) hǎochī [SV] (6-1); m [I] (6-1)
wohnen zhù [V] (4-3)
(in) wohnen zhùzai [V+PV] (5-3)
Wohnheim sùshè [OW] (1-1)
Wolke yún [S] (10-1)
wolkenloser Himmel qíngtiān [S] (10-1)
wollen xiǎng [HV] (5-1); yào [V] (3-3); yào [HV] (5-4)
Wort huà [S] (7-2); zì(r) [S] (7-2)
Wow! āiyà [I] (10-1); yò [I] (3-3); yò [I] (3-3)
wunderbar (sein) bàng [SV] (7-4)

X

Xian Xī'ān [OW] (4-4)

Y

Yuan kuài [ZEW] (3-3))

Z

zehn Millionen -qiānwàn [Z] (4-4)
zehn shí [Z] (3-1)
zehntausend -wàn [Z] (4-4)
zeigen chūshì [V] (9-4)
Zeit shíhou(r) [S] (7-3); shíjiān [S] (3-4)
Zentrum zhōngxīn [S] (5-2)
ziemlich tǐng [A] (1-3)
Zimmer fángjiān [S] (4-3)
Zoo dòngwùyuán(r) [OW] (9-2)
zu sehr tài [A] (1-3)
Zucker táng [S] (6-1)
zudem érqiě [KJ] (9-3)
zuerst, erst xiān [A] (1-2)
(zufällig) treffen pèng [V] (10-3); pèngshang [RB] (10-3)
Zug huǒchē [S] (3-4)
Zuhause jiā [OW] (4-3)
zukünftig yǐhòu [ZW] (6-4)
zur Arbeit gehen shàngbān(r) [VO] (6-3)
zurückkehren huí [V] (1-1)
(in die Heimat) zurückkehren huíguó [VO] (4-3)
(nach Hause) zurückkehren huíjiā [VO] (4-3)
zusammen yìqǐ [A/OW] (7-3)
zwei èr [Z] (3-1); liǎng- [Z] (3-1)
Zweites Jahr in der Junior High School chū'èr [ZW] (6-1)

Verzeichnis der grammatischen und kulturellen Themen

Dieses Verzeichnis soll Ihnen helfen, Informationen zu den wichtigsten grammatischen und kulturellen Themen in den Anmerkungen zu jeder Lektion (Einheiten 1 bis 10) von *Basis Chinesisch Sprechen* zu finden. Die Zahlen und Buchstaben hinter jedem Thema beziehen sich auf die Einheit, den Abschnitt und die Nummer der betreffenden Anmerkung. So bedeutet z.B. 1-1: 3D nach dem ersten Eintrag, dass Informationen zu diesem Eintrag in Einheit 1, Abschnitt 1 in Anmerkung 3D zu finden sind.